JOHN MAXTONE-GRAHAM

DER WEG ÜBER DEN ATLANTIK

Die einzige Verbindung zwischen Europa und Amerika

Die goldene Ära der großen Luxusliner

Mit einem Vorwort von Walter Lord

Aus dem Amerikanischen von Antoinette Gittinger

WILHELM HEYNE VERLAG
MÜNCHEN

Titel der amerikanischen Originalausgabe: *The Only Way to Cross*
Die Originalausgabe erschien bei Barnes & Noble, Inc.

Die Übersichtstabelle auf dem Vorsatz sowie die Karten und Baupläne im Innenteil des Buches wurden unverändert von der amerikanischen Originalausgabe übernommen.

Fachliche Beratung: Gert Uwe Detlefsen und Holger Sterzenbach

Umwelthinweis:
Dieses Buch wurde auf chlor- und säurefreiem Papier gedruckt.

Satz: Gramma GmbH, München
Druck und Bindung: RMO, München
Printed in Germany 1999

ISBN 3-453-15719-2

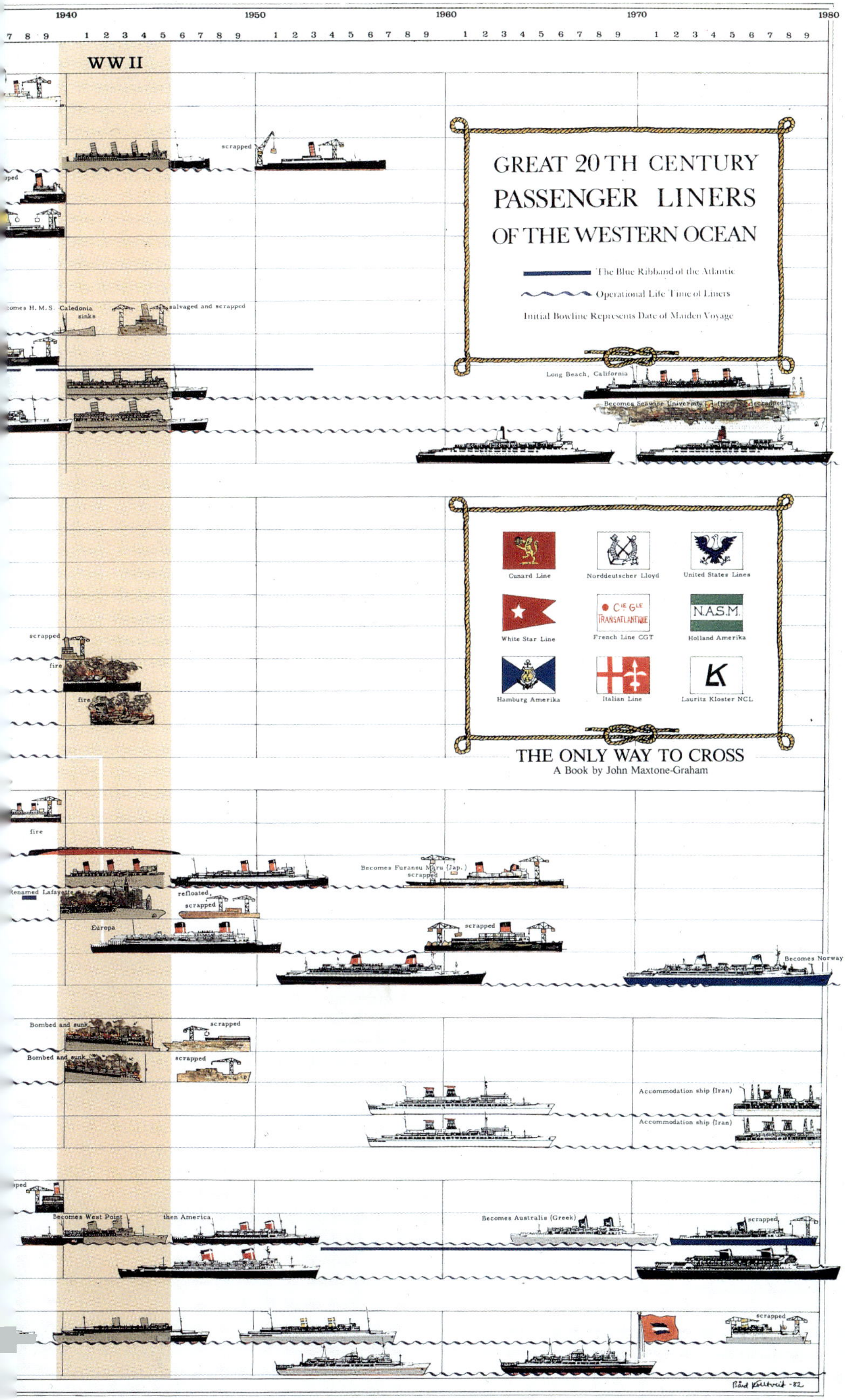

1940
1950
1960
1970
1980
WW II
GREAT 20 TH CENTURY
PASSENGER LINERS
OF THE WESTERN OCEAN
The Blue Ribband of the Atlantic
Operational Life Time of Liners
Initial Bowline Represents Date of Maiden Voyage
Cunard Line
Norddeutscher Lloyd
United States Lines
White Star Line
French Line CGT
Holland Amerika
Hamburg Amerika
Italian Line
Lauritz Kloster NCL
THE ONLY WAY TO CROSS
A Book by John Maxtone-Graham
scrapped
salvaged and scrapped
Long Beach, California
fire
Becomes Furanzu Maru (Jap.)
refloated,
scrapped
Europa
Becomes Norway
Bombed and sunk
Accommodation ship (Iran)
Becomes West Point
then America
Becomes Australis (Greek)

DER WEG ÜBER
DEN ATLANTIK

Inhalt

Vorwort
(von Walter Lord) 9

Einleitung 11

1. Eroberung des Atlantiks 15
2. Ein Schiff entsteht – der Bau der *Mauretania* 24
3. *Olympic* und *Titanic* 60
4. Die Flotte des Kaisers 99
5. Der Erste Weltkrieg 134
6. Bei den Heizern und auf dem Zwischendeck 160
7. Auf nach Osten: die goldenen zwanziger Jahre 181
8. An Bord 207
9. Frankreich und die neue Generation 251
10. Staatsschiffe 287
11. Auf nach Westen: die dreissiger Jahre 315
12. Niedergang 361
13. Der Zweite Weltkrieg 374
14. Die *United States* – Amerikas Juwel 420
15. Das Ende 431

Bibliographie 448

Quellennachweis 454

Register 455

Für Katrina,
Mitreisende und geliebte Schiffskameradin

Vorwort

Man kann sich kaum vorstellen, daß es sie nicht mehr gibt. Die Anlegestellen sind noch da. Die Bon-Voyage-Körbe stehen, bis obenhin mit unhandlichen Früchten und Konfitüre gefüllt, immer noch auf den Regalen der Feinkostgeschäfte. Und mitten in Manhattan kann man sogar noch eine Postkarte kaufen, auf der die *Queen Elizabeth,* die *Mauretania,* ein Cunard-Liner der *Sylvania*-Klasse, die *America* und die *Independence* abgebildet sind, nebeneinander am Kai liegend, als ob sie morgen in See stechen würden ...

Doch es gibt kein Morgen. Keiner dieser schönen Atlantikliner ist noch in Dienst – sie sind genauso schnell und für immer verschwunden wie die Zeppeline und die Flußdampfer. Ein Verlust, den wir so schmerzhaft empfinden wie den Tod eines guten Freundes. Es entstand eine plötzliche Leere, die uns erst allmählich bewußt wird.

Natürlich ist das Düsenflugzeug daran schuld. Obwohl der Flugverkehr nach dem Zweiten Weltkrieg stetig zunahm, florierte die Schiffahrt bis Ende der fünfziger Jahre, erreichte 1957 sogar einen neuen Höhepunkt: 1036000 Passagiere verteilten sich auf siebzig Schiffe. 1958 dann übertrumpfte der Flug- zum ersten Mal den Schiffsverkehr, der sich trotzdem weiterhin wacker behauptete. Im Laufe einer typischen Sommerwoche legten mehr als zwölf Passagierschiffe in New York ab.

Am 26. Oktober 1958 startete das erste amerikanische Düsenflugzeug nach Paris, und damit begann eine völlig neue Ära. Als sich die Flugzeit von zwölf Stunden auf knapp sieben reduzierte, war der Siegeszug des Flugverkehrs nicht mehr aufzuhalten. Um 1960 beherrschten die Flugzeuge mit einem Anteil von siebzig Prozent den Reiseverkehr, und gegen Ende des Jahrzehnts fuhren nur noch vier Prozent der Reisenden mit dem Schiff nach Europa. Fast über Nacht waren die großen Passagierschiffe zu Verlustobjekten geworden; rasch wurden sie aus dem Verkehr gezogen oder für Kreuzfahrten umfunktioniert. Vielleicht war das sogar besser. Zumindest blieb dem Seereisenden so der Schmerz über einen langsamen Niedergang der Liner erspart.

Auf dem Atlantik-Passagierschiff trugen die Stewards gestärkte Jacken, und die Passagiere hatten ausschließlich angenehme Erinnerungen an diese Seereisen – knarrendes Holz, der Sirenenton um zwölf Uhr mittags, die Morgenbouillon, das Flattern der Takelage, das Geklapper der Beilke-Scheiben an Deck des Schiffs. Natürlich gab es auch weniger angenehme Aspekte: beengte Touristenkabinen, Seekrankheit... Doch diese Einzelheiten verblaßten angesichts der Begeisterung über die im allgemeinen so angenehmen und schönen Schiffsreisen.

Zumindest kann man diesen Eindruck gewinnen, wenn man die Passagierschiff-Nostalgie als Maßstab nimmt. Weil die Überseeschiffe so plötzlich aus der Mode kamen, wollten ihre Fans Souvenirs. Liegestühle der *Queen Mary* wurden für 97,50 Dollar verkauft, ein Teller der alten *Cedric* für 25 Dollar angeboten, Postkarten konnten für ein bis zwei Dollar erworben werden. Gegenstände wie Gepäckaufkleber, Speisekarten und Sektquirls, die einst als Wegwerfartikel galten, wurden plötzlich zu Reliquien.

Neben diesen Souvenirs existieren zahlreiche Bücher über Schiffsreisen; aber keines gibt die Atmosphäre so authentisch wieder wie das von John Maxtone-Graham, der ein hervorragendes Gespür für Details besitzt und nicht nur das beschreibt, was man bei einer solchen Reise über den Atlantik sieht, sondern auch das, was man hört und riecht. Jeder Cunard-Reisende wird dieses Bukett sofort erkennen, das Maxtone-Graham als »Mischung aus Tee, Blumen, Bohnerwachs und einem scharfen britischen Antiseptikum, das den Krieg überlebt hatte«, bezeichnet.

Aber sein Buch schwelgt nicht nur in Nostalgie. Es enthält auch eine Menge historischer Gegebenheiten und spannt einen Bogen von der Jahrhundertwende, der Zeit, als die Ozeanriesen den Atlantik beherrschten, bis zu den Jahren nach dem Zweiten Weltkrieg. Voller Dramatik und Spannung beschreibt er uns, wie die *Mauretania* vom Stapel gelassen wurde, die *Normandie* 1942 verbrannte und vieles mehr.

Es handelt sich um ein höchst persönliches Buch – John Maxtone-Graham hat durchaus eigene Vorstellungen, das dürfen Sie mir glauben –, aber nie kommt Langeweile auf. Er ist wie jener faszinierende Erzähler, dem man für gewöhnlich spätnachts im Rauchsalon begegnete, wenn er auch gewiß keine Ähnlichkeit mit jenem traditionsbewußten Original in Knickerbocker und Schildmütze hat, das man auf Schiffen so häufig antraf.

Doch nun muß ich Schluß machen. Die Sirene heult, und die Stewards fordern die Besucher auf, von Bord zu gehen. Gleich stechen wir in See. Entspannen Sie sich, genießen Sie die Reise, und entdecken Sie die mannigfachen Freuden dieser Schiffspassage, dem einzig wahren »Weg über den Atlantik«.

WALTER LORD

Einleitung

Im September 1819 reiste ein Verwandter von mir, Thomas Graham, Lord Lynedoch, auf dem eleganten amerikanischen Passagierschiff *Savannah* von Stockholm nach St. Petersburg. Es war gerade von seinem Heimathafen Savannah nach Liverpool gefahren – mit leeren Kabinen und Frachträumen. So hatte Lynedoch die Ehre, erster Fahrgast an Bord des ersten transatlantischen Dampfers zu sein. Seine Bewunderung für die kleine Dampffregatte war so groß, daß er dem Kapitän einen silbernen Teekessel mit passender Widmung schenkte.

Vielleicht besteht ein Zusammenhang zwischen dieser kleinen Familienepisode und meiner Begeisterung für Dampfschiffe. Natürlich gibt es auch noch andere Gründe: Mein Vater ist Schotte, meine Mutter Amerikanerin, und ich bin auf beiden Seiten des Atlantiks aufgewachsen. Noch vor Vollendung meines ersten Lebensjahrs überquerte ich ihn zum ersten Mal, und bis zu meinem zehnten folgten ungefähr zwölf weitere Atlantikreisen. Die doppelte Staatsbürgerschaft hatte zur Folge, daß ich mich sowohl Amerika als auch Großbritannien zugehörig fühle und von beiden Kulturen geprägt bin, was ich sehr zu schätzen weiß. Natürlich bin ich kein Einzelfall, was solche speziellen transatlantischen Beziehungen betrifft, die zwischen einer Nation aus Einwanderern und jenem Kontinent, von dem viele von ihnen stammen, häufig bestehen. Amerikaner und Europäer besitzen eine besondere Affinität zum Atlantik, der sie vereint, aber auch trennt.

Die Atlantik-Dampfschiffe waren von jeher die ehrgeizigsten der Welt. Mit ihren luxuriösen Innendekors in Rümpfen von Rekordgröße galten sie als schwimmende Superlative. Doch kehren wir zu der wackeren kleinen *Savannah* zurück, und wenden wir uns den großen Schiffen zu, die in ihrem Kielwasser fuhren. Dabei stellen wir fest, daß die Zahl der Schiffe, Daten und Fakten schon vor 1900 verblüffende Ausmaße besaß, also vor der Jahrhundertwende, mit der der geschichtliche Bogen, den ich spannen möchte, seinen Anfang nimmt. Doch ich fand, daß das Buch lebendiger und auch aktueller wirkt, wenn ich es in unserem Jahrhundert beginnen lasse. Außerdem brachten die *Lusitania* und die *Mauretania* 1907 eine bedeutende Zunahme an Tonnage und die ersten Dampfturbinenschiffe mit vier Schrauben.

Vielleicht habe ich in diesem Buch Ihr Lieblingsschiff nicht berücksichtigt. Verständlicherweise hegen Schiffsreisende ein Faible für jenes Schiff, auf dem sie eine schöne Reise gemacht haben. Ich habe mich bei meiner Auswahl von der historischen Bedeutung der Schiffe und dem Verlangen, gewisse Dinge zu klären, leiten lassen. Gelegentlich hat mich auch der besondere Zauber eines bestimmten Schiffs beeinflußt.

Es gibt zwei Abschnitte in diesem Buch, die einige technische Details enthalten. Im 2. Kapitel beschreibe ich ausführlich den Bau der *Mauretania,* und den Großteil des 13. Kapitels nimmt der tragische Untergang der *Normandie* ein. Ich habe mich nach Kräften bemüht, auch jenen Lesern, die sich selten mit Technik beschäftigen, alles möglichst plastisch darzustellen. Aber ich würde nur die halbe Geschichte erzählen, wenn ich die Funktion und die Verwundbarkeit dieser großartigen Schiffe unbeachtet ließe: Der Atlantikliner erhielt sein einmaliges Flair durch die Kombination von Schnelligkeit und Luxus, dem beruhigenden Stahl unter dem polierten Furnierholz.

Das Material für dieses Buch beruht zum größten Teil auf Berichten aus erster Hand – zeitgenössischen Aufzeichnungen und Interviews mit Zeitzeugen. Kapitäne, Mannschaften, Landpersonal, Lotsen und Dampfschiff-Fans zeigten sich äußerst kooperativ. Ehemalige Passagiere erwiesen sich ebenfalls als große Hilfe, auch wenn sich ihre Berichte selten deckten. Schiffsreisende, die den Atlantik oft überquerten, konnten sich meistens an nichts Besonderes erinnern, während jene, die nur ein- oder zweimal per Schiff über den Atlantik fuhren, die Erinnerung an diese Reise(n) pflegen und sogar die kleinsten Details im Gedächtnis behalten.

Natürlich kann ein notleidendes Gewerbe nicht auf Dauer vom früheren Ruhm zehren. Der bedauerliche Rückgang von Buchungen um die Mitte dieses Jahrhunderts und die anschließende Beschränkung auf kleinere Räumlichkeiten führten zu einem weiteren Sinken der Passagierzahlen. Die French Line erwies sich dank des Parisers René Bouvard, der sowohl als Werbestratege wie auch als Archivar größten Eifer beweist, als äußerst geschichtsbewußt. Cunards Archive in London dagegen beherbergen nur einen Teil der ursprünglich in Liverpool und Southampton aufbewahrten Unterlagen.

Weitere Quellen wurden außerhalb der Schiffahrtsgesellschaften vernichtet. Die Hoboken Public Library in New Jersey befindet sich an einem ruhigen Platz, nur einen Steinwurf weit von den Piers entfernt, an denen einst die größten Passagierschiffe der Welt vor Anker lagen. Leider bin ich zu spät dort gewesen, einige Jahre nachdem Tausende von Fotos und Zeitungsausschnitten wegen Raumknappheit vernichtet worden waren. Auf der anderen Seite des Atlantiks wurden während des Zweiten Weltkriegs die großen Häfen am Ärmelkanal und an der Ostsee stark in Mitleidenschaft gezogen, große Teile von Rotterdam, Hamburg, Plymouth, Le Havre, Cherbourg und Southampton zerstört. Beim Wiederaufbau nach 1945 hat der Verlust der historischen Umgebung die unvergleichliche Hafenatmosphäre zerstört. In Europa und Amerika stellen Schiffahrtsmuseen eine Fundgrube für Dokumente, Broschüren, Modelle, Pläne und sonstige Erinnerungsstücke dar.

Hier in Manhattan erfreut sich das South Street Seaport Museum großer Beliebtheit. In diesem Museum dominieren die Segelschiffe. Die Bedrohung durch

Überalterung und Auslöschung stärken das Bedürfnis, zu bewahren. Aber unsere Haltung gegenüber Passagierdampfern ist nicht von solcher Angst geprägt. Seltsamerweise schätzen wir Gegenwart und Vergangenheit auf unterschiedliche Weise ein, erachten die Distanz häufig entweder als nicht groß oder nicht gering genug. Wir neigen dazu, Alter mit Bedeutung gleichzusetzen, huldigen gern dem Alten und vernachlässigen das Neue. Auf Menschen in den mittleren Jahren wirkt die Vorstellung schockierend, daß 1920 schon mehr als ein halbes Jahrhundert zurückliegt und daß in diesen Jahrzehnten aufgrund von Unachtsamkeit unermeßlich viel wertvolles Quellenmaterial verlorenging.

Ich möchte es nicht versäumen, mich bei verschiedenen Personen zu bedanken. Vor allem danke ich meiner Frau Katrina für ihre Geduld und Ermutigung und ihr Verständnis dafür, daß ich aufgrund meiner Recherchen und der Arbeit an diesem Buch drei aufeinanderfolgende Sommer durcharbeiten mußte. Ein Autor mit vier Kindern kann seinem Beruf nur dann zu Hause nachgehen, wenn ihn eine verständnisvolle Frau abschirmt. Dafür bin ich Katrina ewig dankbar.

Robert Markel, dem ehemaligen Cheflektor von Macmillan, gebührt das Verdienst, die Idee zu diesem Buch gehabt zu haben. Adolf K. Placzek, Bibliothekar bei der Avery Architectural Library an der Columbia University, verdient besonderen Dank für die Überprüfung des Manuskripts; seine Begeisterung war unerschöpflich. Auch danke ich Mrs. Neville Thompson von der Avery's Reference Library für ihre Freundlichkeit, mir die Quellen der Bibliothek zur Verfügung zu stellen. Meiner Mutter sage ich Dank für ihren unschätzbaren Beitrag, denn sie überquerte vor meiner Geburt den Atlantik Dutzende Male und kann sich außergewöhnlich gut an diese Reisen erinnern. Ann Novotny und Susan Hartung, die hier in New York bei Research Reports arbeiten, prüften die Abschnitte über die amerikanische Forschung mit gewohnter Gründlichkeit.

Außerdem schulde ich einer Reihe von Schiffahrtsexperten Dank: Frank Braynard, einem hervorragenden Autor und Sammler, für die Erlaubnis, seine Ausschnitte, Fotos und Memorabilien benutzen zu dürfen; Norman Morse, dessen Erinnerung an die Decksanordnungen der Nordatlantikliner ihn zu einem wertvollen Mitarbeiter machten; Malcolm Dick, dem Schiffbauingenieur bei Gibbs & Cox, der uns so großzügig als technischer Berater diente; Walter Lord für die Benutzung seiner ausgezeichneten Bibliothek, seinen klugen Rat und seine Bereitschaft, das Vorwort zu schreiben; Edward Kamuda und John Eaton von den Titanic Enthusiasts of America – sie lieferten Details über die großen Schiffe der White Star Line, die nirgendwo sonst erhältlich sind; den Angestellten des Peabody Museum von Salem und der Steamship Historical Society of America; und Kapitän George Seeth von der Sandy Hook Pilots Association.

Dank der freundlichen Unterstützung von Melvin Jackson, Kustos der Schiffahrtssammlung bei der Smithsonian Institution, Jerry Kearans von der Prints and Photographs Division der Library of Congress und Mary Raitt, die mir durch das Labyrinth der Bibliothek half, wurden meine Nachforschungen in Washington wesentlich erleichtert. In Newport News danke ich John Lochhead und seinen Angestellten vom Mariners Museum sowie Robert Terrell von der Newport News Shipbuilding und Drydock Company.

In Frankreich gilt mein Dank Edmond Lanier, dem Leiter der French Line; Albert Brenet, der das Deckblatt der US-Ausgabe illustrierte; Georgette Mewès, die mir wertvolle Details über das Leben ihres Vaters lieferte, und Michel Eloy von der Hafenbehörde von Le Havre, dessen enzyklopädisches Wissen über französische Passagierschiffe mir von großem Nutzen war.

Jenseits des Ärmelkanals recherchierte ich im ausgezeichneten National Maritime Museum in Greenwich. Der Beitrag von Pat Hodgson, die unter anderem britisches Bildmaterial aufspürte und recherchierte, erwies sich als unschätzbare Hilfe. Landkarten und Vorsatzblätter wurden von meinem alten Freund Peter J. L. Strachan vorzüglich gestaltet. Lord Macroft, einem ehemaligen Vorstandsmitglied der Cunard Line, danke ich dafür, daß er mir das Firmenarchiv zur Verfügung stellte. Jack Pierce vom Trinity House lieferte mir viele Details über den Lotsendienst in den Gewässern vor Southampton.

In der United States Merchant Marine Academy in Kings Point, Long Island, kann man in einer Vitrine einen ungewöhnlichen Schiffahrtspreis, die Hales Trophy, bewundern. Es handelt sich um eine befristete Leihgabe der United States Line. Dieses protzige, vergoldete und versilberte Gebilde wurde Mitte der dreißiger Jahre von Henry Keates Hales, einem Mitglied des britischen Parlaments für den Wahlkreis Sheffield, konzipiert. Er ließ es als Verkörperung des legendären Blauen Bands anfertigen. Im Juni 1935 wurde dieser Preis nachträglich der *Rex* verliehen und später der *Normandie.* Als die *Queen Mary* den Rekord 1936 brach, verweigerte die Cunard Line die Annahme des Prunkstückes, das dann bis Anfang der fünfziger Jahre in Vergessenheit geriet. Die Rekordüberfahrt der *United States* im Juli 1952 sorgte dafür, daß die Hales Trophy, ähnlich wie der America's Cup, wohl für immer auf dieser Seite des Atlantiks bleibt. Denn es ist kaum anzunehmen, daß wir sie je wieder verlieren. Im Jet-Zeitalter besteht wenig Antrieb, Überseedampfer zu bauen, die den einstigen Wettbewerb fortsetzen.

Inzwischen deutet alles darauf hin, daß man künftig den Atlantik nur noch per Flugzeug überqueren wird. Die Liner, die heute in Betrieb sind, werden sich wohl auf die Karibik beschränken. Wie so viele andere kultivierte Genüsse sind die Eleganz und das Vergnügen, der Komfort und die Annehmlichkeit des legendären Passagiertransportes auf dem Nordatlantik Geschichte.

John Maxtone-Graham

Nichts ist so dem Spiel der Wellen ausgesetzt
wie ein Postschiff im Winter auf dem Westatlantik.

CHARLES LIGHTOLLER,
ZWEITER OFFIZIER AUF DER *TITANIC*

1.

Eroberung des Atlantiks

Der Nordatlantik ist der gefährlichste Ozean der Welt, aber auch der meistbefahrene. Auf den Seestraßen zwischen Europa und Nordamerika werden mehr Menschen und Güter als auf allen anderen Weltmeeren zusammen befördert.

Die Naturgewalten dieses Ozeans stellen eine Herausforderung an die Erfindungsgabe dar und erinnern an Beschreibungen der Hölle. Auf dem Rumpf aller Seeschiffe gibt die Lademarke den zulässigen Tiefgang für die verschiedenen Jahreszeiten und Gewässer an. Die niedrigste trägt die Abkürzung »WNA« – Winter Nordatlantik.

Im Frühjahr donnern Brocken von den Spitzen der nördlichen Gletscher ins Meer und treiben als Eisberge nach Süden. In einem kleinen englischen Vers wird für den Sommer und Herbst vor den tropischen Wirbelstürmen in der Karibik gewarnt:

July, stand by
August, you must
September, remember
October, all over.[1]

1 »Juli, halte dich abseits; August, du mußt; September, denk daran; Oktober, alles vorbei.«

Die meisten Hurrikane dringen nicht weit in den Norden vor, aber wenn sie es tun, dann vergißt man sie nicht so schnell.

Fast das ganze Jahr hindurch ist der Nordatlantik in Nebel gehüllt. Neben den Neufundlandbänken, wo der Labradorstrom die feuchte Luft über dem Golfstrom abkühlt, herrscht fast immer undurchdringlicher Dunst. Die Schiffskapitäne hassen ihn mehr als jede andere Gefahr, mit der sie konfrontiert werden.

Dieser »westliche Ozean«, wie er in der Antike hieß, war so furchteinflößend, daß sich jahrhundertelang kein Seemann dorthin wagte. Es bestand auch kein Anlaß dazu, denn angeblich endete die Welt mit dem Horizont, und jedes Schiff, das zufällig in diese Richtung segelte, lief Gefahr, in der unergründlichen Tiefe zu versinken. Als erste setzten sich die Wikinger über diese Vorstellung hinweg – vier Jahrhunderte vor Kolumbus gelangten sie zur Nordspitze Neufundlands. Dabei orientierten sie sich an einem bemerkenswert genauen Sonnenkompaß.

Bis ins 19. Jahrhundert hielt die Angst vor dem schrecklichsten aller Ozeane an. Zu diesem Zeitpunkt konnte man beweisen, daß die Furcht nicht nur auf Aberglauben gründete, sondern auf statistischen Zahlen: Jedes sechste Segelschiff – »Sargbriggen« wurden sie genannt – erreichte sein Ziel nicht. Passagiere, die an Bord eines Schiffs gingen, das in Richtung Neue Welt fuhr, riskierten ihr Leben. 1877 veröffentlichte Katherine Ledoux ein kleines Werk mit dem Titel *Ocean Notes for Ladies*. Sie empfahl ihren Lesern, sich anständig zu kleiden:

> Auf See ist mit Unfällen und Tod zu rechnen. Ich war stets der Ansicht, daß eine gutgekleidete Leiche, die an Land geschwemmt wird, mit mehr Achtung behandelt wird und mehr Fürsorge erhält als eine, die in Lumpen gekleidet ist.

Die traditionelle Bon-Voyage-Party, die es noch heute gibt, hat ihren Ursprung in einer Gruppe besorgter Freunde und Verwandter, die den Reisenden bis zum Landungssteg begleiteten und dann mit ihm an Bord gingen, um ihm zum Abschied – es konnte ja der letzte sein – ihre Ehrerbietung zu erweisen. Mrs. Ledoux' Verhaltensweise bei solchen Anlässen verrät ihre Angst:

> Verabschieden Sie sich so fröhlich, als ob Sie nur eine kurze Reise unternähmen. Betrüben Sie Ihre Lieben nicht, die sich, genauso wie Sie, bemühen, tapfer zu sein. Geben Sie sich und Ihre Freunde und Verwandten in Gottes Hand, denn er wacht über Sie alle, auch wenn Sie der unergründliche Ozean trennt.

»In See zu stechen«, bemerkte Dr. Johnson, »ist mit dem Gang ins Gefängnis zu vergleichen. Allerdings besteht bei ersterem das zusätzliche Risiko, zu ertrinken.« Gefahr drohte auch, wenn sich das Schiff wieder dem Land näherte. Die Ufer beider Kontinente waren von Wracks übersät. Deshalb tauften die Seeleute den Atlantik »Friedhof der Schiffe«.

Doch ungeachtet aller Gefahren wurden auf diesem Seeweg enorme Gewinne erzielt, blühte der Handel. Die frühesten Massenpassagiere waren Sklaven, die gewinnbringendste Schiffsladung in der Geschichte des Ozeans. Man schätzt, daß insgesamt dreißig Millionen bedauernswerte Schwarze in Ketten über den Atlantik befördert wurden.

Im frühen 19. Jahrhundert waren die amerikanischen Segelschiffe den europäischen Konkurrenten deutlich überlegen. Einer ihrer wesentlichen Vorteile bestand darin, daß sie die Abfahrtszeiten einhielten. Der Begriff »Liner« bezog sich auf ein Schiff, das zu einem bestimmten Datum auslief und direkten Kurs auf seinen Zielhafen hielt. Auch wenn wir das für selbstverständlich erachten, galt vorher für Post, Waren und Passagiere, daß ein Schiff erst dann in See stach, wenn die Laderäume voll waren. Deshalb war eine Verspätung von mehreren Wochen nichts Ungewöhnliches.

Obwohl es die Dampfmaschine vor dem Ende des 18. Jahrhunderts bereits gab, wurde sie in der Seefahrt nur zögernd eingeführt. 1787 trieb ein unternehmungslustiger Amerikaner namens John Fitch genug Kapital auf, um einen dampfbetriebenen Rudermechanismus zu konstruieren, der auf dem Delaware-Fluß ein Boot mit einer Geschwindigkeit von drei Knoten antrieb. Seinen Investoren versprach er, daß dies »Paketbooten und Kriegsschiffen die Möglichkeit bieten würde, den Atlantik pünktlich zu überqueren«. Doch seine Voraussage stimmte nur zum Teil: Die Dampfkraft machte es möglich, nicht aber das mechanische Ruder. Auch wenn er ein kurzes Experiment mit einer einfachen Schiffsschraube durchführte, eigneten sich die damaligen Schiffskörper aus Holz besser für das ältere Schaufelrad.

Ein spätrömisches Basrelief aus dem 6. Jahrhundert zeigt ein Schiff mit drei Schaufelrädern, von denen jedes von zwei Jochochsen angetrieben wurde. Es ist nicht bekannt, welche Geschwindigkeit sechs Ochsenstärken erzielten, aber 1814 hatte Moses Rogers eine ähnliche Idee für den Betrieb einer Fähre auf dem East River. Pferde bewegten eine Tretmühle, die Schaufelräder antrieb und zudem mit einem patentierten Getriebe ausgestattet war. Damit konnte die Fähre auch rückwärts fahren, ohne daß sich die Tiere umdrehen mußten. Diese Technik wurde ein riesiger Erfolg, und ihre Nachahmung auf anderen amerikanischen Flüssen brachte dem Erfinder mehr Geld ein, als er je mit seiner Lieblingsidee, der Dampfkraft, verdiente.

Rogers stach als erster mit einem Dampfboot in See: 1809 steuerte er die *Phoenix* mit Müh und Not von Hoboken nach Philadelphia. Das Schiff war ein Flußdampfer mit einer unberechenbaren Maschine, zerbrechlichen Schaufelrädern und einem Körper, den man kaum als seetüchtig bezeichnen konnte. Weil Rogers mit seinem Schiff behutsam umging und sich dicht an der Küste hielt, benötigte er bis zu seinem Bestimmungshafen zwei Wochen. Aber auf dieser Überfahrt erwarb er eine Menge Erfahrung. Elf Jahre und vier Schiffe später erhielt er das Kommando über die *Savannah,* die von ihrem gleichnamigen Heimathafen bis Liverpool knapp dreißig Tage benötigte.

Seefahrthistoriker lieben Statistiken. Trotzdem waren sie sich nie einig darüber, wem das Verdienst zukam, den Atlantik zum ersten Mal mit einem Dampfschiff überquert zu haben, und die Uneinigkeit über diesen Punkt spaltet auch die Nationen. Die amerikanischen Ansprüche in bezug auf die *Savannah* werden von den Briten mit dem schroffen Vermerk zurückgewiesen, daß sie lediglich eine Hilfsmaschine besaß, die nur zehn Prozent der Reisezeit in Betrieb war. Sie führen an, daß ihre *Sirius* 1838 zum ersten Mal während der ganzen Fahrt mit Dampf gelaufen sei. Andererseits war sie mit Segeln ausgestattet...

Die Tatsache, daß das amerikanische Experiment zwei Jahrzehnte vor dem britischen stattfand, verdient mehr als flüchtige Beachtung. Die *Savannah* war nämlich eine besondere Konstruktion, die zwar als Segelschiff vom Stapel lief, aber bereits für späteren Dampfantrieb eingerichtet war. Auf den Decks und an den Seiten waren Löcher für die Installation von Maschinen und der Schaufelradwelle vorgesehen. Weil die See so manche Schäden an den Schaufelrädern verursachte, konstruierte man die auf der *Savannah* so, daß sie zusammengeklappt und bei schlechtem Wetter ins Innere des Schiffs gezogen werden konnten. Die Neunzig-PS-Maschine wurde von Dampf mit einem Druck von einem britischen Pfund pro Quadratzoll angetrieben und drehte die Welle achtzehnmal pro Minute.

Die Überfahrt verlief ohne Zwischenfälle und war ein voller Erfolg, auch wenn die *Savannah* weder Fracht noch Passagiere beförderte. Sie lehnte mehr als ein Hilfsangebot ab, das rauchige Feuer, das mittschiffs zu wüten schien, zu löschen. Vor der Südküste Irlands fuhr Rogers dem britischen Zollkutter, der ihm unerwünscht zu Hilfe kommen wollte, davon und verblüffte seinen Verfolger, indem er ihn deutlich abhängte. Seine Ankunft in Liverpool wurde ein großer Triumph. Trotzdem gab es keine Aufträge für das revolutionäre Schiff – die *Savannah* war ihrer Zeit weit voraus. Nach einer ergebnislosen Fahrt nach Rußland kehrte sie unter Segeln nach Amerika zurück; ihre Maschinen wurden ausgebaut, und man verwendete sie fortan als Segelschiff.

1833 lief die kanadische *Royal William* von Halifax aus und nahm Kurs nach Osten. Aber jeden Tag stellte man die Maschinen ab, um den Kesselstein von den Kesseln zu kratzen. Die Kupferkessel waren – obgleich besser als die aus Eisen – immer noch sehr anfällig für Salzablagerungen. Im Jahr darauf erfand Samuel Hall den ersten praktischen Oberflächenkondensator für die Seefahrt, was der *Sirius* den Weg freimachte. Ursprünglich als Dampfer für den Irlandverkehr konzipiert, war sie recht klein – zu klein, laut ihrer Mannschaft, die kein Vertrauen in das überladene Schiff oder seine Maschinen hatte. Doch trotz starker Gegenwinde war sie um dreißig Prozent schneller als die *Savannah.* In New York verließen ihre vierzig Passagiere das Schiff. Nach einer Woche voller Feiern verabschiedete die Stadt sie mit 17 Salutschüssen wieder in Richtung England.

Kurz danach unternahm Samuel Cunard, einer der Eigentümer der *Royal William,* eine Atlantiküberfahrt von seinem Heimatort Halifax aus, um einen lukrativen Postbeförderungsvertrag zu ergattern. Die britische Kriegsmarine war beunruhigt über die Überlegenheit der USA in der Schiffahrt und hatte Angebote für einen monatlichen Dampfschiff-Verkehr zwischen Liverpool und Nordamerika eingeholt. Cunard war so dynamisch, daß er sich den Auftrag sicherte und sage und schreibe bereits 16 Monate später die Schiffe hatte und die Jungfernfahrt durchführte. Die Investoren zeigten sich beeindruckt von seiner direkten Art, die Dinge anzugehen: »Wir brauchen keine Tunnels zu bohren, keine Hügel zu durchbrechen, keine Bahnkörper vorzubereiten. Wir brauchen lediglich unsere Schiffe zu bauen und arbeiten zu lassen.« Cunards Anweisungen für die schottische Werft, auf der seine Schiffe gebaut wurden, waren genauso deutlich: »Ich will ein schlichtes, bequemes Schiff und nicht die geringsten unnötigen Kosten, nur um Eindruck zu schinden.« Das erste Schiff, die *Britannia,* wurde termingerecht fertiggestellt und lief am 4. Juli 1840, dem amerikanischen Unabhängigkeitstag, in Richtung Halifax und Boston aus. Als die Passagiere in den USA landeten, übergaben sie Kapitän Woodruff einen großen Silberpokal, der heute im Columbia-Speisesaal der *Queen Elizabeth 2* einen Ehrenplatz als Firmenreliquie einnimmt.

Der Erfolg der British and North American Royal Mail Steam-Packet Company – später auf Cunard Company verkürzt – wurde von Anfang an durch eine erstaunliche Sorge um die Sicherheit garantiert. Das Motto der Reederei lautete zwar: »Geschwindigkeit, Komfort und Sicherheit«, doch ihr Gründer legte besonderen Wert auf die Sicherheit. Während der ersten 35 Jahre ihrer Existenz verzeichnete die Reederei keinen einzigen tödlichen Unglücksfall – zu einer Zeit, in der der Atlantik noch als sehr gefährlich galt, ein geradezu unglaublicher Rekord. Cunards Anweisungen an seine Kapitäne lauteten: keine Rennen, keine Rivalitäten. Vor dem Ablegen sagte er: »Ihr Schiff ist beladen, fahren Sie los. Die Geschwindigkeit zählt nicht, folgen Sie Ihrer eigenen Route, bringen Sie das Schiff sicher hinüber und heil wieder zurück – Sicherheit ist alles, was verlangt wird.« Er war davon überzeugt, daß ein Image absoluter Zuverlässigkeit zum Erfolg führen würde, und er sollte recht behalten. Als er 1878 starb, hatte er nicht nur ein Vermögen angesammelt, sondern war auch mit der Ritterwürde ausgezeichnet worden, und seine Gesellschaft hatte sich in der Geschichte der Atlantiküberquerung einen bedeutenden Platz gesichert.

Die *Britannia* erlangte dank ihres berühmtesten Passagiers, der im Januar 1842, zwei Jahre nach ihrer Jungfernfahrt, mit ihr reiste, Unsterblichkeit – Charles Dickens. Dickens und seine Frau wurden in Liverpool von Freunden an Bord begleitet. Angesichts der Größe ihrer Kabine waren sie genauso entsetzt wie er: »Eine äußerst unpraktische, völlig nutzlose und zutiefst lächerliche Kiste«, schrieb der Schriftsteller später in seinen *American Notes.* Als das Schiff ablegen sollte, waren die Decks unbegehbar, da sich das Gepäck der Passagiere und eine Menge verderblicher Nahrungsmittel darauf stapelten; in dem ausgepolsterten Verschlag mittschiffs muhte eine Kuh im Nebel. Der Eigentümer ging mit dem Megaphon in der Hand auf dem Radkasten hin und her und wartete darauf, daß die Post und die letzten Gepäckstücke an Bord gebracht wurden. Er hatte allen

Grund, nervös zu sein, da der Vertrag mit der Admiralität empfindliche Strafen vorsah, wenn zu spät abgelegt wurde.

Der Leichter traf mit zwei Stunden Verspätung ein. Zu diesem Zeitpunkt befanden sich die Passagiere, Dickens eingeschlossen, unter Deck und versuchten, Platz für ihre Kisten zu finden. Die einzige Stewardeß der *Britannia* plapperte unaufhörlich und erklärte allen, wie angenehm eine Überfahrt im Januar sei. Dickens sollte feststellen, daß dies keineswegs stimmte.

Die ersten beiden Tage waren vom Wetter her recht angenehm, und er verbrachte viel Zeit an Deck, fasziniert vom Anblick des Schiffs und des Meeres. Aber am dritten Tag, nachdem das Schiff die irische Küste hinter sich gelassen hatte, trieb die eisige Winterkälte des Atlantiks die Passagiere unter Deck. Dickens, der sich sichtlich unwohl fühlte, zog sich in seine Kabine zurück und »las viel im Bett«. Dann schwankte er wieder an Deck, trank mit unaussprechlichem Ekel kalten Brandy mit Wasser und knabberte harte Kekse. Er war nicht eigentlich seekrank, stand aber kurz davor. Die *Britannia* geriet in eine Reihe von Sturmwinden, und das Wetter verschlechterte sich weiter. Dickens' Kabinenboden war überflutet, und er wurde nun doch richtig seekrank. Das Schiff rollte heftig; nach jeder Schlingerbewegung hörte man das Klirren von zerschmettertem Geschirr im Salon. Über sich vernahm er eilige Schritte. Als er einigermaßen wiederhergestellt war und sich umsehen konnte, fand er die Decks in chaotischem Zustand vor. Ein Rettungsboot war in tausend Splitter zerborsten, ein Teil des Radkastens weggerissen worden, und die bloßgelegten Schaufeln spritzten Gischt hoch, die auf der heißen Schornsteinröhre aus Eisen zischend verdampfte, so daß weiße Salzmarkierungen zurückblieben.

Als Dickens wieder an Essen denken konnte, fand er nichts, das ihm hätte Appetit machen können. Die Passagiere aßen in einem »Leichenwagen mit Fenstern« zu Mittag, und es gab eine Auswahl an »Schweinekopf, kaltem Schinken, gepökeltem Rind« und »qualmende Fettscheiben«. Drei Stunden später wurde das Dinner serviert, doch das war kaum besser: »Wieder Kartoffeln mit Fleisch«, das mit einem »lieblos zubereiteten Dessert aus Äpfeln, Trauben und Orangen« abgerundet wurde. So ging es vierzehn Tage lang. Zum Zeitvertreib spielten Dickens und der Schiffsarzt endlose Whistpartien, wobei sie die gemachten Stiche in den Taschen verstauten, damit die Karten nicht auf den Fußboden fielen. Obwohl man als Vorsichtsmaßnahme den Halifax-Lotsen aus England mitgenommen hatte, endete die Überfahrt damit, daß die *Britannia* vor dem Hafen vorübergehend auf Grund lief.

Dickens' Bericht ist offensichtlich ausgeschmückt, aber abgesehen von seinem Sarkasmus unterscheidet er sich nicht erheblich von denen anderer Passagiere. Reisen auf diesen frühen Dampfschiffen erwiesen sich als entsetzlich unbequem und oft länger als die auf den schnellen Segelschiffen, die zudem weniger laut und weitaus geräumiger waren. Bei den Cunard-Schiffen war die strenge Einhaltung der Abfahrtszeiten ein Vorteil, der die Passagiere anlockte, auch wenn die Bequemlichkeit viele Jahre lang als zweitklassig galt. Doch schließlich war der Hauptgrund für die Existenz der *Britannia* und ihrer Schwesterschiffe die schnelle und regelmäßige Beförderung der Post.

Wenn der Ozean ruhig war, galt das Hauptaugenmerk dem Essen, auch wenn man es kaum als abwechslungsreich bezeichnen konnte. Der Salon wurde zum Eßzimmer umgestaltet, indem ein Wachstuch über den grünen Tischüberzug der Haupttafel gebreitet wurde. Der Tisch war auf beiden Seiten von Lederbänken eingerahmt, die weit genug von der Tischkante entfernt waren, damit Gäste, die zu spät kamen oder schnell fort mußten, genügend Bewegungsfreiheit hatten. Wenn das Schiff plötzlich ins Schlingern kam, landeten volle Teller auf dem Schoß, und Kinder, deren Füße nicht bis zum Boden reichten, verschwanden unter dem Tisch. Das Essen wurde in einer separaten Kombüse zubereitet und über das offene Deck und eine steile Kajütstreppe in den Salon gebracht. Die Speisen waren dann bereits kalt und manchmal auch feucht. Fast immer gab es als ersten Gang Erbsensuppe und als Hauptgericht Fisch, der am ersten Tag frisch war, aber später ebenso wie das Rindfleisch salzig schmeckte. Das Standardgericht aller Schiffsköche bildete eine Seepastete, eine geheimnisvolle Mischung, die unter einer Schicht Kartoffelbrei verborgen war. Der Kapitän nahm die Mahlzeiten gemeinsam mit seinen Passagieren ein. Er saß am Kopfende des Tisches und hielt es auch nicht für unter seiner Würde, des öfteren selbst zu servieren.

Die Gänge neben dem Salon führten zu den Kabinen. Die preisgünstigeren befanden sich im Salon selbst – Polsterbänke an den Wänden wurden nachts durch Vorhänge abgetrennt, um sie in Schlafkojen zu verwandeln. Passagiere, die hier nächtigten, konnten sicher sein, früh geweckt zu werden, da die Stewards den Salon zeitig fürs Frühstück vorbereiteten. Verlangte man aus der Kabine oder der Kajüte nach einem Steward, so erfolgte dies durch einen Ruf, den der Steward mit der Frage »Welche Nummer, mein Herr (oder meine Dame)?« erwiderte. Wasserleitungen gab es praktisch keine, und heißes Wasser war ebenfalls nicht vorhanden. Auch die sanitären Anlagen waren sehr primitiv. Die Kabinentrennwände besaßen unterhalb der Decke einen Abschnitt mit Seiten aus Glas, in dem eine Kerze angebracht war, die zwei Kabinen beleuchten sollte. Pünktlich um Mitternacht wurde sie vom Nachtsteward gelöscht.

Gegen 1850 zeichnete sich, was nicht weiter überraschte, scharfe Konkurrenz aus Amerika ab. Edward Collins erhielt vom Kongreß Subventionen und plante eine Post-Beförderung mit vier Schiffen. Die *Atlantic,* das erste dieser Schiffe, war nicht nur so schnell wie Cunards Schiffe, sondern auch weitaus komfortabler. Sie war mit größeren Kabinen und verbesserter Belüftung ausgestattet und besaß eine Dampfheizung. Aber die Eleganz der Inneneinrichtung trog. Lag das Schiff vor Anker, konnten die interessierten Passagiere kostbare Teppiche und Brokatvorhänge bewundern. Sobald es abgelegt hatte, wurden diese kostbaren Einrichtungsgegenstände durch Kokosmatten und Segeltuchvorhänge ersetzt. Salzwasser und seekranke Passagiere paßten nicht zu edlem Dekor.

Collins übertraf Cunard zwar an Geschwindigkeit und Komfort, doch in puncto Sicherheit scheiterte er: 1854 sank die *Arctic* infolge einer Kollision an Neufundlands Cap Race, und kurz danach verschwand ihr Schwesterschiff, die *Pacific*, spurlos. Das öffentliche Vertrauen war dahin, und der von den Südstaaten beherrschte Kongreß nahm das als willkommenen Vorwand, die Subventionen zu streichen. Gegen 1860, kurz vor dem amerikanischen Bürgerkrieg, verloren die Vereinigten Staaten das Interesse an der Atlantik-Schiffahrt, was auch nach dem Krieg noch einige Jahrzehnte lang so bleiben sollte. Die Amerikaner waren mit der Erschließung des Westens beschäftigt, und die ingenieurstechnischen Prioritäten galten dem Ausbau der Eisenbahn. Die Schiffe, die sie bauten, waren für die Binnengewässer bestimmt, nicht für den Ozean.

Im 19. Jahrhundert bestand der größte Beitrag Amerikas im Bereich der Atlantik-Dampfschiffe in der Regelung der Schiffsrouten. Matthew Maury, ein Marineleutnant, der im Hydrographic Bureau in Washington arbeitete, unterbreitete 1855 eine Reihe von Routen-Empfehlungen, um speziell für die neuen Expreßliner Hochgeschwindigkeits-Seestraßen zu schaffen. Sie waren zwar etwas länger als die direkteren Routen, aber mit jeder Kollision inmitten des Ozeans wurde den Schiffseignern ihre Sinnfälligkeit deutlicher. Bis heute sind Maurys Routen allgemein anerkannt.

Zwar erwies sich die amerikanische Konkurrenz für Cunard als gefahrlos, doch die vom Kontinent ausgehende war dafür um so größer. Zwischen 1856 und 1862 wurden drei neue Gesellschaften gegründet: die deutsche Hamburg-Amerika Linie, der Norddeutsche Lloyd und die Compagnie Générale Transatlantique (CGT), international als French Line bekannt. Aber Englands technische Kompetenz war so groß, daß alle rivalisierenden Gesellschaften ihre Schiffe in England bauen ließen. Englands Vormachtstellung auf See war an sich nicht erstaunlich, da sie eine lange Tradition besaß. Nelsons Sieg über die Franzosen bei Trafalgar war lediglich eine Bestätigung für Großbritanniens angeborenes Talent für alles, was die See betraf – was ja verständlich ist, da kein Ort in England mehr als siebzig Meilen vom Meer entfernt liegt. Politische Stabilität, reiche Kohlen- und Eisenvorräte, hervorragende internationale Verbindungen und ein Empire, das dringend nach Waren verlangte – diese Vorteile trugen dazu bei, daß England vor allen anderen Ländern eine industrielle Revolution erlebte, und begünstigten den weiteren Aufschwung in der Friedenszeit nach dem Wiener Kongreß.

Die Historiker nennen diese Zeit »Pax Britannica«. In jener Epoche verwalteten die Briten das größte Kolonialreich der Welt mit der gleichen Begeisterung, die ihre Ahnen bei seiner Eroberung an den Tag gelegt hatten. Ein ungeschriebenes Gesetz scheint nordisches Temperament mit erfolgreicher Kolonisierung gleichzusetzen. England und Holland bildeten Reiche, die auf Handel gründeten und weniger auf Habgier, wogegen ihre südlichen Rivalen Frankreich und Spanien dazu neigten, ihre Schätze aus Übersee zu verschleudern. Lange bevor Francis

Drake die Armada besiegte, herrschte zum Beispiel in Madrid eine ernste Wirtschaftskrise.

Der Londoner Kristallpalast mit seinen Exponaten demonstrierte vielleicht nicht soviel künstlerisches Feingefühl wie der Escorial oder Versailles, aber das Prinzip, das er verkörperte, erwies sich als weitaus flexibler. Das Gebäude, das ausschließlich aus Eisen und Glas bestand, war repräsentativ für das neue Zeitalter. Wohl ahmte es die Vergangenheit nach, doch gleichzeitig hob es auch die grenzenlosen Möglichkeiten der Zukunft hervor. In Einklang mit Napoleons despektierlicher Bemerkung festigten die Engländer ihr Image als eine »Nation von Krämern«. Doch bei ihren Geschäften handelte es sich nicht nur um den Einzelhandel; sie verkauften auch Maschinen. Die Ingenieure waren die neuen Propheten und wirkten mit Hilfe der sich schnell entwickelnden Technik an Eisenbahnen, Brücken, Tunnels und Schiffen Wunder.

Was die neuen Schiffe betraf, machten die Erträge aus dem Amerika-Verkehr die Innovation zu einem kalkulierbaren wirtschaftlichen Risiko. Die größten, schnellsten und grandiosesten Schiffe wurden ausschließlich für den Atlantikdienst gebaut, was zur Folge hatte, daß sich die Perfektion von Schiffskonstruktion und Antriebssystemen beschleunigte. Das Schaufelrad verschwand und wurde durch die Schiffsschraube ersetzt. Skeptische Mitglieder der Admiralität ließen sich erst überzeugen, als sie ein Tauziehen zwischen zwei Schiffen miterlebten. Das eine war mit dem konventionellen Schaufelrad, das andere mit der neuen Vorrichtung ausgestattet.

Fast zum selben Zeitpunkt weigerten sich die Marineminister, ein Eisenschiff zu genehmigen, denn kein Geringerer als der Herzog von Wellington hatte ihnen zu verstehen gegeben, daß ein Schiff aus Eisen nicht schwimmen könne. Sie waren außerdem davon überzeugt, daß es weniger Schutz gegen Gewehrschüsse bot als ein Schiff aus Holz. Aber da sie der Schraube zugestimmt hatten, mußten sie letzten Endes auch akzeptieren, daß sich diese in einem Schiffsrumpf aus Eisen befand, denn Holz konnte dem Unterwasserdruck der Schrauben nicht standhalten.

Um die Jahrhundertwende befuhren die größten Handelsschiffe der Welt – die einem halben Dutzend geschäftstüchtiger Reedereien gehörten – den Atlantik. Ob die Eigner es zugaben oder nicht: Jede neue Schiffsklasse, die sie bauten, war als konkrete Reaktion auf die Herausforderung eines Rivalen konstruiert. Das prägte den Wettbewerb auf dem Atlantik. Der Eifer, mit dem er betrieben wurde, bewirkte eine bemerkenswerte Entwicklung innerhalb der kurzen Zeitspanne von sechs Jahrzehnten. Obwohl die Transportkapazitäten und die Geschwindigkeit der Schiffe in der Zeit vor 1900 einen sprunghaften Aufschwung erfuhren, waren die Schiffe, die danach gebaut wurden, noch weit aufsehenerregender.

Du kannst noch heut abend reisen, wenn du willst,
den Ozean queren, nur dank ein paar Schrauben
und siebzigtausend Pferden im Galopp!
Der schnelle Liner wartet auf dein Wort!
Die Mauretania *liegt noch am Kai,*
bis der Kapitän den Hebel umlegt, dann
geht die neunstöckige Monsterstadt in See.

RUDYARD KIPLING,
»THE SECRET OF THE MACHINES«

2.

Ein Schiff entsteht – der Bau der *Mauretania*

Die *Mauretania* war nicht die erste, aber gewiß die berühmteste Vertreterin einer neuen Art von Passagierschiffen, die zu Beginn des 20. Jahrhunderts gebaut wurden. Ihren Namen umgab stets eine besondere Aura von Erfolg und Prestige. Der *Lusitania,* ihrem Schwesterschiff, war weniger Glück beschieden: Sie wurde nach nur achtjährigem Einsatz 1915 von einem deutschen Unterseeboot versenkt. Die beiden nahezu identischen Schiffe, die nur drei Monate nacheinander vom Stapel liefen, wurden auf entsprechend unterschiedliche Weise zum Mythos. Während die *Lusitania* heute als Inbegriff der Tragödie gilt, wandelte sich die *Mauretania* in eine Atlantiklegende und wurde das goldene Schiff der Cunard Line.

Aus diesem Grund halte ich es für angemessen, ihren Ursprung, Entwurf und Bau als Beispiel für die Entstehung eines Expreßpassagierschiffs für den Atlantik zu schildern.

1901 wandte sich J. P. Morgan von den amerikanischen Eisenbahnlinien ab und beschloß, die rücksichtslosen finanziellen Geschäftspraktiken auf die Atlantikschiffahrt zu übertragen. Zu dieser Zeit herrschte ein katastrophaler Frachtraten-Krieg, wodurch Morgan rasch die Kontrolle über mehrere Linien errang, unter ihnen Dominion, Atlantic Transport, National, Shaw Savill & Albion, Red Star und 25 Prozent der Holland-Amerika Line. Besonders alarmiert zeigten sich die britischen Reeder, als er die White Star Line übernahm, den großen Rivalen der Cunard Line. Gesellschaften, die sich nicht der gemeinsamen Flagge der International Mercantile Marine anschlossen, wie Morgan seine Gesellschaft passenderweise bezeichnete, waren in der Regel gern bereit, mit ihm Frieden zu schließen. Nur die Cunard- und die French Line gehörten nicht dazu.

Dieser beeindruckende Trust mit seinen scheinbar unerschöpflichen Kapitalreserven sollte am Ende untergehen. In den ersten Jahren nach seiner Gründung sorgte er in Großbritannien allerdings für beträchtliche Unruhe. Es verbreitete sich das Gerücht, daß das britische Marineministerium mit dem Verkauf der White Star Line wertvolle bewaffnete Handelsschiffe für den Kriegsfall einbüße. Ein Imperium, das nicht über ausreichende Mittel verfügte, seine Regimenter über den Ozean zu verschiffen, wäre erbärmlich schutzlos. Aus diesem Grund trat Lord Inverclyde, der Präsident der Cunard Line, an die Regierung Balfour heran und ersuchte sie um Unterstützung für den Bau von zwei Expreßlinern mit einer Geschwindigkeit von wenigstens $24^1/_2$ Knoten. Der Vorschlag enthielt weitere Einzelheiten, die für die Royal Navy von besonderem Interesse waren, wie einen doppelten Schiffskörper, eine umfassende wasserdichte Unterteilung, verstärkte Decks für die Montage von Kanonen und die Errichtung von Kohlenbunkern, um den Maschinenraum vor Schwelbränden zu bewahren. Unausgesprochen verfolgte man die Absicht, das Blaue Band vom Norddeutschen Lloyd zurückzuerobern. 1903 besaß diese deutsche Reederei die vier schnellsten Schiffe auf dem Atlantik, ein mit dem Seefahrerstolz der Briten kaum zu vereinbarender Zustand.

Das Parlament bewilligte die Unterstützung und erteilte zwei Schiffswerften den Auftrag: Die John Brown Company sollte am Fluß Clyde die *Lusitania* bauen und die in Newcastle-upon-Tyne angesiedelte Werft Swan, Hunter & Wigham Richardson die *Mauretania.* Swan Hunter war der Ansicht, daß die in den Wassertanks des Marineministeriums in Haslar durchgeführten Tests des Schiffskörpers nicht genug Aufschluß boten, und ließ seine Schiffszimmerleute ein elektrisch betriebenes Modell im Maßstab 1:16 mit einer Länge von 15 Metern anfertigen. Es bot vier Passagieren Platz und wurde auf einem ruhigen Abschnitt des Tyne in der Nähe der Northumberland Docks ausgiebig erprobt. Nach einer Versuchsperiode von zwei Jahren waren die geduldigen Ingenieure überzeugt, den geeigneten Schiffskörper für diesen Auftrag entwickelt zu haben. Er sollte vier Schiffsschrauben mit einer Leistung von jeweils mindestens 20 000 PS besitzen.

Die geplante Länge der *Mauretania* überstieg die Breite des Flusses, in dem sie zu Wasser gelassen werden sollte. Indem sich die Schiffsbautechniker eine günstige Krümmung des Tyne zunutze machten, konnten sie, wenn auch nur auf dem Papier, eine Fahrrinne von 360 Metern Breite garantieren. Dies wurde als ausreichend betrachtet, und so bereitete man den Liegeplatz vor. 16 000 Pfähle wurden am Ufer in den Boden gerammt. Darüber legte man ein Gitter aus Pitchpinebalken, die mit einer 15 Zentimeter dicken Lage Eichenholz bedeckt wurden. Drei Reihen von Blöcken liefen entlang des nivellierten Bodens. Die in der Mitte angeordnete längste Blockreihe würde den Kiel während seines Aufenthalts zu Land unterstützen, die beiden kürzeren Reihen an beiden Seiten sollten die Kimmkiele tragen. Die Rampe, über die das Schiff ins Wasser gleiten würde, sollte erst kurz vor Vollendung des Rumpfes errichtet werden. Eine Dachkonstruktion aus Eisen und Glas schützte gegen die strengen Winter von Northumbria. Die Unterseite des Daches war mit Bogenlampen gespickt und mit mehreren Kränen versehen, die einzeln oder paarweise die bereits am Boden vorbereiteten gigantischen Stahlsektionen heben konnten. Die *Mauretania* würde nicht in einer Halle, aber unter einem schützenden Dach gebaut werden.

Der Stapellauf stellt üblicherweise den gefährlichsten Moment im Leben eines Schiffs dar. Sobald die letzten Stopper weggeschlagen sind, gleitet es in flotter werdendem Tempo abwärts – langsam genug, um vor dem Aufprall am anderen Ufer unter Kontrolle gebracht zu werden, und schnell genug, um die auf dem Weg lauernden Gefahren rasch hinter sich zu bringen. Auf der vierzig Sekunden langen Fahrt über die Helling war der Schiffskörper ähnlichen Belastungen ausgesetzt wie später bei schwerer See. Bevor das in Bewegung befindliche Heck tief genug in das Wasser eintaucht, um zu treiben, hängt es schwerfällig und ohne Stütze über der Wasseroberfläche und setzt den Schiffskörper einem negativen Moment aus. Sekunden später, wenn der Auftrieb zu wirken beginnt, kehrt sich die Belastung dramatisch um. Nun hängt das Mittelschiff ungestützt in der Luft. In diesem Augenblick, wenn das Schiff nur teilweise im Wasser liegt und sich in dem gefährlichen Niemandsland zwischen Naß und Trocken befindet, besitzt der Rumpf wenig Stabilität, und es besteht die Gefahr, daß es kentert.

Somit würde die *Mauretania* während ihres Stapellaufs einen konzentrierten Abriß all ihrer zukünftigen Belastungen erfahren. Die Schwierigkeiten beim Bau dieses neuen Schiffs bezogen sich nicht auf die genannten Probleme, denn diese waren allgemein bekannt, sondern auf seine außergewöhnlichen Dimensionen. Die Konstrukteure würden mit bisher nie dagewesenen Gefahren kämpfen müssen. Auch das Wissen, daß ein einmal eingeleiteter Stapellauf nicht mehr aufzuhalten ist, bevor das gesamte Schiff auf dem Wasser treibt, bot nicht gerade Trost.

Mit der Kiellegung folgte der erste feierliche Augenblick im Leben jedes Schiffs. Sie kennzeichnete den Start des Zusammenbaus. Der Kiel bildete das unsichtbare, aber entscheidende Rückgrat des Schiffs. Er sprang nicht seitlich des Rumpfes hervor, stellte jedoch das wichtigste strukturelle Einzelelement dar. Von ihm aus begann das Schiff zu wachsen. Ohne oder mit einem fehlerhaften Kiel hätte das Schiff nicht überleben können. Seine Höhe gab den Abstand zwischen Innen- und Außenhaut vor, auf den das Marineministerium in weiser Voraussicht bestanden hatte.

Auf der riesigen Fläche des Schnürbodens wurden die Pläne der *Mauretania*

Die *Deutschland* der Hamburg-Amerika Linie gewann im Jahr 1900 das Blaue Band. Trotz ihrer im Grunde unpraktischen Konstruktion ist sie ein typisches Beispiel für die starke deutsche Konkurrenz. Damit verwies Deutschland Großbritannien zur Jahrhundertwende auf den zweiten Platz. (*The Peabody Museum of Salem*)

auf ihre wahren Dimensionen im Maßstab 1:1 abgenommen. Im Hochofen des Spantenbiegers erhitzte man die U-förmigen Stahlelemente bis zur Weißglut, hob sie heraus und schmiedete sie nach den Angaben der originalgroßen Pläne bis zu ihrer genauen Form. Zu den zahlreichen Fähigkeiten der Spantenbieger zählte die Abschätzung, in welchem Maß sich die Spanten während des Abkühlens strecken würden. Um exakt dieses Maß mußte der Stahl überbogen werden. Die Backbord- und Steuerbordpaare derselben Spanten wurden unmittelbar nacheinander gefertigt und übereinandergelegt, um absolute Gleichheit zu garantieren. Danach transportierte man sie zum Montageplatz und befestigte sie mit einem Abstand von genau 81,3 Zentimetern am Doppelboden. Sie wurden vom Heck aus numeriert und erhielten Koordinaten innerhalb der Geographie des Schiffs.

Stahlplatten von mehr als 2,5 Zentimetern Dicke bildeten die Außenhaut der Konstruktion. Einige besaßen eine Länge von mehr als 15 Metern und wogen fünf Tonnen. Sie wurden vom Stahlwerk in Übergröße angeliefert und anhand von Holzduplikaten gefertigt. Diese Duplikate wurden am Spantengerüst selbst angelegt und auf ihre präzise Größe zugeschnitten. Im Plattenwerk wurden die Löcher für die Nieten auf den Stahl übertragen und die einzelnen Platten, an Kränen hängend, zu einer Reihe von Maschinen transportiert, die sie in ihre erforderliche Form hämmerten, bogen und zwangen. Die Kanten wurden von einem Dampfhobel auf das gewünschte Maß gebracht, der Spiralen silbernen Materials abschälte, als handelte es sich um kalte Butter. Prägemaschinen stanzten jeweils zehn Nietlöcher zugleich unter die sauber gearbeitete Kante. Unter dem kritischen Blick des Plattenwerkleiters wurden die Platten anschließend auf den Montageplatz zurückbefördert und aufgehängt.

Vier Millionen Weicheisennieten benötigte man für den Zusammenbau des Schiffskörpers und der Aufbauten der *Mauretania.* In der Werft wurden ölbefeuerte Hochöfen auf Rädern entwickelt, die gleichzeitig Dutzende dieser Nieten erhitzen konnten. Man zog sie aus diesen Hot-Boxen und warf sie den sogenannten Fängerjungen zu, die sie mit einem dicken Lederfausthandschuh auffingen. Die Niete wurde in eine Zange eingesetzt, über das ausgerichtete Nietloch gehalten und von dem Gegenhalter eingeschlagen. Anschließend brüllte der Nieter seinem Kollegen auf der anderen Seite der Platte einen Befehl zu und stemmte sich gegen den Nietenkopf. Der Nieter im Inneren des Schiffskörpers bearbeitete daraufhin den glühenden Schaft mit einem pneumatisch betriebenen Niethammer, der die Spitze zu einem groben Gegenstück des runden Kopfes abflachte und verbreiterte. Während des Abkühlens schrumpfte die Niete und zog die Platten dichter zusammen.

Die Stahlplatten benötigten im Gegensatz zu den Holzplanken, die sie ablösten, kein zusätzliches Dichtungsmaterial. An vielen Stellen des Schiffskörpers war ausreichend Raum vorhanden, um schwere Lochnieter einzusetzen. Diese Nietmaschinen ähnelten zwei Meter großen Riesenhummerscheren, die von den Auslegern eines Krans herabhingen. In einer einzigen krampfartigen, zischenden

Zuckung schlugen sie einen Nietenkopf mit einem Druck von fünfzig Tonnen platt. Große Bereiche der Schiffskörperplattierung wurden eigens für den Einsatz dieser zeitsparenden Konstruktionsmethode entworfen. In engen Räumen, wo sich die Spanten einander annäherten, nietete man in der Regel weiterhin mit der Hand.

Sowohl die *Lusitania* als auch die *Mauretania* sollten von einer neuartigen Maschinenanlage angetrieben werden, die erst kurz zuvor versuchsweise in einigen wenigen kleinen Schiffen eingebaut worden war. Diese bedeutsame Entscheidung wurde so spät getroffen, daß der Bau des hinteren Teils der Schiffe zugunsten des Vorderteils aufgeschoben wurde. Bei dem neuen Antrieb handelte es sich um eine Dampfturbine. Ihre Perfektionierung und Anwendung in der Schiffahrt ist der einzigartigen Leistung eines Mannes namens Charles Parsons zu verdanken.

Der ehrenwerte Charles Parsons war ein Kind der spätviktorianischen Ära, eine Mischung aus Gentleman und Ingenieur. Als Sohn von Lord Rosse, einem Astronom und Mitglied der Königlichen Akademie der Naturwissenschaften, wuchs er in einem großen und komfortablen Haus auf, in dem eine Atmosphäre von wissenschaftlicher Neugier und Leistungsdrang herrschte. Eine frühe Sepiaphotographie zeigt den Knaben Charles stolz an der Seite eines selbstgefertigten Hubschraubermodells. Diese bereits in der Kindheit erworbene Geschicklichkeit ist dafür verantwortlich, daß er sich in seiner späteren Tätigkeit als Ingenieur nicht scheute, die Ärmel aufzukrempeln, sich die Hände schmutzig zu machen und mit seinem Arbeiterstab gemeinsam gegen eine widerstrebende Maschine anzukämpfen. Er überbrückte die Kluft zwischen Entwurfsbüro und Werkstatt und war in beiden überaus beliebt.

Nach dem Studium in Cambridge begann er eine glanzvolle Karriere. In seiner Beschäftigung mit Turbinen spiegelte sich seine Besessenheit für thermische und mechanische Leistungsfähigkeit wider. Er war davon überzeugt, daß eine funktionstüchtige Turbine ein gefährlicher Rivale für die Kolbendampfkraftmaschine sein konnte. (Eine nachfolgende Generation von Ingenieuren sollte diesen Prozeß durch den Ersatz des Flugzeugkolbenmotors durch Düsenantriebe wiederholen.) Die Turbine war lange vor Parsons' Zeit entwickelt worden, doch niemand hatte ihr Potential bislang wirklich genutzt. Das Prinzip ist zeitlos und findet sich in seiner einfachsten Form in einer Windmühle. Ein Dampfstrom trifft mit hohem Druck auf ein mit Stahlschaufeln versehenes Rad. Parsons verwendete für sein erstes Modell eine Garnspule seiner Frau und ein paar Pappstücke. Auf diese einfache Konstruktion sollte ein rasanter Fortschritt folgen.

1884 entwickelte Parsons eine Turbine mit 18 000 Umdrehungen pro Minute. Als er erkannte, daß der Dampf, nachdem er das Rad in Bewegung gebracht hatte, noch mit Energie geladen war, verlängerte er die Turbinenwelle und fügte eine Reihe hintereinander angeordneter Räder hinzu. Da der Dampf auf seinem Weg von einem Rad zum nächsten an Druck verlor, vergrößerte er stufenweise den Durchmesser jedes nachfolgenden Rades. So erleichterte er die Aufgabe des

Als erster Prototyp der Cunard Line wurde die am Clyde gebaute *Lusitania* in Dienst gestellt. Die obige Abbildung zeigt sie im September 1907 beim Festmachen an der Pier der Cunard Line an der 14. Straße in Manhattan. (*Druck- und Fotoabteilung, Library of Congress*)

Der Schiffskörper der *Mauretania* nimmt Form an. Man beachte den von der Werft entwickelten Ofen zur Erhitzung der Nieten und die massiven Greifer der pneumatischen Nietmaschine rechts unten, gekennzeichnet mit »5–6«. Weiter vorne erhebt sich die innere Schutzhülle der Kohlenbunker. (*Engineering*)

immer kraftloser werdenden Dampfes durch eine größere Schaufelfläche und ein höheres Drehmoment.

Parsons nutzte hier das seit langem in Dampfmaschinen verwendete Prinzip des Energieerhalts. Der Begriff »Dreifachexpansionsmaschine« bedeutet schlicht, daß der Dampf aus dem ersten Zylinder mit geringerem Druck in größeren Zylindern zweimal wiederverwendet wird. Die Effektivität seiner Anwendung lag in der relativen Einfachheit der Maschine. Sie besaß nur einen beweglichen Teil mit hoher Leistungskraft für Geschwindigkeit. Vibrationen und die üblichen Geräusche fehlten; das donnernde Klappern der Dampfmaschine wurde von einem fremdartigen Heulen ersetzt. Zwei Jahre später setzte der Polizeipräsident von Gateshead einen von Parsons Turbogeneratoren zur nächtlichen Beleuchtung eines Eislaufteichs ein. Dieser Apparat wurde noch mit einem Pferd als Antriebskraft geliefert.

1894 gründete Parsons seine eigene Gesellschaft, die Marine Steam Turbine Company, mit dem ausdrücklichen Ziel, das erste Turbinenschiff der Welt zu bauen. Was nach mehreren arbeitsreichen Monaten die Werkhalle verließ, war ein schwimmender Versuchsstand: ein bleistiftdünnes Boot von dreißig Metern Länge und drei Metern Breite mit einem Gesamtgewicht von 44 Tonnen. Es wurde von einer beeindruckenden Anordnung von neun, auf drei Wellen verteilten Schaufelrädern angetrieben, die jeweils mit einer Turbine verbunden waren. Um einen exzessiven Trimm bei hohen Geschwindigkeiten zu vermeiden, wurde die Unterseite des Schiffs im rückwärtigen Teil abgeflacht, eine gewaltige Innovation in diesen Tagen. Parsons taufte seine Schöpfung *Turbinia* und erprobte sie sowohl am Tyne als auch vor der Küste von Northumberland.

Im Sommer 1897 waren seine Versuche abgeschlossen. Zufällig fand zu dieser Zeit eine Flottenparade in Spithead statt, eine maritime Selbstbeweihräucherung zu Ehren des diamantenen Jubiläums von Königin Viktoria. Die gesamte britische Heimatflotte und gefahrlos abziehbare überseeische Geschwader fuhren in zwei imposanten Reihen auf, die vom Prinzen und der Prinzessin von Wales vom Quarterdeck der königlichen Jacht *Victoria and Albert* inspiziert wurden.

Im Juni des Jubiläumsjahres wurde die *Turbinia* heimlich die Küste von Newcastle entlang gelotst, eine gefährliche Reise für ein Schiff, dessen tatsächlicher Freibord nur wenige Zentimeter betrug. Diese Reise nach Süden, vorbei an der Landzunge von East Anglia, der Mündung der Themse und entlang der Küste bis Portsmouth, wurde nicht angekündigt; man wahrte Geheimhaltung. Parsons und seine Mannschaft waren genau im richtigen Augenblick bereit. Später schrieb er: »Wer an ein Prinzip glaubt, darf es nicht durch einen schwachen Auftritt schädigen. Es ist notwendig, den ganzen langen Weg zu gehen. Ich mußte die Menschen verblüffen.« »Verblüffen« war das passende Wort.

An diesem prachtvollen Sommertag drängten sich unzählige kleine Boote in Spithead um einen guten Platz für die königliche Parade. Die Reihen von Großkampfschiffen standen einander mit gehißten Signalflaggen gegenüber. Auf den

Links: Die *Turbinia* durchschneidet mit Parsons am Ruder in Höchstgeschwindigkeit die Nordsce. (*Science Museum*) Unten: Das Porträt eines Eindringlings. Das weltweit erste turbinenbetriebene Schiff stürmt im Sommer 1897 durch die königliche Flotte bei Spithead. (*The Mariners Museum, Newport News, Virginia*)

Kasematten und in der Takelage wimmelte es von Seeleuten in Ausgehuniform. Aus Portsmouth näherte sich die königliche Jacht. Der Prinz stand in der Uniform eines Großadmirals auf dem Quarterdeck. Sobald die Jacht in das Spalier einschwenkte, spielte das Orchester jedes passierten Schiffs die Nationalhymne, und ein dreifaches Hoch erklang von der Mannschaft. Prinz Edward erwiderte den Gruß und fuhr die Reihe ab. Marineposten patrouillierten hinter der Jacht und vertrieben sämtliche Eindringlinge – bis auf einen, der sich jedem Versuch, ihn abzufangen, erfolgreich entzog.

Unter dem Heck eines französischen Kriegsschiffs schoß die *Turbinia* in die Fahrrinne hinein und jagte im Kielwasser der schwerfälligen *Victoria and Albert* dahin. Parsons gab den Befehl »Volle Kraft voraus!«, und die kleine *Turbinia* zog dröhnend und rauchend und gefolgt von einer sieben Meter langen Flamme aus dem Schornstein an der erstaunten königlichen Gesellschaft vorüber. Kein Schiff konnte mit ihr mithalten, geschweige denn sie stoppen. Einem der Marineposten, der es versuchte, wurde das Hoheitszeichen abgerissen. Zum Vergnügen der Mitglieder von Parsons' Mannschaft entledigte sich der erschreckte Befehlshaber des Degens und des Gürtels und machte sich bereit, sein Schiff zu verlassen. Bei einem Ausweichmanöver löste sich das an einem Tau befestigte Beiboot von der *Turbinia* und bohrte sich wie ein Torpedo in die Flanke einer französischen Jacht. Glücklicherweise war der darauffolgende englisch-französische Wortwechsel nicht bis zur Terrasse von Osborne House auf der Insel Wight zu hören, von wo aus der König den unverschämten Auftritt durch ein Teleskop beobachtete.

Die *Times* bemerkte am folgenden Montag, daß »die Gesetzlosigkeit der *Turbinia* durch die Neuartigkeit und Bedeutung der in ihr eingesetzten Erfindung entschuldigt werden« könne. Die *Daily Mail* prophezeite: »Wenn es dieser Knirps von einem Turbinenboot jemals zu etwas bringt, ist die Zeit all dieser schwarz-gelben Seeungeheuer abgelaufen.« »Die *Turbinia,* das schnellste Schiff der Welt, stellte sich auf dreisteste Weise vor, indem sie hinter der königlichen Prozession hin und her schoß, besser gesagt, flog«, berichtete *Graphic.*

Parsons beendete seine Wettfahrt und steuerte auf den Niedergang des Liners *Teutonic* zu, um Thomas und Bruce Ismay zu einer Testfahrt an Bord zu nehmen. Vater und Sohn, die das Geschick der White Star Line in Händen hielten, waren von der Schnelligkeit der *Turbinia* begeistert und gleichzeitig ein wenig beunruhigt. Mit einer Geschwindigkeit von annähernd 40 Knoten über das Wasser zu eilen war in dieser Zeit eine neuartige Erfahrung. Später an diesem Tag signalisierte Prinz Heinrich von Preußen, der Bruder des Kaisers, vom Kriegsschiff *König Wilhelm* aus, daß er ein Gespräch mit Parsons wünsche. Parsons' kühne werbetechnische Meisterleistung mündete in einen unglaublichen Triumph und bewies die unzweifelhafte Überlegenheit seiner Erfindung.

Innerhalb kürzester Zeit baute die königliche Marine zwei Versuchszerstörer, die mit Parsons' Maschine angetrieben wurden. Die beiden Passagierschiffe *Victorian* und *Virginian* der Allan Line waren die ersten turbinenbetriebenen

Handelsschiffe auf dem Atlantik. Der immer vorsichtige Cunard stellte mit der *Caronia* und *Carmania* zwei Schiffe in Dienst, die den Spitznamen »die hübschen Schwestern« erhielten. Sie waren identisch, mit Ausnahme ihrer Antriebe: Die *Carmania* besaß die neuen Turbinen, während ihr Schwesterschiff mit den konventionellen Dampfmaschinen angetrieben wurde. Nach einer sorgfältig aufgezeichneten Saison stellte sich heraus, daß die *Carmania* im Durchschnitt um einen Knoten schneller fuhr und dies bei gleichem Kohlenverbrauch.

Somit war das Risiko, Antriebsanlagen in die *Lusitania* und *Mauretania* einzubauen, die noch in der Versuchsphase steckten, wirtschaftlich gerechtfertigt. Angesichts der bisher noch nicht erreichten Größe der Schiffe war es jedoch ein Spiel mit möglicherweise verheerenden Folgen. Sollten die Maschinen aus irgendeinem Grund im Betrieb nicht funktionieren, wäre der notwendige Umbau ein schwerer Schlag für das öffentliche Vertrauen. Die eigens ernannte Sonderkommission, die dem Vorstand der Cunard Line riet, mit dieser neuen Technologie fortzufahren, tat dies in dem Wissen, daß es keine Alternative gab: Die Größe der Schiffe, die an die neuen Giganten gestellten Anforderungen und ihr beabsichtigter Dienstplan machten den Einsatz der Turbinen notwendig.

Die Entscheidung wurde in der Swan-Hunter-Werft mit Freude aufgenommen; die Arbeiten am hinteren Teil des Fahrzeugs konnten fortgeführt werden. Langsam formte sich das Schiff. Aus dem Durcheinander von Druckschläuchen, Stahlplatten und auf Rädern verschobenen Öfen erhob sich ein monströses Skelett, von dessen auf dem Boden aufliegendem Rückgrat ein Wald von Rippen in die verrauchte Luft emporstach. Die Arbeiter der oberen Decks fuhren mit einem elektrischen Lift am *Tumble Home* vorbei. Dieser Begriff, einer der malerischsten in der Schiffsbauarchitektur, beschreibt die Verringerung der Decksweite des Mittschiffs oberhalb der Wasserlinie. Sobald jede Planke und Plattenreihe befestigt war, wurde ein Gerüst errichtet, über das eine mit Rädern versehene Preßluft-Schneidemaschine wie ein gewaltiger Keksschneider rollte, deren sich drehender Stahleinsatz die Bullaugen anzeichnete und ausschnitt.

Einzelne Konstruktionselemente wurden in anderen Teilen Großbritanniens fertiggestellt. Riesenhafte Stahlgußstücke der Heckspanten zur Stützung der Schwanzwellen wurden in Darlington gegossen und auf ihre Widerstandsfähigkeit geprüft, indem man sie auf einen Betonboden fallen ließ. Der Transport über die etwa sechzig Kilometer lange Strecke nach Wallsend stellte sich als nahezu ebenso schwierig heraus wie ihre Herstellung. Sie wurden an einem Sonntag morgen auf Tieflader verfrachtet, die sie an allen Kanten überragten, und mit einer Geschwindigkeit von kaum mehr als acht Kilometer pro Stunde befördert. Am späten Nachmittag erreichten sie schließlich das Nebengleis der Eisenbahnlinie, die London mit dem Nordosten des Landes verband und an der Werft vorüberführte.

Die walisischen Werkstätten der Brown Lenox Company fertigten unzählige Meter der längsten jemals produzierten Ankerkette. Drei Kettenglieder wurden später im Prüfinstitut von Lloyds einem »Zerstörungstest« unterzogen. Die sechzig Zentimeter langen Glieder erwiesen sich als unzerstörbar, wenn sie sich auch unter einer Zugbelastung von 350 Tonnen um 2,5 Zentimeter streckten. Die Schrauben wurden im wahrsten Sinne des Wortes zusammengesetzt. In diesen Tagen zogen es die Schiffbauer vor, die Schaufeln mit Bolzen an einer zentralen Welle zu befestigen. Die Schrauben besaßen dadurch zwar eine überraschend geringe Widerstandskraft, und die einzelnen Blätter splitterten häufig oder wurden gänzlich abgetrennt, aber es war kostengünstiger und einfacher, ein Schaufelblatt zu ersetzen als die gesamte Einheit.

Zwischen den drei Balkenreihen unterhalb des Schiffskörpers begannen die Zimmerleute mit der Errichtung eines Stapellaufgerüsts auf der Hellinganlage. Sie erfüllten ihre Aufgabe in einer wenig komfortablen Umgebung – es war unmöglich, sich aufzurichten, und der Lärm, den die Stahlarbeiter an den Stahlplatten machten, hallte über ihren Köpfen wider. Als ihre Arbeit vollendet war, hatte sich die laute Höhle mit einer komplizierten Holzkonstruktion gefüllt. Ein Bereich des Gerüsts würde als Teil dieser Gleitanlage fest am Boden der Montagehalle verankert bleiben, während sämtliche beweglichen Teile mit der *Mauretania* in den Tyne rutschen würden. Die Lageroberfläche zwischen den festen und beweglichen Teilen der Hellinganlage wurde mit einer rutschigen Mischung aus heißem Talg und weicher schwarzer Seife bestrichen. (Der Stapellauf großer Passagierschiffe fand in Nordeuropa ausnahmslos in den warmen Monaten statt, damit der maximale Nutzungsgrad dieses Gleitmittels garantiert war.) Obwohl der Stapel eng am Schiffskörper errichtet war, hatte man in seine Konstruktion eine mit Eichenkeilen gefüllte horizontale Spalte eingebaut. Am Tag des Stapellaufs würden die Keile tiefer in die Spalte geschlagen werden, damit sich der gesamte Stapel vertikal um nur wenige Zentimeter dehnte. Dies genügte, um den 16 000 Tonnen schweren Schiffskörper aufzubocken und ihn von den Kielstapeln zu lösen.

Jeder Teil des Stapels reichte bis in die Schlittenständer hinauf. Der vordere Schlittenständer bestand aus einer kompakten Masse von Holzbalken, die mit Stahlseilen zusammengebunden waren und deren Griff bis hoch unter den Bogen des Bugs reichte. Diese massive Umklammerung allein würde das Gewicht des Schiffskörpers während des Stapellaufs aufnehmen und das Schiff vor dem Kentern bewahren müssen. Die hinteren Schlittenständer erhoben sich unter dem Heck und umfaßten die Außenhaut des Schiffs an der Stelle, an der die beiden inneren Schraubenwellen aus dem Rumpf traten. Der gesamte Stapel war ein Wunder höchster Zimmermannskunst.

Sobald sich das Schiff im Wasser befand, mußte es gestoppt werden, ehe es das gegenüberliegende Ufer rammte. Zu diesem Zweck wurden an beiden Seiten des Montageplatzes fünf U-förmige Kettenstapel angeordnet, wobei die offene Seite des U zum Wasser ausgerichtet war. Jeder der achtzig Tonnen schweren Stöße bestand aus alten Ankerkettengliedern, die zu stabilen Bündeln zusammengefaßt waren. Das freie Ende war an ein Drahtseil gekettet, das über eine Reihe von Schlingen, die an Leinen aufgehängt waren, zu Halterungen führte, welche vorübergehend an die Flanken des Schiffskörpers genietet worden waren. Erst nachdem die *Mauretania* im Wasser war, sollten diese Schleppketten in Aktion treten. Die Hängeleinen würden planmäßig nacheinander reißen und den ersten Stoß abdämpfen. Auf ähnliche Weise nähme das freie Ende der Kette einen weiteren Teil des anfänglichen Rucks auf, ehe die gesamte Kettenlänge sämtlicher Stapel über den Montageboden gezogen wurde.

Zusätzlich würde der Heckanker der *Mauretania,* der erst kürzlich auf einem Tieflader eingetroffen war, flußabwärts des Docks abgesenkt und im Flußboden festgemacht werden. Am Tag des Stapellaufs lief eine Kette von diesem Anker zum Heck des Schiffs und sorgte für einen weiteren beträchtlichen Bremszug. Daß der Anker genau die vorgesehene Anzahl von Metern durch die schlammige Flußsohle des Tyne gezogen wurde, ist ein Beispiel für den hohen Grad eingesetzter Ingenieurskunst.

Wie die meisten im Freien stattfindenden Zeremonien in Nordengland wurde der Tag des Stapellaufs, der 20. September 1906, durch Regenwetter getrübt. Unterhalb des Bugs war eine Tribüne errichtet worden, in deren Mitte sich eine Miniaturwinde befand, über die der hydraulische Startmechanismus ausgelöst wurde. Vom Topp des Flaggenstocks am Bug hing eine Leine, die um den Hals einer Champagnerflasche geschlungen war. Der Knoten war elegant unter einem mit Bändern geschmückten Blumensträußchen verborgen. Die Herzogin von Roxburghe hatte sich bereit erklärt, die Schiffstaufe vorzunehmen. Im Gegensatz zu einigen späteren Schiffen der Cunard Line war der Name keine Überraschung und prangte bereits gemeinsam mit dem Hinweis auf Liverpool als Heimathafen auf dem weiß bemalten Heck. (Sämtliche Schiffe der Cunard Line erhielten auf »-ia« endende Namen. Zu dieser Zeit bevorzugte der Vorstand Namen römischer Provinzen. So umfaßte die Provinz Mauretanien Teile Marokkos und Lusitania das Gebiet des heutigen Portugal. Später wurde die *Aquitania* gebaut.) Unter dem eleganten Bogen des Hecks hatte man die vier Schiffsschrauben angeordnet, deren gefährliche Kanten von einer Schutzhülle bedeckt waren. Das Ruder war mittschiffs eingebaut.

Obwohl es Donnerstag war, hatten sämtliche Unternehmen in Tyneside ihren Angestellten den Tag freigegeben. Es herrschte Festtagsstimmung. Fliegende Händler machten mit Souvenirkarten und Erinnerungsbüchlein ein ausgezeichnetes Geschäft. Zahllose Schaulustige trafen bereits frühzeitig ein, um sich einen guten Platz für den Stapellauf zu sichern. Nun behinderte die gigantische Halle die Sicht. Tausende warteten stundenlang auf den Gerüsten zu beiden Seiten der Hellinganlage, zufrieden mit einem Blick auf das Heck. Auf den Ballast Hills auf der anderen Seite des Flusses wimmelte es von Zuschauern, die sich trotz des Regens dort zu einem Picknick niederließen. Die Überfahrt über den Tyne war keine einfache Sache, da aus Anlaß des Stapellaufs die Fährfahrt eingestellt worden war.

Oben: Die *Queen Elizabeth 2,* von oben betrachtet, bei ihrem Einlaufen in den Clyde am 20. September 1967. Rechts kennzeichnen die beiden weißen Linien die Hellinganlage desselben Montageplatzes, von dem aus die *Aquitania* und die beiden *Queens* vom Stapel liefen. An beiden Seiten des Schiffs liegen aufgehäufte Schleppketten, die sich während der Abwärtsfahrt des Schiffskörpers zu einer Raute spannen. Das neue Schiff treibt in dem vom Stapellauf noch aufgewühlten Wasser. Ein Stapellauf in einem Fluß bringt erhebliche Gefahren mit sich. So bereitete schon 61 Jahre zuvor den Erbauern der *Mauretania* die Nähe des gegenüberliegenden Tyne-Ufers große Sorgen. (*Foto des britischen Verteidigungsministeriums, Crown Copyright Reserved*)

Rechts: Parsons Erfindung. Die Mitglieder der Konstruktionsgesellschaft posieren vor einem der Rotoren der Niedrigdruckturbinen für die *Mauretania.* Der Chauffeur wurde auf den Rücksitz verbannt. (*Swan Hunter Shipbuilders Ltd.*)

X-428

Außerdem hatte jeder Kapitän eines Ausflugsbootes sein Fahrzeug für diesen Tag vermietet. Der Fluß war für den normalen Schiffsverkehr gesperrt worden; dennoch drängten sich mit Neugierigen gefährlich überladene Boote auf dem Wasser.

Für die Männer der Swan-Hunter-Werft war dies kein arbeitsfreier Tag. Die Flut würde um 16.30 Uhr ihren Höchststand erreichen, und die erforderlichen Stapellaufvorbereitungen waren bereits eingeleitet worden. Unterhalb der *Mauretania* erklang das Knarren des Schlittens auf dem Eichenholz, während entlang des gesamten Stapels die Keile tief eingeschlagen wurden. So »bockte« man das Schiff »auf«, ein Vorgang, bei dem das Gewicht des Schiffs von den unterstützenden Holzblöcken auf den Stapel verlagert wurde. Nachdem die Kielstapel nahezu zwei Jahre lang das Gewicht der *Mauretania* getragen hatten, waren sie plötzlich überflüssig und blieben nur als Sicherheitsmaßnahme an ihrem Platz. Den ganzen Tag über wurden Spannungsmeßgeräte abgelesen, um jede vorzeitige Bewegung festzustellen. Ein Auslöseschalter war eingebaut worden, damit die Zuschauer auf der Tribüne durch eine elektrische Glocke augenblicklich informiert werden konnten, sobald sich das Schiff zu bewegen begann. Ein Arbeitsteam untersuchte vom Wasser aus den ausgebaggerten Flußabschnitt zwischen den beiden Helgen. Der Teil der Ablaufbahn, der unter dem Heck hervorragte, war als Schutz gegen die Witterung mit Planken abgedeckt worden.

Die von der Werft eingeladenen Gäste begannen ihren Tag mit einem Rundgang durch die Wallsend-Hellinganlage und die neben der Werkhalle befindliche Maschinenwerkstatt. Eine der sechs Turbinen war geöffnet worden und bot einen Blick auf Tausende von glänzenden Stahlschaufelblättern. Parsons war anwesend, ebenso Andrew Laing, der Leiter der Werkstatt. In der provisorischen Pracht der Musterhalle wurde ein üppiges Mittagessen serviert, auf das zahlreiche Reden und Toasts, gespickt mit schwerfälligen edwardianischen Scherzen, folgten. Der Präsident der Cunard Line erinnerte seine Zuhörer spitzbübisch daran, daß die Turbinen noch nicht bezahlt seien (Gelächter), und versicherte, daß Großbritannien den Geschwindigkeitsrekord über den Atlantik zurückerobern werde (Hört, hört!) und der Ruf der Reederei gesichert sei (Jubelrufe). Daraufhin prostete man der Herzogin als Taufpatin zu und überreichte ihr eine große silberne Schatulle, in die das Bild der *Mauretania* eingraviert war.

Ein Auge auf den Himmel und das andere auf seine Uhr gerichtet, drängte Mr. Hunter seine Gäste, die Tafel aufzuheben. Sie versammelten sich im Freien in einer Flotte offener Wagen für die Fahrt zum Schiff. Wie durch ein Wunder hatte es zu regnen aufgehört, und eine bleiche Sonne begrüßte die Festgesellschaft. So setzte sich der aus winkenden und fröhlich plaudernden Vorstandsmitgliedern, Direktoren, Bürgermeistern und deren Gemahlinnen, ausländischen Konsuln (der amerikanische hieß Nixon) und einigen Adelsleuten aus der Umgebung bestehende Konvoi in Bewegung. Der Weg führte durch ein Spalier riesenhafter Kessel und vorbei an den Werkstätten, von deren Dächern Beifallsrufe der Arbeiter erklangen. Bevor die Honoratioren in die Montagehalle einbogen, präsentierte sich ihnen ein überraschender Anblick: Drei der vier Schornsteine der *Mauretania* lagen aneinandergereiht auf der Seite, groß genug, um die Karawane von jeweils zwei nebeneinanderfahrenden Automobilen aufzunehmen. Unter den Freudenrufen der Damen ratterten die Limousinen die aus Planken gefertigte Auffahrt hinauf und passierten die drei gewaltigen Höhlen. Sobald die ersten Wagen wieder in das Tageslicht hinausfuhren, nahmen die Chauffeure Haltung an, während Kameras den Augenblick verewigten.

Am Ende der Montagehalle verließ die Gesellschaft die Fahrzeuge, und das Orchester des 1. Artillerieregiments von Newcastle brachte scheppernd und mit vollem Einsatz ein paar patriotische Stücke zu Gehör. Von unterhalb des Schiffskörpers ertönte ein rauher musikalischer Kontrapunkt. Hier holten Arbeitergruppen mit schweren Rammböcken aus und hieben auf die Reihen der Stützpallen ein. Sie sangen rhythmische Lieder, während ein Holzblock nach dem anderen unter ihren Schlägen fiel. Sobald einer auf dem Boden lag, zogen ihn Kollegen zur Seite, während andere mit großen Holzhämmern die Kielpallen wegschlugen.

Es blieb gerade genug Zeit für einen aufsehenerregenden Spaziergang zum Ufer und zurück, ehe die Vertreter der Werft die Gäste auf die geneigte Tribüne drängten. Die Flut stand unmittelbar bevor. Die Menge verstummte, das Orchester brach mitten in »Hearts of Oak« ab, und Ihre Gnaden spielte unruhig mit der Champagnerflasche. Doch nichts geschah.

Stephenson, der Leiter der Werft, hatte sich entschlossen, noch etwas zu warten. Der Fluß würde um weitere zwei bis fünf Zentimeter steigen, ehe die Ebbe eintrat. Es blieb genug Zeit, um den zu Wasser gelassenen Schiffskörper in das Ausrüstungsdock zu manövrieren. Daher erwachte die Band erneut zum Leben, und die Ansichtskartenverkäufer arbeiteten sich noch einmal durch die Menschenmenge. Am anderen Ufer ärgerten sich Tausende über die Verzögerung, denn die lokalen Zeitungen hatten das Ereignis für genau 15.30 Uhr angekündigt. Anzügliche Scherze auf Kosten der Werft hallten über die Hügel. Mittlerweile hatte die Sonne an Wärme gewonnen, und der Anblick ließ nichts zu wünschen übrig. Schließlich hörte die Menge das Warnsignal des Werfthorns.

Die *Mauretania* »schwebte« und war bereit für ihren majestätischen Eintritt in den Tyne. Unter den Stapeln befanden sich noch Männer, deren Hämmern und Schlagen bis zum letzten Augenblick andauerte. Die gesamte gezimmerte Tragekonstruktion, die nun das volle Gewicht des 16 000 Tonnen schweren Stahlschiffskörpers aufnahm, krachte und stöhnte beängstigend. Die Herzogin wurde ersucht, an der Miniaturwinde zu drehen. Mit einem entsetzlichen Krach lösten sich die gewaltigen Stahlabzüge aus ihren Haltenuten und fielen auf die Hellinganlage. Einen Augenblick lang rührte sich nichts. Man sah, wie Swan die Hand hob, als wollte er den bei den hydraulischen Rammböcken wartenden Technikern bedeuten, mit einem Stoß nachzuhelfen. Aber er wurde mitten in seiner Geste durch das fröhliche Schrillen der elektrischen Glocke unterbrochen, als sich die gigantische, mit Nieten beschlagene Wand zu bewegen begann. Hastig taufte die

Alles begann im Jahr 1906. Schiffahrtspublizisten, die ihr Publikum mit durch Schornsteine fahrende Autos zu verblüffen versuchten, verdankten ihre Inspiration Swan Hunter. Nach der Durchfahrt durch Teile von drei Schornsteinen der *Mauretania* posiert die Herzogin von Roxburghe für ein Foto. (*Shipping World and Shipbuilder*)

Auf der anläßlich des Stapellaufs der *Mauretania* errichteten Festtribüne ruft die Verzögerung Langeweile hervor. Die ursprüngliche Begeisterung wird durch das Warten des Werftvorstands auf die höchste Flut empfindlich gedämpft. (*Swan Hunter Shipbuilders Ltd.*)

Herzogin das Schiff auf den Namen *Mauretania,* indem sie die Champagnerflasche auf den sich zurückziehenden Bug schleuderte, an dem sie schäumend zersplitterte. Niemand wurde an diesem Nachmittag verletzt – bis auf einen Werftarbeiter, der eine leichte Kopfwunde erlitt. Er hielt sich im Kielbereich auf und wurde von einem Stück Glas getroffen.

Der Schiffskörper glitt über die krachende und quietschende Hellinganlage abwärts und wurde von den Flußschiffen mit einem ohrenbetäubenden Chor von Pfiffen und Sirenen begrüßt. Erst tauchte das Ruder, dann die Schiffsschrauben und schließlich das elegante Heck in den Tyne. Eine doppelte Wasserfontäne stieg hoch und löste eine Flutwelle aus, die die Schaulustigen am gegenüberliegenden Ufer durchnäßte. Während das Schiff in sein natürliches Element glitt, hob der erste Auftrieb das Mittschiff an, so daß der vordere Schlittenständer unterhalb des Bugs das zusätzliche Gewicht aufnehmen mußte. Wie geplant zerfielen Teile des Schlittens zu einem splitterigen Dämpfungskissen. Das Kiefernholz rieb in einem fürchterlichen Kampf kreischend über die ihrer Gleitschicht bereits beraubten Eichenbalken der Hellinganlage.

Während der Schiffskörper die Kufen hinabsauste, gab er plötzlich den Blick zwischen den einander gegenüberstehenden Zuschauermengen frei. Ihre Hochrufe vermischten sich mit denen der Werftarbeiter, die zwischen den Balkenreihen hervorkrochen, über die die *Mauretania* soeben geglitten war. Sie warfen ihre Mützen in die Luft und jubelten, »wie nur begeisterte britische Arbeiter jubeln können«, frohlockte eine Lokalzeitung am nächsten Tag. Die Mitglieder des Orchesters vergaßen die Musik und schwenkten ihre Instrumente in schuljungenhafter Freude. Auf der Festtribüne wogte ein Meer glänzender Zylinderhüte.

Mit einer Fahrt von 14 Knoten löste sich der Bug vom Land. Der Union Jack am Masttopp grüßte mit heftigem Flattern, und die an Bord befindliche Mannschaft umklammerte die Reling, als der Bug ins Wasser tauchte. Eine zweite Welle schlug an der Werftanlage hoch. Der Schiffskörper fing sich, und die Hängeleinen übernahmen die lebenswichtige Aufgabe, den Rückwärtsstoß abzudämpfen. Nacheinander traten die Schleppketten paarweise in Aktion. In Erfüllung ihres Auftrags schlängelten sie über den Boden, knirschten über die Kante des Montagebodens, rissen gewaltige Grasstücke aus dem Rasen und wirbelten Staubwolken auf. Die Hecktrosse setzte auf Stichwort ein, und eine Flotte von sechs Schleppern unterbrach ihren Salut lange genug, um ihre gigantisch große Schwester zum Halten zu bringen. Der Dampf der Schlepper und Fähren am anderen Ufer des Tyne verdunkelte den glänzend weißen Schiffskörper, der unnatürlich leicht trieb und weit höher aus dem Wasser herausragte, als es jemals wieder der Fall sein würde.

Die besondere Zeremonie des Stapellaufs, diese Mischung aus schiffsbautechnischem Wunder, Premierenfeier und außergewöhnlicher Reise, war abgeschlossen. Nun trieb die *Mauretania,* behängt mit Ketten und Holzbalken, im aufgewühlten, schlammigen Tyne.

Im weiterhin viel Wasser führenden Fluß übernahmen die Schlepper die Kontrolle und manövrierten den Schiffskörper vorsichtig durch das von den Überresten des Stapellaufs bedeckte Wasser. Der vordere Schlittenständer, der nun in Trümmern am Ende einer langen Kette schwamm, wurde von einem Boot der Werft entfernt. Dann wurde die *Mauretania* gegen zwei Dalben gedrängt. Diese stabilen, durch Bolzen fest miteinander verbundenen Holzstämme, an denen das Schiff mit seiner Backbordseite, den Bug flußabwärts gerichtet, ruhte, waren etwa dreißig Meter vom Ufer entfernt errichtet worden. Es wäre möglich gewesen, die *Mauretania* näher am Ufer zu vertäuen, aber ihr Arbeitstiefgang während der Erprobungen verhinderte dies. Über die hintere Reling wurde zum Schutz der vier Schrauben und des Ruders eine Abdeckung gebaut.

An der küstennahen Steuerbordseite befestigte man einen riesigen Schwimmkran mit Namen »Titan«. Das in Deutschland hergestellte Gerät besaß mit 170 Tonnen Tragvermögen die weltweit höchste Hubkraft. Ein schwächerer Kran hätte nicht ausgereicht, um die Maschinenelemente der *Mauretania* zu installieren. Die erste Aufgabe des Titan war einfach. Sie bestand lediglich darin, das Schiff etwas zur Seite zu neigen, so daß ein Ende einer Stahlträgerbrücke am C-Deck festgemacht werden konnte. Am nächsten Tag wurden Hunderte Meter Bauholz, die während des Stapellaufs das Innere des Schiffskörpers versteift hatten, abgebaut und an Land gehievt. Dies war der letzte Abtransport. Das gesamte nächste Jahr über würde während der Ausrüstungsphase der Verkehr über Kran und Brücke ausschließlich in einer Richtung erfolgen: vom Ufer zum Schiff. Mit jedem Pfund Zubehör, jeder Tonne Maschinen, die an Bord kam, den emporkletternden Aufbauten, den an ihrer Position verankerten Schornsteinen und jedem Einzelelement, das das Ufer verließ und an Bord seinen rechtmäßigen Platz einnahm, würde der Wasserpaß, die durch eine Farbgrenze vorgegebene Wasserlinie, tiefer in den Tyne eintauchen.

In den ersten sechs Monaten dieses für die Ausrüstung des Schiffs bestimmten Jahres gab es in bezug auf die Silhouette keine nennenswerte Veränderung gegenüber der, die die glasüberdachte Montagehalle verlassen hatte. Erste Priorität hatte die schwierige Aufgabe, Kessel, Turbinen und Kondensatoren aus der Maschinenwerkstatt am Ufer in den Maschinenraum an Bord zu verfrachten. Man hatte vertikale Schächte zum Himmel offengelassen und seilte nun zunächst die unteren Hälften der Turbinengehäuse an sieben Decks vorbei ab. Die Turbinen, die die wahre Belastungsprobe für den Schwimmkran darstellten, wurden auf von Dampfwalzen angetriebenen Tiefladern Zentimeter für Zentimeter aus den riesigen Maschinenwerkstätten gezogen. Die eigentliche Hebung dieser gigantischen Stahlmassen erfolgte ausschließlich an windstillen Tagen, um die Gefahr jeder noch so leichten Bewegung der *Mauretania* oder des Kahns, auf dem der Kran ruhte, zu verringern. Wären die Turbinen aus Glas hergestellt worden, hätten sie nicht mit mehr Vorsicht behandelt werden können. Bereits der kleinste Stoß genügte, um die Tausenden von Stahlschaufeln zu beschädigen.

An jedem Ende der Welle wurde eine Anschlagkette befestigt, und schon hob die Maschine des Krans klappernd und zischend die erste Turbine in einer eleganten Bewegung etwa zwanzig Meter in die Höhe und schwenkte sie anschließend in einem Bogen über das Wasser an ihre Position über dem Schiffsdeck. Hierauf folgte eine längere Pause, während mit Hilfe von Rollen und Schleppseilen jegliche Schwingung vor dem endgültigen Abstieg abgedämpft wurde. Dann ging es mit quälender Präzision durch den offenen Schacht sieben Decks tief in das Tankdeck hinunter bis direkt über das U-förmige Lager. Sechs gewaltige Turbinen wurden auf diese Weise abgesenkt, gefolgt von den Oberteilen der Gehäuse, die mit Bolzen geschlossen wurden. Die Turbinen befanden sich damit an jenem Platz, an dem sie dreißig Jahre lang bleiben würden, bis man sie für die Verschrottung der *Mauretania* wieder entfernte.

Nun erst konnten das komplizierte Gitterwerk geschlossen und die Schornsteine an ihre Position auf dem Schiffsdeck gehoben werden. Der ursprüngliche Entwurf war im letzten Augenblick von drei auf vier Schornsteine abgeändert worden. Noch heute existieren von einem Künstler im Auftrag der Cunard Line angefertigte Poster, auf denen das neue Expreßpassagierschiff *Mauretania* mit drei Schornsteinen zu sehen ist. Unter den Konstrukteuren gab es einige, die sich für eine paarweise Anordnung der Schornsteine aussprachen, wie bei jenen deutschen Schiffen, die sie auszustechen versuchten. Schließlich entschied man sich für vier Schlote in einer Reihe mit einem gleichmäßigen Abstand zueinander, was dem Schiff das elegante Aussehen einer Jacht verlieh. *Mauretania* und *Lusitania* waren die ersten britischen Schiffe mit vier Schornsteinen. Diese bekannte Silhouette sollte die Cunard Line mit der *Aquitania* wiederholen. Drei Schiffe der White Star Line folgten ebenfalls diesem Beispiel: *Olympic, Titanic* und *Britannic* zeichneten sich durch dasselbe unverwechselbare Schornstein-Quartett aus.

Der auf der *Mauretania* in Betrieb stehende vierte Schornstein war bei anderen Schiffen häufig nur eine Attrappe und diente lediglich ästhetischen Zwecken. Die nüchternen Tatsachen lauteten, daß ein Schornstein zwei Aufgaben zu erfüllen hatte: Zum einen mußte er die Kessel mit einem guten Luftzug versorgen, zum anderen in effizientester Weise Ruß und Rauch von den offenen Decks fernhalten. Alles andere war Zuckerguß auf der Torte. Andererseits ließen sich die Schornsteine von sämtlichen Designelementen des Schiffs am leichtesten identifizieren. Sie trugen die Farben der Schiffahrtsgesellschaft und waren sowohl im Hafen als auch auf See gut zu erkennen. Den Dampfschiffahrtsgesellschaften, die ständig bemüht waren, Emigranten anzulocken, entging nicht, daß ihre Fahrgäste der Frage der Schornsteine und insbesondere ihrer Anzahl große Bedeutung zumaßen. Offenbar standen sie nach ihrer Ansicht in direktem Zusammenhang mit der Kraft und Zuverlässigkeit des Schiffs. Zwei Schornsteine waren besser als einer, drei noch attraktiver und vier geradezu der Gipfel schiffsbautechnischer Verläßlichkeit. Die folgende überlieferte Begebenheit blieb dann auch kein Einzelfall. So mußte die Hamburg-Amerika Linie größte Mühen aufwenden, um einen serbischen Immigranten zu überreden, eine Passage auf dem brandneuen, mit drei

Schornsteinen versehenen Passagierschiff *Imperator* anzunehmen. Er wollte sich nicht beschwichtigen lassen und schwenkte grimmig die Broschüre der Gesellschaft, auf der die ältere und kleinere, aber mit vier Schornsteinen bestückte *Deutschland* abgebildet war.

Diesen Mythos hielten die Schiffbauer bis in die frühen zwanziger Jahre aufrecht, in denen der amerikanische Kongreß die Flut von Einwanderern eindämmte. Daraufhin umwarben die Schiffahrtsgesellschaften den neuen Massenpassagier mit einer andersartigen und nur wenig weiterentwickelten Schornsteinphilosophie: Man reduzierte ihre Anzahl und vergrößerte ihren Durchmesser. Die vier Schornsteine, die den Einwanderern Zuversicht eingeflößt hatten, waren bei den Touristen passé. Noch vor dem Krieg wiesen die deutschen Reedereien den Weg. Die Hamburg-Amerika Linie legte ein Trio von drei gigantischen Passagierschiffen mit nur drei Schornsteinen auf Kiel. Das erste ging 1913 in Dienst. 15 Jahre später war die *Bremen* der erste Superliner mit zwei Schloten. (Bei beiden Experimenten mußten Anpassungen vorgenommen werden: Die Schornsteine der *Imperator* wurden verkürzt, um ihre Stabilität zu erhöhen, die der *Bremen* verlängert, um die Decks von Asche freizuhalten.) Die bedeutendste französische Dampfschiffahrtsgesellschaft, die French Line, folgte in den zwanziger Jahren dem Trend mit den beiden Schiffen *Paris* und *Île de France.* Im Zuge einer Überholung nach dem Zweiten Weltkrieg wurden die drei Schornsteine der *Île de France* auf zwei reduziert.

Als die Schornsteine an Höhe verloren und an Gewicht zulegten, wurden die Pardunen überflüssig. Diese massiven, skulpturähnlichen und im Grundriß oft birnenförmigen Objekte standen frei auf dem Deck. Modernere Schornstein-Entwürfe enthielten nutzbare Decks, ausfallende Flossen, Gitterkonstruktionen und schließlich die Schornstein-Attrappe wie etwa bei der *Rotterdam* und der *Queen Elizabeth 2.* Letzteres ist von besonderer Bedeutung. Die Cunard Line mied das Traditionelle. Der Schornstein wurde nach achtern verlegt und erhielt ein radikal anderes Aussehen. Eine bleistiftdünne Röhre mit einer ausgeklügelten Anordnung von Windschaufeln an ihrer Basis leitete den Fahrtwind von dreißig Knoten aufwärts, so daß er zur Beseitigung der Abgase beitrug.

So effizient und funktionell diese Neuerung auch sein mochte, bin ich doch der Ansicht, daß sie dem Image des neuen Schiffs schadete. Vielleicht bin ich aber auch nur besonders empfänglich für die machtvolle Mystik des konventionellen Schornsteins. In meinen Augen besaß die Silhouette der *Mauretania* eine einzigartige Schönheit. Die vier genieteten Schornsteine strahlten eine gewisse Würde und Kompetenz aus. Eine schnittige Schrägstellung bildete ihr einziges Zugeständnis an die Mode. Als Spiegelbild edwardianischen Funktionalismus erinnerten sie an die Frühzeit der Dampfmaschinen. Für Generationen von Schulkindern und Malern blieb die Silhouette mit den vier Schornsteinen ein Synonym für Überseereisen und ein Symbol, in dem sich Eleganz und Funktion in einem perfekten Verhältnis vereinten. Die *Mauretania* besaß eine Nüchternheit, die glücklicherweise für die spätere Leistung typisch sein sollte. Ihr Reiz ging nicht nur von den Schornsteinen aus, sondern auch von dem undurchdringlichen Durcheinander der Oberdecks, auf denen sich Oberlichter, Ventilatoren, Pardunen und Lüfter drängten. Später neigte man dazu, die arbeitenden Teile des Schiffs zu verbergen, »aufzuräumen«, und ein freies, offenes Deck zu schaffen. Die *Mauretania* zeigte ihre Stärke und bot ein Profil, das an Begeisterung und Lebendigkeit dem Versprechen der in ihren Tiefen montierten revolutionären Turbinen in nichts nachstand.

Sobald die Schornsteine installiert waren, wurden sie in den Farben der Cunard Line bemalt – sie erhielten eine schwarze Kappe und einen schmalen schwarzen Streifen. Der eigentliche Schornstein war in einem unbeschreiblichen Orange-rot gestrichen. Diese Farbe ging auf den einzigen Schornstein der 1840 gebauten *Britannia* zurück, eine praktische Lösung angesichts der Unzulänglichkeit der Farben zur Mitte des 19. Jahrhunderts, die durch die Hitze der Kessel absplitterten. Samuel Cunard übernahm einen Trick der Küstendampfer und bestrich den Schornstein mit einer stinkenden Suppe aus Buttermilch und Ocker. Das sich daraus ergebende besondere Blutorange hielt der Hitze erfolgreich stand. Bei späteren und größeren Schiffen wurde die Wärme der Kessel durch die zahlreichen Zwischendecks isoliert, so daß die Farbe keinem so heftigen Angriff ausgesetzt war. Dennoch blieb sie ein liebgewonnenes Markenzeichen der Gesellschaft.

Die Kabinen und Aufenthaltsräume für die Passagiere der ersten Klasse befanden sich auf der *Mauretania* im Mittelteil des Schiffs. Diese vernünftige Neuerung ging auf die *Oceanic* zurück, das 1871 gebaute erste Passagierschiff der White Star Line. Ismay brach mit der Tradition der Royal Navy und übersiedelte seine erlesensten Gäste vom Quarterdeck ins Mittelschiff. Verschiedene Faktoren bedingten diese Veränderung. Statt dem Vergnügen diente das Heck nun vorrangig dem Schiffsbetrieb und bildete nicht mehr jenen ruhigen Ort wie auf von Segeln oder Schaufelrädern angetriebenen Schiffen. Die ersten Schiffsschrauben verursachten Vibrationen, die noch im Mittelschiff fühlbar waren, im Heck jedoch als entsetzlich störend empfunden wurden. Darüber hinaus war das Stampfen, das Auf-und-ab-Schwingen des Schiffs in der Längsrichtung bei schwerer See, am Drehpunkt oder im Zentrum des Schiffs am geringsten. Schließlich gingen die Schiffskörper nun ausreichend tief, um über dem Maschinenraum Kabinen einzubauen. So gesehen ergab diese Veränderung für alle einen Sinn, mit Ausnahme der erst kürzlich mit dem Innenausbau beauftragten Architekten.

Die beruhigend zum Himmel aufstrebenden Schornsteine befanden sich direkt über den Maschinengehäusen und stellten ein unüberwindliches Ärgernis dar. Wie unwillkommene Verwandte hatten sie sich unbeweglich auf jedem Deck niedergelassen. Und obwohl sie in einer Verschalung untergebracht, gepolstert, als Sitzbank benutzt oder auf die eine oder andere geniale Weise verborgen wurden, blieben sie ein ständiger Quell von Ärgernis. Das traditionelle Versailles-Konzept einer Reihe großer Säle, die ineinander überführten und eine gefällige Perspektive schufen, erwies sich als undurchführbar. Großartige Pläne in dieser Richtung scheiterten an den gewaltigen Stolpersteinen, die ärgerlicherweise in den besten Bereichen des Schiffs angeordnet waren und Kompromisse in Form von geteilten Eingängen und Umgehungskorridoren erforderlich machten.

Das Promenadendeck der *Mauretania* folgte somit der Tradition jener Zeit. Die Aufenthaltsräume wurden rund um die Rauchabzüge angelegt und miteinander verbunden, während achtern die Anordnung mehr oder weniger mit sämtlichen Passagierschiffen der Welt übereinstimmte. Im Vorschiff befanden sich eine Bibliothek, ein Schreibzimmer und ein Salon – letzterer als Beschwichtigung für die Damen, die im Rauchsalon weder Trost noch Einlaß fanden – und eine großzügige Treppe, die zur Empfangshalle und zum Speisesaal führte. Nach achtern folgten die große Lounge, der Rauchsalon und schließlich, als Neuerung für Cunard, ein Verandacafé.

Dies war ein Zugeständnis an die – wenn auch vage – Möglichkeit, daß auf der Überfahrt nach New York gutes Wetter herrschte. Auf das Deck gelegte Binsenmatten, Flechtgitter, Topfpalmen und Korbmöbel vervollständigten die Illusion, daß man im Freien sitzen konnte. Selbst im Sommer sollte dies ein seltenes Vergnügen sein. Die Überfahrten auf einem Expreßliner, bei denen es möglich war, gemütlich im Freien zu sitzen, kann ich an den Fingern einer Hand abzählen. In der Karibik oder auf dem Mittelmeer schon – doch auf dem Nordatlantik war dies nahezu ausgeschlossen.

Auf dem freien Promenadendeck der *Mauretania* konnte man einen flotten Spaziergang machen, sich, in Decken gehüllt, in einem geschützten Liegestuhl niederlassen, oder auf dem Bootsdeck Decktennis spielen. Kreuzfahrten oder die Vermarktung des Lebens an Bord eines Schiffs in warmen Gewässern waren vielversprechende Neuerungen, an denen Cunard jedoch kein Interesse zeigte. Reiche und ungeduldige Landratten über ein heimtückisches Meer zu befördern, das war das Geschäft der Gesellschaft. So galt ihre Aufmerksamkeit vor allem dem Schiffsinneren, das eine behagliche, zivilisierte Zuflucht vor den Unbilden der hohen See bieten sollte.

Gemessen an unseren heutigen Ansprüchen, erwies sich die Innenausstattung der *Mauretania* als äußerst zurückhaltend. Der große Salon vermittelte dem Korrespondenten der Zeitschrift *Engineering* »einen wundervollen Eindruck zurückhaltender Grandeur mit seinen prächtigen, gemaserten und dunkelbraun polierten Mahagoniepaneelen, die von ihrer Goldeinfassung erleuchtet und von schlanken Pilastern aus *fleur-de-pêche*-Marmor in einem zarten Lilaton mit Kronen und Sockeln in dunklem Musivgold durchbrochen wurden«. Weiter schwärmte er, daß dies »ein Raum ist, der auf keinem anderen Dampfer seinesgleichen findet und dessen Schönheit selbst in einem Palast nur selten übertroffen wird«.

Vertäfelungen waren in der gesamten ersten Klasse großzügig angebracht worden: In der Lounge, auf den Treppen und in den Gängen verwendete man Mahagoni, im Salon Ahorn, im Rauchsalon Walnuß und in dem sich über drei Decks erstreckenden Speisesaal wettergegerbte Eiche. Das reichliche Schnitzwerk war sorgfältig gefertigt und von einer handwerklichen Güte, wie man sie heute selten findet. Dreihundert Kunsttischler aus Palästina hatten monatelang in der Werfttischlerei endlose Reihen erlesener Täfelungen hergestellt. Einige von ihnen waren so stolz auf ihre Arbeit, daß sie ihre Initialen in die Kronen der Säulen ritzten, was erst bei der Verschrottung des Schiffs zum Vorschein kam. Die Holzverschalung wurde mit äußerster Sorgfalt angebracht. Filzlagen isolierten das Holz von den zu verbergenden Stahlteilen des Schiffs, um das Knarren und Quietschen zu minimieren. Die Bewegungen eines Schiffs auf See beeinflussen zahllose Designentscheidungen. So wurden zum Beispiel die Prismen der Kronleuchter starr verankert, damit sie ungeachtet des Seegangs »hängen« blieben. Die Schranktüren in den Kabinen waren mit patentierten Haken ausgerüstet, die sie in jeder Position offenhielten. Die meisten Treppen auf Passagierschiffen verlaufen parallel zur Längsachse des Schiffs, da man diese Anordnung bei rauher See für ungefährlicher hielt.

Die Schiffbauer waren noch mit den Oberlichtern beschäftigt. Der große Salon erhielt eine ellipsenförmige Überdachung aus in Bronze gefaßtem Mattglas. In den vergangenen Jahren hatten sich die über den Atlantik reisenden Passagiere nach zwei Annehmlichkeiten gesehnt – nach Licht und Lüftung. Auf Segelschiffen beschränkte sich die Verantwortlichkeit der Konstrukteure auf kleine, zwischen die Masten gesetzte Glashausdächer. Diese bescheidenen Strukturen versorgten die zentralen Salons mit Tageslicht und Frischluft, ohne den Betrieb der Segel zu behindern. Als der Dampf das Segeltuch ersetzte und die Takelung überflüssig war, vergrößerten sich die Glashausdächer zu Deckhäusern. Sobald die Segel endgültig verschwanden, entwickelten sich die Deckhäuser zu echten Aufbauten. Ungeachtet der zunehmenden Zahl von Decks über der Wasserlinie, die den Einbau einer ausreichenden Fensterfläche gestatteten, blieben die Oberlichter bestehen. Möglicherweise hielten die Schiffbauer an ihnen fest, um die Passagiere davon zu überzeugen, daß Frischluft und Tageslicht auch weiterhin von oben kamen. Tatsächlich verhinderte eine doppelte Verglasung systematisch jeden Luftstrom, und das durch diese Barriere eindringende Licht war kalt und schattenlos wie von einem ständig bedeckten Himmel. Die in der Nacht gemütlichen Aufenthaltsräume des Schiffs erinnerten tagsüber mit ihrem kühlen Halbdunkel an Aquarien. Zudem besaßen die Oberlichter zwei weitere beklagenswerte Nebeneffekte, einen ästhetischen und einen praktischen: In der Nacht verwandelten sie sich in schwarze Paneele, die bei kaltem Wetter auch noch die störende Neigung zu Kondensation aufwiesen.

Anzumerken ist, daß die *Mauretania* trotz ihres Ruhms kein besonders luxuriöses Schiff war. Die mit bestimmten Auflagen verbundene Regierungssubvention bedingte eine Wirtschaftlichkeit ohne überflüssiges Beiwerk. So prunkte sie mit keiner der kurz zuvor eingeführten Extravaganzen ihrer in Betrieb stehenden oder auf dem Zeichenbrett entstehenden Konkurrentinnen. Die Grundausstattung war in jeder Hinsicht angemessen und sogar hübsch anzusehen. Außerdem konnte man zu Recht argumentieren, daß ihre Geschwindigkeit den mangelnden Luxus wettmachte. Die Expreßliner des Nordatlantiks wurden entweder für Geschwindigkeit oder Bequemlichkeit gebaut, beides erstrebenswerte Ziele, die sich jedoch selten vereinbaren ließen. Die Cunard Line hatte sich stets für ersteres ausgesprochen. Diese Wahl stimmte mit dem ursprünglichen Auftrag des Firmengründers überein, für Post und Passagiere eine rasche und zuverlässige Überfahrt anzubieten. Eine sechzig Jahre andauernde Vorrangstellung auf dem Atlantik galt als überwältigender Beweis für eine profitable Politik. So verstand es sich von selbst, daß ein alle Rekorde brechendes Schiff von einer Aura von Prestige und Erfolg umgeben war, die Passagiere anzog.

Das Vorhaben, sich bedingungslos der Geschwindigkeit zu verschreiben, bedingt eine sämtliche Bereiche betreffende Entwurfsphilosophie einschließlich einer strengen Liste von Spezifikationen für den Schiffskörper, die auf keinen Fall verletzt werden dürfen. Die einzige Konstante stellt die vorgegebene Betriebsgeschwindigkeit dar. Je höher sie liegt, desto stärker müssen sich die damit in Zusammenhang stehenden Faktoren anpassen. Man muß mit Arbeitskräften, Einkommen, Maschinenräumen, Leistungsvermögen und Pferdestärken jonglieren. In der Folge ist es unvermeidlich, daß Oberflächlichkeiten zurückgedrängt werden müssen, um ein Tempo von 25 Knoten beizubehalten. Zudem ist es ein überaus teures Unternehmen. Schätzungen zufolge kostet bei einer Geschwindigkeit von über zwanzig Knoten jeder zusätzliche ebensoviel wie die ersten zwanzig.

In der Pracht eines im Stil von Franz I. eingerichteten Speisesaals, in dem sich jedes einzelne Paneel der Vertäfelung vom nebenstehenden unterscheidet, mußten die reichsten Reisenden der Welt zu ihrem Mißvergnügen erkennen, daß sie ihren Tisch ganz demokratisch mit ihren Mitreisenden zu teilen hatten. Zugegeben, es handelte sich nicht um die Gemeinschaftstafel der alten Postsegelschiffe, aber die grundlegende Privatsphäre eines eigenen Tisches wurde ihnen verweigert. Ebenso mußten Club-Freunde, die es überdrüssig waren, sich im Rauchsalon zuzuprosten, auf sportliche Alternativen verzichten. Unterhaltungen dieser Art überließ die Cunard Line den Konkurrenten, die langsamere und geräumigere Schiffe bauten und die Frage der Geschwindigkeit außer acht ließen. Wenn sich die Gesellschaften nicht dem Kampf um das Blaue Band anschlossen, ersparten sie sich einen gewaltigen technischen Aufwand.

Darüber hinaus blieben sie von jener besonderen Selbstzufriedenheit verschont, die einem seinen Titel verteidigenden Champion zu eigen ist. Die dünne Luft der Überlegenheit auf dem Atlantik bot wenig Antrieb für Innovationen. Turbinen, die mit der Sehnsucht nach Geschwindigkeit zu vereinbaren waren, erschienen nach umfassenden Prüfungen annehmbar. Aber jeglicher Komfort, der ausschließlich dem Wohlgefallen der Passagiere diente und die Geschwindigkeit des Schiffs beeinträchtigte, wurde abgelehnt. Meiner Ansicht nach wäre die Cunard Line in der Lage gewesen, zumindest einige der Annehmlichkeiten

Die Ausrüstung des Schiffs am Nordufer des Tyne. Die Aufbauten der *Mauretania* sind bereits weiß gestrichen, doch die Decks müssen erst maschinell glattgeschliffen werden. Alle 16 Rettungsboote befinden sich schon an Bord. Dem Rumpf fehlt noch der schwarze Anstrich. (*Engineering*)

Unten: Ihr letzter Tag in Wallsend. Die *Turbinia* kommt für eine historische Aufnahme längsseits. Sie hätte die *Mauretania* den Fluß hinab begleiten sollen, aber dies wurde durch den Ausfall eines Ventils in letzter Minute verhindert. (*Science Museum, South Kensington, London*)

bereitzustellen, die ihre Konkurrenten nur allzu gerne anboten, ohne auf Geschwindigkeit zu verzichten. Ob sie nun besonders wichtig gewesen wären, spielt keine Rolle. Ausschlaggebend ist, daß ihre Konkurrenten sich für Komfort zu Lasten der Geschwindigkeit entschieden und die Bereitstellung zusätzlicher Annehmlichkeiten zu einem Geschäft machten, dessen hohe Einnahmen aus Passagierbuchungen nicht ignoriert werden konnten.

Den bereits vor der Fertigstellung der *Mauretania* herausgegebenen Gesellschaftbroschüren mangelte es denn auch an bezwingenden Statistiken. Sie listeten den für diese Zeit charakteristischen Luxus eines Hochseedampfers auf, der auf dem Festland alltäglich, an Bord jedoch bemerkenswert war. So konnten sich die Passagiere in dem ersten jemals an Bord eines Schiffs installierten hydraulischen Friseurstuhl das Haar richten lassen – wohl kaum eine gültige Empfehlung für eine unmittelbare Buchung, aber die Art selbstgefälliger Belanglosigkeit, die den Medien gefiel. Viele Kabinen verfügten über an eine Vermittlungsstelle angeschlossene Telefone, die sämtliche bisherigen bei weitem übertraf. Weit mehr Kabinen als üblich besaßen ein privates Badezimmer (unglücklicherweise nicht genug, denn dieser entscheidende Mangel sollte dem Schiff schließlich zum Verhängnis werden).

Ein Jahr zuvor hatte Harland & Wolff in der *Amerika* einen elektrischen Aufzug installiert. Diese erstaunliche Neuheit sollte schon bald zur Ausrüstung jedes erstklassigen Passagierschiffs gehören. Frühe Kritiker dieser Annehmlichkeit hatten düster vorhergesagt, daß die Kabine durch das Rollen des Schiffs in ihren vertikalen Schienen steckenbleiben würde. Glücklicherweise trat diese Prophezeiung nicht ein. In das Treppenhaus der *Mauretania* hatte man mehrere Aufzüge eingebaut. Die sie umgebende Nachbildung eines Gitters aus dem 15. Jahrhundert war allerdings in Aluminium gefertigt worden. Damit wurde erstmals ein Metall im maritimen Bereich eingesetzt, das heute vielfach für Aufbauten Verwendung findet. Das Ergebnis war eine Gewichtseinsparung am Oberdeck von mehr als hundert Tonnen, die besonders willkommen war, da der edwardianische Geschmack übertriebene Mengen an Marmor zur Täfelung der Wände und Auskleidung der Badezimmer vorschrieb. Jede Herrentoilette im gesamten Schiff war mit Trennwänden aus Marmor versehen, dessen Qualität je nach Klasse stieg. Ähnliche Aufmerksamkeit schenkten die Konstrukteure der Verringerung der durch die Wasserleitungen verursachten Klopfgeräusche. Leider erwiesen sich ihre Bemühungen, die von den vier Schiffsschrauben verursachten Vibrationen zu dämpfen, als weniger erfolgreich.

Im Spätsommer 1907 wurde die Vertäfelung fertiggestellt, die ebenso berühmt werden sollte wie das Schiff selbst. Die verschwenderischen Stuckdecken vom Kreuzgewölbe über dem Treppenhaus des Speisesaals bis zu den verkleideten Längspfosten des im Stil der italienischen Renaissance gehaltenen Rauchsalons waren getrocknet und bemalt, Hunderte Drehstühle, jene unverzichtbare Sitzgelegenheit für den Speisesaal, im Deck verankert worden. Im Kinderspielzimmer fanden sie sich in verkleinerter Form. Die Stiegen und Aufenthaltsräume waren mit einem Teppich in weichem Grünton, die Hallen und Gänge mit Gummibelag in traditionellem Muster ausgelegt. Als Lieferant diente ein Unternehmen mit dem unglaublichen Namen India Rubber, Gutta-Percha and Telegraph Works Company of Silvertown.

Zuletzt gelangten die für die Passagiere bestimmten Ausrüstungsgegenstände über die filigrane Konstruktion der Gangway, die das Schiff mit dem Ufer verband, an Bord: Bettwäsche, Decken, Gläser, Besteck, Tischleinen und sonstige Vorräte. Kohlenkähne legten längsseits des Rumpfs an, und die erste volle Ladung Kohle polterte durch die Luke in die Bunker hinab. Beobachter an beiden Flußufern, die derartige Vorgänge sorgfältig vermerkten, sahen Rauchwolken aus den Schornsteinen aufsteigen. Zum ersten Mal, seit die Turbinen die Maschinenwerkstatt verlassen hatten, drehten sie sich wieder vorsichtig für eine Belastungsprobe im Standlauf. 16 Rettungsboote, die damals von der Handelskammer vorgegebene Standardanzahl, hingen zu jeweils acht Stück pro Seite an den frisch gestrichenen Davits. Die *Mauretania* war für ihre ersten Probefahrten bereit.

Parsons brachte seine *Turbinia* für eine historische Fotografie längsseits. Diese stumme Zeugin belegt, welch gewaltige Ausmaße seine Erfindung seit der Schiffsparade ein Jahr zuvor angenommen hatte. Am 17. September wurde die *Mauretania* von der Reederei zu geheimen Testfahrten ins Meer manövriert. Nach Abschluß der Prüfungen mußten sich die an Bord Anwesenden mit der ernüchternden Tatsache abfinden, daß die Vibration ein kritisches Problem darstellte. Obwohl den Maschinen mit einer Geschwindigkeit von annähernd zwanzig Knoten keineswegs ihre Höchstleistung abverlangt wurde, wackelte die *Mauretania* so heftig, daß selbst die Besatzung auf der Brücke, die mindestens 165 Meter von der nächsten Schiffsschraube entfernt lag, unangenehm durchgeschüttelt wurde.

Der Fehler lag jedoch nicht bei den Turbinen, denn durch den Wechsel von Kolbenmaschinen zu Turbinen war das bislang deutliche Pochen der Maschinen entscheidend verringert worden. Das durch Mark und Bein gehende Rütteln, das einen über zweihundert Meter langen Schiffskörper in eine kostspielige Stimmgabel verwandelte, wurde durch die vier Schiffsschrauben verursacht. Sie wiesen keinerlei Defekte auf und stellten im Jahr 1906 die neueste Entwicklung in der Schraubentechnik dar. Allerdings steckte dieser Bereich der Wissenschaft, in dem der allgegenwärtige Parsons Pionierarbeit geleistet hatte, noch in den Kinderschuhen.

So ist es selbstverständlich, daß jeder, der sich mit dem Bau von Hochgeschwindigkeitsschiffen befaßte, zwangsläufig auf Probleme mit der Schraube stieß. Schließlich hatte auch die *Turbinia* neun Schrauben erhalten, die auf drei Wellen verteilt waren. Auf diese Lösung war Parsons anhand einer Testreihe mit einer elektrisch angetriebenen Einzelschraube in einem von Glaswänden eingeschlossenen Tank gestoßen. Mit Hilfe intensiver Beleuchtung und Hochgeschwindigkeitsfotografie gelang es ihm, das Phänomen der Kavitation zu studieren und abzubilden. Eine sich rasch drehende Schiffsschraube bewirkt einen solchen Schub und daraus resultierenden Sog, daß das Wasser dahinter buchstäblich verdampft. Der Dampf tritt an der rückwärtigen Kante jedes Blattes in Form einer langen, spiralförmigen Blase auf. Das Wasser, das dieses künstlich geschaffene Vakuum auffüllt, hämmert gegen die Oberfläche des Schaufelblatts und kann das Material innerhalb kürzester Zeit aushöhlen und schwächen.

Die mit maßstabsgerechten Schrauben ausgerüstete kleine Elektrobarkasse, die als Prototyp für die *Mauretania* diente, erwies sich für die Bestimmung der Anordnung der Schrauben als außerordentlich wertvoll. Allerdings lieferte sie kaum Hinweise auf die starken Vibrationen, die das Schiff letztlich erschüttern sollten. Abgesehen von den jeweiligen Größenverhältnissen, reagierte ein Schiffskörper aus Holz bei einer anderen Frequenz als einer aus Stahl. Zudem konnte die komplexe Natur der Turbulenzen, die der *Mauretania* auf ihrer schnellen Fahrt durch die Nordsee im September 1907 dröhnend folgten, kaum in einem Labortank nachgeahmt werden. Ebenso frustrierend war die Tatsache, daß es in Ermangelung eines tapferen Tauchers, den man mit Höchstgeschwindigkeit hätte mitschicken können, keine Methode gab, die Schraubenleistung während der Fahrt zu überwachen. Die Techniker im Wellentunnel nahe der Schwanzwelle hörten das Donnern der auf das Wasser einschlagenden Blätter und das an den Stahlplatten der Außenhaut kochende Wasser. Wenn derselbe entsetzliche Lärm jedoch auch in den komfortablen heiligen Hallen der Passagierräume im Mittelschiff zu hören und fühlen war, mußte man etwas dagegen unternehmen.

Zurück in den Docks von Wallsend, baute man in den verbleibenden Monaten vor dem geplanten Auslaufen zur Westküste und den Abnahmeprüfungen unter größter Diskretion verstärkende Elemente in die rückwärtigen Abschnitte des Schiffs ein. Es gab auch die Überlegung, ein neues Quartett von Schrauben zu installieren, doch diese Änderung sollte erst ein Jahr später erfolgen, als eine der ursprünglichen Schrauben auf See verlorenging. Die Ersatzeinheit war ihrer Vorgängerin bei weitem überlegen und führte zu einer zufriedenstellenden Dämpfung der Vibrationen. Die Tatsache, daß die *Mauretania* während der Wartezeit auf die neue Schraube acht Überfahrten mit nur drei Schrauben zurücklegte, darf als deutliches Zeichen für die herausragende Qualität des Schiffs gewertet werden.

Am Nachmittag des 22. Oktobers 1907 ging eine ausgesuchte Gesellschaft von Besuchern für eine Passage rund um die Nordküste Schottlands an Bord. Tausende säumten die Ufer, während das Schiff vorsichtig stromabwärts manövrierte. Die Sympathie der Menschen für das Schiff gründete nicht auf seiner Größe oder Geschwindigkeit, sondern auf einem besonderen Schöpferstolz. Daß Wallsend ein solch glitzerndes Schmuckstück hervorbringen konnte, galt bereits an sich als industrielles Wunder. So war es zweitrangig, daß sich die *Mauretania* nun auf dem Weg zu ihrem Einsatz im Atlantik befand; wichtiger war, daß sie sich im Vergleich mit dem Rivalen vom Clyde gut geschlagen hatte. Der Wettbewerb zwischen diesen beiden Werftzentren im Norden Englands wurde höchst emotionell geführt.

Die Heizer vom Tyne spuckten im Kesselraum in ihre geschwärzten Hände. »Wir werden es der Lucy schon zeigen«, bemerkte einer von ihnen, »selbst wenn es uns die Mary kosten sollte!«

In Tynemouth verließen die Schlepper das neue Schiff. Lady Mary Inverclyde, der Gemahlin des Präsidenten der Cunard Line, wurde die Ehre zuteil, von der Brücke aus den ersten Befehl zu erteilen, der die *Mauretania* auf ihren Weg nach Norden schickte. Der schrille Gong des Telegrafen hallte hinunter in den Maschinenraum. Die Techniker vom Dienst drehten an vier Rädern, die dem Dampf über Schieber Zutritt zu den Turbinengehäusen gewährten. Die Umdrehungszähler begannen zu klettern, und das große Schiff legte in der Herbstdämmerung ab.

Die zweitägige Reise nach Liverpool verlief angenehm. Das Wetter war ausgezeichnet, und die *Mauretania* dampfte mit munteren 22 Knoten dahin. Am Nachmittag des zweiten Tages gruppierten sich die Vorstandsmitglieder der Cunard Line und von Swan Hunter in einem Halbkreis aus Korbstühlen, die eigens für diese Gelegenheit vom Verandacafé geliehen worden waren, zu einem Foto auf dem Bootsdeck. Es zeigt die Gesellschaft glücklich in die fahle nördliche Sonne blinzelnd. Sie erreichten den Mersey in der Dämmerung des 24. Oktobers, und am Ende des Tages lag das Schiff sicher im Canada-Dock vertäut. Nun besaß die *Mauretania* das Doppelte ihres Stapellaufgewichts, und die untergelegten Holzbalken waren denn auch bewußt einen Zoll höher als ihre gußeisenen Nachbarn. Sobald das Wasser aus dem Dock gepumpt war, ließ sich das Schiff krachend auf den Eichenbalken nieder und preßte sie auf gleiche Höhe.

Das Canada-Dock zählte zu einer Reihe von Neuerungen, die der Vorstand der Mersey-Dockanlagen und die Hafenbehörde als Vorbereitung auf die beiden neuen Schiffe in Auftrag gegeben hatten. Annähernd eine Viertelmillion Tonnen Schlamm war aus dem Sloyne gebaggert worden, wo das Schiff sicher ankerte, während es auf einen Anlegeplatz an der Pier wartete. Zwei gewaltig große neue Bojen, die Cunard Nord und Süd, waren für die *Lusitania* und die *Mauretania* bereitgelegt worden. Auf dem Princess Dock, der schwimmenden Pier, von der aus die Passagiere an Bord gingen, hatte man eine neue, überdachte Eisenbahnstation errichtet. Auf der anderen Seite des Atlantiks hatten die Armeeingenieure mit dem Aushub eines neuen Kanals in den Hafen von New York begonnen. Hafenbehörden in allen westlichen Hochseehäfen folgten, um mit den neuen Giganten Schritt zu halten. In den einhundert Jahren vor dem Zweiten Weltkrieg wuchsen Länge, Tonnage und Verdrängung der Passagierschiffe des Atlantiks mit schwindelerregender Geschwindigkeit. Es schien, als würde diese Entwicklung niemals enden: Die Hudson-Pier, die für die *Mauretania* lang genug war, sollte bereits vier Jahre später die *Olympic* nicht mehr aufnehmen können. Und wenn New York sich Zeit ließ, genügte das Schreckgespenst eines neuen Terminals in Boston oder Montauk, um die Hafenbehörde von New York anzuspornen.

Anfang November lief die *Mauretania* mit vollen Kohlenbunkern von Liverpool zu ihren Abnahmeprobefahrten aus. Die hohen Funktionäre der Reederei wurden von Abgesandten des britischen Marineministeriums begleitet. Letztere hatten eine schwierige Prüfung vorbereitet, die über die gesamte Länge Englands von Norden nach Süden durch die Irische See ging – eine Entfernung von 304 Seemeilen. Um die Möglichkeit auszuschließen, daß der Rückenwind half, vereinbarte man, daß der Kurs zweimal in jeder Richtung abgefahren werden mußte.

Als das Schiff nach zwei vollen Runden beim Signallicht vor Corswall die Ziellinie passierte, zeigten sich ermutigende Zahlen: Die Durchschnittsgeschwindigkeit der *Mauretania* von 25½ Knoten überstieg nicht nur bei weitem die Anforderungen des Marineministeriums, sondern lag auch oberhalb der Zeit, die die *Lusitania* für denselben Kurs benötigt hatte. Die Royal Navy war zufrieden, die Cunard Line erfreut und Swan Hunter geradezu euphorisch.

Nach der Langstreckenprüfung fuhr das Schiff für Untersuchungen über die Skelmorlie-Meile in den Firth of Clyde ein. Ozeanriesen benötigen eine Uferlinie mit großem Tiefgang, damit die genauen Prüfungen über eine ausgemessene Meile zwischen zwei Markierungen an Land erfolgen können. Alle britischen Schiffe bis hin zur *Queen Elizabeth 2* verwendeten die Skelmorlie-Meile. (Amerikanische Schiffbauer konnten aus drei gemessenen Meilen wählen: eine vor der Küste von Maine, eine vor Delaware und eine in der Guantanamo Bay auf Kuba. Die Geschwindigkeitsprüfungen für die *United States* erfolgten mit Hilfe einer Radarboje, die mit äußerster Genauigkeit die Geschwindigkeit festhielt, mit der das Schiff einen Fixpunkt passierte.)

Die Leistung der *Mauretania* über die Skelmorlie-Meile war Anlaß zu weiterem Jubel auf der Brücke: Die 26-Knoten-Marke wurde überschritten. Schließlich unterwarf man das Schiff einer Reihe von zermürbenden Tests, um seine Manövrierbarkeit zu prüfen. Sie sind als »Aufprall vorn«, »Aufprall achtern« und »Notwende« bekannt und beinhalten genau das, was ihre Namen vermuten lassen. Dabei werden Schiff und Maschinen Belastungen unterworfen, wie sie selten oder niemals wieder vorkommen. Und doch: Kaum ein Jahrzehnt später vollführte die *Mauretania* eine Notwende bei der Einfahrt in das Mittelmeer und verhinderte so den Einschlag eines deutschen Torpedos in ihrem Heck um wenige Zentimeter. Auch diese Versuche wurden erfolgreich abgeschlossen, und für die einzige Aufregung dieses Tages sorgte ein beinahe gekenterter Küstendampfer, der in einem unglücklichen Augenblick passierte und bei einer Hochgeschwindigkeitswende von den Wellen fast verschlungen worden wäre.

Zurückgekehrt in seinem Heimathafen, wurde das Schiff offiziell der Cunard Line übergeben. Die Jungfernfahrt erfolgte eine Woche später. In gewisser Weise verlief sie enttäuschend, da die Presse sämtliche Superlative drei Monate zuvor für die *Lusitania* aufgewendet hatte. Dennoch hielt eine Menge von 50 000 Menschen dem kalten Nieselregen stand, um das neue Schiff von seiner Boje im Sloyne ab- und am Landungssteg anlegen zu sehen. Als erstes wurde eine Rekordladung von insgesamt zwölf Tonnen ungemünztem Gold an Deck gehievt. Der Anschlußzug aus London verspätete sich um eine Stunde, so daß es beinahe dunkel war, als die Passagiere der ersten Klasse vom Hafenverwalter eilig an Bord gebracht wurden. Die zwei mit skulptierten Marmorverkleidungen rund um den elektrischen Kamin ausgestatteten majestätischen Suiten bezogen ein Großindustrieller und eine Prinzessin. Diese symbolische Kombination von Reichtum und Adel war typisch für spätere Passagierlisten – Aristokraten von Geburt und Reichtum beehrten das Schiff mit ihrer Anwesenheit.

Um 19.30 Uhr wurden die Leinen losgemacht, und Schlepper zogen das große Schiff sicher in die Fahrrinne. Die Jungfernfahrt der *Mauretania* hatte begonnen. Während sie an der New-Brighton-Pier vorüberzog, gesellte sich zu dem gepfiffenen Gruß der Mersey-Werft ein Feuerwerkssalut. Kaum waren die Lichter von Liverpool gegen 20.00 Uhr über dem Heck verblaßt, da versammelte das Signalhornhorn die Passagiere erstmals im Speisesaal. Am nächsten Morgen nahm die *Mauretania* in Queenstown Post und weitere Passagiere auf und überschwemmte das Postamt an Land mit einer Rekordzahl von Telegrammen und Briefen. An diesem Abend, dem 18. November, erhielt das Hauptquartier der Gesellschaft in Liverpool folgende Nachricht: MAURETANIA, 207 MEILEN WESTLICH VON FASTNET UM 22.00 UHR AM SONNTAG. ALLES IN ORDNUNG.

Doch es sollte nicht lange alles in Ordnung bleiben. Jungfernfahrten werden aus gutem Grund selten für November angesetzt. Die *Mauretania* lief in eine drei Tage andauernde Schlechtwetterperiode, ein passender Einstieg in die grimmige Wirklichkeit des nordatlantischen Winters. Der Reserveanker auf der Back riß sich los, worauf bei anhaltend stürmischer See ein dreistündiger verzweifelter Kampf folgte, ehe er wieder gesichert werden konnte. Sämtliche Fenster des Promenadendecks zerbrachen und mußten mit Holzplatten notdürftig geflickt werden. Das Teakholzgeländer des oberhalb der Brücke gelegenen Peildecks wurde vom Wasser verbogen und zerschmettert. Kleine Bäche von Meerwasser waren im Schiff zu sehen, und die Kombüse verzeichnete einen Rückfluß nicht verzehrter Speisen, traditionellerweise eine Begleiterscheinung von stürmischer See. Von der grauenvollen Überfahrt blieb eine denkwürdige Statistik: Am letzten vollen Tag auf See – es herrschte gutes Wetter – stellte die *Mauretania* einen Rekord von 624 Meilen in 24 Stunden auf.

Ihre Ankunft vor Sandy Hook am 22. November vollzog sich in einer undurchdringlichen Nebeldecke. Das Schiff kroch förmlich zur Quarantänestation und ging am Nachmittag dort vor Anker. Kapitän Pritchard war bereit, hier bis zum kommenden Morgen zu warten, doch seine Passagiere brachten nicht dieselbe Geduld auf. Verständlicherweise fühlten sie sich geprellt, daß sie nach den witterungsbedingten Unannehmlichkeiten der rasanten Atlantiküberfahrt im neuesten Passagierschiff der Welt eine weitere Nacht in Hör-, wenn auch nicht Sichtweite von ihrem Bestimmungsort zubringen sollten. Aber der Nebel im New Yorker Hafen ist ebenso hartnäckig wie alltäglich. Der Kapitän widersetzte sich den inständigen Bitten aufgebrachter Passagiere zu Recht, die bis zu ihm auf die

Die *Mauretania* auf der Ausreise zu ihrer Jungfernfahrt. Die Bevölkerung von Liverpool eilt für einen letzten Blick herbei, während sich der zweite turbinenbetriebene Gigant der Cunard Line seinem Schwesterschiff für den Dienst auf dem Nordatlantik anschließt. (*Radio Times Hulton Picture Library*)

Brücke vorgedrungen waren und an Land gebracht zu werden verlangten. Glücklicherweise hob sich der Nebel bei Einbruch der Dunkelheit, und so legte die *Mauretania* um 18.15 Uhr an der Cunard-Pier an der 14. Straße an.

Ende des Monats kehrte sie nach Liverpool zurück und vollendete damit die zweite Hälfte ihrer Jungfernfahrt. *Lusitania* und *Mauretania* standen nun beide in Dienst, und bald schon zeigte sich, daß Lord Inverclydes Begeisterung über ihren Bau in jeder Hinsicht gerechtfertigt war. Die geduldige Forschungsarbeit, der man den Entwurf der Schiffskörper verdankte, die robuste Fertigung durch britische Schiffbauer und die Leistungsfähigkeit von Parsons' großartigen Turbinen würden im nächsten Jahrzehnt finanziell, aber auch was das Ansehen des Staates betraf, Dividenden abwerfen. Die Cunard Line eroberte die Meere und zwang die amerikanische Konkurrenz, Farbe zu bekennen. Die *Kaiser Wilhelm II.* war als schnellstes deutsches Schiff hoffnungslos deklassiert worden, und die *Mauretania* behielt das Blaue Band über 22 ihrer insgesamt 28 Dienstjahre.

Im Fall der Titanic geschah das Unwahrscheinliche.

DER SCHIFFBAUER

3.

Olympic und *Titanic*

Als Samuel Cunard 1840 den Auftrag für den Posttransport erhielt, förderte sein Bestreben, den Schiffsverkehr über den Atlantik zu regeln, die Einhaltung eines regelmäßigen wöchentlichen Dienstes. Er erkannte, daß Passagiere und Regierung von einer Reederei begeistert sein würden, die jede Woche feste Abfahrtstermine von Liverpool nach Amerika anbot. Seine Vermutung war richtig und gilt auch heute noch. Alle Transatlantik-Linien hielten sich fortan an feste wöchentliche Auslaufzeiten. Davon ausgehend, bemühten sich Schiffbauingenieure und Schiffbauer, die Zahl der dafür erforderlichen Schiffe zu vermindern.

Mehr als sechzig Jahre lang benötigte man vier Schiffe. Aber der erfolgreiche Stapellauf der *Lusitania* und der *Mauretania* hatte zur Folge, daß man sie auf drei reduzieren konnte. Die *Aquitania* trat erst 1914 auf den Plan. Davor begnügte sich die Reederei mehrere Jahre lang mit den zwei neuen Turbinenschiffen und ihrer langsameren Schwester aus einer früheren Generation, der *Campania.*

In den stürmischen Wintermonaten demonstrierten die Unzulänglichkeiten dieses ungleichen Trios eine eindeutige Maxime des Atlantik-Wettbewerbs: Schiffe, die im Dienst derselben Reederei stehen, sollten auch die gleichen Kapazitäten besitzen. Einer der vielen Nachteile der United States Line, die in den zwanziger Jahren die *Leviathan* betrieb, bestand darin, daß sie keine gleichwertigen Schwestern hatte. Ihre überlegene Größe und Geschwindigkeit reichten nicht aus, denn langfristig kommt es auf die Fähigkeit der Reederei an, einen ausgeglichenen Schnelldienst aufrechtzuerhalten.

Im Sommer 1914, nach der Jungfernfahrt der *Aquitania,* dem dritten und größten Schiff des Trios, war die Cunard Line die erste Gesellschaft, die einen Drei-Schiffe-Dienst in Gang setzte. An jedem Samstag lief eines der drei aus Liverpool aus. Die Rundreise dauerte 17 Tage. Die Reisezeit teilte sich folgendermaßen auf: sechs Tage nach New York, fünf Tage Umschlag dort, weitere sechs Tage Rückfahrt. In der restlichen Zeit von Dienstag bis Samstag bunkerte das Schiff Kohle, wurde gereinigt und mit Lebensmitteln versorgt. Dann konnte der Kreislauf von neuem beginnen. Dieses Tempo wurde mit kleinen Abweichungen in den folgenden drei Jahrzehnten von allen Atlantiklinern eingehalten, bis nach dem Zweiten Weltkrieg mit den *Queens (Queen Mary, Queen Elizabeth)* der Zwei-Schiffe-Dienst eingeführt wurde.

Ohne den Ersten Weltkrieg hätte die Cunard Line ihr Monopol nicht lange behaupten können, da eifrige Rivalen im eigenen Land und in Übersee das gleiche im Sinn hatten. Die Oceanic Steam Navigation Company oder White Star Line plante, einen eigenen Drei-Schiffe-Dienst aufzubauen.

Zwischen dieser Gesellschaft und Harland & Wolff, den Schiffbauern aus Belfast, bestand bereits eine lange und besondere Beziehung. Jedes Passagierschiff der White Star Line war dort vom Stapel gelassen worden, angefangen mit der *Oceanic.* Thomas Ismay, Gründer der Gesellschaft, hatte bei diesem berühmten Schiff neben der Unterbringung der Passagiere der ersten Klasse mittschiffs weitere Neuerungen eingeführt. Oberlichter und Deckshäuser wurden vereint, und der überdachte Rand diente als erstes Promenadendeck auf dem Atlantik. Holzschotten wurden durch die bekannten Teak- und Eisenrelings ersetzt; dies erfolgte in erster Linie aus Sicherheitsgründen und ermöglichte, daß bei stürmischem Wetter das Wasser an Deck schneller ablaufen konnte. Die Passagiere der *Oceanic* benutzten mit Wasserhähnen für Salz- und Frischwasser ausgestattete Badezimmer, die man betreten konnte, ohne über das offene Deck gehen zu müssen. Der Steward wurde jetzt mittels einer elektrischen Klingel herbeigeholt, nicht mehr durch Rufen, und beim Essen saß man nicht mehr auf Bänken, sondern auf Stühlen. Die Herren bekamen einen eigenen Rauchsalon, so daß sie nach dem Essen ihre Zigarren unter weitaus erfreulicheren Umständen genießen konnten, als dies vorher auf den Kesselschächten der Schornsteine der Fall gewesen war. Die Damen dagegen konnten sich in einem mit Teppich ausgetatteten Raum mit Klavier aufhalten. Acht Jahre nach ihrer Jungfernfahrt wurde auf der *Oceanic* elektrisches Licht installiert. Damit konnte zum ersten Mal das Innere eines Schiffs hell erleuchtet werden. Ein früheres Experiment mit Gasbeleuchtung war wieder verworfen worden, als man entdeckte, daß durch das Biegen des Schiffskörpers Nähte in den Rohrleitungen zum Bersten gebracht wurden.

An einem Abend im Hochsommer des Jahres 1907 speiste J. Bruce Ismay, der Sohn des Gründers der Linie, im Haus von Lord Pirrie, dem Vorsitzenden von Harland & Wolff, im Londoner Nobelviertel Belgravia. Die *Lusitania* war bereits im Dienst, die *Mauretania* stand kurz vor ihrer Fertigstellung. Die Unterhaltung der beiden Männer und ihrer Ehefrauen drehte sich um das Schiff, das gebaut werden sollte, um die führende Position der Cunard Line anzugreifen. Es wurde der Vorschlag gemacht, eine dreifache Bedrohung aufzubauen, das heißt eine Klasse von Linern, die so groß sein sollten, daß es keinen Liegeplatz, kein Trockendock

Cunards letztes Schiff für den ersten Drei-Schiffe-Dienst auf dem Nordatlantik. Ende Mai 1914 geht die *Aquitania* von Liverpool aus auf ihre Jungfernfahrt und schließt sich dem New-York-Dienst der *Mauretania* und der *Lusitania* an. (*Cunard Line*)

Unten: Mitten auf dem Ozean auf dem Steuerbord-Bootsdeck der *Mauretania*. Da unter der Reling keine Rettungsboote zu erkennen sind, muß man annehmen, daß das Bild vor dem Untergang der *Titanic* aufgenommen wurde. Nach dem April des Jahres 1912 wurden auf allen Passagierschiffen des Nordatlantiks zusätzliche Rettungsboote mitgeführt. (*National Maritime Museum, Greenwich*)

oder auch keine Pier gäbe, die geräumig genug für sie wären. Diese Schiffe sollten die Überquerung in weniger als einer Woche absolvieren, doch sollte vor allem Wert auf Sicherheit und Komfort gelegt werden. Dieser müßte so groß sein, daß sich die Passagiere der vielen Stunden auf See nicht einmal bewußt werden würden. Die luxuriöse Eleganz, die Ismay anstrebte, war eine Maximierung der ursprünglichen Vorstellung seines Vaters von elementarer Annehmlichkeit.

Die Tatsache, daß zwei der drei Schiffe nie im Hafen von New York anlegen sollten, war nicht auf die Extravaganz ihrer Einrichtungen zurückzuführen. Der Untergang der *Titanic* ließ in manchen Kreisen die Vorstellung entstehen, daß die Schiffbauer von irgendeiner Vorsehung des Meeres bestraft worden seien, weil derartiger *embarras de richesses* gegen die Regeln der nautischen Zuverlässigkeit verstoße. Auch wenn dies absurd war, ist es kein Zufall, daß gerade zu dieser Zeit der Ausdruck »schwimmender Palast« in Mode kam.

Das erste der drei Schiffe, das im Oktober 1910 vom Stapel gelassen wurde, war die *Olympic.* Alle Schiffsnamen der White Star Line endeten auf »-ic«, eine für Reedereien typische Nomenklatur, die parallel lief zum »-ia«-Anhängsel der Cunard Line. Aber im Gegensatz zur rivalisierenden Gesellschaft machte White Star wenig Aufhebens um den Stapellauf. Die einzige Konzession bildete eine Reihe von Signalflaggen, auf denen ERFOLG stand und die über den Bug drapiert waren. Ansonsten gab es keinen Flaggenschmuck, keine Rede, nicht einmal eine Flasche Champagner. Eine Leuchtrakete wurde über der Werft in den Himmel geschossen, die letzten Stopper wurden weggeschlagen, und ein 27 000 Tonnen schwerer, fast 280 Meter langer Stahlkörper glitt in den Fluß Lagan. Allein die Größe dieses Schiffs war beeindruckend genug. Obwohl seit der Inbetriebnahme der *Mauretania* knapp vier Jahre verstrichen waren, war die Zunahme an Größe beachtlich. Noch erstaunlicher war, daß Harland & Wolff genügend Kapazität aufgebracht hatten, um die *Olympic* und die *Titanic* fast gleichzeitig auf speziell dafür konzipierten, aneinander angrenzenden Hellingplätzen zu bauen. Zum ersten und letzten Mal wurden zwei Schiffe dieser Größe nebeneinander gefertigt. Am 31. Mai 1911, jenem Tag, als die *Titanic* vom Stapel lief, fuhr ihr Schwesterschiff nach Liverpool.

Aber der Hafen des Mersey stellte lediglich einen Zwischenstopp dar. Zum Bedauern der Bürger von Liverpool hatte die White Star Line ihren Stützpunkt nach Southampton verlegt, und die *Olympic* war das erste der Riesenschiffe, das seine Jungfernfahrt von diesem Hafen aus unternahm. Die Verlegung nach Süden brachte die Endstation der Gesellschaft viel näher an London heran; aber noch wichtiger war, daß sie hier in direkten Wettbewerb zu jenen kontinentaleuropäischen Schiffen treten konnte, die auf ihrer Fahrt nach Amerika regelmäßig an der Südküste Englands anlegten.

Der südliche Hafen war dem von Liverpool weit überlegen. Die Insel Wight, die Southampton zu einem geschützten Ankerplatz macht, ist zudem für ein einmaliges Phänomen verantwortlich: die doppelte Flut. Wenn die Flut im Ärmelkanal zum Atlantik hin ausläuft, wird dank des Ausläufers der Halbinsel Ryde genug Wasser abgeleitet, um die gesamte Flußmündung wieder zu fluten. Bevor die heutige Fahrrinne ausgebaggert wurde, verlieh diese verlängerte Verfügbarkeit von Tiefwasser dem Hafen einen Vorteil gegenüber seinen Nachbarn, den er seit der Römerzeit genossen hatte. Die Cunard Line, deren *Mauretania* sich auf dem Sloyne zweimal bei Sturm von der Vertäuung losgerissen hatte, folgte dem Beispiel und verlegte nach dem Ersten Weltkrieg ihre Schiffe erstmals nach Süden.

Die Besucher, die die *Olympic* gegen eine wohltätige Spende in Liverpool besichtigen durften, und die Passagiere, die später in Southampton an Bord gingen, waren überwältigt von der Größe des Schiffs. Seit in der Mitte des 19. Jahrhunderts die *Great Eastern* gebaut worden war, jenes Unikum, das seiner Zeit um fünfzig Jahre voraus war, hatte die seefahrende Öffentlichkeit kein solch großzügiges Schiff mehr erlebt. Obwohl die *Olympic* weniger als dreißig Meter länger und nur 1,20 Meter breiter als die *Mauretania* war, war ihr Bruttoraumgehalt um die Hälfte größer. Indem ihre Erbauer auf die schlanken Formen des Schiffskörpers verzichteten, die für einen Bewerber um das Blaue Band erforderlich waren, schufen sie eine Raumfülle, die an ein Wunder grenzte. Fast sieben von insgesamt zehn Decks waren ausschließlich für die bequeme Unterbringung von über 2400 Passagieren vorgesehen.

Die mehr als siebenhundert Passagiere der ersten Klasse genossen die endlos erscheinende Weiträumigkeit. Genügend Ellbogenfreiheit war und ist nach wie vor das dominierende Merkmal des Komforts »erster Klasse«, ob es sich nun um den bequemen Rücksitz im Mercedes oder um die herrschaftliche Abgeschiedenheit eines Privatschlafwagens handelt. An Bord eines Schiffs ist dies wichtiger als Kaviar, genügend Dienstpersonal und üppige Dekors. Es kommt darauf an, daß die Überseekoffer in die Kabine passen, genug Platz vorhanden ist, damit im Herrenzimmer ein Tisch für zwei Personen in einen für zehn verwandelt werden kann, und im Aufenthaltsraum auch die Möglichkeit für eine private Unterhaltung bleibt. Es sollte nie die Notwendigkeit bestehen, sich irgendwo vordrängen oder – Gott behüte – Schlange stehen zu müssen. Das Bewußtsein, genug Platz zu haben, läßt die Überfahrt zu einem angenehmen Erlebnis werden, und ist gewiß die wertvollste »Rendite« eines Erste-Klasse-Tickets an Bord des neuen Schiffs. Das war voll ausgenutzt worden.

Das Bootsdeck der *Olympic* präsentierte sich genauso leergefegt, wie das der *Mauretania* gedrängt voll war. Das Belüftungssystem, das um vier braungelbe Schornsteine mit schwarzem Abschluß angelegt worden war, war auf ein zusätzliches, ein wenig höher gelegenes Deck beschränkt, die hochgedrängten Dächer der Aufenthaltsräume auf dem A-Deck. Diese fielen weniger wegen ihrer Größe als wegen der Eingänge auf. Pompös konzipierte Vorhallen mit enorm viel Platz für eine nur gelegentliche Benutzung bildeten auf dem Schiff ein aufsehenerregendes Novum.

Die Haupttreppe erstreckte sich durch vier Foyers, die jeweils geräumig genug

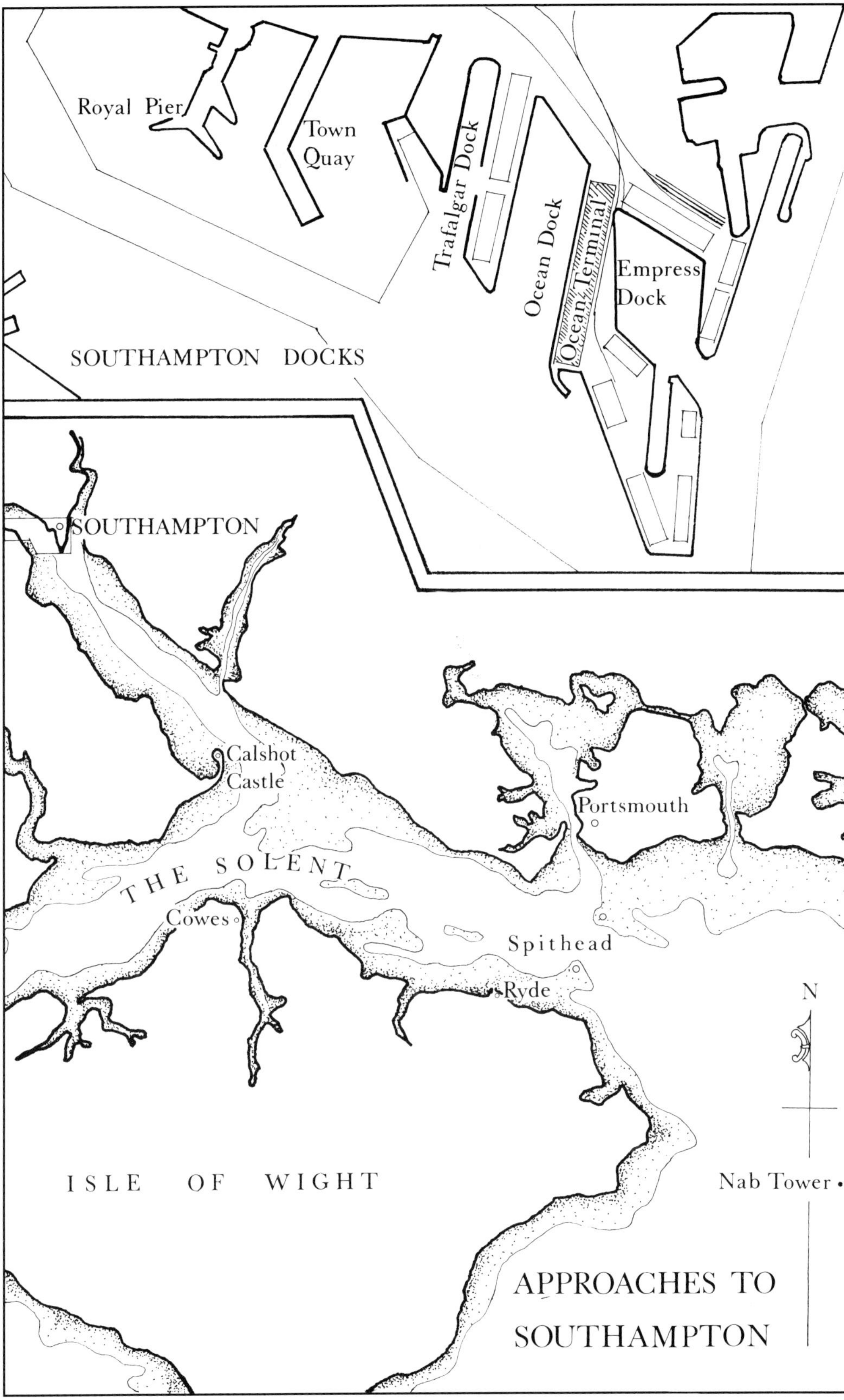
Royal Pier
Town Quay
Trafalgar Dock
Ocean Dock
Ocean Terminal
Empress Dock
SOUTHAMPTON DOCKS
SOUTHAMPTON
Calshot Castle
Portsmouth
THE SOLENT
Cowes
Spithead
Ryde
N
Nab Tower
ISLE OF WIGHT
APPROACHES TO SOUTHAMPTON

waren, um in ihrem vorderen Teil drei Aufzugsschächte zu verstecken. Achteraus des Gesellschaftsraums befand sich eine weitere Treppe, die genauso prunkvoll wie die erste war, ein Präludium zu dem Herrenzimmer im georgianischen Stil. Außerhalb des Speisesaals lag am D-Deck eine Empfangshalle, die halb so groß wie der riesige Raum war, dem sie als Vorraum diente. Die Schiffbauer schienen über unendliche Reserven zu verfügen, um mit dem Platz einzigartig verschwenderisch umgehen zu können.

Das Konstruktionswunder bestand darin, daß sie die extravaganten Inneneinrichtungen in einem so anmutigen Schiffsrumpf unterbrachten. Die *Olympic* entstand knapp vor einer Phase in der Entwicklung der Atlantik-Schnelldampfer, in der größere Raumgehalte die Übernahme der traditionellen Rumpfformen verhinderten. 45 000 Bruttoregistertonnen war ein Höchstmaß, das man nicht übersteigen durfte, ohne die Stabilitätsfaktoren intensiv zu überprüfen. Harland & Wolff hielten sich vernünftigerweise an diese Grenze, der deutsche Kaiser nicht: Die *Imperator*-Klasse neigte zu einer Schwerfälligkeit, die das britische Schiff elegant vermied. Die *Olympic* war in atemberaubender Einheit das letzte der schlanken, jachtähnlichen Schnellschiffe und der erste »schwimmende Palast«.

Das erzwungene Nichtstun während früherer Überfahrten bekämpfte man mit allem möglichen Zeitvertreib. Innerhalb der Mahagoniwände der auf dem Bootsdeck befindlichen Turnhalle befand sich eine Auswahl an Floretten, Gymnastikkeulen und Hanteln. Dem Sportlehrer standen zusätzlich einige mechanisierte Übungsgeräte zur Verfügung, die aus Wiesbaden, der Welthauptstadt der Körperkultur, eingeführt worden waren: elektrische Pferde und Kamele, Rudermaschinen, Flaschengewichte, außerdem Sandsäcke für Boxer. Sechs Decks darunter befand sich ein neues, bescheidenes Schwimmbecken. Es gab auch einen Tennisplatz mit einer Zuschauertribüne sowie türkische und »elektrische« Bäder. Letztere ähnelten modernen Solarien mit Glühbirnen statt mit Leuchtröhren. Welch edwardianischen Gesundheitsmarotten sie dienen sollten, wurde nicht angegeben, aber ich vermute, dieses »elektrische Bad« war nichts anderes als ein Euphemismus für »Schwitzkasten«.

Die Gesellschaft sorgte sich vielleicht auch deshalb um die sportliche Betätigung der Passagiere, weil sie einen Ausgleich für die kulinarischen Genüsse anbieten wollte, die auf Deck D offeriert wurden. Der Speisesaal – eine gute Reklame für White Star – war der größte zur See. Hier konnten über fünfhundert Passagiere auf einmal Platz nehmen, mit Ausnahme der Erste-Klasse-Passagiere, die das Restaurant zwei Decks weiter oben bevorzugten. Vorbei war es mit dem berüchtigten Drehstuhl, der am Deck befestigt war; die Passagiere saßen auf eleganten grünen Lederstühlen im Stil des frühen 16. Jahrhunderts um Tische, an denen zwei bis zwölf Personen Platz fanden. Zum ersten Mal in der Geschichte der Atlantik-Überquerung konnten sie in einem Speisesaal *à deux* speisen, wenn sie es wünschten. Die Intimität wurde außerdem durch Unterteilungen in sechs Eßzonen gefördert. Dadurch saßen die Passagiere nicht direkt im Hauptoval, wo

Kapitän Smith mit zwölf ausgesuchten Gästen speiste, aber in Sichtweite. Die Seitenwände des Salons entsprachen denen des Schiffs, und das Tageslicht, das durch Bullaugen und hübsche, durch Längspfosten geteilte Fenster drang, wurde elektrisch verstärkt, um die Illusion ständigen Sonnenlichts zu erzeugen.

Die Deckspläne von Dampfschiffen des frühen 20. Jahrhunderts erhellen das zeitgenössische Geschlechterverhältnis weitaus plastischer als jegliches Traktat der Frauenbewegung. Obwohl der Rauchsalon 1911 erst seit vierzig Jahren fester Bestandteil der Schiffe war, bildete er den größten der Aufenthaltsräume im A-Deck der *Olympic,* in dem sich aber ausschließlich Männer aufhalten durften. Die Damen bekamen als Ausgleich dafür folgendes angeboten: ein Lese- und Schreibzimmer im vorderen Teil sowie achtern zwei Veranden und Palmenhöfe. Wenn sie der Gesellschaft des eigenen Geschlechts in einem dieser beiden Frauengemächer überdrüssig waren, stand ihnen für ein Treffen mit ihrem Gatten ein sehr kleiner Raum zur Verfügung. Dieser Bereich der Begegnung der Geschlechter konnte, anders als die Flugzeughangars in modernen Schiffen, nicht mehr als ein Sechstel der Passagierzahl der ersten Klasse fassen. Daraus muß man schließen, daß man von männlichen und weiblichen Passagieren auf der *Olympic* nicht erwartete, daß sie sich in der Zeit zwischen Abendessen und Zubettgehen trafen, und sie auch nicht dazu ermutigte.

An Land war es ein Vorrecht des Mannes, nach dem Essen dem weiblichen Geplauder zu entfliehen, und offensichtlich sah man keinen Grund, dies auf See zu ändern. Die Bereitstellung eines eleganten, ganz auf Männer zugeschnittenen Zufluchtsortes war symptomatisch für ein Gentlemen's Agreement (im wörtlichen Sinne) zwischen dem Schiffbauer und den männlichen Passagieren, die die Rechnung bezahlten. Er garantierte für den Abend die Geschlechtertrennung, ebenso für einen Teil des Tages. Frauen, die sich nicht mit ihrer dreifachen Rolle als Geliebte, Ehefrau und Mutter (in dieser Reihenfolge) begnügen wollten, konnten nur geringen Trost in Ausbrüchen heiterer Geselligkeit finden, die zusammen mit wohlriechendem Zigarrenrauch durch die messingbeschlagenen Ledertüren des Rauchsalons drang. Eine Tante von mir, die schmutzige Geschichten immer als »Rauchsalon-Geschichten« bezeichnete, drückte damit nicht nur ihren tiefen Widerwillen, den sie seit der Kindheit pflegte, aus, sondern unbewußt, nehme ich an, auch ein starkes Gefühl der Entbehrung. In den Clubs und den Räumen, von denen sie ausgeschlossen war, geschah wenig Interessantes; trotzdem erboste sie das unangefochtene Dogma, das ihren Ausschluß diktierte.

Zum Glück fiel die Jungfernfahrt der *Olympic* mit der Krönung von Georg V. zusammen, dessen Thronbesteigung die Apotheose des angelsächsischen *machismo* beendete, der von seinem Vater fortgesetzt worden war. Eduard VII. gab seiner Epoche nicht nur den Namen. Er führte den viktorianischen Mythos der Männervorherrschaft auch zu bedrückender Perfektion, denn er personifizierte in seiner Körperfülle die unverletzbare Majestät einer Haltung, die irgendwie die sechzig Jahre währende Regierung einer Königin überlebt hatte. Doch nun zeich-

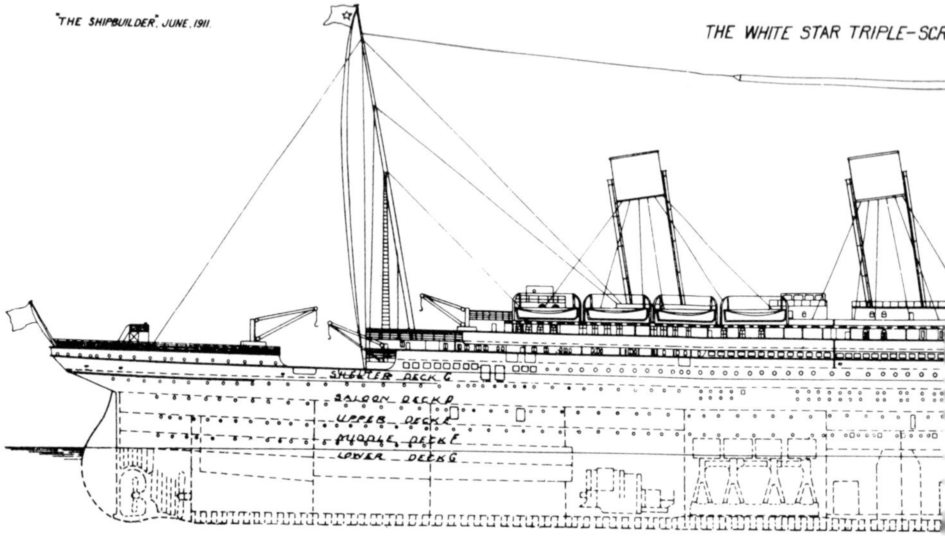

Harland & Wolffs Meisterstück: Die klaren, »ausgewogenen Linien« der *Olympic* besaßen eine nie wieder erreichte Anmut. Hier zeigen die Baupläne die Vorder- und Draufsichten der oberen zwei Decks. (*Shipping World and Shipbuilder*)

ERS "OLYMPIC" AND "TITANIC".

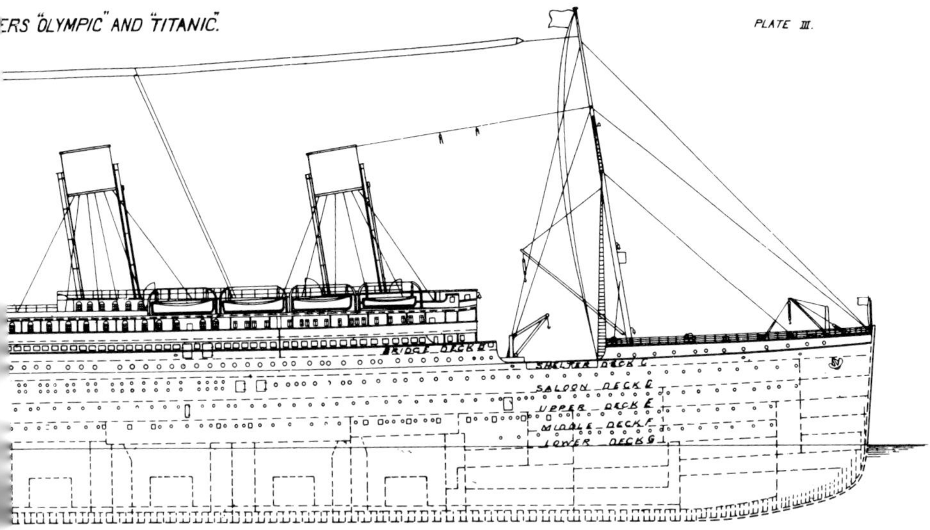

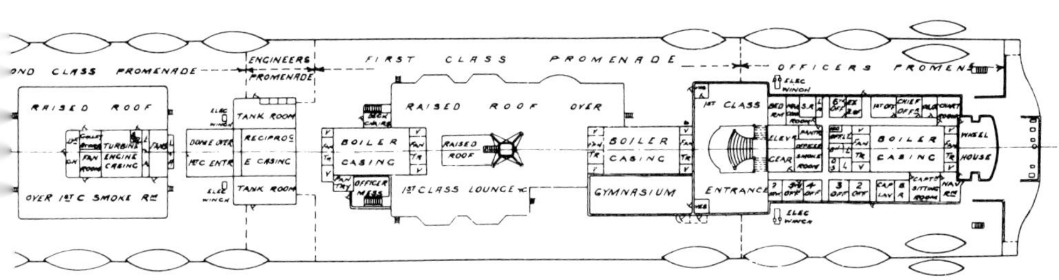

BOAT DECK.

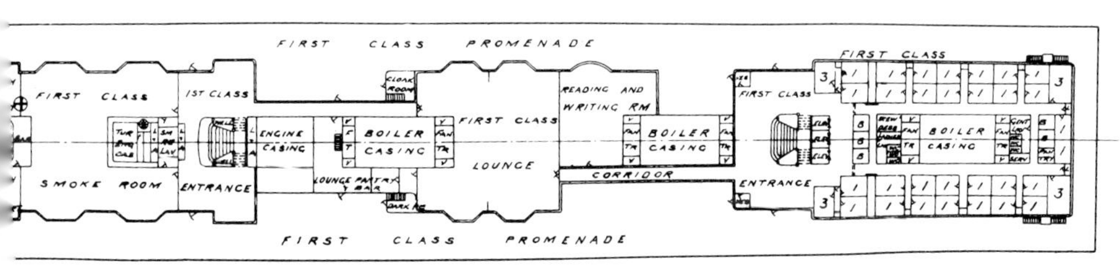

PROMENADE DECK A.

neten sich Veränderungen ab, die sich fast sofort im Inneren der Schiffe manifestierten: Im folgenden Jahr wurde am B-Deck der *Titanic* ein Pariser Café an der Steuerbord-Promenade eingerichtet, das der Erholung beider Geschlechter dienen sollte. Die *Imperator* – die deutsche Antwort auf die *Olympic* – richtete einen Aufenthaltsraum ein, in dem abends eine große Anzahl von Paaren das Tanzbein schwingen konnte. Und auf der *Olympic* selbst sollte es ebenfalls nicht mehr allzu lange dauern, bis Frauen, rauchend und in Hosen gekleidet, in das Heiligtum eindrangen, das ihnen bisher verschlossen gewesen war.

Passagiere auf der Jungfernfahrt, die genug Ortskenntnisse der *Olympic* besaßen, um das Schiff zu erforschen, waren erstaunt über die relativ hübsche Umgebung ihrer Mitreisenden in der zweiten Klasse. Wären sie noch weiter in den Schiffskörper und auf der gesellschaftlichen Leiter hinuntergestiegen, hätten sie jedoch weniger Anlaß zum Staunen gefunden. Es ist ein beliebtes Atlantik-Klischee, daß die billigsten Kajüten eines neuen Schiffs mit den besten Kabinen früher Schiffe wetteifern. *The Shipbuilder's* kam in seiner Souvenirausgabe, die ganz der neuen Schiffsklasse gewidmet war, zu dem Schluß: »Heutzutage verfügen Passagiere der dritten Klasse über größeren Komfort als einst Passagiere der ersten vor der Entwicklung der modernen Passagierbeförderung, für die die White Star Line in großem Maße verantwortlich war.«

Es ist zweifelhaft, ob die Passagiere in einer kleinen, beengten Kabine irgendwo direkt oberhalb der Schrauben der *Olympic* dieser Einschätzung zugestimmt hätten. Das Ganze ist vergleichbar mit den aufgeblasenen Ermahnungen, mit denen die Eltern Generationen von heimwehkranken Internatsschülern überschüttet haben: »Wenn du das für unbequem hältst, hättest du hier sein sollen, als ich noch ein Junge war ...« Mag die Absicht auch noch so löblich sein, so hört sich dies eher nach Zurechtweisung als nach Mitgefühl an. Zu keiner Zeit war die funktionale Trostlosigkeit der Einwandererquartiere mit dem polierten Glanz der ersten Klasse vergleichbar.

In einem späteren Kapitel gehe ich näher auf die Bedingungen der Emigranten ein. Was die *Olympic* angeht, genügt es zu erwähnen, daß trotz einiger offener Schlafkojen, die aus galvanisiertem Eisen statt aus ungezieferanfälligem Holz waren, und der einen oder anderen Doppelkabine (gegen Zuschlag) das Leben in der dritten Klasse hinsichtlich Beleuchtung, Belüftung und sanitärer Anlagen nur ein schwacher Abklatsch des Lebens in der ersten war. Darüber hinaus war der Abkühlraum des türkischen Bades anderthalbmal so groß wie die Kombüse der dritten Klasse, so unglaublich das klingen mag. Mit anderen Worten: Das Essen für tausend Passagiere wurde in einem Raum zubereitet, der weit weniger geräumig war als die byzantinische Pracht, die für ein Dutzend Erste-Klasse-Passagiere gedacht war. Auf der anderen Seite des Schiffs waren nicht weniger als 42 Stewards der dritten Klasse in einem Raum vergleichbarer Größe untergebracht.

Die Kohlenbunker befanden sich nicht an den Seiten des Schiffskörpers, sondern querschiffs, so daß die Kesselräume durch eine querlaufende Barriere von

Lord Pirrie, der Schiffbauer, und Captain Edward J. Smith, der Schiffskapitän, beraten sich auf dem Deck der *Olympic.* Dies erfolgte in der Woche, bevor sie am 14. Juni 1911 ihre Jungfernfahrt antrat. In der Takelage hängen Maler, die die braungelbe Farbe des Schornsteins Nummer 4 nachbessern. (*Radio Times Hulton Picture Library*)

Kohle und einem wasserdichten Schott voneinander abgetrennt waren. Somit war Brennstoff für jede Feuerung griffbereit, was weniger Arbeitskräfte erforderte. In der vollen Breite des Schiffskörpers, die sich aus diesem Arrangement der Kohlenbunker ergab, besaßen vier der sechs Kesselräume je fünf riesige Kessel. Die Tatsache, daß dadurch die Seiten der *Olympic* ungeschützt waren, sollte im folgenden Jahr für ihr Schwesterschiff eine tragische Bedeutung bekommen. Die mittlere der drei Schrauben wurde von einer Niederdruckturbine angetrieben, da Harland & Wolff zu dem Schluß gekommen waren, daß eine Kombination von Kolben- und Turbinenanlagen für die neue Klasse am wirtschaftlichsten sei.

Die Jungfernfahrt, die traditionsgemäß im Juni stattfand, erregte auf beiden Seiten des Atlantiks großes Interesse. Das Schiff war nur halb ausgebucht, der Squashplatz dafür so beliebt, daß die Spieler jeweils nur eine halbe Stunde spielen durften. Die Kohlenzuträger von Southampton hatten gestreikt, deshalb blieben fünf Dampfkessel ungenutzt. Trotzdem gelang der *Olympic* eine ordnungsgemäße Überfahrt. Sie stach am Mittwoch, den 14., in See und erreichte ihren Bestimmungshafen am darauffolgenden Mittwoch. Kapitän Smith versicherte den Reportern, die an Bord kamen, daß die *Olympic* für die Überfahrt eine volle Woche benötige und nicht am Dienstag eintreffen werde. Wie um zu verdeutlichen, worauf die Reporter hinauswollten, fuhr die *Lusitania,* ein »Dienstagschiff«, flußabwärts zur Krönungsfeierlichkeit, als Schlepper das Schiff der White Star Line zum Liegeplatz brachten. Unerklärlicherweise stimmte der Cunard-Kapitän nicht in die lärmende Begrüßung seines neuen Rivalen ein. Pier 59 war knapp dreißig Meter in den Fluß hinaus gebaut worden, um das Heck der *Olympic* zu schützen – bestenfalls eine behelfsmäßige Lösung. Außerdem hatte die *Celtic* es in der Woche davor gerammt. Die Erlaubnis, die Pier zu erweitern, war schließlich erteilt worden, nachdem sich die Internationale Handelsmarine über die Köpfe einer widerstrebenden Hafenbehörde hinweg an Washington gewandt hatte.

Auf der Rückreise von der Jungfernfahrt »vergaß« einer der amerikanischen Passagiere des Schiffs seine Brille. Ich vermute allerdings, daß dieser Vorfall inszeniert war, da ein junger britischer Flieger ihm aus seinem Zweidecker eine Ersatzbrille zuwarf. Obwohl es sich um die größte schwimmende Zielscheibe der Welt handelte, war die Mission ein Mißerfolg – der Pilot, ein Mann namens Sopwith, sah, wie das Päckchen die Schiffsseite berührte und ins Wasser fiel. Er wurde später einer der erfolgreichsten Flugzeugkonstrukteure Englands. Sein mißglückter Versuch, die *Olympic* zu »bombardieren«, wurde erstaunlicherweise als beruhigender Hinweis dafür angesehen, daß Flugzeuge wohl niemals eine Bedrohung für Schiffe bedeuten würden. Daß dies sowohl in militärischer als auch in wirtschaftlicher Hinsicht doch eines Tages geschehen würde, schien 1911 noch absurd.

Im September desselben Jahres war die *Olympic* in eine merkwürdige Havarie verwickelt, die erste von drei großen Kollisionen in ihrer langen Laufbahn. Am Beginn ihrer fünften Fahrt stieß sie im Meeresarm des Solent mit einem Kreuzer

Die *Olympic* der White Star Line geht zum ersten Mal vor der Quarantänestation vor Anker. Drei Schlepper sind bereits eingetroffen, um sie zur Pier zu bugsieren. (*Druck- und Fotoabteilung, Library of Congress*)

Unten: Die *Olympic* an ihren westlichen Abfertigungshallen. Zunächst zögerten die Hafenbehörden von New York, die Pier zu erweitern, um den neuen Giganten der White Star Line aufzunehmen. (*Edwin Levick Collection, The Mariners Museum, Newport News, Virginia*)

Taucher untersuchen die Außenhaut der *Olympic* direkt unterhalb der Stelle, an der der Rammsporn der *H. M. S. Hawke* eine Reihe von Kabinen der zweiten Klasse aufgeschlitzt hatte. (*Frank Braynard Collection*)

der Royal Navy, der *H. M. S. Hawke,* zusammen. Es war einer dieser unbegreiflichen Unfälle am hellichten Tag auf ruhiger See und in Ufernähe, bei dem zwei normal gelenkte Schiffe wie hypnotisiert aufeinander zudampften, bis sie kollidierten. Später entschied ein Untersuchungsgericht gegen die White Star Line und sprach den Kapitän des Kreuzers von jeder Schuld frei. Ich persönlich finde es befremdlich, daß ein Schiff, dessen Bug die Seite eines anderen Schiffs rammte, völlig ohne Schuld sein soll. Aber die Experten der Royal Navy führten dies auf übergroße Saugkräfte zurück, welche das größere Schiff ausgeübt habe, und ignorierten das Eingeständnis, daß die Steuerung der *Hawke* Sekunden vor dem Unfall blockiert war.

Wie durch ein Wunder gab es keine Verletzten. Die Kabinen der zweiten Klasse, die aufgeschlitzt wurden, waren leer, denn ihre Passagiere speisten gerade im Speisesaal ein Deck höher. Zum Glück war der Bug des Kriegsschiffs mit einem Rammsporn ausgestattet, der den Aufprall über dem Wasserspiegel auffing; darunter entstand relativ wenig Schaden. Thomas Magee, ein Amerikaner, der unbedingt nach San Francisco zu seinem dreijährigen Kind wollte, schlüpfte aus dem Loch, nachdem das Schiff in Osborne Bay angelegt hatte, drückte einem Bootsführer drei Sovereigns in die Hand und gelangte schließlich nach verbissenem Rudern gegen Wind und Flut nach Cowes. Anschließend informierte er Vertreter der Gesellschaft, daß die *Olympic* nicht weiterfahren werde, und buchte eine Passage auf der *Adriatic,* die am nächsten Tag von Liverpool aus in See stechen würde. Die Angestellten der White Star Line auf der Insel Wight glaubten ihm nicht, was verständlich ist, da sie bisher nichts von dem Unfall gehört hatten. Ihr Schock ist vergleichbar mit der Verzweiflung, die Mrs. Magee empfand, weil sie an Bord der *Olympic* weit und breit keinen Hinweis auf den Verbleib ihres Gatten fand ... Das Schiff wurde für sechs Wochen aus dem Verkehr gezogen. Im Trockendock von Belfast ersetzte man die Platten.

Im darauffolgenden Jahr trat die *Titanic* in Dienst. Sie sank in einer Aprilnacht des Jahres 1912, nachdem sie gegen einen Eisberg geprallt war, auf der berüchtigtsten Jungfernfahrt in der Geschichte der Schiffahrt. Das Unglück lieferte Stoff für unzählige Bücher, Artikel, Filme und Theaterstücke. Nach wie vor übt es eine grausige Faszination aus. Buchhandlungen und Museen, die sich auf Seefahrtsthemen spezialisiert haben, berichten, daß mehr Anfragen zur *Titanic* eingehen als zu allen anderen Schiffen zusammen. Die Schiffahrtsabteilung des Smithsonian Museum hat ein Formblatt als Antwort auf solche Anfragen vervielfältigt. Harland & Wolff haben es längst aufgegeben, Briefe zu beantworten. 1963 wurde eine Gesellschaft gegründet, die »Titanic Enthusiasts of America«, um die Erinnerung an die *Titanic* und ihre beiden Schwesterschiffe zu pflegen. Die Mitglieder setzen sich aus den Überlebenden und einer Gruppe junger Fans zusammen, deren Eltern zu der Zeit, als das Schiff unterging, noch nicht einmal geboren waren.

Die Umstände, die sich um dieses Ereignis rankten, übten auf Journalisten eine magische Faszination aus: die erste Überquerung des Atlantiks durch das größte und luxuriöseste Schiff der Welt, die anfangs keineswegs gebührend gewürdigt wurde, da sie nur eine Wiederholung der Jungfernfahrt der *Olympic* im Jahr zuvor zu sein schien; eine Passagierliste, die gespickt war mit Namen aus Amerikas Geldadel; der entsetzliche Mangel an Rettungsbooten; die erstaunlich niedrige Todesrate in der ersten Klasse und vor allem die Aura ungewöhnlicher Würde, charakterisiert durch den Ausspruch Benjamin Guggenheims: »Wir tragen unsere eleganteste Kleidung und sind bereit, wie Gentlemen unterzugehen.«

Doch all dies wurde erst später bekannt. Da es vier Tage lang an konkreten Nachrichten fehlte, überbot sich die Weltpresse mit abenteuerlichen Geschichten, die kaum mehr als Wunschdenken waren. Von dem Augenblick an, als die ersten schrecklichen Gerüchte New York und Southampton durchliefen, gierte die Öffentlichkeit unersättlich nach Neuigkeiten. Die meisten waren reine Erfindungen der Zeitungsredakteure, die ihre Titelseite zu füllen suchten. Guglielmo Marconis Funktechnik, die damals noch in den Kinderschuhen steckte und zum größten Teil für die Rettung der Überlebenden verantwortlich war, produzierte unabsichtlich eine ungeheuerliche Falschmeldung: Die unselige Aneinanderreihung zweier unabhängiger Sätze, die vom Funker der *Olympic* aufgenommen wurden, erweckte den Anschein, daß die *Titanic* noch auf dem Wasser schwamm und nach Halifax geschleppt wurde. Ein festlich geschmückter Zug, in dem sich amerikanische Verwandte der Passagiere drängten, befand sich auf halbem Weg zu dem kanadischen Hafen, bevor die Zentrale der White Star Line ihn in den Wäldern Maines vom Eisenbahnpersonal mit Flaggenzeichen anhalten ließ.

Als schließlich die Wahrheit herauskam, wurde sie kunstvoll verdreht, damit sie zu den anfänglichen Ungenauigkeiten paßte. Je schlimmer die Tragödie, desto ausgefallener die Gerüchte, die sich um sie ranken. Ein gutes Beispiel dafür ist die Ermordung John F. Kennedys. Die Ereignisse von Dallas wurden unglaublich ausgeschmückt, als ob der Schock über ein grauenhaftes Geschehen durch die phantasievolle Darstellung von Nebensächlichkeiten gemildert werden könnte. Auch der Untergang der *Titanic* hatte eine Mischung von Tatsachen, Aberglauben und Wunschdenken zur Folge. So erhielten selbst die banalsten Vorfälle Bedeutung.

Ein überlebender Steward erinnerte sich, daß sich sein White-Star-Abzeichen in den Händen seiner Frau aufgelöst habe, als sie es an eine neue Mütze habe stecken wollen. In einem Haus in Southampton fiel unvermutet ein Bild von der Wand – laut dem Aberglauben der Einwohner ein Hinweis darauf, daß ein Schiff gesunken sei. Alle möglichen Hellseher behaupteten, dunkle Ahnungen gehabt zu haben, nachdem das Schiff untergegangen sei. In Queenstown steckte ein Heizer sein rußgeschwärztes Gesicht über den Rand des blinden vierten Schornsteins, was einen empfindsamen Passagier an einen Todesengel gemahnte. Als das Schiff am Old Head von Kinsale vorbeifuhr, löste sich die Flaggleine, die das Bon-Voyage-Signal des Leuchtturms bestätigte, und man benötigte eine volle Wende, um das lose Ende, das leewärts flatterte, wieder einzuholen. Am Tag vor dem verhängnisvollen Sonntag sah ein Feuerwehrmann ein halbes Dutzend Ratten – was auf einem neuen Schiff eine Seltenheit ist –, die achteraus eilten, weg von der späteren Kollisionsstelle.

Lange nach dem Untergang der *Titanic* lebte der Mythos weiter. In England ging das Gerücht, daß Hunderte von Stahlarbeitern aus Belfast im Wrack umgekommen seien, deren Anwesenheit auf dem Schiff vom Handelsministerium jedoch verschwiegen werde. Obwohl authentische Berichte besagten, daß Kapitän Smith mit seinem Schiff untergegangen war, tauchte er plötzlich an den unmöglichsten Plätzen wieder auf: Ein anderer Kapitän »sah« ihn eine Woche nach der Tragödie auf einer Straße in Baltimore, und Jahre später konnte man in der Zeitung vom Tod eines mittellosen, heruntergekommenen Mannes in Columbus, Ohio, lesen, der den Spitznamen »Whispering Smith« gehabt und auf seinem Totenbett gestanden habe, er sei der Kapitän der *Titanic* gewesen.

Auf Seite 26 der oben erwähnten Gedächtnisausgabe von *The Shipbuilder's* war zum ersten Mal der Begriff »unsinkbar« zu lesen. (Um dieser im allgemeinen sehr ehrlichen Zeitschrift gegenüber fair zu sein – davor stand »praktisch«.) Das Wort setzte sich durch und wurde bald bei jeder Unterhaltung, die sich um ein neues Schiff auf dem Atlantik drehte, verwendet. Diese kostenlose Publicity sollte White Star schließlich bereuen. Schiffbauingenieure akzeptieren den Begriff des unsinkbaren Schiffs genausowenig wie Feuerwehrleute das feuerfeste Gebäude, denn beides ist unmöglich. Die *Titanic* ist aufgrund unbesonnener Seemannskunst und einer für diesen bestimmten Unfall unzulänglichen Konstruktion gesunken.

Der arktische Winter 1911/1912 war ungewöhnlich mild, ein Phänomen, das etwa alle acht Jahre auftritt. Von den Gletschern an Grönlands Westküste brachen mehr Stücke ab als sonst, stürzten ins Meer und schufen Eisberge von ungewöhnlicher Größe. Dadurch überlebten sie länger, während sie in die Gewässer vor Neufundland trieben. Die dortigen Fischgründe entstehen durch den Zusammenfluß des mit Eisbrocken vermischten Labradorstroms mit einer nordwärts verlaufenden Abzweigung des Golfstroms. Dieser jahrtausendelange Wärmeaustausch hat auf dem Meeresgrund Schichten von Grönlandstein und -schutt hinterlassen, den die schmelzenden Eisberge mitgebracht hatten. Zu Beginn des Frühjahrs 1912 gab es also nicht nur insgesamt mehr Eis, sondern vor allem auch mehr Eis weiter südlich.

Die *Titanic* fuhr auf speziellen Fahrtrouten, um den in dieser Jahreszeit vorhandenen Eisbergen auszuweichen. Nach ihrem Untergang wurden diese Routen noch weiter südlich verlegt. Sie eilte in schnellem Tempo durch Gewässer, von denen nicht weniger als sechs Radioberichte gemeldet hatten, daß sie voller Eisschollen seien. Ihre beiden vorderen Ausguckposten, die sich wie üblich im Krähennest befanden, wären vielleicht besser an der Vorpiek postiert worden, denn in einer ruhigen, mondlosen Nacht kann man, auch wenn die Sterne noch so hell funkeln, Eisberge von oben nicht gut sichten. Die Erkennungslinie der weißen Brecher um den Grund ist nicht vorhanden, und der Höhenvorteil wird durch die fehlende Silhouette gegen den Himmel zunichte gemacht. Das Sichtproblem wurde in jener bitterkalten Nacht durch Nebel verstärkt, ein täuschender Dunst, der tief über dem Wasser lag. Frederick Fleet, einer der Ausguckmänner, ließ später eine Skizze seiner ersten Sichtung des Eisbergs anfertigen; sie zeigt diesen am Horizont, offensichtlich noch Meilen entfernt. Keiner der beiden Ausguckposten konnte so weit sehen, und der Eisberg befand sich bedrohlich nahe, bevor man Meldung an die Brücke machte.

Murdoch, der Erste Offizier auf der *Titanic,* kam nach der Kollision um; doch sein Steuermeister bezeugte, daß er den Befehl erhalten habe, das Ruder in Hartlage zu bringen. Die Maschinen wurden abgeschaltet und die wasserdichten Schotten geschlossen. Jene Seeleute, die sich im Krähennest befanden und um den Notfall wußten, hatten den Eindruck, daß die Drehung nach Backbord quälend langsam erfolgte. Diese Verzögerung läßt sich auf einen der folgenden Faktoren zurückführen: Tests auf der *Olympic* ergaben, daß das Schiff, das sich in voller Fahrt befand, 37 Sekunden benötigte, um auf das Ruder zu reagieren. Wenn zudem zu Beginn dieser Zeitspanne die Maschinen den Rückwärtsgang einlegten, dauerte es noch länger. Murdoch hätte vielleicht besser daran getan, die Maschinen mit voller Fahrt voraus laufen zu lassen und eine schärfere Drehung zu vollziehen. Später wurde darüber diskutiert, daß die Oberfläche des Ruders sowohl auf der *Olympic* als auch der *Titanic* kleiner war, als sie hätte sein sollen. Auf einem Drei-Schrauben-Schiff verhindert die Anbringung der dritten Schraube in der Mitte die Verwendung eines Balanceruders. Dies ist nicht effizienter, aber da es sich leichter drehen kann, hätte es größer sein und eine bessere Ruderreaktion bewirken können.

Möglicherweise erhielt der Steuermann deshalb nicht gleich Anweisungen, weil Murdoch vielleicht abwarten wollte, bis er selbst den Eisberg erblickte, oder die Möglichkeit abwägte, den Kurs zu halten. Jeder Offizier der Postschiffe auf dem Atlantik war sich der Tatsache bewußt, daß es bei weitem besser ist, einen Eisberg zu rammen, als ihn seitwärts zu streifen. 1879 war dies der *Arizona* an fast der gleichen Stelle passiert; ihr Bug brach ein, und sie fuhr mit dem Heck voran nach Neufundland weiter. Es ist sehr wahrscheinlich, daß Kapitän Landy, der 16 Jahre später das Passagierschiff *Montrose* der Canadian Pacific befehligte, aus Murdochs Fehler gelernt hatte. Er riß das Ruder herum, um einem Eisberg auszuweichen, stieß dabei jedoch auf einen weiteren, der sich dahinter befand. Er rammte ihn von vorne, statt zu versuchen, zwischen den beiden Eisbergen hindurchzufahren. Auch damals verbog sich die Vorpiek wie Stanniolpapier, und der vordere Laderaum wurde überflutet, aber das Schiff hielt sich über Wasser und erreichte mit eigener Kraft Liverpool.

Aber wenn der Erste Offizier der *Titanic* wertvolle Sekunden dadurch verlor, daß er einen Entschluß faßte, der sich später als verheerend erweisen sollte, kann man ihm dies nicht zum Vorwurf machen. Wenn eine Chance bestand, dem Eisberg auszuweichen, mußte er sie nutzen, was er ja auch tat. In einer solch alptraumhaften Situation, die mit minimaler Vorwarnung über ihn hereinbricht, eine

Als zweites Schiff der neuen Klasse der White Star Line verläßt die *Titanic* die Harland & Wolff-Werft zehn Tage vor ihrer Jungfernfahrt für die Probefahrten. Die vordere Hälfte des Promenadendecks wurde auf Ismays Anordnung verglast, um ein optisches Gegengewicht zur *Olympic* zu erzielen. (*Compagnie Générale Transatlantique*)

Entscheidung zu treffen, gehört zu den schrecklichen Pflichten des Befehlshabenden.

Es versteht sich von selbst, daß sich fast alle Überlebenden detailliert an den Aufprall erinnern. Die Passagiere der dritten Klasse oder die Mannschaftsmitglieder spürten ihn stärker als Passagiere, die sich weiter oben befanden, die Ausguckmänner überhaupt nicht. Was ich ungewöhnlich finde, ist, daß niemand ein Schaukeln oder ein Abgieren des Schiffs erwähnte. Ein Ruder, das bei fast voller Fahrt in Hartlage gebracht wird, bewirkt als Reaktion ein Schlingern von der Drehung weg. Dieses plötzliche Absacken nach Steuerbord machte sich besonders auf ruhiger See bemerkbar. Das allgemeine Schweigen über diesen Punkt legt nahe, daß Murdoch nicht die Art von Notfallreaktion einleitete, die die Situation erfordert hätte.

Was auch die Gründe sein mochten – die zu späte Sichtung des Eisbergs durch unklug postierte Ausguckmänner, die falsche Reaktion ihres Vorgesetzten oder die Unzulänglichkeiten ihres Ruders –, fest steht, daß die *Titanic* zu langsam drehte, um eine Schramme entlang der Steuerbordseite zu vermeiden. Die Seite des Eisbergs, die das Schiff traf, besaß einen ungewöhnlichen Vorsprung. Tonnen von Eis und Takelage fielen auf das vordere Welldeck. Da die Außenhaut oberhalb der Wasserlinie keinen Schaden erlitt, ist zu vermuten, daß sich die Eiswand in einem Bogen vom Rumpf wegkrümmte und unter Wasser in einem Sporn hervorstreckte, der dem Schiff den Todesstoß versetzte. Obwohl an einigen Stellen nur ein schmaler, wenige Zentimeter breiter Schlitz entstand, erstreckte er sich über hundert Meter achtern vom Bug aus. Da es keine Seitenbunker gab – was die Handhabung der Kohle so erleichterte –, war das Eindringen des kalten grünen Meerwassers nicht aufzuhalten. Ein großer Anteil der unteren Decks der *Titanic* war schnell überflutet.

Es war 23 Uhr 40. Das Schiff stoppte und lag unbeweglich am östlichen Rand eines riesigen Eisfelds im Wasser, wobei überschüssiger Dampf aus seinen ersten drei Schornsteinen entwich. Violet Jessop, eine Stewardeß, die schon mit der *Adriatic* fast einmal gekentert wäre, langweilte ihre Schiffskollegen mit der Erklärung, sie vermute, man wolle sie aufziehen, als es hieß, die *Titanic* stecke in Schwierigkeiten. Sie war nicht die einzige, die nicht glauben konnte, daß dieses gewaltige Schiff in Gefahr schwebte. Auf der Kommandobrücke ging es Kapitän Smith ebenso, obwohl ihm dies jener Mann versicherte, der über die Konstruktion des Schiffs besser Bescheid wußte als jeder andere. Thomas Andrews, der Neffe von Lord Pirrie und Geschäftsführer von Harland & Wolff, befand sich an Bord des Schiffs, um etwaige Probleme der Jungfernfahrt zu lösen. Nachdem er zusammen mit Smith die vorderen Abteilungen inspiziert hatte, kehrten sie zu der Brücke zurück. Dort informierte Andrews den Kapitän und den Geschäftsführer der White Star Line, Bruce Ismay, daß es nicht die geringste Chance gebe, das Schiff über Wasser zu halten.

Von den dreien, die als erste die hoffnungslose Lage erkannten, war es seltsamerweise Smith, dessen Verhalten der Dringlichkeit der Lage widersprach. Nachdem er per Funk einen Notruf durchgegeben und befohlen hatte, die Rettungsboote ins Wasser zu lassen, zeigte er eine erstaunliche Unfähigkeit, die Dinge in den Griff zu bekommen; er schien wie gelähmt zu sein. Der Kapitän wollte offenbar vor allem Panik vermeiden. Angesichts der wenigen Rettungsboote war dies eine durchaus berechtigte Überlegung. Aber daß der Schein der »normalen Fahrt« aufrechterhalten wurde, war meiner Meinung nach für den Tod von weiteren vierhundert Menschen verantwortlich, denn um diese erschreckend hohe Zahl waren die Rettungsboote unterbeladen.

Im Lichte dieser entsetzlichen Diskrepanz stellt man sich die Frage nach dem Sinn der Beruhigungstaktik angesichts eines gemeinsamen Notfalls. Eine ähnliche Situation erlebt man in Flugzeugen, wenn bei auftretenden Turbulenzen das Lächeln der Stewardessen gefriert und vor dem Start und seltsamerweise auch nach der Landung beruhigende Musik erklingt. Ich befand mich auf einer ihrer letzten Fahrten an Bord der *Franconia.* Eines Morgens stellte ich beim Aufwachen fest, daß mein Kabinenboden ein paar Zentimeter mit Salzwasser überflutet war. Das beruhigendste Mittel gegen diesen unwiderlegbaren Beweis eines Notfalls war die gelassene Ansage, daß in der Lounge Tee serviert werde. (Spätere Berichte, daß der Schaden durch eine Welle verursacht worden sei und das Schiff sich nicht in Gefahr befinde, waren dagegen fast enttäuschend.) Wir erwarten von Engländern, daß sie immer ihre Contenance bewahren; Unerschütterlichkeit ist ein geschätzter Teil ihres Nationalcharakters.

Aber auf der *Titanic* hatte diese stoische Entschlossenheit, so zu tun, als wäre alles normal, eine beklagenswerte Nebenwirkung: Sie erstickte jedes Gefühl für Dringlichkeit. Als der Höllenkrach der Dampfrohre verstummte, hörte man Musik aus der Lounge. McElroy, der Oberzahlmeister, hatte das Schiffsorchester antreten lassen, das weiterspielte, bis die *Titanic* sank. Die widersprüchliche Stimmung auf zwei angrenzenden Decks äußerte sich folgendermaßen: Auf dem einen wurden Passagiere überredet, die Rettungsboote zu besteigen, auf dem anderen lullte man sie mit Musik ein. Die verzweifelte Lage wurde absichtlich verschleiert, es herrschte eine Atmosphäre unnatürlicher Ruhe. Die Stewardeß Violet Jessop drückte es so aus: »Niemand begriff den Ernst der Lage.«

Vielleicht wäre alles anders gelaufen, wenn die *Titanic* mit einer Lautsprecheranlage ausgestattet gewesen wäre. Schon immer erschienen mir die Rettungsübungen mitten auf dem Ozean, obwohl bekannt, dramatisch. Es wirkt nämlich sehr authentisch, wenn Passagiere und Mannschaft in Schwimmwesten auf einem überfüllten Promenadendeck stehen. Auf dem Schiff herrscht Stille, da alle übrigen Aktivitäten ausgesetzt haben. In dieser Ruhe vermittelt die Stimme des Kapitäns, auch wenn sie über Lautsprecher kommt, echte Autorität. Diese höchste Bestätigung blieb den Passagieren der *Titanic* versagt. Ein Appell von Smith oder einem seiner Offiziere, der allen Passagieren an Bord übermittelt worden wäre, hätte sicherlich einige nervös gemacht, doch letztlich bestimmt die Rettungsboote gefüllt.

Die *Titanic* im Trockendock. Die mittlere Schraube mit vier Flügeln wird von einer Turbine angetrieben, aber jede der dreiflügeligen äußeren Schrauben ist mit einer konventionellen Kolbendampfmaschine verbunden. Die darunterstehenden Arbeiter aus Belfast ahnten nicht, daß sie ein paar Wochen später die Schrauben aus derselben Perspektive sehen würden, allerdings mitten auf dem Atlantik. (*Druck- und Fotoabteilung, Library of Congress*)

So sickerten Informationen über verschiedene Befehlsränge durch, aber ihre Dringlichkeit und Genauigkeit war unterschiedlich. Die Stewards, die diskret an die Kabinentüren klopften und den Passagieren empfahlen, warme Kleidung und Schwimmwesten anzuziehen, verhielten sich ganz anders als die Offiziere am Bootsdeck, die sich um schnelle Erledigung bemühten und trotz der Frosttemperaturen ins Schwitzen gerieten. Ismay, der die grauenhafte Wahrheit kannte, mischte sich hysterisch in die Arbeiten an den Rettungsbooten ein, wurde aber von einem untergeordneten Offizier weggeschickt. Auch wenn dies gerechtfertigt war, wäre es wünschenswert gewesen, daß sich die Angst des Vorstandsvorsitzenden ein wenig auf die untergeordneten Angestellten übertragen hätte.

Unter Deck wurde in den Gängen der Erste-Klasse-Kabinen die alberne Geschichte verbreitet, daß die *Titanic* irgendwie nach Halifax weiterfahren werde, auch wenn alle Passagiere die Boote besteigen müßten. Edith Russell gab ihrem Steward Wareham die Schlüssel ihrer Überseekoffer und bat ihn, er solle diese vom Ausweichhafen nach New York schicken. Der Steward erwiderte ungewöhnlich offen: »Gehen Sie zurück in Ihre Kabine, und verabschieden Sie sich von den Koffern. Ich habe fünf kleine Kinder in Southampton und mache mir schreckliche Sorgen.« Doch er rettete ihr Musikschwein, das ihr sehr viel bedeutete; sie hatte es aus Paris mitgebracht. Wenn man es aufzog, spielte es die *Maxixe.* Übrigens rettete es ihr das Leben, denn ein anderer Passagier warf es in ein Rettungsboot – dies war die einzige Möglichkeit, sie dazu zu bewegen, das Boot ebenfalls zu besteigen.

Man kann den Frauen, die in die Boote gedrängt wurden, keinen Vorwurf machen, daß sie wenig Grund sahen, dieser Aufforderung Folge zu leisten. Es war mehr als eine natürliche Abneigung, ihre Ehemänner zurückzulassen. Sämtliche Aspekte eines Seeunglücks, so wie man es sich vorstellte, fehlten. Es war fast windstill, am Nachthimmel funkelten die Sterne, und nicht weit entfernt erkannte man die Lichter eines anderen Schiffs. Zugegeben, die *Titanic* hatte fünf Grad Schlagseite nach Steuerbord, aber sie hatte ja bereits während des größten Teils der Überfahrt eine leichte Schlagseite nach Backbord gehabt. Die Frauen zogen es vor, der Wärme und Sicherheit des großen Schiffs zu vertrauen, als im Boot auf dem kalten Ozean herumzutreiben. Überzeugende Argumente aller Art wurden angeführt, darunter auch die unglaubliche Lüge, sie würden am nächsten Morgen zum Frühstück wieder zurück sein. Die Panikszenen, die sich schließlich auf dem Bootsdeck abspielten, wurden in erster Linie von Passagieren der dritten Klasse und von Heizern ausgelöst, die mit eigenen Augen gesehen hatten, wie unter Deck Abteilungen voll Wasser gelaufen waren. Sie waren gern bereit, in die Rettungsboote zu steigen, welche die Passagiere der ersten und zweiten Klasse nicht betreten wollten.

Als sich die Lounge leerte und immer mehr Passagiere überredet wurden, sich zum oberen Deck zu begeben, folgte das Orchester. Wallace Hartleys Männer spielten weiter, trugen aber jetzt Schwimmwesten. Ein Passagier erinnerte sich später, daß die Musik selbst nicht besonders beruhigend wirkte. Aber zumindest bemühten sich die Musiker, den Anschein von Normalität aufrechtzuerhalten.

Diese Wirkung hielt aber nur bis Viertel vor eins an, als von der Brücke aus ein Notsignal in die Luft geschossen wurde; die erste deutliche Geste der Verzweiflung. Kapitän Smith wollte unbedingt von dem anderen Schiff eine Reaktion erhalten. Die Kontroverse über dessen Identität und Position begann in dieser Nacht und setzte sich bis heute fort. Nachforschungen der Engländer und Amerikaner ergaben, daß es sich dabei um das Leyland-Passagierschiff *California* handelte. Frederick Fleet konnte aus dem Krähennest zwar nur den Eisberg erkennen, aber mindestens 16 Überlebende sahen die mysteriösen Lichter; der Vierte Offizier, Joseph Boxhall, sagte aus, daß es bestimmt ein Dampfschiff gewesen sei. Rudergänger Rowe schätzte die Entfernung des Schiffs auf höchstens vier Meilen. Kapitän Stanley Lord von der *California* räumte ein, daß sein Schiff in der Nähe war, behauptete aber bis zu seinem Tod fünfzig Jahre später, daß er die *Titanic* nicht hätte erreichen können. Sein Beobachtungsoffizier sah wohl die Notsignale, machte tragischerweise aber keine Meldung.

Violet Jessop, die Stewardeß, bestieg Rettungsboot Nr. 16. Sie hatte aus Southampton keinen Mantel mitgenommen und sich über die Schwimmweste eine Daunendecke der Reederei um die Schultern geschlungen. Sie erinnert sich, daß sie Kapitän Smith, Andrews, dem Arzt und dem Chefsteward begegnete, die auf dem »Marktplatz« des Schiffs standen, dem C-Deck-Foyer. Diese vier Männer ausgerechnet an dieser Stelle anzutreffen war mehr als Ironie, denn bis heute herrscht hier am Tag der Abfahrt ein einziges Chaos. Das Foyer stellt lediglich einen Durchgang dar, nachdem das Schiff in See gestochen ist. Nun standen die vier Männer, die man eigentlich nur bei eiligen Inspektionsrunden zusammen sah, zwanglos nebeneinander an diesem gewöhnlich menschenleeren Ort, als ob sie sich unterhielten.

Als die Stewardeß die Treppe hochkam, stellten sich ihr zwei Jungen aus der Speisekammer in den Weg, freche Lümmel, die sie schon von der *Olympic* kannte und die eine Reisetasche voll Geld aus dem Büro des Zahlmeisters anschleppten. Als sie versuchten, die offene Tasche über die Schwelle zu hieven, ließ einer der beiden Jungen das eine Ende fallen, und goldene Sovereigns rollten über das Deck. Die beiden gingen in die Knie, kicherten und scherzten, erkannten überhaupt nicht den Ernst der Lage, genausowenig wie die umstehenden Passagiere, von denen sich keiner nach den Goldstücken bückte. Einige Pagen, die keinen Dienst hatten, trieben ihre Possen, rauchten und plauderten. Obwohl sie nach heutigen Maßstäben noch ungewöhnlich jung waren, um ihren Lebensunterhalt zu verdienen, durften sie nicht in die Rettungsboote und gingen alle unter.

Es ist nicht einfach, ein Rettungsboot über die Schiffsseite zu Wasser zu lassen. Gut ausgebildete Mannschaften, die im hellen Tageslicht üben, während die Schiffe an der Pier vertäut sind, haben sogar mit leeren Booten ihre Schwierigkeiten. Die Welin-Davits von einem kürzlich verbesserten Typ, die kurz zuvor auf der *Olympic* installiert worden waren, waren vielen Besatzungsmitgliedern nicht vertraut. Die Leinen waren neu und sperrig, und die Winden neben den Deckhäusern wurden nicht benutzt, vielleicht wegen der Enge an Deck oder der Stromknappheit. So wurde alles per Hand gemacht. Fast alle Berichte über diese gefährliche Fahrt hinunter ins Wasser sprechen von quälendem Rucken und Kippen, weil erst das eine, dann das andere Ende des Bootes zu schnell heruntergelassen wurde. Die Anweisungen aus den Booten an die Offiziere, die zwölf Meter darüber standen, schienen die Lage noch zu verschlechtern. Die Schlagseite der *Titanic* brachte weitere Probleme. Passagiere, die vom Steuerbordpromenadendeck in die Rettungsboote stiegen, mußten einen Abgrund zwischen Deck und frei schwebendem Boot überwinden, der manchmal von einem zugeklappten Liegestuhl überbrückt wurde. Und die Boote auf der höheren Backbordseite stießen immer wieder gegen Nietköpfe.

Kurz bevor Violet Jessops Boot zu Wasser gelassen wurde, fand ein Offizier ein verlassenes Baby in der Nähe der Davits. Er übergab es der Stewardeß, die es in ihre Daunendecke hüllte und die ganze Nacht lang nicht mehr losließ. Sobald die Boote im Wasser waren, begann in jedem Boot die nervenaufreibende Arbeit, die Ablaufstöpsel in den Boden zu stecken; Passagiere und Mannschaft tappten in der Bilge herum, spürten, wie Eiswasser eindrang. Verzweifelt suchten sie nach der Stelle, wo es hereinflutete. Es war auch schwierig, die Seile abzuwerfen, wenn das Boot einmal auf dem Wasser war. Niemand fand den Zapfen, mit dem sie gelöst wurden. Ein Boot, das in diesem Dilemma steckte, wurde von einem Wasserstrom, der aus dem Auslauf des Kondensators herrührte, nach achtern gedrückt. So lag es eingeklemmt gegen die Schiffsseite gepreßt, während die entsetzten Insassen beobachteten, wie das danebenliegende Boot sich darübersenkte. Zum Glück machte ein Heizer gerade rechtzeitig die Leinen mit einem Messer los, so daß sich das Boot wieder frei bewegen konnte.

So ächzten die weißen Rettungsboote, einige voller Menschen, andere nur halb gefüllt, die Flanken der *Titanic* hinunter und schaukelten dann auf dem ruhigen Wasser. Sie blieben in der Nähe des Schiffs, als schöpften sie aus der Anwesenheit des riesigen, hellbeleuchteten Kolosses Trost. Durch die klirrend kalte Luft drang das dumpfe Gedröhne der Kapelle, das Quietschen der Winden, der heisere Austausch von Befehlen auf dem Bootsdeck. Es war ein Anblick, der nur wenigen Transatlantik-Passagieren vergönnt ist – ihr eigenes Schiff mitten auf dem Ozean zu sehen. Während die Position der Zuschauer recht ungewohnt war, sah die *Titanic* fast normal aus. Fast, aber nicht ganz: Alle fünf Minuten wurde von der Brücke eine Rakete hochgeschossen, die mit einem lauten Blitz explodierte. Aber noch alarmierender war, daß die Wasserlinie den Reihen der beleuchteten Bullaugen immer näher kam.

Weit unten befahl der Erste Ingenieur Joseph Bell, jede überflüssige Stromversorgung zu stoppen. Der Dampfdruck, der seit dem Stopp der *Titanic* alarmierend gefallen war, wurde weiter gesenkt, als in einigen Feuerungsanlagen aufgrund des steigenden Wassers in Kesselraum 4 das Feuer gelöscht wurde. Auf der Haupt-Schalttafel schwenkten die Strommessernadeln auf null, als die Elektriker etliche plötzlich überflüssige Geräte ausschalteten: Kühlmotoren, elektrische Bäder, Heizstrahler und Küchengeräte. Sogar die Ventilatoren wurden abgeschaltet. In den Kesselräumen war es unvorstellbar heiß; dazu kam der Dampf von den nassen Rosten.

Ironischerweise waren die fünf Feuerungsanlagen in Kesselraum 1, die am weitesten achtern lagen, kalt, da sie vor Tagen schon stillgelegt worden waren; der Streik der Kohlenarbeiter in Southampton hatte die Benutzung aller Kessel verhindert, genau wie bei der Jungfernfahrt der *Olympic* ein Jahr zuvor. In den Kesselräumen 2 und 3 wurden die Feuer noch von verzweifelten Männern geschürt, die sich auf der schiefliegenden Arbeitsplattform abplagten.

Die Männer im Kesselraum konnten über dem Klappern der Pumpen das Ächzen des vorderen Schotts hören, das vom Gewicht des Meerwassers, dem es Widerstand entgegensetzte, erschüttert wurde. Die einsame, zähe Arbeit dieser tapferen Männer, von denen keiner überlebte, bewirkte, daß die Lichter auf dem Schiff bis zuletzt funktionierten. Unter den Hunderten von Menschen, die auf dem Schiff verblieben, waren wohl jene am besten dran, die ihre Ängste mit Arbeit verdrängen konnten. Andrews und der Erste Decksteward liefen zum Achterende des Bootsdecks, nahmen die Liegestühle aus ihren Nachtabstellplätzen und warfen sie über Bord.

Passagiere, die keine Aufgaben hatten, klammerten sich verzweifelt an Kleinigkeiten des Lebens, um die schrecklichen Minuten vor dem endgültigen Sinken des Schiffs auszufüllen. Eine Gruppe von Freunden zog sich, nachdem sie ihre Familien sicher in den Rettungsbooten wußte, in die Ruhe des leeren Rauchsalons zurück. Andere fanden Zuflucht in der Turnhalle, wo McCawley, der Sportlehrer, untadelig in Weste und weißer Flannellhose, auf sie wartete. Andere wiederum gesellten sich zu den Offizieren auf dem Deckhaus achtern der Brücke und versuchten, die beiden letzten Rettungsboote an die Schiffsseite zu schleppen. (Das waren die berühmten Englehardt-Faltboote mit Holzbilgen und zusammenlegbaren Seiten aus Segeltuch; zwei davon hatte man bereits die vorderen Davits hinuntergelassen). In der Lounge der zweiten Klasse scharten sich Emigranten um einen Priester und beteten. Diese unerträglichen letzten Momente wurden von den wackeren Musikern fast unwirklich gemacht, die spielten, bis sich das Deck so weit aufstellte, daß sie den Boden unter den Füßen verloren.

Irgendwo unter Deck gab ein Schott nach, der Bug schlingerte nach unten, und eine Welle erfaßte das abschüssige Deck und zog die Menschen, die draußen standen, noch weiter achtern. Einige, die die Ausweglosigkeit der Situation akzeptierten, traten tapfer ins Wasser hinaus, das jetzt über den Rand der Brücke einströmte. Noch einmal flammten die Lichter rötlich auf, um dann für immer zu erlöschen.

Die Rettungsboote, deren Insassen befürchteten, das Schiff würde sie mit in die

Tiefe reißen, entfernten sich. Jack Thayer, der sich noch im Wasser befand, glaubte gesehen zu haben, wie das Schiff entzweibrach. In Wahrheit kam es nicht dazu, obwohl die Skizze, die er später mit Hilfe eines Passagiers der *Carpathia* entwarf, sehr glaubwürdig war. Er sah in Wirklichkeit den Zusammenbruch von Schornstein 1. Als die *Titanic* mit dem Bug voraus im Meer versank, öffnete das massive Gewicht des Hecks, das sich aus dem Wasser hob, einen Ausdehnungsspalt achtern der Brücke und trennte mehrere Geien. Der Schornstein, der keinen Halt mehr hatte, brach zusammen, sprühte Funken und Ruß und spülte dabei glücklicherweise eines der Faltboote frei.

Es gab einen Riesenkrach, als Ladung, Maschinen, Befestigungen, Kessel und Möbel – alles, was von dieser heftigen Erschütterung fortgerissen worden war – zum Bug raste. Dann hob sich das Achterschiff der *Titanic* senkrecht nach oben, und ihr Heck, ihr Ruder und ihre Schrauben zeigten gen Himmel. Die Lawine im Inneren setzte sich fort, bis der glänzende Schiffskörper langsam und majestätisch im Wasser verschwand.

Die gefürchtete Sogwirkung erwies sich als Mythos. Ein Mannschaftsmitglied, ein Bäcker, klammerte sich, als das Schiff sank, an die Reling am Heck, und sein Kopf wurde nicht einmal naß. Ein anderer, der unter dem Heck Wasser trat und einen Moment lang vom Anblick der drei riesigen Schiffsschrauben über seinem Kopf wie hypnotisiert war, blieb unversehrt an der Oberfläche neben dem Heck, als dieses im Meer verschwand. Doch einige der Männer, die das Kommando über die Boote führten, bauten auf das Unwissen der Passagiere und ruderten immer weiter weg von der *Titanic* und gleichzeitig Hunderten von Menschen, die im eisigen Wasser um Hilfe riefen.

Viele Frauen, die befürchteten, ihr Mann oder ihr Sohn könnte unter den Hilfesuchenden sein, flehten die Ruderer an umzukehren; andere, die Angst hatten, überschwemmt zu werden, halfen der Mannschaft beim Rudern. Die Weigerung zu helfen ist bei vollen Booten verständlich, denn sie hatten herzlich wenig Platz – geschweige denn Raum, um richtig zu rudern. Aber ein Boot mit nur zwölf Insassen, davon mehr als die Hälfte Seeleute, hatte keinen vernünftigen Grund, nicht zu helfen. Ein Seemann kam der Bitte zuvor, indem er einen Vers der Hymne »Rudert zum Ufer, Jungs!« sang, angeblich, um die Ruderer anzuspornen, aber in Wirklichkeit wollte er die Schreie übertönen. In Edith Russells Boot wurden die Frauen aufgefordert zu jubeln, »weil sie gerettet waren. Was Sie jetzt hören, ist ein Halleluja vom Schiff! Und wir armen Närrinnen jubelten«, berichtete sie. Es ist zweifelhaft, ob ihr Gesang oder ihre Aufmunterungen länger dauerten als der schreckliche Chor aus der Finsternis, der fast eine Stunde lang sein Todeslied sang.

Eines der Rettungsboote kehrte schließlich um. Inmitten des Treibguts – noch lange nach dem Untergang des Schiffs trieben Teile aus dem Wrack herauf –, befanden sich Hunderte von Leichen, die durch Rettungsringe an der Wasseroberfläche gehalten wurden, was aber wegen des eiskalten Wassers vergeblich war.

Von den vier, die die Rückkehrer retteten, hing einer an einem Stück Treibeis, ein anderer hatte sich oben auf einem Büfett festgebunden.

Der traditionelle Oberbegriff, der Mannschaft und Passagiere zusammenfaßt, lautet »Seelen«. Heutzutage ist dieser Begriff aus der Mode gekommen, denn »Seelen« reisen nicht in Flugzeugen, Zügen und Bussen. Aber 1912 war es eine gängige Sammelbezeichnung auf See, die auf Passagierlisten an beiden Häfen der Überfahrt erschien – oder im Unglücksfall. Für jene siebenhundert Seelen, die den Rest der Nacht in offenen Booten verbrachten, implizierte er jedoch nicht automatisch Gleichstellung. Kaum waren die Boote auf dem Wasser, kam es zu Feindseligkeiten, hauptsächlich zwischen den Frauen und der Mannschaft, die in vielen Fällen demokratischer zusammengepreßt wurden, als sich beide gewünscht hätten.

In mehreren Booten beklagten sich die Frauen bitterlich über Männer, die rauchten. Eine entriß einem Heizer eine Whiskyflasche und warf sie triumphierend ins Meer; sie schien nicht daran zu denken, daß der Whisky vielleicht seine steifen Glieder hätte beleben können. Viele kritisierten die Seemannskunst der Ruderer.

Ich glaube, jene Frau, die sich später darüber ausließ und die Unfähigkeit der Mannschaft mit der Tapferkeit der Männer, die an Bord geblieben waren, verglich, verlieh einem Standpunkt Ausdruck, den viele der Frauen teilten, die soeben Witwe geworden waren. Obwohl sich die meisten Männer auf Befehl in den Rettungsbooten befanden, erzeugte allein ihre Anwesenheit Bitterkeit – statt der Ehemänner waren sie hier. Dieses Gefühl sollte später von Beobachtern an beiden Ufern des Atlantiks geteilt werden. Zur Verteidigung der Mannschaft muß gesagt werden, daß sie angesichts der Ereignisse genauso entsetzt war wie die Passagiere, die von ihr erwarteten, daß sie übermenschlich reagierte. Die Männer waren keine Übermenschen, sondern schlecht ausgebildet, verwirrt und verängstigt. Die Boote waren miserabel ausgestattet; in einigen Fällen waren die Ruder sogar noch mit dem Bindfaden ihrer Erbauer zusammengebunden.

Eines der eher boshaften Spiele, die wir manchmal auf langen Überfahrten gespielt haben, bestand darin, eine Liste der geschwätzigen, lästigen oder hysterischen Passagiere aufzustellen, mit denen wir nur ungern in ein Rettungsboot steigen würden. Zum Glück mußten wir diese Phantasien nie in die Tat umsetzen. Das war bei den Passagieren der *Titanic* anders. Ihre Reaktion darauf, eine Mischung aus Tapferkeit, Resignation und Beschuldigungen, war wohl vorhersehbar. Was diese erbärmlich frierenden Überlebenden mehrere Tage lang nicht wissen konnten, war, daß doppelt so viele Menschen umgekommen waren.

Von allen Schiffen, die den Notruf der *Titanic* gehört hatten, erschien die *Carpathia* der Cunard Line als erste auf der Szene. Sie war mit unglaublichen 17 Knoten 58 Meilen durch die Nacht geeilt, hatte sich mit Hochgeschwindigkeit in der Dunkelheit durch das Eis geschlängelt. Als sie mit hellerleuchteten Bullaugen an der Unglücksstelle eintraf, feuerte sie Raketen in die Luft, ein Lichtblick nach den Schrecken der vergangenen Nacht.

Sie manövrierte vorsichtig, um den Booten Windschutz zu bieten. Während die Überlebenden an Bord des Schiffs gebracht wurden, ging die Sonne auf und tauchte das weiße Eis und die Rettungsboote in orangerotes Licht. Die Brise frischte auf, und mit der ruhigen See war es vorbei. Die meisten Passagiere standen an der Reling und beobachteten, wie die Überlebenden steif am Schiff hochkletterten. Frauen wurden Schlingen unter die Arme gelegt, Kinder in Asche- oder Postsäcken mit dem Heckkran an Bord gehievt. Als sie an Deck torkelten, herrschte fast völlige Stille. Sie wurden in Decken gehüllt und nach unten geführt. Die Stewardeß Violet Jessop, die das fremde Baby keine Sekunde aus den Armen gelassen hatte, übergab es schließlich seiner Mutter. In den nächsten Tagen machte diese Mutter keine Anstalten, mit der Stewardeß Kontakt aufzunehmen, die das Leben ihres Kindes gerettet hatte, geschweige denn, ihr zu danken.

Alle an Bord der *Carpathia* bemühten sich, es den Neuankömmlingen so bequem wie möglich zu machen. Aufenthaltsräume wurden in Schlafzimmer verwandelt, die Frauen fertigten aus Wolldecken für Liegestühle und Schiffsdecken Kleidungsstücke, Toilettenartikel wurden verteilt. Auf Anregung von Kapitän Arthur Rostron hielt ein Geistlicher in der Lounge einen Gedenkgottesdienst, während die *Carpathia* erfolglos nach weiteren Überlebenden suchte. Die Worte des Priesters gingen im Schluchzen der Überlebenden unter, die allmählich erfaßten, was da geschehen war. So begann eine traurige Rückfahrt nach New York; Rostron hatte beschlossen, dorthin zurückzukehren, statt den kürzeren, aber wegen des Eises gefährlicheren Weg nach Halifax oder Boston zu wählen. Zwei Tage lang blieb das Schiffsorchester stumm. Erst am dritten brach es das selbstauferlegte Schweigen und spielte Kirchenlieder.

Auf der ostwärts fahrenden *Olympic,* die zu weit entfernt war, um zu Hilfe kommen zu können, herrschte die gleiche gedrückte Stimmung. Das Bordkonzert wurde abgesagt, das Orchester spielte nicht mehr, und Mitglieder der Mannschaft, die Freunde oder Verwandte auf dem Schwesterschiff gehabt hatten, versahen ihren Dienst vom Kummer übermannt. Das Funkgerät der *Olympic* empfing die schwächeren Signale der *Carpathia* und gab sie nach New York weiter, so daß die Namen der Überlebenden bekanntgegeben werden konnten. Alle Schiffe mit Funk waren informiert. Auf einigen wurde die Nachricht anfangs geheimgehalten, dann vertraulich den Crewmitgliedern mitgeteilt. Der amerikanische Schriftsteller Theodore Dreiser, der auf einem deutschen Passagierschiff auf der Heimreise war, wurde mit anderen aus dem Rauchsalon geholt und über das schreckliche Geschehnis unterrichtet. Binnen weniger Stunden verbreitete sich die Nachricht auf dem ganzen Schiff.

Während dieser Vier-Tage-Fahrt nach New York übermittelte das Funkgerät der *Carpathia,* von zwei erschöpften Funkern betrieben, eine Flut von persönlichen Nachrichten, die die Überlebenden ihren nächsten Verwandten zukommen ließen. Unbegreiflicherweise blieb dies der Mannschaft verwehrt, und so starben in Southampton zwei Ehefrauen buchstäblich aus Kummer wegen der Ungewißheit.

Die Namensliste, die das Büro der White Star Line in Bowling Green 9 erhielt, wurde vom Leiter des Buchungsbüros, der auf dem Schalterdach stand, laut verlesen. Draußen hatten sich verängstigte Menschenmassen versammelt, so daß der Verkehr umgeleitet werden mußte. Der junge Ismay, der damals im New Yorker Büro arbeitete, erhielt als einer der ersten Nachricht über seinen Vater.

Aber noch waren keine Details bekannt, keine zuverlässigen Informationen, die die Redakteure der Zeitungen den Erfindungen beimengen konnten, welche die Titelseite füllten. Am Donnerstag abend, als die *Carpathia* an der Quarantänestation ankam, empfing sie eine Flottille gecharterter Schlepper, auf denen sich Reporter drängten, und begleitete sie flußaufwärts. Reporter brüllten durch den Regen: »Werft uns eine Notiz in einer Flasche rüber!« und »Springt über Bord – wir sammeln euch auf!« Ein Reporter schaffte es, an Bord der *Carpathia* zu gelangen, aber er wurde von Rostron zur Brücke zitiert und mußte bei seiner Ehre versprechen, niemanden zu stören. Ein Boot voller Zeitungsleute vom *Herald* verpaßte das Treffen an der Quarantänestation und kehrte mit verärgerten Reportern zurück. Sie mußten sich unter die dichte, Zehntausende zählende Menschenmenge mischen, die die Westküste von Manhattan von der Battery bis zur 14. Straße säumte. Noch nie zuvor hatten so viele Menschen die Ankunft eines Schiffs erwartet.

Die Blitzlichter der Fotografen erhellten die Szene, als die Rettungsboote der *Titanic* ins Wasser gelassen und fortgeschleppt wurden. Um 9.30 Uhr legte das Schiff an. Als die ersten Überlebenden den Landungssteg herunterkamen, wurden sie von C.W. Thomas, dem zweiten Leiter des New Yorker Büros, begrüßt, der sich seiner Tränen nicht schämte. Am Ende der Pier hielt eine Menschenkette aus Polizisten und Personal der Reederei die Menge zurück. Wer einen Passierschein besaß, um einen Verwandten abzuholen, begab sich zu dem entsprechenden Schalter im Zollamt. In vielen Fällen war die Kleidung der Schiffspassagiere so bizarr, daß sie nur mit Mühe erkannt wurden.

Kaum war Ismay an Land, bildete er eine Zielscheibe für all jene, die einen Sündenbock suchten. Wenn ein nagelneues Schiff sinkt und die meisten Passagiere ertrinken, wem kann man dann besser den Schwarzen Peter zuschieben als dem Geschäftsführer der Betreiber-Gesellschaft? Jeder männliche Überlebende an Bord der *Carpathia* mußte rechtfertigen, weshalb er noch am Leben war, und es wurde deutlich, daß Ismay weniger Grund als viele andere hatte. Er hatte sich nicht nur heimlich von der *Titanic* gestohlen, sondern auf der *Carpathia* auch noch eine eigene Kabine in Anspruch genommen, was vor allem die Menschen, die in der Lounge zusammengepfercht waren, verbitterte. Seine Nachricht an das Hauptbüro in New York – mit »Yamsi« unterzeichnet – war abgefangen worden. Darin erteilte er den Auftrag, die *Cedric* zurückzuhalten, damit sie ihn und die Mannschaft nach England zurückbringe. Dies schien die Bestätigung dafür zu sein, daß dieser arrogante Mann versuchte, sich aus dem Staub zu machen. Typisch für die anschließenden Schmähungen war die letzte Strophe von »Master

Die *Titanic* in Southampton am Tag vor ihrer Abreise. Die Schornsteine mit den weißen Ringen zur Linken gehören dem Passagierschiff *New York*, das am folgenden Tag durch das Kielwasser der *Titanic* vom Ankerplatz gerissen wurde. (*National Maritime Museum, Greenwich*)

Unten: Ängstliche New Yorker vor den Büros der *New York American*, Ecke William und Frankfort Street. Die *Carpathia* hat über die Funkanlage der *Olympic* Neuigkeiten von den Überlebenden übermittelt. (*Brown Brothers*)

and Man«, einem Gedicht, das in der *Record-Herald* in Chicago erschien. Es wurde von einem jungen Reporter namens Ben Hecht, der später berühmt werden sollte, verfaßt:

To hold your place in the ghastly face
Of death on the sea of night
Is a seaman's job, but to flee with the mob
Is an owner's noble right.[2]

Ein Karikaturist, der den Namen in J. *Brute Ismay* abänderte, zeichnete ihn als habgieriges Ungeheuer, das sich, nachdem es die *Titanic* zu ihrer selbstmörderischen Route gedrängt hatte, hinter den Frauen versteckte und vom sinkenden Schiff floh.

Auch wenn man geneigt ist, Ismay als Feigling abzustempeln, war er in Wahrheit wohl eher nicht voll zurechnungsfähig. Sein Verhalten von dem Augenblick an, als er erfuhr, daß das Schiff dem Untergang geweiht war, erscheint als so unberechenbar, daß man es heute als akute Streßreaktion mit wiederkehrenden psychotischen Schüben bezeichnen würde.

Ich habe bereits sein hysterisches Eingreifen erwähnt, während die Boote zu Wasser gelassen wurden. Als ihn Rudergänger George Row, der theoretisch den Befehl hatte, im Rettungsboot fragte, was er tun solle, platzte Ismay heraus: »Tun Sie, was Sie wollen. Sie haben das Kommando!« Dann schwieg er, gab den Rest der Nacht keinen Laut mehr von sich und rührte keine Hand. Als die *Titanic* sank, nahmen Rowe und seine Kollegen die Mütze ab; Ismay drehte sich nicht einmal um. Entgegen seiner eigenen Aussage hat er nie Hand an die Riemen gelegt. An Bord der *Carpathia* eilte er sofort in den Speisesaal, verlangte, daß man ihm etwas zu essen bringe, und gab dem erstaunten Steward ein Trinkgeld von zwei Dollar. Dann zog er sich in die Kabine des Schiffsarztes zurück und tauchte erst wieder auf, als das Schiff in New York ankam.

Diese Gemütsschwankungen, seine völlige Zurückgezogenheit sowie die gelegentlichen irrationalen Ausbrüche, sind deutliche Indizien dafür, daß der Direktor der White Star Line durch das Unglück seelisch überfordert war und nicht mehr normal reagierte. Besonders peinlich war, daß er eine Katastrophe überlebt hatte, bei der so viele seiner Mitreisenden ums Leben gekommen waren. Darum ging es auch bei der Frage, die ein White-Star-Anwalt bei der gerichtlichen Befragung in England stellte: »Wäre es Mr. Ismays Pflicht gewesen, auf dem Schiff zu bleiben, obwohl dadurch kein anderes Leben hätte gerettet werden können?« In Wirklichkeit bestand sein einziges »Verbrechen« darin, am Leben geblieben zu sein.

2 »Es ist die Pflicht des Seemanns, trotz des gespenstischen Anblicks des Todes auf der nächtlichen See auszuharren, aber mit dem Mob zu fliehen ist das gute Recht des Reeders.«

Während Ismays Verhalten oft kritisiert wurde, galt dies nicht für das von Kapitän Smith, der mit dem Schiff unterging – ein traditionelles, heroisches Ende. Als letztes sah man ihn im Wasser, wie er aus einem Faltboot stieg, das seine Rettung hätte bedeuten können, und zur *Titanic* zurückschwamm. Ein Kollege der Royal Navy, der bei der Gedenkfeier eine Rede hielt, verriet, daß sein letzter Befehl lautete: »Verhaltet euch wie Briten!« Passagiere, die ihn in dieser Nacht erlebten, sprachen bewundernd von seiner Fürsorge und seinem aufopferungsvollen Einsatz.

Smith wird gewöhnlich als ein Handlanger der Reederei dargestellt, der gezwungen war, sein Schiff stets unter Volldampf zu halten, um einen Rekord aufzustellen. Das ist völliger Unsinn. Selbst wenn alle Kessel der *Titanic* beheizt worden wären, hätte sie es nicht mit der Geschwindigkeit der *Mauretania* aufnehmen können. Es ist in jedem Fall absurd anzunehmen, Smith hätte Ismay zuliebe das Schiff in Gefahr gebracht. Er war ein erfahrener Seemann und stand kurz vor der Pensionierung. Es gab also keinen Grund für ihn, wegen einer Marotte des Reeders sein Schiff in Gefahr zu bringen. Andere Kapitäne brachten später zu seiner Verteidigung vor, daß es allgemein üblich sei, die Geschwindigkeit beizubehalten, wenn man sich in der Nähe von Eisbergen befand. Indem Smith und seine Zeitgenossen sich starr an die vorgeschriebenen Beförderungszeiten hielten, verletzten sie die Regeln ihres Berufs ein ums andere Mal. Smith wurden widrige Umstände zum Verhängnis. Die Tatsache, daß er beschloß, mit seinem Schiff unterzugehen, schmälert seine Schuld in keiner Weise. Nur der Kapitän der *Titanic* trug die Verantwortung für die verhängnisvolle Geschwindigkeit, mit der das Schiff in dieser ruhigen Aprilnacht durch den Atlantik pflügte.

In der Zwischenzeit charterte die White Star Line im Norden zwei Kabelschiffe, um die Leichen aufzuspüren und zu identifizieren. Zwei Tage nachdem die *Titanic* gesunken war, machte sich das erste der beiden, die *MacKay Bennett*, mit Kanonikus Hind von der All Saints Cathedral und einem Einbalsamierer von Halifax aus auf den Weg. Im Kabelraum befanden sich Särge und viel Eis. Als sie sich der Stelle näherten, an der das Schiff untergegangen war, stießen sie auf Nebel und Eisschollen. Die Wassertemperatur fiel von 14 auf null Grad Celsius. Am 21. April fanden sie die erste Leiche und Wrackteile sowie zwei riesige Eisberge. Einer der Kabelingenieure, Frederick Hamilton, führte auf dieser Fahrt ein Tagebuch, aus dem ich hier zitieren möchte:

> 21. April: Auf dem Ozean treiben überall Holzstücke, Stühle und Eisschollen, die alle mehr oder weniger gefährlich und oft durch die Dünung verborgen sind. Das Beiboot wurde heruntergelassen, und das Aufsammeln der Leichen begann und dauerte den ganzen Tag.
> Es ist keine leichte Aufgabe, die Leichen in der vor Nässe schweren Kleidung in das Beiboot zu hieven. Heute haben wir 51 aufgelesen, zwei Kinder, drei Frauen und 46 Männer. Aber noch ist unsere Arbeit nicht beendet.

Unidentifizierte Leichen wurden im Meer bestattet:

> 20 Uhr. Die Glocke gemahnte alle, sich zum Vorderdeck zu begeben, wo dreißig Leichen dem Meer übergeben werden sollten, die alle sorgfältig beschwert und in Segeltuch eingenäht waren. Die Szene ist gespenstisch. Der sichelförmige Mond wirft ein schwaches Licht auf uns, und das Schiff schlingert in der schweren Dünung. Kanonikus Hind leitet den Trauergottesdienst, der fast eine Stunde dauert. Immer wieder sagt er: »Gott dem Herrn hat es gefallen... deshalb übergeben wir diesen Leichnam den Tiefen des Meeres.« Dann wird die Leiche ins Meer versenkt und sinkt ungefähr zwei Meilen tief. Platsch, platsch, platsch!
> 22. April: Überall treiben zersplitterte Holzteile, Kabinenzubehörteile, Mahagonischubladen, Teile von Schnitzereien, alles losgerissen, Liegestühle und noch mehr Leichen. Einige befinden sich 15 Meilen von dem Ort entfernt, wo wir gestern bargen. Um 20 Uhr findet wieder ein Trauergottesdienst statt.
> 24. April: Es herrscht noch immer dichter Nebel, so daß es fast unmöglich ist, weitere Aktionen mit den Booten durchzuführen. [...] Um 12 Uhr mittags wird ein weiterer Trauergottesdienst abgehalten, und sieben Leichen folgen den anderen ins Meer. Der heisere Ton der Dampfpfeife, der durch den Nebel ertönt, die durchnäßte Takelage und das geisterhafte Meer, die Menge der Toten und die harten, wettergegerbten Gesichter der Mannschaft, deren rauhe Stimmen die Kirchenlieder anstimmen, die ihnen der Pfarrer vorsingt – all das läßt diese unheimliche Arbeit noch unheimlicher werden. Allen ist kalt, wir sind naß und fühlen uns elend und trostlos, während wir gegen das heftige Schlingern des Schiffs ankämpfen, das sich gegen den Seegang des Atlantiks zu behaupten versucht, und selbst die Abgehärtetsten von uns denken über die Hoffnungen und Ängste, die Verzweiflung und das Entsetzen der Menschen nach, denen die Liebsten durch diese Tragödie entrissen wurden.

Insgesamt wurden mehr als dreihundert Leichen geborgen, darunter auch die von Wallace Hartley, dem Kapellmeister, der seinen Instrumentenkasten noch um den Leib gebunden hatte. Die Leiche von Oberst John Jacob Astor war übel zugerichtet und voller Ruß. Dies deutete darauf hin, daß er getötet wurde, als der Schornstein der *Titanic* zusammenbrach.

Ende des Monats kehrte das Schiff nach Halifax zurück. Der Hafen war in tiefer Trauer, die Kirchenglocken läuteten, und die Flaggen standen auf Halbmast. Die Toten wurden auf Karren zu einer behelfsmäßigen Leichenhalle auf einer Eisbahn für Eisstockschießen transportiert. Hamilton beendet seine Eintragungen mit der Überlegung, daß sie zu einer früheren Zeit in diesem Jahr, als ihr Schiff sechs Männer von einem gesunkenen Schoner gerettet habe, unbemerkt geblieben seien, aber jetzt, »da es keinen einzigen Lebenden vorzuweisen gab«, Tausende Menschen am Ufer warteten.

Mitte Mai, einen Monat nach dem Untergang der *Titanic,* stieß die *Oceanic* zweihundert Meilen von der letzten Position der *Titanic* auf das Faltboot A. Es barg drei Leichen: einen Passagier aus Chicago und zwei Mannschaftsmitglieder, die hier von Offizier Lowe zurückgelassen wurden, nachdem die Überlebenden an Bord des Bootes 14 aufgenommen worden waren. Die Seiten aus Zeltstoff waren nie hochgehoben worden, und auf dem Grund war Wasser. Wie durch ein Wunder fand man Schmuck, Haarnadeln und Kämme, die die Frauen zurückgelassen hatten. Ein paar Freiwillige ruderten vom Schiff aus zu dem Boot und bereiteten die Leichen für die Bestattung vor. Passagiere der *Oceanic* sahen fasziniert zu und ignorierten das Hornsignal zum Mittagessen, bis der letzte segeltuchumhüllte Leichnam im Meer versenkt war.

Fast unmittelbar danach wurde eine Reihe von vernünftigen Reformen für die Atlantikschiffahrt durchgeführt. Die Passagiere, die mit der *Adriatic* fuhren, verlangten und erhielten die Zusicherung, daß man eine südlichere Route nahm. Der Sommer-Dampferweg wurde für alle Schiffe sechzig Meilen weiter nach Süden verlegt, wo er sich bis heute befindet. Außerdem wurden die Kapitäne angewiesen, die Gewohnheit, »eine Abkürzung zu nehmen«, sofort aufzugeben (was sie regelmäßig getan hatten, um Zeit zu sparen). In Southampton fand am Dock eine Kraftprobe statt, als die Heizer der *Olympic* erst wieder die Arbeit aufnehmen wollten, wenn mehr Rettungsboote zur Verfügung gestellt würden. Am Jahresende wurde ihr Schiff aus dem Verkehr gezogen und kehrte zu Harland & Wolff zurück. Ganze Heerscharen von Arbeitern schufteten sechs Monate lang und leerten den Rumpf fast vollständig. Als sie mit ihrer Arbeit fertig waren, erstreckten sich wasserdichte Schotten bis zum Promenadendeck hoch, und der Doppelboden erstreckte sich über die ganze Schiffslänge. Ihre Rückkehr zur See wurde in Flugblättern der Gesellschaft so verkündet: »In diesem Schiff ist alles verkörpert, was menschliche Voraussicht für die Sicherheit von Passagieren und Mannschaft erdacht hat.«

Die gleichen drastischen Änderungen erfolgten bei »Rumpf Nr. 433«, der auf den Hellingen neben dem Ausrüstungsbecken lag. Dies war das dritte Schiff der *Olympic*-Klasse. Es wird kolportiert, daß es ursprünglich *Gigantic* getauft werden sollte, die Reederei dann aber den weniger prätentiösen Namen *Britannic* wählte, nachdem die *Titanic* gesunken war. Ihr Profil wurde durch riesige Portaldavits radikal verändert; es waren die größten, die je auf einem Schiff gebaut worden waren. In der Mitte waren drei Rettungsboote übereinandergestapelt, die auf beiden Seiten des Schiffs heruntergelassen werden konnten. Die Höhe der Bootskrane verlieh ihnen zusätzlichen horizontalen Spielraum über den Schiffsseiten, so daß sogar eine starke Schlagseite das Zu-Wasser-Lassen der Boote nicht behindern würde.

In Deutschland wurden die *Imperator* und die *Vaterland* mit roten Rettungsbooten ausgestattet und ein starker Scheinwerfer unterhalb des Krähennestes angebracht, um Eisberge besser sichten zu können. Während das British Merchant Shipping Advisory Committee die Verwendung von Scheinwerfern ablehnte, hat-

Wunschdenken aus *Graphic*, 27. April 1912. (*Radio Times Hulton Picture Library*)

ten die Deutschen begriffen, daß sie zumindest mehr Sicherheit suggerierten. Es gibt keinen Bericht darüber, daß sie je für das Sichten von Eisbergen benutzt wurden.

Marconi beschäftigte sich zwölf Jahre damit, eine automatische Funkalarmanlage zu perfektionieren, die klingeln sollte, wenn sie von vier Morsezeichen hintereinander ausgelöst wurde. Bis zu diesem Zeitpunkt arbeiteten die Funkleute im 24stündigen Bereitschaftsdienst an Bord eines Schiffs, also achtete immer jemand auf das Funkgerät. Sir Hiram Maxim verkündete, er werde ein Gerät herstellen, das Signale aussenden und deren Spiegelung von Objekten vor dem Schiff erkennen würde. Dies war ein schlichter und erfolgloser Versuch, eine Art akustischen Radar zu entwickeln; man hörte nie mehr etwas davon.

Ein englischer Schiffbauingenieur schlug die Installation eines abnehmbaren Achterdecks auf allen Transatlantik-Passagierschiffen vor, das als schwimmender Zufluchtsort dienen würde, wenn der Schiffskörper darunter sinken sollte. Ein Franzose hatte den Plan, eine Kette von beleuchteten Bojen über den Atlantik zu spannen, die durch ein Isolierkabel verbunden waren. Kapitäne in Not könnten hier ihr Schiff vertäuen und das eine oder das andere Ufer telefonisch um Hilfe bitten. Auch wenn keiner dieser Vorschläge umgesetzt wurde, ist es symptomatisch für die öffentliche Beunruhigung in jener Zeit, daß sie ernst genommen wurden.

Überall in der Welt rief der Untergang der *Titanic* Reaktionen hervor. Auf beiden Seiten des Atlantiks erstellte man Gedenktafeln und pflegte sonstige Erinnerungen: an die Musiker in der Boston Symphony Hall, an die Ingenieure in einem Park in Southampton, an Kapitän Smith bei Lichfield. 30 000 Menschen nahmen an Wallace Hartleys Begräbnis in einer Fabrikstadt in Lancashire teil, bei dem fünf Blaskapellen spielten. An jedem 15. April wird 41 Grad 46 Minuten Nord und 50 Grad 14 Minuten West, an der Stelle, wo die *Titanic* liegt, ein Kranz deponiert. Er wird entweder von einem Schiff oder einem Flugzeug der International Ice Patrol, die kurz nach dem Untergang des Schiffs gebildet wurde und heute ausschließlich von der Küstenwache der USA betrieben wird, ins Meer geworfen.

Offenbar verspürten viele Menschen den Drang, Gedichte über die *Titanic* zu verfassen. Es entstanden so viele Knittelverse, daß sie mehrere Anthologien füllen könnten. Eine respektlose Ballade ging in die Volksmusikliteratur ein und wurde bald recht freimütig geträllert:

It was sad, it was sad
It was sad, when the great ship went down.
Husbands and wives
Little children lost their lives
It was sad when the great ship went down.[3]

---

3 »Es war traurig, sehr traurig / als das große Schiff unterging. / Männer und Frauen / und Kinder kamen um. / Es war traurig, als das große Schiff unterging.«

Aber für die Seeleute war der Untergang der *Titanic* alles andere als ein Scherz. Bertram Hayes, ein White-Star-Kommodore, der 1925 seine Memoiren schrieb, erwähnt das Schiff mit keinem Wort.

Erstaunlich ist, daß sich viele Verantwortliche des Schiffsverkehrs mit der Vorstellung trösteten, daß das Unglück, obgleich tragisch, auf einen ungewöhnlichen Unfall zurückzuführen ist, der einer besonderen Schiffsklasse widerfahren war. Zwei Jahre später wurde die *Empress of Ireland,* die vorsichtig den nebelverhangenen St.-Lorenz-Strom hinunterfuhr, von einem Kohlenschiff gerammt. Sie sank innerhalb von zwanzig Minuten. Obwohl Land in Sicht war, kamen tausend Menschen ums Leben. Doch diese Tragödie wurde nie zum Mythos, und nur wenige wissen darüber Bescheid. Vielleicht ereignete sich das Unglück zu kurz vor einem Krieg, in dem Massengemetzel an der Tagesordnung waren. Doch auch der Verlust der *Andrea Doria,* die mit Raffinessen ausgestattet war, von denen man 1912 nur träumen konnte, lehrt uns die gleiche Lektion: Ein Unglück auf See ist nie voraussehbar und selten folgerichtig. Die einzige vernünftige Vorbeugung besteht in perfekter Seemannsarbeit.

Recherchiert man den Untergang der *Titanic,* läßt man sich besser nicht von dem Mythos, der sie umgibt, gefangennehmen. Bis zum Moment der Kollision um 23.40 Uhr am Abend des 14. April 1912 kann man die Ereignisse zurückverfolgen. Aber das menschliche Drama, das damit verbunden ist und das der tragischen Unvermeidlichkeit, um die wir wissen, gegenübersteht, ist so unwiderstehlich, daß die Objektivität verschwimmt. Die *Titanic* hätte es fast geschafft, dem Eisberg auszuweichen, und der Alptraum, der sich daran anschloß, scheint aus einer Abfolge von Vorfällen zu bestehen, von denen jeder einzelne, wäre er nur ein bißchen anders abgelaufen, das schreckliche Ende hätte verhindern können.

Wir müssen den Dreizack ergreifen.

KAISER WILHELM II.

4.

Die Flotte des Kaisers

Einer der begeistertsten Besucher der englischen Flottenparade von 1889 war der neue deutsche Kaiser, Wilhelm II. Als Enkel von Königin Victoria wurde er in England besonders herzlich empfangen. Mehr als die Schlachtschiffe faszinierte ihn allerdings das neue britische Passagierschiff *Teutonic*. Ihm imponierten Größe, Kraft und Luxus des Schiffs. Bald nachdem er auf einem Kriegsschiff nach Kiel zurückgekehrt war, beschloß er, daß Deutschland ebenfalls am Profit und, noch wichtiger, am Prestige des Nordatlantik-Verkehrs teilhaben sollte. Damit wurde eine bedeutende nationale Entscheidung gefällt – wie später in den USA unter Präsident Kennedy, als es um die Mondlandung ging. Wilhelms Vision war nicht unbedingt kriegerisch, sondern ehrgeizig und pragmatisch. Auch seinen Admirälen war klar, daß Kriegsschiffe nicht ausreichten. Bekanntlich beruhte Englands Seemacht zum großen Teil auf den Handelsschiffen.

So wurde ein großes, von der Regierung gefördertes Schiffbauprogramm entwickelt, das Riesenerfolg hatte. Schon acht Jahre später, nur vier Monate nach der Vorstellung der *Turbinia* auf dem Spithead, gewann die *Kaiser Wilhelm der Große,* ein schlankes Vierschornsteinschiff von 14 000 Tonnen, das Blaue Band. Sie gehörte dem Norddeutschen Lloyd aus Bremen, dem einzigen deutschen Rivalen der großen deutschen Reederei Hamburg-Amerika Linie (oder HAPAG, um die Abkürzung für Hamburg-Amerikanische Packetfahrt Actiengesellschaft, die sich früh eingebürgert hatte, zu verwenden). Drei Jahre später errang die *Deutschland* der HAPAG wieder den Geschwindigkeitspreis, verlor ihn aber 1903 an den Bremer Rivalen, dessen Schiff *Kaiser Wilhelm II.* die größten bis dahin erbauten Kolbendampfmaschinen aufzuweisen hatte.

Wie oder wann das Blaue Band in diesem Jahrzehnt in andere Hände überging, ist weniger bedeutsam als die Tatsache, daß es sich dabei um einen ausschließlich deutschen Wettbewerb zu handeln schien, einen freundlichen Wettstreit innerhalb der hanseatischen Familie. England war vorübergehend aus dem Rennen. Diese Demütigung sowie das Schreckgespenst von Morgans Atlantik-Verband garantierte der Cunard Line die Förderung durch die britische Regierung, die bereits in einem vorangegangenen Kapitel dargestellt wurde.

Zum Glück für die maritimen Ambitionen des deutschen Kaisers wurde die Hamburg-Amerika Linie von einem Generaldirektor namens Albert Ballin geleitet. Er war 1886 als Leiter der Passagierabteilung in die Reederei eingetreten. Kurz danach wurde er in den Vorstand gewählt und gelangte um die Jahrhundertwende an die Spitze der Gesellschaft. Ballin identifizierte sich mit seiner Reederei, was sich auszahlte, denn sie lief ausgezeichnet. Er sprach fließend Englisch und stand in ständigem Kontakt mit seinen Kollegen jenseits des Ärmelkanals, wo er die Wettbewerber ständig im Auge behielt. Seine gelegentlichen Reisen nach New York gerieten selten entspannend, denn er war während der gesamten Überfahrt damit beschäftigt, Notizbücher mit Verbesserungsvorschlägen zu füllen.

Ballin belegte eine Kabinensuite, sofern diese nicht von einem zahlenden Passagier gebucht war. Kaum stand er am ersten Tag der Überfahrt auf, notierte er bereits, daß die Handtücher zu klein seien. Warum gab es an so vielen Stellen Aushänge? Er kritzelte eine Empfehlung, daß sie in die Passagierliste integriert oder hübsch umrahmt werden sollten. Beim Frühstück gab es weitere Anmerkungen: Der Toast sollte besser in einer warmen Serviette dargeboten werden, und die Butterschalen waren unpassend. Die 11-Uhr-Bouillon an Deck war in Ordnung, müßte aber in einer besseren Tasse serviert werden, damit sie nicht überlaufen konnte. Dazu sollten Sandwiches mit westfälischem Schinken gereicht werden. Als er in die Kabine zurückkehrte, war das Schloß der Schreibtischschublade defekt, und man hätte die Möbel umstellen können, um mehr Platz für die vielen Überseekoffer der Amerikaner zu haben.

Wenn er sich im gebügelten Hemd, aber immer noch mit Notizbuch bewaffnet, zum Abendessen begab und den Zipfel eines schmutzigen Lakens unter der Tür eines Wäscheschranks entdeckte, notierte er dies mit genausoviel Unmut wie die schlechte Qualität des Moselweins, den der Weinkellner im Speisesaal servierte. Ein ruhiges Bridgespiel im Raucherzimmer wurde zweimal unterbrochen: Die Rückseiten der Karten sollten mit dem HAPAG-Emblem bedruckt werden und die Jacken der Stewards denen entsprechen, die auf den White-Star-Schiffen getragen wurden. Wenn Ballin sich schließlich zu Bett begab, notierte er als letzte Beschwerde, daß die Kissen größer und weicher sein dürften. Dann klappte er für diesen Tag sein Notizbuch zu. Bis das Schiff nach Hamburg zurückgekehrt war, waren die Notizen von einer Sekretärin zu Merkblättern mit der Überschrift »Obligatorisches« erweitert und in großer Eile an den Chefsteward, den Chefkoch und die Abteilung für Lebensmittelbeschaffung an Land verteilt worden. Ballins scharfer Blick, dem nichts entging, mißfiel seinen Untergebenen, trug aber auch dazu bei, daß auf den HAPAG-Schiffen bald höchster Standard an Komfort und Service geboten wurde.

Bei einem seiner Besuche in London stieß Ballin auf die Arbeit von zwei Männern, die sich in Europas Hotelkreisen einen Namen gemacht hatten: César Ritz und Charles Mewès. Der erste ist wohlbekannt und erweckt Assoziationen an opulente Pracht. Auch der zweite verdient Erwähnung, insbesondere in diesem Buch, denn er war weitgehend für die Inneneinrichtung fast aller großen Passagierschiffe, die noch in den dreißiger Jahren über den Atlantik fuhren, verantwortlich. Es ist nicht übertrieben zu behaupten, daß er eine ganz neue Schule der Architektur auf See begründete – wenn man es so bezeichnen möchte –, die noch lange nach seinem Tod weiterbestand.

Das Pariser Ritz-Hotel wurde 1898 eröffnet, inmitten des prachtvollen Ambientes, das die Place Vendôme umgibt (sicherlich einer der schönsten Plätze der Welt). Es war das erste einer Kette von luxuriösen Ritz-Hotels, die sich über Europa und bis nach Amerika ausbreiteten. Mewès erfand das moderne Hotel, und es trägt immer noch seine tadellose Handschrift. Die breite Treppenflucht, die schwerelos von der Lobby ausgeht, und die erfrischende Kühle des Gartens erwecken ein Gefühl der Ruhe und Heiterkeit.

Die Zusammenarbeit zwischen dem Hotelier Ritz und seinem Architekten ging außerordentlich weit. Mewès war ein Künstler, der seine Vision bis zum letzten Türknauf umsetzte. Er überwachte die Oberflächenbearbeitung der Holzvertäfelung, wählte die Stoffe für Tapeten und Vorhänge aus, sogar für die Bespannung der Lampenschirme, und bemühte sich, die zeitgenössische Begeisterung für Sofaschoner zu dämpfen. Die unermüdliche Überwachung bis ins letzte Detail ergab ein Gesamtbild, das überall vollkommen war. Auf den oberen Stockwerken schützten Doppelfenster die Zimmer vor dem Lärm und dem Staub der Straßen, und zum ersten Mal besaß jedes Zimmer ein integriertes Bad. Und was für Bäder! Sie waren ausgesprochen luxuriös, gewölbt, mit riesigen Badewannen und so viel Marmor, daß man damit eine Piazza hätte anlegen können.

Aber trotz aller Pracht wirkte nichts protzig. Der Maßstab war menschlich, handlich und königlich. Indem Mewès mit erfrischender Reinheit das Beste vom Stil Ludwigs XVI. übernahm, vermied er die prätentiösen Geschmacklosigkeiten des Eklektizismus des *deuxième empire.* Und wenn er versuchte, eine Welt des gedämpften guten Geschmacks und räumlicher Eleganz, die es nicht mehr gab, wiederaufleben zu lassen, war dies zumindest eine willkommene Abwechslung gegenüber dem epischen Monumentalismus, der die französische Architektur des 19. Jahrhunderts weitgehend erstickte. Schließlich war Mewès' Stilwahl in doppelter Hinsicht glücklich, da sie den Neureichen jenseits des Atlantiks, die das Ritz immer unwiderstehlich fanden, einen Sinn für Raffinement verlieh, als würde etwas von der *noblesse,* nach der sie strebten, abfärben.

Nachdem Ritz und Mewès in Paris solchen Erfolg gehabt hatten, wandten sie sich London zu, wo das Innere des Carlton nach ihren Vorstellungen umgebaut

Eine Skizze von Charles Mewès, die sein englischer Partner Arthur Davis fertigte. (*Mit freundlicher Genehmigung von Georgette Mewès*)

worden war. Ballin, der immer nach Neuem und Zeitgemäßem Ausschau hielt, war einer der ersten, der in dem prachtvollen Ritz-Carlton-Restaurant speiste, als er sich auf der Rückkehr von Belfast befand, wo Harland & Wolff ihm ein neues Schiff bauten. Es kann nur vermutet werden, daß sein Notizbuch auf dem Tisch lag, bevor die Suppe abgeräumt wurde. Warum sollte man nicht ein Restaurant hoch oben im Schiff einrichten, mit einer Menge Fenster, und in diesem schönen französischen Stil? Doch der König der deutschen Schiffahrt konnte nicht genau definieren, welches Ambiente er sich vorstellte. So wandte er sich direkt an die Männer, die es für ihn schaffen sollten. Erfreut stellte er fest, daß Mewès das Stadthaus der Warburgs – alte Hamburger Freunde von ihm – entworfen hatte.

Mewès wurde beauftragt, die Innenausstattung des neuen Liners, der *Amerika,* zu übernehmen. Das Schiff würde das größte der Welt und sehr luxuriös sein, wie die White-Star-Schiffe, die während so vieler Jahre die Deutschen inspiriert hatten. (Hohe Geschwindigkeiten standen nicht mehr im Vordergrund; das Experiment der HAPAG mit einem schnellen Schiff hatte sich als Flop erwiesen. Die *Deutschland* hatte den Rekord gebrochen, aber die Kosten waren so horrend gewesen, daß Ballin und seine Co-Direktoren derartige Dinge gern ihren Mitbewerbern in Bremen überließen.)

Da Ballin für die Amerika den neuesten Chic wünschte, engagierte er einen Mann, dessen Arbeit zu Lande ganz dem Zeitgeschmack entsprach. Sein Entschluß, die Innenausstattung eines Schiffs von einem qualifizierten Architekten konzipieren zu lassen, war sehr bedeutsam. Die zeitgenössische Alternative entpuppte sich als Collage erdrückender Revivals. Die Interieurs der Schiffe waren gewöhnlich eine Mischung verschiedener Stilarten: Tudor, Jakob I., altenglisch, italienische Renaissance. Fast jeder Stil, der einem Vorstandsmitglied einer Schiffahrtsgesellschaft (oder dessen Frau) vorschwebte, wurde sklavisch bis ins Detail nachgeahmt. Sogar innovative Schiffe wie die *Mauretania* und die *Olympic* unterlagen dieser Museumsmentalität. 1903 bekam zum ersten Mal ein Architekt – auf der *Amerika* – die Gelegenheit, eine gewisse Gesamtharmonie des Entwurfs zu schaffen, indem er alle Aufenthaltsräume des Schiffs im selben Dekor gestaltete.

Mewès hatte Arthur Davis als Partner für seine Londoner Arbeit engagiert, einen jungen Schützling, der bei ihm in Paris gelernt hatte. Dies war ein kluger Entschluß, da Mewès nicht Englisch sprach. Die Tatsache, daß Mewès für seine Arbeit in Deutschland einen anderen Partner hatte, zeigt wohl, daß das Ansehen der Firma zum größten Teil dem Älteren zu verdanken war. Obwohl in Straßburg geboren, sprach er auch kein Deutsch. Aber ob nun die Arbeit von dem Büro von Mewès & Davis in London oder Mewès & Bischoff in Köln stammte, fest stand, daß in beiden Fällen eindeutig der Franzose das Heft in der Hand hatte.

Die erste Bombe, die er in dem Büro von Harland & Wolff platzen ließ, bestand darin, daß die Schornsteinschachtgehäuse auf der *Amerika* an den Seiten des Schiffskörpers angebracht werden sollten, um ihm den Platz in der Mitte zu überlassen. Die Schiffbauer in Belfast verwarfen den Plan sofort als unpraktisch, und es muß Mewès wohl große Genugtuung bereitet haben, als er mehrere Jahre später auf der *Vaterland* soviel Erfolg damit hatte.

Obwohl die *Amerika* nicht ausgesprochen schnittig aussah, galt sie doch bis zum Bau der *Lusitania* als das modernste Schiff auf dem Atlantik. Sie blieb weniger wegen Mewès' Innenausstattung in Erinnerung als wegen des Restaurants, das sich der deutsche Auftraggeber ausgedacht hatte. Ballin hatte das sichere Gefühl, daß die Passagiere ein Restaurant *à la carte* wünschten, das vom Speisesaal getrennt war und in dem Passagiere zu allen Tageszeiten zu einem Aufpreis speisen konnten. Sein Instinkt trog ihn nicht. Die Entwicklung der transatlantischen Speisesalons ging langsam vonstatten. Obwohl sie etwas aufwendiger ausgestattet waren, konnte man sie kaum als Verbesserung gegenüber den »Leichenwagen mit Fenstern«, die Dickens auf der *Britannia* so empört hatten, bezeichnen.

Im Oktober 1904 verkündete William Harris im Namen des Vorstands des Carlton, daß die Hamburg-Amerika Linie das Unternehmen gebeten habe, das Restaurant an Bord der *Amerika* zu betreiben. Kurz danach reiste ein Team der Londoner Firma nach Dover und ging an Bord der *Deutschland,* um die Reise nach New York anzutreten. Von Hotzendorf, der Direktor für Gastronomie, begrüßte sie. Die folgenden beiden Wochen verbrachten sie damit, auf dem Schiff herumzuschnüffeln, die New Yorker Lieferanten zu interviewen und unauffällig zu beobachten, wie sich ihre Mitpassagiere über das Essen äußerten. Nach ihrer Rückkehr nach London und einer Reihe von Besprechungen auf höchster Ebene stand der Entschluß fest, das geplante Restaurant völlig von der Hauptküche zu trennen. Die Lebensmittelbeschaffung, die Zubereitung der Speisen und die Bedienung sollten ausschließlich unter der Aufsicht des Personals des Ritz-Carlton erfolgen.

Auch hier war Ballin seinen Rivalen einen Schritt voraus, indem er einen Service vorsah, der nur auf einem HAPAG-Schiff geboten wurde. Die konkurrierenden Gesellschaften hatten den Wettbewerb untereinander insoweit reguliert, daß sie ihre Preise vereinheitlichten; alles andere war Teil des Kampfes. Sie waren nicht Opfer der albernen, selbstauferlegten Uniformität der heutigen Fluggesellschaften: Da man in den gleichen Flugzeugen die gleichen Routen zum gleichen Preis fliegt, ist der eigentliche Wettbewerb auf den Belag der Sandwiches oder die Rocklänge der Stewardessen begrenzt.

Außerdem wollte Ballin seine Inspirationen unbeschränkt realisieren. Die Idee wurde in dem für ihn typischen erstklassigen Stil konzipiert und ausgeführt. Die Oberkellner und Kellner sollten von Ritz höchstpersönlich ausgebildet werden, Escoffier die Geschäfte hinter der grünen Friestür regeln. Der größte Luxus war, daß die Passagiere an 25 verschiedenen Tischen speisen konnten. An drei Seiten waren große Fenster eingelassen. Stützen, die als Servierinseln verkleidet waren, belegen, daß Mewès gelernt hatte, mit den Gegebenheiten des Schiffbaus zu leben. Goldbronzene Wandleuchter und einzelne Tischlampen warfen einen warmen Schein auf die beige-goldenen Wände und die Mahagonitäfelung. Über den Boden war ein dunkelblauer Teppich gebreitet. Das Geschirr und die Tischwäsche trugen das Carlton-Emblem. Lediglich das Silberbesteck war nicht eigens angefertigt worden. Es stammte von der *Hamburg,* auf der einst Kaiser Wilhelm eine Fahrt unternommen hatte, so daß man in den Prospekten anklingen lassen konnte, daß das Silber des Kaisers im Restaurant verwendet werde. Das war der einzige Stilbruch einer ansonsten hervorragenden Präsentation.

Nagel, *maître d'hôtel* des Carlton Grill, wurde dazu überredet, im ersten Jahr auf dem Schiff zu arbeiten. Seine einzige Anweisung bestand darin, daß sich die Mahlzeiten, die von den Passagieren mitten auf See bestellt wurden, in keiner Weise von denen im Londoner Restaurant unterscheiden sollten. Er und sein Nachfolger hielten sich eisern daran. Angesichts der Schwierigkeiten der Lebensmittelbeschaffung im Jahre 1905 war dies eine erstaunliche Leistung.

Die Passagiere auf der Jungfernfahrt der *Amerika* scheinen zwei hauptsächliche Zeitvertreibe gehabt zu haben; der erste war der Aufzug, dessen Betreiber so stolz war, daß er die Anzahl der Fahrten registrierte: 1825. Die andere war das Restaurant, das zu einem Riesenerfolg wurde, so daß Ballin als erstes notierte, daß er die Küche vergrößern mußte. Passagiere, die sich dafür entschieden, nur in dem Restaurant zu essen, durften 25 Dollar von ihrem Erste-Klasse-Ticket abziehen. Es stellte sich die Frage, ob es möglich war, mit dieser Summe auszukommen und ausschließlich im Restaurant zu essen. Ein unternehmungslustiger Passagier, der dies versuchte, war, als er in New York ankam, ziemlich ausgehungert.

Dabei scheint das teuerste Mahl der Überfahrt, das »Käpitänsdinner«, mit 18 Pence (selbst vor 1914) recht preiswert gewesen zu sein: Kaviar, Suppe, Fisch, Lammkoteletts, gebratene Tauben, Salat, Eis und Petit fours. Bei diesem vorletzten Mahl auf der Überfahrt bekamen die Passagiere auch noch kleine Notizbücher mit Silberbleistiften geschenkt. Die Eisbombe wurde sinnigerweise *Glace Amerika* getauft und war ganz offensichtlich eines jener gastronomischen Feuerwerke, die die edwardianischen Gaumen so schätzten: Das Licht wurde gedämpft, und aus der Küche kamen Scharen von Kellnern, die eine zischende Eisbombe aus Feuer und Eis hereintrugen. Eine faszinierte Reporterin von *Leslie's Weekly,* die bei der Zeremonie anwesend war, berichtete von »grotesk gekleideten Bediensteten«, aber es ist anzunehmen, daß sie in der Hitze des Gefechts damit die in Scharlachrot gewandeten Musiker der Zigeunerkapelle meinte, die zwischen den Tischen hin und her gingen und auf ihren Geigen spielten. Das »Käpitänsdinner« bildete auf jeden Fall den Höhepunkt einer glanzvollen Reise, und die Hamburg-Amerika Linie freute sich über den Beinamen »Schwimmendes St. Regis« (ein New Yorker Luxushotel), den ihr der *New York Herald* am nächsten Tag verlieh.

Es ist wahrscheinlich, daß das Ritz-Carlton-Restaurant auf der *Amerika* tatsächlich das beste dieser Art war – es genoß die ganze Sorge und Aufmerksamkeit, die gewöhnlich dem Erstgeborenen zukommt. Zu jener Zeit war die Besorgung und Zubereitung von Nahrungsmitteln zu Wasser und zu Lande eine gefragte Kunst. Der Chefkoch auf einem Dampfschiff besaß gegenüber seinem Kollegen zu Lande den Vorteil, daß er sich allwöchentlich in vier Ländern die besten Nahrungsmittel aussuchen konnte. In Dover bekam er Fisch, einschließlich der berühmten Seezunge, und das beste Lammfleisch der Welt. Jenseits des Ärmelkanals wurden in Cherbourg Milchprodukte, Geflügel und Obst besorgt. In New York kaufte er Rindfleisch und Austern, die am Abend zuvor ganz frisch aus Baltimore geliefert worden waren. Alle diese Vorräte wurden per Hand an Bord gebracht. Eier wurden sofort mit Butter bestrichen und täglich gedreht, Pfirsiche in Stroh gelagert und genau zwei Stunden vor dem Servieren aus der kalten Speisekammer geholt. Auf dem Achterdeck stand ein Gewächshaus. Hinter den Blumen, die die Passagiere mitten auf dem Ozean kaufen konnten, befanden sich Beete mit Pilzen, Erdbeeren und Salat für die Benutzung im Restaurant. Es ist kaum anzunehmen, daß die Kochkunst irgendwo anders auf dem Atlantik so kultiviert wurde wie auf diesen deutschen Schiffen um die Jahrhundertwende. Heutzutage kaufen die Chefstewards aus finanziellen Gründen auf der ganzen Welt ein, aber vor 1914 wurden die Lebensmittel in erster Linie nach ihrer Qualität ausgewählt.

Auch die Lounge achtern des Restaurants war erwähnenswert. Mewès hatte sie im Stil von Robert Adam gestaltet. Charakteristisch ist, daß er sich auch hier von der Stilreinheit des 18. Jahrhunderts inspirieren ließ. Damit wurde auch dezent dem Geschmack der Engländer und Amerikaner gehuldigt, die auf den deutschen Schiffen reisten. Ernest Cunard war so beeindruckt, daß er Mewès fragte, ob er nicht interessiert sei, auch die *Lusitania* und die *Mauretania* auszustatten. Natürlich lehnte Ballin ab und wies darauf hin, daß Mewès bei der Hamburg-Amerika Linie unter Vertrag stehe und nicht auch noch für einen Rivalen arbeiten könne.

Auf seinem nächsten Schiff, der *Kaiserin Auguste Victoria,* richtete Mewès einen hübschen Damensalon ein, einen charmanten Raum aus Spalierwerk. Diese phantasievolle Verwendung neuen Materials an Bord eines Schiffs wurde in der Folge auf vielen Schiffen zur mißbrauchten Norm. So entstanden zahllose Wintergärten, Veranden und Café-Terrassen, meistens armselige Nachahmungen von Mewès' perfektem Werk.

Auch wenn er der Hausarchitekt von HAPAG wurde, beschränkte er sich keineswegs auf Passagierschiffe. Im folgenden Jahr stellte er das Ritz-Hotel in London fertig. Leider ist es heutzutage weniger ansehnlich als sein Gegenstück in Paris. Doch auch wenn sein ursprünglicher Glanz verblaßt ist, rechtfertigen die meisterhaft proportionierte Haupthalle und der Speisesaal die Euphorie, welche sie 1906 weckten. Im Ritz zu speisen und an einem der großen Fenster mit Ausblick auf den Green Park zu sitzen, verspricht eine wahre Augen- und Gaumenfreude. Die zurückhaltende Eleganz von Mewès' Entwurf hat die Jahrzehnte besser überdauert als die Küche. Nach dem Ritz folgten zwei weitere Schiffe für Ballin, die *Cleveland* und die *Cincinnati,* dann eine Reihe von Land- und Stadthäusern in England und der Royal Automobile Club in der Pall Mall.

Dieses imposante Gebäude deutet bereits die Proportionen der letzten drei Schiffe seiner Laufbahn an. Es wurde zu einer Zeit gebaut, als ihm anscheinend

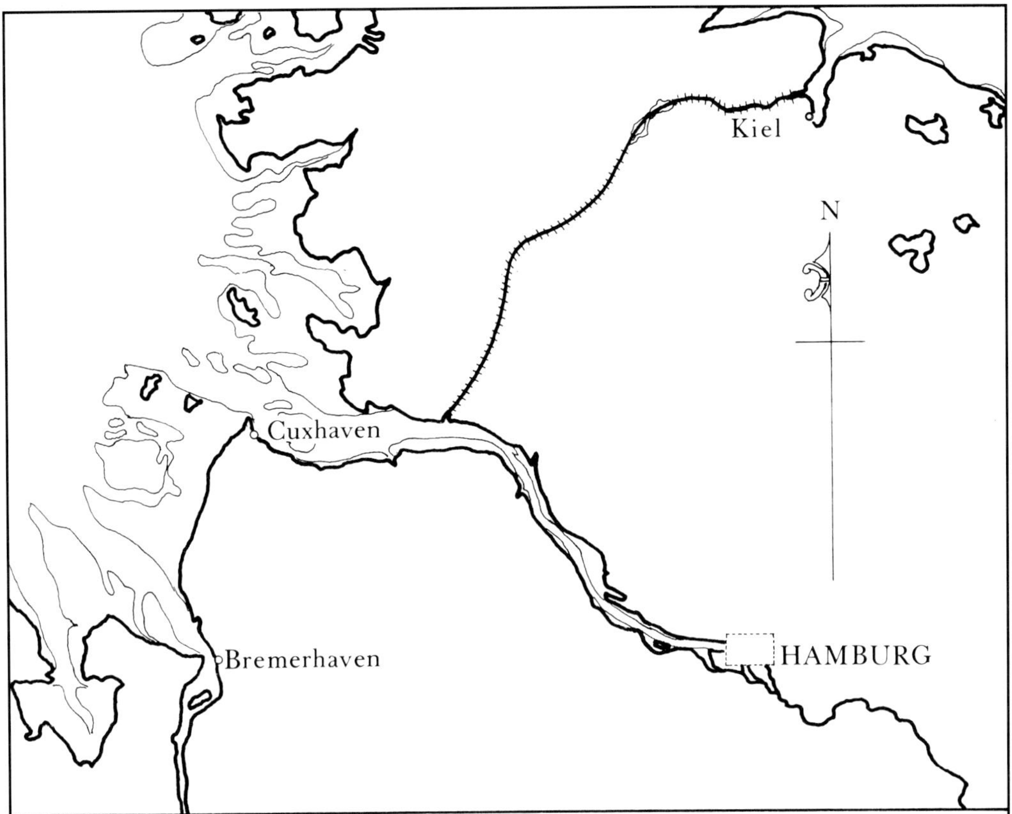
Kiel
N
Cuxhaven
Bremerhaven
HAMBURG

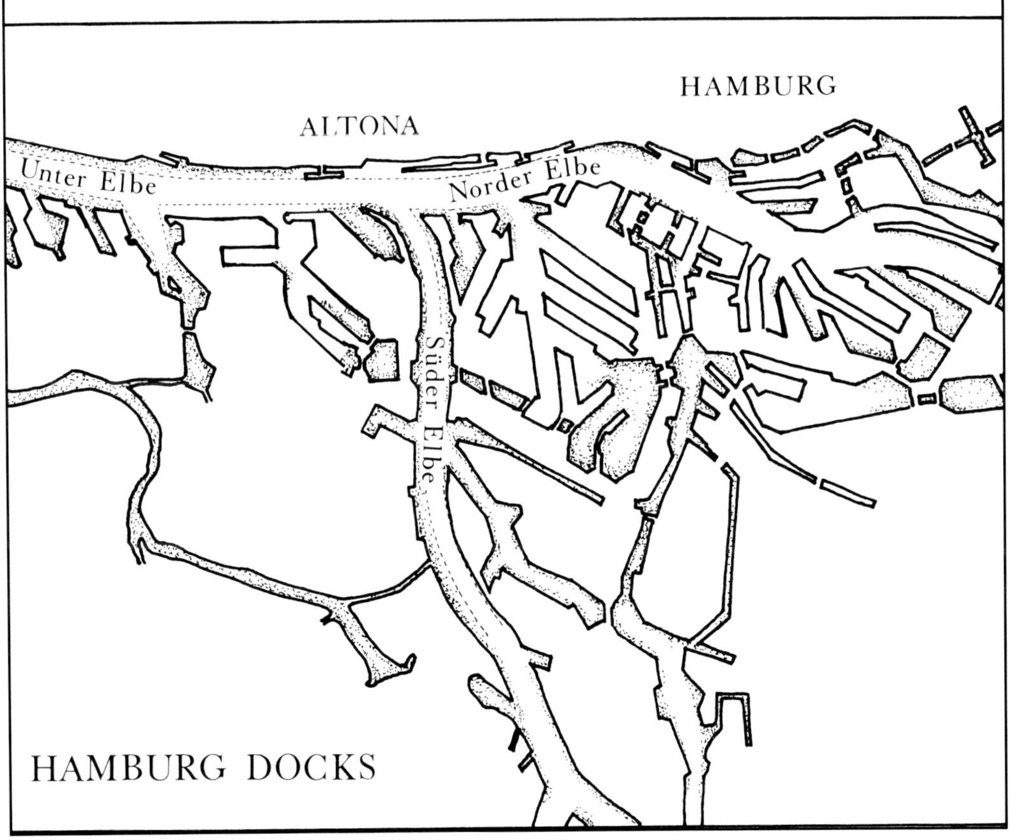
HAMBURG
ALTONA
Unter Elbe
Norder Elbe
Süder Elbe
HAMBURG DOCKS

unbeschränkte finanzielle Mittel zur Verfügung standen. Der Herrenclub im epischen Stil – den er einst vermieden hatte – zeugt von großem Geschmack. Er ging genauso vor wie beim Londoner Ritz, entwarf aber in doppelter Größe: Das elliptische Oval kurz nach dem Eingang war 15 Meter hoch und erhob sich über zwei Stockwerke. Alles hier ist grandios. Im Tiefgeschoß befindet sich ein Schwimmbad, das die Bezeichnung »pompejisch« verdient. Die faszinierten Besucher, die sich zwischen seinen Mosaiksäulen ergötzten, hätten sich vermutlich nicht träumen lassen, daß bald eine Nachbildung dieses prachtvollen Schwimmbeckens auf einem Ozeandampfer zu sehen sein würde.

Denn zu dieser Zeit hatte Ballin die Hamburg-Amerika Linie auf die Notwendigkeit eingeschworen, der sich seine beiden englischen Rivalen schon gestellt hatten – den Drei-Schiffe-Dienst. Es fiel ihm nicht schwer, die Unterstützung des Kaisers für ein so ehrgeiziges Vorhaben zu erhalten. Pläne, den Auftrag an Harland & Wolff zu vergeben, wurden fallengelassen. Der neue Postvertrag schrieb vor, daß die Schiffe auf deutschen Werften gebaut werden mußten. Daß dort mit der Regelmäßigkeit eines Uhrwerks drei Jahre hintereinander ein Schiff pro Jahr entstand, ist der Emsigkeit und der technischen Sorgfalt der Hamburger Schiffbauer zuzurechnen. Man darf nicht vergessen, daß Deutschland seine Schiffe bis dato in England gekauft hatte. Es war eine außerordentliche Leistung, daß sich eine Industrie, die in den Kinderschuhen steckte, auf solch ein kolossales Programm einließ und es auch erfolgreich durchführte.

Der Bau des ersten Schiffs der neuen Klasse von HAPAG wurde im Juni 1910 bei den Vulcan-Werken begonnen. Man profitierte davon, als dritter nach den zwei britischen Konkurrenten zu beginnen. Konstruktion und Pflichtenheft konnten sich an ihren Vorgängern orientieren. Von den Cunard-Schiffen *Lusitania* und *Mauretania* leitete sich das System der vier von Dampfturbinen angetriebenen Schrauben ab, von der White Star Line Details des extravaganten Interieurs der *Olympic.* Gerade rechtzeitig lernte man auch die schreckliche Lektion des Schicksals der *Titanic.* Außerdem hatte man den Vorteil, eine Länge festlegen zu können, die einen neuen Weltrekord aufstellen würde. Die Konstrukteure waren stolz darauf, daß die Länge des neuen Passagierschiffs von 275 Metern die der *Olympic* um ein gutes Stück übertreffen würde.

Die Praxis der Namensgebung für die Schiffe der Hamburg-Amerika Linie war informell und stand in keinem Zusammenhang zu dem starren, von der Cunard- oder der White Star Line verwendeten System. Die Namen scheinen willkürlich gewählt worden zu sein und sich danach ausgerichtet zu haben, was kurz vor dem Stapellauf als opportun erschien. Ein gutes Beispiel war der Mißbrauch des Namens »Europa«. Er wurde erstmals 1929 verwendet, war aber schon für 1906 geplant gewesen. Ballin hatte ihn für das Schwesterschiff der *Amerika* vorgesehen, um damit eine symbolische kontinentale Identität für die beiden Schiffe zu schaffen. Im letzten Augenblick wurde der Name aus Ehrerbietung vor der Kaiserin, die das Schiff taufte, in *Kaiserin Auguste Victoria* umgewandelt. Deshalb war

»Europa« noch verfügbar und für den ersten der drei Superliner vorgesehen. Aber der Vorstand der HAPAG wählte »Imperator«, um Kaiser Wilhelm zu schmeicheln, der nicht nur ein spezielles Interesse an dem Schiff hatte, sondern auch beschloß, es selbst zu taufen. Also sollte das zweite Schiff »Europa« heißen. Aber als sich 1913 eine nationale Krise abzeichnete, schien es angebrachter, Kronprinz Rupprecht von Bayern das Schiff auf den Namen *Vaterland* taufen zu lassen. Es ist interessant, daß zwei der deutschen Schiffe von Männern getauft wurden. Sie übernahmen damit eine Rolle, die sonst fast ausschließlich von Frauen wahrgenommen wird.

Im Frühjahr 1912 war das erste Schiff bereit zum Stapellauf, und am 23. Mai traf der Kaiser mit dem Zug ein, um die Zeremonie zu vollziehen. Zum Glück war er schwindelfrei, sonst hätte er nicht die oberste Plattform betreten können, von der aus die Taufe vorgenommen wurde. Ein geradezu unglaubliches Gebilde war errichtet worden, um in Reichweite des gewaltigen Vorderstevens der *Imperator* zu kommen. Sechs Meter über dem Boden saß auf einem überdachten Pavillon ein zweiter, in Form einer Aussichtsplattform am Dach, mit einer eigenen Treppe. Auf beiden Seiten befanden sich verzierte Ränge, und die ganze Werft war, zusammen mit dem Bug des Schiffs, mit Reisigkränzen geschmückt.

Der Kaiser schritt in Admiralsuniform feierlich um den Schiffskörper, begleitet von einer großen Gruppe von Honoratioren. Dann stieg er unter viel Säbelgerassel und Hackenzusammenschlagen zur ersten Plattform empor und schüttelte einer Gruppe von Beamten in Zylindern die Hand. Er kletterte, mittlerweile vermutlich ziemlich außer Atem, weitere dreißig Schritte zu der Plattform hoch, die für ihn und Ballin reserviert war.

In diesem Augenblick ereignete sich der erste von zwei Fauxpas. Ein Stück Beplankung, das nicht richtig an der Vorpiek befestigt war, fiel unter dem Bug auf den Boden. Es verfehlte den Kaiser nur knapp. Einen schrecklichen Augenblick lang befürchteten die entsetzten Beamten, daß er getroffen worden war. Aber er war rechtzeitig unter das Dach seiner Kanzel zurückgesprungen und setzte die Zeremonie ein paar Augenblicke später fort. Es war furchtbar peinlich. Endlich wurde der Auslöser gedrückt, und eine Flasche Wein unbekannter Herkunft schwang am Ende eines Metallarms und traf den Vordersteven pünktlich, als dieser sich in Richtung Wasser bewegte.

Als die *Imperator* tapfer ins Wasser donnerte, geschah der zweite Zwischenfall. Sie war mit beiden Ankern vom Stapel gelassen worden, und um sie anzuhalten, wurde der Backbordanker gelöst. Das ist wörtlich zu verstehen, denn das im Schiff befindliche Ende des Seils war nicht befestigt – es donnerte aus dem Klüsenrohr, und der Anker und mehrere Fadenlängen nagelneuer Ankerkette landeten im Schlamm des Hamburger Hafens. Trotz dieses Vorfalls kam der Schiffskörper so zum Halten, daß noch knapp einhundert Meter zwischen dem ruderlosen Heck und dem Kaiser-Wilhelm-Kai auf dem gegenüberliegenden Ufer verblieben.

Man verschob die Ausrüstung des Schiffs – einen Monat zuvor war die *Titanic* untergegangen –, weil eine innere Hülle hinzugefügt wurde, die sich in den vorderen Abschnitten weit über die Wasserlinie erstreckte. Um die Qualität der Arbeit zu prüfen, brachten die methodischen Deutschen eine Feuerspritze der Hamburger Feuerwehr an Bord, die größte in ganz Europa. Der 1,5 Meter breite Zwischenraum zwischen den Platten auf jeder Seite wurde mit Wasser aus den Versorgungsleitungen am Ufer gefüllt und für dicht befunden.

Diese fakultative Verfeinerung seitens der Schiffbauer war fast leichter gelöst worden als das Problem der Rettungsboote. Es gab neue Sicherheitsbestimmungen, die eine vernünftige Auflage mit einschlossen, welche »Rettungsboote für alle« vorschrieb. In diesem Falle bedeutete »alle« eine erstaunliche Anzahl von Seelen. Passagiere und Mannschaft der *Imperator* setzten sich wie folgt zusammen:

Erste Klasse:	700
Zweite Klasse:	600
Dritte Klasse:	940
Vierte Klasse:	1750
Mannschaft:	1100
Insgesamt:	**5090**

Wenn sie dicht zusammengedrängt wurden, konnten vierhundert weitere untergebracht werden. Irgendwo mußte Platz für 83 Rettungsboote gefunden werden, die vierfache Menge der auf der *Titanic* vorhandenen. Sie alle auf dem Schiffsdeck aufeinanderzustapeln hätte die Stabilität des Schiffs gefährdet. Die Lösung bestand darin, die Hälfte der Boote in Nischen im hinteren Schutzdeck zu verstauen.

Unter Deck gab es neue Wasserrohrkessel und eine kunstvolle Vorrichtung, um das Schlingern des Schiffs zu vermeiden. Sie war die Erfindung eines Dr. Frahm aus Hamburg; die Frahmschen Schlingertanks wurden eine Standardeinrichtung auf vielen späteren Schiffen. Dieses System umfaßte halbvolle Wassertanks auf beiden Seiten des Schiffskörpers, die durch ein Pumpensystem miteinander verbunden waren. Theoretisch konnte man den Wasserstrom zwischen den Tanks so leiten, daß dadurch der Stellung des Schiffskörpers entgegengewirkt wurde. Das Schlingern vorherzusagen war jedoch schwieriger, als ursprünglich angenommen. Frühe Versionen von Frahms Erfindung konnten mit dem Meer nicht Schritt halten, und die Korrekturreaktion hinkte hoffnungslos hinter dem Schlingern her. Aber die Unzulänglichkeiten der Stabilität der *Imperator* sollten erst später zutage treten. Im Augenblick bot das Schiff von innen und außen einen imposanten Anblick.

Mewès, der sich jetzt auf dem Höhepunkt seiner Karriere befand (leider auch am Ende seines Lebens), wurde mit dem Entwurf der Inneneinrichtung aller drei neuen HAPAG-Schiffe beauftragt. Inzwischen war Davis mit dem Entwurf der *Aquitania* beschäftigt, die auf dem Clyde in Bau war. Diese Arbeitsteilung war die

Im Mai 1912 ist die *Imperator* bereit für den Stapellauf (oben). Links unten vollenden Arbeiter die Kanzel für den Kaiser. Die Honoratioren in Zylindern und Pickelhauben beobachten fasziniert, wie Kaiser Wilhelm II. sein Lieblingsschiff (links) vom Stapel läßt. (*Kurt Innecken Collection*)

Reich geschmückt donnert die *Imperator* in den Hamburger Hafen. Augenblicke danach ging der Backbordanker verloren. (*Kurt Innecken Collection*)

Folge eines ungewöhnlichen, von der Cunard Line und der Hamburg-Amerika Linie ausgearbeiteten Kompromisses: Mewès sollte in Deutschland arbeiten und Davis in England, aber keiner der beiden Partner durfte dem anderen Details über seine Arbeit offenbaren.

Es war ein lächerliches Arrangement, das bestimmt umgangen wurde. Obwohl die Aufenthaltsräume der *Aquitania* englischen Geschmack verrieten, trugen einige Teile, insbesondere der Speisesaal, eindeutig Mewès' Handschrift. Aber die über zehn Jahre währende enge Zusammenarbeit der beiden sowie ihr gemeinsamer Geschmack, der sie ja ursprünglich zusammengebracht hatte, bedeutete, daß ihre Arbeit um 1912 vielleicht austauschbar war. Doch der Rauchsalon aus der Zeit Karls I. auf der *Aquitania,* eine Adaptation eines Zimmers im Greenwich Hospital, sowie die Palladio-Lounge sind sicher Davis zuzuschreiben.

Von den fünf Aufträgen, die Mewès für Ballin ausführte, war dies der anspruchsvollste. Auf den Schiffen der *Imperator*-Klasse entsprachen die Dimensionen denen des Royal Automobile Club; sie übertrafen alles, was man bisher an Bord eines Schiffs gesehen hatte. Die Deutschen waren entschlossen, die *Olympic* in jeder Hinsicht niederzuringen. Dieser prätentiöse Anspruch beeinflußte die gesamte Konstruktion der *Imperator.* Es gereicht Mewès zu ewigem Ruhm, daß er auf dem Höhepunkt seiner Arbeit den Versuchungen widerstand, denen ein Mann mit weniger diszipliniertem Geschmack eventuell erlegen wäre.

Erneut entschied er sich für die besten Aspekte des französischen Stils des 18. Jahrhunderts, eine Wahl, die erstaunlicherweise sowohl der Gesellschaft als auch dem Kaiser zu gefallen schien. Mewès' Beziehung zum Kaiser war in bezug auf Schiffe sehr herzlich, aber was die Politik anging, zeichneten sich voraussehbare Differenzen ab. Als die *Vaterland* vom Stapel gelassen wurde, fragte Wilhelm den Architekten, ob er daran interessiert sei, einen Teil der Hauptstraße Straßburgs zu erweitern. Mewès, ein Elsässer, erwiderte knapp, Napoleon habe sie für ausreichend befunden.

Der Schlüssel zu den zwei riesigen Innenflächen liegt auf der *Imperator* in der Zahl der Schornsteine: Da es nur drei waren, gab es entsprechend mehr freien Raum zwischen ihnen. Auf dem zweiten und dritten Schiff wurde diese großzügige Raumaufteilung durch die Anordnung der Kesselschächte noch mehr betont, so daß Mewès endlich entlang einer zentralen Achse mehrere Aufenthaltsräume entwerfen konnte, was er schon vor Jahren auf der *Amerika* vorgehabt hatte. Die *Vaterland* und die *Bismarck* haben mit der später gebauten *Normandie* gemeinsam, daß sie die größten Schiffe waren, die dieses Konstruktionsmerkmal je übernahmen. Wenn die mittigen Schornsteinmäntel auf der *Imperator* Mewès' Pläne in irgendeiner Hinsicht behinderten, war dies in den beiden prachtvollen Räumen, die auf dem Promenadendeck Form annahmen, nicht erkennbar.

Unter dem Schornstein Nummer zwei befanden sich die unvermeidliche Treppe, die Aufzüge und die Halle. Voraus lag ein Gesellschaftsraum, der dreißig Meter lang und nur um die Breite des Promenadendecks auf beiden Seiten schmaler als der Rumpf war. Er konnte mit Leichtigkeit alle siebenhundert Passagiere der ersten Klasse aufnehmen. Es war wirklich ein sehr geselliger Ort. Hier traf man sich, um zu reden, Tee zu trinken, Karten zu spielen oder zu tanzen. Kleine Tische mit bequemen Stühlen waren locker im Raum verteilt, der das genaue Gegenbild zu dem steifen Arrangement auf der *Olympic* darstellte.

Diese völlige Umkehrung der White-Star-Struktur ist, wie ich glaube, sehr aufschlußreich: Auf den deutschen Schiffen sorgt Mewès' Entwurf dafür, daß sich Eheleute in einem Raum begegnen, der nicht nur groß genug, sondern so gestaltet war, daß sie sich gern darin aufhielten. Die Decke hing von Stütz-Tragbalken, die das vordere Ende des Bootsdecks geschickt verdeckten, aber den Gesellschaftsraum darunter von Pfeilern, Säulen, Alkoven oder Ecken freihielten. Das riesige Oberlicht war im Gegensatz zu der Mittelkuppel auf englischen Schiffen nicht viel kleiner als die Decke. Das Ergebnis war, daß es den ganzen Raum darunter erfaßte und alle Ecken miteinander verschmelzen ließ. Der Entwurf war subtil und doch gezielt dem Beisammensein gewidmet. Aber man darf nicht annehmen, daß Mewès oder seine Auftraggeber die Wünsche der Passagiere nicht berücksichtigt hätten, die sich nach Privatsphäre sehnten. Auf dem gleichen Deck gab es die traditionellen Orte der Zurückgezogenheit und Geschlechtertrennung. Aber dieser zentrale, schöne und nützliche Treffpunkt war schon eine bemerkenswerte Idee.

Ein Engländer, der später den Gesellschaftsraum auf der *Imperator* als Ort »teutonisch düsterer Majestät« bezeichnete, besaß mehr Vorurteile als Kenntnisse. Gewiß war er majestätisch, aber ein Raum solcher Dimension mußte das auch sein; er war jedoch nie zu dominierend. Ich kann mir auch nicht denken, daß es in einem Raum mit einer zehn Meter hohen Decke »düster« war, und man kann sich nichts weniger Teutonisches vorstellen als die zurückhaltende Eleganz des unglücklichen Ludwig. Allein bei dem Gedanken an die Pedanterien des Potsdamer Rokoko, der womöglich ohne den Franzosen gewählt worden wäre, schaudert es mich. Ähnlich könnte man vielleicht bekritteln, daß der Raum mit Möbeln vollgepackt zu sein scheint. Doch meiner Erfahrung nach amüsieren sich Menschen, die dicht zusammengedrängt sind, besser, als wenn sie aus ästhetischen Gründen über einen weiten Raum verteilt sind. Vielleicht erklärt dies die Fröhlichkeit in der Touristenklasse im Gegensatz zu der gelegentlichen Langeweile in der ersten Klasse von heute. Diese Lektion lernten die Architekten des Gesellschaftsraums auf der *Queen Mary,* aber von ihren Nachfolgern, die den entsprechenden Raum auf der *Queen Elizabeth 2* entwarfen, wurde sie leider ignoriert.

Auf der anderen Seite der Eingangshalle befand sich ein Raum gleicher Dimension. Auf den ersten Blick schien es sich dabei um ein Barocktheater zu handeln, denn es gab ein weiß-goldenes Auditorium mit Stühlen, das durch einen breiten Gang geteilt wurde, der über eine kurze Treppenflucht zur Bühne führte. Das Innere der Vorbühne, die mit massiven Säulen und einem schmiedeeisernen Geländer umrahmt war, bestand aus einer üppigen Bühnenausstattung aus Maha-

Gegen Ende seiner Ausrüstung wird das neue HAPAG-Flaggschiff zum Trockendock geschleppt. (*Nationalarchiv der USA und Compagnie Générale Transatlantique*)

goni und Gold. Links war Platz für ein Streichorchester. Diesen Entwurf hatte Mewès gewählt, um Wintergarten und Restaurant zu kombinieren. Wenn ich die Theatralik seiner Lösung hervorgehoben habe, dann aus einem sehr guten Grund.

Das Ritz-Carlton-Restaurant – jene Inszenierung, die hier dauerhaft gespielt werden sollte – war geräumiger als seine Vorgänger. Aber die größere Dimension und der höhere Anspruch wurden durch einen Illusionstrick wirkungsvoll ausgewogen. Auf der Hauptbühne hinter einer imposanten Rundhalle waren ein paar Dekors der Restaurantszene arrangiert: einige Tische, ein Blumenkorb, ein Büfett, eine Glaswand. Aber die meisten Tische waren in den Flügeln versteckt. Obwohl das Restaurant den Eindruck eines offenen Raums machte, besaß es die ganze Intimität, die im Gesellschaftsraum fehlte. Umfragen, die, lange nachdem die *Imperator* verschrottet worden war, durchgeführt wurden, bestätigen, daß Restaurantgäste sich nach einer widersprüchlichen Kombination aus Isolierung und Gemeinschaft sehnen. Die völlige Abtrennung eines privaten Speisezimmers (mit Ausnahme natürlich jener diskreten Räume, die gleichzeitig für die Befriedigung anderer Gelüste eingerichtet wurden) ist offensichtlich weniger wünschenswert als die Nähe der anderen Passagiere. Ob man diese Schlußfolgerung nun respektiert oder nicht, offensichtlich ist, daß Mewès sie vorausgeahnt hat. Tischgäste auf dem Weg zum Restaurant stiegen die Treppe hinauf, vollzogen das Ritual des großen Auftritts und wurden dann in die Zurückgezogenheit der Nischen geleitet, wie auf einem verdeckten Balkon – entfernt von ihren Mitreisenden darunter, aber doch noch in Kontakt mit ihnen.

Und die Gäste, die die Szene bequem zwischen den Palmen und Hortensien des unteren Saals beobachteten, waren keineswegs reine Zuschauer, sondern ebenfalls Teilnehmer, genauso, wie die Besucher eines Pariser Straßencafés und die Passanten auf dem Boulevard ineinander verschwimmen. Der Vergleich ist passend, denn Mewès' Entwurf des Wintergartens und des hübschen Restaurants, das sich daran anschloß, befriedigte ein Gefühl der Improvisation. Das Leben an Bord eines gutgeführten Schiffs ist und sollte improvisiert sein. Es ist reichlich Zeit vorhanden, Freunde zu begrüßen, sich einer Gruppe anzuschließen, das Mittagessen zu verschieben, kurzum: die Zeit zu vergessen. (Andererseits gibt es Passagiere, die sich, kaum sind sie an Bord, wieder irgendwelche Ersatzaufgaben suchen, welche sich nicht von denen unterscheiden, die sie an Land erledigen. Ich persönlich nehme mir sowenig wie möglich vor und kann jene Reisenden nicht verstehen, die wie die Lemminge zu Turnieren, Wettkämpfen und Lesungen strömen und damit eine der schönsten Annehmlichkeiten verschmähen, die eine Schiffsreise bieten kann.)

Leicht zugänglich waren auch ein Rauchsalon, ein Damensalon, ein Schreibzimmer, eine Turnhalle und seltsamerweise ein Grillraum. Dieser lag am Ende des D-Decks und konnte erreicht werden, wenn man den Querteil des Promenadendecks passierte. Das war der einzige Fehler in einem ansonsten gut durchdachten Entwurf. Er erwies sich als überflüssige Einrichtung, die sich aus verschiedenen

Gründen nicht lange hielt und auch nicht von den nachfolgenden Schiffen übernommen wurde. Sein Interieur sowie das des Rauchsalons verraten durch ihre anonyme Banalität, daß Mewès für den Entwurf nicht verantwortlich war.

Die einzige Inneneinrichtung, die mit der Pracht auf dem B-Deck konkurrieren konnte, war das schon erwähnte »pompejische Schwimmbad«. Mewès hatte bei den Vulcan-Werken durchgesetzt, daß er es entsprechend hoch gestalten durfte, so daß die Proportionen des Beckens genauso beeindruckend waren wie beim Londoner Original, wenn auch kleiner. An einem Ende war eine Doppeltreppe angebracht, über die man zum Balkon gelangte, der so lang wie das Zimmer war und oben eine Zuschauergalerie bildete; darunter befand sich eine Reihe von Umkleidekabinen. Die Schwimmbecken auf allen drei HAPAG-Schiffen waren atemberaubend, in einem nie wieder erreichten Maßstab konzipiert und ausgeführt.

Es überrascht nicht wirklich, daß der Speisesaal fast rundum eine Enttäuschung darstellte. Mewès hatte sein ganzes Talent auf das Promenadendeck konzentriert, und die dekorativen Reste, die den regulären Tischgästen vorbehalten waren, verrieten wenig Geschmack. Dieses Muster zeigte sich auf allen großen Schiffen. Die Restaurants erfreuten sich äußerster Beliebtheit; für Passagiere, die bereits ihre Überfahrt bezahlt hatten, waren die zusätzlichen Kosten nicht der Rede wert. So erweiterten die Dampfschiff-Gesellschaften, immer bereit, aus Erfolg Nutzen zu ziehen, natürlich nicht nur die Kapazität, sondern erhöhten auch das Prestige ihrer Restaurants. Der in sich abgeschlossene kleine Raum, von Ballin vor einem Jahrzehnt auf der *Amerika* eingeführt, hatte sich zu einem extravaganten Mittelpunkt des Schiffs entwickelt.

Diese Beschäftigung ging leider Hand in Hand mit einer deutlichen Verschlechterung des Verpflegungsniveaus, das vorher für alle festgelegt worden war. Unvermeidlich fand mit der Förderung einer Art Super-Erste-Klasse-Alternative eine Teilung der Ressourcen und der Prioritäten statt. Ende der zwanziger Jahre, als die neuen Schiffe von über dreihundert Metern Länge entworfen wurden, ging man das Thema Restaurant neu an. Es ist interessant, daß die Grillräume auf der *Normandie* und der *Queen Mary* im hinteren Teil des Oberdecks untergebracht waren, wo sie zugegebenermaßen einen wunderbaren Ausblick achtern über das Heck boten. Aber sie waren auch außer Sichtweite, abseits des Geschehens, und erregten vermutlich weniger Anstoß bei Passagieren, die über den unterschiedlichen Standard innerhalb der ersten Klasse verärgert waren. Was als Annehmlichkeit begann, endete als Club. Es ist aufschlußreich, daß später die exquisiteste Küche auf dem Atlantik in den Speisesälen der *France* geboten wurde, einem Schiff, das kein Restaurant besaß.

Kurz bevor die *Imperator* zur Probefahrt auslief, traf an ihrem Ausrüstungskai eine riesige Kiste aus Berlin ein. Darin hockte ein monströser vergoldeter Bronzeadler, ein Werk von Professor Bruno Kruse. Das kampflustige Tier mit ausgebreiteten Flügeln hielt in den Krallen einen Globus, über den ein Banner drapiert war, auf dem der Wahlspruch der HAPAG stand: »Mein Feld ist die Welt«. Mit

Mewès' faszinierendes »pompejisches Schwimmbad« an Bord der *Imperator*, das er vom Original im Royal Automobile Club in London kopiert hatte. (*Avery Library*)

großer Behutsamkeit wurde er hochgehievt und am Bug festgeschraubt. Von dieser Position aus schaute er finster die Elbe hinunter. Wenn dies auch nicht die letzte Galionsfigur war, so sicherlich die albernste, die auf dem Atlantik in Erscheinung trat. Sie prangte an einem Schiffskörper, dessen Erbauer offensichtlich keine ästhetische Vorkehrung dafür getroffen hatte. Zusätzlich bildete sie ein gefährliches Hindernis für die Sicht, sowohl für den Lotsen als auch für den vorderen Ausguckmann. Presseberichte deuteten an, daß das hohle Innere Raum für einen Seemann biete, der durch eine dicke Glasscheibe in der Brust des Adlers spähen könne. Dies stimmte ebensowenig wie die Mär, daß das Gewicht des Vogels vorne wichtig sei, um die Opulenz achtern auszugleichen.

Die schlichte Wahrheit war, daß der Adler der *Imperator* nicht mehr als ein Mittel darstellte, das Schiff zu verlängern. Die Deutschen wollten unbedingt die statistische Überlegenheit behalten, und nachdem sie Tonnage, Länge und Breite der *Olympic* übertroffen hatten, waren sie entschlossen, sich nicht von der *Aquitania* in den Schatten stellen zu lassen. Tatsache ist, daß der Schiffskörper der *Imperator* auch ohne den geschmacklosen Adler ein wenig länger als das neue Schiff der Cunard Line gewesen wäre. Vielleicht wurden die zusätzlichen drei Meter, die er dem Schiff verschaffte, für die *Britannic* in Reserve gehalten. Aber im folgenden Jahr wurde der Längenrekord ohnehin von den deutschen Konkurrenten Blohm & Voss auf der anderen Seite des Hafens erobert. Die *Vaterland* und die *Bismarck* waren größer, weil während des Baus zwei zusätzliche Spanten in den Schiffskörper eingefügt worden waren. Ironischerweise erlitten beide in späteren Jahren ernsthafte Rumpfbrüche, die, dessen bin ich mir ganz sicher, das Ergebnis dieser idiotischen Manie, den anderen übertrumpfen zu müssen, waren.

Im Mai 1913 fuhr die stolze, neue *Imperator* die Elbe hinunter – und lief nur wenige Stunden später auf Grund. Kein Schiff mit annähernd neun Metern Tiefgang hatte je zuvor diese gewundene, fast einhundert Kilometer lange Rinne durchfahren. Zusätzliche Schlepper wurden von Hamburg aus entsandt, und bei der nächsten Flut wurde die *Imperator* befreit. Am nächsten Tag entließ sie den Lotsen in Cuxhaven und fuhr in die Nordsee hinaus.

Erst jetzt trat ein Problem, das sich vorher schon angedeutet hatte, vollends zutage. Die *Imperator* war topplastig oder, in der euphemistischen Sprache der Schiffbauingenieure ausgedrückt, unzulänglich in bezug auf die Anfangsstabilität. Für die Mannschaft war sie ein »rankes« Schiff – »rank« heißt hier, daß sie beim geringsten Anlaß bedrohlich krängte; ja, schlimmer noch, sie schien zu zögern, in die Senkrechte zurückzukehren. Aber kurzfristig konnte man daran nichts ändern. Nur durch eine mühsame Überarbeitung ihrer oberen Takelage hätte sich das korrigieren lassen, und dafür blieb keine Zeit. So wurde die *Imperator,* auf der buchstäblich und im übertragenen Sinne zuviel lastete, der Reederei in dieser Verfassung übergeben.

Leider sollte es noch schlimmer kommen: Ein Arbeiter, der sein Feuerzeug aus einer Benzinbüchse im Lagerraum aufgefüllt hatte, zündete es an und verursachte

Ein Trick, die Länge der *Imperator* etwas zu vergrößern: Professor Kruses unglaublicher Adler schmückt ihren Bug. Man beachte im Vergleich die Größe des Mannes, der unten links am Anker lehnt.
(*Nationalarchiv der USA*)

dadurch einen Brand. Obwohl das Feuer auf einen Schiffsabschnitt beschränkt blieb, fanden fünf Mannschaftsmitglieder in den Flammen den Tod. Die Gesellschaft mußte die Jungfernfahrt verschieben, damit der Schaden behoben werden konnte. Sie gab einen fingierten Bericht ab, in dem das schlechte Wetter und unzureichende Dockeinrichtungen in Cuxhaven für die Verzögerung verantwortlich gemacht wurden. Ganz offensichtlich fand hier die Angst Ausdruck, der Brand und die Panne in der Elbe könnten an die Vorfälle erinnern, die ihren Stapellauf gestört hatten. Seit der *Titanic* war die Öffentlichkeit übersensibel, was schlechte Omen in Verbindung mit großen neuen Passagierschiffen anging, und man braucht sich nicht zu wundern, daß sich die Hamburg-Amerika Linie um das Image der *Imperator* sorgte.

Aber das wäre nicht nötig gewesen, denn die erste Fahrt nach Amerika wurde ein absoluter Erfolg. Obwohl Plymouth der reguläre Hafen war, berührte sie britischen Boden zuerst in Southampton, wo sie mit allem Pomp empfangen wurde. Nachdem sie kurz in Cherbourg vor Anker gegangen war, überquerte sie den Atlantik mit 3100 Passagieren, ein Rekord für eine Jungfernfahrt. Allerdings war ihre Kapazität damit keineswegs erschöpft. Kommodore Hans Ruser hatte das Kommando. Ihm unterstanden vier zusätzliche »Kapitäne«; dies war ein geschickter Werbedreh, der anklingen ließ, daß solch ein großes Schiff eine völlig neue Kommandostruktur benötige. Mitten auf dem Atlantik sandte Ballin anläßlich des 25. Jahrestags der Thronbesteigung Kaiser Wilhelms ein Glückwunschtelegramm nach Berlin.

Die *Imperator* traf am 18. Juni vor Hoboken ein, genau in dem Moment, als die *Amerika* von der Pier ablegte, die für das neue Passagierschiff eigens erweitert worden war. Als die Schiffe aneinander vorbeifuhren, spielten die jeweiligen Bands an Deck »America« und »Die Wacht am Rhein« für die Passagiere. Es war ein schöner Anblick. Der Hudson glänzte im Sonnenlicht des strahlenden Sommermorgens, Schlepper fuhren geschäftig um das neue Schiff herum, und die Musik drang über das Wasser zu den Zuschauern an beiden Ufern. Eine festliche und ausgelassene Stimmung herrschte, denn die *Imperator* war, abgesehen von der *France,* das erste große, neue Schiff, das seit der mißglückten Jungfernfahrt der *Titanic* im Jahr zuvor in New York anlegte. Passagiere, die an Land gingen, verkündeten, daß ihnen die Überfahrt sehr gefallen habe, ebenso die höchst komfortable Unterbringung. Mit keinem Wort wurde die Stabilität des neuen Schiffs erwähnt.

Im folgenden Sommer äußerten sich Passagiere, die weniger Bedenken hatten, die Euphorie einer Jungfernfahrt zu zerstören, deutlicher. Die *Imperator* habe immer wieder Schlagseite nach Backbord, nach Steuerbord, sogar schon bei einer mäßigen Brise gegen ihre breite Flanke. Als sie mit entleerten Kohlenbunkern und vollbeladener Backbordseite – die Einwanderer drängten sich dort an der Reling, um einen Blick auf die Freiheitsstatue werfen zu können – nach New York einfuhr, krängte sie am stärksten. Selbst Frahms hochgepriesene Schlingertanks waren nutzlos, da sie das Schlingern verhindern, aber nicht korrigieren sollten. Es gibt nur sehr wenige Fotos von dem Schiff, auf denen es sich nicht auf die eine oder andere Seite neigt. Reklamefotos des Schwimmbeckens, die im Hafen aufgenommen wurden, zeigen eine Wasserlinie, die nicht mit der Reihe der horizontalen Fliesen übereinstimmt. Die Sandy-Hook-Lotsen sagten, daß sie nie gleichlastig hereinkomme, und nannten sie »Limperator«[4]. Trotz dieser negativen Publicity erwies sie sich nicht nur als beliebt, sondern auch als enorm profitabel: Eine Rekordzahl von Passagieren aller Klassen fuhr mit ihr. Ballin änderte im Juli ihre Abfahrtszeiten, damit der Kaiser und seine Familie einen exklusiven Ausflug in die Nordsee unternehmen konnten.

Auf ihrer vierten Fahrt nach New York beförderte sie über 5000 Passagiere. Noch nie zuvor waren so viele Menschen auf einem Schiff gereist. Die überforderten Abfertigungsbeamten baten darum, daß die 1800 Zwischendeckspassagiere eine weitere Nacht an Bord blieben.

Am folgenden Morgen um vier Uhr machte ein Feuermelder auf der Brücke der *Imperator* den wachhabenden Offizier auf Rauch in der Vorratskammer für Trockengüter vorne auf der Steuerbordseite aufmerksam, nahe der Wasserlinie. Sofort verschloß er diesen Abschnitt und befahl, daß aus dem Kesselraum Dampf hineingeleitet werde; gleichzeitig betätigte er den Pieralarm. Unter Deck eilten Feuerwehrleute zum vorderen Ende des Schiffs, und Stewards, die dienstfrei hatten, wurden angewiesen, die Immigranten zu wecken und ans Ufer zu bringen. Es ist zweifelhaft, ob sie erst geweckt werden mußten, denn die ganze Nacht wurde Kohle gebunkert, und das Gebullere der Kohlen, die die Rutschen hinunterprasselten, war so laut, daß es Tote aufgeweckt hätte. Während die Zwischendeckspassagiere an Land getrieben wurden, gab es unvermeidliche Szenen von Panik, als sie die Landungsstege hinabströmten, auf denen Feuerwehrleute aus Hoboken gleichzeitig Schläuche hochzuschleppen versuchten. Auch wenn der Brand noch in Schach gehalten wurde, war er hartnäckig und erfüllte die vorderen Durchgänge mit dichten schwarzen Rauchwolken. Ein Offizier, der noch kurz zuvor einen Brand auf der *Fürst Bismarck* bekämpft hatte, starb im brennenden Abschnitt, vom Rauch erstickt.

Die Nachricht von seinem Tod beendete eine bekannte Debatte auf den Brücken. Ein an der Pier liegendes Schiff mit einem Brand an Bord ist oft stärker von den Landfeuerwehrleuten als von den Flammen bedroht. Deren natürliche Neigung ist es, das Feuer um jeden Preis zu löschen, es zu ertränken, wenn erforderlich. Diese Handlungsweise, die die Seeleute nicht gerne übernehmen, wurde auf der *Imperator* angewendet. Mehr als zwanzig Schläuche, die auf der Steuerbordseite vom Kai eingefädelt wurden, füllten den Abschnitt neun Meter tief, unterstützt von zwei eifrigen Löschbooten, die die Kohlenleichter anrempelten, welche noch immer backbord vertäut waren. Da die *Imperator* ein »rankes« Schiff

4 von engl. *limp,* »hinken« (Anm. d. Ü.)

Ruder und Unterwasserschiff der *Imperator* werden gestrichen. Wie die *Mauretania* besaß sie vier turbinenbetriebene Schiffsschrauben. (*Frank Braynard Collection*)

Das neue Flaggschiff der HAPAG, die *Imperator*, fährt auf der zweiten Teilstrecke ihrer Jungfernfahrt an der New Yorker Battery vorbei. Abgesehen von dem Problem mit der vertikalen Stabilität war alles ein großer Erfolg gewesen. (*Druck- und Fotoabteilung, Library of Congress*)

Das mit knapper Not verhinderte Unglück der *Imperator* in Hoboken. Ein hartnäckiger Brand wird mit Wasser gelöscht, und das Schiff erlangt seine vertikale Stabilität zurück. Um den Manhattan-Pendlern zu demonstrieren, daß alles seinen normalen Gang geht, werden die Tops der drei Schornsteine frisch gestrichen. (*Frank Braynard Collection*)

Die *Imperator* mit verkürzten Schornsteinen in Cuxhaven. Der Adler ist geblieben. (*Frank Braynard Collection*)

war, neigte sie sich bedrohlich zum Kai hin und nahm eine fast kritische Schlagseite an, bevor das Feuer kurz nach neun Uhr gelöscht war. Bemerkenswert ist, daß sich die Rückfahrt trotzdem nur um zwei Tage verzögerte. Das Schiffspersonal, dessen weiße Sommerkleidung rauchgeschwärzt war, arbeitete ohne Pause, um den Umschlag zu Ende zu führen und die Unordnung zu beseitigen. Beamte der Einwanderungsbehörde konnten alle Zwischendeckspassagiere einsammeln – auch die beiden, die in einer Pension in Elizabeth, New Jersey, mehrere Kilometer von der Pier entfernt, ausfindig gemacht wurden.

Wenn die Menschen, die das Feuer auf der *Imperator* bekämpften, überreagierten, liegt das wohl daran, daß sowohl die Feuerwehrmänner als auch die Seeleute das tragische Feuer von 1900 in Hoboken noch lebhaft in Erinnerung hatten. An einem heißen Samstag nachmittag im Juni wurden mehrere Schiffe an den Piers des Norddeutschen Lloyd beladen. Baumwollballen, die an Pier 3 darauf warteten, geladen zu werden, fingen irgendwie Feuer, und innerhalb weniger Minuten stand alles in Flammen. Da die Mannschaft der *Kaiser Wilhelm der Große* an Bord und Dampf in den Kesseln war, gelang es ihr, in den Hudson zurückzusetzen und die Flammen, die mit erschreckender Geschwindigkeit von der Pier zum Schiff übergegriffen hatten, zu löschen.

Drei andere Schiffe hatten nicht soviel Glück: Ihre Kabeltaue brannten durch – *Saale, Bremen* und *Main* schwammen auf der Flut hinaus. Die beiden letzteren liefen in Weehawken auf Grund, die *Saale* brannte lichterloh. Während ihr glühendroter Bug an der Wasserlinie dampfte, trieb sie dahin und strandete im Schlickboden nördlich von Ellis Island. Von einer vorbeifahrenden Fähre aus erkannten entsetzte Pendler im Rauch eine Reihe von weißen Gesichtern an den Bullaugen. Aber die Schlepper und Löschboote, die das Schiff schnell einkreisten, sahen sich außerstande zu helfen: Jedes Gesicht mit den flehenden Augen war vom Messingrahmen eines Seitenfensters umrahmt, das weniger als dreißig Zentimeter Durchmesser hatte. Es gab kein Entkommen. Unmöglich, die Außenhaut zu durchbrechen, und ein Zugang von oben war genauso undenkbar. Zwei Männer mit Feueräxten, denen es gelang, an Bord des brennenden Passagierschiffs zu klettern, schafften es nicht, die Deckplatten aus Stahl zu durchbrechen, die unmittelbar unter den Teakplanken lagen. Die Männer auf den Schleppern, die aus wütender Hilflosigkeit Tränen vergossen, konnten nichts anderes tun, als zu versuchen, die deutschen Mannschaftsmitglieder, die in dem brennenden Schiffskörper gefangen waren, zu trösten. Jene, die nicht in den Flammen umkamen, fanden den Gnadentod durch Ertrinken, als die eingehende Flut die Flanken des Schiffs hochkroch und in die Seitenfenster eindrang.

Die einzigen Überlebenden auf den drei Schiffen waren 15 Kohlenzuträger, die zwölf Stunden später aus den Bunkern der *Main* freigeschnitten wurden. Man zählte mehr als zweihundert Todesopfer, und der Ocean Terminal des Norddeutschen Lloyds war bis auf die Niedrigwassermarken an den Pfählen abgebrannt. Nach dieser Katastrophe waren die Beamten an allen Passagierpiers in New York extrem empfindlich, wenn es um Brand ging; kurz danach wurden die Seitenfenster auf allen neuen Passagierschiffen deutlich größer gestaltet.

Die *Imperator* beendete ihre Eröffnungssaison zwei Fahrten später und verbrachte den Winter in der Vulcan-Werft. Einige radikale Eingriffe wurden durchgeführt, um den Schwerpunkt zu senken. Jeder Schornstein wurde um drei Meter gekürzt, auf die Höhe der Dampfrohre. Die entbehrlichste Einrichtung auf dem Oberdeck war der Grillraum am Achterende des Promenadendecks. Er wurde entfernt und der freigewordene Raum in ein Verandacafé umgewandelt, das der Witterung ausgesetzt und mit Korbmöbeln ausgestattet war. Auch in den großen Aufenthaltsräumen wurden mehr Korbmöbel eingeführt, eine Schmach, die Mewès wohl als genauso ärgerlich gefunden haben mag wie den Ersatz der Ritz-Carlton-Täfelung durch eine leichte, feuerfeste Verschalung. Zum Glück blieb der Gesellschaftsraum, wie er ursprünglich war. Zu guter Letzt wurden 2000 Tonnen Zement als Dauerballast hinzugefügt.

Als die *Imperator* im Frühjahr darauf wieder in See stach, hatte sie mit den Schornsteintops ihr gediegenes Design eingebüßt. Mit ihrem ursprünglichen Aussehen war die gewaltige Masse von Proportionen ausgeglichen worden – selbst mit Adler –, die sie vielleicht unkonventionell, aber individuell und stolz erscheinen ließen. Wie der Prototyp jeder neuen Schiffsklasse war sie ein Versuch, eine Hybride, deren Erbauer versucht hatten, gewaltiges Fassungsvermögen und einmaligen Luxus mit einer bemerkenswerten Geschwindigkeit zu kombinieren. Trotz ihres wuchtigen Äußeren schaffte die *Imperator* im Durchschnitt fast 24 Knoten. Doch all das ging auf Kosten der Stabilität, die durch die Veränderungen während des Winters nur zum Teil verbessert werden konnte. Das Problem blieb und sollte sie den Rest ihrer langen Laufbahn quälen.

Zu Beginn des Frühjahrs 1914 erfolgte die erste Überfahrt der *Imperator* mit neuer Silhouette. Einen Tag von Cherbourg entfernt geriet sie in einen Sturm mit Winden bis zu neunzig Meilen pro Stunde – ein typischer Atlantiksturm. Ihr Kapitän steuerte sie in kluger Voraussicht direkt in den Wind und kämpfte sich sechs Stunden lang durch. Von der Brücke aus konnte er lediglich einen Nebel von Gischt erkennen. Die Passagiere, denen es noch so gut ging, daß sie im Ritz-Carlton speisten, konnten sich nicht über das Heulen des Windes verständigen. Als der Morgen graute, waren vier Rettungsboote weggeschwemmt worden, und dem berühmten Adler, der in Hamburg den Umbau des Schiffs überlebt hatte, waren von einer Riesenwelle beide Flügel abgerissen worden. Der eine war im Meer verschwunden, der andere unter dem Ankerkabel des Steuerbords an der Vorpiek eingekeilt. Die Überreste der stolzen Galionsfigur wurden später in Cuxhaven entfernt und nicht ersetzt.

Im Laufe des Frühjahrs folgte der *Imperator* die *Vaterland* und vollendete den nach Westen führenden Teil ihrer Jungfernfahrt am 22. Mai. Ihre Konstrukteure hatten aus den Mängeln der *Imperator* gelernt; das neue Schiff war weitaus stabiler. Doch Ankunft und Abfahrt der *Vaterland* wiesen burleske Aspekte auf. Sie kam von der Quarantänestation in Begleitung von nicht weniger als 25 Schleppern; auf diese Anzahl hatte der Schiffsinspektor von HAPAG gedrungen. Aber er unterschätzte die Wirkungen, die ein starker Nordwind und eine zurückgehende Flut auf die Rekord-Wasserverdrängung des Neuankömmlings hatte. Die Geschwindigkeit auf der Fahrt hinauf nach Hoboken war erstaunlich gering, und die Schiffskapelle, die die Fahrt bis zum Liegeplatz musikalisch umrahmen sollte, hatte bereits mehrere Refrains von »The Star-Spangled Banner« hinter sich, als sie schließlich die Instrumente niederlegte und auf ein Signal von der Brücke wartete.

In dem Augenblick, als sich das Schiff gegenüber der Pier befand, kreuzte eine Reihe von Leichtern der Lehigh-Valley-Bahn munter vor dem Bug. Die *Vaterland* schmetterte eine Warnung und warf den Rückwärtsgang ein; einer der Leichter geriet beinahe unter ihr Heck, als sie stromabwärts zurückglitt, und gefährdete einen weiteren Eisenbahnleichter achtern. Die mühselige Zufahrt wurde wiederholt. Erst fünf Stunden später legte das Schiff an. Unter den Passagieren der ersten Klasse befand sich auch eine Gruppe um die Geschäftsleute Nelson Aldrich und Joseph Ochs, die nach dem Schiffskonzert vor zwei Nächten Ballin in rosaroter Stimmung telegrafiert hatte:

> DIE KÜHNSTEN ERWARTUNGEN DER PASSAGIERE HABEN SICH ERFÜLLT: DIE VATERLAND IST EIN WAHRER SCHWIMMENDER PALAST, UND IHRE KOLOSSALEN PROPORTIONEN, IHRE GROSSZÜGIGEN RÄUMLICHKEITEN UND IHR LUXURIÖSER KOMFORT WERDEN LEDIGLICH DURCH DAS GEFÜHL DER SICHERHEIT, DAS DEN INTELLIGENTEN BEOBACHTER IN JEDER HINSICHT BEEINDRUCKT, ÜBERTROFFEN.

Als diese Männer ungeduldig auf dem Promenadendeck auf und ab gingen, dürfte ihnen eingefallen sein, daß es durchaus Nachteile hatte, mit ihrem »wahren schwimmenden Palast« unter ungünstigen Witterungsbedingungen anzulegen.

Zweifellos bewog dieselbe Enttäuschung den Kapitän der *Vaterland,* New York mit kühnem Schwung zu verlassen. Genau um zwölf Uhr mittags verließ Kommodore Ruser den Hoboken-Terminal, gegen den Rat seines Anlegelotsen, indem er volle Kraft achteraus fuhr. Das Schiff sauste über den Hudson und schien trotz einer Reihe verzweifelter Kommandos von der Brücke nicht willens, den Schwung nach hinten zu verlieren. Später stellte ein aschfahler Chefingenieur fest, daß die Ventilröhren an den rückwärtigen Turbinen irgendwie versagt hatten. Den Menschen, die vom Ufer aus das Auslaufen des Schiffs beobachteten, schien es, daß die *Vaterland* entschlossen war, an den kleinen Fahrzeugen, welche ihre Ankunft vor vier Tagen so gestört hatten, Rache zu üben. Ihr Heck befand sich schon zwischen zwei Manhattan-Piers, bevor Dampf in die Hochdruckturbinen gelassen wurde und die Vierfach-Schrauben vorwärtsdonnerten. Die Turbulenz bei der Helling überschwemmte einen Kohlenleichter und beschädigte zwei andere. Das deutsche Schiff entging nur um wenige Meter einer Kollision, die ihr Steuerruder ernsthaft hätte beschädigen können.

Als die *Aquitania* in Dienst gestellt wurde, war die Cunard Line die erste Gesellschaft, die einen Drei-Schiffe-Dienst organisierte. Ihr neues Schiff und die zwei HAPAG-Passagierschiffe waren in der kurzen Sommersaison des Jahres 1914 die beliebtesten Dampfer auf dem Atlantik. Ihre Innenausstattung war so unglaublich, daß die überwältigten Passagiere das Gefühl hatten, noch an Land zu sein. Genau diese Wirkung wollten die Reedereien auch erzielen. Arthur Davis, der sich in einem Vortrag im Jahre 1922 an seine Kollegen beim Royal Institute of British Architects wandte, schilderte den Standpunkt der Reedereien wie folgt:

> Als ich vor etwa 15 Jahren mit dieser Arbeit betraut wurde [...] sagte ich zum Vorstand der Reederei, die mich anstellte: »Warum lassen Sie nicht ein Schiff wie ein Schiff aussehen?« [...] Aber ich erhielt zur Antwort, daß die Menschen, die diese Schiffe benutzen, keine Piraten seien und keine Matrosentänze aufführten; es seien hauptsächlich seekranke amerikanische Damen, die vor allem nicht daran erinnert werden wollten, daß sie sich auf einem Schiff befänden. Die meisten von ihnen müßten mit dem Schiff reisen und schätzten das ganz und gar nicht. Um mir das klarzumachen, schickte mich die Reederei über den Atlantik. Am ersten Tag an Bord genoß ich das schöne Meer, aber als wir uns mitten auf dem Atlantik befanden, sehnte ich mich so inbrünstig wie nie zuvor nach einem warmen Feuer und einem rosa Lampenschirm. Die Passagiere, die auf diesen großen Schiffen reisen, steigen in Hotels ab; es sind keine Schiffe für Seeleute oder Jachtsegler oder für Menschen, die die See lieben.
>
> Hier finden sich alle möglichen Menschen. Einige sind sehr empfindlich und verbringen die gesamte Reise in ihrer Kabine. Andere, weniger empfindliche, halten sich die ganze Fahrt über im Rauchsalon auf [...] Ich würde sagen, daß der Transatlantikliner nicht nur ein Schiff ist, sondern eine schwimmende Stadt mit 3000 Einwohnern aller Art und jeden Geschmacks. Leute, die sich hier gern aufhalten, sind eindeutig in der Minderzahl. Wenn wir Schiffe zur Verfügung hätten, die innen wie Schiffe aussehen und die Passagiere dazu bringen, das Meer zu genießen, wäre das natürlich wunderbar. Aber so wie die Dinge stehen, können wir ihnen nur riesige schwimmende Hotels anbieten.

Eines stand fest: Auch wenn der Atlantik zwischen Europa und Amerika nur per Schiff überquert werden konnte, waren Angst und Unbehagen vor diesem höchst gefährlichen Ozean starke Gegner. Also bestand die Politik der Reedereien darin, den Passagieren zur Beruhigung vorzugaukeln, daß sie ja gar nicht mitten auf dem Meer seien, sondern in einem hübschen Raum mit Säulen, Vorhängen und Tapisserien. Die Tatsache, daß sich das Schiff auf dem Ozean befand, wurde erstmals von einer anderen Linie gewürdigt – auf dem P & O-Passagierschiff *Orion* von

Die *Vaterland*, das zweite Schiff aus Ballins Supertrio, wurde planmäßig 1913 vom Stapel gelassen. Im Jahr darauf folgte die *Bismarck* ihren beiden Schwestern – eine bemerkenswerte Leistung der deutschen Schiffbauer. (*Frank Braynard Collection*)

Links: Mewès' superber Gesellschaftsraum auf der *Vaterland*, zur Teezeit und nach dem Abendessen mitten auf dem Ozean. Dieser eindrucksvolle Saal dürfte in seiner Pracht auf kaum einem anderen Nordatlantik-Passagierschiff erreicht worden sein.

Bevor sich die männlichen Passagiere auf der *Vaterland* in den Rauchsalon begeben, machen sie es sich im Wintergarten (oben) gemütlich. Die kurze Treppe führt zum Eingang des Ritz-Carlton-Restaurants empor. (*Frank Braynard Collection*)

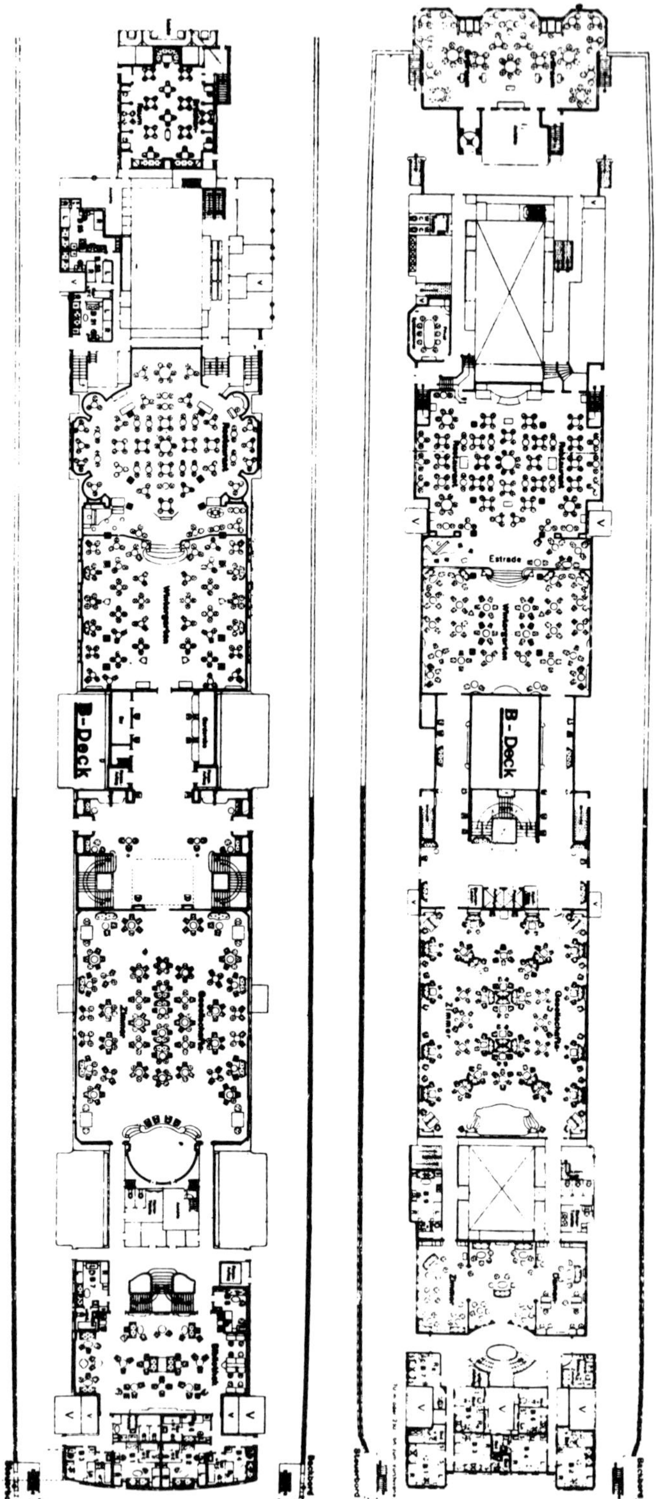

Zwei bemerkenswerte B-Decks: ganz rechts die *Imperator*, rechts die *Vaterland*. Es ist interessant zu sehen, welche Möglichkeiten durch die verteilte Rauchfangführung des zweiten Schiffs geboten werden. Von der Bühne des Gesellschaftsraumes achtern bis zur Rückwand des Ritz-Carlton-Restaurants konnte Mewès seinen Entwurf um eine prachtvolle Mittelachse gründen. Man beachte auf der Draufsicht der *Imperator* auch den Plan für die große Treppe. (*The Mariners Museum, Newport News, Virginia*)

1935. Brian O'Rorke, ein australischer Architekt, dessen Mangel an früherer Erfahrung mit Schiffen als eine seiner Qualifikationen galt, entwarf hier ein Schiffsinterieur, das zum ersten Mal in Verbindung mit den Elementen stand, die es umgaben. Aber dieses Schiff war für einen andersartigen Dienst vorgesehen – es sollte sechs Wochen durch sonnigere und ruhigere Gewässer fahren.

Meine letzte Überfahrt nach Osten unternahm ich auf der *Queen Elizabeth 2.* Die Betriebserfordernisse geboten eine Ausstattung, die halb auf den Atlantik und halb auf die Karibik zugeschnitten war. Die ganzen fünf Tage fuhren wir in einer Nebelwand, und die weiße Decke, die sich außerhalb der großen, für die Tropen entworfenen Fenster des Speisesaals ausbreitete, wurde immer bedrückender.

Die *Bismarck,* die Nummer drei in der deutschen Serie, wurde ebenfalls im Frühjahr 1914 vom Stapel gelassen – und unbeabsichtigt vom Kaiser getauft. Hannah von Bismarck, die das Schiff zu Ehren ihres Großvaters benennen sollte, schwang die Flasche zu spät und verfehlte das Ziel. Der Kaiser riß ihr die Flasche aus der Hand und traf, bevor das Schiff außer Reichweite war. Das riesige Schiff wurde noch in Hamburg ausgerüstet, als Blohm & Voss sich, wie alle Werften in Europa, schon dringlicheren Aufgaben zuwandten. In diesem Jahr starb Charles Mewès, nachdem er seine Entwürfe für die *Bismarck* fertiggestellt hatte. Wäre er am Leben geblieben, hätte er vielleicht in den zwanziger Jahren einmal die Zeit gefunden, auf einem der Schiffe zu fahren, deren Innenausstattung er entworfen hatte – der größte Teil der Reiseelite tat es. Doch Mewès ist kein einziges Mal nach Amerika gefahren. Er arbeitete so viel, daß er wohl nie Zeit dafür hatte. Die *Aquitania,* das letzte seiner Schiffe, war bis 1950 in Betrieb und wurde eher ein Opfer der Überalterung als des überholten Geschmacks. Die charakteristische Reinheit von Mewès' Stil überlebte die Orgie des Art deco, der auf ihn folgte.

Natürlich hatte Mewès das Glück, in einer bedeutenden Schiffbauära gelebt und gewirkt zu haben, dem Goldenen Zeitalter des transatlantischen Wettbewerbs. Die eindrucksvollen Schiffe wurden mit einem Optimismus und einem Elan konzipiert, gebaut und vom Stapel gelassen, die die Nachkriegswelt nicht mehr aufbringen konnte. Nie wieder sollte eine Gesellschaft drei Passagierschiffe von über 50 000 Tonnen bauen. Die Schiffe der Zukunft waren vielleicht größer und schneller, aber es würde nie mehr so viele geben. Ein anderer Kampf wütete nun auf dem Atlantik und an dessen Küsten. Die Schiffe und ihre Bauweise sollten sich verändern – und entsprechend auch die Passagiere, die mit ihnen fuhren.

5.

Der Erste Weltkrieg

Die Kämpfe begannen im Sommer 1914. Zwei Jahre früher sah eine deutsche Flottenvorlage vor, daß alle deutschen Handelsschiffe Geschütze unter Deck tragen sollten, um die Mobilisierung nach einer Kriegserklärung zu vereinfachen. Es besteht kein Grund zu der Annahme, daß diese Empfehlung in die Tat umgesetzt wurde, aber Werftarbeiter in Southampton berichteten, daß die *Kaiser Wilhelm II.*, an der sie nach einem Zusammenstoß im Ärmelkanal Notreparaturen ausführten, Geschützbefestigungen auf ihren Decks installiert hatte. Zu einem späteren Zeitpunkt desselben Jahres entdeckte ein aufmerksamer englischer Besucher in Kiel in der Mauer eines Lagerhauses einer Werft eine Reihe von Türen. Über jeder stand deutlich der Name eines anderen deutschen Passagierschiffs. Wenn sich die Waffen nicht an Bord befanden, waren sie zumindest auf Lager und standen für den Bedarfsfall zur Verfügung.

Auch in Großbritannien setzte sich die Admiralität stark für das Wiederaufleben der alten Tradition ein, die Handelsmarine als kämpfende Hilfstruppe zu nutzen. Die schnelleren Schiffe sollten mit ausreichend Geschützen, Panzerung und Marinepersonal ausgestattet werden, um als bewaffnete Handelskreuzer zu fungieren, die das »White Ensign«, die Flagge der britischen Marine, führten, darunter die *Mauretania,* die *Olympic* und die *Carmania.* Es war geplant, die übrigen nur mit einem Paar achtern montierter 4,7-Zoll-Geschütze auszustatten. Obwohl dadurch ihre Schlagkraft auf einen Stachel am Schwanz reduziert wurde, war es ganz im Sinne der von der Admiralität ausgegebenen Leitlinie, daß bewaffnete Handelsschiffe nur Schüsse abfeuern sollten, während sie so schnell wie möglich flohen (und damit eine minimale Zielscheibe boten). Es bestand zudem die Notwendigkeit, daß diese Schiffe in neutralen Häfen nicht besonders kriegerisch erschienen.

Gleich nach der Kriegserklärung wurden in Liverpool Dutzende von Schiffen binnen 48 Stunden mit Geschützen ausgestattet und zur Beladung mit Munition nach Portsmouth gesandt. Die *Laconia* lud 75 Tonnen Kordit an Bord, das nach Anweisung der Marine zwischen Rindfleisch und Kopfsalat im Kühlraum aufbewahrt wurde. Sie bestand auch darauf, daß der Zimmermann der *Oceanic* mit einem Schwert ausgestattet werde, eine Vorsichtsmaßnahme, die auf dem Vorderdeck wochenlang für Gesprächsstoff sorgte.

Jene Schiffe, die sich nicht in britischen Gewässern befanden, erhielten per Funk Anweisung, die regulären Routen zu meiden, die Helligkeit ihrer Lichter zu reduzieren und die Reise zu Ende zu führen, ohne Kohle zu bunkern. Es ist kaum zu glauben, daß in jenen ersten hektischen Augusttagen keine Zusammenstöße erfolgten, als die Schiffe eilig Deckung suchten. Während sich die europäischen Hauptstädte mit Kriegserklärungen bombardierten, kam es im Schiffsverkehr auf dem Nordatlantik zu einem solchen Chaos, wie es sich erst 25 Jahre später am Vorabend des nächsten Weltkriegs wiederholen sollte. Die *Mauretania,* die westwärts unterwegs war, brach jegliche Verbindung ab und eilte durch den Nebel nach Halifax. Eine zusätzliche Heizerwache wurde bereitgestellt, so daß das Schiff nun die erstaunliche Geschwindigkeit von 28 Knoten erreichte. Die *Cedric* hinkte hinterher. Die *Olympic* hielt ihren Kurs auf New York bei und fuhr mit Höchstgeschwindigkeit, um den gemeldeten deutschen Kriegsschiffen zu entgehen. Mehr als dreißig deutsche Schiffe lagen in amerikanischen Häfen vor Anker, darunter auch die nagelneue *Vaterland,* die auf ihrer vierten Fahrt in Hoboken festgehalten wurde. Die *Imperator* befand sich inzwischen in Hamburg.

Mehrere deutsche Schiffe versuchten zu fliehen, besannen sich dann aber anders. Die *Große Kurfürst* und die *President Grant* kehrten nach New York zurück. Kurze Zeit später folgte die *Friedrich der Große,* die zwei Tage vorher in Baltimore in See gestochen und nur knapp einem englischen Kreuzer ausgewichen war. Das einzige Schiff, das mit Erfolg das neutrale Asyl der Hoheitsgewässer der Vereinigten Staaten verließ, war die *Kronprinz Wilhelm.* Sie fuhr am 3. August los, mit 2000 Tonnen mehr Kohle an Bord, als sie bis Europa benötigte. Außer Hunderten von Kilogramm an Schiffsvorräten war an ihrer vorderen Reling eine verdächtige, etwa sechs Meter lange Holzkiste in Form eines Malteserkreuzes festgebunden. Die Schiffsoffiziere sagten, es handle sich um eine Ersatz-Kurbelwelle, die vorübergehend an Deck untergebracht worden sei, aber für Beobachter an den Hoboken-Kais sah es mehr wie ein Geschütz aus. Das Schiff stahl sich nachts aus dem Hafen, nur die Positionslaternen waren eingeschaltet. Der Lotse, der die *Kronprinz Wilhelm* am Ende des Ambrose-Kanals verließ, stellte fest, daß es die Richtung nach Süden einschlug statt nach Osten.

Schiffsfahrten um Mitternacht waren plötzlich kein festliches Ereignis mehr, sondern spielten sich in aller Heimlichkeit ab. Die *Lusitania* verließ am folgenden Morgen um ein Uhr die New Yorker Pier, am selben Tag, als England den Krieg erklärte. Sie hatte nur 300 Passagiere an Bord. In den besetzten Kabinen waren die Bullaugen mit Decken der Schiffahrtsgesellschaft verhängt. In den Gängen war die elektrische Beleuchtung durch Öllampen ersetzt worden. Ganz ohne Zeremonie und nur von wenigen beobachtet, fuhr das schwarze Cunard-Schiff in Richtung The Narrows, der Meerenge zwischen Staten Island und Long Island, und stieß kurz danach auf den Kreuzer *Essex,* der soeben die *Olympic* hereingeleitet hatte. Am selben Morgen, als die *Olympic* an der Chelsea-Pier in New York anlegte, berichteten erstaunte Bewohner von Bar Harbor in Maine, daß die *Kronprinz Wilhelm* in Frenchman's Bay Anker geworfen habe.

Aber das lange, schwarze Passagierschiff, das friedlich außerhalb des Jachtankerplatzes lag, war in Wirklichkeit die *Kronprinzessin Cecilie.* Sie war Ende Juli mit 1200 Passagieren Richtung Hamburg gefahren. Darüber hinaus hatte sie, eingeschlossen in ihrem Tresorraum, zwölf Millionen Dollar in Münzbarren an Bord. Am vierten Tag auf See erfuhr Kapitän Charles Polack per Funk, daß der Krieg bevorstehe. Außerdem teilte man ihm mit, daß zwei französische Kreuzer mit Volldampf auf das Schiff zusteuerten, um es abzufangen. Ohne einen Augenblick zu zögern oder seine Passagiere zu informieren, wendete er. Paare, die aufgrund der ungewohnten Bewegungen Schwierigkeiten auf der Tanzfläche hatten, wurden durch einen lauten Akkord des Orchesters mitten in einem Ragtime unterbrochen und die Männer gebeten, sich im Rauchsalon zu versammeln.

Dort informierte sie der Kapitän, daß das Schiff nach Amerika zurückfahren werde. Während er sprach, löschten die Stewards alle Lichter. Einige Männer tasteten sich hinunter zu ihren Familien, um diese zu unterrichten. Andere blieben die ganze Nacht in dem verdunkelten Rauchsalon. Vermutlich hatten die Barstewards viel zu tun, denn am nächsten Morgen bot eine Delegation von Amerikanern, deren Bankkonten so beeindruckend waren wie ihre Empörung, Polack an, ihm das Schiff abzukaufen, damit es legitim unter amerikanischer Flagge weiterfahren konnte. Aber der Kapitän lehnte ab und befahl seinen Leuten, eine schwarze Leiste um die Spitze der gelben Schornsteine zu malen. Dadurch wurde das Schiff als *Olympic* maskiert. Als die *Kronprinzessin Cecilie* in den Nebel geriet (denselben Nebel, auf den auch die *Mauretania* gestoßen war), ließ er das Nebelhorn ertönen und drosselte die Geschwindigkeit erst, als ihn die verängstigten Passagiere schriftlich darum baten. In der Nacht auf den 3. August erkannte Polack, nachdem er das kanadische Festland erfolgreich gemieden hatte, daß der Treibstoff nicht bis New York reichen würde. Also nahm er in pechschwarzer Nacht, zusammen mit einem amerikanischen Jachtbesitzer, der neben ihm auf der Kommandobrücke stand, ohne Ankündigung Zuflucht in Maine. Am nächsten Morgen wurde das abgängige »Schatzschiff«, wie es die Presse genannt hatte, nach einer Woche wilder Spekulationen gefunden.

Weil die Fahrpläne natürlich nicht mehr eingehalten wurden, strandeten Tausende von Amerikanern in Europa. Nach der Gewohnheit ihrer Landsleute, die den Sommer im Ausland verbrachten, hatten sie ihre Ausgaben aufs genaueste berechnet, so daß auch nur ein zusätzlicher Tag eine finanzielle Katastrophe darstellte. (Stewards auf dem Nordatlantik haßten die nach Westen führenden Fahrten um den Labor Day herum – traditionell das Ende des amerikanischen Sommerurlaubs –, da die Trinkgelder dann so spärlich ausfielen.) Allein die Stornierungen auf der *Imperator* hatten zur Folge, daß sich Hunderte von plötzlich

Zufällig wurden die *Kronprinzessin Cecilie* (rechts) und die *Olympic* 1911 für eine Postkarte in Cherbourg zusammen aufgenommen. Das deutsche Schiff wurde zu Beginn des Kriegs vorübergehend als das größere englische Schiff getarnt. Obwohl sich die Bewohner von Bar Harbor im ersten Augenblick täuschen ließen, hätten die Unterschiede bezüglich der Größe und Seitenansicht die Royal Navy wohl kaum in die Irre geführt. (*Compagnie Générale Transatlantique*)

verarmten Amerikanern an die Botschaften von Paris und London wandten und in einigen Fällen dort sogar auf den Eingangstreppen campieren mußten. Botschafter Herrick in Paris war gezwungen, so viel Geld vorzuschießen, daß er das Dienstpersonal der Botschaft, das einberufen wurde, nicht auszahlen konnte. Präsident Wilson schickte schließlich das Schlachtschiff *Tennessee* mit einer Ladung Gold los, um Notgeld bereitzustellen. Selbst eine Zugfahrt von Paris nach Le Havre stellte ein Problem dar. Die *New York Times* berichtete, daß »Millionäre in Viehwagen fuhren«. In Wirklichkeit waren es weder Millionäre noch Viehwagen, sondern Passagiere der ersten Klasse, die sich dankbar in französischen Waggons der vierten Klasse zusammendrängten, wo auf jedem Dach ein *poilu,* ein französischer Soldat, hockte. Es wurde nur Handgepäck zugelassen.

In den folgenden Wochen war auf allen Schiffen, die nach New York fuhren, jede verfügbare Kajüte besetzt. Es gab in Seide gekleidete Passagiere im Zwischendeck – und umgekehrt: Ein junger Angehöriger der Chicagoer Fleischdynastie Armour überließ auf der *Laconia* seine Luxussuite 13 Frauen und schlief im Schiffslazarett. Im Gegensatz dazu hatte die *Olympic,* als sie am 8. August auslief, keinen einzigen Passagier an Bord. Zum zweiten Mal in zwei Jahren beförderte sie Kohle in ihren Aufenthaltsräumen. Die Fenster des Promenadendecks waren braun gestrichen. Während sie in See stach, bearbeiteten Malermannschaften die Aufbauten mit einer Farbe, welche die Beamten der White Star Line als »unsichtbares Grau« bezeichneten. Als sich das wuchtige Schiff mitten im Fluß befand, winkte seine Mannschaft verächtlich den Kollegen zu, die am anderen Ufer am Heck der *Vaterland* standen. Diese wehmütigen deutschen Seeleute wünschten stumm, sie könnten ebenfalls in ihre Heimathäfen und zu ihren Familien zurückkehren.

In Halifax hatte das Marinedepot die Aufrüstung der *Mauretania* beendet, bevor der letzte ihrer verstimmten Passagiere unter Protest den Zug nach New York bestieg. Zur gleichen Zeit schwitzte Hunderte von Kilometern weiter im Süden die Mannschaft der *Kronprinz Wilhelm* in der tropischen Hitze der Karibik bei der Umladung von Kohle und Vorräten in den Kreuzer *Karlsruhe.* Das Marineschiff seinerseits hatte Geschütze an Bord, die hochgezogen und auf den Decks des Passagierschiffs montiert wurden. Es war offensichtlich, daß dieses Treffen Teil eines ausgeklügelten deutschen Plans für Umrüstungen auf hoher See im Notfall war, was auch die markierten Türen in den Kieler Werften erklärte. Vor Buenos Aires führte die *Cap Trafalgar* die gleiche Zusammenkunft mit dem Kanonenboot *Eber* durch. Es ist mehr als wahrscheinlich, daß andere deutsche Kriegsschiffe, die gleich nach Ausbruch des Kriegs auf den westlichen Abschnitten des Atlantiks patrouillierten, Waffen für deutsche Passagierschiffe, die in New York festsaßen, an Bord hatten.

Die *Kaiser Wilhelm II.,* die am Tag nach Kriegsausbruch von Hamburg auslief, trug Geschütze genau an den Stellen, die den scharfäugigen Dockarbeitern von Southampton aufgefallen waren. Innerhalb von vier Tagen geriet sie mit ihrem ersten Kriegsgegner aneinander, einem kleinen englischen Trawler, der ganze 227 Tonnen groß war. Das englische Schiff mit dem Namen *Tubal Cain* wurde vor der Küste von Island angehalten. Die Deutschen gingen an Bord, beschlagnahmten die Papiere und Instrumente und kehrten mit der Mannschaft auf das eigene Schiff zurück. Nachdem sie wieder an Bord waren, schossen sich die deutschen Artilleristen mit ihren neuen Waffen ein, und nach nicht weniger als 45 Salven gelang es ihnen, ihren kleinen, unbewaffneten und aufgegebenen Gegner zu versenken. Ihr nächstes Opfer, der 5000-Tonner *Galician,* hätte vielleicht eine einfachere Zielscheibe abgegeben. Aber er hatte Frauen und Kinder an Bord und wurde deshalb verschont. In jenen frühen, fast höflichen Tagen des Kriegs wurden noch gewisse Verhaltensnormen eingehalten, die jedoch schon wenige Monate später mißachtet werden sollten. Die zweite Beute des deutschen Dampfers, ein Schiff aus Neuseeland namens *Kaipara,* erwies sich als genauso schwer versenkbar wie die erste. Selbst mit den zusätzlichen Sprengladungen aus Schießbaumwolle, die neben offenen Kondensatortüren plaziert wurden, hielt sich das hartnäckige kleine Schiff etwa bis zur 53. Salve an der Oberfläche.

Die traurige Wahrheit kristallisierte sich heraus, daß Schiffe, die als schnelle Passagierliner konzipiert worden waren, nicht viel ausrichten konnten, wenn sie Waffen mit sich führten, die von unerfahrenen Schützen bedient wurden – mehr als »Amateurkriegsschiffe« waren sie nicht. Die Marinestreitkräfte beider kriegführenden Parteien entdeckten auch eine elementare Tatsache, die jeder Buchhalter einer Reederei mühelos hätte eruieren können: Die Menge und die Kosten der Kohle, die erforderlich war, um diese Schiffe in Betrieb zu halten, waren untragbar. Die Brennkammern der *Aquitania,* die in Chatham in der Themsemündung vertäut war, um Munition an Bord zu nehmen, verbrauchten jedes Stück Kohle der Reservebunker des Depots. Die *Mauretania,* die stolz mit den Initialen »H. M. S.« nach Liverpool zurückkehrte, kam auf einen Chartersatz von über 1300 Pfund pro Tag für die Kriegsmarine. Der Marineminister, Winston Churchill, soll die Klugheit seiner Vorgänger angezweifelt haben, die die Unterstützung der Regierung für die Cunard-Schwesterschiffe erbaten. Das Ergebnis war, daß die *Mauretania* die ersten Kriegsjahre an ihrer Pier vertäut verbrachte.

Im Laufe des Kriegs kam es nur zu einer einzigen klassischen Konfrontation zwischen bewaffneten Handelsschiffen. Anfang September griff die *Carmania,* eine von Cunards »hübschen Schwestern«, die *Cap Trafalgar* der Hamburg-Süd an, die kurz zuvor auf See bewaffnet worden war. Die Schlacht fand vor Trinidad statt und zeichnete sich durch wilde Schießereien aus. Kapitän Noel Grant, der das Kommando über das Cunard-Schiff innehatte, hielt es knapp außerhalb der Reichweite der deutschen Maschinengewehre, konnte aber ihren schwereren Geschützen nicht entgehen. Die Schützen auf der *Cap Trafalgar* waren fähiger als ihre Kollegen auf der *Kaiser Wilhelm II.,* begingen aber den Fehler, ihr Feuer auf das Oberwerk zu konzentrieren. Das bißchen Panzerung, die Kohlensäcke und Splitterschirme aus geflochtenem Tau, welche die Aufbauten der *Carmania* schützen sollten, waren kläglich unzureichend, und viele englische Schützen wurden verwundet. Trotz der hohen Verlustquote richteten sie ihre Geschütze auf die Wasserlinie des Feindes, und das deutsche Schiff kenterte. Bis die *Cap Trafalgar* auf der Seite lag, hatte Grant sein Kommando auf die Achterbrücke verlegt. Die Oberdecks der *Carmania* waren ein heilloses Durcheinander. Die Arbeit der Brandlöschtrupps gestaltete sich mühsam, da der deutsche Beschuß die Wasserhauptrohre zerstört hatte. Das Schiff war nur knapp an der Katastrophe vorbeigeschlittert; die Auseinandersetzung offenbarte die erschreckende Anfälligkeit von Rümpfen und Aufbauten, die nicht speziell für den Krieg entwickelt worden waren. Schon ein Treffer an irgendeiner Stelle an oder oberhalb der Wasserlinie konnte eine verheerende Wirkung haben.

Neben dem Versagen der bewaffneten Handelsschiffe mußten die deutschen Marinestrategen weitere Rückschläge hinnehmen. Eine große Seeschlacht, eine sorgfältig geplante Konfrontation nach Art der Schlacht von Trafalgar, anzuzetteln war offensichtlich nicht ratsam, bis die deutsche Hochseeflotte eine vergleichbare Stärke wie ihre Gegner jenseits der Nordsee besaß. Während dieser Vorbereitungszeit war sie in den Häfen eingeschlossen, und die Royal Navy hatte alle Gewässer um Europa fest im Griff.

Die einzige wirkungsvolle Waffe, mit der Deutschland diese Blockade unterlaufen konnte, war das Unterseeboot. Zu Beginn des Kriegs besaß Deutschland lediglich zwei Dutzend U-Boote kurzer Reichweite. Ein Teil des Aufbauprogramms, das initiiert wurde, um die Überwassereinheiten in Kiel zu stärken, bestand im Bau einer neuen Klasse von U-Booten großer Reichweite, Booten, die wochenlang auf Station bleiben konnten. Diese Lektion, die die Deutschen im Ersten Weltkrieg lernten, machte sich auch im Zweiten bezahlt.

Die *Lusitania,* der die Schmach einer Stillegung erspart blieb, war weiterhin auf dem Nordatlantik in Betrieb. Sie machte zwischen Liverpool und New York eine Fahrt pro Monat. Auch wenn die Cunard Line dabei nichts verdiente, konnte man zumindest durch Einsparungen beim Brennstoffverbrauch Verluste vermeiden. Die *Lusitania* nutzte nur drei Viertel ihrer Kesselkapazität – ein Ausdruck von Unbekümmertheit, die mit den sonstigen Sicherheitsvorkehrungen der Gesellschaft unvereinbar zu sein schien. Das Schiff trug keine National- oder Reedereiflagge, Name und Registerhafen waren übermalt. Während der gesamten Überfahrt waren alle wasserdichten Türen geschlossen. In der Nähe der Irischen See wurden Rettungsboote zwischen den Davits außenbords gehievt und die Ausgucke verstärkt.

Am 8. Mai 1915 gab es wie immer keine Marineeskorte. Kapitän William Turner unternahm auch keines der empfohlenen Ausweichmanöver. (Bei einer späteren Untersuchung gab er zu, daß er die Dauerbefehle der Admiralität so mißverstanden habe, daß er erst dann einen Zickzackkurs einschlagen solle, *nachdem* ein U-Boot gesichtet worden war.) Von dem Zeitpunkt an, da die *Lusitania* The Narrows hinter sich gelassen hatte, gab es nur eine übliche Übung mit den Rettungsbooten, die unzureichend besucht wurde und kaum beachtet war. Weder Reedereibeamte noch Passagiere waren über eine kleine, schwarz umrandete Ankündigung, die am Morgen ihrer Abfahrt in den New Yorker Zeitungen erschienen war, beunruhigt. Sie stammte von der deutschen Botschaft in Washington, die darin jene Amerikaner, welche auf britischen Schiffen reisten, warnte, daß sie mit einem Angriff rechnen müßten. In einigen Ausgaben erschien sie neben der Ankündigung der Cunard Line, daß die *Lusitania* in See steche – im Hinblick auf die bevorstehenden Ereignisse ein schrecklicher Zufall. Aber sie stellte ja keinen Hinweis dar, daß der Cunarder mit einem Überfall aus dem Hinterhalt rechnen mußte. An Irlands Südküste herrschte reger U-Boot-Verkehr, da hier ein natürlicher Wendepunkt für Schiffe war, die nach Osten oder nach Westen fuhren. Es war kaum verwunderlich, daß sich hier U-Boote sammelten. Der Kapitän, der die *Lusitania* an diesem Samstag morgen entdeckte, hatte keine Ahnung von ihrer Bedeutung.

Es geschah kurz nach der Mittagszeit, die die Mannschaften von drei Motor-Torpedobooten in Queenstown (dem heutigen Cobh) an Land verbrachten. Die Überfahrt war fast vorüber und Land in Sicht. Kapitän Turner beschäftigte sich mehr damit, die Geschwindigkeit zu regulieren, um mit der richtigen Flut Liverpool zu erreichen, als sich um die zwei U-Boot-Warnungen der Admiralität zu kümmern, die er kurz vorher erhalten hatte. Das Wetter war klar und warm, und die Stewards hatten die Seitenfenster in den Speisesälen geöffnet. Um 14 Uhr 10 wurde die *Lusitania* torpediert. Das einzige Warnsignal bestand in einer weißen Spur, die steuerbord unter dem Meer dahinraste. Kapitänleutnant Walther Schwieger hatte nur einen Torpedo abgefeuert. (Es ist wahrscheinlich, daß die Männer an Bord, die ihm später widersprachen, durch Folgeexplosionen der Kessel irregeleitet wurden.) Der gewaltige Schaden durch den Treffer mittschiffs hatte eine verheerende Wirkung. Schwieger erkannte sofort, daß das, was wie ein Dampfschiff aussah, das ein zweites schleppte, ein einziges Schiff war, auf dem es von Menschen und tödlich Verwundeten wimmelte. Ein zweiter Torpedo war nicht erforderlich.

Das Schiff sank innerhalb von zwanzig Minuten. Während dieser Zeit fuhr es weiter, aber eine wirksame Steuerung war nicht mehr möglich. Die Verbindung zum Maschinenraum war unterbrochen. Als Turner erkannte, daß er das Schiff nicht im seichten Gewässer auf Grund setzen konnte, hatte er keine Möglichkeit mehr, es zum Stoppen zu bringen. Irgendwie kam aus den zerstörten Kesselräumen noch genug Dampf, um das Schiff bis zuletzt anzutreiben. Die breite Spur seines Kielwassers war voller Wrackteile. Eine schwere Schlagseite nach Steuerbord machte die Boote an Backbord nutzlos. Auf der niedrigen Seite gab es das übliche Chaos aus in Panik geratenen Seeleuten, verwickelten Tauen und niedersinkenden riesigen Schornsteinen. Der Zeitgewinn, den die ausgedehnten wasserdichten Abteilungen gebracht hätten, wurde durch die große Anzahl offenstehender Schottdurchgänge am D-Deck und darunter zunichte gemacht. Als das Schiff

Ein unheilvoll prophetisches Foto, das 1911 aufgenommen wurde. Die *Lusitania* dampfte am Old Head von Kinsale vor der irischen Küste vorbei. Vier Jahre später sollte sie in demselben Gewässer sinken, nachdem sie von einem deutschen Torpedo getroffen worden war. (*The Peabody Museum of Salem*)

sank, die Schrauben über dem Wasser und den Bug bereits auf Grund, hätte der letzte heimtückische Schlag ihrer Funkantenne mehrere Passagiere, die im Wasser ums Überleben kämpften, fast getötet.

Trotz des relativ warmen Wassers ertranken Hunderte von Menschen, die auf Rettung warteten. Andere, die keine Schwimmwesten trugen, klammerten sich an Hühnerkäfige und Liegestühle; ein britischer Offizier und seine Mutter saßen auf dem Konzertflügel aus der Hauptlounge. Vom Ufer her näherte sich eine kleine Armada aus Schleppern und Fischerbooten. Die ersten Überlebenden, die nach Queenstown gebracht wurden, mußten gegen die Sturheit eines Hafenangestellten kämpfen, der ohne die Erlaubnis seines Vorgesetzten, welcher gerade beim Mittagessen war, niemanden an Land lassen wollte. Hätte er gewußt, wie viele Schiffe in dieser Maidämmerung zum Hafen strebten und Lebende und Tote des gesunkenen Schiffs mit sich führten, hätte er sich wohl nicht so an seine Dienstanweisungen geklammert. Andere Ortsansässige schienen vom Untergang des Schiffs nicht überrascht zu sein, denn sie hatten schon seit Tagen U-Boote vor der Küste gesichtet.

Die Nachricht vom Verlust des Schiffs gelangte zuerst zu der leistungsstarken Funkanlage der *Vaterland,* von der aus keine Funksprüche ausgesandt, aber zumindest empfangen werden durften, unter anderem auch triumphierende Bekanntmachungen der Deutschen. Ein deutsches Mannschaftsmitglied gab die Nachricht in einer Hoboken-Bar an einen Zeitungsreporter weiter, der seinerseits Charles Sumner informierte, den New Yorker Manager der Cunard Line. Der Verlust von fast 1200 Menschenleben rief öffentliche Entrüstung auf der ganzen Welt hervor und soll nach volkstümlicher Meinung Amerika bewogen haben, sich am Krieg zu beteiligen. Auch wenn das vielleicht eine zu einfache Begründung darstellt, ist es auf jeden Fall richtig, daß der Vorfall ein jähes Erwachen auf beiden Seiten des Atlantiks zur Folge hatte. Plötzlich betraf der »Europäische Krieg«, wie man in Amerika sagte, auch die USA.

Nach den Erkenntnissen zweier Weltkriege muß man wohl sagen, daß die Engländer mit Naivität geschlagen waren, als sie glaubten, eines ihrer schnellsten Schiffe könne ungestraft nach einem angekündigten Fahrplan durch feindliche Gewässer dampfen. Für Generationen, die erlebt haben, wie Bombenteppiche über Zivilisten niedergingen, grenzt das damalige Dementi, daß das Schiff in Feindseligkeiten geraten könnte, ans Lächerliche. Obwohl die Deutschen Belgien verwüstet hatten und bereits eine große Anzahl von Zivilisten getötet worden war, gab man sich noch der Illusion hin, daß der Krieg, auch wenn er noch so entsetzlich war, auf die Konfrontation zwischen den Armeen und Flotten beschränkt werden könnte. Die Ausdehnung auf Zivilisten war im Frühjahr 1915 unbegreiflich. Die Zerstörung der *Lusitania* bedeutete einen Verlust der Unschuld, die durch zu viele Jahre des Friedens gezüchtet worden war. Insbesondere verdroß die Welt, wie Schwiegers Versenkung des Schiffs in Deutschland gefeiert wurde. Der Kaiser erklärte den Tag zum nationalen Feiertag, und in den Straßen von Berlin drängten sich die Menschen. In München wurde eine Gedenkmünze geprägt. Auf der einen Seite standen Passagiere vor einem Schalter unter der Überschrift »Business As Usual«, auf der anderen war das sinkende, mit Waffen beladene Schiff abgebildet.

In London und anderen Hafenstädten plünderte ein wütender Mob deutsche Geschäfte und brannte sie nieder. Bis heute befindet sich in den Archiven der Cunard Line eine Sammlung von Berichten, die von der Royal Irish Constabulary geliefert wurden und dazu beitragen sollten, einige Tote der *Lusitania* zu identifizieren. Auf einer Fotografie sieht man einen siebenjährigen Jungen, der an einen irischen Strand geschwemmt und als »Nummer vier« bezeichnet wurde. Laut Begleittext hatte er einen blauen Anzug mit schwarzen Strümpfen getragen. Der eine war statt eines Sockenhalters mit einer Schnur befestigt. An seinem Revers war eine Erinnerungsnadel der *Lusitania* befestigt. Man mag kaum glauben, daß die Katastrophe, die ihm den Tod brachte, der Anlaß dafür war, daß seine deutschen Zeitgenossen einen Tag frei bekamen.

Aber die Engländer lernten ihre Lektion. Als das kleinere Cunard-Schiff *Laconia* im Februar 1917 durch dasselbe Gewässer vor Fastnet fuhr, waren alle Passagiere und die Mannschaftsmitglieder, die dienstfrei hatten, routinemäßig in Schwimmwesten auf dem Salondeck versammelt. Auch dieses Schiff wurde torpediert und lief schnell leck. Sicherlich ist es einfacher, ein kleines Schiff zu evakuieren, aber die Rettungsaktion wurde durch die Dunkelheit, das eiskalte Wasser und die stürmische See erschwert. Passagiere, die in die Rettungsboote kletterten, hörten das Fauchen des Dampfes aus geborstenen Rohren, und die Lüftungsanlagen, in deren niedrigere Gehäuse das Wasser strömte, bliesen und sprudelten wie die Nasenlöcher von Walen. Trotz der geringen zur Verfügung stehenden Zeit wurde jeder Passagier mit der entsprechenden Besatzung in ein bestimmtes Boot verfrachtet. Der Zahlmeister holte die Papiere und Wertsachen aus dem Safe und nahm sie mit sich durch die Lounge. Inzwischen herrschte auf dem Schiff völlige Dunkelheit, und so konnte er dem Klavier, das von der Musikgalerie über seinem Kopf herunterflog, nur ausweichen, weil er ein Streichholz angezündet hatte. Das Schiff ging in knapp zwanzig Minuten unter, aber es waren nur elf Tote zu verzeichnen.

Nach ihrer anfänglichen Inaktivität wurden schließlich auch die größeren Atlantikschiffe ungeachtet der Kosten eingesetzt, als Mitte 1915 die Dardanellen-Invasion stattfand. Der Feldzug wurde ein Mißerfolg, ähnlich dem Vorgehen der Briten auf der Krim etliche Jahre zuvor. Trotzdem kam den großen Schiffen entscheidende Bedeutung zu.

Die Insel Lemnos, die als gemeinsames Hauptquartier gewählt wurde, besaß einen ausgezeichneten Hafen. Er konnte sowohl die Marinestreitkräfte, die zur Unterstützung der Regimenter an Land kamen, als auch die tiefgehenden Atlantikliner, die sie brachten, mühelos aufnehmen. Der Verkehrsfluß der ein- und auslaufenden Schiffe im Hafen von Mudros war enorm. Unter ihnen befanden sich

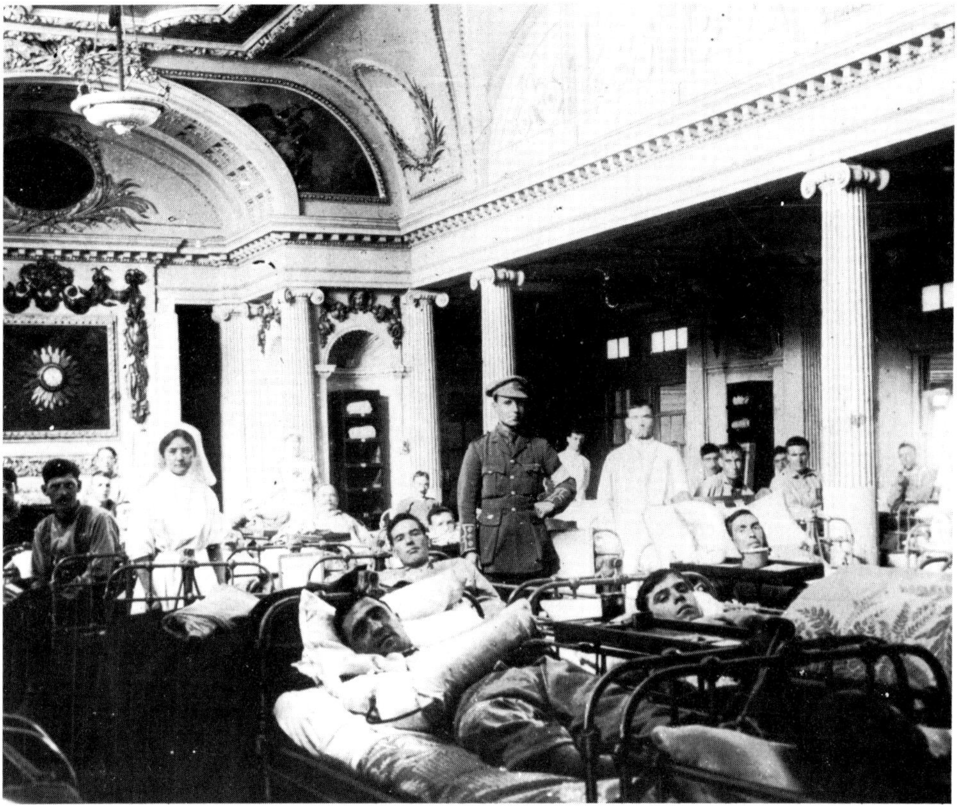

Die *Aquitania* wurde in ein Lazarettschiff umgewandelt. Überlebende des Dardanellen-Debakels fahren in der Eleganz der palladianischen Lounge von Mewès & Davis nach Southampton. (*Cunard Line*)

Der Hafen von Mudros im Krieg. Rechts die *Olympic*, die kurz zuvor mit Verstärkungen eingetroffen ist. In der Ferne nimmt die weiß angestrichene *Aquitania* Patienten eines kleineren Lazarettschiffs für die Überfahrt nach Southampton an Bord. (*Imperial War Museum, London*)

die Truppentransporter *Aquitania, Olympic* und *Mauretania* und die *France* aus Le Havre. Statt als unpraktische Kriegsschiffe benutzte man sie für den Zweck, für den sie gebaut worden waren: zur Beförderung einer großen Menge von Passagieren mit hoher Geschwindigkeit.

Anfangs übernahm die *Franconia* die Evakuierung der Verwundeten aus Gallipoli. Sie fuhr mit 5000 Verwundeten, die in die Luxuskabinen hineingepfercht worden waren, von Mudros nach Alexandria. Es gab nur drei Ärzte an Bord, die rund um die Uhr in einer der Luxussuiten operierten. Als an Land immer mehr Verwundete verzeichnet wurden, waren die Hospitäler in Alexandria und Malta bald überfüllt. Also wurde das System der »schwarzen Transporter« eingeführt. Dabei handelte es sich um Handelsschiffe, die gechartert wurden, um die Truppen aus England herbeizubefördern und die Verwundeten dorthin zurückzubringen. Aus Bequemlichkeit wurden manchmal auch unverwundete Soldaten auf der Heimfahrt auf diesen Schiffen befördert, was eine eindeutige Verletzung ihres Nichtkombattanten-Status bedeutete. Mehrere dieser Schiffe wurden versenkt, und um diesem Mißbrauch ein Ende zu bereiten, wurden die großen Passagierschiffe in Lazarettschiffe umgewandelt, das heißt, sie transportierten die Verwundeten, die sie ursprünglich als Truppensoldaten zum Einsatzort gebracht hatten, nach England zurück.

Daran beteiligte sich auch die *Britannic,* das dritte Schiff der *Olympic*-Klasse, das für den Postdienst auf dem Atlantik zu Friedenszeiten zu spät fertiggestellt worden war. Sie wurde sofort nach den Probefahrten von der Regierung übernommen und weiß angestrichen, mit einer ein Meter fünfzig breiten grünen Leiste um den Rumpf, die von riesigen roten Kreuzen unterbrochen war. Damit man es bei Dunkelheit identifizieren konnte, war das Schiff mit einem beleuchteten roten Kreuz ausgestattet, das zwischen den ersten beiden Schornsteinen angebracht war, und um die Takelage und um das Promenadendeck herum verliefen grüne Glühbirnen. Dann fuhr sie unter großer Eskorte von Belfast nach Liverpool zum weiteren Umbau.

Es war Brauch, die Verwundeten auf dem Schiff so weit oben wie möglich unterzubringen, damit sie im Notfall gleich bei den Rettungsbooten waren. Möbel aus der Lounge und dem Rauchsalon wurden an Land gebracht und durch Hunderte von Kojen ersetzt. Alle Aufenthaltsräume auf dem A-Deck sowie das Kinderspielzimmer, die Turnhalle und das Restaurant wurden zu einem Lazarett umgebaut. Die Oberdeckkapazität wurde zusätzlich erhöht, indem man in den geschlossenen Abschnitten jedes Promenadendecks Hängematten für die Verwundeten, die gehen konnten, anbrachte. Vom B-Deck bis nach unten wurden die Kabinen so belassen, wie sie waren. Sie dienten den Ärzten und dem Pflegepersonal als luxuriöse Unterbringung.

Im November 1916 hatte die *Britannic* fünf Hin- und Rückfahrten zum Mittelmeer absolviert. Auf der sechsten Hinfahrt bunkerte sie wie üblich in Neapel Kohlen und stach inmitten eines heftigen Sturms in See. Zwei Tage später lief sie vier

Meilen westlich vom Hafen St. Nikolaos in der Ägäis um acht Uhr morgens auf eine Mine. Zum Glück waren keine Verwundeten an Bord, andernfalls hätte es viele Tote gegeben. Sie sank innerhalb einer Stunde. Die Stewardeß Violet Jessop, die den Untergang der *Titanic* überlebt hatte, befand sich bemerkenswerterweise auch an Bord dieses Schiffs. Sie erzählte mir, es sei »wie eine Dame« untergegangen.

Als die Explosion erfolgte, hielt sie sich im Anrichteraum auf, achtern des Hauptspeisesaals, und bereitete ein Tablett für eine der Krankenschwestern vor, die krank im Bett lag. Sie erinnerte sich, daß es anders als bei der *Titanic* war, denn diesmal wurde keine Zeit verschwendet: Der Speisesaal leerte sich sofort. Die Mine war am Rumpf direkt unter der Haupttreppe explodiert, und das Pflegepersonal, das diese Mahagonitreppe zum Bootsdeck hinauf nutzte, roch den Rauch, der den Treppenschacht hochkroch.

Ruhig und gefaßt beendete Mrs. Jessop ihre Tätigkeit und begab sich dann hinunter zu der Kabine, in der die verängstigte Krankenschwester lag. Sie half ihr beim Essen, beim Ankleiden und geleitete sie schließlich zum Rettungsboot. Dann rannte sie durch die Gänge, die sich bereits nach unten neigten, zu ihrer eigenen Kabine. Sie griff nach ihrem Rosenkranz, ihrer Uhr – und ihrer Zahnbürste, die sie auf der *Carpathia* schmerzlich vermißt hatte. Sie war entschlossen, nie wieder einen Schiffsuntergang ohne Zahnbürste durchzumachen. Nachdem sie diese Dinge sicher in ihrer Schürze verstaut hatte, verließ sie ihre Kabine.

Als sie an Deck angelangt war, gab es nur noch zwei Rettungsboote achtern auf der Backbordseite. Sie stieg in das letzte. Als es auf dem Wasser landete, sprangen plötzlich alle außer ihr aus dem Boot. Sie blickte nach links und bemerkte, daß die *Britannic,* die sich immer noch in Fahrt befand, das Rettungsboot unter ihr mächtiges Heck zog, direkt in die Schrauben. Also sprang sie ebenfalls aus dem Boot. Sie befürchtete, auf den Meeresgrund zu sinken, weil sie unter ihrer Schwimmweste ihren Mantel trug (wegen dieses Verstoßes pflegte sie ihre Passagiere während der Übungen auszuschimpfen).

Doch sie tauchte wieder auf und stieß mit dem Kopf gegen den Boden des Rettungsboots. Sie fand sich schon halb damit ab, daß sie untergehen würde, als sie plötzlich eine Männerhand spürte und diese umklammerte. Sie ließ nicht mehr los, und so gelang es ihr, sich an der Oberfläche zu halten, nachdem sie große Mengen Salzwasser, Öl und Korkenkrümel geschluckt hatte. Wie durch ein Wunder war sie ein Stück weg vom Schiff und trieb zwischen Verwundeten und Sterbenden aus zwei Rettungsbooten, die durch die Backbord-Schraube zerfetzt worden waren, dahin.

Kurz danach wurde sie von anderen Booten aufgelesen und beobachtete, wie die funkelnagelneue *Britannic,* die noch nicht einmal ein Jahr in Dienst war, in der ruhigen, glänzenden See versank. Als sie nach Steuerbord blickte, sah sie die letzten Ingenieure am vierten (Schein-)Schornstein entlanggehen und ins Wasser springen. Als letzter folgte Kapitän Bartlett. Kurz bevor er von der Brücke in die

Violet Jessop posiert stolz in ihrer Krankenschwesterntracht vor einem Fotografen in Southampton. Sie hatte 1912 den Untergang der *Titanic* überlebt und war gerade im Begriff, an Bord des Lazarettschiffs *Britannic* zu gehen. (*Sammlung des Autors*)

Unten: Die *Britannic* im Kriegsdienst. Als sie von Southampton aus die erste ihrer sechs Fahrten nach Mudros antritt, sind nur fünf der acht riesigen Davits installiert. (*National Maritime Museum, Greenwich*)

Ägäis sprang, befahl er, das Schiff aufzugeben – ein langes, verzweifeltes Signal auf der Schiffspfeife. Dann kenterte das Schiff. Die qualmenden Schornsteine brachen zusammen, das Meerwasser drang in den Schornsteinumbau und sprengte die Kessel. Wie bei der *Titanic* stieg das Heck der *Britannic* senkrecht in die Höhe und verschwand dann schnell im Wasser.

Eines der größten Schiffe der Welt und das dritte der *Olympic*-Klasse, erst sieben Jahre zuvor voller Euphorie konzipiert, lag auf dem Grund der Ägäis. Allerdings war sein Ende etwas sanfter als das seiner Schwester: »Nur« 28 Personen kamen um, über 1100 wurden gerettet. Einige Mannschaftsmitglieder behaupteten später, sie seien torpediert worden, aber kein U-Boot-Kommandant erhob je Anspruch darauf, das Schiff versenkt zu haben. Ein U-Boot hatte jedoch erst am Tag zuvor eine Reihe von Minen im Kéa-Kanal gelegt, wo die *Britannic* sank; ein anderes Lazarettschiff, die *Braemar Castle,* lief zwei Tage später auf eine auf.

Der Eintritt der Vereinigten Staaten in den Krieg im April 1917 war für die deutsche Handelsmarine verheerend. Die in amerikanischen Häfen vor Anker liegenden Schiffe, jetzt legitime Beute, wurden wenige Stunden nach der Kriegserklärung durch Präsidentenbefehl konfisziert, die Mannschaften bis zur offiziellen Internierung nach Ellis Island gebracht und ihre Schiffe überholt, um zu Truppenschiffen umgebaut zu werden. Das war die offenkundige Bestimmung für, wie der Marineminister Josephus Daniels es nannte, »die Flotte, die der Kaiser für uns gebaut hat«. Sogar die großen britischen Schiffe, die nach Beendigung ihrer Aufgabe im Mittelmeer abgetakelt worden waren, wurden wieder in den Atlantikdienst zurückbeordert. In den letzten 18 Monaten des Kriegs befuhren die Atlantik-Passagierschiffe wieder ihre ursprünglichen Routen und beförderten zwei Millionen amerikanische Soldaten nach Europa.

Natürlich war die wertvollste Prise von allen die riesige *Vaterland,* mittlerweile das größte Schiff der Welt und eines der schnellsten. Als amerikanische Ingenieure sie von innen besichtigten, rechneten sie damit, daß sie von der Mannschaft stark beschädigt worden war. Aber dies war merkwürdigerweise nicht der Fall. Lediglich mehrere Wasserrohre hatte man durchtrennt, zumeist hinter der Holzvertäfelung. Die abgeschnittenen Enden waren zusammengedrückt worden, damit langsam Lecks entstünden, die nicht sofort festzustellen waren.

Eine Turbine achtern war, mit abgeschnittenen Schaufeln und zerschmettertem Gehäuse, vollkommen betriebsunfähig. Nach sorgfältiger Überprüfung kamen die Ingenieure jedoch zu dem Schluß, daß sie bei hoher Drehzahl zerbrochen, aber nicht absichtlich zerstört worden war. Vielleicht waren die Deutschen der Meinung, das Schiff sei ohne volle Kraft achteraus ohnehin nicht funktionsfähig, und hatten deswegen davon Abstand genommen, den Maschinen weiteren Schaden zuzufügen. Doch es blieb ein Geheimnis, das nie gelüftet wurde: Wenn keine Sabotage vorlag, wann war es dann geschehen? Bei der Jungfernfahrt, wo es fast zu einer Katastrophe gekommen wäre, als das Schiff in Hoboken ablegte? Aber hätte die HAPAG die *Vaterland* dann für drei weitere Fahrten eingesetzt, wenn sie nur mit halber Kraft achteraus fahren konnte? Es ist möglich, aber unwahrscheinlich. Ihr späterer amerikanischer Kapitän unternahm in den zwanziger Jahren eine Überfahrt in diesem Zustand, weil es nicht anders ging; die Niederdruck-Turbine war eine Quelle ständigen Ärgers. Der Schaden von 1917 konnte nicht geklärt werden. Sofern die Deutschen Bescheid wußten, haben sie es auf jeden Fall nicht verraten. Noch verheerender als die beschädigten Schaufeln war jedoch, daß ein vollständiger Satz von Zeichnungen fehlte. Teile davon, die an Land in den Büros der Reederei gefunden wurden, nützten nichts, und während des Kriegs war es natürlich nicht möglich, von Blohm & Voss Ersatz zu bekommen.

Im November, genau sieben Monate, nachdem sie beschlagnahmt worden war, war die umgebaute *U. S. S. Vaterland* für Probefahrten bereit. (Die Marine hatte den Umbau des Schiffs übernommen.) Doch auch jetzt gab es Probleme. In den Gewässern von Guantanamo platzten weitere Rohrleitungen, und Wasser überflutete die Offiziersquartiere auf der Backbordseite. Die Ventilstangen in den Steuerbord- und Backbordrudermaschinen brachen, und das Schiff trieb hilflos dahin. So erklärt sich die Entdeckung einer Kabine voller Ersatzstangen, die tief im Inneren des Schiffs gefunden wurde. Allerdings brachen sie genauso schnell wie ihre Vorgängerinnen. Schließlich stellte Lieutenant Woodward, der leitende Ingenieuroffizier, einen neuen Prototyp her, der über 100 000 Meilen durchhielt.

Obwohl die Aufenthaltsräume ihre hübsche Vertäfelung behalten hatten, waren sie kaum wiederzuerkennen. Der Wintergarten war, mit Stahltischen ausgestattet, zur Offiziersmesse umfunktioniert, im Speisesaal waren alle Tische und Stühle entfernt worden, um Stehplätze zu schaffen, damit über 8000 Soldaten hier in Schichten essen konnten. Das berühmte römische Bad, das die Deutschen längst geleert hatten, war mit Brettern bedeckt worden, auf denen das Gepäck der Offiziere abgestellt wurde. Jene Truppen, die auf den englischen Schiffen befördert wurden, brachte man in Hängematten unter; aber die Findigkeit der Amerikaner hatte für eine Verbesserung gesorgt, und zwar in Form von sogenannten »Stehkojen« – zusammenklappbaren Betten auf zwei senkrechten Pfosten. So konnte in fast jeder freien Ecke des Schiffs eine Dreidecker-Koje eingerichtet werden.

Es ist befremdlich, daß man sich offenbar absolut keine Gedanken um die Zukunft oder Nachkriegskarriere des Schiffs gemacht hatte. Keine Angestellten der Reederei überwachten die Lagerung der Möbel, Teppiche und Vorhänge, die an Land gebracht worden waren. Alle möglichen Einrichtungsgegenstände der *Vaterland* tauchten im Lauf der Jahre an den verschiedensten Orten der Ostküste auf. Die extravagante Büste Kaiser Wilhelms aus dem Gesellschaftsraum hat in Connecticut einen Ehrenplatz in einem italienischen Restaurant gefunden.

Kurz vor seiner ersten Überfahrt wurde das Schiff auf Empfehlung von Präsident Wilson und seiner Gattin in *Leviathan* umbenannt. Im Dezember 1917 stach die *Leviathan* von Hoboken aus in See, von derselben Pier Nummer 4, deren Seiten 1912 auf fast 15 Meter Tiefe ausgebaggert worden waren, um die beiden neuen Schiffe aufnehmen zu können. Sie konnte 10 000 Soldaten auf einmal befördern,

Internierung und Konfiszierung. Die *Vaterland* wurde drei Jahre lang an der Pier von Hoboken, New York, festgehalten. (*Frank Braynard Collection*)

Im November 1917 wurde sie von den Vereinigten Staaten übernommen. Obwohl sie übermalt wurde, blieben die schöne Heckverzierung sowie die deutschen Rettungseinrichtungen. (*Hoboken Public Library*)

die auf vier Doppeldecker-Landungsstegen in knapp zwei Stunden an Bord gingen. An der Pier überreichten Freiwillige des Roten Kreuzes allen Soldaten jeweils eine Postkarte mit einer unverbindlichen Nachricht, die besagte, daß sie heil »dort drüben« angekommen seien. Die Männer adressierten sie an einen nahen Verwandten, dann wurden die Karten in große Postsäcke auf den Decks gesteckt und kurz vor der Abfahrt eingesammelt. Erst nachdem über Funk die Nachricht übermittelt worden war, daß das Schiff sicher in Frankreich angekommen sei, wurden sie von der Post in Hoboken abgeschickt. Auf der ersten Fahrt zog sich das Kabel zur Dampfpfeife wegen der Kälte zusammen, und die große Sirene heulte mitten in der Nacht auf und versetzte alle an Bord in Todesängste.

Es ist bemerkenswert, daß in beiden Weltkriegen kein Truppenschiff vergleichbarer Größe versenkt wurde. Obwohl es mit ringförmigen Rettungsflößen bedeckt war, besteht kein Zweifel daran, daß ein gutgezielter Torpedo gegen ein Schiff mit über 10 000 Passagieren einen grauenhaften Rekord erzielt hätte, der die Zahl der Toten auf der *Titanic* noch bei weitem in den Schatten gestellt hätte.

Nachdem die *Leviathan* ihre erste Truppenladung in Liverpool abgegeben hatte, wurde sie nach Gladstone ins Trockendock gebracht, ein Vorgang, der erhebliche Kühnheit erforderte. Da ein richtiger Dockplan fehlte, riskierten die Werft-Verantwortlichen bei der Wiederherstellung des präzisen Arrangements der Blöcke, auf denen sie gebaut wurde, eine ernsthafte Beschädigung des Rumpfes. Aber ihre Schätzungen erwiesen sich als richtig, und so wurden alle Ablagerungen vom Schiffsboden entfernt, die sich im Lauf von drei Jahren dort angesammelt hatten.

Dann wurde das Schiff getarnt. Dabei kam ein System der Schiffstarnung zur Anwendung, das von der Admiralität erst im letzten Kriegsjahr eingesetzt worden war. Bis zu diesem Zeitpunkt waren die Kriegsschiffe grau, seit ein Beobachter der Kieler Flottenparade von 1895 bemerkt hatte, daß die britischen Großkampfschiffe mit ihren eleganten schwarzen Schiffskörpern und den cremefarbenen Oberbauten erheblich auffälliger wirkten als ihre französischen und deutschen Gegenspieler. So wurde bis zum Oktober 1917 das Grau der Kampfschiffe benutzt. Dann entwickelte Norman Wilkinson, ein Marinekünstler, in den ehemaligen Zeichenräumen von Kunststudenten ein neues Tarnbemalungschema. Das Prinzip bestand darin, vertikale und horizontale Linien durch die Verwendung von Schwarz, Weiß, Blau und Grau zu überdecken, damit die feindlichen Kommandeure den Kurs des Schiffs nicht erraten konnten. Obwohl die Wirksamkeit von den Kapitänen der englischen U-Boote in Frage gestellt wurde, die bei einer Übung die mit Tarnfarben bemalte *Aquitania* unbemerkt verfolgten, stellte dies eine relativ kostengünstige Schutzvorrichtung dar und wurde in der Folge von allen großen Truppenschiffen einschließlich der *Leviathan* übernommen. Wie sie auf U-Boot-Kapitäne wirkten, die sie entdeckten, ist nicht bekannt. Doch in New York sorgte sie nach ihrer Rückkehr mit der Bemalung, die auf beiden Seiten des Bugs wie gebleckte Zähne aussah, für erhebliche Überraschung.

Im Mai 1918 war die *Olympic* in die zweite große Kollision ihrer Laufbahn verwickelt. Sie hatte amerikanische Soldaten an Bord, als sie unter Begleitschutz den Ärmelkanal hinauffuhr. Plötzlich wurde von dem sie begleitenden Zerstörer ein U-Boot entdeckt. Die *Olympic* machte eine scharfe Wende und rammte es; einer ihrer Schraubenflügel schlitzte dabei den Druckkörper des U-Boots auf und zwang es aufzutauchen. Dies ist der einzige registrierte Fall, bei dem eines der riesigen Passagierschiffe ein feindliches Schiff versenkte. Der deutsche Befehlshaber sagte später, daß er, wie seinerzeit der Kreuzer *Hawke,* gegen die *Olympic* gedrängt worden sei, als er versuchte, dicht neben ihr zu fahren. Für die Truppen an Bord war es ein dramatischer Augenblick. Das 59. Regiment brachte später eine Gedenktafel auf dem Schiff an, die jahrelang über der großen Treppe hing. Die *Olympic* erlebte noch einmal eine Situation, bei der sie nur knapp ihrem Schicksal entkam. Sie wurde von einem Torpedo getroffen, der sich aber zum Glück als Blindgänger herausstellte.

Die schrecklichste Überfahrt während des Kriegs war die der *Leviathan,* die am 29. September 1918 mit 9000 Offizieren und Soldaten in New York ablegte. Kurz darauf brach eine Grippeepidemie aus. Bis Mitternacht waren 700 Männer erkrankt, und am nächsten Morgen war einer tot; auch der Lazarettarzt erkrankte. Von Tag zu Tag standen weniger Männer zur Verfügung, die sich um die Kranken kümmern konnten, und die Todeszahl stieg alarmierend rasch. Ganze Abschnitte des Schiffs wurden zu Lazaretten erklärt. Es gab insgesamt 91 Tote. Einige von ihnen trugen ungeprägte Erkennungsmarken und konnten nicht identifiziert werden. In Brest übernahm ein Lazarettschiff Hunderte von Kranken.

Am Tag vor dem Waffenstillstand fuhr die *Mauretania* unter Kapitän Rostron, der mit der *Carpathia* berühmt geworden war, mit Tausenden von gerade eingezogenen amerikanischen Soldaten in New York ab. Die Soldaten erreichten Liverpool planmäßig, verbrachten zwei Tage an Land und gingen dann wieder an Bord, um in die Vereinigten Staaten zurückzukehren. Sie waren die ersten, die aus dem Krieg in New York ankamen. Überwältigt von den Gefühlen des Augenblicks, übersah die Öffentlichkeit, daß sie ihren Dienst in Übersee gar nicht angetreten hatten. Verlegen marschierten sie die 5th Avenue hoch. Der Krieg war vorüber.

Insgesamt elf Millionen Tonnen Schiffsraum waren von den Deutschen versenkt worden, die ihrerseits keine Handelsmarine mehr besaßen. Die Hamburg-Amerika Linie und die Flotten des Norddeutschen Lloyds befanden sich entweder auf dem Meeresgrund oder, noch schlimmer, führten die Flaggen der Alliierten. Nach den Bedingungen des Waffenstillstands übernahmen die Siegermächte alle Schiffe, die noch seetüchtig waren, darunter auch Ballins riesiges Trio, von dem zwei Schiffe den Atlantik während des letzten Friedenssommers beherrscht hatten. Ein weiteres Jahr lang gab es keine normalen Abfahrts- und Ankunftszeiten, da noch immer Soldaten in ihre Heimat befördert wurden. Die Amerikaner kehrten von den Schützengräben in die Vereinigten Staaten zurück, die, wie die ganze übrige Welt, nie mehr so sein würden wie vorher.

Die *Olympic*, mit Tarnfarbe bemalt und mit Truppen voll besetzt, wurde erneut auf der Nordatlantik-Route in Dienst gestellt. Sie besitzt ein Paar Fünf-Zoll-Geschütze auf dem Achterdeck und führt zusätzliche Boote mit sich; die Boote in den Davits sind als Vorsichtsmaßnahme ausgeschwenkt. (*Imperial War Museum, London*)

Die ersten heimkehrenden Truppen drängen sich an der Reling der mit Tarnfarbe bemalten *Mauretania*, als sie in den Hafen von Hoboken einläuft. (*Frank Braynard Collection*)

In bezug auf die Seefahrt bestand die Ironie des Siegs der Alliierten darin, daß Ballins Schiffe den Krieg überdauerten – die einzigen drei Riesenschiffe, denen dies gelang. Die deutsche Handelsflotte erlitt keine Verluste wie die *Lusitania* oder die *Britannic.* Die *Imperator* überstand den Krieg unbeschadet. Das ganze Schiff und die angrenzende Pier waren in ein Flickwerk aus Persenning eingewickelt, damit sie aus der Luft nicht erkannt wurden. Es wurde als *U. S. S. Imperator* wieder in Dienst gestellt.

Bei solch reicher Beute entstanden, wie nicht anders zu erwarten, zwischen England und den Vereinigten Staaten erhebliche Unstimmigkeiten darüber, wie die »Ex-Deutschen«, wie sie genannt wurden, aufgeteilt werden sollten. Eine Zeitlang gab es erbitterte Streitigkeiten bezüglich der *Imperator,* die die Briten in aller Fairneß als gerechten Ausgleich für ihre größeren Verluste im Krieg beanspruchten. Sie verwiesen darauf, daß Amerika die meisten deutschen Schiffe behalten hatte, die bei seinem Kriegseintritt in seinen Häfen konfisziert worden waren. Im Januar 1920 wurde der Streit zugunsten von England beendet: Die Vereinigten Staaten behielten die *Leviathan,* während die Cunard Line und die White Star Line gemeinsam die *Imperator* und die noch nicht fertiggestellte *Bismarck* übernahmen. Auch wenn dies nie ausdrücklich gesagt wurde, bekamen die Linien damit Ersatz für das große Schiff, das beide verloren hatten.

Nicht ohne Genugtuung hielt die Cunard-Reederei im Jahre 1920 ihr Firmenessen im Speisesaal der *Imperator* ab, die in Liverpool vertäut war. Kurz danach wurde sie wieder in Betrieb genommen. Bald wurde deutlich, daß sich wohl ihre Reedereiflagge geändert hatte, nicht aber ihr Stabilitätsproblem. Als die Amerikaner Soldaten transportiert hatten, befand sich unter der Mannschaft ein Dutzend kooperativer deutscher Arbeiter, die die Cunard Line nach Cuxhaven zurückschickte. Während das Schiff am Ende seiner Fahrt zwei Tage von Cherbourg entfernt gegen einen Sturm ankämpfte, wünschte man sie sich wahrscheinlich sehnlichst zurück. Meerwasser drang in die Aschenauswerfer ein und strömte in grauem Brei, der die Pumpen verstopfte, hinunter. Mehrere Kohlenpforten schlugen leck, und das Wasser stieg in den Bilgen und verstärkte die normale Schlagseite. Die Ingenieure ließen mehrere Feuerungsanlagen ausgehen, da sie nicht wußten, was sie mit der Asche tun sollten.

Alarmierte Passagiere, denen anfangs nichts gesagt wurde, bemerkten nur, daß das Schiff starke Schlagseite hatte und die Geschwindigkeit gedrosselt worden war. Als böses Omen, das auf ein drohendes Unheil hindeutete, wimmelte es auf dem Schiff von Ratten, die durch die Überschwemmung aus ihren Verstecken getrieben wurden. Schließlich verschaffte man sich Zugang zu den Bilgen, indem man durch die Tankdecken brach und von oben das Wasser herauspumpte. Die *Imperator* war außer Gefahr. Mit heftiger Schlagseite erreichte sie Southampton.

Als die Passagiere gegenüber der Presse ihre Sorgen äußerten, zog auch an Land Sturm auf. Im Unterhaus wurden Fragen gestellt, und die Cunard Line verkündete im April, daß der hintere Schornstein des Schiffs als Teil eines drastischen

Oben links: Die verlassene *Bismarck* an ihrer Ausrüstungspier. Sie war Ballins drittes großes Schiff. So sah sie nach dem Waffenstillstand aus. (*Frank Braynard Collection*)

Unten links: Als *Majestic* läuft das neue Flaggschiff der White Star Line im Frühjahr 1922 zum ersten Mal in Southampton ein. (*Echo Commercial Photo*)

Ein Quartett von ehemaligen deutschen Schiffen rostet Ende der zwanziger Jahre in der Chesapeake-Bucht vor sich hin. Von links nach rechts: Die *Monticello* (*Kaiser Wilhelm II.*), die *Mount Vernon* (*Kronprinzessin Cecilie*), die *America* (*Amerika*) und die *George Washington* (der Name wurde beibehalten). (*The Mariners Museum, Newport News, Virginia*)

Plans zur Verbesserung der Stabilität entfernt werden würde. Zum Glück für das Design wurde dieses Vorhaben nie ausgeführt, aber man nahm andere Veränderungen vor. Das Restaurant wurde in einen Ballsaal verwandelt. In der ersten Klasse wurden alle Marmorbadewannen durch Wannen aus verzinktem Eisen ersetzt und zusätzlich tausend Tonnen Roheisen als ständiger Ballast hinzugefügt. Das Schiff erhielt auch einen neuen Namen – *Berengaria.* Zum ersten Mal hatte die Gesellschaft – obwohl sie die Endung auf »-ia« beibehielt – einen Personennamen, ja den Namen einer Königin verwendet. Die bedauernswerte Königin Berengaria, Gattin von Richard Löwenherz, hatte wenig von ihrem Mann und nichts von dem Land gesehen, über das sie regierte.

Im März 1922 waren Blohm & Voss bereit, die *Bismarck* zu übergeben. Ihre Ausrüstung hatte sich wegen der Umwandlung der Kessel auf Ölbrenner verzögert; außerdem war der größte Teil ihrer Messing- und Kupfer-Armaturen während des Kriegs für die Metallsammlung abmontiert worden. Die Nachricht von dem bevorstehenden Auslaufen des Schiffs erregte Unmut, und in Hamburg kursierten Gerüchte, daß es Deutschland nie verlassen würde. Aber seine Fahrt die Elbe hinunter verlief ohne ernsthaften Zwischenfall. Die Menge, die sich am Ufer versammelt hatte, schwieg; viele weinten, als die jungen Männer, die in zwei Booten im Kielwasser der *Bismarck* fuhren, Trauerlieder sangen. Ballin war 1918 gestorben. Somit blieb ihm der Kummer erspart, sein letztes großes Schiff verlieren zu müssen.

Nachdem das Schiff unter Kapitän Hans Ruser seine Probefahrt durchgeführt hatte, wurde es offiziell übergeben. In einer schlichten Feier auf der Brücke wechselte es den Eigentümer, die Nationalität und den Namen. Deutsche stiegen über die Backbordreling in eine wartende Fähre, und eine Mannschaft der White Star Line ging an der Steuerbordseite unter dem Kommando von Bertram Hayes an Bord. Die Briten malten sofort den neuen Schiffsnamen auf das Heck. Am nächsten Tag traf das Schiff in Southampton ein, eine unblutige Seebeute.

Wie um zu bekräftigen, wie stolz die Engländer auf den Erwerb der *Majestic* waren, wurde sie im Sommer desselben Jahres durch einen Besuch von König George und Königin Mary geehrt. Nachdem das Schiff in Southampton die Passagiere und die Post abgeladen hatte, arbeitete die Mannschaft die ganze Nacht durch, um die erste und zweite Klasse herauszuputzen. Am nächsten Morgen wurde es in Cowes Roadstead vertäut, und ein Signalmeister, der die königliche Standarte trug, kam von der königlichen Jacht herüber. Als die Majestäten an Bord gingen, wurde sie an der Mastspitze der *Majestic* entfaltet.

Die Besichtigung des Schiffs war weitaus anstrengender, als Harold A. Sanderson, der Vorsitzende der White Star Line, vorausgesehen hatte. Auf der Brücke zeigte sich die Königin von den Fenstervorsätzen, die sich drehten, um Regen und Gischt abzuschütteln, unbeeindruckt. Sie sagte zum König: »Sie sind auch nicht besser als die Gummiwischer an unserem Auto.« Aber bei der Besichtigung der Küche ließ sie sich Zeit, war vor allem von einem neuartigen Dosenöffner fasziniert. Dann begab sich Königin Mary zielbewußt in die dritte Klasse, eine spontane Entscheidung, die unter der Mannschaft für einige Aufregung sorgte. Aber zum Glück waren die Kabinen, die sie sich anschaute, recht präsentabel, und so verlief die restliche Besichtigung zur allgemeinen Zufriedenheit.

Als der König im Begriff war, das Schiff zu verlassen, lief die *Mauretania* aus New York ein und senkte ihre Flagge zum Salut. Es paßte gut, daß sie gerade in diesem Moment auftauchte, denn sie war das einzige andere Handelsschiff, das je von einem König und einer Königin besichtigt wurde. Ihre Mannschaft hatte an Deck Aufstellung genommen, und der Hornist blies, während das Cunard-Schiff langsam an seiner White-Star-Rivalin vorbeidampfte. Diese beiden wackeren Schiffe, eines brandneu, das andere ein Vorkriegsfavorit, belegten, daß der Krieg vorbei war. Die zwanziger Jahre hatten begonnen, für die Briten ein Jahrzehnt der absoluten Vorherrschaft auf dem Atlantik. Das Geschäft florierte wieder, der süße Frieden schien gesichert.

Es kann nicht genug betont werden, daß es sich um einen groben Verstoß gegen die Etikette des Lebens auf See und eine empörende Bekundung schlechter Manieren und gemeiner Neugier handelt, wenn Passagiere ungebeten die Quartiere einer niedrigeren Klasse aufsuchen.

R.A. FLETCHER,
TRAVELLING PALACES

6.

Bei den Heizern und auf dem Zwischendeck

Die *Majestic* wurde in den zwanziger Jahren wie alle großen Atlantikschiffe auf Ölbrenner umgestellt. Für diese Änderung gab es viele Gründe, darunter die Arbeitskämpfe, die das Bunkern von Kohle für Passagierdampfer in Southampton zu einem ständigen Ärgernis für die Schiffsinspektoren machten. Einmal schickte die Cunard Line die *Berengaria* zum Bunkern von Kohle nach Brest, ein Umweg, der zusammen mit der schlechteren Qualität der französischen Kohle die Überfahrt um vier teure Tage verlängerte. Folglich haben die Reedereien, die auf dem Atlantik miteinander in Wettbewerb standen, ein Jahr nach dem Krieg ihre Schiffe eines nach dem anderen für den Umbau auf Ölfeuerung eine Weile außer Dienst gesetzt.

Das Bunkeröl, der Treibstoff für Schiffe, ist eine zähflüssige schwarze Schmiere, ein Rest, nachdem verschiedene wertvolle Bestandteile aus dem ursprünglichen Rohöl entfernt wurden. Die Benutzung des neuen Brennstoffs erforderte neue Rohrleitungen und einen grundlegenden Umbau der Laderäume. Alle Bunkernieten mußten ausgetrieben und angesenkt werden, um sie öldicht zu machen. Schlagschotten wurden installiert, um das Hinundherschwappen zu beschränken, Heizungsanlagen in die Tanks eingebaut, um die Fließfähigkeit zu gewährleisten.

Man benötigte bis zu acht Monate, um ein großes Schiff umzubauen. Aber die daraus resultierenden Ersparnisse an Arbeitskräften, an Zeitaufwand fürs Bunkern und die Wartung haben den vorübergehenden Verlust an Einkünften mehr als aufgewogen. In der Maschinenabteilung konnte man zweihundert Männer einsparen, die vorher die zermürbende Arbeit des Einheizens erledigt hatten. Die Heizer auf Schiffen mit Ölfeuerung sollten in ihren weißen Overalls eine Achtung erringen, die ihre rußgeschwärzten Vorgänger nie erlangt hatten.

Die Heizer der Kohlenkessel waren aufgrund ihrer harten, mühsamen Arbeit unbestritten die zähesten Männer an Bord. Ihre bloße Anwesenheit stellte einen seltsamen Anachronismus des Schnelldampfers dar: Trotz der luxuriösen Interieurs und der hochentwickelten Antriebssysteme war nie der Versuch unternommen worden, die unglaublich anstrengende Arbeit im Heizraum zu mechanisieren. Es gab für die an Land benutzten Kohlenbeschickungsanlagen keinen Platz zwischen den Querreihen von Kesseln, so daß die Arbeit immer von Männern mit Schaufeln geleistet werden mußte – eine trostlose Tätigkeit, die ab den frühen zwanziger Jahren allmählich abgeschafft wurde.

Verweht war damit der charakteristische schweflige Gestank des Kohlenrauchs, der seit hundert Jahren zum Image der Dampfmaschine gehört hatte. Die Umstellung löste eine Krise in den von Arbeitskämpfen erschütterten Kohlenbergwerken Großbritanniens aus. New York, wo das Öl billiger war, wurde zum Hauptbunkerhafen für Treibstoff der Atlantikdampfer. Zu den ersten, die einen Vorteil davon hatten, gehörten die Schiffsärzte, deren bisherige Haupttätigkeit das Entfernen von Ascheteilchen aus den Augen ihrer Patienten gewesen war.

Obwohl man die Passagiere immer dazu aufforderte, die Schiffe, die sie über den Atlantik trugen, erst zu besichtigen, waren die Kesselräume davon ausgeschlossen. Das lag nicht an der Hitze und dem Geräuschpegel, sondern daran, daß die Heizräume im Mittelpunkt des Ehrgeizes der Reedereien standen, und niemand sollte hier eindringen, um die todernste Arbeit zu stören. Ungeachtet der Fahrpläne, die man in den Vorstandszimmern der Reedereien auswählte, und der Geschwindigkeitsanforderungen, die von der makellosen Brücke in den Kesselraum signalisiert wurden, mußten sich Reeder und Kapitän ganz auf die Ausdauer, Muskelkraft und Geschicklichkeit jener respekteinflößenden Männer verlassen, welche die Kessel einheizten.

An unterster Stelle in der Hierarchie der Maschinenabteilung stand der Kohlentrimmer oder -zieher, der innerhalb des Bunkers arbeitete und dort Kohlenhaufen so umschaufelte, daß immer sofort Kohle zur Verfügung stand, die auf

Anforderung durch die Schütte in den Schubkarren eines Kohlenzuträgers hinunterrutschte. Bei vollen Bunkern war das keine sehr anstrengende Arbeit, aber gegen Ende einer Überfahrt gab es ermüdend viel zu schaufeln. Der Kohlenzuträger lieferte an jeden Kessel eine Ladung ab, wobei er seinen Schubkarren neben dem Heizer hochkippte. Unter jedem Kessel gab es drei oder vier Brennkammern, jeweils mit einer eigenen Tür und manchmal einer an jedem Ende. Um in solchen Doppelenderkesseln die Wärme zu halten, wurde das Beschicken so angeordnet, daß ihre Türen niemals gleichzeitig geöffnet waren.

Die Prozedur der Bedienung war anstrengend und mußte in einer bestimmten Reihenfolge, mit hoher Geschwindigkeit und mit beträchtlichem Geschick ausgeführt werden. Zuerst wurde ein Schüreisen, eigentlich ein über drei Meter langer Spieß, viermal hineingeschoben, je einmal auf jeder Spur des Rosts, wodurch Asche in die Grube fiel und Schlacken, geschmolzene Klumpen von Verunreinigungen, auf die Oberfläche des Kohlenbetts gehoben wurden. Beim nächsten Arbeitsgang wurden diese, noch glühendheiß, mit dem Rechen herausgekratzt und über die Stahldecken der Tanks verstreut und die brennende Kohle gleichmäßig verteilt. Schließlich wurde jede Brennkammer mit gewöhnlich nicht mehr als vier Schaufeln Kohle beschickt. Ein guter Heizer konnte einen neuen schwarzen Teppich über das ganze glühende Bett breiten, so daß dessen Gesamthöhe nirgendwo zehn Zentimeter überschritt. Ähnlich durften die Männer, welche die Wasserhöhe in den Kesseln beaufsichtigten, das Wasser niemals höher als fünf Zentimeter im Wasserstandsglas steigen lassen. Die Einhaltung dieser zwei Niveaus, die vom Oberheizer streng überwacht wurde, ermöglichte eine optimale Dampferzeugung, erforderte aber ständige Aufmerksamkeit.

Gegen Ende ihrer Schiffswache kratzten der Heizer und der Kohlenzuträger die Asche heraus und bespritzten die Schlacken. Dann schickten sie beides in Segeltuchsäcken – jenen Säcken, in denen die Kinder aus der *Titanic* an Bord der *Carpathia* gehievt worden waren – und mit einer Maschinenwinde über Bord. Auf vornehmeren Schiffen gab es in Bodenhöhe einen Trichter, in den die Asche, mit Salzwasser vermengt, geschaufelt und durch schräge Rohrleitungen zu Auswerfern oberhalb der Wasserlinie hochgepumpt wurde.

Um die Arbeit der Männer zu vereinheitlichen, wurde in England ein Gerät patentiert, das zur Standardausrüstung aller Kesselräume werden sollte: Kilroy's Stoking Indicator. Bei dieser »Heizanzeige« handelte es sich um einen Tempogeber, den man für jedes gewünschte Heiztempo zwischen drei und zwölf Minuten einstellen konnte. Zum Beispiel erforderte die normale Marschgeschwindigkeit der *Aquitania* eine Einstellung von sieben. Alle sieben Minuten ertönte in den Heizräumen eine Klingel, um sieben Minuten für das Schüren, sieben Minuten für das Auskratzen und sieben Minuten für das Beschicken anzuzeigen. Das nächste Schrillen der Klingel leitete die Wiederholung des gesamten Arbeitszyklus ein. Je kleiner die vom wachhabenden Ingenieur auf der Anlaßbühne im Maschinenraum ausgewählte Zahl, desto unbarmherziger das Tempo,

Im Heizraum der *U. S. S. Leviathan* scheint ein Heizer der amerikanischen Kriegsmarine gerade die mittlere der drei Brennkammern unter einem riesigen Kessel mit Kohle beschicken zu wollen. Aber sowohl sein Anzug als auch die unnatürliche Sauberkeit seiner Hände und seines Gesichts verraten, daß es sich vermutlich um ein gestelltes Bild handelt. (*Frank Braynard Collection*)

da die gleiche Folge von Arbeitsgängen in einer kürzeren Zeitspanne ausgeführt werden mußte.

Bei schlechtem Wetter schürten die Heizer das Feuer, wenn der Bug nach unten kippte, und knallten die Tür zu, wenn sich das Schiff wieder erhob, um zu vermeiden, daß glühendrote Kohlen über ihre Füße verstreut wurden. Tobten besonders schwere Stürme, brachten die Zuträger die Kohlen in Körben statt in Schubkarren und konnten gewöhnlich mit dem geringeren Bedarf an Dampf Schritt halten. Aber wenn die See wieder ruhig war, bedeutete dies unweigerlich schwerere Arbeit, weil der Zeitverlust aufgeholt werden mußte.

Selbst in den besten Zeiten arbeiteten die Kohlenheizer unter schrecklichen Bedingungen: mit nacktem Oberkörper, Kohlenstaub und Asche auf der schweißverklebten Haut und Holzpantinen als Schutz gegen die glühenden Bruchstücke auf dem Boden. Nach Beendigung ihrer vierstündigen Schiffswache waren ihre Körper ausgetrocknet, Gesicht und Brust von der Strahlung aus den offenen Brennkammern versengt und die Hände von der Hitze des Schüreisens gerötet, das die doppelte Schicht Segeltuch durchdrang, die ihnen als Schutzhandschuh diente. Zudem waren ihre Sinne durch das ständige Gedröhn der auf Stahl klirrenden und knarrenden Schaufel, das Brausen der Zwangslüftung, das unaufhörliche Knallen der Brennkammertüren und vor allem das unbarmherzige Läuten der Anzeigeklingel überreizt.

Es überrascht nicht, daß solche unmenschlichen Bedingungen einen rücksichtslos harten Menschenschlag hervorbrachten. Auf britischen Schiffen arbeiteten immer irischstämmige Heizer aus Liverpool, auf anderen Schiffen sozial niedrigstehende Angehörige aller möglichen Völker. Gewalttätigkeit, die oft sogar tödlich ausging, schien vorprogrammiert zu sein. Betrunkene Heizer, die gelegentlich in Schubkarren wieder an Bord gefahren wurden, ließen sich auf brutale Kämpfe ein, wobei sie mit Schüreisen, Kohlenzangen, Schaufeln, eben allem, was zur Hand war, aufeinander losgingen. Die Offiziere hatten, wenn der »schwarze Trupp« kämpfte, die Anweisung, die Luken zu schließen und sich rauszuhalten. Charles Lightoller, einer der überlebenden Offiziere der *Titanic,* berichtete von einem ungestümen Ingenieur, der sich in eine dieser Auseinandersetzungen einmischte und nie wieder gesehen wurde: Es kursierte das Gerücht, daß ihm der Schädel mit einer Schaufel eingeschlagen und die Leiche in einer Brennkammer verbrannt worden sei.

Ob die Geschichte nun stimmt oder nicht: Todesfälle waren nicht ungewöhnlich. Eine weitere Greuelgeschichte auf dem Atlantik fand auf dem Cunard-Schiff *Ultonia* statt, das Einwanderer aus Fiume (dem heutigen Rijeka) nach New York transportierte. Einen Tag vom Zielhafen entfernt randalierten die Männer aus dem Heizraum, brachen die Weinkammer auf und waren drauf und dran, das Schiff in ihre Gewalt zu bringen. Schließlich wurde die Ordnung wiederhergestellt. Man sperrte die Männer in ihren Quartieren ein. Nun war zwar die Gefahr einer Meuterei gebannt, doch das Schiff lahmgelegt, und man mußte Ersatzheizer aus der Decksabteilung rekrutieren. Unter größter Anstrengung erreichte das Schiff eine Höchstgeschwindigkeit von zwei Knoten. Als die *Ultonia* New York erreichte, desertierte der ganze »schwarze Trupp«.

Die meisten Unruhen beschränkten sich jedoch auf die Landgänge; die Arbeit auf See verbrauchte zuviel Kraft. Die Männer waren stolz auf ihre Arbeit, und es gab oft einen harten Wettbewerb zwischen rivalisierenden Schiffswachen. Auf kleineren Schiffen pflegten Glücksspieler unter den Passagieren solche Wettkämpfe trotz strenger Verbote seitens der Reederei anzustacheln, indem sie am Ende von beschwerten Schnüren Zettel in die Ventilatoren des Kesselraums hinunterließen. Die Siegerwache erhielt ihre Preise, meistens kleine Geldsummen oder gelegentlich eine Flasche Whiskey, auf die gleiche Weise. Anfang des Jahrhunderts wurde die Heimfahrt eines reichen Amerikaners durch einen Streik in Liverpool verzögert. Daraufhin ließ er im Kesselraum verlauten, daß er, wenn sie fahrplanmäßig in New York einliefen, eine Runde spendieren würde. Das Schiff kam rechtzeitig an; der Ruf des Mannes als »Heizerfreund« verbreitete sich auch bei anderen Linien, und es wurden ständig neue Reedereirekorde aufgestellt.

Trotz der Unmengen Wasser, die sie tranken, war der »schwarze Trupp« eine durstige Gruppe. Für die seltenen Besucher des Heizraums bestand eine traditionelle Strafe im »Bekreiden«: Ein Kreidering wurde um ihre Stiefel gezogen, was bedeutete, daß sie Geld für einen Umtrunk lockermachen mußten. Eine weitere etablierte Sondervergütung des Heizraums war die »schwarze Pfanne«. So bezeichnete man die besten Überreste des Abendessens der ersten Klasse, die nach stürmischem Wetter besonders üppig ausfielen. Die Heizer, welche die 16-bis-20-Uhr-Wache beendet hatten, verschlangen diese leckeren Reste im Gegenzug für die Belieferung der Kombüsenherde mit Kohle. Als die *Mauretania* das Blaue Band erhielt, feierten die Heizer im Hafen von New York auf dem Hecküberhang, umrahmt von einer kleinen, aber lautstarken Kapelle. Doch im allgemeinen bildeten gutmütige Späße beim »schwarzen Trupp« die Ausnahme; meist waren die Männer verbittert und streitsüchtig.

Die durch die Kohlen verursachten Unannehmlichkeiten beschränkten sich nicht auf die Kesselräume. Es war – besonders in New York – eine schmutzige und zeitraubende Angelegenheit, die Kohle auf beiden Endstationen der Fahrt an Bord zu bringen. Die bröckelige amerikanische Fettkohle hatte einen hohen Staubgehalt. Nachdem die letzten Passagiere mit ihrem Gepäck das Schiff verlassen hatten, wurde es mehrere Meter von der Pier abgebaumt, damit Kohlenleichter an beiden Seiten festmachen konnten. Sie waren mit der Flut von Perth Amboy hochgefahren und transportierten jeweils tausend Tonnen Kohle, die 1914 für 3,25 Dollar je Tonne verkauft wurde. Bevor sie an Bord gebracht wurde, deckte die Mannschaft jeden Lüfterkopf mit Segeltuch ab, schloß die Entlüftungsschlitze und versiegelte alle Innenräume.

Dann kletterten Schiffszimmerleute die Seiten hinunter und entfernten die

Eines der wenigen Fotos, das 1908 auf der *Mauretania* aufgenommen wurde. Die Heizerkapelle feiert, daß man der *Lusitania* das Blaue Band abgenommen hat. Die meisten Mitglieder des »schwarzen Trupps« waren berüchtigt wegen ihrer Kamerascheu. (*Brown Brothers*)

Versorgung der *Mauretania* mit Kohle an ihrer Pier an der 14. Straße. Vor der Vervollkommnung der automatisierten Kohlenleichter mußte jede Vierteltonnenladung von Hand hochgehievt und in die Bunker gekippt werden. (*Brown Brothers*)

sechs Schrauben, die die Kohlenpforten verschlossen – Öffnungen in der Außenhaut, gut drei Meter über der Wasserlinie, mit unten befestigten Klappen zur Aufnahme einer Schippe aus Eisenblech. Oben wurden einfache Ladebäume errichtet, deren Füße in Vertiefungen im Rumpf befestigt waren, außerdem unsichere Zweimannbühnen neben jeder Kohlenschütte. Mit vom Leichter hochgezogenen Winden wurden Vierteltonnenkübel Kohle in die Schütte gekippt, von denen es zwei für jeden Bunker gab. Man benötigte 24 Stunden, um ein größeres Schiff mit Kohle zu versorgen; danach versiegelten die Zimmerleute die Kohlenpforten mit Dichtungen aus in Bleimennige getränktem Steifleinen. Anschließend mußten jede Reling, jedes Deck, jede Treppe und jeder Durchgang gründlich gereinigt werden, um die feine Schicht schwarzen Staubes zu entfernen, der überall eingedrungen war. Gegen Ende der Ära der Kohlenfeuerung gab es einige Verbesserungen durch Mechanisierung der Kohlenleichter. Sie wurden mittschiffs mit einem hohen Turm versehen, der einen Kettenförderer mit Schaufeln enthielt. Damit wurde die Bekohlungszeit um zehn Stunden verkürzt; die Menge Schmutz an Bord blieb allerdings gleich.

Kohle für Dampfschiffe wurde immer leichterweise verkauft, und es geschah nicht selten, daß bei der Befeuerung Maultierkadaver zum Vorschein kamen. Die Kohlenhändler im Mittelmeer waren skrupellos und erbauten oft komplizierte Drahtkäfige, um eine volle Ladung vorzutäuschen. Eine andere in jener Gegend beliebte Täuschung bestand darin, zwar volle Leichter zu stellen, aber während des Bunkerns einen beträchtlichen Anteil davon über Bord fallen zu lassen, der nach Abfahrt des Schiffs von Tauchern wieder hochgebracht und ein zweites Mal verkauft wurde.

Zu Beginn des Ersten Weltkriegs geriet die *Mauretania* während einer Überfahrt nach Westen als Folge des Bunkerns in ernste Gefahr. Nachdem das Schiff bei stürmischem Wetter auf dem Sloyne Kohlen aufgenommen hatte, fuhr es ab. Zwei der Kohlenpforten waren nicht richtig verschlossen, und so berichtete mitten auf dem Meer ein erstaunter Kohlenzieher, daß von einem Mittschiffsbunker auf Backbord Salzwasser in die Bilge einsickere. Am nächsten Morgen hatte weiterer schwerer Seegang die Flutung verstärkt, so daß das Schiff eine merkliche Schlagseite nach Backbord bekam. Die Pumpen, die ständig durch Kohlenstaub und Abfall verstopft waren, konnten mit dem Wasserandrang nicht Schritt halten. Mehrere Brennkammern wurden gelöscht, ehe das Leck gefunden und abgedichtet wurde.

Die Kosten für die Umstellung ihrer Schiffe auf Ölfeuerung bildeten nur eine der finanziellen Härten, mit denen die Dampfschiffahrtsgesellschaften nach dem Krieg konfrontiert waren. 1921 ergriff der amerikanische Kongreß Maßnahmen, um den Zustrom von Einwanderern in die Vereinigten Staaten zu unterbinden. Dies bedeutete für die Reedereien eine Einbuße ihrer Gesamteinkünfte um ein Drittel. Während der Spitzenjahre vor dem Ersten Weltkrieg waren jährlich mehr als eine Million Einwanderer aus Europa eingetroffen. Doch das dichtgedrängte

Zwischendeck von Passagierdampfern, die in den New Yorker Hafen einfuhren, sollte mit der gleichen Endgültigkeit verschwinden wie der Kohlenrauch, der aus den Schornsteinen qualmte.

1824 war Charles Dickens im Segelschiff nach England zurückgefahren, und wie viele andere Erste-Klasse-Passagiere verließ er, entweder von Neugier oder von sozialem Gewissen getrieben, manchmal den Salon, um die jämmerliche Verwahrlosung der unteren Decks zu besichtigen. Er war offensichtlich berührt von dem, was er sah, denn der Humor der Reportage des Passagiers der *Britannia* wich dem Eifer des Pamphletisten.

In den Laderäumen des Schiffs drängten sich die bemitleidenswerten Einwanderer aus dem Osten, einschließlich derer, die erst wenige Wochen zuvor auf dem gleichen Schiff angekommen waren. Ein in Lumpen gekleideter Mann hatte seine Kleidungsstücke gegen eine Fahrkarte eingetauscht, ein anderer, der kein Geld für Lebensmittel besaß, ernährte sich während der ganzen Überfahrt von Essensresten. Die Lebensbedingungen waren katastrophal, das unvermeidliche Ergebnis der Gleichgültigkeit des Kapitäns und der Mannschaft. Damals wurden die Zwischendecksräume auf Schiffen en gros an Gruppen von Händlern verpachtet, deren Vertreter eine Pauschalsumme für jeden am Kai abgelieferten Einwanderer erhielten. Infolgedessen waren die Laderäume überfüllt. Ein Zustand, an dem auch die erschreckend hohe Zahl von Toten – darunter viele Kinder –, die noch vor Ankunft des Schiffs registriert wurde, kaum etwas änderte.

Fünfzig Jahre später hatten die Reedereien eingesehen, daß selbst die primitivsten Annehmlichkeiten für ihre ärmsten Passagiere ein einträgliches Geschäft sein konnten. Obwohl die Einwanderer noch immer ihr eigenes Bettzeug und Besteck mitbrachten, waren die Dienstleistungen deutlich verbessert. Die Geschlechter wurden getrennt, sofern sie nicht verheiratet waren. Es gab zwar immer noch keine Stewardessen, aber immerhin Stewards. Aus diesem Grund schliefen viele Ehepaare während der Überfahrt getrennt – die Ehefrau in der Zweiten Kabine oder »Zwischenklasse«, der Gatte im Zwischendecksschlafsaal für Männer.

Letztere waren kaum mehr als Laderäume, die mit 16 Kojeneinheiten belegt waren. Diese Kojen – eher Regalbretter – maßen zwei mal eineinhalb Meter. In jeder Einheit gab es vier, die durch ein zwanzig Zentimeter hohes Brett voneinander getrennt waren. Sie dienten nicht nur als Bett, sondern auch als Kommode und Kleiderschrank. In der Mitte der Abteilung stand ein Tisch, auf dem täglich drei Mahlzeiten serviert wurden, einschließlich einer, bei der das gleiche Essen wie in der Zweiten Kabine aufgetischt wurde. Trotz dieser gewaltigen Verbesserung gegenüber dem gemeinsamen Kartoffeltopf auf der *Britannia* war es noch üblich, daß Passagiere zusätzlich eigene Lebensmittel mitbrachten oder den Stewards ein Trinkgeld gaben, um wohlschmeckende Speisen aus der Salonkombüse zu erhalten. Bei stürmischem Wetter, wenn das Schiff hin und her geworfen wurde und das Wasser gegen die Außenhaut trommelte, welche die

Wände der Abteilung bildeten, erzeugten Angstschreie und das Stöhnen der Seekranken eine Atmosphäre qualvollen Leidens. Der Schiffskapitän inspizierte die Quartiere täglich, und es gab einen Arzt an Bord, der sich um sie kümmerte.

In den späten achtziger Jahren des 19. Jahrhunderts schrieb Robert Louis Stevenson, der auf einem ungenannten Schiff von Glasgow nach New York reiste, seine Eindrücke unter dem Titel *The Amateur Emigrant* nieder. Er war ein »Amateur« in dem Sinne, daß er die Zweite Kabine gebucht hatte und sich tagsüber als Zwischendeckspassagier ausgab, aber nachts in die relative Bequemlichkeit seiner Klasse zurückkehrte. Gegen eine Fahrkahrte, die ihn acht Guineen kostete – zwei mehr, als er für das Zwischendeck bezahlt hätte –, genoß Stevenson die Ungestörtheit einer eigenen Kabine. Er schlief lieber auf dem Boden als in der Koje, um den Luftzug, der unter der Tür eindrang, bestmöglich auszunutzen. Seine latente Tuberkulose erklärt wohl seine Abneigung dagegen, sich ständig in den übelriechenden Laderäumen aufzuhalten. Die gesamte Freizeit verbrachte er mit seinen Freunden im Zwischendeck. Bei ruhigem Wetter klingt seine Beschreibung der endlosen Lieder, Tänze und Geschichten fast feierlich, vergleichbar mit dem Müßiggang der Passagiere, die oben reisten und mit denen er nur einmal zusammenkam, nämlich zum Gottesdienst am Sonntag.

Trotz seiner Sorgen um das Leben der Auswanderer an Bord scheint Stevenson allerdings wenig Bewunderung für sie verspürt zu haben. Diese ungerechtfertigte und harte Einstellung teilte er leider mit vielen seiner Zeitgenossen. Die Auswanderer in die Neue Welt bewiesen eine bemerkenswerte Tapferkeit und Findigkeit, die nichts mit Feigheit zu tun hat. Auf der Flucht vor Verfolgung, Ungerechtigkeit oder schlicht dem Hunger haben sie nicht den leichten Weg gewählt. Die Entscheidung, ihre Heimat für immer zu verlassen, die Opfer, die sie brachten, um den Fahrpreis zu bezahlen, der Kampf darum, Reisepässe zu bekommen – was oft nicht ohne Bestechung ging –, und die beschwerliche Reise zum Hafen waren keine einfachen Schritte. Die Emigranten waren unter den Reisenden die hilflosesten. Die meisten hatten ihr Heimatdorf nie zuvor verlassen. Für viele war eine Eisenbahnfahrt etwas furchterregend Neues, denn sie brachte sie innerhalb weniger Stunden in ein Land, dessen Sprache, Gebräuche oder Währung ihnen unbekannt waren. Trotzdem machten sie sich tapfer auf den Weg, ihr weniges Hab und Gut mit sich schleppend. Sie wurden von den Verheißungen und der Lebensweise eines Landes angelockt, das unvorstellbar weit entfernt lag.

Im letzten Jahrzehnt vor dem Ersten Weltkrieg bedeutete die Auswanderung ein riesiges Geschäftsvolumen für die Reedereien. Es ist kein Zufall, daß 1907, im Spitzenjahr, als 1,2 Millionen Menschen in den Vereinigten Staaten aufgenommen wurden, auch die Jungfernfahrten von *Lusitania* und *Mauretania* stattfanden. Andere Riesendampfer, die ihnen auf den Fersen folgten, waren aufgrund dieser riesigen Nachfrage konstruiert worden. Die wirtschaftliche Grundlage, die solche

Dritte-Klasse-Passagiere, die auf Leichtern von den Auswandererunterkünften geholt wurden, gehen an Bord der *Imperator* mit Ziel New York. (*Nationalarchiv der USA*)

Unten: Aufenthalts- und Speiseraum für Zwischendeckspassagiere auf der *La Provence* um 1906. Eßbesteck wurde von der Reederei gestellt, ein ziemlicher Fortschritt. Am letzten Morgen der Überfahrt wurde auf der Plattform das Stroh aus den Strohmatratzen über Bord geworfen. (*Compagnie Générale Transatlantique*)

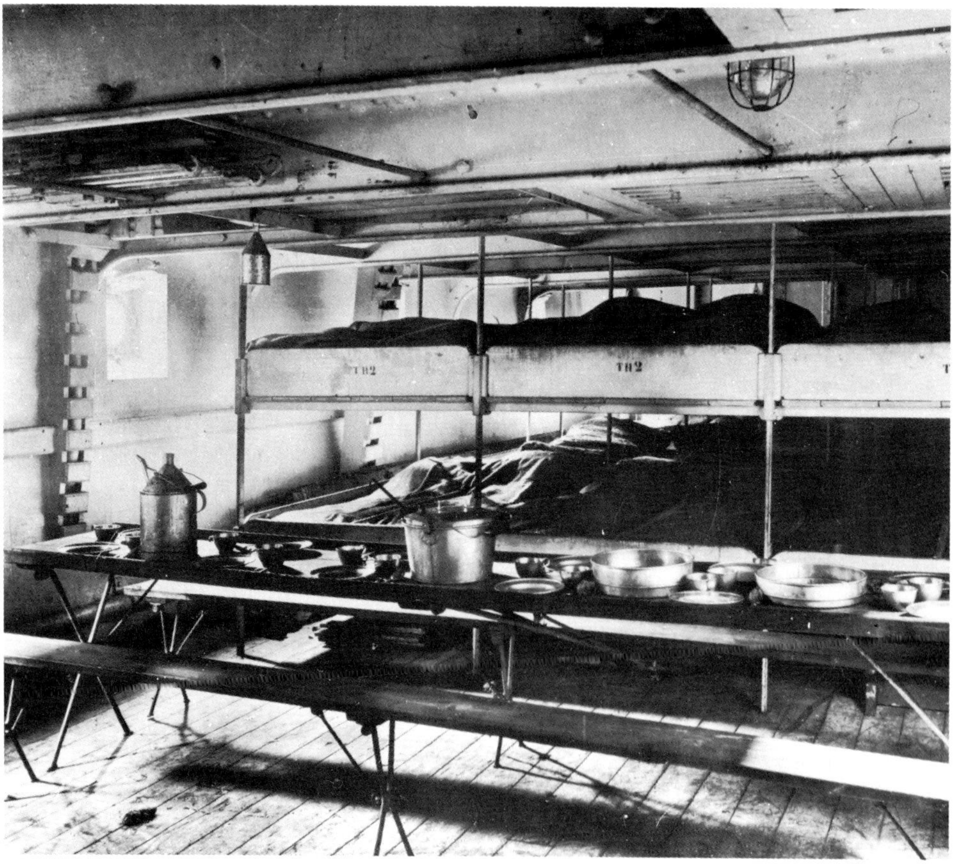

Flotten gewaltiger Schiffe ermöglichte, war der scheinbar endlose Strom anspruchsloser Passagiere. Die Hälfte der 3500 Reisenden der *Imperator* waren Emigranten. Die Reedereien machten zwar Werbung für den Prunk ihrer Schwimmbäder und Restaurants, aber ihre gewinnträchtigsten Kunden haben diese nie benutzt. Auch der Verkehr in östlicher Richtung war wichtig, weil der Strom nach Westen von der Wirtschaftslage in Amerika abhing und eine Wirtschaftsflaute ihn vorübergehend umkehren konnte. Die Gewohnheit, in leeren Einwandererräumen Vieh nach Europa zu schicken, wurde ausgesetzt, und Schiffe wie die *Olympic* boten sogar Kabinen an.

Wie alle gewaltigen menschlichen Unternehmungen unterlag auch die Auswandererflut nicht nur natürlichen Schwankungen. Es gab wohlüberlegte Manipulationen seitens der Reedereien, die, nachdem sie die Schiffe in Auftrag gegeben hatten, eine aggressive Werbekampagne führten, um Passagiere anzulocken. Die Büros von Reedereivertretern, oft Hunderte von Kilometern vom Meer entfernt gelegen, waren mit Plakaten geschmückt, die mit leichtverständlichen Abbildungen die sagenhaften Vorteile des Landes jenseits des Atlantiks darstellten. Die Cunard Line zahlte Österreich-Ungarn unter der Bedingung, daß die Regierung jährlich 20 000 Auswanderer in kontinentaleuropäischen Häfen ablieferte, eine Subvention. (Machenschaften dieser Art konnten auf Dauer nicht funktionieren und bereiteten der Masseneinwanderung schließlich ein Ende. Regierungsvertreter, welche die Provinzen abklapperten, um die Jahresquoten zu erfüllen, machten Tausende von unerwünschten Einwanderern ausfindig, die sie nur allzugern zurückschickten, nachdem sie völlig mittellos in Amerika gelandet waren, wo man nicht wußte, was man mit ihnen anfangen sollte.)

Deutsche Schiffe beförderten die große Mehrheit dieser Einwanderer der Vorkriegszeit, denn ihre Heimathäfen lagen für Mittel- und Osteuropäer ideal. Reedereien, die jahrelang ihre Zwischendeckspassagiere vernachlässigt hatten, gaben sich jetzt große Mühe, diese ab dem Augenblick ihrer Ankunft zu versorgen. Ballin war einer der ersten, der erkannte, daß jeder Einwanderer, der als zufriedener HAPAG-Passagier die Vereinigten Staaten erreichte, den Verwandten, die nachkommen wollten, diese Reederei wohl empfehlen würde. Einer der häufigsten Mißbräuche, der in allen Häfen Europas festzustellen war, bestand darin, daß falsche Reedereimitarbeiter die Auswanderer in heruntergekommene Pensionen lockten und ihnen bis zu ihrer Abreise einen exorbitanten Tagessatz berechneten.

Ballin beendete diese Ausbeutung durch den Bau eines malerischen Auswandererdorfes auf rund vier Hektar hübschen Landes an den Ufern der Elbe. Nachdem es 1906 fertiggestellt war, wurde es durch eine streng beachtete Demarkationslinie in zwei Abschnitte unterteilt: die »unsaubere Seite« landeinwärts, die »saubere« dem Wasser zugewandt. Die Passagiere, die per Pferdefuhrwerk vom Hamburger Bahnhof eintrafen (die Fahrkarte ging auf Kosten der Reederei), mußten zuerst duschen und wurden dann untersucht. Ihr Gepäck wurde getrennt desinfiziert. Danach begaben sie sich zur sauberen Seite, wo sie für wenig Geld Essen und eine Unterkunft erhielten. Es gab auch eine Kirche, eine gutgeführte Krankenstation und eine Kantine. Am Abend, bevor sie an Bord von Leichtern gingen, die sie flußabwärts zu den Schiffen brachten, wurde für die abfahrenden Gäste des Auswandererdorfs ein Tanzabend veranstaltet.

Auch wenn das alles etwas reglementiert erscheint, so war dieses Dorf zumindest sauber, anständig und preisgünstig. Außerdem sorgte sich Ballin zu Recht um die Gesundheit seiner Passagiere. Es war gesetzlich vorgeschrieben, daß Einwanderer, welche die Untersuchung der Gesundheitsbehörde an der Quarantänestation nicht bestanden, auf Kosten der Reederei zum Einschiffungshafen zurückbefördert werden mußten. Die Abgewiesenen vegetierten dann zu Tausenden in den Elendsvierteln europäischer Häfen, weil sie kein Geld mehr für die Heimfahrt besaßen.

Oft hieß es, die Einwanderer seien deshalb mit den Bedingungen im Zwischendeck zufrieden, weil sie früher auf noch schlechtere Unterkünfte beschränkt gewesen seien. Ich vermute, daß diese dankbaren Menschen, nachdem sie endlich an Bord des Schiffs waren, das sie nach Amerika beförderte, alles akzeptiert hätten. Zu denen, die sich am meisten über die Einschiffung freuten, gehörten hochschwangere Frauen. Anfang des 20. Jahrhunderts war die ärztliche Betreuung auf den größeren Schiffen von hoher Qualität, und viele Auswanderer richteten es so ein, daß ihre Kinder auf der Überfahrt geboren wurden. Joseph Imperator Schnapp, Passagier der dritten Klasse, der im März 1914 mitten auf dem Ozean auf dem Schiff geboren wurde (daher der zweite Vorname!), gehörte zu den Hunderten von Kindern, die in den »Zwischendeckskliniken« jener Zeit entbunden wurden. Seine Eltern erhielten von den Passagieren eine großzügige Geldspende.

Das Buch *Travelling Palaces,* das ein Engländer namens R. A. Fletcher 1913 verfaßt hat, liefert unschätzbare Details über die Einstellung der Zeitgenossen zu den Zwischendeckspassagieren. Es stellt eine reichhaltige Quelle von Informationen und Ratschlägen dar und behandelt verschiedene Themen: Tips für das richtige Verhalten in Speisesaal und Rauchsalon, Vorschläge, was man mitnehmen und was man wo tragen sollte. Dann befinden wir uns plötzlich in der dritten Klasse – das heißt, in ihrer Nähe, denn der Autor enthüllt gleich seine Herkunft und seine besonderen Empfindsamkeiten:

> Die meisten britischen Passagierschiffe weigern sich, Auswanderer aus Mitteleuropa wegen ihrer unhygienischen Gewohnheiten zu befördern. Das erscheint vielleicht herzlos, aber wenn Sie den ekelhaften Zustand einiger der Männer und Frauen aus jenem Teil des Kontinents erleben würden, könnten Sie die Haltung der Reeder verstehen, wären sogar erstaunt, daß man ihnen überhaupt gestattet hat, mit einem Zug – auch wenn es ein kontinentaler der vierten Klasse war – zum Seehafen zu fahren oder sich einzuschiffen.

Auf den größeren Schiffen hieß die Zwischendeckskategorie »dritte Klasse«. Ballins Sorge um seine gewinnbringendsten Passagiere hatte sich gelohnt. Auf der *Vaterland* hatten sie ihre eigene Küche, ihren eigenen Speisesaal und ihre eigenen Stewards. (*Frank Braynard Collection*)

Doch Auswandererpassagiere können auch nützlich sein. Fletcher weist beim Thema Wäsche darauf hin, daß eine Frau, die in der ersten Klasse reist,

> durch Vermittlung einer Stewardeß dafür sorgen kann, daß eine Reisende der dritten Klasse, die ihre eigene Wäsche in der Waschküche der dritten Klasse erledigt, bereit ist, auch ihre Wäsche zu waschen.

Man beachte das Zartgefühl von Fletchers Rat, daß der Kontakt am besten durch eine dritte Person hergestellt werde – um die Ansteckungsgefahr zu vermeiden. Sein Hinweis auf die Waschküche ist interessant; sie war wohl die einzige Einrichtung in der Geschichte der Atlantikfahrt, die der ersten Klasse vorenthalten blieb, der dritten aber zugänglich war.

Auch wenn Fletcher arrogant gewesen sein mag, sprach er sich doch gegen eine allgemeine Verletzung des guten Geschmacks aus: dagegen, daß Kabinenpassagiere die »Elendsviertel« besuchten. Sein Urteil darüber findet sich im Zitat am Anfang dieses Kapitels. Es war ein beliebter Zeitvertreib für Passagiere der ersten Klasse, in Abendkleid oder -anzug die dritte Klasse zu erforschen. Die Reedereien hießen dies nicht gut, konnten es aber zumeist auch nicht verhindern. Es gibt wohl kaum etwas Herablassenderes, als eine Gruppe arroganter junger Schnösel, die in die einfachen Quartiere eindringen. Stevenson hatte während seiner Überfahrt als Quasi-Einwanderer einfühlsam darüber geschrieben:

> Sie bahnten sich vorsichtig ihren Weg, kicherten gönnerhaft und gerierten sich als gute Fee, was mich bis in Mark erzürnte. [...] Allein mit ihrer Kleidung provozierten sie uns. Sie musterten unsere schäbigen Gewänder von oben bis unten, um Flicken zu entdecken. Am liebsten hätten sie laut gelacht, waren aber zu wohlerzogen, um diesem Drang nachzugeben, solange wir in Hörweite waren. Doch wenn sie wieder in ihrem Salon waren, amüsierten sie sich königlich über die Manieren der Zwischendeckspassagiere.

Die sogenannte »Promenade« der dritten Klasse befand sich in jedem der beiden Welldecks. Es gab keine Liegestühle oder Spiele, denn es handelte sich um eine öde Fläche, die im Hafen dem Frachtumschlag diente. Einmal pro Tag mußten sich alle Auswanderer dorthin begeben, damit ihre Quartiere gereinigt werden konnten. Wenn es kalt war, nahmen sie die grauen Reedereidecken mit, die um die Jahrhundertwende schon im Fahrpreis inbegriffen waren. Sie hockten sich auf Winden oder auf die Leeseite der Luken, die Älteren drängten sich um die Dampfrohre. Manchmal gab es Stegreifkonzerte oder Tänze auf den Lukendeckeln, die Zuschauer aus der Zweiten Kabine anlockten. Sie betrachteten die Armen von oben, lehnten sich über ihre Promenadendeckreling und warfen den Zwischendeckskindern Bonbons und Pfennige zu.

Aber Feiern dieser Art waren verhältnismäßig selten. Die Stimmung der dritten unterschied sich von den zwei höheren Klassen durch einen Mangel an Frivolität. Die Langeweile, das geistlose Singen und Tanzen übertünchten ihre Furcht vor New York. Für die Kabinenpassagiere bedeutete Land in Sicht die Rückkehr zum Gewohnten; für die Mannschaft, daß man die Hälfte einer routinemäßig verlaufenden Reise zurückgelegt hatte. Aber für die von Auswanderern zu Einwanderern gewordenen Menschen auf den unteren Decks stellten New York und seine Beamten die letzte Hürde vor der Einreise in die Vereinigten Staaten dar. Vor ihnen lag nicht nur das »Gelobte Land«, sondern auch eine Begegnung mit einer fremden, unverständlichen Bürokratie und die Feuerprobe auf Ellis Island.

Innerhalb der Narrows, auf der Seite von Staten Island, ankerten eintreffende Schiffe an der Quarantänestation vor der Public Health Station in Clifton und setzten eine gelbe Flagge, das internationale Codezeichen für den Buchstaben »Q«. Das System der Quarantäne geht auf das Venedig des 14. Jahrhunderts zurück, wo man versuchte, die Beulenpest einzudämmen. Der Name entstammt dem italienischen *quaranta,* was soviel heißt wie »vierzigtägige« (Festhaltezeit). Für die meisten der in New York einfahrenden Schiffe dauerte das Ganze eine Stunde, sofern sie nicht hinter anderen Schiffen warten mußten, bis sie an der Reihe waren. Eine Gruppe von Inspektoren kam an Bord, durchmaß eiligen Schrittes die erste und zweite Klasse und richtete sich in der dritten zur Untersuchung der Einwanderer ein. Diese mußten sich einer nach dem anderen im hellen Licht von den Inspektoren betrachten lassen.

Obwohl die Inspektoren alles von Typhus bis Lepra entdecken konnten, wurde ihre Arbeit durch die Zwangsuntersuchung erleichtert, welche die Reedereien selbst zum Zeitpunkt der Einschiffung durchführten. Eine der Hauptsorgen war das Trachom, die »ägyptische Augenkrankheit«, die an geröteten Pupillen erkennbar ist. Diese Krankheit kann bei Erwachsenen nicht geheilt werden. Sie war von den Soldaten Napoleons nach ihrer Rückkehr aus den ägyptischen Feldzügen in Europa eingeschleppt worden, und die Gesundheitsbehörde der USA hatte sich vorgenommen zu verhindern, daß sie durch die Einwanderer in Amerika verbreitet wurde. Nach 1904 wurden Immigranten, bei denen eine Trachominfektion diagnostiziert wurde, aus den Vereinigten Staaten ausgewiesen.

1892 gab es eine Cholera-Panik im Hafen, und die *Normannia,* ein Schiff der HAPAG, blieb tagelang an der Quarantänestation vor Anker, obwohl sie keine Cholera-Kranken an Bord hatte. Da sie ihre Passagiere nicht in New York absetzen konnte, ließen die Behörden sie schließlich in der Ödnis von Fire Island von Bord gehen, wo sie ihre »vierzig Tage« verbrachten und dann von Soldaten in die Stadt gebracht wurden.

Nach Erteilung der Freigabe wurde die gelbe Flagge wieder eingeholt, die New Yorker Zeitungsreporter durften an Bord, und das Schiff fuhr in den Hafen. Auf dem Weg zu den Piers kam man an Bartholdis berühmter Freiheitsstatue vorbei, die seit 1886 ein Wahrzeichen des Hafens darstellt. Ihr Anblick bewegte die Einwanderer zutiefst. Sie kämpften um einen Platz an der Reling, fielen auf die Knie oder vergossen Freudentränen. Als das Schiff an der Pier anlegte, durften sie erst nach den Kabinenpassagieren von Bord, das heißt, sie stiegen in Leichter zur Fahrt nach Ellis Island um. Vor 1892 wären sie nach Castle Garden (Battery) gebracht worden, aber in jenem Jahr war die Einwanderungsbehörde in die Festung vor der Küste New Jerseys verlegt worden. Man hatte die Insel, die ursprünglich knapp einen Hektar maß, zum großen Teil mit Ballast aus den eintreffenden Segelschiffen aufgeschüttet und vergrößert; Ellis Island war also selbst so kosmopolitisch wie seine Besucher.

Die Neuankömmlinge mußten sich in Schlangen neben den Geländern in der Empfangshalle aufstellen. Es gab eine weitere, flüchtige ärztliche Untersuchung. Die, deren Krankheiten bei früheren Untersuchungen übersehen worden waren, erhielten eine Kreidemarkierung in unterschiedlichen Farben aufs Revers, die auf die jeweilige Krankheit hinwies. Diese Unglücklichen sowie jene, deren Ausweise nicht richtig gestempelt waren oder die erforderlichen 25 Dollar in bar nicht besaßen, wurden in den Arrestraum geführt. Er galt als gefürchtete Sackgasse, weil die Abgewiesenen, die Epileptiker und die Geisteskranken dort oft wochenlang darben mußten. Die Bedingungen waren schlechter als in den armseligsten Unterkünften in der dritten Klasse. Die Verpflegung bestand oft nur aus Trockenpflaumen und Roggenbrot. In den meisten Fällen war eine Befreiung aus diesem Arrest nur durch eine Rückfahrt zum Einschiffungshafen in Europa möglich. Aus diesem Grund zogen die meisten die Inhaftierung im staatenlosen Limbus von Ellis Island der endgültigen Abweisung wegen Untauglichkeit vor.

Wer die Musterung dagegen bestanden hatte, verließ die Insel durch eine von drei Hallen. Links und rechts, unter Schildern, auf denen lediglich »Westen« beziehungsweise »Neu-England« zu lesen war, gab es Räume, wo Bahnfahrkarten und amerikanisches Geld erworben werden konnten. So mancher Geldwechsler hatte damals einen Vorrat an polierten Pfennigen zur Hand, welche er den Unbedarften als Goldmünzen andrehte. Zwischen den zwei Eisenbahnhallen befand sich eine Treppe, die direkt hinunter zur Endstation der Fähre führte. Unten gab es ein stürmisches Wiedersehen zwischen den Einwanderern, die nach Manhattan wollten, und Freunden und Verwandten, die am »Kußpfosten« warteten und sie in der Neuen Welt willkommen hießen. Lediglich eine Fährenfahrt entfernt erwartete sie ein neues Leben. Viele von denen, die an der Battery an Land gingen, blieben für immer in Manhattan.

Nachdem die Vereinigten Staaten in den »Europäischen Krieg« verwickelt worden waren, versuchten sie in den darauffolgenden Jahren, der Welt den Rücken zu kehren. Nachkriegsunruhen erzeugten eine häßliche neue Stimmung, eine Art nationaler Paranoia, für die das Amerika des 20. Jahrhunderts besonders anfällig erscheint. Opfer dieser Hysterie wurden vor allem die Einwanderer, unter denen es ja Rote, Anarchisten oder irgendwelche anderen subversiven Elemente hätte ge-

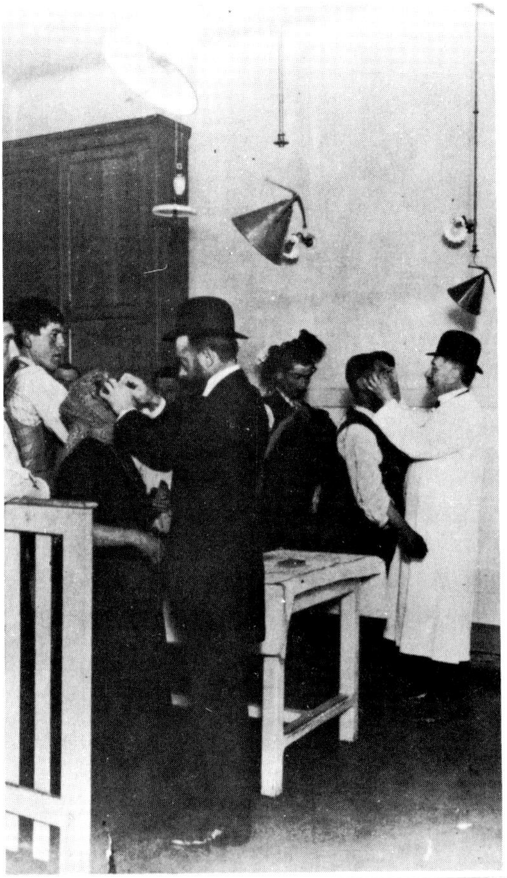

Die erste der zwei transatlantischen Untersuchungen auf Trachom. Ärzte in Le Havre untersuchen Einwanderer auf die gefürchtete Augenkrankheit. An der Quarantänestation wiederholten Ärzte der amerikanischen Gesundheitsbehörde die Untersuchung. (*Compagnie Générale Transatlantique*)

Unten: Die *France* (links) und die *Mauretania* warten auf die Freigabe durch die Gesundheitsbeamten an der Quarantänestation vor Staten Island. Dieses Foto wurde im August 1913 von Alice Austen, einer der ersten Fotografinnen, aufgenommen, deren Privatgrundstück im Vordergrund zu sehen ist. (*The Staten Island Historical Society*)

Reisende der drei unterschiedlichen Klassen säumen die Vorderdecks der *Imperator*, als sie sich ihrem Kai in Hoboken nähert. Auf dem Deck der dritten Klasse, das üblicherweise zu diesem Zweck genutzt wurde, stapeln sich Überseekoffer. (*Frank Braynard Collection*)

ben können. Im Mai 1921 verabschiedete der Kongreß den Dillingham Immigration Restriction Act, ein Gesetz zur Einschränkung der Einwanderung, und der Zustrom fand ein Ende. Binnen fünf Jahren wurden mehr Leute in Ellis Island abgewiesen als aufgenommen. Jene Schiffe, die die Neu-Amerikaner gebracht hatten, mußten sich neue Einkommensquellen erschließen – der Atlantikverkehr stand vor einschneidenden Veränderungen.

Der Cunarder-Anteil an der Kriegsbeute. Nachdem sie als Truppentransporter benutzt worden war, übergab die US-Kriegsmarine die *U. S. S. Imperator* der britischen Reederei. Unter dem Namen *Berengaria* setzte sie ihre Karriere als Flaggschiff der Nachkriegsflotte von Cunard fort. Wenn es auch nicht das schnellste Schiff der zwanziger Jahre war, so doch sicherlich das angesehenste. (*HAPAG-Lloyd, ehemals Hamburg-Amerika Linie*) (*Cunard Line*)

... und reisten jedes Jahr nach Europa,
wie gute New Yorker es tun.

ALICE B. TOKLAS,
WHAT IS REMEMBERED

7.

Auf nach Osten: die goldenen zwanziger Jahre

Der in den Friedenszeiten der zwanziger Jahre wiederaufgenommene Schiffsverkehr hatte sich nicht grundlegend verändert, abgesehen davon, daß der Kohlenstaub fehlte. Die britische Verwandlung ehemals deutscher Schiffe beschränkte sich auf geringe kosmetische Eingriffe: eine neue Flagge auf dem Masttopp, ein neuer Name auf dem Heck, neue Farben auf dem Schornstein und ein neuer Liegeplatz am Ostufer des Hudson. Aus den Arbeitsräumen der *Berengaria* war jeder Hinweis auf ihren deutschen Ursprung verschwunden. Anzeigen von Schaltern und Ventilen waren umgedreht und in englischer Sprache graviert worden. In den Kabinen waren die Badezimmerarmaturen immer noch mit den deutschen Wörtern AUF und ZU gekennzeichnet, und die Aschenbecher trugen die Aufschrift ZIGARREN. Das kleine Schaukelboot im Spielzimmer hatte seinen Platz behalten, an seiner Flanke prangte allerdings ein neuer Name.

Das Ritz-Carlton-Restaurant bestand nicht mehr; die Cunard Line verwendete diesen Raum statt dessen als Ballsaal. Der Wintergarten wandelte sich in einen »geschickt angelegten« Palmenhof – wie in einer zeitgenössischen Broschüre zu lesen -, »der den Passagieren der *Berengaria* den Eindruck vermittelte, sich in einem Patio in Monte Carlo zu befinden«. Durch einen Zufall verwies der englische Werbetexter zumindest indirekt auf jenen Geist, der den Aufenthaltsräumen ihren

Charakter verlieh. Das Schwimmbecken blieb unverändert und erhielt lediglich zusätzlich ein Sprungbrett und Sportringe. Zur Beschwichtigung angloamerikanischen Aberglaubens änderte man die Numerierung der von den Deutschen mit der Zahl »13« versehenen Kabinen.

Ironischerweise widmete die Öffentlichkeit dem erfolglosesten der großen, ehemals deutschen Schiffe geradezu überschwengliche Aufmerksamkeit. William Francis Gibbs, der führende Schiffbauingenieur Amerikas und ein Mann kompromißlosen Eifers, erhielt den Auftrag, die *Leviathan* umzubauen. Er reiste nach Europa und ersuchte die Werft Blohm & Voss um Unterstützung. Die deutschen Schiffbauer schmerzte die Aussicht, ihre brandneue *Bismarck* zu verlieren, weshalb sie sich wenig kooperativ zeigten. Sie verlangten für einen Satz der Originalpläne der *Vaterland* eine »Schutzgebühr« von einer Million Dollar. Gibbs' Antwort läßt sich vermutlich nicht veröffentlichen. Mit dem Entschluß, eigene Pläne zu zeichnen, kehrte er nach New York zurück. Er organisierte eine Arbeitsgruppe von einhundert Konstruktionszeichnern der Marine, die über das Schiff ausschwärmten, jede Treppe, jeden Gang und jede Leiter inspizierten und jeden Quadratzentimeter in ihre Pläne aufnahmen. Da zu dieser Zeit keines der Trockendocks des New Yorker Hafens geräumig genug war, um die *Leviathan* aufzunehmen, beinhalteten die Messungen auch ihre äußeren Dimensionen auf Basis der Innenberechnungen des Schiffskörpers – eine beeindruckende und einzigartige Leistung.

Nach zwölf Monaten härtester Arbeit legte man der Schiffahrtsbehörde der Vereinigten Staaten einen vollständigen Satz Pläne vor, und die *Leviathan* wurde zu einem ausgedehnten Umbau nach Newport News verholt. Acht Millionen Dollar und ein Jahr später tauchte sie mit rot-weiß-blauen Schornsteinen, neuer Leitungsanlage, gesteigerter Leistungsfähigkeit und einem auf Öl umgestellten Antrieb als durch und durch amerikanisiertes Schiff wieder auf. Kapitän Herbert Hartley fuhr sie von Virginia in die Schiffswerft der Marine in Boston, wo man einen Schlepperkapitän verzweifelt rufen hörte: »Wo zum Teufel befestigt man an diesem schwimmenden Hotel ein Tau?« Am Ufer drängten sich 50 000 Bostoner auf so rüde Weise, daß ein Bataillon der Marine herbeigerufen werden mußte. Viele der Schaulustigen hatten ein Jahr zuvor die *Majestic* nicht gesehen, und Schiffe dieser Größe gingen nur selten im Bostoner Hafen vor Anker.

Im Juli 1923 lief das Schiff zu seiner zweiten Jungfernfahrt aus. Die arme, stolze *Leviathan* war vom Schicksal hoffnungslos betrogen worden: Sie besaß keine in Dienst stehende Gefährtin ihrer Größe und konnte ihren Passagieren zu allem Übel nichts Belebenderes anbieten als Sarsaparillensaft. Als Konsequenz zeichnete sie laufend Verluste und verbrachte ebensoviel Zeit bei Reparaturarbeiten wie im Dienst. Gegen Ende ihrer Laufbahn scherzte einer ihrer Eigentümer: »Die *Aquitania* ist das beliebteste Schiff der Welt, und es kostete uns neun Millionen Dollar, dies herauszufinden.«

Der Indienststellung der *Leviathan* in den frühen zwanziger Jahren ging eine

Einer der Gründe für das überaus hohe Gewicht der *Imperator*: ein Badezimmer der ersten Klasse mit üppiger Marmorverkleidung und stählerner Badewanne. Offensichtlich herrschte bei den Sanitärtechnikern der Vulcan-Werke fröhliche Unbekümmertheit hinsichtlich der Einsparung von Gewicht. (*HAPAG-Lloyd, ehemals Hamburg-Amerika Linie*)

Ein einzelner Wasserhahn, Nieten, Rohre und eine beträchtlich geringere Privatsphäre kennzeichnen die spartanische Unterkunft der Passagiere der dritten Klasse auf der *Albert Ballin* im Jahr 1924. Die nahezu vollständige Abwesenheit von schmückendem Beiwerk, abgesehen von einer einzigen Topfpflanze, schreckte die Amerikaner, die zugunsten einer Kosteneinsparung gerne auf Luxus verzichteten, in keiner Weise ab. (*Nationalarchiv der USA*)

Eine unbeholfene Werbung der White Star Line in einer Broschüre aus dem Jahr 1926. Ein Trio von »feinen Herren« in Dinnerjackets genießt die Fürsorge eines entgegenkommenden Stewards. Der Fotograf, der die Szene mit einem erstaunlich kräftigen Feuerschein ausleuchtete, unterließ es, die aufgeschlagenen Hosenbeine und zerkratzten Schuhe seiner Modelle zu verbergen. Dennoch verleitete diese Art herrschaftlicher Anmaßung, die vor Mewès' feudalem Kamin arrangiert wurde, Tausende amerikanische Touristen, eine Überfahrt zu buchen. (*The Peabody Museum of Salem*)

Reihe lächerlicher Auseinandersetzungen zwischen Schiffahrtslinien um den Titel des größten Schiffs der Welt voran. Die White Star Line, deren *Majestic* tatsächlich die größte Länge aufwies, erdreistete sich, sie auch als das schnellste Schiff zu bezeichnen. Die Cunard Line, deren *Mauretania* noch immer das Blaue Band innehatte, forderte ihre Konkurrentin daraufhin auf, diese Behauptung augenblicklich zurückzuziehen. Die United States Line nahm den Titel des größten Schiffs für sich in Anspruch und stattete die an Bruttoregistertonnen führende *Leviathan* zusätzlich mit einem Wetterdeck aus. Ein Steward der Cunard Line, der eine Gesellschaft Ausflügler aus Southampton durch die *Berengaria* führte, hatte vielleicht das letzte und lächerlichste Wort in diesem Streit der Superlative. »Diese Lounge«, verkündete er stolz, »ist der größte Aufenthaltsraum aller in Betrieb stehenden Schiffe – und Sie werden bemerken, daß die gesamte Decke von keiner einzigen Säule gestützt wird!«

Die meisten Schiffe blieben im Gegensatz zu ihrer menschlichen Last grundsätzlich unverändert. Zum ersten Mal bestand die Mehrheit der Dampfschiffreisenden mit einem Anteil von über achtzig Prozent aus Amerikanern. Dabei handelte es sich nicht ausschließlich um die reichen Amerikaner der Vorkriegsjahre, sondern auch um einen völlig neuen Typ von Massenpassagieren. Seltsamerweise war das eine Folge der amerikanischen Gesetzgebung. Die restriktive Haltung der Kongreßabgeordneten in der Frage der Einwanderung spiegelte zwar eine stark isolationistische Stimmung im Amerika der Nachkriegszeit wider, bewirkte aber, daß Europa für eine große Anzahl ihrer Wähler erreichbar wurde.

Angesichts der großen Flächen minderwertiger Lagerräume leisteten die Gesellschaften findige Arbeit. Die plötzlich überflüssigen Räumlichkeiten wurden zu Unterkünften für Lehrer, Studenten und Touristen aufgewertet. Zahllose Amerikaner wollten in der Hochsaison nach Europa reisen, konnten aber gerade einmal den niedrigsten Fahrpreis aufwenden. Der Begriff »Zwischendeck« wurde aus dem Lexikon der Werbetexter gestrichen. An seine Stelle trat die »Dritte Touristenkabine«, eindeutig etwas für jedermann. Der raffinierte neue Titel verwies generell auf Ansehen (»Tourist«), schlichte Ausstattung (»Dritte«) und Privatsphäre (»Kabine«). White Star drückte es folgendermaßen aus: »Wenn Sie sich mit dem Gedanken tragen, in der zweiten Klasse, der Dritten Touristenkabine oder der dritten Klasse eine Überfahrt zu buchen, werden Sie in all diesen Klassen dieselbe sorgfältige Aufmerksamkeit für Ihren persönlichen Komfort finden. Selbstverständlich wird die Ausstattung etwas weniger luxuriös, aber keineswegs weniger gefällig sein.« Niemandem erschien es ungewöhnlich, die Kabine mit Fremden zu teilen. Das Essen war einem Passagier zufolge »einfach, gehaltvoll, langweilig, aber genießbar«. Keine dieser Unzulänglichkeiten schreckte zukünftige Gäste ab. Erfreut stellten die Schiffahrtsgesellschaften fest, daß mit ein wenig frischer Farbe, einem verbesserten Service und einer mit dem Monogramm der Gesellschaft versehenen Tagesdecke die bislang nur für einfachste Dienste geeigneten Schiffsflächen den neuen, aus der Angestelltenschicht stammenden Passagieren des Zwischendecks ganz annehmbar erschienen.

Das enge Zusammenleben mit Fremden war nur einer der Aspekte der sogenannten Dritten Touristenkabine. In den aufpolierten Decks reisten auch die aus der ursprünglichen dritten Klasse Übriggebliebenen. In den Broschüren der Gesellschaften wurden sie als »Reisende in die alte Heimat« bezeichnet. Es handelte sich um Immigranten, die durch ihren Erfolg in der Neuen Welt die Möglichkeit erhielten, ihre Heimat in der Alten Welt zu besuchen. Dies taten sie nun als anspruchsvollere und unabhängigere Passagiere als bei ihrer ersten Überfahrt. Sie nahmen die neuen, gebildeten Fahrgäste mit verwirrter Gleichgültigkeit in ihrer Mitte auf. Umgekehrt schätzten die Anhänger der Dritten Touristenkabine die durch ihre vielsprachigen Reisebegleiter hergestellte Brücke zur Vergangenheit. Denn der wahre Anreiz der Dritten Touristenkabine lag nicht allein im günstigen Fahrpreis, sondern in der Atmosphäre. Sie erhielt den Beinamen »Linke-Ufer-Klasse«. Passagiere, die in dieser Klasse ihre erste Überfahrt buchten, erlebten ein Abenteuer, einen kurzen, versuchsweisen Abstieg in unbekannte Tiefen, was in der bürgerlichen Vertrautheit der zweiten Klasse unmöglich gewesen wäre. Das Projekt erwies sich als überaus erfolgreich, und obwohl die Kapazität der *Berengaria* von 4 100 auf 2 770 Passagiere verringert wurde, stellte sich die neue dritte Klasse in diesen Nachkriegsjahren als Gottesgeschenk heraus.

Die Schiffahrtgesellschaften trugen der Änderung der Reiserichtung Rechnung. Die Büros in New York wurden ausgebaut, und mit derselben Hingabe, mit der man die Verfolgten aus den europäischen Ghettos angelockt hatte, überlegten sich die Werbefachleute der Dampfschifflinien ausgefeilte Kampagnen, um »Übersee« auch im amerikanischen Hinterland zu verkaufen. Die Reise nach Europa wurde mit einer Vielzahl subtiler Anreize vermarktet: Kultur, Luxus, Snobismus – und vor allem Durst. Amerika befand sich seit 1919 im Würgegriff der Prohibition, und die Öffentlichkeit erkannte rasch, daß der Atlantische Ozean in mehr als nur einer Hinsicht naß war. Wenn das Volstead-Gesetz nichts anderes bewirkte, so schuf er mit dem stets betrunkenen Amerikaner einen neuen transatlantischen Reisetypus. Lautstark, streitlustig, aber großzügig verwandelte er den Rauchsalon in eine Bar. Die Stewards des Speisesaals machten Überstunden, und die kräftigsten von ihnen halfen als Rausschmeißer aus. In den frühen zwanziger Jahren, bevor die Amerikaner mit ihren Schwarzbrennern zu leben lernten, wurde für manchen die Reise nach Osten zuviel. Der Arzt der *Aquitania* gewöhnte sich ans Delirium tremens und verfrachtete oft Passagiere auf Tragbahren in den Schiffszug.

Beachten Sie, mit welchem Anreiz die French Line in ihrer Broschüre warb:

> Während Sie auslaufen und sich immer weiter aus dem Bereich sämtlicher Gesetze und Verbote entfernen, erscheinen diese lieben kleinen, eisgekühlten Köstlichkeiten prickelnd in ihren schlanken Kristallkelchen. [...] Vollkommen französisch, vollkommen harmlos – und so überaus herrlich in der Kehle!

Insbesondere die Franzosen verwandelten ihre Schiffe in Zufluchtsorte für heimliche Trinker. Die Ausbildung der *mousses,* der uniformierten Schiffsjungen, umfaßte mehr, als lediglich die Kappe abzunehmen, wenn sie angesprochen wurden. Auf die tägliche Gymnastik auf dem Sonnendeck folgte ein obligatorischer Englischkurs mit Wandtafel und Zeigestift. Die schwierigsten Wortübungen drehten sich um »Dry Martini« und »Manhattan«, und einfache Beispiele wie das folgende wurden wortwörtlich nachgesprochen:

> *Mousse:* »Guten Morgen, Sir (Madam)!«
> *Passagier: »Wo ist die Bar?«*
> Mousse (mit einer Verbeugung): »Hier entlang, Sir (Madam)!«

Der Rauchsalon der *Leviathan* wurde seinem Namen nicht mehr gerecht, obwohl auch an anderen Orten fleißig weitergetrunken wurde. Nach dem Gong, der zum Umkleiden für das Abendessen rief, konnte man in jedem Gang ein unablässiges Klingeln und Klirren vernehmen. Dies war der heimliche Gesang der Mixbecher.

New York, der größte und protzigste aller Atlantikhäfen, verwandelte sich in den unumstrittenen Mittelpunkt, von dem aus nicht nur Amerikaner ihre Reise antraten, sondern auch Gesellschaften unter ausländischer Flagge Kundschaft suchten. Ungeachtet des starken, aber zweitrangigen Schiffsverkehrs nach Kanada oder Boston, steuerten die großen Schiffe auf ihrer Fahrt nach Westen unbeirrt auf Ambrose Light zu. Der Wald aus Bugsprieten, die im 18. und 19. Jahrhundert in die South Street hineinragten, war ein Symbol für New Yorks enge Beziehung zu seinem Hafen, die sich im 20. Jahrhundert fortsetzte.

Diese Verbundenheit mit dem Meer überraschte die meisten Europäer. Manhattan besaß nasse Füße, und doch erhob sich aus dem Wasser des Hafens eine verblüffende Ansammlung futuristischer Turmbauten. In gewisser Weise teilte es die geographische Eigenheit mit Städten wie Venedig und Kopenhagen, wenn sie auch ein weit größeres Ausmaß hatte. Die Passagiere der einlaufenden Schiffe trafen plötzlich auf eine erstaunliche Metropole, deren Pulsschlag über das Wasser bis zu ihnen drang. Auf der ganzen Welt dominierte kein anderer Stadthafen die ankommenden Schiffe auf ähnliche Weise. Er bildete eine Kulisse, gegen die sämtliche Bauten, die die europäischen Kais überragten, bescheiden wirkten. Dieser Anblick verfehlte seine Wirkung bei niemandem. Obwohl Umweltschützer behaupten, die Luft über der Stadt sei verschmutzt, erstrahlt New York auch heute noch an manch frischem Morgen ebenso reingewaschen, wie Rupert Brooke es bei seiner Ankunft im Jahr 1913 erlebte:

> Auch eine halbe Stunde vor Sonnenaufgang besaß dieser Morgen Schönheit. New York, die sauberste und am wenigsten verrauchte Stadt, schlummerte in einem seltsamen perlenfarbenen, zeitlosen Licht. Eine zarte Dunstschicht ließ

die entfernteren Konturen weicher erscheinen. Das Wasser lag schillernd im Dämmerlicht eines silbernen, kühlen Himmels und wurde von einer sanften Brise gekräuselt, die uns vom Meer gefolgt war. Einige wenige Rauchsäulen erhoben sich in schrägen Parallelen wie Wimpel unserer Zivilisation über der Stadt. Die Wasserfläche ist groß, weshalb die gigantischen Gebäude nicht ebenso gewaltig in den Himmel aufragen, wie sie es von der Straße aus tun. Jeder Maßstab geht verloren. Sie könnten beliebige Ausmaße besitzen. Man erhält eher den Eindruck, als würden sich lange, niedrige Bauwerke an jeder Uferseite zum Wasser hinabziehen, an dem sich unzählige schwarze Kais, Landungsbrücken und Piers aneinanderreihen. Und an einem gewissen Punkt, dem unteren Ende der Insel, auf der die eigentliche Stadt errichtet ist, erhebt sich eine Gruppe hoher Gebäude von Singer, Woolworth und den übrigen. Ihre an Strenge grenzende Kraft, ihre Linie und ihre helle Färbung verleihen ihnen etwas Klassisches, und wenn auch nicht klassisch im europäischen Sinn. [...] Unser Schiff fuhr mit einzigartiger, vornehmer Herrschaftlichkeit durch den Hafen und den Hudson hinauf. Rundum prusteten, huschten und schnauften die zahlreichen seltsamen Bewohner des Hafens. Schlepper, Dampfer, eigenartig geformte Fährschiffe, lange Flöße, die endlose Waggon-Reihen von Eisenbahnlinie zu Eisenbahnlinie beförderten, Bagger, Motorboote und sogar das eine oder andere Segelschiff. Die Arbeit dieses Tages hatte begonnen. Zwischen ihnen fuhr unser Schiff mit einer Erhabenheit, die nur ein Ozeanliner bei der Einfahrt in einen Hafen besitzt. Es kam voran, bewegte sich fort – die moderne Sprache besitzt kein Wort für eine solche Bewegung – *incessu patuit dea.* Eine Göttin betritt das Märchenland, dachte ich, denn die sich zusammendrängende Schönheit der Bauwerke und die stets ruhige silberne Wasserfläche erschienen unwirklich. Dann blickte ich in das Wasser direkt unter mir hinab und wußte, daß New York doch eine echte Stadt war. Abfälle jeder Art trieben vorüber: Holzstücke, Stroh von Lastkähnen, Flaschen, Kisten, Papier, gelegentlich ein toter Hund oder eine tote Katze, entsetzlich blasenartig aufgequollen, die vier Pfoten steif und entrüstet gen Himmel gestreckt.

Die vielleicht bedeutendste Beobachtung des Dichters betrifft den besonderen Dualismus von New York, der diese verlockende und abstoßende Stadt bis heute kennzeichnet. Als bekehrter New Yorker muß ich ihm zustimmen. Ich lebe im intellektuellen, künstlerischen und wirtschaftlichen Zentrum der Vereinigten Staaten, einer Stadt, der nur der Regierungssitz fehlt, um ihre offensichtliche Position als Hauptstadt zu legitimieren. In seiner rücksichtslosen Art zieht New York aus aller Welt unzählige schillernde Vorreiter an, die neue Trends kreieren, und abenteuerlustige Konsumenten, die sie ausprobieren. Darüber hinaus ist es laut, schmutzig, teuer, gefährlich, hektisch, korrupt, zynisch und vergiftet. Aber überall findet sich Lebendigkeit, die der reichen Vielfalt des menschlichen Verkehrs im Hafen entspringt – auf der einen Seite der eben gelandete, anonyme Immigrant,

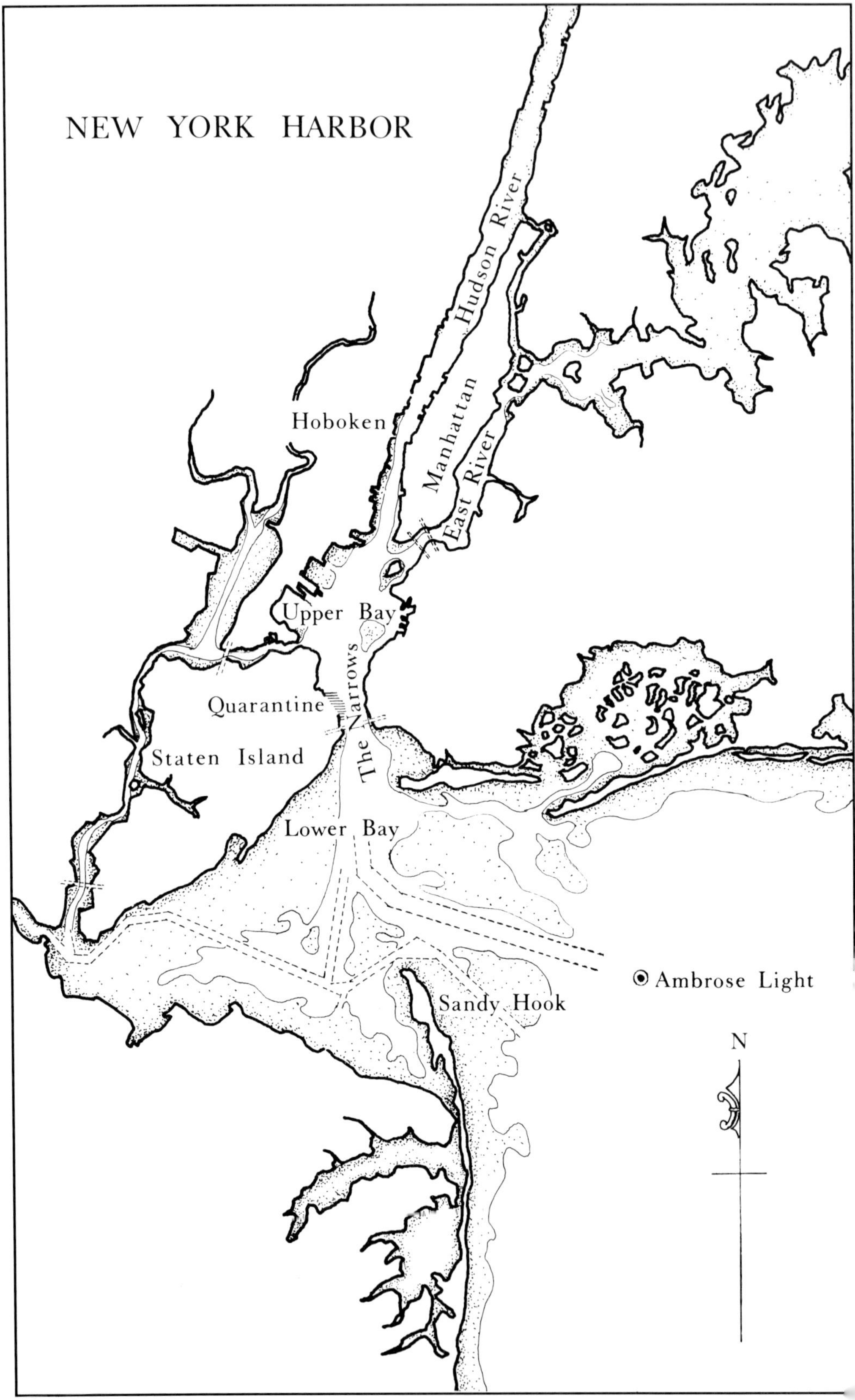
NEW YORK HARBOR
Hudson River
Hoboken
Manhattan
East River
Upper Bay
Quarantine
The Narrows
Staten Island
Lower Bay
Sandy Hook
Ambrose Light
N

Diese aus den frühen fünfziger Jahren stammende Luftaufnahme von Pier 90 zeigt, wie ausgezeichnet Manhattan vom New Yorker Hafen aus erreichbar ist. Von links nach rechts: *Britannic, Queen Mary* und die zweite *Mauretania.* (*Cunard Line*)

der zu bleiben beabsichtigt, auf der anderen der Staatsmann, der zur Überfahrt nach Europa an Bord eines Schiffs geht.

Das Ergebnis ist diese unwiderstehliche, unmögliche Stadt, in der alles, was es in Amerika gibt, zuerst geschieht. Das Tempo von New York versetzte die Europäer stets in Erstaunen, verunsicherte die Menschen aus dem Mittleren Westen und verdarb die Einheimischen für jeden Aufenthalt in einer der New-York-Imitationen, die quer über den gesamten Kontinent verstreut liegen.

New York, das auf den ersten Blick uneinnehmbar erscheint, erwies sich vom Hafen aus als erstaunlich zugänglich. Kaum hatte man die Piers hinter sich gelassen, tauchte man in die Stadt ein. Die Passagiere der Ozeandampfer benötigten weniger Zeit, ihr Hotel oder Büro zu erreichen, als den Schiffszug in Southampton oder Cherbourg zu besteigen. Die Abfahrt aus New York war von derselben Leichtigkeit gekennzeichnet. In den späten fünfziger Jahren scherzte man, daß nur diejenigen die West Side aufsuchten, die sich auf dem Weg nach Europa befänden. Das ist nicht nur ein Scherz, sondern eine unglaubliche Annehmlichkeit. Sämtliche anderen Atlantikhäfen liegen in kleineren Küstenstädten, die als Meilenstein auf der Reise vom Schiff in die Hauptstadt dienen. New York ist mit seiner Kombination aus Hafen und Stadtzentrum einzigartig. Dieselben Wolkenkratzer, die den einlaufenden Schiffen eine solch malerische Kulisse bieten, verbergen sie wirkungsvoll vom Land aus. Wer sich den Piers näherte, bog um eine Ecke, und plötzlich lagen die weißen Aufbauten eines Schiffs, herrlich glitzernd und sich hoch über das Gewirr der Uferlinie Manhattans auftürmend, vor ihm. Ich kenne keinen erhebenderen Anblick als diese unvermutete, dramatische Enthüllung. Die heute verlassenen Piers am Westufer von Lower Manhattan standen in den frühen zwanziger Jahren in Betrieb. Tatsächlich war der gesamte Hudson in Betrieb. In Ermangelung von Brücken oder Tunnels nach New Jersey transportierten Fähren den gesamten Verkehr von Ufer zu Ufer. An seiner Mündung wird der Hudson noch immer North River genannt, eine alte Bezeichnung aus der Frühzeit der Erforschung Amerikas, mit der das Wasser New Yorks von den im Süden gelegenen Zuflüssen von Delaware und Chesapeake unterschieden werden sollte.

Wahre Gebirge von Gepäck waren bereits in Richtung Hygienestation vorausgeschickt worden. Große Koffer aus Leder und Blech waren zu dieser Zeit unerläßlich und wurden von ausschließlich auf den Transport von Gepäck spezialisierten Firmen übernommen. Dieser wirkungsvolle Pendelverkehr von Menschen und beladenen Lieferwagen strömte zwischen Hotels, Apartments, Bahnhöfen und Piers hin und her. Es war die Zeit, als Koffer, die an einem beliebigen Ort des Landes aufgegeben wurden, rechtzeitig die Docks erreichten, die amerikanischen Eisenbahngesellschaften noch echte Expreßzüge kannten und *Railway Express* kein Scherzwort war.

Die Amerikaner taten sich stets durch ihr umfangreich mitgeführtes Gepäck hervor, und so ist es kein Zufall, daß sie den Schrankkoffer erfanden. Ungeachtet der Gepäckmengen, die vorausgeschickt wurden, führten die Passagiere immer noch mehr mit sich, das bei der Ankunft an der Pier von Schauerleuten übernommen wurde. Diese freundlichen Piraten standen mit abwehrend geöffneten Handflächen unter großen Schildern verschiedener Gesellschaften, verweigerten jeden Lohn für ihre Dienste und machten an Abfahrtstagen dennoch das Geschäft ihres Lebens. Besonders einschüchternd wirkten sie auf die neuen Touristen der zwanziger Jahre. Der Passagiersneuling fürchtete nichts mehr, als in Verlegenheit gebracht zu werden, weil er nicht die richtige Form kannte, etwas falsch machte. Während der unglückliche Tourist mit der Geldbörse in der Hand aus dem Taxi kletterte, war es für die Schauerleute ein leichtes, sich seiner Koffer zu bemächtigen. Dies war das erste, jedoch nicht das letzte unnötige Trinkgeld, von dem sich der unerfahrene Reisende im Verlauf der nächsten Wochen trennen sollte. (Schauerleute bildeten eine der zwei parasitären Gruppen, die auf Dampfschiffpassagiere lauerten. Die zweite bestand aus unehrlichen Taxifahrern, die an Ankunftstagen an den Piers warteten und ihre Aufmerksamkeit später auf die Flughäfen verlagerten. Beide waren im übertragenen Sinn Abkömmlinge jener Gauner, die an den Docks auf eintreffende Immigranten warteten. Es ist anzunehmen, daß ihre meisterliche Schurkerei bis in alle Zeiten Teil der Klischeevorstellungen von New York bleiben wird.)

In ihrem höhlenartigen oberen Stockwerk besaß die Pier eine ehrliche, praktische Häßlichkeit. Die Abreisenden sahen wenig Grund, länger dort zu verweilen. Der durch die hochgezogenen Seitenwände der Halle sichtbare Schiffskörper erschien endlos. Die schwarzen, von Nieten übersäten und mit Salz und Rost verkrusteten Stahlplatten boten aus der Nähe nicht denselben hübschen Anblick wie die glänzenden Aufbauten aus der Ferne, besaßen jedoch eine unendlich beruhigende Wirkung. Irgend jemand schrieb einmal, daß ein Schiff der längste sich bewegende Gegenstand sei. Es erschien außergewöhnlich, daß eine solche, an eine Landungsbrücke erinnernde Wand tatsächlich schwamm und sich in wenigen Stunden auf See befinden würde. Reiseneulinge trafen frühzeitig zum Einschiffen ein und standen in einer langen Reihe vor der Fahrkartenkontrolle gegenüber der Laufplanke. Geübte Passagiere stimmten ihre Ankunftszeit so genau wie möglich ab, so daß sie nahezu direkt an Bord gehen konnten.

In jenen Tagen war der Weg vom Ufer zum Schiff kurz und symbolträchtig. Er führte über eine breite, mit Handläufen ausgestattete Planke statt durch einen Tunnel aus Stahl oder Segeltuch. Tagsüber erleuchteten die Sonnenstrahlen den Übergang zwischen den beiden Welten, diese schwindelerregende Hängebrücke über Bohlenwände, Treibgut und Auslaßöffnungen, ehe der Passagier in die verführerische Wärme von elektrischem Licht, Holzverkleidungen und Fürsorge eintauchte, aus denen das Innere des Schiffs bestand. Auf heimischem Boden, direkt nach der Bordwand, warteten der Schiffsprofos und ein Offizier, verstärkt durch eine Abteilung von Stewards und Schiffspagen. Unter ihren Füßen lag eine große, stoppelige Abstreifmatte, ein Hilfsmittel für den endlosen Kampf eines Schiffs gegen den Schmutz des Hafens.

Insbesondere im Frühsommer tummelten sich an Auslauftagen bis zu 5000 Besucher auf den großen Schiffen. Daß ihre Zahl die der Passagiere überstieg, war keineswegs ungewöhnlich. Obwohl sie in den Gängen ein schreckliches Durcheinander verursachten, förderte man ihre Anwesenheit an Bord. Zu Recht nahmen die Schiffahrtsgesellschaften an, daß die Besucher dieses Jahres die Passagiere des nächsten sein würden. Daher hieß man sie an einer zusätzlichen Gangway weiter achtern willkommen und spendete den Preis ihrer Zutrittskarte einer wohltätigen Einrichtung. Die an diesem Tag übervolle Lobby oder Einschiffungshalle würde in den nächsten sechs Tagen menschenleer bleiben. Nun drängte sich hier ein Mahlstrom von Trägern, Passagieren, Stewards, Besuchern, Hafenpersonal, Golfschlägern, Handwagen, Blumen, Tabletts und Telegrammen. Für die Fähigkeiten eines Ersten Zahlmeisters gab es keine größere Prüfung als den Tag des Auslaufens. Von seinem im Zentrum des Wirbelsturms gelegenen Büro aus überwachte er seine Mitarbeiter, gab den einen oder anderen Ratschlag, begrüßte bekannte Passagiere und befaßte sich mit den Vertretern der Schiffahrtsgesellschaft, die ausnahmslos diese schwierige Stunde wählten, um ihre Aufwartung zu machen. Kein Wunder, daß die Cunard Line die ersten Seiten des Leitfadens für Zahlmeister den Details dieses Angriffs auf ihre Gesundheit widmete.

Oft genug verabschiedete ich Freunde an Bord eines Schiffs – und bedauerte es jedesmal. Noch schlimmer als der nachmittägliche Champagnerkater traf mich die Tatsache, daß ich selbst nicht mitreiste. Für jemanden, der noch nie zur See gefahren war, zeigte sich das Schiff nicht von seiner besten Seite. An der Pier vertäut, besaßen die Decks eine unangenehme Schräglage. Zudem fehlte das Beben der Motoren, und auch das durch die Bullaugen eindringende Licht erstrahlte nicht mit jenem Glanz, den es später auf dem Wasser zeigen sollte. Die Kabine erschien überfüllt und im Sommer unerträglich heiß und bot nicht genug Platz, um zu sitzen. Der Lärm der benachbarten Reisegesellschaft war ohrenbetäubend und die Fürsorge der Stewards seltsam karg.

Im Gegensatz zu den Schiffahrtsgesellschaften profitierten die Stewards nicht von den Besuchern. Sie hatten soeben eine arbeitsreiche Runde vollendet und sehnten sich ebenso wie die Passagiere nach dem Ablegen des Schiffs. In der Zwischenzeit drängten sie sich durch menschenerfüllte Gänge, holten Eis und Vasen, gaben Anweisungen und beruhigten um ihr Gepäck besorgte Passagiere. Besonders in der Hochsaison – wie etwa Ende August von Southampton in die USA – war es nicht unüblich, daß Kabinen durch den Fehler eines Buchungsagenten am Ufer doppelt belegt waren. In so einem Fall riefen Stewards einen Zahlmeisterassistenten zu Hilfe, um zwischen zwei Familien Frieden zu stiften, von denen sich eine in der Kabine verbarg, während die andere wuterfüllt auf ihren Koffern im Gang Platz nahm. Bei derartigen Gelegenheiten zählte nicht der Reichtum des Fahrgasts, sondern welches Ticket früher gelöst worden war. Die verdrängten Passagiere wurden in der nächstbesten Unterkunft untergebracht und erhielten ihren Fahrpreis oft zurück.

Es war und ist unter Besuchern Tradition, den ersten und auch das nächste halbe Dutzend Aufrufe, an Land zu gehen, zu ignorieren. Auf den älteren Schiffen der Cunard Line patrouillierte ein uniformierter Schiffspage, einen chinesischen Gong schlagend, durch die Korridore und rief das althergebrachte: »Alle Besucher von Bord!« Die Schiffe der White Star Line verwendeten ein Signalhorn und die französischen Gesellschaften ein diskretes kleines Glockenspiel. Später wurde dieser Aufruf vom Lautsprechersystem übernommen. Das einzige unfehlbare Signal blieb jedoch die Schiffspfeife, eine lächerlich unangemessene Bezeichnung für das die Kabinen erschütternde, majestätische Tuten. Schlepper pfiffen, aber Ozeandampfer brüllten auf einem Gerät ohne passenden Namen, das meilenweit zu hören war.

Die *Leviathan* besaß drei dieser Signaleinrichtungen, eine auf jedem Schornstein, während sich ihre britischen Schwesterschiffe mit zwei begnügten. Die *Île de France* verfügte über ein Trio von Dampfsirenen mit aufsteigender Tonskala. Die Deutschen übertrafen alle mit fünf Signaleinrichtungen auf der *Bremen*. Darunter war ein als »Nautofon« bezeichnetes neues Gerät, das aus einem pfeifenden Lautsprecher bestand, einem frühen Vorbild unserer heutigen Richtsignale. Wenn sie aus Bremerhaven hinausdampfte, stieß sie ein dreifaches Signal aus allen fünf Hörnern gleichzeitig aus, das jeden hochschrecken ließ, der es nicht erwartete.

Nachdem die *Arctic* in einer Nebelbank im Jahr 1854 kollidiert war, wurden Dampfpfeifen auf sämtlichen Atlantikschiffen verpflichtend vorgeschrieben. Erstaunlicherweise gab es sie davor eher selten. Am Neujahrstag und am Gedenktag zum Ende des Ersten Weltkriegs brachten die in den Häfen vertäuten britischen Schiffe minutenlang der Stadt ein Ständchen, ehe der Erste Ingenieur den Dampf abstellte. E. B. White bemerkte: »Einmal hörte ich um Mitternacht das Tuten der *Queen Mary*. Ein Klang, in dem sich die gesamte Geschichte von Abfahrt, Sehnsucht und Verlust vereinte.« Das am Ufer deutlich vernehmbare Signal stellte für die Passagiere auf See eine aufregende und endgültige Kadenz dar, die sämtliche Besucher veranlaßte, eilig nach den Ausgängen zu suchen.

Erst nachdem diese Gäste das Schiff verlassen hatten, ergab die Kabine einen Sinn. Dieser kleine, bewundernswert gut entworfene Raum schien trotz seiner niedrigen Decke mit jedem vorübergehenden Tag zu wachsen. Die Schiffahrtsgesellschaften wandten große Kosten und Mühen auf, um die Kabinen attraktiv zu gestalten. Besucher verließen das Schiff mit einem bleibenden Eindruck dieser gemütlichen Unterkünfte, die sich bei rauhem Wetter in Krankenzimmer verwandelten, in denen die Passagiere einen Großteil der Überfahrt verbrachten. Die Kabinen umgab eine gewisse Mystik, die ihnen eine wesentlich stärkere persönliche Note verlieh als jedem anderen vorübergehenden Quartier. Siegfried Sassoon schrieb einst auf der *Berengaria:*

Ich mag sie – diese krachende, schwankende, vibrierende, weiße, polierte Kiste. [...] Mischa Elmans Kabine lag nahe der meinen, und ich hörte ihn häufig

> spielen. […] Die Erinnerung an diese Abendstunden besitzt eine seltsame Klarheit: das Stampfen und Dröhnen der Turbinen, das Trippeln und Trappeln von Füßen auf dem Deck über mir, der Geruch nach frischer Farbe, die an die Flanken des Schiffs klatschenden Wellen, der Sonnenuntergang, durch mein Bullauge betrachtet, und Elman, der Bachs »Chaconne« übte.

Selbst ohne den großartigen Zufall, einen Virtuosen als Nachbarn zu haben, ruft das von Sassoon heraufbeschworene Bild einen seltsam friedlichen Eindruck hervor, der sich scharf von dem negativen Charme der meisten Hotelzimmer abhebt.

Wie vorherzusehen war, erwiesen sich die prunkvollsten Suiten als wenig erfolgreich, da die Designer diese Kabinen zu stark vom Ozean isoliert hatten. Die Kojen wurden durch Messingbetten ersetzt und die Bullaugen, jene perfekten und nur auf Schiffen existierenden Fenster, hinter konventionellen, vom Festland übernommenen Rahmen verborgen. Die so gezeigte Entschlossenheit, die nautischen Züge eines Schiffs zu tarnen, erschien mir stets als falsche Einschätzung. Die Bewohner der weniger protzigen Quartiere mit Stahldecken, sichtbaren Rohren und echten Kojen wurden ständig daran erinnert, daß sie sich an Bord eines Schiffs befanden.

In jenen Tagen konnte man die Bullaugen öffnen, was den Gesamteindruck um das unverwechselbare Aroma der See bereicherte; das fehlt bei den heutigen klimatisierten Schiffen leider. Das Öffnen übernahm ein Steward mit einem Spezialschlüssel, damit die sogenannten »Bullaugendaumen« verhindert wurden – Ergebnis eines folgenschweren, schmerzhaften Aufeinandertreffens von Messing und Knöchel, das der Schiffsarzt vom ersten Tag an erwartete. Abgesehen von diesen Betriebsrisiken waren die Kabinen an der Außenseite des Schiffs nicht nur bei Passagieren überaus beliebt, die sich nach Licht und Luft sehnten, sondern auch bei den Schiffahrtsgesellschaften, die mit gutem Gewissen einen höheren Tarif für ihre Belegung verrechneten. Die »Bibby-Kabine«, die ihren Namen jener Linie verdankt, welche ihr Design einführte, wurde von einer Innen- zu einer Außenkabine umgewandelt, indem man ihr einen schmalen Gang zur Flanke des Schiffs beifügte, der an einem Bullauge endete. Diese Verbindung verringerte die Ausmaße, erwies sich aber als überaus beliebt und einträglich. Die *Olympic* besaß viele solcher künstlich umgewandelten »Außenkabinen«.

Auf der *Aquitania* erhielt die Doppelreihe von Innenkabinen ihr Licht durch eine genial angelegte Plattform an der Innenseite des Promenadendecks. Sie sorgte nicht nur dafür, daß in Liegestühlen ruhende Passagiere bequem über die Reling hinwegblicken konnten, sondern ließ auch in der Stufe genug Raum für ein 15 Zentimeter großes Oberlicht in die direkt darunterliegende Kabine. Ein ähnliches Fenster in der unmittelbar hinter den Stühlen befindlichen Wand versorgte noch weiter im Inneren des Schiffs gelegene Kabinen. Soweit mir bekannt ist, wurde diese kluge Erfindung ausschließlich auf der *Aquitania* eingesetzt.

Als Opfer der Prahlsucht stets größerer Tonnagen verschwanden die Kojen um

Reporter und Kameraleute aus New York gehen in der Quarantänestation an Bord der *Olympic*. Auf dieser Aufnahme aus dem Jahr 1921 nützen sie die Gelegenheit, Madame Curie zu interviewen, die soeben in New York eingetroffen war, um von amerikanischen Schulkindern eine Unze Radium entgegenzunehmen. Die berühmte französische Wissenschaftlerin scheint sich unter dem prüfenden Blick von fünf Wochenschaukameras wohl zu fühlen. (*Edwin Levick Collection, The Mariners Museum, Newport News, Virginia*)

die Jahrhundertwende. So erklärte HAPAG stolz, daß auf der *Imperator* keine einzige Kabine der ersten Klasse mit derartigen Schlafstätten ausgestattet sei. In kleinen, schnellen Schiffen wie beispielsweise der *Kaiser Wilhelm II.*, die von ihren Passagieren den Namen »Schwankender Billy« erhielt, hatte man sie noch benötigt. Während schwerer Stürme, bei denen die schlafenden Passagiere hätten zu Boden geschleudert werden können, dienten sie als ausgezeichnete Sicherheitsschranken. Die Stewards griffen auf den alten Trick zurück, ein gefaltetes Laken an der der Wand abgewendeten Seite unter die Matratze zu stopfen, wodurch der Schlafende in einer Art Wiege lag. Es gab aber auch starke Vorurteile gegen Kojen und insbesondere gegen die oberen, um die sich üblicherweise die Kinder stritten.

Verschiedene andere Designaspekte, die in allen Kabinen ungeachtet der Klasse und des Schiffs anzutreffen sind, haben sich bis in unsere Zeit erhalten. Schreibtischplatten und Regale besaßen Sicherheitsränder, um zu verhindern, daß die darauf gelagerten Gegenstände hinunterfielen. Betten und Kojen waren niemals quer zum Schiffskörper, sondern stets parallel zur Längsrichtung aufgestellt. Die Türen von Kabinen und Schränken konnten in geöffneter Position fixiert werden. Eine Thermosflasche und das dazugehörige Glas hingen in einer an der Wand befestigten Konsole. Die Türen der Badezimmer besaßen einen fünf Zentimeter hohen Sockel, so daß ausgelaufenes Wasser nicht den Teppich erreichen konnte.

Wenn eine Kabine nicht über einen Schrankraum, sondern eine Kleidertruhe verfügte, wurde diese als »Dampferschrank« bezeichnet, da sie Kleidung enthielt, die nur an Bord getragen wurde. In europäischen Häfen lagerten die Schiffahrtsgesellschaften diese Kleidertruhen kostenlos bis zur Rückkehr der Passagiere. Auch als spezielle Schiffskleidung nicht mehr benötigt wurde, hielt sich diese Tradition noch lange. Die salzhaltige, feuchte Seeluft erforderte eine besonders widerstandsfähige Garderobe. Auf den ersten Dampfschiffen kam noch eine unverwechselbare und vermutlich unwillkommene Geruchsmischung aus Abgasen, Salz, Teer und Bilge hinzu. 1908 riet die Broschüre des Norddeutschen Lloyds den Passagieren, Duftkissen zwischen ihre Kleidung zu legen, um sie vor diesem Gestank zu bewahren. In den zwanziger Jahren waren sich die Reisegäste der großen Atlantikliner keinerlei Gerüche bewußt, zumindest keiner unangenehmen. Ein häufiger Fahrgast auf der *Aquitania* erklärte, daß das Schiff ausschließlich nach Blumen, Seife und Meer dufte.

Nahezu jeder, der nur eine undeutliche Erinnerung an eine Überfahrt besitzt, bewahrt sich als verblüffende Sinneswahrnehmung einen Geruch oder ein Geräusch. Ein Mann mittleren Alters aus meinem Bekanntenkreis fühlt sich durch den Geruch einer frisch geschnittenen Orange augenblicklich in die Kabine zurückversetzt, die er als Junge auf der *Majestic* bewohnte. (Ich vermute, er tat sich an einem jener unnützen Fruchtkörbe gütlich, die damals als beliebtes Abschiedsgeschenk galten. Warum die Menschen darauf bestanden, einander Berge von Zitrusfrüchten zu senden, bleibt mir ein Rätsel. Ich kann lediglich annehmen, daß man Ozeanüberfahrten noch immer mit Skorbut in Verbindung brachte.) Von Salz benetzte Teakholzdecks verströmten ein unverwechselbares Aroma. Eine Frau, die nur ein einziges Mal in ihrem Leben den Ozean kreuzte, erinnerte sich an den Geruch frischer Farbe, eine andere an das besondere Lavendelbadesalz, das die Stewards in der zweiten Klasse verwendeten, wieder eine andere an den einzigartig scharfen Duft einer mit heißem Salzwasser gefüllten Badewanne. Ich entsinne mich meiner Hochzeitsreise auf der *Queen Mary,* dem ersten britischen Schiff, auf dem ich seit der *Georgic* 17 Jahre zuvor gefahren bin; ein bekannter Geruch strömte mir entgegen, eine Erinnerungen heraufbeschwörende Mischung aus Tee, Blumen, Bohnerwachs und einem scharfen britischen Antiseptikum, das den Krieg offenbar unbeschadet überlebt hatte.

Verschiedene Geräusche besaßen dieselbe Wirkung. Das endlose Summen der elektrischen Ventilatoren hinter ihren gewellten Drahtkäfigen, die zu Hunderten im gesamten Schiff hin und her schaukelten, ist untrennbar mit den sommerlichen Ozeanüberfahrten von New York aus verbunden. Oft unwillkommen, aber dennoch unverwechselbar sind die morgendlichen Geräusche des darüberliegenden Decks: das Kratzen des Scheuersteins, das Plätschern des Wasserschlauchs und die donnernden Schritte eines frühen Spaziergängers. Oder das lauter werdende und dann wieder verklingende *Tap-Tap,* wenn ein Kind in Turnschuhen an den Kabinen vorbei über die mit Gummifliesen ausgekleideten Korridore lief, und schließlich der Chor aus Klappern und Quietschen, der auch zu vernehmen war, wenn das Schiff durch ruhige See pflügte – aber immer erst dann, wenn es den Hafen verlassen hatte.

Mitternacht war die womöglich günstigste Zeit, um in See zu stechen. Eine Abfahrt zu dieser Stunde war in New York nicht ungewöhnlich und wurde in der Zwischenkriegszeit wieder aufgenommen. Nichts Exotischeres als die standhafte Weigerung der Franzosen, auf dem Zug zwischen Cherbourg und Paris Schlafwagen einzusetzen, hatte zu diesem für das Auslaufen eines Schiffs überaus romantischen Zeitpunkt geführt. Um zu garantieren, daß diese Zugfahrt bei Tageslicht erfolgte, verlegten die Schiffahrtsgesellschaften die Abreise aus New York auf Mitternacht. Die Deutschen hatten diese Maßnahme 1904 aus denselben Gründen eingeführt; die Überfahrt wurde so angesetzt, daß Cuxhaven bei Morgengrauen erreicht wurde. Die mitternächtliche Abreise aus New York war eine Eigenheit von Gesellschaften mit drei bis vier in Dienst stehenden Schiffen. Die beiden *Queens* verabschiedeten sich nach dem Zweiten Weltkrieg von diesem Brauch.

Ungeachtet der praktischen Seite erlangte das nächtliche Auslaufen einen mystischen Chic, der nichts mit Cherbourg zu tun hatte. So umfaßte das Abreiseritual ein Abschiedsessen im Haus von Freunden am Ufer oder einen Besuch in einer illegalen Bar, ehe man durch die verlassenen Straßen zu den Piers in Chelsea jagte. Das hell erleuchtete Schiff, auf dem sich Menschen in Abendkleidung drängten, bot einen unendlich romantischen Anblick. Private Versammlungen wuchsen zu Tanzveranstaltungen in der Lounge an. Damit versuchte man, den Lärm von den

Kabinen fernzuhalten, in denen Kinder, die gleich zu Bett geschickt worden waren, gähnend protestierten. Die allgemeine Fröhlichkeit war ansteckend, und vermutlich klebten sämtliche Kinder an den Bullaugen, fest entschlossen, bis zum Auslaufen des Schiffs wach zu bleiben. Für sie besaß es keine Bedeutung, daß eine Überfahrt im Schiffslogbuch erst mit dem Absetzen des Lotsen ihren Anfang nahm. Ihre Überfahrt begann, sobald sich die Ansicht durch ihr Bullauge bewegte. Auf die Gefahr eines feuchten Kissens hin füllten einige Kinder die Badewanne und hielten ihren Kopf dann unter Wasser, um das Stampfen der Maschinen tief im Schiffsinneren besser hören zu können.

Ihren Eltern auf dem darüberliegenden Bootsdeck erschienen die über dem Bug glitzernden Lichter New Yorks bereits wie ein Teil aus einer anderen Welt. Schon nach einer Stunde an Bord ergriff sie ein Gefühl von Losgelöstheit, das vielleicht mit der durch die Dunkelheit gesteigerten Höhe gegenüber dem Festland zu tun hatte. In jedem Fall fiel es Besuchern in dieser Stimmung besonders schwer, sich vom Schiff loszureißen. Der nahezu hypnotische Reiz einer Abreise bei Nacht erwies sich für viele als unwiderstehlich. Oft genug nahm das Lotsenboot in der Morgendämmerung fröstelnde Abschiednehmende in Dinnerjackets mit. Wenn es sich auch nicht um echte blinde Passagiere handelte, so doch um beeindruckte Festgäste, die sich durch eine fehlende Fahrkarte nicht abschrecken ließen.

Das Auslaufen aus dem New Yorker Hafen erfolgte nicht immer bei gutem Wetter. Ich kenne keinen durchdringenderen Wind als jenen, der im Januar den North River herauf weht und den Aufenthalt um Mitternacht auf einem der oberen Decks in eine Härteprüfung verwandelt. Die berühmten Lichter Manhattans konnten in nebeliges Dunkel gehüllt und der Boden mit zehn Zentimeter Schneematsch bedeckt sein. Sosehr wir heute an sommerliche Kreuzfahrten gewöhnt sind, sollten wir uns daran erinnern, daß viele der damaligen Passagiere nicht mit freudiger Erwartung an Bord gingen. Wie Arthur Davis erklärte, verabscheuten einige geradezu die See und alles, was mit ihr in Zusammenhang stand. Den einen trieb ein Notfall auf das Schiff, der andere versuchte, vor etwas zu fliehen oder sich zu verbergen. Während manche so lange an Deck blieben, bis sich ein Gesicht am Ende der Pier in nichts aufgelöst hatte, verschwanden andere für sechs volle Tage in ihren Kabinen. Dazu kamen Geschäftsreisende, Urlaubsgäste und Menschen, die einfach nichts anderes zu tun hatten. Die ordentlich nach dem Alphabet angelegte Passagierliste, die auf jedem Schiff zu finden ist, barg eine Vielzahl bezwingender Dramen. Einige von ihnen wurden enthüllt, genußvoll weitererzählt und vergessen, noch ehe das Schiff sein Ziel erreicht hatte. Somerset Maugham bemerkte einst, daß er die Inspiration zu einigen seiner besten Werke aus seinen auf zahlreichen Seereisen gewonnenen Beobachtungen bezogen habe.

Die Frage, für welches Schiff man sich entscheiden sollte, stellte für jede Art von Reisenden ein anderes Problem dar. Berufstätige, Einkäufer oder Händler, die

Bon Voyage an Bord der *Mauretania*. Obwohl das Schiff noch an der Pier vertäut liegt und die Bar geschlossen ist, herrscht auf der Tanzfläche dichtes Gedränge. Wie viele der festlich Gekleideten Passagiere und wie viele Besucher sind, zeigte sich erst beim Auslaufen des Schiffs um Mitternacht. (*Cunard Line*)

Die *Majestic* legt im schwindenden Licht eines bitterkalten Januarnachmittags von der Pier der White Star Line ab. Diese »Atlantikfähre« stand das gesamte Jahr über in Dienst, beförderte aber während des Großteils des Winters nur wenige Urlaubsgäste und Erholungsuchende. (*Frank Braynard Collection*)

Sommer 1924 mitten auf dem Atlantik. Tee an Deck mit einer Wolldecke über den Schultern.

Links: Vierzig Jahre später auf der *Queen Elizabeth*. Weder die Stühle noch die Decken haben sich verändert, aber nach dem Krieg freut man sich über eine Matratze als willkommene Verbesserung. Wind und Sonne auf dem Ozean erweisen sich gleichzeitig als belebend und ermüdend. (*Cunard Line*)

an einem bestimmten Morgen in London oder Paris eintreffen mußten, wählten das schnellste Schiff, das möglichst kurz vor diesem Datum nach Osten fuhr. Die Schiffahrtslinien hießen diese Kundschaft herzlich willkommen, wußten jedoch, daß die Wahl ihres Schiffs günstigen Umständen und nicht der Loyalität zu einer bestimmten Gesellschaft zu verdanken war. Am anderen Ende des Spektrums befanden sich die Neulinge, die ihren Urlaub für eine erste Überfahrt nützten. Sollten die Schiffahrtsgesellschaften in Erfahrung gebracht haben, was die Entscheidung beeinflußte, gaben sie dieses Geheimnis zumindest nicht preis. Empfehlungen von Freunden, die Nationalität eines Schiffs, sein glanzvolles Image – die Liste möglicher Gründe war endlos.

Zweifellos waren die großen, schnellen Schiffe bei diesen Reiseneulingen nicht nur wegen ihrer Geschwindigkeit, sondern auch wegen ihres Prestiges besonders beliebt. Ebenso wie New-York-Touristen ausschließlich den letzten und zumeist restlos ausverkauften Broadwayhit sehen möchten, strebten die Passagiere jener Tage danach, bei ihrer Heimkehr den Namen eines erstklassigen Schiffs auf ihren Koffern zu tragen. Leider wurde ihnen diese besondere Auszeichnung verwehrt, da die Gepäckschilder selten den Namen des Schiffs, sondern lediglich den der Linie aufwiesen. Aber es gab an Bord mit dem jeweiligen Schiffsnamen gezierte Ansichtskarten, von denen Dutzende, noch ehe der Ozeanliner die Flußenge des Hudson passierte, in den Briefkasten in der Bücherei gesteckt wurden. Später würde es ausreichend Zeit für einen Schnappschuß an der Reling geben, aufgenommen von einem entgegenkommenden Steward. Selbstverständlich würde das Foto auch einen Rettungsring zeigen, auf dem der Name des Schiffs unwiderlegbar zu lesen wäre …

Zwischen den beiden Extremen Berufsreisender und Neuling befanden sich die Stammkunden, die jährlich auf demselben Schiff oder zumindest einem Schiff derselben Linie den Atlantik überquerten. Einige Familien buchten sogar Jahr für Jahr dieselbe Kabine mit denselben Stewards. Ein harter Kern von Passagieren zeigte eine Abneigung gegen große Schiffe und behauptete, sich auf derartig umfangreichen und unpersönlichen Ozeandampfern in höchstem Maß unbehaglich zu fühlen. Sie reisten stets auf kleineren Passagierschiffen, deren gemäßigteres Tempo und traditionellere Ausstattung besser mit ihren Wünschen übereinstimmten als die Überfülle an Dekoration, Tonnage und Fahrgästen der Flaggschiffe. Diese mittelgroßen Schiffe besaßen ein angenehm konventionelles Interieur und wiesen noch im Jahr 1925 die Passagiere darauf hin, daß der Rauchsalon ausschließlich den Männern vorbehalten sei. Christopher Morley, ein überzeugter Anhänger kleinerer Schiffe, gestand ein, angesichts der langsameren Überfahrt von einer gewissen Langeweile ergriffen zu werden:

> Der Ärmelkanal streckt uns seine geöffneten Arme entgegen, die seltsame Unruhe kehrt zurück, ein gesamter Kontinent voll von unregelmäßigen Verben erwartet uns. Als ich am heutigen Morgen an Deck ging, konnte ich England

deutlich riechen. Sieben Tage lang war das Universum allein unser, doch ich glaube, daß selbst Gott am achten Tag von Ruhelosigkeit erfaßt wurde.

Unmittelbar nach dem Einschiffen machten sich die bereits mit Überfallhose und Kappen ausgestatteten sachkundigen Passagiere auf die Suche nach dem Decksteward, um sich einen Liegestuhl zu reservieren. Dies war ein Botengang höchster Dringlichkeit, da nur eine beschränkte Anzahl guter Plätze zur Verfügung stand. Die Schiffahrtsgesellschaften hielten ein halbes Dutzend für Stammkunden zurück, die sich erst in letzter Minute zur Reise entschieden, so wie Theaterproduzenten bei jeder Vorstellung eine Anzahl Haussitze reservieren. Auf der Fahrt nach Osten wurde die Steuerbordseite als erste verbucht, da sie mehr Schutz vor den kalten Nordwinden bot und den Großteil des Tages in der Sonne lag. Die Amerikaner drehten hiermit die alte, für das Mittelmeer geltende Redensart der Engländer auf ihrem Weg nach Indien um: Backbord auf der Hinreise, Steuerbord auf der Rückreise.

Für viele besaß die Sonne weniger Bedeutung als der von den Nachbarn ausgehende Reiz. Ehrgeizige Mütter betrachteten ein Ticket der ersten Klasse als strategische Waffe. So war es nicht ungewöhnlich, daß Frauen mit Töchtern im heiratsfähigen Alter ihr Schiff anhand der Passagierliste wählten. Nachdem sie wochenlang die Gesellschaftsspalten durchforstet hatten, buchten diese entschlossenen Geschöpfe erst, wenn sie überzeugt waren, daß auch ein reicher und vorzugsweise adeliger Junggeselle an Bord sein würde. Kaum an Bord, bestachen sie den Ersten Decksteward ohne jede Scham mit einem beträchtlichen Trinkgeld, ihnen nicht nur den Liegestuhl ihres Opfers zu nennen, sondern ihnen auch das Privileg des danebenstehenden Stuhls zu sichern. Dies war die perfekte Gelegenheit, Freundschaft zu schließen. Seltsamerweise unterwarfen sich Menschen, die bei anderen Anlässen auf räumlicher Trennung bestanden, an Deck geradezu freudig einer Vertraulichkeit, die an überfüllte Strände erinnerte. Mit einem Abstand von kaum drei Zentimetern zu einem ebenfalls auf dem Rücken liegenden und in Decken gehüllten Nachbarn besaßen zwei nebeneinanderstehende Liegestühle mitten auf dem stürmischen Atlantik vieles von der Behaglichkeit, die man im allgemeinen mit einem Doppelbett verbindet. Der Anreiz, auf eine Bemerkung über das Wetter, ein Buch, oder das Schiff im allgemeinen zu antworten, war geradezu unwiderstehlich. Professionelle Spieler kannten und verwendeten diesen Trick seit Jahren.

Ein weiteres Ritual, das man nach Auslaufen des Schiffs aus New York beobachten konnte, betraf die Reservierung eines Stuhls im Speisesaal. So unglaublich es auch klingen mag, einige Passagiere versuchten, den Chefsteward durch Vertraulichkeiten dazu zu bewegen, sie beim Abendessen an den Tisch des Kapitäns zu setzen. Durch ein derart plumpes Vorgehen verrieten sie ihre Unkenntnis der Tradition, daß ein Sitzplatz am Kapitänstisch zurückgewiesen, aber niemals eingefordert werden konnte. Die Tischgesellschaft des Kapitäns wurde erst nach erschöpfenden Besprechungen und mitunter zwingend erforderlichen, sorgfältigen

Untersuchungen von hohen Mitarbeitern oder anderen Zahlmeistern der Gesellschaft zusammengestellt. Viele der berühmten Gäste hatten an Land die Klingen gekreuzt; diese Streitigkeiten an Bord wiederaufleben zu lassen, betrachtete man als Unglück. Daher herrschte große Aufregung auf der *Majestic,* als ein vornehmer Politiker in seinem Sitznachbarn am Kapitänstisch den Mitbeklagten in seinem Scheidungsprozeß erkannte. Henri Villar, ein lebendes Inventar französischer Schiffe zwischen den beiden Weltkriegen und unumstrittener König sämtlicher Zahlmeister auf dem Atlantik, besaß die natürliche Gabe, genau diese Art von Fauxpas zu vermeiden. Er war mit einem enzyklopädischen Gedächtnis für Namen und Skandale gesegnet und verfügte über ein geradezu unvergleichliches Gefühl für Diplomatie.

Wenn es Emporkömmlingen nicht gelang, ihr Abendmahl mit dem Kapitän zu teilen, bestanden sie auf einem Tisch in seiner Nähe, wiederum ohne zu wissen, daß die besseren Plätze anderswo zu finden waren. Die Chefstewards wiesen ihren neuen Mitarbeitern üblicherweise die Tische in der Mitte des Saales zu, an denen sie sie besser überwachen konnten. Die älteren und erfahreneren Stewards erhielten Tische an den Seiten. Die exklusivsten Tische, abgesehen von dem des Kapitäns, befanden sich auf dem Balkon (ein eleganter Bestandteil der Inneneinrichtung jener Schiffe, deren Speisesalon mehr als eine Ebene besaß). Auf der *Olympic* gab es nur ein Geschoß, auf der *Berengaria,* der *France,* der *Paris* und der *Mauretania* buchte die elegante Welt jedoch ausnahmslos im voraus auf dem Balkon. Dies bedeutete, daß sie unauffällig kommen und gehen konnten und daß ihre Privatsphäre durch die geringere Zahl von Tischen auf den oberen Ebenen besser geschützt war.

Es ist bezeichnend, daß sich Berühmtheiten im Tausch gegen unwillkommene Aufmerksamkeit bereitwillig mit einer etwas kühleren Suppe einverstanden erklärten. Eine Fahrkarte für die erste Klasse kam dann auch in Wirklichkeit einer Einladung zu einer einwöchigen Gesellschaft gleich, bei der Ehrgeizlinge alles daran setzten, sich im Widerschein bekannter Persönlichkeiten zu sonnen. Auf großen Schiffen beinhaltete die Passagierliste stets eine Anzahl bedeutender Namen. Abgesehen von einem Daueraufenthalt in ihren Kabinen konnten die Schiffseigner wenig zum Schutz ihrer Privatsphäre beitragen. Zahlmeister reagierten äußerst empfindlich, wenn ihre angesehenen Gäste belästigt wurden, und nutzten jede Gelegenheit, den hartnäckigsten Rüpeln, die eine Überfahrt unerträglich machen konnten, den Wind aus den Segeln zu nehmen.

Die Fahrt durch den New Yorker Hafen verlief nahezu immer vielversprechend. In der Ferne verschwand das Glitzern der Stadt in einem Dunstschleier. Die das Schiff begleitenden Möwen kämpften gegen die schneidende Schärfe der über den Bug hereinwehenden Ozeanbrise an. Das Schiff passierte The Narrows. Dann machte es eine scharfe Wende nach Backbord in einen zur Jahrhundertwende gegrabenen Kanal, der die serpentinenartigen Kurven des weiter südlich bei Sandy Hook gelegenen Gedney-Kanals ersetzte.

Dabei handelte es sich um einen natürlichen Kanal nach New York, der für die großen Stahlschiffe immer schwieriger zu passieren war. Deshalb wurde weiter östlich ein Kanal direkt zum Meer ausgehoben und schließlich nach John Wolf Ambrose benannt. Eine gelungene Wahl, da der Erfolg dieses Immigranten als Unternehmer in Brooklyn an seine lebhafte Sorge um die Uferregion New Yorks gekoppelt war. Ambrose war ein seltener, avantgardistischer Ökologe, der beträchtliche Mühen aufwendete, um das Abladen von Abfällen in den Hafen zu verhindern. Am Ende des Kanals lag ein rotes Feuerschiff, das an beiden Seiten seinen Namen trug.

Hier stieg der Lotse mit der letzten Post unter dem Arm die Leiter zu dem schwankenden Tender hinab. Nachdem man für sein Vonbordgehen die Umdrehungszahlen gedrosselt hatte, wurden sie nun in einem bis zu mehrere Stunden langen Vorgang wieder auf normale Fahrtgeschwindigkeit gesteigert. Die Ladung wurde gesichert, man schloß die Luken, und die übliche Seeroutine setzte ein. Für die Mannschaft bedeutete dies, daß der in Lotsengewässern vorgeschriebene doppelte Wachdienst beendet war, für die in den zwanziger Jahren ostwärts reisenden Passagiere, daß die Bar geöffnet wurde und die Überfahrt begann.

Wenn Sie nach Europa fahren,
sollten Sie nicht versäumen,
eine Schiffsreise zu unternehmen!

ED WYNN

8.

An Bord

Handelte es sich bei der zwischen diesem und dem vorigen Kapitel verstrichenen Zeitspanne um eine Unterbrechung im Theater, so enthielte das Programm den Hinweis, daß sich die Handlung anschließend nahtlos fortsetze. Doch das Schiff und seine Passagiere erfuhren eine subtile Veränderung, denn nun befanden sich beide in ihrem natürlichen Element. Nachdem der Lotse das Schiff verlassen hatte, begann sich der Bug in regelmäßigem Abstand zu heben und zu senken. Ich kenne keinen besseren Augenblick, um auf die Seekrankheit als den einzigen wahren Nachteil einer Transatlantikreise einzugehen. Charles Dickens sprach für Legionen von Leidensgenossen, als er, geplagt von Übelkeit, auf der *Britannia* das maßgebliche Symptom niederschrieb: »Nicht wirklich krank, doch an der Schwelle dazu.«

Bis in die frühen vierziger Jahre, als die Royal Canadian Navy mit einer Reihe aufwendiger Untersuchungen Pionierarbeit leistete, hatte niemand die Probleme der Seekrankheit wissenschaftlich erforscht. Die negativer Publicity gegenüber äußerst feinfühligen Dampfschiffgesellschaften neigten dazu, die Angelegenheit zu verharmlosen. Obwohl sie bereit waren, Schlingerkiele, Schlingertanks und Stabilisatoren einzubauen, erfuhren die Passagiere wenig von ihren Bemühungen.

Statt dessen pflegten sie eine scherzhafte, unempfindliche Haltung, der sich alle, bis auf die von Seekrankheit Betroffenen, freudig anschlossen. Seekrankheit wurde allgemein als vorübergehendes Leiden abgetan, das sich auf kleinere Schiffe anderer Linien beschränkte und abflaute, sobald der Passagier »auf See Fuß gefaßt« habe. Jenen, denen diese versprochene Gnade mit Verspätung zuteil wurde, begegnete man mit verwunderter Toleranz und manchmal offenem Spott.

Seekranke Passagiere waren traditionellerweise Hauptakteure maritimer Witze, Zielscheibe endloser Scherze und eine reiche Quelle für Belustigung. Eine der beliebtesten komischen Ansichtskarten, die zu Tausenden von den und an die Piers am North River versendet wurde, zeigt eine Reihe von an Übelkeit leidenden Passagieren am Geländer eines schwankenden Schiffs. Der dazugehörige Text lautete: »Einige unserer Schiffskameraden überquerten den Ozean an der Reling.«

Aufgrund meiner eigenen schmerzlichen Erfahrung kann ich bestätigen, daß die mit diesem widerwärtigen Leiden Gestraften ihren Zustand kaum als komisch erleben. Die Tatsache, daß Seekrankheit keine bleibende Behinderung hinterläßt, verringert in keiner Weise das sehr reale Unbehagen. Im Gegensatz zur allgemeinen Ansicht wurden auch verschiedene Mannschaftsmitglieder mitunter von dieser Krankheit ergriffen, und wer für sie anfällig war, blieb es sein Leben lang. (Der Grad der Anfälligkeit reicht von morgendlicher Übelkeit bis zu Schüttelanfällen, sobald die Pier auch nur in Sicht kommt.) Als eine Schiffsreise die einzige Möglichkeit darstellte, den Ozean zu überqueren, buchten jene, die ihre Unzulänglichkeiten als Seefahrer kannten, ausschließlich im Frühsommer, während chronisch Leidende praktisch nie nach Übersee reisten. Wer aus Geschäftsgründen mehrmals im Jahr den Atlantik kreuzen mußte, litt die Qualen der Verdammten.

Wenn diese teuflische Mischung aus Stampfen und Schlingern im Innenohr einen Dämon weckte, Topfpalmen schwankten und zitterten, das eben bestellte Essen wie eine Bedrohung wirkte und ein hastiger Aufbruch aus dem Speisesaal durch Treppen behindert wurde, suchten diese unglücklichen Seelen in ihren Kabinen Vergessenheit und waren für alles unempfänglich bis auf eine aus tiefstem Herzen empfundene Sehnsucht nach dem Ufer. Ich selbst habe es nie miterlebt, daß Matrosen Taue quer durch offene Räume spannten, daß die Tischdecke befeuchtet wurde, um die Teller an ihrem Platz zu halten, oder, was Gott verhüten möge, eine Mahlzeit an einem Tisch in Schräglage eingenommen wurde. Lange vor derartig entsetzlichen Notfällen hatte ich mich bereits vom Schauplatz zurückgezogen und eine große Dosis entsprechender Tabletten eingenommen, ohne die ich ebensowenig reisen konnte wie ohne meinen Paß.

In den zwanziger Jahren gab es ein Medikament mit dem Namen Mothersills Seasick Remedy, auf das viele schworen. Der Fragende erhielt auf dem Schiff aber auch verschiedene nicht patentierte Mittel, die ihm üblicherweise von jenen angeboten wurden, die sie niemals benötigten. Im Rauchsalon rieten standfestere Mitreisende zu einem Glas Brandy alle zwei Stunden, Champagner, purem oder mit Grapefruitsaft gemischtem Rum oder einfacher Zitronenlimonade. Im Speisesaal wurden Trauben, Huhn, Austern, roher Sellerie, gebackene Kartoffeln oder, so seltsam es auch klingen mag, der völlige Verzicht auf Marmelade verschrieben. Die Behandlungsmethoden beschränkten sich nicht auf den Verdauungstrakt. Es gab auch Verhaltensmaßregeln für jeden Geschmack: sich zu Bett legen, aufstehen, in der Kabine bleiben, an die frische Luft gehen, Ohren- oder Nasenstöpsel verwenden, spazierengehen, laufen, turnen, ausruhen, schlafen, lesen, nicht lesen, die Vorhänge zuziehen, den Sonnenschein genießen. Einige empfahlen, mit dem steigenden Schiff einzuatmen und mit dem fallenden auszuatmen. Eines der ältesten Gegenmittel war eine Bandage um den Bauch, um die Eingeweide an ihrem Platz zu halten, und Dickens' Whist-spielender Arzt verschrieb als viktorianisches Allheilmittel ein Senfpflaster. Der vermutlich vernünftigste Ratschlag stammte von einem Witzbold, der einem Leidenden vorschlug, nur das zu essen, was er auch zum Mund bringe.

Anhaltend schwere See führte zu Chaos im Speiseplan der Kombüse. Soßen und Desserts kehrten unberührt in die Küche zurück, während kaltes Fleisch und gekochtes Gemüse hoch im Kurs standen. Ein Chefsteward empfand Mitgefühl mit einer von einer stürmischen Überfahrt im Februar niedergestreckten Frau, weigerte sich jedoch, ihr ihren während der Reise nicht bestellten Kaviaranteil am Morgen vor dem Anlegen des Schiffs auf die Kabine zu bringen. Deckstewards zählten es zu dieser Zeit zu ihrer obersten Pflicht, Reihe auf Reihe plötzlich Erkrankter, die sich mit bleichen Gesichtern in Schiffsdecken hüllten, mit Bouillon und Hühnersandwiches zu versorgen. Zumeist kühlte die Bouillon unberührt ab, und von dem Sandwich fehlte lediglich ein kleiner, trauriger Halbkreis. Sie erhielten die höchsten Trinkgelder auf dem gesamten Schiff, mußten sich jedoch bei rauhem Wetter jeden einzelnen Penny schwer verdienen.

Auf deutschen Schiffen erwartete seekranke Passagiere das geringste Mitgefühl. 1909 erklärten die Stabsärzte der HAPAG, daß die Zahl der Krankheitsfälle an Bord jener Schiffe dramatisch zurückgehe, die mit neuesten Turneinrichtungen ausgestattet waren. Seekrankheit wurde mit Simulieren gleichgesetzt und ließ sich am besten durch schwere körperliche Aktivität bekämpfen. Diese unerschütterliche Überzeugung löste eine Decksportbesessenheit aus, die sich wie eine Seuche auf Schiffahrtslinien anderer Nationalitäten ausbreitete. Daß die Briten diese Idee aufgriffen, ist nur allzu verständlich, besitzen sie doch eine allgemein bekannte Vorliebe für harte Körperertüchtigung. Doch daß sich auch die traditionellerweise gegen Sport eingestellten Franzosen dieser lächerlichen Hypothese unterwarfen, muß als außergewöhnlich betrachtet werden. Die im Sportsaal der *Olympic* montierten sperrigen deutschen Turngeräte fanden auf der *France* ihr Gegenstück. Noch im Jahr 1929, als ein gewisser Dr. Dammert ein Elixier aus Sauerstoff und Atropin als Mittel gegen Seekrankheit patentieren ließ, wurde dieses auf der *Bremen* ausschließlich von den Deckstewards ausgegeben. In anderen Worten – nur jene Passagiere konnten das zwei Mark teure Wundermittel ergattern, denen es gelang, das Deck zu erreichen. Schwächlinge mußten unversorgt unter Deck schmachten.

Die Passagiere der Jungfernfahrt der *Great Eastern* waren die ersten, die ernsthaft Deckspiele verfolgten. Vor dieser Zeit beschränkte sich die Unterhaltung gegen die Langeweile auf übervolle Decks und geistige Gymnastikübungen im Spielsalon, in dem Rechtschreibwettbewerbe, Ratespiele und Whistpartien vorherrschten. Brunels großes Schiff sollte eine grundlegende Veränderung bewirken. Die Fahrgäste waren es leid, auf die seitlichen Plattformen zu klettern, um auf die Schaufelräder hinabzublicken, die eine Deckfläche von nahezu einhundert Quadratmetern einnahmen. In der Geschichte der Ozeanschiffahrt wurde der erste Marathon mitten auf dem Atlantik gelaufen. Ein Mann hatte zum Scherz einen Satz Kegel mitgebracht, ohne zu ahnen, welche Fülle an Decksportarten folgen würde. Die Bereitstellung von Spielen an Bord der Schiffe wurde zu einer allgemeinen Manie der Schiffahrtsgesellschaften und in den zwanziger Jahren zum Alptraum sämtlicher Deckstewards.

Gehen war eine körperliche Tätigkeit, die mehr Durchhaltevermögen als Talent erforderte. Fünf Runden um das Promenadendeck der meisten Schiffe ergaben eine Seemeile. Diese beeindruckende Statistik stellte einen ebenso unentbehrlichen Bestandteil in der Werbung der Gesellschaften dar wie die Abbildung von Lokomotiven, die durch Schornsteine fuhren. Sie ermutigte Passagiere, die an Land an eine derartige Aktivität keinen Gedanken verschwendet hätten, sich an Bord in begeisterte Wanderer zu verwandeln. Das ganze Jahr über zogen nun gefürchtete Enthusiasten bei gutem Wetter auf dem Bootsdeck und bei schlechtem auf dem Promenadendeck ihre Runden. Puristen bewahrten in ihrer rechten Hosentasche Münzen auf, von denen sie jeweils eine in den linken Hosensack übersiedelten, sobald sie eine Runde vollendet hatten.

Zwischen den Spaziergängern, üblicherweise schwungvollen Frühaufstehern, und den ihren Weg behindernden Liegestuhlgenießern, die vermutlich durch den Lärm über ihnen aus ihren Kojen getrieben worden waren, herrschte ein ständiger Kampf. Sax Rohmer, der Erfinder von Fu Manchu, spulte bei jeder Ozeanüberfahrt täglich 16 Kilometer auf der *Aquitania* ab. Als außergewöhnlicher Spaziergänger erwies sich Dr. John Finley von der *New York Times*, der bei einer Überfahrt 160 Kilometer erreichte. Zur Feier des Ereignisses hatte er auf eigene Kosten eine Platinmedaille schlagen lassen, die er einem ehrgeizigen Nachfolger anbot. Sein Rekord wurde jedoch nie eingestellt. Am Promenadendeck der *Queen Mary* war ein Schild zur Erinnerung an den olympischen Läufer Lord Burghley angebracht, der in Abendkleidung eine Strecke von einer Viertelmeile in weniger als sechzig Sekunden hinter sich gebracht hatte.

Shuffleboard wurde zum Urahn sämtlicher Decksportarten. Das Spiel leitete sich vom »Shoveboard«, dem »Feldschieben«, aus Shakespeares Zeiten ab, bei dem Münzen oder Scheiben über ein »Feld« auf Zahlen an der gegenüberliegenden Seite »geschoben« wurden. Als das Spiel von den Passagieren der White Star Line in den achtziger Jahren des vorigen Jahrhunderts vom Land auf das Meer übertragen wurde, veränderte sich der Name in »Shovelboard« – *shovel* ist das englische Wort für »Schaufel« –, da bei der maritimen Version schaufelähnliche Stäbe verwendet wurden, um die übergroßen Scheiben über das Deck zu schleudern. Zwangsläufig verwandelte sich das Wort »shovel« dann in »shuffel« – von *shuffle*, »schlurfen, kriechen« – und das Spiel selbst in einen festen Bestandteil jeder Atlantiküberfahrt.

Jahrelang wurden die Zahlen von der Besatzung täglich mit Kreide auf das Deck gemalt. Bis zum Ersten Weltkrieg kam niemand auf die Idee, sie dauerhaft aufzumalen, auch wenn Kreide den Vorteil besaß, daß das Spiel verlegt werden konnte, um anderen Aktivitäten Platz zu machen. Die Länge des Feldes variierte bei den einzelnen Schiffahrtslinien. So besaß die *Île de France* 1927 das längste Feld, das den Männern einen Schuß über eine Entfernung von mehr als 13 Metern abverlangte. Traditionsgemäß gestattete man den Damen, eine dem Ziel näher gelegene Schußlinie zu verwenden. Der Raster wurde an allen Seiten mit Zahlen versehen, die in jeder beliebigen Richtung, einschließlich diagonal, jeweils eine Gesamtsumme von 15 ergaben. Diese willkürliche Anordnung überraschte um so mehr, als sie keinerlei Auswirkung auf den Spielstand besaß.

Ein weiteres beliebtes Ozeanspiel war Decktennis, bei dem man auf Schläger und Ball verzichtete und statt dessen einen Gummiring über ein für Badminton geeignetes Netz hin- und herschleuderte. (Mitunter verwendete man auch mit Bohnen gefüllte Säckchen, doch diese pazifische Innovation setzte sich auf dem Atlantik niemals durch.) Liebhaber des häufig als »Tenikoit« bezeichneten Spiels wurden wahre Meister im »Makkaroni-Wurf«, bei dem der Ring einen gewissen Drall erhielt, sobald er die Hand verließ, so daß er unvorhersehbar abdrehte und schwer zu fangen war. Blinko, eine beliebte Weiterentwicklung der White Star Line, wurde mit einem bis auf das Deck hinab gespannten, undurchsichtigen Netz gespielt, so daß die Gegenspieler nicht wußten, von wo der Wurf erfolgte. Man warf die Gummiringe auch in einen Eimer, schwang sie über Nägel, die aus einer geneigten Fläche hervorstanden, oder schleuderte sie hin und wieder irrtümlich oder wutentbrannt über die Reling.

Für jedes der zahlreichen Deckspiele verwendete man ausschließlich Bälle, die an eine Leine geknüpft waren, oder bewegte sich innerhalb einer Absperrung. So spielte man zum Beispiel Giant Holo – ein geistloser Zeitvertreib, bei dem ein Ball mit einem Stock durch einen Tunnel gestoßen werden mußte – in einer Art von Käfig. Dasselbe galt für eine deutsche Version mit dem Namen »Mausefalle« ebenso wie für das Freiluftbowling auf der *France* und das Deckbillard auf der *Bremen*. Eine der seltenen Ausnahmen stellte ein versuchsweise angelegtes Krocketfeld auf dem Sonnendeck der *Paris* dar.

Bei Golf gab es drei Variationen. Anhänger dieses Spiels erhielten auf ihrem Weg nach St. Andrew einen mit einer Schnur an das Ende eines Schlägers befestigten Ball, den sie nach Herzenslust schlagen konnten. Es gab auch Drivingranges mit Segeltuchwänden und Fairway-Bullaugen. Minigolf erfreute sich allgemeiner Beliebtheit. Auf den großen Schiffen tauchte es bereits vor dem Ersten Weltkrieg auf und war seinem Pendant an Land somit um Jahrzehnte voraus. Die Attraktion, die ein Schiff darstellte, das mit einem Golfkurs auf dem Oberdeck werben konnte, machte diese Einrichtung für sämtliche Schiffe ab der Größe der *Olympic* zur Pflicht. Gespielt wurde mit Shuffleboardschlägern über einen verschlungenen Kurs. Echte Hindernisse wie Speigatten, die Stützen von Sonnense-

Bei den Benutzern des Turnsaals der *Vaterland* handelt es sich offensichtlich nicht um Fotomodelle, sondern um Passagiere, die selbstbewußt die ihnen zur Verfügung gestellten mechanischen Geräte ausprobieren. (*Frank Braynard Collection*)

Eine ruhigere Variante der deutschen Decksportarten. Die Kinder der ersten Klasse an Bord der *Imperator* bei einem Spiel. Links ist die Ecke einer Sandkiste zu erkennen. (*Steamship Historical Society of America*)

Das Bootsdeck mitten auf dem Ozean, fotografiert im Sommer 1912 und bis heute unverändert. Das Wetter ist ausgezeichnet, und die *Lusitania* schlingert leicht. Die beiden Spaziergänger haben soeben ein Shuffleboard-Spiel passiert. Links erzählen sich Passagiere den neuesten Bordklatsch, während die Besatzungsmitglieder im Boot Nr. 10 mit endlosen Wartungsarbeiten beschäftigt sind.
(*Radio Times Hulton Picture Library*)

Ein in Szene gesetzter Wettkampf auf der *Berengaria* unter der Aufsicht des Sportlehrers Mason, links mit Pullover. Auf einer späteren Überfahrt diente er als Trainingspartner für den Prinzen von Wales. (*Radio Times Hulton Picture Library*)

Unten: Einer der Offiziere der *Majestic* nimmt es mit einem weiblichen Passagier im Decktennis auf. (*Library of Congress*)

geln oder Passagiere in Liegestühlen wechselten mit eigens eingebauten Barrieren ab. Bis zur Inbetriebnahme der *Empress of Britain* mußten sich Tennisspieler mit Bubble-Puppy oder Spiro-Ball zufriedengeben, einer Art Solitärtennis, das mit einem normalen Schläger und einem an einer Schnur befestigten Ball gespielt wurde.

Bei jeder sommerlichen Überfahrt veranstaltete man an einem Nachmittag eine Reihe von Wettbewerben an Deck. Dieses Sportfest mitten auf dem Ozean zog zwangsläufig mehr Zuseher als Teilnehmer an, wenn auch stets genug Passagiere bereit waren, ein Schauspiel zu bieten. Auf deutschen Schiffen wurde für den Wettkampf die Rennstrecke auf andere Decks verlängert, indem man über den Niedergang eine Segeltuchrutsche spannte, so daß der gesamte Kurs in hohem Tempo gelaufen werden konnte. Der Abstieg über die Rutsche erfolgte in sitzender oder kniender Haltung, was weibliche Teilnehmer abschreckte. Die Damen waren eingeladen, an anderen Wettkämpfen teilzunehmen, wie etwa Eierlauf, Sackhüpfen, Nadeleinfädeln und einem eigenartigen Zigarettenlauf. Dabei trugen die teilnehmenden Männer jeweils eine nicht angezündete Zigarette und liefen von ihrer Startposition aus damit zu ihrer Partnerin, die die Aufgabe hatte, die Zigarette mit einem Zündholz anzuzünden, ohne eine Zündholzschachtel, eine Schuhsohle oder einen Teil des Schiffs zu verwenden. Als einzige Alternativen blieben vermutlich Daumennägel, Zähne oder die Sitzfläche eines Musselinrocks. Dieses Spiel war eine unübertroffene Volksbelustigung, obwohl ein Reporter der *New York Times* es als »wenig aufregend oder amüsant« bezeichnete.

Auf britischen Schiffen wurde das Keks-Pfeif-Spiel veranstaltet, bei dem jener Teilnehmer gewann, der als erster durch einen Mundvoll trockener Cracker eine bekannte Melodie pfiff. Die britischen Zahlmeister trugen mit dem Spiel »Bist du hier, Mike?« zur allgemeinen Heiterkeit bei. Dabei mußten zwei Gegenspieler mit verbundenen Augen auf dem Bauch kriechen und einander mit zusammengerollten Zeitungen zu treffen versuchen. Die Mitspieler auf der *Olympic* schützten ihre Mitreisenden, indem sie den hinteren Ladebaum mit Daunenkissen umgaben. Wie viele Amateurspektakel erschienen diese Spiele, aus der Ferne betrachtet, unsinnig; ihr Reiz hat sich jedoch bis in unsere Tage erhalten. Einfältige oder ausgeklügeltere Deckspiele ziehen bei Karibikkreuzfahrten große Menschenmengen an. Während der Wintermonate vergnügte man sich unter Deck mit zwei Ersatzspielen: Tischtennis und Wasserpolo, sofern das Schiff über ein geeignetes Schwimmbad verfügte. Wasserpolo war auf deutschen Schiffen überaus beliebt. Verschiedene Nationalmannschaften lieferten sich auf der Jungfernfahrt der *Imperator* erbitterte Kämpfe.

In dieser Zeit, die bald schon ihr Ende finden sollte, ging nahezu die gesamte Unterhaltung an Bord von den Passagieren aus. Es gab keine Animateure und aufgrund eines gemeinsamen Beschlusses der Mitglieder der Atlantikkonferenz auch kein professionelles Varieté. Das Radio steckte in den Kinderschuhen, der Tonfilm ließ noch Jahrzehnte auf sich warten, und Fernsehen war kaum mehr als ein Laborexperiment. In der Folge wimmelte es an Bord von Spielen; die ernsteren fanden im Rauchsalon statt, endlose Runden Scharade, ebenso wie Schatzsuchen, Amateurtheateraufführungen und verschiedenste Wettkämpfe anderswo. Improvisationen dieser Art waren auf Dampfschiffen Tradition und machten die Überfahrt für alle Kinder, die alt genug waren, sie zu genießen, zu einem wahren Fest.

Später gab es auf der *France* einen Treffpunkt für Jugendliche mit dem Namen *Salle des Jeunes*, der mit einer Limonadenfontäne, einer Jukebox, Flipperautomaten und Schießständen ausgestattet war. Die Schiffe der zwanziger Jahre verfügten über keines dieser elektronischen Hilfsmittel. An ihrer Stelle fand man eine unschuldige Freude, die sich weitgehend verflüchtigt zu haben scheint. So versammelte beispielsweise Admiral Lord Charles Beresford sämtliche Kinder an Bord der *Saxonia* im Speisesaal, wo er ihnen jeden Nachmittag Geschichten erzählte. Lord Beaverbrooks »Reicher Onkel« und Prinzessin Zenias »Gute Fee« waren kein ungewöhnlicher Anblick bei improvisierten Theateraufführungen im Spielzimmer der *Aquitania*. Walter Lord erinnert sich an die freudige Erregung, die von ihm Besitz ergriff, als er im Speisesaal der *Olympic* einen auf die Unterseite einer Silberschale geklebten Hinweis für die Schatzsuche fand, der seinen älteren Geschwistern entgangen war.

Insbesondere auf englischen Schiffen lösten Kostümwettbewerbe große Begeisterung aus und nahmen zahlreiche Stunden intensiver Vorbereitungen in Anspruch. Ein junger Offizier namens Bisset, der später zum Kommodore der beiden *Queens* aufsteigen sollte, schrieb 1924 ein hervorragendes kleines Buch mit dem Titel *Ship Ahoy!!*, das an Bord vieler Transatlantikliner regen Absatz fand. Es enthielt zahllose Ratschläge für Reisende sowie eine Sammlung seemännischer Erzählungen. Die Themen umfaßten alles von Schiffsschrauben über Eiswachen bis zu Maskenbällen. Die Ernsthaftigkeit, mit der man sich letzterem widmete, läßt sich am besten anhand des folgenden Zitats über den Ursprung verschiedener Verkleidungsstücke an Bord beurteilen:

VON DEN OFFIZIEREN: Flaggen, Streifen von rotem, weißem, blauem und gelbem Fahnentuch; farbige Garne und dazugehörige Nähnadeln; Ölhäute; Südwester; Seestiefel; weiße Segeltuchanzüge; Messingknöpfe; Uniformkappen; Teleskope; Pfeifen; Revolver
VOM ZAHLMEISTER: farbige Tinte; Karton; Garn; gedruckte Ankündigungen; Leim; Papierklammern; Buntstifte; Gepäckschilder
VOM ARZT: Watte; Klebebänder; Rot-Kreuz-Plakette; Schwesternhäubchen
VOM CHEFSTEWARD: Bettwäsche; Handtücher; Vorhänge; Tischwäsche; Tabletts; leere Flaschen; Ausgießer; Bürsten; Schiffszwieback; Kelchgläser; Gardinenringe
VOM BOOTSMANN: Taugarn (um es zu Perücken, Bärten etc. zu verarbeiten); Laternen; Segeltuch; Besenstiele; Rettungsringe; Sackleinen; Pullover; Messer; Seemannskappen; dünner Draht zur Versteifung; Silberlack und andere Farben

Passagiere der dritten Klasse auf der *Homeric* beim Tauziehen, dem unentrinnbaren Abschluß sämtlicher Deckwettkämpfe. (*Nationalarchiv der USA*)

VOM FRISEUR: Papier in vielen Farben; Haardekorationen; Modeschmuck; Hausschuhe; Hüte; Gehstöcke; Badeanzüge; Pfeifen
ANMERKUNG: Ein über den Kopf gezogener und zusammengedrehter schwarzer Damenstrumpf eignet sich ausgezeichnet als chinesischer Zopf. Angebrannter Kork ist eine gute Methode, ein Gesicht zu schwärzen (läßt sich leicht abwaschen). Aus einem mit einer Flagge überzogenen runden Tablett kann man einen Schild basteln. Gardinenringe ergeben großartige orientalische Ohrringe. Mit Karton und Papierklammern kann man wahre Wunder vollbringen.

Wenn ein Cunard-Passagier einen Kostümvorschlag benötigte, riet man ihm zu einer Verkleidung als Mannequin, Hexe, Braut oder Elizabeth Arden. Den Sieg trug häufig der »Frühling« davon, ein bescheidenes, aber reizvolles Ensemble aus grünem Chiffon und Blumen. In jener Zeit erging der erste Preis bei den Herren zumeist an Frauendarsteller, vor allem an Männer im Kostüm französischer Zofen oder Hulatänzerinnen.

Mitte der fünfziger Jahre beschränkte sich der Maskenball auf den beiden *Queens* ausschließlich auf Kinder. Ein Wettbewerb um die komischste Kopfbedeckung stellte das letzte Überbleibsel der Erwachsenenspiele der Vorkriegszeit dar. An Bord der *Queen Elizabeth* machte ich die Bekanntschaft mit einer Engländerin, die mir erklärte, niemals ohne einen ganzen Koffer prachtvoller fertiger Kostüme für ihre Kinder zu reisen. Sie gestand, daß ihre Eltern in ihrer Kindheit niemals auf den Kostümwettbwerb vorbereitet gewesen seien. Nun wolle sie nicht denselben Fehler mit ihrer Familie begehen. Zu ihrem Bedauern setzte sich nach wie vor die Tradition der Improvisation durch. Der Gewinner dieser Überfahrt war ein heiliger Georg, der ein mit einer Flagge überzogenes Tablett schwenkte und einen Besengriffspeer in der Hand hielt. Sein Wappenrock bestand aus einem Laken der Schiffahrtsgesellschaft und sein Helm aus einem umgekehrten Kochtopf. Mehrmals erschlug er einen Drachen, der von seiner in grünes Kreppapier gehüllten Schwester verkörpert wurde. Die Kinder der beklagenswerten Engländerin wurden nicht einmal ehrenvoll erwähnt.

Jeden Tag pünktlich um zwölf Uhr mittags ließ die Schiffspfeife ein langes Tuten erklingen. Für bestimmte Passagiere diente dies weniger als Zeitangabe denn als Aufruf. Von überall erschienen ungeduldige Damen und Herren – pflaumenblau vom türkischen Bad, hochgerüttelt aus der Trägheit eines Liegestuhls oder schlaftrunken aus ihren Kojen – und strömten auf den Rauchsalon zu. Gleichzeitig traf ein Bote von der Brücke mit einem vom diensthabenden Offizier unterzeichneten Papier ein. Auf ihm stand die Mittagsposition des Schiffs und, von lebenswichtiger Bedeutung für die versammelten Passagiere, die Anzahl der in den letzten 24 Stunden zurückgelegten Meilen. Diese Zahl bestimmte den Gewinner des Schiffstotos (es gab mehrere – aus den Rauchsalons, den Unterkünften der Besatzung etc.). Mit Ausnahme der ersten Klasse verwendete man Hüte als Spielurnen, aus denen die einzelnen Spieler eine Zahl zogen oder wählten, die,

Kostümwettbewerb auf der *Mauretania*. Der Eiscremewagen ist der umgewandelte Teewagen eines Deckstewards, und zumindest drei der »Damen« sind Männer. (*Cunard Line*)

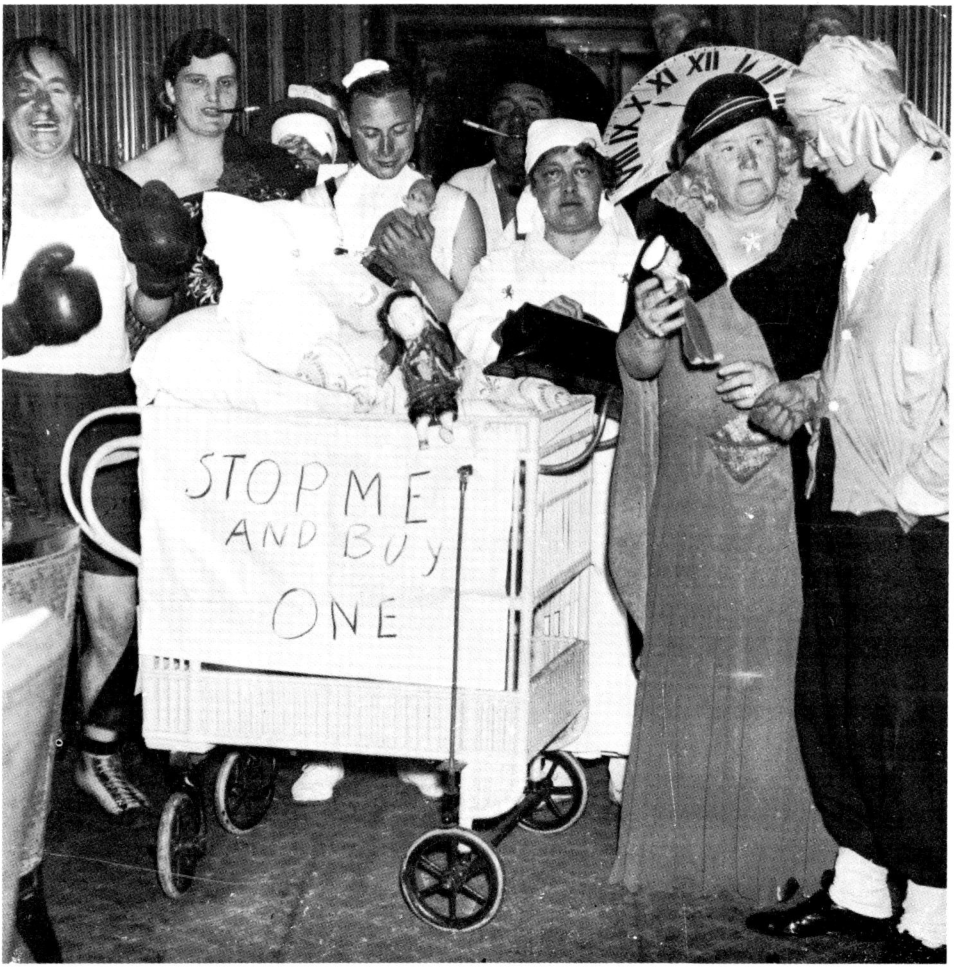

Ein Weihnachstfest für Kinder im Speisesaal der *Berengaria*. Der junge Jockey, dessen »Pferd« sich aus seinen Eltern zusammensetzt, steht im Begriff, den ersten Preis zu gewinnen. (*Cunard Line*)

wenn sie mit der Endziffer der täglichen Meilenanzahl übereinstimmte, gewann. Diese einfachen Dezimaltotospiele sowie das »Ankerspiel« und Wetten auf die Ankunftszeit bei Ambrose Light sind die einzigen Spiele, die auf dem Atlantik bis heute überlebten, wenn auch ihr Geist verlorenging. Ein trauriger Abstieg gegenüber den alten Tagen, als das Auktionsspiel, eine auf die erste Klasse beschränkte finanzielle Extravaganz, zum täglichen Ritual gehörte.

Die hohen Wetten auf die pro Tag gefahrenen Meilen gingen historisch auf ein bedeutenderes Spiel zurück, das die Konkurrenz auf dem Atlantik charakterisierte. Es war nur natürlich, daß die Fahrgäste die intensiven Bemühungen der Schiffahrtslinie um Höchstleistungen neuer Schiffe teilten, wo sie doch der gemeinsame Wunsch nach einer möglichst raschen Überfahrt verband. Man beschäftigte sich so eingehend mit der Reisegeschwindigkeit zwischen den beiden Kontinenten, daß sich die Meilenwetten sämtlicher Dampferrouten weltweit von dem atlantischen Original ableiteten. Sie wurden zur ständigen Einrichtung des Schiffsalltags, bis Geschwindigkeitsrekorde an der Erdoberfläche wegen der Flugzeuge nur noch akademischen Wert besaßen.

Beim Auktionsspiel wählte man ein Feld mit zwanzig aufeinanderfolgenden Zahlen, die rund um die mittlere Tagesleistung des Schiffs für diese Jahreszeit gruppiert waren. Die Spannweite der Zahlen variierte von Schiff zu Schiff. Bei den größeren lag sie im Bereich von sechshundert Seemeilen. Die Passagiere legten zwischen fünf und 25 Dollar in den Pool und erhielten durch Auslosung eine der Zahlen zugewiesen. Sie konnten über ihre Zahl verfügen, indem sie sie zur Auktion freigaben. Mit einer Hälfte der Einkünfte aus diesem Verkauf wurde der Pool aufgestockt, während die andere Hälfte in der Tasche des Eigentümers verschwand. Lag seine Zahl in der Nähe des Zentrums und war deshalb besonders begehrt, konnte er bereits in diesem Stadium mit Gewinn aussteigen. Je nach Überzeugungskraft des Auktionators konnte er erneut dem Pool beitreten und auf eine andere Zahl setzen, die ihn intuitiv ansprach. Natürlich stand es ihm auch frei, statt dessen auf besonders hohe oder niedrige Zahlen zu setzen, in der Hoffnung, daß die tatsächliche Meilenanzahl außerhalb der vorhergesagten Bandbreite liegen würde.

Von den drei auf Anordnung der Gesellschaft für jede Überfahrt gewählten Passagiervorständen bot die Position des Aktionsspielvorstands die größte Herausforderung. Der Präsident des Sportkomitees benötigte lediglich eine unermüdliche Hingabe, um die Aufgabe, Turniere zu arrangieren, zu erfüllen, während der Konzertvorstand in der Regel einen solch glänzenden Ruf besaß, daß seine Anwesenheit bereits seinen größten Beitrag darstellte. Der zum Leiter des Auktionsspiels gewählte Mann mußte dagegen eine Vielzahl von Fähigkeiten aufweisen. Sein Talent wurde vorwiegend als Auktionator und weniger als Vorstand auf die Probe gestellt. Neben dem Respekt seiner Mitspieler erforderte seine Aufgabe flotte Sprüche, Charme und kräftige Lungen.

Der mittäglichen Verkündigung der Gewinnzahl fehlte die Dramatik der Versteigerung, die am Abend zuvor stattgefunden hatte. Dabei handelte es sich um einen lautstarken Vorgang, der nach dem Abendessen sämtliche anderen Aktivitäten zumindest für eine Stunde zum Erliegen brachte. Der Auktionator rief mit donnernder Stimme in einem Raum zur Ordnung, dessen Würde vor der Ausgelassenheit einer Warenbörse kapitulierte. Der von einem Oktett von Greifen aus Mahagoni getragene Tisch im Rauchsalon der *Mauretania* zeigte deutliche Spuren des Hammers, der über drei Jahrzehnte für das Auktionsspiel verwendet worden war. Die Stewards des Rauchsalons erhielten zehn Prozent der Gewinne. Daher lag es in ihrem Interesse, daß die Gläser gefüllt waren und die Atmosphäre freudig-gespannt blieb, so daß die Auktionspreise stiegen. Das Bieten erfolgte in rasantem Tempo und wurde lediglich durch die Bildung von Syndikaten kompliziert, deren Mitglieder darauf abzielten, »das Zentrum einzukreisen«. Pools mit einem Gesamtbetrag von einigen hundert bis mitunter tausend Dollar waren an der Tagesordnung.

Die Auktionsteilnehmer plagten die Schiffsoffiziere üblicherweise mit Fragen zum bevorstehenden Wetter – für Großinvestoren eine natürliche Beschäftigung. Selbst eine kleine Nebelbank konnte die Vorhersagen gefährden, und so manche liebevoll gehegte Zahl erwies sich als wertlos, sobald ihr Eigentümer durch das Dröhnen des Nebelhorns geweckt wurde. Welchen Preis erzielte dann eine Zahl im unteren Feld! Bei günstigem Wind auf der Reise nach Osten steigerte der Golfstrom die täglich zurückgelegten Meilen oft weit über den Schätzwert hinaus.

Schlechte Verlierer behaupteten mitunter, das Spiel werde manipuliert, obwohl sie niemals Belege für diese unglaubliche Anschuldigung vorbrachten. Ich halte das für beinahe unmöglich. Die von der Brücke bekanntgegebene Zahl ergab sich aus Berechnungen, die mehrere Schiffsoffiziere unabhängig voneinander durchgeführt hatten. Darüber hinaus diente sie als Grundlage für wichtige Statistiken der Gesellschaft und beeinflußte die Fahrpläne und die Berichte über den Treibstoffverbrauch, was jeden Gedanken an unerlaubte Änderungen von vornherein ausschloß.

Obwohl sich das Auktionsspiel überwiegend in männlicher Hand befand, war eine Amerikanerin, die 1923 auf der ostwärts fahrenden *Aquitania* an fünf aufeinanderfolgenden Abenden siegte, der größte Gewinner aller Zeiten. Ihre Meisterleistung erregte solches Aufsehen, daß sämtliche Spieler des Schiffs auf der Rückreise die von ihr gewählten Zahlen zu kopieren versuchten. Wie vorherzusehen war, gewann sie nie wieder. Als Folge ihrer Glückssträhne wurden verschiedene wohltätige Organisationen für Seeleute um mehrere tausend Pfund reicher.

Die *New York Times* berichtete einmal, daß Falschspieler ihr Handwerk auf dem Oberdeck jener Flugzeuge ausübten, die finanzkräftige Glücksspieler nach Nevada fliegen. Irgendwie erscheint es passend, daß sich das Betrügen von Passagieren als Tradition im Jetzeitalter fortsetzt. Der Kreis hat sich geschlossen, und das Verkehrsmittel, welches das Dampfschiff ersetzte, wird nun offensichtlich von denselben Plagen heimgesucht. Spieler, die sich ihren Lebensunterhalt auf Ozeanlinern verdienten und daher von ihren an Land operierenden Kollegen als »Bootsführer« bezeichnet wurden, wären in der Luft vermutlich verloren. Der Erfolg ihrer Technik gründete auf ausreichend großen Zeiträumen. Sie waren »Künstler« einer gemächlicheren und kultivierteren Ära.

Die »Arbeit« an Bord eines Schiffs besaß zahlreiche Vorteile. Die oberste Regel von Trickbetrügern lautete, ein Spiel niemals zu lange an einem Ort laufen zu lassen. Die Dauer einer Überfahrt erwies sich als geradezu ideal. Sechs Tage reichten aus, um arglose Glücksspielfreunde ausfindig zu machen und ihnen ihr Geld abzunehmen, und waren andererseits kurz genug, um keinen Verdacht zu wecken. An Bord jedes Schiffs fanden sich viele reiche Männer, und zufällige Begegnungen zählten zur Tradition von Schiffsreisen. Einer dieser Falschspieler erinnerte sich an seinen erlesensten Kunden, einen allein reisenden Millionär aus Oshkosh. Ein Passagier ohne Begleitung war nur allzugern bereit, neue Bekanntschaften zu schließen. Dieses einsame und wohlbetuchte »Ei« bat regelrecht darum, als Opfer ausgebrütet zu werden.

Wer mit einem derartigen Gauner in Kontakt geriet, wurde durch eine hervorragende schauspielerische Leistung getäuscht. Die Falschspieler der Ozeandampfer zählten zu den herausragenden Künstlern ihrer Branche. Sie besaßen schlagfertigen Charme und einen Stil, der sie weit über den gewöhnlichen Flußdampferschurken emporhob. Die Erfolgreichen waren kultivierte, gepflegte Damen und Herren, die sich nahtlos in die erste Klasse einfügten. Ein vom Zahlmeister der *Campania* enttarnter Falschspieler, der sich mit seinem Ankläger am Boden des Rauchsalons eine Prügelei lieferte, wurde von der Zunft als vulgärer Amateur ausgestoßen.

Auch wenn die Mitreisenden sie nicht erkannten, waren der Besatzung ihre Gesichter und mitunter auch ihre Namen oft vertraut. Manche änderten ihre Identität, damit die Buchungsagenten nicht auf frühere Skandale aufmerksam wurden. Diese führten schwarze Listen von Falschspielern, denen ihre Schiffahrtslinie die Überfahrt verweigerte. Ein falscher Name bedeutete aber auch einen falschen Paß, und da das eine der wenigen Möglichkeiten darstellte, sie strafrechtlich zu verfolgen, wurde dieses Mittel äußerst sparsam angewendet.

Die Wahl der falschen Namen enthüllte eine seltsame Naivität, bewies sie doch eine Vorliebe für in der Gesellschaft bekannte Namen, die keinen Zahlmeister täuschten, aber einen idealen Köder für empfängliche Reisende aus dem Mittleren Westen abgaben. Einer der Schiffsfalschspieler geriet in größte Verlegenheit, als er sich am ersten Morgen zum Frühstück setzte und sein Steward ihn mit absichtlich lauter Stimme fragte: »Welcher Name ist es diesmal, Sir?«

Das erste und das letzte Frühstück der Überfahrt waren die einzigen, an denen ein Falschspieler im Speisesaal teilnahm. In der dazwischenliegenden Zeit verwandelten sie sich in eingefleischte Nachtmenschen, die bis weit in den Tag hinein schliefen und den Rauchsalon selten vor drei Uhr morgens verließen. Den ersten Tag widmeten sie der Suche nach einem geeigneten Opfer, das sie bis zum Abend in der Regel auch fanden. Berufsspieler buchten immer einen Liegestuhl und boten für einen guten Platz ein hohes Trinkgeld, verließen ihn aber in dem Augenblick, in dem der Kontakt geschlossen war.

Um Bekanntschaften zu machen, wendeten sie eine Vielzahl genialer Tricks an. Ein Falschspieler verkleidete sich als Geistlicher, schmeichelte sich bei auserwählten Kindern ein und nahm deren Eltern große Summen ab, bevor sie in Frankreich an Land gingen. (Der falsche Geistliche befand sich vorgeblich auf dem Weg zu einem Missionseinsatz östlich von Suez, war jedoch in Wirklichkeit nie weiter in den Osten vorgedrungen als bis Cherbourg, wo er gerade lange genug verweilte, um an Bord des ersten nach Westen auslaufenden Schiffs zu gehen.)

Ein anderer reiste mit einem großen Silberpokal, in den eine Reihe prominenter Namen einschließlich des seinen eingraviert waren. Angeblich hatte er ihn etliche Jahre zuvor von einem dankbaren Passagier auf der *Cedric* erhalten. Das Ereignis, dem er diese Auszeichnung zu verdanken hatte, variierte allerdings von Überfahrt zu Überfahrt. Die beeindruckende Trophäe gab einen unwiderstehlichen Gesprächsstoff ab und zeugte auf gewisse Weise von makellosen Beziehungen.

Wieder andere arbeiteten mit männlichen oder weiblichen Komplizen. Ein älterer Herr, dessen Hände längst ihre Geschicklichkeit verloren hatten, hatte seine Fähigkeiten an seine Tochter weitergegeben, die ihn überallhin begleitete. Das Paar nahm üblicherweise mehrere tausend Dollar ein. Ein anderer Falschspielertyp arbeitete mit einem Gefolge von Gehilfen, die eine beeindruckende Zahl von nicht ausschließlich auf Kartenspiele beschränkte Betrugstricks beherrschten. Dann gab es ein Falschspielerquartett, zu dem eine Frau gehörte, die unter dem Namen »Mädchen mit dem wächsernen Arm« berüchtigt war. Die Schöne mit dem verkrüppelten Arm stürzte eine lange Reihe leichtgläubiger Unglückseliger in den Ruin.

Auf allen Schiffen galt ein von der Gesellschaft auferlegtes Geldspielverbot, das allgemein ignoriert wurde. Das Verbot blieb auf dem Papier bestehen, um die Eigner vor Forderungen von Passagieren zu schützen, die fest entschlossen waren, mit Unbekannten um hohe Einsätze zu spielen. Damit verstießen sie gegen eine auf dem Atlantik in Ehren gehaltene Warnung. Das folgende, wohldurchdachte Phantasiegespräch wurde aus der *Hamburg-America-Gazette* vom Februar 1907 übernommen:

SEINE GRENZE

»Wurden Sie jemals von einer Frau zum Narren gemacht?«
»Ja, ich fürchte, dessen schuldig zu sein.«
»Haben Sie jemals bei Pferdewetten Geld verloren?«
»Ich schäme mich, eingestehen zu müssen, daß dies der Fall ist.«

»Haben Sie jemals ein Boot zum Schwanken gebracht?«

»Wenn ich die ganze Wahrheit gestehen soll – ich kann nicht ableugnen, tatsächlich einmal ein Boot zum Schwanken gebracht zu haben. Und wenn ich schon dabei bin, lassen Sie mich all meine Schandtaten eingestehen. Ich geriet einst wegen eines professionellen Baseballspiels in eine Schlägerei, und diese Narbe über meinem linken Auge zeigt, wo ich von einem Maultier getroffen wurde, dessen Huf ich zu kitzeln versuchte. Auf einem bestimmten Hügel liegt unter einem Grabstein ein Junge, auf den ich ein Gewehr richtete, ohne zu wissen, daß es geladen war. Ich habe auch Briefe mit der Aufforderung an den Empfänger geschrieben, sie direkt nach dem Lesen zu verbrennen. Aber ich weigere mich entschieden einzugestehen, daß ich jemals auf einem Ozeandampfer mit einem Fremden Poker gespielt habe.«

In den Rauchsalons sämtlicher Atlantikdampfer hatte man deutlich sichtbare, große Schilder angebracht, die vor den Aktivitäten professioneller Spieler warnten. Auf den Schiffen der White Star Line gab es sogar zwei. Eines enthielt eine allgemeine Warnung, das zweite verkündete ihre Anwesenheit an Bord. Wenn in der Lounge Filme gezeigt wurden, wies das Standbild, das während des Rollenwechsels eingeschoben wurde, dieselbe Botschaft auf. Die Stewards des Rauchsalons der *Leviathan* hängten zudem eine Tafel mit Verhaltensregeln aus, die Passagieren riet, niemals mit einem Fremden Poker zu spielen, beim Bridge niemals mehr als einen Cent pro Punkt einzusetzen und unter keinen Umständen neu gefundene Freunde auf ein Getränk in deren Kabine einzuladen. Die letzte Regel war besonders wichtig. Im Gegensatz zum gängigen Mythos fanden die großen Aktionen nicht im Rauchsalon statt. Dieser bildete lediglich den Schauplatz für eine endlose Reihe vorbereitender Spiele. Spieler, die auf der Suche nach einem Verschwender im letzten Augenblick buchten, ersuchten den Zahlmeister üblicherweise um eine größere Unterkunft. Im Idealfall bekamen sie eine Suite mit eigenem Salon, in dem sie privat spielen konnten.

Eine klassische Schiffsaktion erforderte ein Team von drei Komplizen und begann in dem Moment, in dem das Schiff die Pier verließ. Ein gutbetuchter Gentleman verlor seine Brieftasche, die wenige Stunden später mit unangetastetem Inhalt im Büro des Zahlmeisters wieder auftauchte. Sie sei an Deck von einem Herrn Soundso gefunden worden, erfuhr der erleichterte Passagier. Der dankbare Fahrgast steuerte augenblicklich auf die Kabine seines Wohltäters zu, die sich als groß und bequem herausstellte und in der soeben ein spannendes Bridgespiel zwischen drei Personen im Gange war. Der Gastgeber wies seinen Dank zurück und lud ihn statt dessen ein, als vierter dem Spiel beizutreten. Dies war das erste einer Reihe fröhlicher Kartenspiele während der Überfahrt, bei dem der Neuling ausnahmslos beträchtliche Geldsummen gewann. Üblicherweise belief sich der Betrag auf zweitausend Dollar. Erstaunlicherweise fiel es ihm niemals auf, daß man ihn gewinnen ließ; ebensowenig vermutete er, daß ihm sein gegenübersitzender

Spielpartner bei dem Zusammenstoß am Tag des Ablegens um seine Brieftasche erleichtert hatte.

Nachdem das Schiff angekommen war, teilten die vier Freunde ein Abteil im Schiffszug für ein abschließendes Spiel. Das Kartenspiel endete in dem Augenblick, in dem der Zug die Außenbezirke Londons erreichte. Nun schlug einer der ersten drei Spieler eine schnelle Partie Red Dog vor. Die Taschen mit seinem Gewinn gefüllt, konnte der wohlhabende Mann schwerlich ablehnen. In fünf Minuten war alles vorüber. Da das Team gezinkte Karten austeilte, konnte es seinem Opfer über 20 000 Dollar abnehmen – seine als Köder dienenden zweitausend Dollar und zusätzlich einen Scheck auf eine Londoner Bank über die Restsumme. Dieser wurde nur wenige Minuten nach der Ankunft der Männer in Waterloo eingelöst, ehe der verwirrte Narr Zeit fand, seine Lage zu überdenken. Der letzte Schlag fand in einer Kabine, einem Zugabteil oder einem Hotel statt, aber niemals in einem der öffentlichen Räume des Schiffs. Berufsspieler zogen es vor, den *coup de grâce* fern der besorgten Schiffsbemannung durchzuführen. Ein Mann fuhr von Cherbourg aus im Wagen seiner »Freunde« mit, der vor Bayeux zufällig zusammenbrach. Während der Übernachtung im Hotel fand das unvermeidliche Abschlußspiel statt.

Wenn dieses von den meisten Spielerbanden befolgte Muster in der Erzählung durchsichtig erscheint, so ist das darauf zurückzuführen, daß ich es unterließ, die Geschichte mit überzeugenden Einzelheiten auszuschmücken. Fügen Sie selbst zahlreiche bei fröhlichem Spiel verbrachte Stunden, unterbrochen von gutem Whiskey und Gesprächen, sowie eine sorgfältig aufgebaute Fassade aus gutem Willen, Freundschaft und Schmeichelei im zivilisierten Umfeld des Lebens an Bord hinzu, und schon erscheint die ganze Angelegenheit völlig glaubhaft. Das Talent des Spielers bewies sich zunächst, indem er eine für seine Ziele entscheidende Stimmung schuf, und erst in zweiter Linie beim Umgang mit den Karten. Das Team mußte von seinen Einnahmen erst den Preis der Fahrkarten einschließlich der teuren Suite abziehen, ehe der Reingewinn aufgeteilt werden konnte. Der verbleibende Betrag war keineswegs überhöht angesichts des einwöchigen intensiven Arbeitseinsatzes.

Die meisten Opfer ertrugen den finanziellen und emotionellen Verlust stillschweigend. Andere taten dies nicht, insbesondere wenn sie Tausende von Dollar an Firmengeldern verloren hatten, was öfter vorkam. Sofern sie sich noch auf See befanden, appellierten sie an den Kapitän. In seiner Zeit als Kommodore der *Mauretania* kam Rostron eine bestimmte Kartenkombination so häufig unter, daß er sich die Mühe machte, sie sich einzuprägen. Wenn sich dann ein Opfer an ihn wandte und ihm eine schmerzlich bekannte Geschichte erzählte, unterbrach Rostron ihn und fragte, ob das tödliche Blatt aus As, König, Dame, Bube, Neun und einer anderen Herzkarte bestanden habe. Ungläubig nickte der Mann. Daraufhin konfrontierte Rostron die Falschspieler und drohte, sie beim Anlegen des Schiffs verhaften zu lassen. Oft erreichte er auf diese Weise, daß sie sich mit einer weit unter dem ursprünglichen Betrag liegenden Summe zufriedengaben. Seinen Berechnungen zufolge hatte er während seiner Zeit als Kommodore auf der *Mauretania* und *Berengaria* die Forderungen betrügerischer Spieler um mehr als 50 000 Dollar reduziert. Ein anderer Kapitän der Cunard Line bediente sich noch erfolgreicher derselben Technik – er hatte während der Unterredung einen großen Revolver unberührt, aber bedrohlich auf seinem Tisch liegen.

Falschspieler wendeten auch andere weitverbreitete Tricks an. Sobald der Betrüger den Scheck eingesteckt hatte, schien er sich erweichen zu lassen und schlug seinem unglücklichen Opfer vor, sich aus Freundschaft mit dessen gesamtem Barvermögen abzufinden. Sobald das Geld den Besitzer gewechselt hatte (üblicherweise handelte es sich um die Summe, die der Berufsspieler »verloren« hatte), holte er den Scheck hervor, zerriß ihn in Stücke und warf ihn über Bord. Aber die kleinen Papierfetzen, die aufs Wasser hinunterflatterten, waren unbeschrieben. Das Original ruhte sicher geborgen in einer der vier Westentaschen, die jeweils einen Blankoscheck der verschiedensten Banken und Farben enthielten. Das erleichterte Opfer ließ selten einen Scheck sperren, der vor seinen Augen zerrissen worden war.

Ein anderer Falschspieler benutzte den Geld-gegen-Scheck-Trick, sobald das Schiff an seinem Liegeplatz in New York eintraf. Er steckte das Geld ein und ging unter Deck, um den Scheck zu holen. Wie vereinbart wartete sein Opfer in der Ankunftshalle. Erst nach einer halben Stunde begriff es, daß sein »Freund« das Schiff über die Gangway der zweiten Klasse verlassen und den Zoll passiert hatte und sich nun bereits per Taxi auf dem Weg zur Bank befand. Aus diesem Grund reisten Schiffsbetrüger mit leichtem Gepäck und führten niemals mehr als ein paar notwendige Gegenstände in einem einzigen kleinen Koffer mit sich. Für die Stewards war es denn auch ein leichtes, Falschspieler zu identifizieren, da sie mit wenig Hab und Gut eine prachtvolle Suite bewohnten.

Einem Engländer gelang es einmal, Betrüger mit ihren eigenen Waffen zu schlagen. Er nahm die Rolle eines finanzstarken, geckenhaften Baronets an, der auf seiner ersten Überfahrt verzweifelt Bekanntschaften zu schließen versuchte. Seine Vorstellung war tadellos und erstreckte sich auch auf einen überzeugenden Spielverlust im Schiffszug. Aber er zahlte die Schwindler mit einem ungedeckten Scheck und erfreute sich an dem stattlichen Gewinn des Anfangskapitals, das er an diesem Morgen im Safe des Zahlmeisters deponiert hatte.

Ihre Blütezeit erlebten die Glücksspieler auf dem Atlantik vor dem Ersten Weltkrieg, als die Reisenden noch argloser waren, wie einer dieser Betrüger erklärte. Allerdings mangelt es an Statistiken, die dies widerlegen, da die beiden an einem betrügerischen Kartenspiel beteiligten Parteien selten etwas verlauten ließen. Die Übeltäter verspürten nicht den Wunsch, ihre Methoden zu veröffentlichen, und den Opfern widerstrebte es verständlicherweise, von ihrer Vertrauensseligkeit zu berichten. Ich bin jedoch überzeugt, daß bis Mitte der fünfziger Jahre auf jedem großen Schiff berufsmäßige Spieler mitreisten. Einer namens Yates ging mit der *Titanic* unter, nachdem er seiner Schwester in Ohio über ein abfahrendes Rettungsboot eine Abschiedsbotschaft hatte zukommen lassen. Neben den Betrügern gab es auch einige Experten, die ehrlich spielten und sich ihren Lebensunterhalt in den Rauchsalons auf dem Atlantik auf legale Weise verdienten. Ein Mann, der beim Bridge eine beträchtliche Summe gewonnen hatte, vernahm einst im Zug von Cherbourg die piepsende Stimme eines Kindes: »Dort sitzt der Mann, der Vater all sein Geld abgenommen hat!«

Die vielleicht abenteuerlichste Geschichte, der ich keinen einzigen Augenblick Glauben schenke, die aber ihrer Einzigartigkeit wegen erzählenswert ist, handelt von einem Bridgespiel auf der *Queen Elizabeth*. Ein Spieler erhielt ein erstaunlich gutes Blatt aus Herzen, dessen Vollkommenheit lediglich durch eine Kreuzdame beeinträchtigt wurde. Der Steward des Rauchsalons schwört, daß der Spieler heimlich die störende Dame in sein Kaviarsandwich geschoben und verzehrt habe, ehe er seine Karten triumphierend auf den Tisch legte. Offenbar bemerkte niemand, daß er lediglich zwölf Karten besaß, und auch der Besitzer des 13. Herzens griff nicht ein; möglicherweise war er sein Partner.

Schwindler aller Branchen bevorzugten Flaggschiffe. Sie fühlten sich in der Anonymität langer Passagierlisten sicher und konnten stets mit reicher Klientel rechnen. (Alles ist auf großen Schiffen teurer, sogar die Trinkgelder sind höher.) Zudem absolvierten schnellere Schiffe mehr Überfahrten pro Jahr, was für Gauner, die bei jeder Reise nur einem potentiellen Opfer ihre Aufmerksamkeit schenkten, ein höheres Einkommen bedeutete.

Schürzenjäger bildeten die Zielscheibe für Unternehmungen, die sich auf Verführung und Erpressung spezialisierten und den Vorteil besaßen, daß sie sich auf einer Überfahrt mehrmals wiederholen ließen. Ohne ihre Ehefrauen reisende Geschäftsleute traf man zu dieser Zeit häufig. War ein solcher Mann in Stimmung für eine Affäre auf hoher See, konnte es leicht geschehen, daß er der überwältigend schönen und entgegenkommenden Gemahlin eines anderen Passagiers den Hof machte. Sie war häufig allein und schmollte, weil ihr Mann stets betrunken war und sie nicht unterhielt. Der Flirt entwickelte sich zu einem abendlichen Rendezvous in ihrer Kabine, wobei der arme Dummkopf durch die Versicherung ermutigt wurde, daß der zechende Gemahl niemals vor dem Morgengrauen zu Bett gehe. Nur Augenblicke später stieß der fragliche Herr plötzlich ernüchtert, und einen Revolver schwenkend, die »verschlossene« Tür auf. Der in flagranti ertappte Reisende ließ sich leicht überreden, einen Scheck auszustellen, um die Angelegenheit zu bereinigen, die sich auf entsetzliche Weise von einer des Herzens in eine der Ehre verwandelt hatte. Leistete er Widerstand, drohte man, daß seine Gemahlin von dem Vorfall in Kenntnis gesetzt werde.

Ein mit Bedacht vorgehendes Team konnte dieses Schema relativ einfach mehrmals während einer Überfahrt anwenden, zudem wurden ausnehmend wenige dieser Erpresser jemals gefaßt. Einer, dem dies doch widerfuhr, hatte eine einfallsreiche »Ehefrau«, die während der Haftstrafe ihres Partners das Geschäft allein weiterführte. Im Zuge ihrer Solobemühungen verführte sie ebenfalls beinahe einen zuvorkommenden Mann, verzichtete aber auf die Rolle des wütenden Gemahls. Statt dessen baute sie eine Vielzahl von Mitteilungen in das Komplott ein, die ein Steward in der Kabine des Opfers abgab und in denen sie um ein Treffen, Trost oder einen Ratschlag bat, in jedem Fall jedoch um eine augenblickliche Antwort. Der leidenschaftliche Verehrer schrieb unbekümmert leichtherzige Worte auf die Rückseite, bis die letzte, geschäftsmäßigere Botschaft der Dame eintraf, in der sie die Zahlung eines bestimmten Betrags gegen Rückgabe der vorangegangenen Briefe forderte. Wieder erwies sich die Drohung, die Botschaften seiner Gemahlin zu übergeben, im allgemeinen als erfolgreich.

In Anbetracht der vielen tausend Reisenden blieben Schiffe von anderen Formen der Kriminalität bemerkenswerterweise nahezu verschont. Abgesehen von betrügerischen Kartenspielen und Erpressung, bildete Schmuggel die einzige gegen Ende jeder Reise unter Passagieren und Besatzungsmitgliedern gleichermaßen weitverbreitete Ausnahme. Aber dies stellte einen Verstoß gegen die Obrigkeit und kein Verbrechen an Mitreisenden dar. Die Mannschaft war aus dem einfachen Grund ehrlich, weil sie das Ergebnis einer Unehrlichkeit nicht hätte verbergen können. Da alle Seeleute im direkten Umkreis des Heimathafens der Gesellschaft wohnten, wäre jede Steigerung des Lebensstandards, selbst eine einzige teure Anschaffung nicht unbemerkt geblieben. Diebstähle an Bord beschränkten sich nahezu ausschließlich auf den Ablegetag, an dem das Schiff mit Besuchern überfüllt war, deren Referenzen nicht zu überprüfen waren. Ich selbst verschloß auf See niemals die Tür meiner Kabine, und doch wurde nichts gestohlen. Außerdem vergaß ich beim Ausschiffen niemals etwas in meiner Unterkunft – die Stewards erhielten einen Tageslohn als Trinkgeld für jeden zurückgelassenen Gegenstand, weshalb sie überaus sorgfältig Nachschau hielten.

In seinem 1924 entstandenen bissigen kleinen Buch *Ship-Bored* erteilte Julian Street seinen Lesern folgenden Rat: »Sollten Sie sich jemals entschließen, Ihrem Leben ein Ende zu setzen, habe ich einen humanen Vorschlag für Sie. Tun Sie es vor dem Schiffskonzert.« Ironischerweise hatte sich das Konzert, das aus dem Wunsch entstanden war, die Langeweile zu bekämpfen, selbst zu einem Langeweile verbreitenden Ereignis entwickelt. Es stammte aus einer Zeit, da die Passagiere nach Ablenkung von der Eintönigkeit einer langen Überfahrt suchten. Als dies nicht mehr notwendig war, blieb das Konzert trotzdem fester Bestandteil der Zerstreuung auf See. Der offensichtlichste Grund hierfür stellte die stattliche Kollekte zugunsten wohltätiger Einrichtungen für Seeleute dar. Unter dem zunehmend kritischen Blick jüngerer Passagiere überlebten diese Darbietungen der Passagiere bis in die späten dreißiger Jahre. Man könnte sogar behaupten, die Schiffskonzerte fielen einem Generationskonflikt zum Opfer. Wie heute brachte die junge Generation damals den über Dreißigjährigen Mißtrauen entgegen. Das obligatorische Schiffskonzert der Elterngeneration erschien ihnen als geeignetes

Ziel ihrer Verachtung, und im Grunde hatten sie recht. Es stellte ein antiquiertes Überbleibsel der hochgeschätzten viktorianischen Tradition des Salontheaterspiels dar.

Betrachten wir das Programm eines Konzerts der zweiten Klasse, das im Herbst 1921 unter dem Vorsitz von Reverend Roberts auf der *Aquitania* aufgeführt wurde. Im Angebot fand sich ein Lied von Mrs. Corndoefer, eine komische Szene von Mr. Whalen mit dem Titel »Mrs. Whalen's Boy Mike«, ein Tanz von Miß Celeste Rush, ein Solo auf dem Pianoforte von Miß May Vrabeck, das von Mr. J. D. Coutts dargebotene Lied »The Trumpeter«, dann »Some Dry Scoth«, eine schelmische Hochlandposse von Mr. Marks, und als Finale Miß Isabel Browns gefeiertes Pfeifsolo. Aneinandergefügt mittels einer Gilbert-und-Sullivan-Ouvertüre und verschiedenen Nationalhymnen, bot der Abend so gut wie alles – bis auf eine Pause. An ihrer Stelle verwies der Conférencier umständlich auf die nachfolgenden Beiträge von Freiwilligen. Dies entsprach dem Prototyp eines Schiffskonzerts. Der modernen Generation mit ihrer Vorliebe für Autos, Gin und freie Liebe erschien diese Art der Unterhaltung wie ein langweiliges Relikt aus dem finsteren Mittelalter.

Vor dem Ersten Weltkrieg hatte das Konzert Erfolge gefeiert. In jenen Tagen nahm auch die Besatzung daran teil. Einen der Höhepunkte auf der *Saxonia* bildete das unvermeidliche Flötensolo ihres Zahlmeisters Jimmy McCubbins. Einmal erklärte sich eine Schulleiterin aus Boston bereit, ihn am Klavier zu begleiten. McCubbins beugte sich über die Tastatur und bat diskret um ein G. Die imposante Dame kam seiner Bitte nach – und verschwand im nächsten Augenblick in einer weißen Wolke. Der Zahlmeister konnte den Übeltäter, der seine Flöte mit Mehl gefüllt hatte, niemals ausfindig machen. In der Folge trat er nicht mehr öffentlich auf.

Unter Passagieren und Besatzungsmitgliedern fanden sich Zauberer, Imitatoren, Alleinunterhalter, Instrumentalisten und ein wahrer Chor von Sopranen und Baritonen, die sich um das Privileg drängten, ihre Mitreisenden unterhalten zu dürfen. Jeder Auftritt wurde vom Conférencier angekündigt. Diese Aufgabe blieb nahezu ausschließlich Männern vorbehalten und wurde nur einmal von Lady Astor übernommen. Wie beim Auktionsspiel hing der finanzielle Erfolg von der Überzeugungskunst des jeweiligen Ansagers ab. Der häufig auf der *Mauretania* reisende Stahlmagnat Charles Schwab galt als einer der besten. Er besaß Humor und die Gabe, mit dem Publikum umzugehen. Nachdem er das Vermögen eines Opfers analysiert hatte, schickte er eine seiner jungen Assistentinnen zu diesem Fahrgast und schlug ihr im Bühnenflüsterton vor, ihn um einen absurd hohen Beitrag zu bitten. Begleitet vom Gelächter der übrigen, erhielt sie die gewünschte Summe üblicherweise. Geschäftsreisende wurden ebenfalls aufgefordert, an der Unterhaltung teilzunehmen, und taten dies auch. Wer kein Talent für die Bühne besaß, stellte einen Gegenstand für die Auktion zur Verfügung. Helen Wills' mit einem Autogramm versehener Schläger wechselte für 200 Pfund seinen Besitzer, und der auf seiner Reise in den Osten von einer Gruppe Sioux-Indianer begleitete Häuptling Black Horse steuerte einen seltenen Tomahawk bei.

In der Zeit der Depression kamen impulsive öffentliche Extravaganzen dieser Art aus der Mode. Zudem war das Radio populär geworden und ersetzte gemeinsam mit Bingo und Pferderennen das Konzert der ersten Klasse. Hölzerne Pferde auf einer ovalen Bahn nach der jeweiligen Augenzahl eines Würfels vorwärtsstürmen zu lassen gehörte seit langem zu den nachmittäglichen Vergnügungen auf dem Promenadendeck. Die ursprünglich aus Segeltuch bestehende Rennbahn wurde aus Filz nachgebildet, das Spiel als Unterhaltung nach dem Abendessen ins Schiffsinnere verlegt, und die Wettenden erschienen nun mit schwarzer Schleife statt in Hemdsärmeln. Die Aufgabe, die Pferde weiterzubewegen, fiel auf britischen Schiffen einem Matrosen in blauer Seemannsuniform zu. Dies war eine der wenigen Gelegenheiten, bei denen diese schlichte Kleidung in der Lounge zu sehen war. Die Tradition, daß ein Zahlmeister die Nummern ausrief, wurde auf den *Queens* gegen Ende ihrer Laufbahn abgeschafft. Zu diesem Zeitpunkt hatte die Cunard Line die Unterhaltung der Passagiere bereits in die Hände eines Animateurs oder zumindest eines Zahlmeisters in Zivil gelegt. Mir gefiel es stets, wenn die Mannschaft in das Ritual der Abendunterhaltung eingebunden wurde und sie durch ihre Anwesenheit auf passende Weise mit der See verband. Glücklicherweise setzte man diese Tradition auf der *France* fort, wo viersprachige Zahlmeister in Kasinouniform sämtliche Spiele leiteten und rotlivrierte Schiffsjungen hastig die Pferde weiterschoben. Um zumindest einen Aspekt der Bordkonzerte zu erfüllen, kam ein Teil der Toto- und Bingogewinne wohltätigen Institutionen zugute.

Wer die nostalgische Aura der Konzerte vermißte, konnte sich mit dem Wiederaufleben des Kapitänsdinners trösten, das auf französischen Schiffen als »Kapitänsgala« bezeichnet wurde. Als schmerzloser Ersatz für das Amateurkonzert reichten seine Wurzeln zu den Festessen zurück, die dankbare Passagiere auf den ersten Dampfern gaben, sobald sie den Hafen erreichten. In den zwanziger Jahren fand es nicht am letzten Abend statt, wie auf deutschen Schiffen in der Vorkriegszeit üblich, sondern am Abend zuvor. (Der erste und letzte Abend auf dem Atlantik war zumeist eher farblos, als erreichte die Stimmung in der Nähe der Ufer ihren Tiefpunkt.)

Der Abend des Kapitänsdinners war jene Gelegenheit, für die die Damen ihre prachtvollsten Kleider und die Herren ihr munterste Laune aufbewahrten. Wie bei allen Feierlichkeiten, bei denen man sich mit Papierhüten und falschen Nasen schmückte, halten Fotos nur bescheidene Ausschnitte dieser ziellosen Verrücktheit fest. Eines der außergewöhnlichsten Fotos, die ich von meinen Großeltern besitze, zeigt diese Stützen der Gesellschaft von Perthshire feierlich an ihrem Tisch auf der *Berengaria* sitzend, mit Jockeykäppchen aus Kreppapier auf dem Kopf und Krachmachern in den Händen. Auf französischen Schiffen kannte man die *bataille des cotillons*, die während des Dinners begann und den gesamten Abend

Auf den Schiffen der White Star Line wurden die Passagiere mit Musik zu den Mahlzeiten gerufen, zum Abendessen mit einer Wiedergabe von *The Roast Beef of Old England*. Hier posiert der Hornist auf dem winterlichen Bootsdeck der im Hafen von New York vertäuten *Megantic*. (*Edwin Levick Collection, The Mariners Museum, Newport News, Virginia*)

Cunard White Star R.M.S. Ascania

Captain C. G. Illingworth, R.D., R.N.R.

Programme of Concert

(In aid of Seamen's Charities)

IN THE

CABIN WINTER GARDEN

ON

SATURDAY, APRIL 17, 1937 at 9.00 p.m.

Chairman: Mr. J. H. Cooling

Overture ... **" Cavalcade "** *Noel Coward*

ASCANIA ORCHESTRA

Song ... **Selected** ... ...

Mr. C. J. PYE

Piano Selections ... ...

Mr. A. STORER

In a Tearing Episode ... ...

Mr. L. DIX

Violin Solo ... **" Hejre Kati "** ... *Hubay*

Mr. B. MUSKETT

Legerdemain ... ...

Mr. J. WHITTLE

Alleged Comedian ... ...

Mr. H. GRISDALE

Chairman's Remarks **Collection**

Star Spangled Banner **God Save The King**

Größere und elegantere Schiffe verabschiedeten sich vom traditionellen Bordkonzert, während es auf den kleineren bis in die dreißiger Jahre überlebte. (*The Peabody Museum of Salem*)

zwischen den Tischen hin und her wogte. Grinsende Stewards versorgten die Passagiere mit Unmengen von federleichten Baumwollbällchen, diesem Symbol gallischer Ausgelassenheit, die mit zunehmendem Champagnerverbrauch wuchs.

Später gab es die unglaublichsten Spiele im Ballsaal, wie etwa Tanzmarathons, bei denen ein Paar aus einer Dame, einem Herrn und einer Kohlrübe bestand, Staffelläufe mit Orangen, bei denen die Verwendung der Hände untersagt war, und hysterische Versuche, einen Luftballon zum Platzen zu bringen, indem sich die Damen auf den Schoß ihres Partners setzten. Diese Exzesse absoluter Zwanglosigkeit zog der Zahlmeister nur für einen Abend aus seiner Trickkiste. Die schwitzenden Gewinner erhielten kräftigen Applaus und wurden als »wahre Sportsmänner« gefeiert. Im Mikrokosmos der Schiffsreisesaison bildete die Sommernachtswende einen Höhepunkt ausgelassener Feiern. Ein mit Perücke und falschem Schnurrbart verkleideter Hauptmann der Garde ging einst im Palmenhof der *Berengaria* mit schäbigen Krawatten hausieren. Zwei Tage später vertauschte derselbe Mann zum großen Mißvergnügen seiner Mitreisenden die Namensschilder des Schiffszugs in Cherbourg; diesmal amüsierte sich niemand. Doch am Abend des Kapitänsdinners wurde sogar der größte Langeweiler auf dem Schiff toleriert, und alles verwandelte sich in blankes Vergnügen.

Am darauffolgenden Morgen holte die Reinigungstruppe der Frühschicht die letzten Luftschlangen von den Kerzenständern und legte eine reiche Beute an weggeworfenen Knallerbsen für ihre Lieblingsneffen beiseite. Die Passagiere gewannen ihre Würde zurück, und die Lounge erhielt wieder jenes perfekte Aussehen, das aus den Broschüren bekannt war. Der letzte Tag auf See brach an. Obwohl der erste Blick auf Bishop Rock noch stundenlang auf sich warten lassen würde, erschien das Land seltsam präsent. Die Luft an Deck roch anders, das Wasser zeigte eine seltsame Färbung, und Möwen flogen wieder über die Decks. Der Schiffsdrill kehrte als unvermeidliches Barometer der Nähe zum Hafen zurück. Die Zahlmeister wechselten in ihre schwarz-goldene Uniform, in denen sie nicht mehr wie Conférenciers, sondern wie nüchterne Wächter über Zeitpläne und Listen wirkten. Der während der Überfahrt vernachlässigte Gepäckmeister erlangte neue Bedeutung und versicherte so manchem gereizten Passagier zum zehnten Mal, daß seine aufgegebenen Koffer an der Pier wieder mit ihm vereint würden.

Die längste Menschenschlange wartete vor dem Fenster des Schalterbeamten der Bank, die sich kurz nach dem Krieg zu einer festen Einrichtung auf jedem Atlantikdampfer entwickelte. Damit hatte das Vorrecht des Zahlmeisters ein Ende, an Bord Geld zu wechseln, ein lukrativer Nebenverdienst, der für diese hart arbeitenden Angestellten der Gesellschaft die einzige legale Möglichkeit darstellte, ihr Gehalt aufzubessern. Die Reihe schob sich nur langsam weiter, da viele Passagiere in diesem Augenblick erstmals Bekanntschaft mit einer ihnen fremden Währung schlossen. Dollars wurden in verwirrende Bündel von Francs und britischen Münzen gewechselt, die mit ihrem ungewohnten Gewicht die Taschen ab-

Ein typisches Beispiel für Dampfschiffswerbung in den zwanziger Jahren. Berühmte Passagiere erklären sich bereit, für den Fotografen der Gesellschaft zu posieren. (*The Mariners Museum, Newport News, Virginia*)

Bereits für die Ankunft im Hafen gekleidet, vertreiben sich heimkehrende Amerikaner die Zeit am Promenadendeck der *Aquitania.* (*Radio Times Hulton Picture Library*)

wärts zogen. Geübte Reisende vermieden dieses Gedränge und führten auf europäische Banken ausgestellte Kreditbriefe mit sich sowie saubere Bündel ausländischer Banknoten, mit denen ihre amerikanische Bank sie versorgt hatte.

In der Bücherei des Schiffs erfolgte ein letzter Ansturm auf Briefmarken und Ansichtskarten. In jenen Tagen statteten die Schiffahrtsgesellschaften die Schreibtische der ersten Klasse mit Briefpapier aus, das mit der Aufschrift »An Bord der *R. M. S. Olympic*« oder dem entsprechenden Namen des Schiffs versehen war. Ein mit diesem Briefkopf ausgestattetes Schreiben besaß hohes Ansehen und wirkte weit überzeugender als die späteren Vierfarbdrucke. Große Mengen dieses Papiers verschwanden, und nur ein kleiner Teil tauchte im Briefkasten wieder auf. Der Rest wanderte unbenutzt in die Koffer, bis sich in einem Hotel etwas Eleganteres fand. Der bereits mit kodierten Proviantforderungen an das Hauptbüro der Gesellschaft überlastete drahtlose Funkverkehr verdichtete sich durch die von Passagieren zur Küste aufgegebenen Zeitplanänderungen in letzter Minute.

Basil Woon, ein zeitgenössischer Beobachter der Welt der Atlantikschiffahrt, schrieb: »Ich begann keine Reise, ohne daß ich mir selbst schwor, zwei Dinge zu tun: Ich erhole mich, und ich arbeite. Ich habe niemals auch nur eines meiner Vorhaben verwirklicht.« Seine Erfahrungen sind kein Einzelfall. Ein Teil dieses Buchs wurde auf See geschrieben, und das erforderte größte Selbstdisziplin. An Bord eines Schiffs scheint ungestörte Freizeit zur Genüge vorhanden zu sein; kaum ist man jedoch auf dem Ozean, zerstört die dort herrschende Sorglosigkeit nur allzu oft die an Land gepflegte Disziplin. Selbst die einfachste Aufgabe wirkt unüberwindlich. Auf der Fahrt nach Osten werden die Schiffsuhren jede Nacht um eine Stunde vorgestellt. Dieser Gewöhnungsvorgang ist schmerzlos, im Gegensatz zu dem Schock, den der gesamte Stoffwechsel bei einem Transatlantikflug erleidet. Ich bin mir nicht sicher, ob diese verkürzten Tage oder die verführerischen Ablenkungen des Lebens an Bord für die heimtückische Geschwindigkeit verantwortlich sind, mit der die Zeit verstreicht und mit der quälende Pflichten unbekümmert vernachlässigt werden. Neben den Duftkissen zwischen der Schiffskleidung packte man auch die Trägheit in den Koffer, ein unheilbares Virus, das bis heute nichts von seiner Macht verloren hat.

Die speziell für den Aufenthalt an Bord bestimmte Kleidung wurde stets am letzten Tag eingepackt. Dann stapelten sich in den Gängen, die üblicherweise die elegante Krümmung des Schiffskörpers enthüllten, mit Riemen verschlossene und beschilderte Koffer. Hart bedrängte Stewards luden sie auf Handwagen und transportierten sie bugwärts zum Welldeck, wo sie bis zum nächsten Morgen auf den Transfer zum Tender warteten. Dies war ihr schwierigster Tag. Neben dem Sturmangriff auf das Gepäck begann mit der Kontrolle der Zollerklärungen und der Verteilung der Landekarten für die Zahlmeister erneut die Routinearbeit. Zudem erschienen die Passagiere, die sich vom Kapitänsdinner erholen mußten, selten vor zehn Uhr im Speisesaal, so daß die elektrische Anzeige in der Kombüse mit quälender Regelmäßigkeit den Großteil des Tages über flimmerte und blinkte. An diesem Morgen folgten fast ausschließlich Stewardessen dem Ruf, ob nun das rote oder grüne Licht aufleuchtete. Da ihnen der übermenschliche Kampf mit den Koffern erspart blieb, taten sie ihr Bestes, um ihren männlichen Kollegen die hauswirtschaftlichen Lasten zu erleichtern. In den Kabinen herrschte am letzten Reisetag zumeist Chaos. Auf ungemachten Betten türmten sich Berge von Seidenpapier, und der Fußboden verwandelte sich in einen Hindernisparcours aus den Resten hastig verzehrter Frühstücke, halboffener Laden und gähnender Schrankkoffer.

Stewards nahmen das gehetzte Aussehen an, das in Hafennähe unvermeidlich erschien. Dasselbe galt für ihre Gäste. Formulare waren auszufüllen, Trinkgelder zu regeln, Briefe zu schreiben, Rechnungen zu begleichen und Koffer zu schließen. Die von Brentano vor der Abreise gelieferten Gute-Reise-Bücher wanderten als Geschenk in die Schiffsbibliothek, zweifellos deshalb, weil die Empfänger nicht genug Platz fanden, um sie an Land mitzunehmen. Die während der Überfahrt gehegten Blumenarrangements hatten ausgedient, und die Vasen wurden bis zum nächsten Auslaufen ins Regal gestellt. (An Bord gab es niemals genug Gefäße für all die Blumen. Angesichts dieses ewigen Mangels sahen sich manche Passagiere veranlaßt, welche mitzubringen. Zu ihnen gehörte Lady Elsie Mendl, die jedoch auch ihre eigene Bettwäsche und verschiedene Kleinmöbel mit sich führte.)

Dem zu dieser Zeit herrschenden intensiven Wettbewerb zwischen englischen und französischen Gesellschaften ist unter anderem der Umstand zu verdanken, daß die Passagiere französischer Schiffe London früher erreichten als die Reisenden der Cunard- oder White Star Line. Umgekehrt gelang es britischen Schiffen, ihre Fahrgäste vor denen der French Line in Paris abzuliefern. Dieser scheinbare Fleißmangel ging auf die Tradition zurück, erst den Hafen am gegenüberliegenden Ufer des Ärmelkanals anzulaufen, ehe sich das Schiff seinem Heimathafen zuwandte. Britische Schiffe auf dem Weg nach Southampton legten in Cherbourg an, während französische Schiffe auf dem Weg nach Le Havre zunächst Plymouth ansteuerten, und die deutschen Schiffe legten in beiden Häfen an, ehe sie ihre Reise nach Bremerhaven oder Cuxhaven fortsetzten.

Daß jede Schiffahrtsgesellschaft den westlichsten ihr zur Verfügung stehenden Hafen wählte, war kein Zufall. Auf diese Weise konnten sie den Vorteil der Eisenbahn nutzen, die Überfahrt mit wesentlich höherer Geschwindigkeit zu vollenden. Diese Taktik ging aus einem Experiment der Cunard Line hervor, die die damals in Liverpool liegenden Schiffe *Lusitania* und *Mauretania* nach Fishguard berief. Dabei handelte es sich um einen relativ kleinen Hafen an der walisischen Küste in der Nähe von Pembroke. Die von seinem Bahnhof abfahrenden, erstklassigen Züge beförderten die Passagiere und die Post lange vor Einlaufen des Schiffs in Liverpool nach London.

Die Hamburg-Amerika Linie war die erste, die 1869 einen Zwischenstopp in Cherbourg einführte. Dieser Hafen besaß damals noch keinen Tiefseekai, sondern

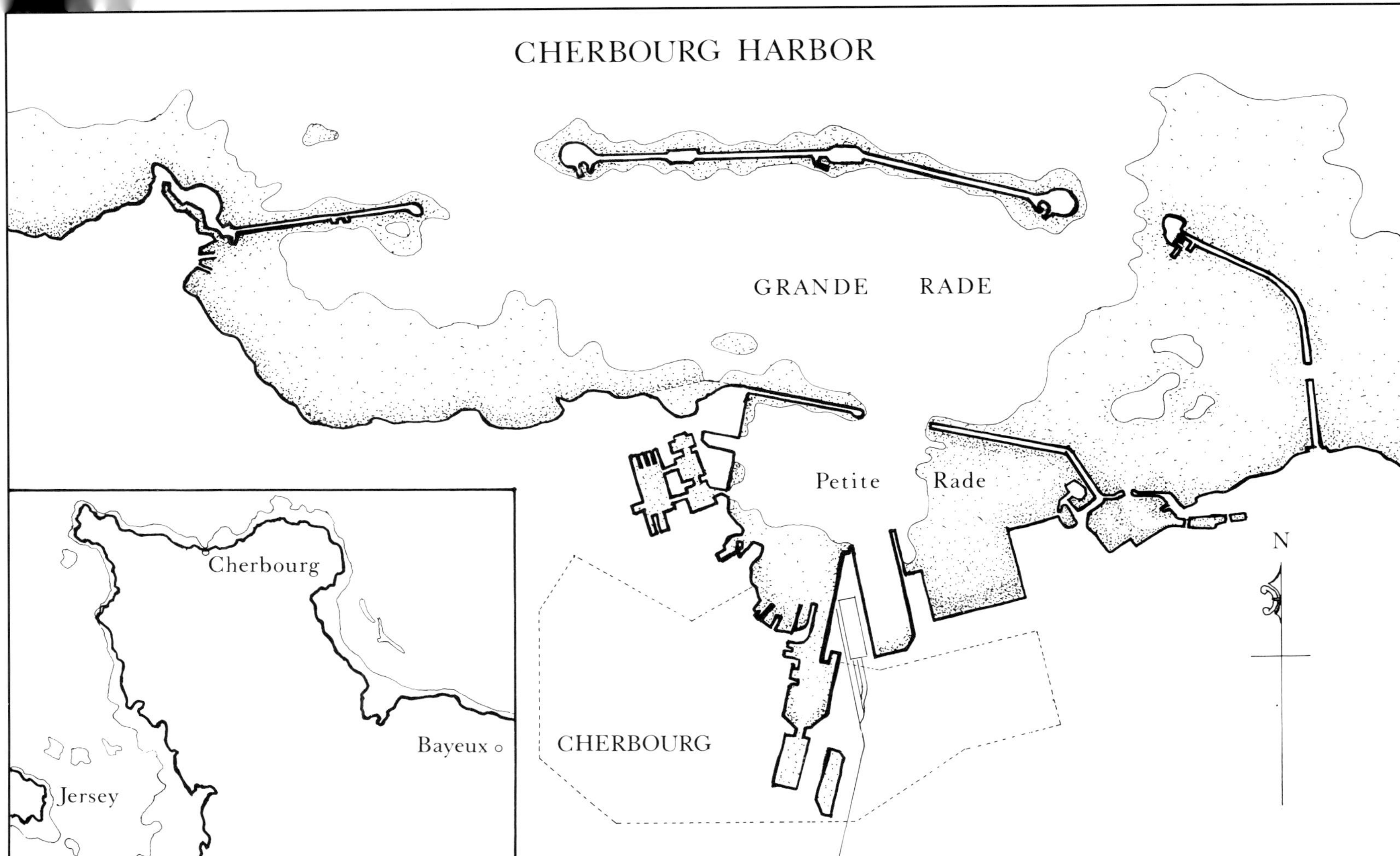
CHERBOURG HARBOR
GRANDE RADE
Petite Rade
CHERBOURG
N
Cherbourg
Bayeux
Jersey

lediglich einen schützenden Wellenbrecher. Die Werbefachleute der französischen Linien spielten diese Unannehmlichkeit hoch und verwiesen in ihren amerikanischen Broschüren darauf, daß eine Landung bei Le Havre keine gefährliche Überfahrt zu einem Tender mit sich bringe. Trotz dieses Nachteils wuchs der Hafen von Cherbourg und wurde zu einem routinemäßig angesteuerten Stützpunkt sämtlicher britischer und deutscher Schiffe. In jenen rosigen Tagen, in denen sich die Cunard Line nicht um ihre Bilanz sorgen mußte, versuchte sie, so viele nach Paris reisende Amerikaner wie möglich hier an Land gehen zu lassen. »Bei dieser Route vermeiden die Passagiere die vielgefürchtete Überfahrt über den Ärmelkanal, die selbst abgehärtete Reisende und gute Seeleute ablehnen«, lautete der fettgedruckte Text der Gesellschaftsbroschüre.

Cherbourgs wahrer Vorteil für britische Unternehmen ergab sich aus seiner überaus günstigen Lage. Southampton lag nur 77 Seemeilen nördlich. Das einzige Experiment mit einem doppelten Zwischenstopp in britischen Häfen führte die Cunard Line in den zwanziger Jahren durch, als die *Mauretania* für kurze Zeit an einem Tag in Plymouth, Cherbourg und Southampton anlegte. Mitte der dreißiger Jahre errichteten die Bewohner von Cherbourg einen gewaltigen gotischen Terminal aus Eisen, den die *Bremen* einweihte. Mit der Vollendung dieser eleganten Einrichtung errang der Hafen denselben Stellenwert wie das weiter nördlich gelegene Le Havre.

Bevor Cherbourg seine spätere Größe erreichte, wirkte die Stadt in den zwanziger Jahren wie ein Fischerdorf und bot einen prachtvollen ersten Eindruck von Europa. Um ganz genau zu sein, erfolgte der erste Kontakt etwa um Mitternacht mit dem Signallicht von Bishop Rock, dem westlichen Vorposten der britischen Inseln, der Ziellinie für das Blaue Band auf der Wettfahrt nach Osten. Die gesamte letzte Nacht über glitzerten an Backbord die Lichter der Südküste Englands. Doch erst in der Morgendämmerung zeigte sich der Kontinent aus der Nähe. Für jene, die zum ersten Mal den Atlantik überquerten, wurde ein Reiseplakat Wirklichkeit, das mit der Metropole aus Beton, von der sie ausgelaufen waren, rein gar nichts mehr zu tun hatte. Die Landschaft der Normandie erstrahlte in sattem Grün, weiße und graue Häuser drängten sich unter dem Fort du Roule, und das ihnen entgegenkommende schlepperähnliche Boot trug die unzweifelhaft französische Aufschrift »PILOTE«.

Sobald sich das Schiff innerhalb des ausgedehnten Wellenbrechers befand, kamen zwei Tender längsseits, einer für die Passagiere und einer für Post und Gepäck. Nahezu die Hälfte der Reisenden verließ das Schiff hier. Das zerbrechliche Gefühl von Zusammengehörigkeit ging verloren, und auch für die an Bord Zurückbleibenden war die Überfahrt zu Ende. Zwischen ihren Koffern stapelten sich Bündel schmutziger Bettwäsche. Alles auf dem Schiff war entweder geschlossen oder verwahrt. Die Mahlzeiten wurden in der gedämpften Atmosphäre eines halbleeren Speisesaals eingenommen. Wie sich später herausstellte, erhielten die Passagiere der zweiten und dritten Klasse nun Zutritt zu den verlassenen

Aufenhaltsräumen. Auf dem Promenadendeck drängten sich Menschen, und bei gutem Wetter waren auch die oberen Relings besetzt. Shuffleboard-Fans beendeten mitunter ein Turnier, das sie 2000 Meilen zuvor begonnen hatten. Mit ihren bereits für das Festland bestimmten Hüten und Anzügen wirkten sie lächerlich fehl am Platz.

Wenn der englische Lotse nicht bereits in Cherbourg an Bord gegangen war, nahm man ihn direkt nach Nab Tower auf, dem letzten Leuchtsignal des Ärmelkanals und Southamptons Gegenstück zu Ambrose. Dieses Relikt der Royal Navy aus dem Ersten Weltkrieg wurde anstelle eines Signalschiffs verankert und bildete ursprünglich den ersten einer Reihe von U-Boot-Horchposten quer durch den Ärmelkanal. Wenn die Schiffahrtsgesellschaft dies wünschte, konnte sie von einem Lotsen des Bezirkslotsenverbandes der Insel Wight Gebrauch machen. Dies bedeutete, daß ein Mann regelmäßig bestimmte Schiffe in und aus dem Hafen geleitete, im Gegensatz zu den Lotsen des New Yorker Hafens, die den Schiffen nach einem strengen Rotationsprinzip zugeteilt wurden. Vom Lotsen erwartete man, daß er den Fahrplan für die Züge nach London auswendig wußte und die besten Restaurants von Southampton kannte. Wenn er mit einem Tender an Bord kam, trug er eine Auswahl aktueller Tageszeitungen unter dem Arm und wurde von einem rangniedrigeren Offizier empfangen, der ihn eiligst auf die Brücke geleitete. Üblicherweise fiel der meist bejahrte Lotse hinter seinem flotten Führer zurück, atmete er doch noch schwer nach dem 15 Meter hohen Aufstieg über die Jakobsleiter an der Flanke des Schiffs. Auf der Brücke angelangt, lautete sein Gruß an den Kapitän stets wie folgt: »Alles in Ordnung, Sir? Irgendwelche Krankheiten an Bord?«

Southamptons zu allen Gezeiten befahrbarer Hafen wurde durch eine Klippe entstellt, die den bezeichnenden Namen The Brambles trug. Ihre störende Position ließe sich an Land durch einen Zierbrunnen auf der Kreuzung von Broadway und 42. Straße nachahmen. Sie erschwerte die Einfahrt zu den Docks derartig, daß ausländische Schiffe an einem Ankerplatz vor der Insel Wight anlegten. Selbst die angesehene *Normandie*, die aus dem prachtvollen Gare Maritime bei Le Havre ausgelaufen war, nahm ihre Passagiere aus Southampton mit Hilfe eines Tenders auf, statt bei dem umständlichen Anlegemanöver Zeit zu verlieren. Britische Schiffe auf dem Weg nach Southampton folgten dem Ärmelkanal bis zur westlichen Spitze von The Brambles, wobei die zweite Hälfte der Strecke als echte Maßarbeit galt. Zumindest bei Tageslicht verwendeten die Lotsen den Trick, die Wende in dem Augenblick einzuleiten, in dem sie die Hauptstraße von Cowes direkt einsehen konnten. Sobald sie an Calshot Castle vorüber waren, lag die Route nach Netley und zu den Schleppern frei vor ihnen. Dort übernahm der auslaufende Lotse, der seinen Namen dem Umstand verdankte, daß er das Schiff nicht nur an seinen Landeplatz geleitete, sondern es schließlich auch wieder auf die See hinausbrachte.

Das Anlegen eines Schiffs erwies sich zu dieser Zeit als lautstarkes Ereignis.

SOUTHERN RAILWAY
SOUTHAMPTON DOCKS.
BAGGAGE
CLEARED THROUGH CUSTOMS
AND STORED.
CHECKED THROUGH FOR EXPRESS DELIVERY
IN LONDON OR RAILED TO ANY DESTINATION.
DELIVERY PERFORMED IN SOUTHAMPTON &
SUBURBS. MOTOR VANS IN ATTENDANCE.
SPECIAL TRAIN
LONDON (WATERLOO)

Links: Southampton in den zwanziger Jahren. Das Foto wurde vom Bootsdeck der *Leviathan* aufgenommen. Direkt vor dem amerikanischen Schiff befindet sich die *Olympic*, während sich die an der Helling liegende *Berengaria* zur Abfahrt bereit macht. Links außen liegt die *Aquitania* der Cunard Line im Trockendock. (*National Maritime Museum, Greenwich*)

Unten: Ein Plakat der britischen Eisenbahnlinie aus den dreißiger Jahren. (*Museum of British Transport*)

Links unten: Die Zollabfertigung in den Docks von Southampton im Jahr 1937. Passagiere, Träger, Kontrolleure, Polizisten, Geldwechsler, Vertreter des Savoy und des Claridge und, unerklärlicherweise, eine Filmcrew. (*Museum of British Transport*)

Der Lotse mußte den Bugschleppern mit einer Polizeipfeife und den Heckschleppern mit der Schiffspfeife Signale geben. Der Vorgang wurde durch die Tatsache kompliziert, daß die Schlepper noch mit Kohle fuhren und während der gesamten Operation in eine dichte Rauchwolke gehüllt waren. Wenn das Anlegemanöver es erforderte, daß ein Schlepper auch nur wenige Minuten stillag, öffnete sich das Sicherheitsventil und ließ mit wütendem Tuten aus der zehn Zentimeter dicken Messingröhre am Schornstein Dampf ab. Bei diesem entsetzlichen Lärm ein Pfeifsignal zu hören war unmöglich. Deshalb mußten die Kapitäne der Schlepper die von der Schiffspfeife ausgestoßenen Dampfwolken beobachten oder, wenn sie am Bug arbeiteten, von einem benachbarten Schlepper, dessen Kapitän hören konnte, ein Sichtsignal abwarten.

Im besten Fall war es eine delikate Aufgabe, die unzählige zusätzliche Risiken barg, sobald Regen oder Nebel einsetzte. Glücklicherweise geschah es selten, daß sich junge Passagiere mit Spielzeugpfeifen unter der Brücke aufstellten und widersprüchliche Befehle an die Schlepper unter ihnen weitergaben. In New York ereignete sich das allerdings bei keinem geringeren Anlaß als dem Eintreffen der *Normandie* auf ihrer Jungfernfahrt. Später verringerten sich durch Funkverbindung und Dieselmotoren sowohl die Lautstärke als auch die Kosten. Eine geringere Anzahl von Schleppern, die unter schärferer Überwachung stehen, erledigt die Aufgabe mittlerweile weit effektiver.

Kurz bevor die Leinen festgemacht wurden, veränderte sich der Rhythmus an Bord ein letztes Mal. Viele der Seeleute standen unmittelbar vor ihrem Landurlaub, weshalb sie die Passagiere nur noch mit zerstreuter Eile statt aufmerksamer Fürsorge wie in der Woche zuvor behandelten. Die an Bord verbleibenden Mitglieder der Besatzung mußten sich nicht um die Passagiere kümmern, aber möglicherweise den gesamten Tag über andere und weit aufdringlichere Gäste ertragen. Die Zeit im Heimathafen war unendlich kostbar. Wenn der Zeitplan für den Aufenthalt in New York bereits gedrängt erschien, so übertraf ihn der von Southampton bei weitem. Zwischen den einzelnen Reisen stand nur eine begrenzte Anzahl von Stunden zur Verfügung, in denen das Schiff in Reichweite der technischen Einrichtungen von Southampton überholt werden konnte. Nahezu im selben Augenblick, in dem die Gangway abgesenkt wurde und sich eine Flut von ans Ufer eilenden Passagieren Bahn brach, kam ein Schwarm entschlossener Männer mit Melone an Bord, die Taschen der Regenmäntel prall gefüllt mit strengen Anweisungen. Noch ehe der letzte Fahrgast das Schiff verlassen hatte, lagen Kabel quer über den Teppichen, wurden Teile der Wandtäfelung entfernt, hallten lautstarke Gespräche über Abflußrohre durch die Gänge. Eine wahre Armee von Hauswirtschaftsexperten wie Putzfrauen, Polsterern, Polieren, Klempnern und Tischlern, die die makellose Inneneinrichtung instand hielten, schwärmte durch das Schiff. Jeder einzelne der vielen tausend Gegenstände an Bord – von Boilern über Notenständer bis zu durchgescheuerten Telefonschnüren – wurde ihrem prüfenden Blick unterzogen. In der Lounge mußte ein Klavierstimmer bei der

Erfüllung seiner Aufgabe gegen das Dröhnen eines gewaltigen Staubsaugers ankämpfen.

99 Prozent der Millionen Reisenden, die sich in Southampton ein- oder ausschifften, sahen von der Stadt nicht mehr als den Streifen Pier zwischen Gangway und Zug. Während dieses kurzen Transfers drangen die Geräusche des Hafens an ihr Ohr: das Tuten eines Hafenfährboots, das Rasseln der Kräne, das Kreischen der Seemöwen über ihren Köpfen. Das vermutlich überwältigendste Geräusch war jedoch die besondere und einmalige metallische Rhapsodie der britischen Züge. Für Amerikaner, deren Zielort weiter nordöstlich lag, war Southampton eine wichtige Eisenbahnstation. In jenen Tagen galt für Schiffahrtslinien das Prinzip, daß die Überfahrt erst mit dem Eintreffen in London vollendet war. Bis dahin verblieb der Fahrgast in der Obhut der Gesellschaft, die ihre Pflicht auf bewundernswerte Weise erfüllte, indem sie einen prachtvollen Schiffszug zur Verfügung stellte. Bevor die Reisenden ihr Abteil bestiegen, blieb gerade noch Zeit für einen letzten Blick auf die einst vertraute und nun ferne Silhouette des Schiffs, die sich hoch über die Docks erhob. Die Ozeanüberfahrt war vorüber und hinterließ als einziges fühlbares Erbe einen straffer sitzenden Gürtel, eine Liste mit einigen hastig notierten Adressen von Mitreisenden und die seltsame Erfahrung, daß der Zement unter den Füßen zu schwimmen schien.

Vom Bahnsteig aus wirkten die kleinen britischen Züge wie Spielzeug. Der Komfort in ihrem Inneren war jedoch bemerkenswert. Die Abteile präsentierten sich sauber, gut beleuchtet, einladend und tadellos gewartet. Selbst die Passagiere, die an Bord verwöhnt worden waren, zeigten sich vom Service dieser Züge beeindruckt. Auf Plüschkissen nahm man den besten Tee und Kirschkuchen der Welt zu sich und blickte durch die mit einem breiten Band zu öffnenden, polierten Fenster auf die an ein gerahmtes Gemälde erinnernde englische Landschaft von Bognor Regis hinaus. Der komfortable Fauteuil in einem der cremefarbenen Abteile bot sich für jede Jahreszeit an. Im Sommer erfreute der Anblick der üppig grünen Landschaft das Auge, und wo könnte man sich besser vor dem Dunkel des Winters zurückziehen als in der behaglichen Wärme einer zweistündigen Reise nach London?

Daß ein Großteil der Docks von Southampton im Eigentum der Southern-Railway-Gesellschaft stand, war eine beruhigende Tatsache. So besaß sie Interesse am Zustand der Züge, die die Passagiere von und nach London brachten. Das Unternehmen veranstaltete sogar gelegentlich Ausflüge maritimer Art. Besucher aus London, die einen Blick auf das »größte Schiff der Welt im größten Dock der Welt« werfen wollten, konnten für sieben Shilling und sechs Pence eine Tagesreise von London nach Southampton und zurück buchen, um die *Majestic* im Trockendock zu begutachten.

Das Aussteigen unter dem strengen Gewölbe des Waterloo-Bahnhofs wurde dadurch erleichtert, daß die Autos direkt neben Bahnsteig 11 warten konnten. In dem heiteren Chaos aus Pfeifsignalen und zuschlagenden Türen eilten die Passagiere behende durch den beißenden Kohlenrauch, um aufseufzend in die kastenförmige, mit Leder ausgekleidete Zurückgezogenheit dieser Londoner Taxis zu sinken. Die Überfahrt war vorüber, abgeschlossen in einer Reihe exquisiter Fahrzeuge, die sich in ihrer Größe, aber nicht in ihrem Charakter unterschieden. Auf den Expreßliner waren der Schiffszug und schließlich das Taxi gefolgt. Das Abendessen stand unmittelbar bevor, die Nacht würde erst in ein paar Stunden hereinbrechen, und sämtliche zivilisierten Vergnügungen Londons warteten auf den Neuankömmling.

In einem Sommer Mitte der zwanziger Jahre wies die Passagierliste der *Berengaria* einen gewissen Lord Renfrew auf, bei dem es sich in Wirklichkeit um Seine königliche Hoheit, den Prinzen von Wales, handelte. Wie es offiziell hieß, brach er zu einer inoffiziellen Reise nach Nordamerika auf. Nur aus Anlaß eines Dinners im Weißen Haus mit Präsident Coolidge würde der Prinz sein Inkognito aufgeben. Sein Programm beinhaltete einen Aufenthalt in Syosset auf Long Island, um Polo zu spielen, einen Besuch auf seiner Ranch in Kanada und verschiedene Wohltätigkeitsveranstaltungen. Er hatte die Vereinigten Staaten bereits 1919 als Marineoffizier an Bord eines britischen Kriegsschiffs besucht. Diesmal würde er »anonym« als Erste-Klasse-Passagier reisen. Er war zweifellos der berühmteste Fahrgast der zwanziger Jahre, eine Auszeichnung, die er in den vierziger und fünfziger Jahren wieder erringen sollte.

Sobald der Palast das Datum seiner Abreise bestätigte, erhielt die *Berengaria* pausenlos Buchungen von Amerikanern, die für das Privileg, mit einem Mitglied des Königshauses das Schiff zu teilen, gerne einige Wochen Europaurlaub opferten. (Als er im Oktober auf der *Olympic* zurückkehrte, war das Schiff nur zur Hälfte belegt.) Die Direktion der Schiffahrtsgesellschaft gab ein Memorandum heraus, das für Offiziere die Uniform mit Schwert und Gehrock vorschrieb. Diese prunkvollen Ausrüstungsgegenstände lagen seit 1914 unberührt in Liverpool auf den Dachböden. Kurz darauf wurde dieser Vorschlag zurückgezogen. Vermutlich hatte der Sprecher des Palastes die Cunard Line informiert, daß der Prinz keine Sonderbehandlung wünsche.

Weitere diesbezügliche Attraktionen wie eine Ehrengarde und eine Kapelle aus Portsmouth wurden ebenso abgesagt wie ein Arrangement, bei dem der Prinz im königlichen Zug unter Begleitung Ihrer Majestäten nach Southampton reiste. Statt dessen ging er heimlich von der Insel Wight aus um vier Uhr früh an Bord und wich auf diese Weise Hunderten von Reportern und Fotografen aus, die sich später an diesem Morgen am Hafen versammelten. Vom Schiff aus gab Seine königliche Hoheit eine Erklärung ab, in der er sich für die unkonventionellen Umstände seiner Einschiffung und die daraus resultierende Müdigkeit entschuldigte. Dieser entwaffnend schlichte Beginn gab den Ton für die nachfolgende Überfahrt vor.

Kaiser Wilhelm II. war anläßlich eines Ausflugs mit Übernachtung der letzte majestätische Bewohner der Kaisersuite gewesen, in der nun der Prinz schlief. Sie war seinetwegen renoviert worden, ebenso wie der Ballsaal in fieberhafter Eile zwei Tage zuvor einen neuen Anstrich und eine üppige Blumendekoration erhalten hatte, deren Duft den Geruch von frischer Farbe überdecken sollte. Die Besatzungsmitglieder, die mit der königlichen Gesellschaft in Kontakt kommen konnten, wurden mit neuen, wenn auch regulären Uniformen ausgestattet. Mit Seiner königlichen Hoheit reisten das Fürstenpaar Mountbatten und ein Gefolge von Gehilfen und Sekretären.

Am folgenden Sonntag morgen erhob sich der Prinz frühzeitig und absolvierte nicht weniger als 15 anstrengende Runden auf dem Bootsdeck. Nachdem er eine Reihe von erschöpften Wandergefährten zurückgelassen hatte, begab er sich in die Kirche. Die Gottesdienste auf der *Berengaria* fanden in der Lounge statt und wurden von Kapitän Irvine abgehalten, der die Gelegenheit wahrnahm, seinen Gehrock zu tragen. Die Passagiere der zweiten und dritten Klasse, die traditionellerweise als erste zur Sonntagsmesse erschienen, konnten keinen Sitzplatz finden. Der Raum war zum Bersten gefüllt, und der Zahlmeisterassistent, der den Chor leitete, berichtete, daß nie zuvor ein Gottesdienst so stark besucht gewesen sei.

Das Mittagessen am Sonntag war die erste Mahlzeit, die der Thronfolger in der Öffentlichkeit einnahm. In der relativen Abgeschiedenheit des Balkons hatte man einen besonderen Alkoven vorbereitet; doch der Prinz entschloß sich für den Nachbartisch. Dieser lag ebenso günstig, war allerdings weniger protzig. Gekränkt sah der Chefsteward zu, wie sein Meisterstück hastig von einem Tisch zum nächsten übersiedelt wurde. Später gestand er als einzige Sorge seine Betrübnis über den fehlenden königlichen Appetit ein. Nach der erschöpfenden sportlichen Leistung nahm der Prinz nichts Nahrhafteres als ein wenig Hummer und den Flügel eines Waldhuhns zu sich. Der Rest des Tages verlief ruhig wie jeder Sonntag auf See. Seine königliche Hoheit erschien weder zum Tee noch nach dem Abendessen im Ballsaal. Die niedergeschlagenen Fahrgäste warteten umsonst an ihren Tischen. Offensichtlich war ihnen nicht bekannt, daß die Mitglieder des Königshauses die Sonntagsruhe streng einhielten.

Wie zum Ausgleich entwickelte der Prinz am Montag heftige Aktivitäten. Es schien, als würden zwei oder drei königliche Faksimiles auf dem Schiff hin und her eilen. Sobald er irgendwo auftauchte, war er bereits wieder verschwunden. Er nahm das Frühstück in seiner Suite ein und enttäuschte damit Dutzende von ungewohnten Frühaufstehern, die über ihrem Kaffee im Speisesaal dösten. Noch ehe sie ihre Morgenwache abbrachen, war der Prinz im Turnsaal erschienen und hatte sich auf jedes in seiner Reichweite befindliche Gerät gestürzt. Er fuhr Rad, boxte und ruderte mit der Geschwindigkeit eines Wirbelwinds. Zudem absolvierte er drei zermürbende Box-Runden mit seinem Trainer, Mason, und führte damit ein Morgenritual ein, das seinen königlichen Boxhandschuhen bis an das Dienstende des Schiffs einen Ehrenplatz an der Turnsaalwand einbrachte. Danach fuhr er für ein flottes Schwimmtraining mit dem Aufzug zum »pompejischen Schwimmbad« hinab, ehe er auf wundersame Weise zur Morgenbouillon an Deck zurückkehrte und in halsbrecherischem Tempo weitere Geh-Runden hinter sich brachte, die sich lediglich als *tour de force* bezeichnen ließen. Sein ständiger Begleiter, Trotter, ein galanter älterer General mit einem Arm, rang bereits nach drei Runden nach Atem und wurde von jüngeren Mitgliedern der königlichen Gesellschaft überholt.

An diesem Nachmittag forderte eine Gruppe von Studenten der Universitäten Harvard und Yale die königliche Gesellschaft als Höhepunkt des Decksports des nächsten Tages zum Tauziehen heraus. In drei Runden sollte der Sieger ermittelt werden. Lord Louis nahm den Fehdehandschuh augenblicklich an und stellte ein Team zusammen, in dem er die erste Position einnahm, der Prinz die siebte und der beleibte britische Botschaftsrat mit der Nummer 8 das Schlußlicht bilden sollte. Man trainierte am Morgen darauf mit einer aus der Besatzung bunt zusammengewürfelten Mannschaft. Es dürfte niemanden überraschen, daß die weisen Seeleute nicht ihre ganze Kraft einsetzten. Einer der morgendlichen Übungsdurchgänge wurde von einem namentlich nicht genannten amerikanischen Spion beobachtet, der seinen Landsleuten von der unglaublichen Stärke des königlichen Teams berichtete, worauf die Amerikaner sämtliche auffindbaren Schwergewichte nominierten. Am Nachmittag folgten zwei anstrengende Durchgänge, dann mußten sich die Briten lachend geschlagen geben.

Abgesehen von seiner beeindruckenden Gehgeschwindigkeit zeichnete sich der Prinz bei den an Bord abgehaltenen Wettkämpfen nicht aus. Er wurde von einem Gegenspieler formlos mit einem Kissen von einer Stange gefegt und von einem weiteren klassischen Wettrennen disqualifiziert, weil er seine Kartoffel regelwidrig plaziert hatte. Zudem gewann er am Abend den Preis für die schlechteste Verkleidung beim Kostümwettbewerb. Obwohl er recht erfolgreich einen Pariser Ganoven darstellte, unterlag er den anderen, glanzvoller ausgestatteten Teilnehmern. Das Talent des Prinzen lag eher in seiner Unermüdlichkeit auf dem Tanzboden. Durch Zufall oder Absicht befand sich ein zusätzliches Orchester, das nach Amerika zurückkehrte, an Bord. Es versammelte sich zum Spielen, sobald ein vornehmer Passagier in Abendkleidung zum Tanz erschien. Abend für Abend war der Palmenhof von Trauben aufgeregter Damen bevölkert. Der Prinz enttäuschte sie, indem er vorwiegend mit Lady Louis Mountbatten und der Gemahlin von Duff Cooper tanzte, einer Schauspielerin auf dem Weg an den Broadway. Gelegentlich trat einer seiner diskreten Gehilfen an ein amerikanisches Mädchen heran, das daraufhin freudestrahlend unter der prachtvollen Rotunde von Mewès mit dem Prinzen den Twostep tanzte. Für Seine königliche Hoheit war es nicht ungewöhnlich, an einem Abend zwei Kragen zu durchschwitzen.

Seine Garderobe war unüblich beschränkt, und so telegrafierte ein enttäuschter Korrespondent an seinen Redakteur, daß er nichts Außergewöhnlicheres als ein Dinnerjacket und graue Tagesanzüge trage. Allein seine wildledernen Schuhe riefen allgemeine Zustimmung hervor. Trotz seiner begrenzten Auswahl an Kleidungsstücken galt der Prinz von Wales zu dieser Zeit als Sachverständiger dessen, was man heute als »Männermode« bezeichnen würde. Unsere moderne Sportbekleidung war damals zumindest für Männer unbekannt. So spielte man Deck-

Seiner königlichen Hoheit gelingt ein unauffälliger Abschied im Hafen von New York. Der Prinz ist links von der Mitte an Bord der *Black Watch* im Gespräch mit einem Offizier zu sehen. Seine Mitreisenden drängen sich an den Relings der *Berengaria*. (*The Mariners Museum, Newport News, Virginia*)

tennis üblicherweise in nicht übermäßig geeigneten Flanellhosen und aufgekrempelten Hemdsärmeln. Daß ein Gentleman etwas Pastellfarbenes oder Gestreiftes trug, war gänzlich unvorstellbar.

Die Tortur der amerikanischen Zollformalitäten an der Pier blieb dem Prinzen erspart, der nach einer Pressekonferenz bereits in der Quarantänestation das Schiff verließ. Er wechselte auf die rücksichtsvollerweise von Robert Graves zur Verfügung gestellte Dampfjacht *Black Watch*. Sämtliche Passagiere drängten sich an den Relings der Steuerbordseite, wodurch die stolze alte *Berengaria* Schlagseite erhielt, als wollte auch sie den abreisenden Thronerben grüßen. Seine Überfahrt war ein voller Erfolg ohne peinliche Zwischenfälle geworden. Der Wunsch des Prinzen, ohne Aufhebens zu reisen, war tatsächlich respektiert worden, was ihm eine der seltenen Gelegenheiten geboten hatte, dem strengen Protokoll zu entkommen. Die britische Königsfamilie war in jenen Tagen weit weniger zugänglich als heute. Daß eine so populäre Erscheinung in halboffiziellem Rahmen so etwas wie Anonymität fand, war bereits bemerkenswert. Dies beweist die Zurückhaltung seiner Reisegenossen und die besondere *délicatesse* des Lebens an Bord Mitte der zwanziger Jahre. Niemand fiel aus der Rolle, mit Ausnahme eines niedergeschlagenen Amerikaners, der seine Kamera während des Decksports hervorzog und von einem Schiffsoffizier eindringlich gebeten wurde, von seinem Vorhaben abzusehen. Sollten tatsächlich Aufnahmen gemacht worden sein, so gelangten sie zumindest nicht an die Öffentlichkeit. Kein einziger Autogrammwunsch wurde geäußert, und es kam auch zu keinerlei unangenehmen Bezeugungen von Massenhysterie.

Die Überfahrt der *Berengaria* im August 1924 nach Westen, dieses symbolträchtige Epos der zwanziger Jahre, war gleichermaßen denkwürdig und alltäglich. Typischerweise machte der Prinz seine erste Bekanntschaft mit Amerika auf einem britischen Schiff während eines sorgenfreien und erholsamen Aufenthalts. Das auf den Ersten Weltkrieg folgende erste Jahrzehnt war vorwiegend britisch geprägt, und sein stets freundliches, attraktives Gesicht und sein Hang zur Fröhlichkeit wurden zu beliebten Symbolen dieser Zeit.

Diese Ära offenbarte sich an kaum einem anderen Ort besser als am Promenadendeck der *Berengaria* vor mehr als einem halben Jahrhundert. Es war Mitternacht am letzten Tag auf See. Die Aufenthaltsräume waren leer, und das Orchester hatte längst seine Instrumente zusammengepackt. Im weichen Licht, das aus dem Palmenhof fiel, hatten sich der Prinz und eine Gruppe seiner Freunde entspannt in den Liegestühlen niedergelassen. Nur vereinzelt wurden Worte gewechselt. Aus einem tragbaren Grammophon zu ihren Füßen erklang die Melodie von »Dardanella«. Unbeweglich verharrte ein Steward im Schatten, gefangen in einem Augenblick nostalgischen Friedens. Augustnebel umgab das Schiff und deutete auf einen feuchten nächsten Morgen in New York hin. Während sich ein Schaumgürtel um ihre Flanken legte, pflügte die große schwarze *Berengaria* durch die ölige Dünung.

Auf Villar, den großen Zahlmeister der France*!*
Aber oh, Sie waren weit mehr als ein Zahlmeister, Sir!

RING LARDNER

9.

Frankreich und die neue Generation

Trotz des gewaltigen Touristenstroms nach Osten erschien in den zehn auf den Ersten Weltkrieg folgenden Jahren kein einziges wirklich innovatives Schiff auf dem Atlantik. Die in den frühen zwanziger Jahren gebauten Schiffe waren klein und wirtschaftlich und spiegelten die konservative Überzeugung wider, daß die Tage der großen Ozeanriesen zu Ende waren. 1927 stach mit der berühmten *Île de France* erstmals wieder ein neues Schiff unter der flatternden Trikolore mit westlichem Kurs in See.

Aus der Ferne erinnerte ihr Schiffskörper an den St.-Nazaire-Typ. Sie war länger als ihre beiden in Dienst stehenden Schwesterschiffe, unterschied sich jedoch ansonsten kaum von ihnen. Bevor wir uns mit ihrer bemerkenswerten Innenausstattung befassen, sollten wir unsere Aufmerksamkeit einen Augenblick lang ihren unmittelbaren Vorgängerinnen und der Schiffahrtsgesellschaft widmen, die sie baute und betrieb. Atlantikdampfschiffe besitzen eine eigenständige Evolution, weshalb es irreführend sein kann, sich mit einem einzelnen Schiff zu befassen. Die *Île de France* muß daher vor dem Hintergrund der Compagnie Générale Transatlantique oder French Line betrachtet werden.

Zum Zeitpunkt ihrer Reorganisation im Jahr 1861 wurde die Gesellschaft von den beiden energischen Brüdern Emile und Isaac Pereire geleitet. Wie die übrige Welt begaben sie sich für den Ankauf ihrer ersten Schiffe über den Ärmelkanal.

Sie entschlossen sich zu guter Letzt für das Unternehmen von John Scott. Gewiß ist es kein Zufall, daß eben diese Werft im schottischen Greenock auch die ersten vier Schiffe für die Cunard Line baute. Den beiden Brüdern schwebte ähnliches vor. Sie unterzeichneten die Verträge für drei Schiffe und beabsichtigten, weitere Schiffe im eigenen Land in Auftrag zu geben. Aber der hohe Preis, den Forges et Chantiers de la Méditerranée pro Schiffskörper forderte, veranlaßte die Brüder Pereire, eigene Schiffe zu fertigen. Sie fanden ein geeignetes Ufergelände in der Nähe der Loiremündung und luden die schottischen Schiffbauingenieure ein, sie mit Wissen, Ausrüstung und Arbeitern vom Clyde zu versorgen, um eine neue Werft ins Leben zu rufen. Scott nahm das Angebot an. Es steht zu vermuten, daß der Vertrag mit den Franzosen für das Unternehmen außerordentliche Vorteile mit sich brachte. Tatsächlich lieferte Scott ein so umfangreiches Fachwissen, daß seine persönliche Anwesenheit überflüssig war.

Mit diesem kühnen Beginn begründete die French Line die Tradition, eigene Schiffe zu bauen. Ich vermute, daß das unter Atlantikschiffahrtsgesellschaften einzigartige Arrangement über viele Jahre zum Erfolg der Gesellschaft beigetragen hat. Indem der finanzielle Wettbewerb wegfiel, konnte sie sich gänzlich der Einheit aus Entwurf und Ausführung widmen. Die Beziehung zwischen Schiffseigner und Schiffbauer ist bestenfalls als delikat zu bezeichnen. Das in Großbritannien zwischen der White Star Line und der Harland & Wolff-Werft herrschende besondere Einverständnis war in seiner Dauerhaftigkeit und Herzlichkeit außergewöhnlich. Anderswo herrschte mitunter ein rauherer Umgangston vor. So hielt beispielsweise der Norddeutsche Lloyd an seiner Politik fest, die Endabnahme eines neuen Schiffs bis nach der Jungfernfahrt hinauszuzögern. Dies bedeutete, daß die Leistung des Schiffs nicht anhand einer zweitägigen Probefahrt, sondern anhand einer gesamten Ozeanüberfahrt in vollem Betrieb beurteilt wurde. 1897 trat der seltene und überaus peinliche Fall ein, daß die *Kaiser Friedrich* aufgrund ihrer geringen Geschwindigkeit »dankend abgelehnt« und der Herstellerwerft zurückgegeben wurde. 15 Jahre lang lag sie vergessen an einer Hamburger Pier, bevor eine französische Gesellschaft sie für einen jämmerlich niedrigen Preis erwarb und sie auf einer Route nach Südamerika einsetzte.

Der Heimathafen der French Line war Le Havre, ein an der Seinemündung gelegenes ehemaliges Fischerdorf. Im Gegensatz zu seiner Konkurrenz am gegenüberliegenden Ufer des Ärmelkanals besaß Le Havre weder eine Insel Wight noch eine ausgedehnte Sandbank. Nichts behinderte das mühelose Ein- und Auslaufen der Schiffe. Heute rühmt sich die Behörde des Port Autonome stolz, jedes Schiff an jedem Tag und zu jeder Stunde abfertigen zu können. In den frühen zwanziger Jahren waren der Größe der Schiffe, die Le Havre aufnehmen konnte, allerdings Grenzen gesetzt. Aufgrund des auf das Debüt der *Lusitania* und *Mauretania* folgenden Tonnagewettstreits sah sich die French Line anfangs gezwungen, die Größe der Schiffe zu beschränken.

Im April 1909 wurde in Penhoët die *La Picardie* auf Kiel gelegt und folgte

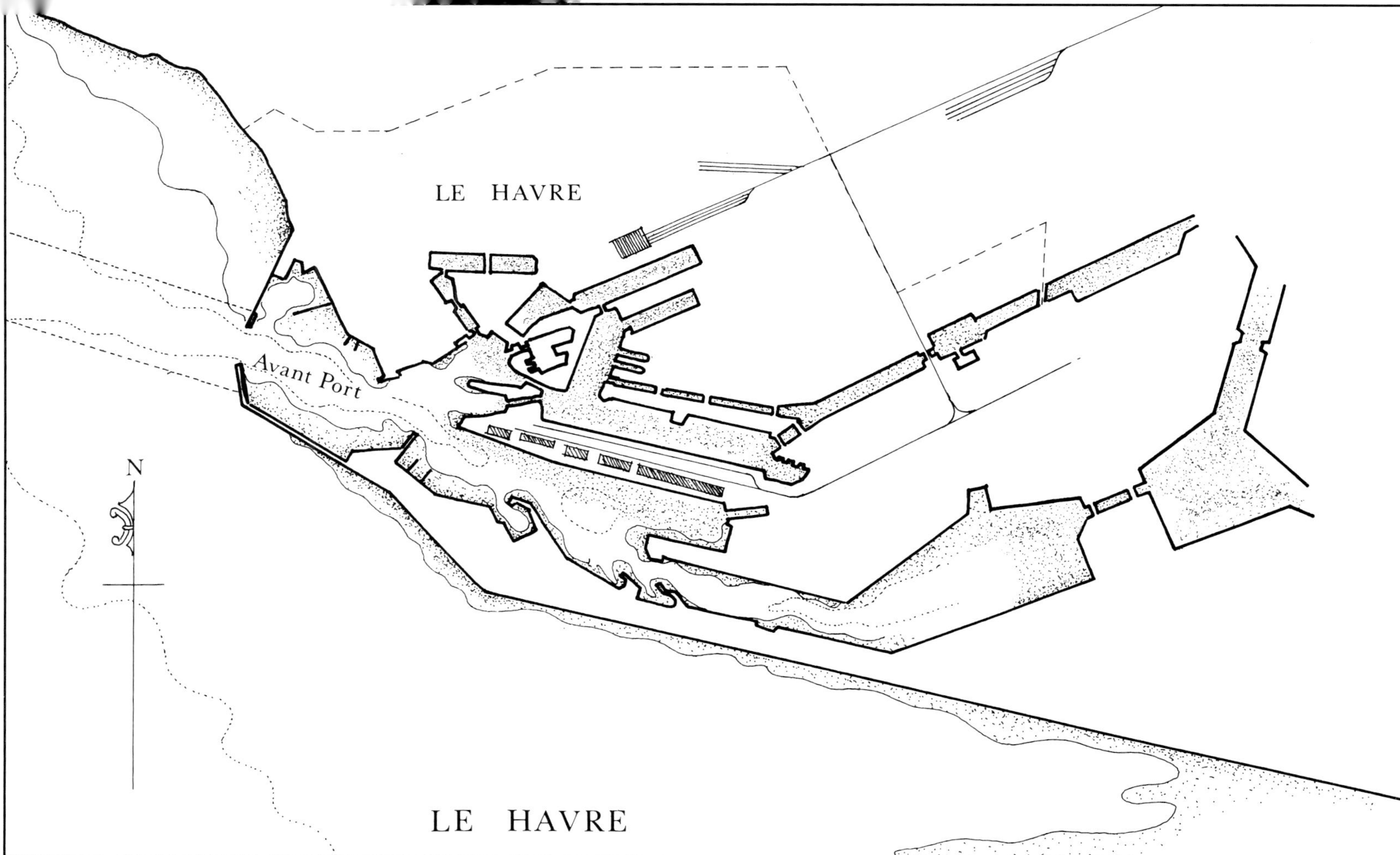
LE HAVRE
Avant Port
N
LE HAVRE

Die Mole von Le Havre. Der französische Ozeanliner *La Provence* läuft während eines Kanalsturms in seinen Heimathafen ein. (*Compagnie Générale Transatlantique*)

somit der damaligen Politik der Compagnie Générale Transatlantique, der French Line, Schiffe nach Provinzen zu benennen. 17 Monate danach wurde ihr Name noch vor ihrem Stapellauf durchaus zutreffend in *France* geändert. Das neue Schiff besaß nicht nur die doppelte Tonnage jedes zuvor in Frankreich gefertigten Wasserfahrzeugs, sondern auch als erstes (und einziges) vier Schornsteine, einen Turbinenantrieb und vier Schrauben. Zufällig wurde im selben Jahr die ursprüngliche *France* nach 45 Dienstjahren zur Verschrottung freigegeben. Sie war das erste von Schaufelrädern angetriebene Schiff gewesen, das Scott und seine Schiffsbaukameraden aus Greenock in der Loire zu Wasser gelassen hatten.

Mit Parsons Zustimmung stattete man die neue *France* mit Turbinen aus. Experimente mit kleineren Schiffen veranlaßten die französischen Ingenieure, eigene Verbesserungen anzubringen, die zur Entwicklung der ersten Dreifachexpansionsmaschine führten. Da britische Stahlgießereien einen überhöhten Preis forderten, wurde der Achtersteven in Budapest gefertigt. Wie dieses riesenhafte Stahlgußteil die Loire erreichte, übersteigt jegliche Vorstellungskraft. Dennoch wurde der Schiffskörper termingerecht fertiggestellt. Ein Vergleich der französischen Konstruktionstechniken mit den wesentlich höher entwickelten Methoden nordbritischer Werften erweist sich als überaus interessant. In Frankreich kannte man keine überdachten Hallen, kaum Kräne und gewiß keine Aufzüge, um die Arbeiter auf höhergelegene Decks zu transportieren. Die zu dieser Zeit in Penhoët gebauten Schiffe schienen sich auf wundersame Weise direkt aus dem Schlamm des Flußufers zu erheben.

Eineinhalb Jahre nach ihrem Stapellauf wurde das brandneue Schiff vorsichtig aus dem Bassin de Penhoët durch einen engen Kanal ins Meer gezogen. Die *France* besaß nicht die schneidige Schönheit der *Mauretania*. Die vier Schornsteine, welche in ihren Dimensionen mit denen ihrer kleineren Vorgängerin übereinstimmten, wirkten auf dem wesentlich längeren Schiffskörper verloren. Sie drängten sich auf dem Vorschiff und vermittelten dadurch den Eindruck von Unausgewogenheit. Hinter dem vierten Schornstein begann ein eintöniger Aufbau, der sich nahezu bis zum Heck erstreckte, als hätte man den Schiffskörper in die Länge gezogen. Die oberen Plattengänge zwischen Bug und Brücke waren mit einem ungewöhnlich breiten weißen Band versehen, wodurch sich das Schiff bereits aus mehreren Meilen Entfernung eindeutig identifizieren ließ. Unbeabsichtigt täuschte dieses Band dem Auge eine geringere Höhe des darunterliegenden schwarzen Schiffsrumpfes und einen niedrigeren Freibord vor. Sämtliche britischen Dampfschiffe mit vier Schornsteinen vermittelten einen aufwärts strebenden Eindruck, während die nachdrücklich horizontale *France* die Wirkung ihrer aufragenden Schlote zugunsten einer langen, niedrigen und gewiß einzigartigen Silhouette dämpfte. Eine zurückhaltende, aber mächtige Würde prägte die Erscheinung des Schiffs.

Im Gegensatz zu ihrem schlichten äußeren Profil kannte ihr Interieur keine derartige Bescheidenheit. Sie wurde das »Château« des Atlantiks genannt, auch wenn »Palast« vermutlich passender gewesen wäre. Bei der Ausstattung der Aufenthaltsräume ihrer HAPAG-Konkurrentinnen hatte Mewès an der relativen Gelassenheit von Ludwig XVI. festgehalten. Die Innenarchitekten der *France* verschrieben sich ohne Zögern dem verschwenderischen Luxus von Ludwig XIV. In ihren über 230 Meter langen Schiffskörper verpackte man mehr vergoldete Vertäfelungen und Verzierungen als jemals zuvor in einen Atlantikdampfer. Die Kosten kletterten in astronomische Höhen. Niemand, der die *France* sah, zweifelte daran, daß der in ihrer Einrichtung Pfund für Pfund zur Schau gestellte Reichtum den der ein Jahr zuvor fertiggestellten *Olympic* bei weitem übertraf.

Ich glaube nicht, daß irgendein anderes Schiff seit Kleopatras berühmtem Prunkkahn solch sichtbare Extravaganz gekannt hatte. Im *salon de conversation* blickte der Sonnenkönig als perfekte Kopie des im Louvre ausgestellten Originals von Rigaud quer durch den Raum auf ein Gemälde, das seine Rückkehr von der Jagd zeigte. Um ihm Gesellschaft zu leisten, fanden sich in diesem prunkvollen Saal auch Porträts der Madame de Maintenon, der Prinzessin de la Tour und anderer Günstlinge des Hofes, die sich in diesem maritimen Versailles auf wundersame Weise vereinten. Der seiner Lieblingssitzgelegenheit sorgfältig nachempfundene Fauteuil besaß bedauerlicherweise Schonbezüge, die der König niemals zugelassen hätte.

Ein Korrespondent der *Marine Review* bemühte sich vergeblich, für das Gesehene Worte zu finden: »Beim Interieur versucht man, wenn auch auf berechnende Weise, den Eindruck von Schlichtheit zu vermitteln.« »Schlichtheit« ist eine massive Untertreibung für diese Orgie französischer Üppigkeit, und mit der »berechnenden Weise« zielte man eindeutig darauf ab, amerikanische Reisende mit der überwältigenden Pracht des Schiffs zu beeindrucken. Alles war verziert und geschmückt, einschließlich der ovalen Eingangshalle und der gewundenen Treppe, die dem prachtvollen Stiegenaufgang der Bibliothèque Nationale nachempfunden war. Auf den *Salon Mixte* folgte der berühmte *Salon Mauresque*. Maurische Salons, eine weitverbreitete, aus Nordafrika stammende Modeerscheinung, erfreuten sich im Frankreich jener Tage großer Beliebtheit. Aus einem weißen Marmorbrunnen sprudelte ein Strom endlosen Eiswassers als subtile Antwort auf einen ständigen Wunsch amerikanischer Fahrgäste. Jeden Abend schenkten in ballonförmige Hosen gekleidete Stewards türkischen Kaffee aus.

Der Rauchsalon erwies sich seltsamerweise als ebenso enttäuschend wie jene der prächtigen Dampfschiffe der Hamburg-Amerika Linie. Ein Kritiker schrieb sie einst der Architektenschule zu, die für die mit Tiroler Kitsch ausgestatteten Alpenhotels verantwortlich ist. Im Gegensatz dazu präsentierten sich die Rauchsalons britischer Schiffe erstaunlich phantasievoll. Dies stand im Widerspruch zu der angeblichen Vorliebe angelsächsischer Männer für düsteres Leder und Holz, das nur gelegentlich durch blitzendes Messing belebt wurde. Weder auf der *Olympic* noch auf der *Mauretania* herrschte diese stereotype Clubatmosphäre, während man sie auf sämtlichen kontinentalen Schiffen mit mäßigem Erfolg nachzuahmen versuchte.

Der prunkvolle Speisesaal der *France* erstreckte sich über drei Decks. (»Niedrige Plafonds dämpfen den Appetit«, hieß es in der Werbebroschüre der Gesellschaft. Diese unbegründete Aussage war nichts als ein Seitenhieb auf den eingeschossigen Speisesalon der *Olympic*.) Das untere Ende der Haupttreppe mündete triumphierend mitten im Raum. Dieses Finale nennen die französischen Schiffsbauarchitekten *la grande descente*, ein passender Ausdruck angesichts der Erwartungen, mit denen sich die Passagiere der French Line auf dem Schiff zu Tisch begaben. Wer konnte die sinusförmigen Kurven dieser prachtvollen Doppeltreppe hinabschweben ohne das Gefühl, einen Tempel zu betreten?

Seit jener Zeit besitzt jedes französische Schiff diesen rituellen Abstieg in den *salle à manger*. Einige lehnen ihn als Modeerscheinung und Ausdruck der Eitelkeit der Passagiere ab. Mir erscheint er als Teil einer Gesamteinstellung dem Essen an sich gegenüber. Die Aufmerksamkeit, die der Vorbereitung einer Mahlzeit gewidmet wird, ist eine nationale, im Monopol der Franzosen und Chinesen stehende Manie. Daß sie dem Verzehr der Speisen dieselbe Andacht zukommen lassen, verwundert kaum. Die Franzosen gelten als Meister der Präsentation, und ich sehe einen starken Zusammenhang zwischen der Präsentation eines köstlichen Mahls und der Präsentation derer, die es genießen werden. So betraten die Passagiere der *Queen Elizabeth 2* den Speisesaal vom selben Geschoß aus und schoben sich unauffällig in die Stühle eines jeder Inspiration entbehrenden Tisches. Selbst die zurückhaltendsten Zeitgenossen waren auf der *France* verpflichtet, feierlich einzutreten und für einen Augenblick im Mittelpunkt der Aufmerksamkeit zu stehen, um sich an Speisen zu erfreuen, die zu den erlesensten der Welt zählten.

Die im April 1912 zu ihrer Jungfernfahrt auslaufende *France* traf in einem noch durch den Verlust der *Titanic* gelähmten New York ein. Mit ihrer außergewöhnlichen Geschwindigkeit mußte sie sich nur den beiden Rekordbrechern der Cunard Line geschlagen geben. Ihre Stabilität ließ einiges zu wünschen übrig. So verlängerte man nach der ersten Saison ihren Schlingerkiel. Gleichzeitig installierte man zwei neue Schrauben auf den Wellen, was zu einer zusätzlichen Verminderung der Vibrationen führte. Ich wage zu behaupten, daß die *France* mit diesen Verbesserungen der schwer definierbaren Atlantikkombination eines schnellen und luxuriösen Schiffs näher kam als jede ihrer berühmten Rivalinnen. Mit ihrem niedrigen Profil und ihrer stabilen Konstruktion ließ sie sich leicht manövrieren und besaß zudem einen geradezu legendären Komfort. Selbstverständlich verfügte sie weder über ein Schwimmbad noch über einen Squashcourt, jene Extravaganzen der White Star Line, die ihre deutschen Konkurrenten schon bald übernehmen sollten. Die *France* war allerdings bei weitem kleiner als die Schiffe, mit denen wir uns bislang befaßten. So betrug ihre Tonnage lediglich 24 000 Tonnen. Abgesehen von diesen Einschränkungen erfreute sie sich großer Beliebtheit, was ihren Eigner veranlaßte, zwei Jahre später die *Paris* auf Kiel zu legen.

Ich habe es bewußt unterlassen, die *Paris* als Schwesterschiff zu bezeichnen, weil sie es einfach nicht war. Die French Line zeigte eine unüberwindliche Abneigung gegen identische Schiffe. In jener hektischen, dem Ersten Weltkrieg vorangehenden Periode, in der britische und deutsche Schiffahrtsgesellschaften in aller Eile Trios baugleicher Schiffe konstruierten, widerstanden die französischen Linien diesem Trend. Als die *Paris* 1921 in Betrieb ging, unterschied sie sich grundsätzlich von ihren Vorgängerinnen. Ich kann lediglich vermuten, daß dieser seltsame Widerstand gegen Duplikate auf gewisse Weise mit den Einschränkungen von Le Havre in Verbindung stand. Sie hielten die Franzosen ab, gleichzeitig Serien übereinstimmender Schiffe zu bauen, wenn sich mit etwas Geduld durch die Verbesserungen der Hafeneinrichtungen ambitiösere Unternehmen verwirklichen ließen.

Diese Hypothese wird durch die Tatsache gestützt, daß die Tonnagen aufeinanderfolgender Flaggschiffe ständig zunahmen, eine Entwicklung, die vorrangig auf das Wachstum des Hafens zurückzuführen sein dürfte. Die *Paris* übertraf die *France* um 10 000 Tonnen. Eben diesen Vorsprung verlor sie gegenüber der nur sechs Jahre später gebauten *Île de France*. Diese einzigartige Schiffbauphilosophie wirkte sich auf zweifache Weise auf. So gelang es erst in den späten zwanziger Jahren, einen planmäßigen Dienst mit drei Schiffen einzuführen, und auch dann nur durch Zufall. Der bis dahin von der *France*, der *Paris* und der *De Grasse* aufrechterhaltene Linienverkehr besaß verschiedene Nachteile. Die in Großbritannien gebaute mittelgroße *De Grasse* erreichte mit einem Maximum von 17 Knoten kaum zwei Drittel der Dienstgeschwindigkeit ihrer größeren Partnerinnen. In jedem Fall verschrieben sich die Franzosen keinem Klassendenken. Sie bauten niemals Gruppen von Schwesterschiffen und kannten auch nicht die Besessenheit der Deutschen und Briten für ausgeglichene Trios. In der Zwischenkriegszeit lief jeden Mittwoch ein großes Schiff aus und in der Hochsaison zusätzlich am Samstag ein kleineres.

Dieses System besaß einen bedeutenden Vorteil. Viele Passagiere sehnten sich danach, immer wieder mal ein neues Schiff »auszuprobieren«. Die French Line befand sich in der einmaligen Lage, aus dieser Neigung Kapital zu schlagen. Den Reiseneulingen der zwanziger Jahre war das erregende Erlebnis einer Überfahrt auf einem brandneuen Ozeanliner vorenthalten geblieben. Die drei Giganten der Cunard Line, die *Mauretania*, die *Aquitania* und die *Berengaria,* waren noch immer attraktive, aufeinander abgestimmte Kolleginnen, bei denen sich jedoch im Jahr 1927 die ersten Alterserscheinungen zeigten. Sie stammten alle aus der Vorkriegszeit und waren nach dem Geschmack einer Ära eingerichtet, die langsam aus der Mode geriet. Dasselbe galt für die tonnagestarken Schiffe der White Star Line, die zwar überaus nützlich waren, aber als Vorjahrsmodell galten. Dieses Vakuum an Aktualität durchbrach die French Line mit der glitzernden *Île de France*, dem Schiff der zwanziger Jahre.

Bei ihrer Überführung von St. Nazaire in das Trockendock nach Brest entging sie nur knapp einer Katastrophe. In der Turbinensteuerung trat genau in dem Augenblick ein Fehler auf, in dem die *Île de France* von ihrem Landeplatz auslief. Trotz hektischer Signale von der Brücke steuerte der 43 000 Tonnen schwere Ozeanlinier unbeirrt auf eine geschlossene Zugbrücke zu. Dank der Aufmerksamkeit und schnellen Reaktion des Brückenwärters öffnete sich diese glücklicherweise in Windeseile. Kapitän Blancart manövrierte sein durchgegangenes Schiff durch steinerne Kais, deren Abstand zueinander die Breite des Schiffskörpers nur um drei Meter überstieg. Nach der Hälfte der Durchfahrt gelang es den Ingenieuren schließlich, die Geschwindigkeit zu drosseln und das Schiff zu stoppen. Dieses schauerliche Erlebnis erinnert an den Steuerungsausfall der *Vaterland* beim Ablegen im New Yorker Hafen während ihrer Jungfernfahrt.

Einige Kritiker meinten, die Franzosen hätten übertrieben. Worte wie »hektisch« und »protzig« wurden laut. Ihre ursprüngliche Innenausstattung spricht mich nicht an, was zugegebenermaßen auf viele Aspekte der zwanziger Jahre zutrifft. Viele betrachten diese Ära als unerschöpfliche Quelle von Nostalgie, während sie mir stets als ein auf beiden Seiten des Atlantiks von Tollkühnheit und Vulgarität geprägtes Jahrzehnt erschien, das in einem fürchterlichen Kater endete.

Die *Île de France* fand vorwiegend bei Menschen Gefallen, die am anderen Ufer des Ozeans Geschäften nachgingen. So wurde sie, die weder das schnellste noch das größte, jedoch gewiß das schickste Schiff ihrer Zeit war, augenblicklich zum Erfolg. Der Eklektizismus war tot. Nahezu keine Wandvertäfelungen, Stoffe, Geländer oder Motive erinnerten noch an frühere Zeiten. John Dal Piaz, der damalige Vorstand der French Line, gab das Leitmotiv vor: »Leben bedeutet, nicht zu kopieren, sondern zu erschaffen.« Mit diesem kühnen Credo ging seine Entwurfsabteilung ans Werk. Was ihren Bemühungen entsprang, war eine Orgie etablierter Moderne, eine Erweiterung der Weltausstellung von Paris im Jahr 1925, in einen konventionellen Schiffskörper verpackt und nach New York verschickt.

In der Lounge befanden sich zwei kannelierte Säulen als letzter Atemzug des Klassizismus. Ohne das traditionelle Kapitell und blutrot lackiert, drängten sie sich in Zweiergruppen an die Wände, als schreckten sie vor dem aufdringlich geometrischen Teppich zurück. Von diesem monströsen Aubusson erhoben sich bauchige Clubstühle, die mit farbenprächtigem Chintz gepolstert waren. Das Ensemble erinnerte eher an ein Treibhaus als an einen Salon. Dieser Eindruck wurde durch das den Raum überspannende Kassettengewölbe verstärkt. In der *Île de France* gab es ausschließlich indirektes Licht, und so war auch dieser geisterhafte Himmel in erbarmungsloses tropisches Leuchten getaucht. Dem Eingangsfoyer fehlte die auffällige Note, dafür strahlte es monumentale Pracht aus. Vier Stockwerke hoch, reihte sich ein gewaltiger Bogen an den anderen, wodurch sich eine starke Ähnlichkeit mit dem Tiefgeschoß der New Yorker Grand Central Station aufdrängte.

Diese Vorliebe für das Kolossale offenbarte sich auf schmerzliche Weise im *salle à manger*, dem größten seiner Art auf einem Schiff, in diesem Fall jedoch

Zum ersten Mal läuft die *France* in New York ein. Die *Titanic* war einen Monat zuvor gesunken, worauf die Vielzahl von Rettungsbooten hinweist. (*Compagnie Générale Transatlantique*)

Stolz und aristokratisch präsentiert sich das Nachkriegs-Flaggschiff *Paris* der CGT bis zur Indienststellung der *Île de France* im Jahr 1927. (*Michel Eloy Collection*)

Der große Aufenthaltsraum und der Speisesaal der *Île de France*: Das Interieur verrät die Bemühungen um einen Neubeginn. Trotz seiner überladenen Ausstattung setzte das Schiff dekorative Maßstäbe, die für eine lange Zeit Gültigkeit besaßen. (*Compagnie Générale Transatlantique*)

lediglich ein eitler Triumph. Der zwanzig Jahre zuvor als Novität gefeierte kubistische Stil hatte seine Gültigkeit verloren. Durch den Verzicht auf einen Balkon waren alle siebenhundert Passagiere der ersten Klasse in einer einzigen weitläufigen Halle versammelt. Anstelle konventioneller Pracht speisten sie, als säßen sie auf dem Boden eines leeren städtischen Schwimmbades. Die Bemühungen waren nicht dahin gegangen, diese unbeschreiblichen Dimensionen abzuschwächen, sondern man versuchte geradezu, sie zu glorifizieren. Kein noch so kleines Detail durchbrach die zahllosen Quadratmeter der Marmorummantelung, und die rechteckigen Lichter an der Decke marschierten im Gleichschritt mit der strengen Tischanordnung darunter. Lediglich ein gräßlich überdimensioniertes ovales Landschaftsbild, das drohend über dem Kapitänstisch hing, brach mit der Rechtecksmonotonie. In der Mitte des Raumes befand sich ein imitierter Brunnen, dessen bewegungslose, verchromte »Wasserströme« von unten beleuchtet wurden. Er sollte sich in den dreißiger Jahren in ein beliebtes innenarchitektonisches Element verwandeln und tauchte bereits zwei Jahre später im Ballsaal der *Bremen* auf. Der Raum hinterließ einen unangenehmen und übermächtigen Gesamteindruck und gilt als Vorschau einer architektonischen Brutalität, die Europäer nachfolgender Jahrzehnte als »Mussolini-Moderne« bezeichneten.

Die Frage der Beleuchtung entwickelte sich zu einem ausgeklügelten Spiel. Wo ließ sich eine Glühbirne verbergen? In Überfülle vorhandene Riesentulpen und vasenartige Behälter verbargen das von oben herabstrahlende Licht. In der Lounge folgte man offensichtlich dem Konzept, daß Lichtquellen anonym bleiben müßten. Nirgendwo erblickte man auch nur eine Konsole oder einen Lampenschirm. Hätte man doch auch eine Möglichkeit gefunden, die Plastiken unsichtbar zu machen! Die Franzosen besaßen seit jeher eine Schwäche für Skulpturen an Bord von Schiffen. Auf der *La Lorraine* wurden die Spiegelrahmen von einem Paar massiver Karyatiden getragen, und auf der *France* besetzte Nelsons *La Belle France*, sittsam verhüllt, eine Nische im Treppenaufgang. Auf dem neuen Schiff dominierten jedoch Gruppen Nackter die Aufenthaltsräume. Im *salon de thé* war sogar ein Sofa in den Sockel einer Dreiergruppe aus einer männlichen Gestalt, einer weiblichen und einem Hirsch integriert.

Neben einer verschwenderischen Fülle an gepreßtem Glas und Lack bediente man sich eines traditionellen Materials in neuer Anwendung. Holz war allgegenwärtig, wenn auch nicht mit den aufwendigen Schnitzereien der *Mauretania* versehen, sondern in Form von Furnierpanelen, die mitten auf dem Ozean jämmerlich krachten und dröhnten. Diesem katastrophalen Fehlgriff wurde im darauffolgenden Winter abgeholfen, indem nahezu die gesamte Holzfläche nachträglich neu isoliert wurde. In den Kabinen gehörten die Messingbetten der Vergangenheit an. Eine mit exotischer Einlegearbeit versehene Kojenvariante kehrte zurück. Weitere Holzarten wurden unter Dampf in Form gebogen und zu lackierten Tischgestellen mit abgerundeten Ecken verarbeitet, die ein ovaler, rahmenloser Spiegel als Tischplatte zierte.

Ich möchte nicht den Eindruck erwecken, daß eine derartige Inneneinrichtung an beiden Atlantikufern dem Geschmack der Zeit voraus war; es überraschte nur, sie in dieser Dichte an Bord eines Schiffs wiederzufinden. Die *Île de France* bildete eine Art Wasserscheide, von der aus Innenarchitekten ihren Blick ausschließlich nach vorne richteten. Unabhängig von meiner eigenen Reaktion auf diese protzigen Räume muß ich eingestehen, daß sie Generationen nachfolgender Schiffe als Vorbild dienten. Sie setzten den Schlußstrich unter eine Ära, in der die Stile der Vergangenheit wiederholt wurden.

Die neue, hektische Fröhlichkeit besaß auf See nicht mehr Gültigkeit als ein Speisesaal im Tudorstil, diente jedoch als unermüdliches Klischee für Schiffsreisen. Die Zeit der Stuckdecken, eisernen Relings und Glasmalerei war vorüber, ebenso wie die prachtvollen Wandvertäfelungen der *Berengaria*, die kühle Eleganz des Wintergartens auf der *Leviathan* und das heimelige Feuer zur Teezeit in dem von Adam geschaffenen Kamin auf der *Aquitania*. Auch die Pompons, Quasten und Fransen, die nach der fernen Musik der Turbinen tanzten und zitterten, gehörten endgültig der Vergangenheit an. Die Topfpalme wurde von einer Kaskade aus gefrorenem Glas ersetzt, das Streichorchester von gedämpften Hörnern und die Gelassenheit des Rauchsalons von einer gigantischen Bar.

Die Bar der *Île de France* war nicht weniger als neun Meter lang, ein atlantischer Rekord, der die Fürsorge der Franzosen für ihre ausgetrockneten amerikanischen Gäste bezeugte. Im Hinblick auf die Ausstattung erwies sich der Rauchsalon als der zurückhaltendste sämtlicher Aufenthaltsräume des Promenadendecks, und seine Größe wurde keineswegs seiner Beliebtheit gerecht. Er erstreckte sich über zwei Stockwerke, und der bis zum Bootsdeck erweiterte Balkon gab den Blick auf das Heck frei. Als das Schiff im Jahr 1932 umgebaut wurde, fügte man ihm ein weiteres Deck quer über das achtern gelegene Ende des Sonnendecks hinzu, was der *Île de France* die zweifelhafte Auszeichnung einbrachte, den ersten und einzigen über drei Decks verteilten Rauchsalon auf dem Atlantik zu besitzen.

Nach der in den dreißiger Jahren erfolgten Renovierung wurde der Rauchsalon nicht mehr *fumoir* genannt, sondern erhielt den anmaßenderen Namen *Grand Café*, und sein oberstes Geschoß hieß nun gar *Café Terrasse*. Aufgrund seiner exponierten Lage erlag niemand dem Versuch, das Café der Witterung auszusetzen. Es war ein reizvolles kleines Luftschloß, das sich, kaum sieben Meter tief, über die gesamte Breite des Schiffs erstreckte.

So unvergleichlich der Blick über das Heck war, trug er nicht zu einer Verbesserung des allgemeinen Schiffsprofils bei. Die Aufbauten der *Île de France* wirkten seitenverkehrt, als bildete das *Café Terrasse* eine kleinere, nach achtern gerichtete Brücke. Es darf allerdings der Umstand nicht vorenthalten werden, daß der Rauchsalon in den zwanziger Jahren so gut besucht war, daß eine Erweiterung selbst auf Kosten wertvoller Sonnendeckfläche unumgänglich wurde. Während die Schiffahrtsgesellschaft die Eleganz ihres neuen Zugewinns in den Vordergrund schob, bildete der phänomenale amerikanische Durst den eigentlichen

So unglaublich es auch klingen mag, zerschellte beim Stapellauf der *Île de France* im März 1926 keine Champagnerflasche an ihrem Bug. Diese Unterlassung erscheint gerade bei diesem Schiff höchst ungewöhnlich, da es sich unter durstigen Amerikanern besonderer Beliebtheit erfreuen sollte.

Unten: 15 Monate später befindet es sich auf der Fahrt nach Le Havre und New York. (*Frank Braynard Collection*)

Die Kapelle der Polizei- und Hygieneabteilung drängt sich am Bug des Kutters *Macom*, um der erstmals in die Quarantänestation einlaufenden *Île de France* ein Ständchen zu bringen. (*Frank Braynard Collection*)

Die French Line baute nie große Passagierschiffe als Schwesterschiffe. Die unten abgebildete *Paris* und *Île de France* könnten auf den ersten Blick eine gewisse Ähnlichkeit aufweisen, unterscheiden sich jedoch beträchtlich bezüglich Tonnage, Geschwindigkeit und vor allem Innenausstattung. (*Compagnie Générale Transatlantique*)

Grund für diese Umgestaltung. Eine Broschüre schwärmte, daß der kleine Raum »erfüllt war von internationaler Schlagfertigkeit«. Ich hege den Verdacht, daß er lediglich von potentiellen Herzinfarktpatienten erfüllt war. Die Barstewards des Schiffs mußten ein geradezu unglaubliches Durchhaltevermögen besessen haben, um mit einer Gesellschaft ernsthafter Zecher auf der dritten Etage Schritt halten zu können.

Von den Dutzenden Atlantiklinern, die in lebendiger Erinnerung geblieben sind, erwarben sich nur drei eine Art maritimer Heiligsprechung: die *Mauretania*, die *Île de France* und die *Queen Mary*. Diese Schiffe erwiesen sich vom Augenblick ihrer Inbetriebnahme an als Naturtalente. Sie alle besaßen jene eigenartige Mischung aus Prestige, Glamour und Ambiente, durch die sich Passagiere emotionell stark mit ihnen verbunden fühlten. Eine derartige Loyalität läßt sich nicht künstlich erzeugen. Fahrgäste konnten leicht überredet werden, auf einem neuen Schiff zu buchen; die anfängliche Neugier in eine bleibende Bevorzugung umzuwandeln war jedoch eine Aufgabe, die weniger der Werbeabteilung als dem Schiff selbst zufiel. Traditionelle Anreize waren naturgemäß stets gut zu vermarkten, wie etwa der, daß sowohl die *Mauretania* als auch die *Queen Mary* den Geschwindigkeitsrekord gebrochen und zum Zeitpunkt ihrer Jungfernfahrten als größte Schiffe der Welt gegolten hatten.

Wie erklärt sich aber die anhaltende Anziehungskraft der *Île de France*? Ihr radikales Interieur war gewiß bemerkenswert, im allgemeinen verblaßte diese Art sensationellen Chics jedoch nach kurzer Zeit. Abgesehen davon läßt sich die Wirkung ihrer Ausstattung am besten aus einer historischen Perspektive erklären. Die *Île de France* erfreute sich jedoch von Beginn an außergewöhnlicher Beliebtheit.

Ausgezeichnetes Essen erwies sich selbstverständlich als beständige Verlockung. Übermäßige Nahrungsaufnahme galt stets als populärste Sportart auf dem Atlantik, und die Fahrgäste der French Line entwickelten sich zu wahren Meistern in der Folterung ihres Verdauungstrakts. An dieser Stelle möchte ich erneut darauf hinweisen, daß mit Ausnahme der *Normandie* kein Ozeandampfer der French Line ein zusätzliches Restaurant besaß. Die Passagiere waren überaus zufrieden mit der Standardkost der ersten Klasse, was sie dem glücklichen Umstand verdankten, daß die französischen Chefköche selten eine »Standardmahlzeit« zubereiteten.

Ich vermute, die *Île de France* stellte für Amerikaner die schwimmende Verwirklichung all ihrer Phantasien von Frankreich und des Französischen an sich dar. Im amerikanischen Unterbewußten herrschte die unerschütterliche Überzeugung, daß Frankreich oder, um genauer zu sein, Paris die Welthauptstadt der Sünde sei. Nicht im Sinne biblischer Sünde, sondern als vorübergehendes und verzeihbares Abweichen von der Norm, ähnlich den erlaubten Genüssen eines nächtlichen Streifzugs durch die Stadt. Dieser ewige angelsächsische Mythos überwog sämtliche anderen Erkenntnisse sowohl des amerikanischen Expeditionskorps von 1917 als auch der in den zwanziger Jahren nachfolgenden Touristen. Paris bedeutete nicht Louvre oder Versailles, sondern Ungezogenheit, diese berauschende Komposition aus Champagner, gewagten Ansichtskarten und der Mademoiselle aus Armentières. Im Hintergrund lauerten die Geister von Maupassant, Lautrec, Offenbach und jenem namenlosen Künstler, der den unschicklichen Cancan erfunden hatte.

In den zwanziger Jahren rief bereits das Wort »Paris« im amerikanischen Landesinneren verstörtes Kichern hervor, und »französisch« war ein hinlänglich aufreizendes Adjektiv für Massenpornographie und erotische Abenteuerromane. So besaß ein Geheimfach unterhalb der Mittellade eines berühmten amerikanischen Markenkoffers, das den amerikanischen Zollbehörden bestens bekannt war, nicht zufällig die genauen Abmessungen der schlanken grünen Buchbände der Olympia Press. Die Pariser mußten eine wahre Flut von Amerikanern auf der Suche nach Erotika ertragen.

Seltsamerweise hat sich die Situation mittlerweile umgekehrt; Sammler von Pornographie und Perversionen machen in New York reichere Beute als in Paris. Dennoch hält die Verlockung des Pariser »Oh, là, là« selbst unter Franzosen nach wie vor an. Am Montmartre drängen sich die Provinztouristen aus dem Périgord ebenso wie die aus Pittsburgh. Seit jeher mißverstanden die Amerikaner die französische Gesellschaft, die, wie zum Ausgleich für die Revolution von 1789, mit derselben Intensität an einer strengen Moral festhält wie es die Amerikaner mit der Bibel tun.

Wer sich jedoch in den späten zwanziger Jahren zu einer Grand Tour auf der *Île de France* einschiffte, empfand ihre Atmosphäre gleichermaßen unwiderstehlich. Sie war der Inbegriff eines Vergnügungsschiffs, ein Symbol für Zwanglosigkeit, wie sie in der protzigen Unverfälschtheit der *France* undenkbar gewesen wäre. Das Fehlen traditionellen Beiwerks und die rückhaltlose Modernität, vereint mit verführerischen Pariser Träumen, garantierten ihren Erfolg.

In ihrer ersten Saison brachte sie mehr ein als alle ihre Konkurrentinnen; bis zum Ende ihrer Laufbahn blieb sie eine beständige Geldquelle. Der Zeitpunkt ihrer Fertigstellung hätte nicht besser gewählt werden können. Wäre sie nach dem Börsenkrach von 1929 in die Lower Bay eingelaufen, hätte ihre bizarre Pracht wohl kaum Anklang gefunden. Doch als einzigartige Schöpfung der zwanziger Jahre hielt ihre Popularität über die wirtschaftliche Katastrophe hinaus an, die diese Ära beendete. Sie überlebte die Depression der dreißiger Jahre und einen Weltkrieg und hielt sich tapfer bis in die Nachkriegszeit. Wie die *Mauretania* und die *Queen Mary* war sie drei Jahrzehnte lang in Dienst.

Die Deutschen lagen nicht weit zurück. Daß sie bereits 1929 erneut auf den Atlantikfahrplänen auftauchten, sagt vieles über ihre erstaunlichen Wiederbelebungskräfte aus. Sie waren aus ihrer demütigenden Niederlage ohne Handelsflotte hervorgegangen, und eine schwere Wirtschaftskrise prägte die frühen zwanziger

Jahre. In Hamburg und Berlin herrschten bittere Arbeitslosigkeit, lähmende Inflation und politische Unruhen. Herbert Hartley, der letzte Kommodore der *Leviathan*, traf 1919 mit einer Ladung Schweinefett im Hafen ein. Die Überfahrt war bei rauher See erfolgt, sämtliche Fässer waren zerbrochen. In diesen Tagen litt man in Deutschland unter einer solchen Lebensmittelknappheit, daß die Schauerleute Brotkrusten an die Pier mitnahmen, um damit das Fett aus der Bilge aufzusaugen.

Doch bereits 1926 vergab der Norddeutsche Lloyd den Auftrag für zwei Expreßliner, die den ersten deutschen Passagierservice aus besseren Tagen wiederherstellen sollten. Die beiden Schiffe erhielten die Namen *Bremen* und *Europa*. (Ironischerweise wurde Ballins Lieblingsname schließlich von seinem deutschen Erzrivalen verwendet.) Erstere wurde in der A. G.-Weser-Werft in Bremen auf Kiel gelegt, während der Bau der letzteren Blohm & Voss in Hamburg übertragen wurde. Nun wiederholte sich die Situation aus dem Jahr 1907 mit umgekehrten Vorzeichen. Die Deutschen unternahmen intensive Bemühungen, die seit dem Krieg anhaltende Vorherrschaft der Briten zu brechen, und strebten unausgesprochen nach dem Rückgewinn des Blauen Bandes.

Bei dieser vielbegehrten atlantischen Auszeichnung handelte es sich nicht um einen Preis, den ein neues Schiff nahezu selbstverständlich gewann. Wie ich im Zusammenhang mit der *Mauretania* erklärte, erforderte es einen massiven Einsatz der Schiffahrtsgesellschaft. Sollte die Trophäe auf der Jungfernfahrt errungen werden, wurde ein Traum Wirklichkeit. Wie bei Schauspielern der Oscar sind die aus derartigen Auszeichnungen resultierenden Vorteile oftmals nicht direkt fühlbar, historisch betrachtet jedoch von unschätzbarem Wert. Passagiere buchten selten auf einem Schiff, nur weil es den Atlantik um einige Stunden schneller überquerte. Sie buchten wegen des Ruhms, den ein Schiff besaß. Und selbst ein nur im übertragenen Sinn von der höchsten Spitze eines Schiffs flatterndes glorreiches blaues Banner steigerte sein Ansehen. Keine Schiffahrtsgesellschaft gab jemals bekannt, daß sie nach dem Blauen Band strebte, auch wenn zahlreiche Versuche darauf verwiesen. Statt dessen stritten sie mit aller Macht jegliche Anstrengungen in dieser Richtung ab. Eine vorhergesagte Überfahrtszeit nicht einhalten zu können, und sei es auch lediglich aufgrund schlechten Wetters, wäre eine verheerende Demütigung gewesen und hätte dem Image des Schiffs schwer geschadet. So diktierte Mitte der zwanziger Jahre die Ethik der Schiffahrtslinien ein offenkundiges Desinteresse an dieser historischen und vielbegehrten Ehrung, der weltweit womöglich berühmtesten Auszeichnung für Geschwindigkeit. Insgeheim arbeiteten jedoch Architekten, Ingenieure und Eigner mit fieberhaftem Eifer an der Verwirklichung dieses offiziell niemals angestrebten Ziels. Da die *Mauretania* ihren Rekord über zwei Jahrzehnte lang gehalten und weiter verbessert hatte, lag es für die Schiffahrtsbranche auf der Hand, daß die Deutschen nach Blut lechzten.

Sollten tatsächlich noch Zweifel bestanden haben, wurden sie beim Stapellauf der *Europa* in der Werft von Blohm & Voss vor den Augen der Zuseher zerstreut.

Im vorderen unteren Plattengang zeigte sich eine gewaltige Ausbuchtung, als hätte ein Gigant die Stahlplatten nach außen gebogen. Selbst den technisch nicht versierten Schaulustigen entging diese radikale Veränderung in der Gesamterscheinung nicht. Sie stellte die jüngste Erfindung eines amerikanischen Admirals namens Taylor dar. Auch wenn nichts unwahrscheinlicher wirkt, verringert ein bauchiger Bug den Wasserwiderstand eines Schiffskörpers. Die zu beiden Seiten eines konventionellen Wellenbrechers anschlagende Bugwelle sorgt für eine rasche Fahrt. Untersuchungen der amerikanischen Marine hatten jedoch nachgewiesen, daß die daraus resultierenden Strudel entlang der Schiffsflanken die Geschwindigkeit wieder reduzieren. Einfach ausgedrückt: Der bauchige Bug stößt ein größeres Loch in das Wasser, durch das der Schiffskörper besser hindurchgleiten kann. Die *Bremen* und *Europa* waren die ersten beiden großen Handelsschiffe, die sich der Vorteile dieser heute allgemein üblichen Innovation bedienten.

Fachkundigere Beobachter, die ausreichend Zeit fanden, den Schiffskörper der *Europa* eingehend zu studieren, ehe er nach der Taufe durch den amerkanischen Botschafter die Hellinganlage hinunterglitt, entdeckten zwei weitere experimentelle Merkmale. Die vorspringende Kante überlappender Platten zeigte nach vorne statt nach achtern, und am Heck hing ein stromlinienförmiges Oertz-Ruder mit dem Querschnitt einer Tragfläche, wodurch es sich vermutlich besser für Manöver bei hoher Geschwindigkeit eignete. Die deutschen Schiffbauer beschäftigten sich intensiv mit der Reduktion des Strömungswiderstands. Während die Cunard Line zwanzig Jahre zuvor ihren durchschlagenden Erfolg den neuen Dampfturbinen verdankt hatte, profitierte der Norddeutsche Lloyd von kurz zuvor ausgearbeiteten Verbesserungen am Schiffsrumpf.

Der Stapellauf der *Europa* verlief im Gegensatz zur nachfolgenden Ausrüstung ohne Zwischenfälle. Im März 1929 wurde sie fast von einem Feuer zerstört, noch ehe sie ihren Ausrüstungsplatz in Hamburg verlassen hatte. Der Brand wurde um drei Uhr morgens von der Nachtwache entdeckt. Angefacht von kräftigem Wind, verbreiteten sich die Flammen rasend schnell. Bereits nach kurzer Zeit stand fest, daß die Werftfeuerwehr das Feuer nicht eindämmen konnte, und so wurde die Hamburger städtische Feuerwehr zu Hilfe gerufen. Wenige Minuten später setzte man die zur Prüfung der Innenhaut der *Imperator* verwendeten Pumpen ein, um Tonnen von Wasser über die in Flammen stehende *Europa* zu gießen. Wie vorherzusehen war, ähnelte das Ergebnis dieser Bemühungen dem nach dem Feuer auf der *Imperator* in New York, jedoch mit einem entscheidenden Unterschied. Bei der Feuersbrunst von Hoboken war das neue Flaggschiff der Kaiser-Linie voll bemannt gewesen. Die Besatzung hatte das Schiff gekannt und war mit der Bedienung der aufwendigen, in seinen Entwurf eingearbeiteten Feuerbekämpfungsausrüstung vertraut gewesen. Die nahezu fertiggestellte *Europa* wurde hingegen in der Nacht unbemannt zurückgelassen. An Bord befand sich nur eine Gruppe von Wachleuten, die das Feuer entdeckten, aber nicht über

Die Piers von Manhattan Ende der zwanziger Jahre. Von links nach rechts: *Britannic, Olympic, Leviathan, Pennland* und *Paris*. Das niedrige Profil der *Britannic* steht in scharfem Kontrast zu der hoch aufragenden und zwei Jahrzehnte älteren *Olympic* und inspirierte die Deutschen beim Bau ihrer *Bremen* und *Europa.* (*Radio Times Hulton Picture Library*)

Ein Jahr nachdem die *Bremen* das Blaue Band übernommen hatte, geht die *Europa* verspätet in Dienst. Das Schiff des Norddeutschen Lloyds, das hier bei der Fahrt die Elbe hinab gezeigt wird, war während der Ausrüstung ausgebrannt und gesunken. (*Sammlung des Autors*)

die Mittel verfügten, es zu löschen. Im Schwebezustand der Ausrüstungs- oder Umbauphase ist ein unbemanntes Schiff besonders anfällig für Brandschäden. Diese Verwundbarkeit war auch für die katastrophale Notlage der *Normandie* im Jahr 1942 verantwortlich.

Da kein Kapitän oder Besatzungsmitglied den Männern der Hamburger Feuerwehr Einhalt gebot, überschwemmten sie das Schiff mit Löschwasser. Um zehn Uhr am darauffolgenden Morgen hatte es an Steuerbord so stark Schlagseite, daß es augenblicklich evakuiert werden mußte. Wie durch ein Wunder kenterte es nicht. Mit bereits montierten Schornsteinen, Masten und Rettungsbooten wäre dies vermutlich der Fall gewesen. Die eintretende Ebbe setzte es wieder aufrecht gegen die Pier. Das Feuer wurde später an diesem Tag gelöscht, und die stolze *Europa* saß im Schlamm des Hafens mit kaum mehr als einem Meter Freibord am Welldeck. Ihre Aufbauten und der Großteil der Inneneinrichtung waren zerstört. Die erforderlichen Arbeiten würden ein zusätzliches Jahr in Anspruch nehmen, ehe sie in Betrieb gehen konnte. Während ihres Baus war drei Monate erbittert gestreikt worden, und obwohl man deshalb Brandstiftung vermutete, fanden sich niemals Beweise.

So stand die *Bremen* in dem für ihr ausgebranntes Schwesterschiff bestimmten Rampenlicht. Bis zum heutigen Tag spricht man von der *Bremen* und der *Europa* in dieser Reihenfolge, obwohl der Norddeutsche Lloyd ihre Inbetriebstellung in umgekehrter Chronologie geplant hatte. Die *Bremen* verdiente sich ihren Platz in der Geschichte der Atlantikschiffahrt, wenn sich auch die *Europa* letztlich als schneller und langlebiger erwies.

Beide Schiffe erinnerten mit ihrem langgestreckten, niedrigen Profil an ihre Vorgänger aus der Zeit der Jahrhundertwende. Ihr neuer, bauchiger Bug gestattete jedoch eine größere Schiffsbreite, als sie zum Beispiel proportional bei der *Kronprinzessin Cecilie* möglich gewesen wäre. Sie waren komfortabel und seetüchtig, wenn auch der geringe Freibord selbst bei ruhiger See häufig zu Feuchtigkeit im Dritte-Klasse-Deck führte.

Die Silhouette strahlte Kraft aus, aber kaum Grazie oder gar Schönheit. Die *Bremen* besaß ein untersetztes, nahezu boshaftes Aussehen, das auf die beiden ungewöhnlich kurzen, birnenförmigen Schornsteine zurückzuführen war. Ihre Erbauer behaupteten, mit dieser besonderen Konstruktion den Windwiderstand zu reduzieren. Ich jedoch vermute, daß andere Überlegungen bei der Wahl ihrer Form eine Rolle spielten. Die beiden deutschen Schiffe wurden von konventionellen Turbinen angetrieben. Vier Jahre zuvor hatte die *Gripsholm* der Swedish-American Line den Atlantik als erster dieselbetriebener Ozeanliner überquert. Sie besaß keine Kessel und benötigte in der Folge auch keine konventionellen Schornsteine. So kam Ende der zwanziger Jahre das niedrige Profil bei Motorschiffen in Mode. Ich nehme an, daß die Deutschen darauf abzielten, ihren Passagierschiffen diesen Anschein größter Modernität zu verleihen. Ungeachtet der Motive erwies sich die getroffene Wahl als katastrophal. Bereits bei den Probeläufen wurden die

Achterdecks der *Bremen* mit Ruß eingedeckt. Die Gesellschaft versuchte daraufhin, mit einem Schlitz an der Rückseite des zweiten Schlots einen Luftstrom zu erzeugen, der den Rauch über das Heck hinaus trug, und die Schornsteine der *Europa* erhielten einen elliptischen Querschnitt. Als endgültiger Kompromiß blieb jedoch lediglich die Verdoppelung der ursprünglich vorgesehenen Schornsteinhöhe.

Eine der Besonderheiten der *Bremen* stellte eine zwischen den Schornsteinen errichtete ständige Katapultanlage für ein Flugzeug dar. Eine Luftbrücke über einige hundert Meilen am Ende der Reise erfreute sich in den späten zwanziger Jahren für kurze Zeit größter Beliebtheit. Unglücklicherweise besaß dieses Vorhaben kaum mehr als Neuigkeitswert, und der Service blieb auf einige wenige Schiffe beschränkt. Im August 1927 startete das erste Postflugzeug von der *Leviathan*. Der Name des Piloten lautete Clarence Chamberlin. Die eigentliche Überraschung bei diesem Pionierflug war, daß das Flugzeug aus eigener Kraft ohne Katapult abhob. Zimmerleute hatten in New York eine dreißig Meter lange Rampe über die Teakholzbrücke der *Leviathan* gebaut, die diagonal über die Backbordseite des Bugs wies. Chamberlins winziges Fokker-Doppeldeckerflugzeug wurde am rückwärtigen Ende festgehalten. Sein Flugversuch fand bei heftigen Regenböen 80 Meilen östlich von Ambrose Light statt. So mußten Decksleute vor dem Start erst die »Startbahn« trockenwischen. Nachdem Hartley das Schiff gewendet hatte, um dem Piloten sowohl die Brise als auch die Eigengeschwindigkeit des Schiffs zunutze zu machen, hob Chamberlin auf 25 Metern ab. Er landete am Flughafen Teterboro und überbrachte seine wertvolle Fracht dem Postmeister von Hasbrouck Heights.

Nach diesem überall publizierten Experiment waren es die Franzosen, die ein Jahr darauf den ersten regelmäßigen Flugdienst einrichteten. Über dem Heck der *Île de France* wurde ein Katapult errichtet, das mit Dampf aus den Schiffskesseln angetrieben wurde und imstande war, ein Wasserflugzeug für sechs Passagiere zu starten. Die Vorrichtung wurde in Le Havre erfolgreich erprobt; der erste Betriebsflug erfolgte im August 300 Meilen östlich von Nantucket gegen Ende einer Überfahrt nach Westen. Das Ereignis ließ die Passagiere auf den Achterdecks zusammenströmen. Mit Leutnant de Vaisseau Demougeot am Steuerknüppel schoß die Lioré-Olivier in den Himmel. Drei Stunden später landete er in der Quarantänestation, wo ihn ein Beamter der Einwanderungsbehörde verwarnte, weil er keine vollständige Liste der aus zwei Personen bestehenden Besatzung mitführte. Mit dem CGT-Geschäftsführer für Nordamerika als Passagier legte de Vaisseau Demougeot die letzte Teilstrecke seines Flugs zur Pier der French Line an der 14. Straße zurück. Nach der Ankunft verging eine wertvolle Stunde beim Posieren vor den Zeitungsfotografen, ehe der Pilot an Land kletterte und einen der Briefe persönlich der *New York Times* überbrachte. Geschmeichelt gedachte die Zeitung dieses Ereignisses in ihrem Leitartikel am darauffolgenden Tag, unter anderem mit dieser beunruhigenden, aber völlig richtigen Einschätzung:

> [...] Es ist vorstellbar, daß Ozeanflüge zwischen Europa und den Vereinigten Staaten das Posttransportsystem aus Schiff und Flugzeug eines Tages ablösen werden. Die vom Flugzeug überbrückte Strecke wird sich ständig vergrößern, bis das Dampfschiff gänzlich überflüssig wird.

Der Norddeutsche Lloyd sympathisierte sicherlich mit dieser Vorhersage. Sein Wasserflugzeug bekam nicht nur ein drehbares, mittschiffs installiertes Katapult, sondern auch einen Baron als Piloten. Direkt davor lag das erste, jemals auf einem Oberdeck eingerichtete Schiffsrestaurant. Es war erstklassig, entsprach der deutschen Tradition und besaß sogar ein Aquarium mit lebenden Forellen, das stets frischen Fisch zum Abendessen garantierte. Der Aufenthaltsraum stellte eine blasse Nachahmung der *Île de France* dar, jedoch ohne ihre Kühnheit.

Die Jungfernfahrt im Juli 1929 wurde zu einem wahren Vergnügen für die Presse. Nach einem aufgrund des nebelverhangenen Ärmelkanals langsamen Start steigerte sich die Geschwindigkeit westlich von Cherbourg dramatisch. Als das Schiff acht Stunden vor der Rekordzeit der *Mauretania* an Ambrose Light vorüberdampfte, stieß ihr Quintett von Pfeifen und Sirenen ein langes, triumphierendes Tuten aus. Der leichte Nieselregen konnte weder die Begeisterung der Passagiere dämpfen, die die ganze Nacht aufgeblieben waren, um diesen historischen Augenblick mitzuerleben, noch den Jubel, mit dem das Schiff im Hafen empfangen wurde.

Der Liegeplatz am Militärterminal in Brooklyn bildete den einzigen Wermutstropfen für den deutschen Triumph. Diese größte Pier galt gewiß nicht als vornehme Adresse im New Yorker Hafen. Einer der ersten, der die störende Fahrt mit der U-Bahn ertragen mußte, war der Kapitän der *Mauretania*, MacNeil, der Ziegenbein, seinem Kollegen von der *Bremen*, seine Glückwünsche überbrachte. Zuletzt hatten die beiden Männer einander aus der Ferne vor Les Casquets gegrüßt; der Cunard-Liner kam von New York, und das deutsche Schiff lief zu seiner Abnahmeprüfung aus. Es sollte ein bedeutendes und symbolträchtiges Treffen werden: Die nach all den Jahren noch immer in Dienst stehende Kämpferin sandte tapfer ein Signal durch das Dämmerlicht zu ihrer häßlichen Herausforderin, die fest entschlossen war, die alte Dame zu schlagen. Im August unternahm die *Mauretania* noch einmal größte Anstrengungen, den Rekord erneut zu brechen, doch obwohl sie ihre eigene Zeit verbesserte, lag sie noch über vier Stunden hinter der *Bremen* zurück. Diesmal war es nicht die Schiffahrtsgesellschaft, sondern die Mannschaft, die den Fehdehandschuh aufnahm. Der Vorstand der Cunard Line bewilligte den Ölverbrauch, und der Erste Ingenieur Andrew Cockburn und seine Männer entlockten ihren zuverlässigen alten Maschinen wahre Höchstleistungen. Aber zwei Jahrzehnte technologischer Erneuerung ließen sich nicht beiseite schieben, und der stattliche Cunard-Liner verzichtete für alle Zeiten auf eine Auszeichnung, die er unglaubliche 22 Jahre lang innegehabt hatte.

Es war ernüchternd, als die *Europa* nach einer stürmischen Jungfernfahrt im

Generalprobe. Das Postflugzeug der *Île de France* wird für einen Probestart in Le Havre auf das Katapult gehievt.
(*Compagnie Générale Transatlantique*)

darauffolgenden März den Rekord mit nur knapp 18 Minuten Vorsprung an sich riß. Die beiden deutschen Schiffe beförderten in den frühen dreißiger Jahren zwölf Prozent aller Passagiere und besaßen den unvergleichlichen Vorteil, als einzige große Expreßliner Deutschland anzusteuern. Diese Annehmlichkeit kannte auch eine Kehrseite, verhinderte doch die zusätzliche Distanz, daß der Norddeutsche Lloyd mit zwei Schiffen den ersten wöchentlichen Linienbetrieb der Geschichte eröffnen konnte. Die *Bremen* und die *Europa* legten die Überfahrt von Cherbourg nach Ambrose in 43/4 Tagen zurück. Fügt man für die Wende in New York und eine Zwischenstation in jedem Hafen des Ärmelkanals weitere dreißig Stunden hinzu, wäre ein wöchentlicher Dienst möglich gewesen. Die geographischen Verhältnisse und die zusätzlichen 17 Stunden von Southampton nach Bremerhaven vereitelten dieses Unternehmen jedoch. Ein drittes Schiff wurde benötigt und fand sich in der 1924 vom Stapel gelassenen *Columbus*. Ihre Kolbenmaschinen wurden durch Turbinen ersetzt und die würdevollen Schornsteine verkürzt, um das Schiff seinen beiden in Dienst stehenden Gefährtinnen anzugleichen. Trotz aller Versuche erreichte das ältere Schiff nicht mehr als 23 Knoten, und das Vorhaben – eine Troika mit einem lahmen Pferd – schlug fehl.

Ein Jahr nach dem Debüt der *Europa* gingen die Hamburg-Amerika Linie und der Norddeutsche Lloyd eine Betriebsgemeinschaft ein. Selbst für eine freundschaftliche hanseatische Konkurrenz gab es keinen Platz mehr unter dem nationalsozialistischen Regime, das zu dieser Zeit seine Macht festigte.

Während die deutschen Seefahrer murrten, weil sie ihre traditionelle Gesellschaftsidentität abgeben mußten, standen ihre Kollegen in Großbritannien vor denselben düsteren Aussichten. Dort rief das Parlament aus wirtschaftlichen und nicht ideologischen Gründen nach einer Vereinigung. Der Börsencrash von 1929 hatte eine weltweite Depression ausgelöst, deren Wirkung auf dem Atlantik deutlich zu spüren war. Die Einnahmen aus Frachttransport und Passagierverkehr gingen in den frühen dreißiger Jahren schlagartig zurück, und die Cunard Line stellte vorübergehend die Arbeiten an ihrem neuen Giganten am Clyde ein. Zwangsläufig knüpfte man an staatliche Zuschüsse die Bedingung, den internen Wettbewerb auszuschalten. So wie sich in Deutschland zwei historische Rivalen in einer neuen Betriebsgemeinschaft zusammenschlossen, geschah dies auch mit der Cunard Line und der White Star Line. (Die White Star Line war 1927 in englisches Eigentum übergegangen.)

Dasselbe Muster aus Depression, staatlicher Intervention und Fusion wiederholte sich auch in Italien, wo Mussolini nicht weniger als drei eigenständigen Schiffahrtsgesellschaften die Anweisung gab, die Italia-Società per Azioni di Navigazione zu bilden. Im Zuge eines stark nationalistischen Programms war der Duce fest entschlossen, amerikanische Touristen direkt nach Italien zu locken, um auf diese Weise zumindest einen kleinen Teil der Dollars nach Rom umzuleiten, die üblicherweise in den nördlichen Hauptstädten ausgegeben wurden. Mussolinis Timing war perfekt. Als Flaggschiffe der neuen Gesellschaft konnten die beiden

Die Musik an Bord deutscher Schiffe beschränkte sich vorwiegend auf Märsche und Männerchöre. Blaskapellenkonzerte an Deck und ein Chor von Stewards als Teil der Abendgala bildeten feste Bestandteile im Unterhaltungsprogramm der Passagiere auf der *Bremen*. (*The Mariners Museum, Newport News, Virginia*)

gigantischen Schiffe *Rex* und *Conte di Savoia* dienen, die ursprünglich als Rivalen auf Kiel gelegt worden waren. Ihre planmäßige Geschwindigkeit lag so hoch, daß sich die Fahrt von New York in einen italienischen Hafen in sechs anstelle von zehn Tagen bewerkstelligen ließ.

Die ursprünglichen Eigner der *Rex* wollten ihr Schiff nach dem Funktechniker Marconi benennen, wegen der Anwesenheit des Königs beim Stapellauf erschien jedoch *Rex* eine geeignetere Wahl. Die in Triest ansässige Werft Cantieri Riuniti dell' Adriatico schlug für ihr Schiff den Namen *Dux* vor. Der italienische Diktator erhob gegen diese Bezeichnung Einwände, und so einigte man sich, der Namenspolitik der Gesellschaft entsprechend, auf *Conte di Savoia*. Man kann Mussolini zu dieser untypischen Bescheidenheit gratulieren; meiner Ansicht nach beging er jedoch einen Fehler, als er sich dem Wohlklang von *Rex* und *Dux* widersetzte, denn kurze Titel bleiben im Gedächtnis. Zudem halte ich *Rex* für einen der besten jemals einem Schiff verliehenen Namen, weil er Erhabenheit, Modernität und Kürze in einem einfachen Wort mit drei Buchstaben vereint.

Es ist ein weitverbreiteter Irrtum, daß sich die Bezeichnung »Nordatlantik« auf den zwischen New York und den nordeuropäischen Häfen liegenden Teil des Ozeans bezieht. Tatsächlich erstreckt er sich bis zum Äquator. Die Strecke von New York nach Gibraltar gilt nicht nur als legitime Nordatlantikroute, sondern ist überraschenderweise kaum länger als die nach Cherbourg. Hier endet die Ähnlichkeit jedoch auch. Da ich daran gewöhnt war, eine Ozeanüberfahrt mit Sturm und Nebel gleichzusetzen, überraschte mich die sonnige Stille der südlichen Route während meiner einzigen Reise ins Mittelmeer. An eine nördlichere Passage erinnerte lediglich die anhaltende, störende Brise. Die ausnahmslos windigen Atlantikreisen brachten Generationen von Friseuren gute Gewinne ein. Bereits die Geschwindigkeit des Schiffs näherte sich 30 Knoten. Kam noch das geringste Lüftchen hinzu, ergab sich daraus ein lebhafter kleiner Sturm, der wohl kaum den Ozean aufwühlte, eine Kopfbedeckung jedoch für beide Geschlechter erforderlich machte. Rückenwind besänftigte den Sturm, bewirkte aber eine drückende Rauchwolke über den Decks.

Abgesehen vom Wind, unterschieden sich ins Mittelmeer steuernde Schiffe grundsätzlich von ihren nördlichere Routen befahrenden Kolleginnen. Als beliebteste Sportart an Deck italienischer Schiffe galt das Schwimmen. Die Italian Line, die den Einbau eines »pompejischen Schwimmbades« unter Deck zu Recht hätte anstreben können, installierte weitläufige Schwimmbecken, die von Tischen, Stühlen, Sonnenschirmen und mitunter Sand umgeben waren. (Die Deckstewards haßten diese Weiterentwicklung nahezu ebenso heftig, wie die Kinder sie liebten.) Die *Conte di Savoia* besaß einen großen Pool zwischen ihren beiden Schornsteinen und verfügte ebenso wie die *Rex* achtern über eine Reihe treppenförmig angelegter Lidodecks.

Der Rumpf der beiden Schiffe war schwarz lackiert und widersprach somit der damaligen Vorliebe der Schiffahrtsgesellschaften für Weiß. Diese Farbe ließ sich schwer pflegen, verlieh einem Schiff jedoch ein unverwechselbares, sommerliches Aussehen. Die Besatzungen der New Yorker Schlepper spannten weißes Segeltuch über den Bug der *Michelangelo* und der *Raffaello*, wenn sie sie nach Pier 86 zogen. Italienische Schiffe besaßen die besten Voraussetzungen, eine echte Kreuzfahrtatmosphäre zu schaffen. Das für die Karibik charakteristische träge Pool-Leben war Teil ihres Basiskonzepts und ein ebenso starker wie erfolgreicher Aspekt des Images der Gesellschaft.

Die *Rex* galt als das konventionellere der beiden großen italienischen Schiffe der dreißiger Jahre. Sie besaß ein traditionell überhängendes Heck, und ihre Lounge bot einen bekannten Anblick. Die prächtige Walnußtäfelung und der endlose orientalische Teppich erinnerten an die konservative Ausstattung der *Mauretania*. Die sowohl außen als auch innen angebrachten Neuerungen stammten nicht aus Genua, sondern aus Triest.

Im Oktober 1931 taufte die Prinzessin von Piemont die *Conte di Savoia* und sandte das an der Vorpiek mit gewaltigem, bedrohlich wirkendem Strauchwerk geschmückte Schiff die Helling hinab. Die zu diesem freudigen Ereignis herbeigerufene Feuerwehr mußte nach dem Stapellauf die rauchenden Schlitten der Hellinganlage kühlen. (Dies war nur eine Gefahr, die in direktem Zusammenhang mit der ständig wachsenden Tonnage stand. Beim Stapellauf der *Queen Mary* drei Jahre zuvor hatte ihre gewaltige Masse die höhere Stapellauf-Konstruktion entzündet, die in lodernden Flammen aufging.) Wie die *Bremen* besaß die *Conte di Savoia* das neue Kreuzerheck und unter Deck drei für einen Passagierdampfer einzigartige kreisförmige Stabilisatoren.

Die große Lounge prunkte im italienischen Barock und verlieh dem Schiff das Ambiente einer schwimmenden Villa Borghese. Der allgegenwärtige Marmor schmückte die Wände, Säulen und den Fußboden mit Ausnahme der Fläche, die von einem Wappenteppich eingenommen wurde. Das gewaltige Deckengewölbe zierte ein in seinem Schwung an die Sixtinische Kapelle erinnerndes Gemälde. Im gesamten Saal hatte man bauchige Fauteuils verteilt, die als schmerzlicher Stilbruch einen Überzug im Zebramuster trugen. Eine Orgie üppiger Plastiken ergänzte das Dekor. Ingesamt war das glanzvolle Interieur unverwechselbar italienisch, eine kolossale und aufsehenerregende Mischung aus Stein, Gold und Grandeur. Darüber hinaus strahlte der Raum eine Wärme aus, die ihn vor der Sterilität des Speisesaals der *Île de France* bewahrte.

Rex und *Conte die Savoia* boten als einzige Schiffe der italienischen Flotte Unterkünfte in nicht weniger als vier Klassen an. Ähnlich wie bei allen anderen Atlantikschiffen hatte man die Dritte Touristenkabine als Folge der Depression aufgegeben. Zusätzlich zu der verbleibenden ersten Klasse, der Touristenklasse und der dritten Klasse konnten die Passagiere der beiden neuen Flaggschiffe auch im beschränkten Luxus der direkt unter der ersten Klasse eingestuften Sonderklasse reisen. Die traditionelle Erste-Klasse-Einheit der *ponte dei salone* wurde aufgelöst, ihr vorderer Teil der Touristenklasse und ihr rückwärtiger der Sonderklasse

Die beiden italienischen Passagierschiffe der frühen dreißiger Jahre. Oben: Die *Rex* läuft von Genua zu einer der an Zwischenfällen reichsten Jungfernfahrten in der Geschichte der Atlantikschiffahrt aus. Unten: Die *Conte di Savoia* verläßt zum ersten Mal den Hafen von Triest. (*Shipping World and Shipbuilder*)

einverleibt. Durch diese Fülle an Klassen reduzierte sich die Anzahl der Passagiere pro Klasse. So besaß der bescheidene »große« Speisesaal die Abmessungen der Einschiffungshalle und weniger als vierhundert Sitzplätze. Durch diese starke Unterteilung wirkte die *Rex* schmaler, als sie in Wirklichkeit war, und vermittelte eine Behaglichkeit, die die beispielsweise nur fünftausend Tonnen größere *Majestic* niemals erzielte.

An einem verheißungsvollen Tag verließ die dreihundert Meter lange *Rex* Genua zu ihrer Jungfernfahrt nach New York. Der Duce selbst nahm sein Mittagsmahl an Bord ein, und Tausende ekstatischer Genuesen bereiteten ihr einen jubelnden Abschied. Das Probetuten des Nebelhorns an der Pier hallte von den den Hafen umgebenden Hügeln wider. Als erster Zwischenstopp wurde das drei Stunden entfernte Villefranche angesteuert. Der überwältigende neue Ozeanliner wirkte vermutlich nirgendwo pittoresker als in diesem Hafen. Villefranche war mir mit seinem von Industrieanlagen unversehrten Tiefseehafen stets als prachtvollster Ankerplatz der Welt erschienen. Selbst die Schiffswerft stand im Einklang mit den sich auf den Hügeln drängenden Villen.

Nach einem einstündigen Aufenthalt wandte sich die *Rex* hinter Nizza und Cannes westwärts. Ihr üblicher Fahrplan würde sie nach Süden bis Neapel führen; bei dieser Reise steuerte sie jedoch direkt auf den Atlantik zu. So wie der Wellenbrecher von Cherbourg die Startlinie der *Bremen* auf ihrer Reise nach New York markierte, begann für die italienischen Ozeanliner die Zeit westlich von Gibraltar zu laufen. Auf dem Weg zu der Meeresenge pflügte die *Rex* gelassen durch die von ihrem angesehenen Kapitän gern als *Mare Nostrum* bezeichneten Fluten.

Doch vor der spanischen Küste begannen plötzlich in Sichtweite von Málaga sämtliche Lichter des Schiffs zu flackern, ehe sie gänzlich erloschen. Augenblicklich wurde die Fahrt zurückgenommen. Ein während der Probeläufe angedeutetes Mißgeschick kehrte mit alptraumhafter Endgültigkeit zurück: Zwei der drei Turbogeneratoren der *Rex* waren ausgefallen. Die Notbeleuchtung wurde eingeschaltet, während man die Lüftung des Maschinenraums stark zurücknahm. Um drei Uhr morgens schleppte sich das Schiff in den Hafen von Gibraltar.

Am nächsten Morgen erwartete die Passagiere statt des Frühstücks im Atlantik eine überwältigende Felskulisse neben ihrem Ankerplatz. Eine Notiz am Anschlagbrett des Zahlmeisters teilte den Fahrgästen mit, daß das Schiff für Reparaturarbeiten im Hafen bleibe. Die geplante Abfahrtszeit war bereits um einen halben Tag überschritten, und langsam wurde deutlich, daß die *Rex* keineswegs im Begriff war, auszulaufen. Mehrere Tender hatten angelegt, um die Reisenden an Land zu bringen. Den gesamten Nachmittag über fuhren sie zwischen Schiff und Ufer hin und her und transportierten einige hundert Personen, die den Ausflug als angenehme Ablenkung willkommen hießen.

Der kühle, bewölkte Tag lud nicht gerade zu einer Runde im Schwimmbad an Deck ein, brachte aber den im Generatorraum arbeitenden Technikern die ersehnte

Im großen Aufenthaltsraum der *Conte di Savoia* trifft El-Morocco-Polsterung unter einem riesenhaften Deckengemälde auf Villa Borghese. (*Italian Line*)

Erleichterung. Mitarbeiter der Werft von Gibraltar erklärten sich bereit zu helfen und wurden augenblicklich in die Tiefen des Schiffs hinabgeführt. Um welchen Schaden es sich tatsächlich handelte, wurde niemals öffentlich bekanntgegeben. Während der schleppenden fünfstündigen Überfahrt von Málaga hatten Passagiere im gesamten Schiff ein rhythmisches Klopfen gehört, als schlüge etwas auf einer sich drehenden Welle auf ein sich nicht mitdrehendes Hindernis ein. Eines der zahlreichen Gerüchte, das im Rauchsalon umging, lautete, daß die heftige Fehlfunktion des Generators auf irgendeine Weise den unter dem Raum befindlichen Tank leckgeschlagen habe und das Trinkwasser mit salzhaltigem Meereswasser verunreinige. Wäre dies der Fall gewesen, hätte die *Rex* den denkbar schlechtesten Hafen angelaufen: Gibraltars chronischer Mangel an Süßwasser war allgemein bekannt. Harte Tatsachen standen hoch im Kurs. Bislang war lediglich bekannt, daß die Anlage für die Betriebsbeleuchtung des Schiffs schweren Schaden gelitten hatte und daß die zur Reparatur benötigten Mittel nicht vorhanden waren.

Damals wie heute präsentierte sich Gibraltar als faszinierender Ort mit einer verständlichen Einschränkung. Kreuzfahrtschiffe legten ausnahmslos für einen Tagesausflug an, der den Trafalgar-Friedhof, die Berberaffen und die britische Oberherrschaft umfaßte. Ein zweiter Tag an diesem Ort wäre bereits langweilig und ein dritter zuviel. Eben diese Erkenntnis legte sich drückend über den nächsten Morgen. Der anhaltende Informationsmangel in bezug auf die Abfahrtszeit steigerte die allgemeine Gereiztheit mitunter bis zur Hysterie. Die Mitarbeiter der Italian Line sahen sich in einem häßlichen Dilemma gefangen. Sie konnten entweder die Schwere des Schadens eingestehen und damit eine unermeßlich schlechte Publicity auslösen, oder weiterhin darauf beharren, daß die *Rex* jeden Augenblick auslaufen werde. So entschieden sie sich für die einzige Lösung, die eine gewisse Sicherheit bot, nämlich nichts zu sagen. Das Büro des Zahlmeisters wurde geschlossen, der Zahlmeister selbst stand nicht zur Verfügung, und wißbegierige Passagiere konnten auch den Ersten Ingenieure nicht finden.

Fahrgäste, Besatzung und Offiziere begriffen eine seltsame Wahrheit über Ozeanreisen. Solange das »schwimmende Hotel« den Zeitplan einhält, ist alles in Ordnung, und die an Bord angebotenen Annehmlichkeiten werden dankbar genutzt. Sollte es jedoch auf Grund laufen oder sich verspäten, läßt sich der Reisende durch nichts mehr zufriedenstellen. Die lautstärksten Klagen stammten nicht zwangsläufig von jenen Passagieren, die in New York dringenden Verpflichtungen nachkommen mußten. Auch die Tatsache, daß sie sich kostenlos auf einem der komfortabelsten Schiffe der Welt aufhielten, konnte ihre Enttäuschung nicht dämpfen. Unter der zivilisierten Trägheit des Bordlebens lauerte eine drängende Entschlossenheit, die an ungeduldige Vorortpendler erinnerte.

Am dritten Morgen traf die *Vulcania* aus Genua mit Ersatzteilen für die Generatoren ein. Sie bot auch jenen Passagieren, die dies wünschten, die Möglichkeit zur Überfahrt an. Sechzig der lärmendsten Fahrgäste der *Rex* wechselten auf das kleinere Schiff; weitere 15, darunter Jimmy Walker, der Bürgermeister von New York, stürmten an Land. Walker nahm eine eineinhalb Tage dauernde, beschwerliche Zugreise auf sich, um rechtzeitig in Cherbourg die *Europa* auf ihrem Weg nach Westen zu erreichen. Die mehr als 1300 an Bord des betriebsunklaren Schiffs verbliebenen Fahrgäste entschieden sich für einen Tagesausflug nach Sevilla. Abenteurern, die eine Nacht in Tanger verbringen wollten, wurde aus gutem Grund von ihrem Vorhaben abgeraten. Nach drei Tagen, die den Vertretern der Italian Line wie Wochen erschienen, gab der Gutachter von Lloyds am 2. Oktober seine Zustimmung zum Auslaufen des Schiffs. Die unterbrochene Jungfernfahrt wurde fortgesetzt.

Die Stromversorgung blieb weiterhin begrenzt. Lifte wurden gänzlich außer Betrieb gestellt und die Beleuchtung auf ein annehmbares Minimum reduziert. Die Techniker mußten dankbar sein, daß die Überfahrt im Oktober und nicht in der Julihitze stattfand. Das Unbehagen an Bord stieg, als auch mehrere Defekte in den Wasserinstallationen auftraten. Nach einem verspäteten, aber lautstarken Empfang im New Yorker Hafen legte die *Rex* an ihrer Pier an. Die *Weehawken* kam längsseits und versorgte das beschädigte Schiff mit Gleichstrom, einer in dieser vorwiegend mit Wechselstrom betriebenen Stadt seltenen Energiequelle. Während des verlängerten Hafenaufenthalts der *Rex* gingen die Arbeiten unter Deck in rasantem Tempo voran. Ein Kontingent Schiffsklempner traf mit der ebenfalls zur Italian Line gehörenden *Conte Grande* ein und wurde augenblicklich eingesetzt, um die volle Betriebsbereitschaft wiederherzustellen.

Einen Monat nach der Pause der *Rex* in Gibraltar wurde die *Conte di Savoia* in der Adria verschiedenen Tests unterzogen. Ihre Geschwindigkeit erwies sich als überaus zufriedenstellend. Ohne einen den Strömungswiderstand steigernden Schlingerkiel überschritt sie auf kurzen Distanzen die 30-Knoten-Grenze. Ein nahezu ebenso großes Interesse zeigten dic Werft und die Vertreter der Schiffahrtsgesellschaft für die Funktionstüchtigkeit ihrer von der britischen Sperry Company hergestellten Stabilisatoren. Die drei gigantischen Kreisel, von denen jeder über einhundert Tonnen wog, waren im Bug in einer Ausbuchtung nahe der Wasserlinie untergebracht. Die Tatsache, daß diese Geräte erstmals in einem Passagierdampfer eingebaut worden waren, veranlaßte die Eigner, mit einem »schlingerfreien Schiff« zu werben. Das schwere, unangenehme Rollen ergibt sich nicht aus einer Welle, sondern aus dem sich kumulierenden Effekt mehrerer Wellen, die einen für jedes Schiff eigenen Schlingerzyklus erzeugen. Schiffskreisel besaßen gegenüber den berühmten Frahm-Tanks den Vorteil, daß sie weit schneller reagierten. An der Spitze jedes großen Kreisels befand sich ein kleiner Pilotkreisel, der die erste geringe Anomalie erfaßte und an seinen größeren Partner augenblicklich das Signal für ein Ausgleichsmanöver weitergab.

Sowohl bei beiden Probefahrten als auch bei der nachfolgenden Jungfernfahrt der *Conte di Savoia* weigerte sich die See, mitzuspielen. Die Techniker von Sperry müssen sich wie Harfinisten gefühlt haben, die man mit ihrem Instrument zu einer

Die Passagiere auf dem weitläufigen Lidodeck der *Rex* genießen die Vorzüge der südlichen Route nach Europa.
(*Compagnie Générale Transatlantique*)

Gesellschaft geladen hatte, aber nicht zu einer Vorführung aufforderte. Das Meer war spiegelglatt, und so blieb keine andere Alternative, als das Schiff künstlich in Schwingung zu bringen. Vor den Azoren wurden die Passagiere zu einer Demonstration künstlichen Rollens eingeladen. Zwei der Kreisel verursachten eine Schwankung des Schiffs von 16 Grad, während der dritte eingesetzt wurde, um die vertikale Stabilität wiederherzustellen.

Es ist zu bezweifeln, ob die launische und leistungsschwache Kreiselanlage der *Conte di Savoia* jemals ihre Kosten rechtfertigte. Ihr Standort direkt über dem Kiel begrenzte die Wirksamkeit des durch ihre große Masse gesteigerten Drehmoments. Die nach dem Zweiten Weltkrieg eingesetzten Stabilisierungsflossen erwiesen sich als effektiver. Sie waren zu beiden Seiten des Schiffsrumpfes und 17 Meter vom Drehzentrum entfernt angeordnet, was ihnen einen beträchtlichen mechanischen Vorteil verschaffte.

Auch die zweite Jungfernfahrt der Italian Line in diesem Jahr nahm dramatische Züge an – wie es schien, drohte der *Conte di Savoia* dieselbe elektrische Plage. 900 Meilen vor Ambrose Light gingen mitten auf dem Ozean um 18 Uhr alle Lichter aus, und das Schiff verharrte zehn Minuten lang in völliger Dunkelheit. Das Ventil, das die Turbogeneratoren mit kühlendem Meerwasser versorgte, war abgebrochen. Nun drang der Atlantik durch ein dreißig Zentimeter großes Loch in der Außenhaut in einem mächtigen Strahl in das Schiff ein.

Um seine elektrische Anlage zu schützen, drehte der Kapitän der *Conte di Savoia* ihre Breitseite in den Wind und ließ seinen Treibölvorrat nach Steuerbord pumpen. Durch die so erzeugte Schlagseite kam die beschädigte Platte nahezu bis zur Wasseroberfläche empor. Ein neapolitanischer Seemann meldete sich freiwillig, von der Wasserseite aus eine Holzplatte zu befestigen. Vier weitere Matrosen standen auf Strickleitern über ihm, reichten ihm die benötigten Werkzeuge und lenkten, soweit möglich, seine Rettungsleine, damit er nicht gegen den Schiffskörper gepreßt wurde. Die Ausdauer des Mannes war bemerkenswert. Zwei Stunden lang arbeitete er über und unter Wasser und prallte trotz der Fürsorge seiner Kameraden ständig gegen die Flanke des Schiffs. Die auf der erhöhten Seite des geneigten Decks dicht gedrängten Passagiere beobachteten den Kampf im Lichtschein der Notbeleuchtung. Als die Männer wieder an Bord gingen, wurden sie von anhaltendem Jubel begrüßt, und am darauffolgenden Tag spendeten die Fahrgäste achthundert Dollar für den tapferen Seemann.

Alle Schiffe, aber vor allem die besonders jungen und alten, sind für mechanische Defekte anfällig. Die Eigner beten, daß der Schaden mit einem Minimum an Publicity behoben werden kann. Das erste Auftreten der *Flandre* im Jahr 1952 zählt vermutlich zu den demütigendsten Ereignissen dieser Art. Nach dem völligen Versagen ihrer Generatoren wurde sie schmachvoll von einem Quartett von Schleppern aus der Quarantänestation gezogen. Später dienten die Kinderkrankheiten der Turbinen der *Queen Elizabeth 2* als Warnung, daß keine Schiffahrtslinie gegen Mißgeschicke immun ist. Die *Rex* gewann ihren guten Namen ein Jahr später zurück, als sie in nur vier Tagen und etwas weniger als 14 Stunden von Gibraltar nach New York jagte und damit den Rekord der *Europa* unterbot.

Auch wenn sie niemals Gewinne für ihre Eigner abwarfen, waren die *Rex* und die *Conte di Savoia* attraktive, gut entworfene Schiffe. Wäre ihnen mehr Zeit vergönnt gewesen, hätten sie vermutlich ihre Anfangsinvestitionen erwirtschaftet. Gemeinsam mit der *Île de France*, der *Bremen* und der *Europa* beherrschten sie die mittleren Jahre der Zwischenkriegszeit. Über ihren Leistungen lag jedoch bereits ein Schatten, als sich in Frankreich und England eine schwindelerregende Kombination aus Größe, Kraft und Geschwindigkeit entwickelte. Die letzte Vorkriegsrunde im Wettkampf auf dem Atlantik stand unmittelbar bevor.

Va, donc, trouant de feux la nuit éclaboussée,
Bateau-phare, bateau-ruche, bateau musée,
Qui portes l'espérance en tes mats frissonnants,
Et franchis d'un tel vol les immensités bleues
Qu'on verra bien, malgré les milliers de lieues,
Qu'il n'est plus d'Atlantique entre les continents.[5]

AUS »O NORMANDIE!«
VON ANDRÉ DUMAS

10.

Staatsschiffe

1934 ersuchte die French Line einen französischen Marinekünstler namens Albert Sébille, ein Gemälde ihres neuen Liners anzufertigen. Das vollendete Bild hat eine Länge von annähernd fünf Metern und hängt heute im Pariser Musée de la Marine. Die Schiffahrtslinie selbst verwendete Tausendc auf konventionelle Größe reduzierte Nachbildungen zu Werbezwecken.

Eine dieser Kopien liegt vor mir, während ich schreibe. Sie zeigt die Steuerbordseite eines gewaltigen Dampfschiffs, dessen stählerne Hülle fortgenommen wurde, um das wimmelnde Innenleben freizulegen. Unzufrieden mit der detailgetreuen Abbildung eines leeren Innenraums, füllte Sébille seinen stählernen Taubenschlag mit Hunderten von kleinen Gestalten, die dem fertigen Werk Leben verliehen. Offensichtlich bricht mitten auf dem Ozean eben der Abend herein, denn der *fumoir* und der *grand salon*, die den Raum zwischen dem zweiten und dritten Schornstein füllen, sind bis auf die vereinzelten, in Dinnerjacket oder Abendkleid gehüllten Liliputaner leer. Eine glitzernde Gesellschaft drängt sich in

5 »Also zieh dahin, durchdringe die befleckte Nacht mit deinen Signallichtern, / Leuchtschiff, Passagierschiff, Museumsschiff, / Das du die Hoffnung in deinen zitternden Masten trägst, / Und die blaue Unendlichkeit durchpflügst, / So daß man trotz der Tausenden von Meilen keinen Ozean mehr erkennt, / Der die Kontinente trennt.«

den direkt darunter gelegenen *salle à manger*, während einige Nachzügler die mit blauem Teppich ausgelegte Treppe hinabschreiten. Gegenüber der prachtvollsten der *grandes descentes* findet ein Orchester ein begeistertes Publikum, während sich einige unermüdliche Schwimmer ein Deck darunter im *piscine* tummeln. Handelt es sich um besonders gesundheitsbewußte Passagiere oder, was wahrscheinlicher ist, um Eindringlinge aus der zweiten Klasse, die das Schwimmbecken benutzen, während die erste Klasse speist?

Die Glaubwürdigkeit wird durch einen Blick auf das Theater am vorderen Ende des Promenadendecks wiederhergestellt, in dessen geneigtem Zuschauerraum lediglich ein Intendant und seine Assistenten in der ersten Reihe Platz genommen haben, während eine in einen Reifrock gehüllte Diva auf der Bühne a cappella singt. Andere Künstler legen in ihren Umkleidekabinen letzte Hand ans Make-up. Der Filmvorführer im Kinosaal darüber ist seinem Stichwort zweifellos voraus und projiziert bereits jetzt die ersten Bilder auf die Leinwand. Der kunstfertig in den Sockel des ersten Schornsteins eingefügte Spielsaal auf dem Sonnendeck ist voller Kinder, die andächtig eine Aufführung im Kasperltheater verfolgen.

Wer sich fragt, ob diese spätabendliche Unterhaltung für Kinder geeignet ist, dem enthüllt sich mit einem Blick auf die Gestalten im angrenzenden Deck eine verblüffende Wirklichkeit: Obwohl unter Deck Abend herrscht, ist es auf Deck zweifellos Mittag. Spaziergänger in taillierten Jacken genießen die Sonne, während ein Windstoß einem verstörten Kindermädchen bei dem Versuch, die Hand eines Kindes zu erfassen, beinahe das Häubchen vom Kopf reißt. Auf dem Tennisplatz wird ein Doppel gespielt, und weiter achtern trainieren Hundeliebhaber ihre Vierbeiner.

Die Brücke ist bis auf einen schemenhaft zu erkennenden Rudergänger verlassen. Nahe dem Fenster zum Wintergarten sitzt ein einsamer Korrespondent im Schreibzimmer. Hinter einem makellos reinen Maschinenraum lassen sich im Kühlabteil Reihen von Rinderhälften erkennen. In der Nähe des Bugs ist eine große Garage mit einhundert kostspieligen Automobilen gefüllt. Mitten unter ihnen parkte Sébille scherzhaft ein kleines Eindecker-Flugzeug.

Bei dem Schiff, dessen Anblick den Künstler bezauberte, handelte es sich selbstverständlich um die *Normandie*. Daß ihre überwältigenden Dimensionen sein Gefühl für eine chronologische Einheit zerschlugen, ist nur allzu verständlich. Sowohl die *Normandie* als auch die *Queen Mary* waren außergewöhnliche Schöpfungen. Die Tatsache, daß sie überhaupt gebaut wurden, ist schon erstaunlich. Waren die Pläne im euphorischen Optimismus der zwanziger Jahre ausgearbeitet worden, so erfolgte die tatsächliche Kiellegung inmitten der Depression der dreißiger Jahre.

Die britischen Co-Autoren an Büchern über die drei *Queens*, Neil Potter und Jack Frost, gaben ihrem ersten Band den Untertitel »Das unvermeidliche Schiff«. In einer Hinsicht hatten sie gewiß recht. Dreihundert Meter lange Giganten, die mit dreißig Knoten durch die Wellen pflügten, waren unvermeidlich, wollte man mit dem nicht weiter reduzierbaren Minimum von zwei Schiffen die traditionelle wöchentliche Überfahrt sichern. Dennoch überrascht es, daß ein derart extravagantes Unternehmen in der Zeit der Weltwirtschaftskrise Unterstützung fand. Als letzten ehrgeizigen Atemzug vor der Vereinigung mit der Cunard Line hatte die White Star Line ihr dreihundert Meter langes, dieselmotorbetriebenes Schiff mit dem Namen *Oceanic* in Angriff genommen. 1928 legte man sie in der Harland & Wolff-Werft auf Kiel. Kurz nach dem Börsenkrach wurden die Arbeiten jedoch eingestellt und ein Teil ihres Stahls in der kleineren *Britannic* wiederverwendet.

Der Bau von John Browns Schiffsrumpf Nr. 534, dem großen neuen Schiff der Cunard Line, wurde für nahezu zweieinhalb Jahre unterbrochen. Während dieses erzwungenen Winterschlafs erfreute sich das Schiff sorgsamster Pflege. Dan Wallace, später Schiffsarchitekt der Cunard Line, absolvierte zu dieser Zeit seine Ausbildung in der Werft und gehörte einem schrumpfenden Stab von Arbeitern an, die man in Lohn behielt, um den unvollendeten Rumpf zu versorgen. Sie übertrafen sich selbst beim Malen, Schleifen und Polieren in dem verzweifelten Versuch, ihre Anstellung zu rechtfertigen. Noch nie zuvor hatte ein Stahlskelett mehr Aufmerksamkeit erhalten. In den Parlamentsdebatten über den Vorschlag der Regierung, die Fertigstellung zu subventionieren, erklärte ein Mitglied, daß die amerikanischen Millionäre, für die das Schiff entworfen sei, nicht mehr existierten. Das stimmte auch. Ein weiteres Parlamentsmitglied – mit beschränktem Erinnerungsvermögen – behauptete, daß ein 80 000 Tonnen großer Expreßliner in Kriegszeiten wertlos sei. In Anbetracht des Ersten Weltkriegs verdient seine Bemerkung den Hauptpreis für Ignoranz.

Schließlich gab derselbe chauvinistische Stolz den Ausschlag, dem die Cunard Line die Zuschüsse für die *Lusitania* und die *Mauretania* verdankte. Der Geist eines in Deutschland und Italien hervorgebrachten, übersteigerten Nationalismus machte den Bau wettbewerbsfähiger Superliner sowohl in Großbritannien als auch in Frankreich zu einer bedeutenden Prestigefrage. Ebenso, wie die *Bremen* und die *Europa* die maritime Würde eines erwachenden Deutschlands wiederherstellten und die *Rex* und die *Conte di Savoia* die aggressive italienische Souveränität manifestierten, galten die *Queen Mary* und die *Normandie* als fundamentaler Ausdruck nationalen Stolzes. Ein Rekorde brechendes Atlantikschiff war nicht mehr Sache der Schiffahrtsgesellschaft allein. Die zunehmende Größe, Geschwindigkeit und technologische Entwicklung machten es unerschwinglich teuer, wodurch es sich buchstäblich in ein Staatsschiff verwandelte. Welches, wenn nicht ein staatlich subventioniertes Unternehmen hätte die für den Bau einer *Normandie* erforderlichen sechzig Millionen Dollar aufwenden können?

Wie zwei Jahrzehnte zuvor für die *Olympic* ergab sich erneut die kostspielige Notwendigkeit, die Werftanlagen zu vergrößern, doch nun in wesentlich stärkerem Ausmaß. Die Errichtung des Montageplatzes der *Normandie* erforderte mehr Zeit als der 21 Monate dauernde Bau des Schiffsrumpfes. Bei einem Stapellaufgewicht von 21000 Tonnen wurde nichts dem Zufall überlassen. Die Techniker von Penhoët verlängerten die Hellinganlage unter Wasser weitere einhundert Meter, um einen möglichst ruhigen Übergang vom Land zum Wasser zu erzielen. Sämtliche für den Stapellauf Verantwortlichen stimmten darin überein, daß in diesem Fall mehr als nur besondere Sorgfalt aufgewendet werden mußte. Bei diesem Schiff handelte es sich um die größte, jemals auf trockenem Land bewegte Masse; allein seine Existenz rief beträchtlichen Widerstand hervor. Die Gemüter der Arbeitslosen anderer Sektoren der französischen Wirtschaft waren leicht zu erhitzen.

Viele betrachteten die *Normandie* als Symbol unbesonnener Extravaganz in einer Zeit, in der die für sie aufgewendeten hohen Geldbeträge einer besseren Nutzung hätten zugeführt werden können. Sabotagegerüchte erwiesen sich als unbegründet, dennoch sprach man offen über eine mögliche Katastrophe beim Stapellauf. Die Wetten standen drei zu eins gegen den Erfolg. Ich glaube, es ist zulässig zu behaupten, daß nie zuvor der Bau eines Schiffs derartig widersprüchliche Emotionen ausgelöst hatte. Der Stolz der Konstrukteure stand in scharfem Kontrast zur anfänglichen Gleichgültigkeit und der offenen Feindseligkeit in der französischen Presse, die zunahm, je näher der für den 29. Oktober 1932 festgelegte Stapellauf rückte.

Von den zweihundert zu dem Ereignis geladenen Festgästen war niemand besorgter als die Abordnung vom Clyde. Vermutlich bevölkerten an diesem Tag mehr Schotten das Loire-Ufer als seit dem Stapellauf der ersten *France* in den sechziger Jahren des vorigen Jahrhunderts. Lediglich die Depression war dafür verantwortlich, daß ihre *Queen Mary* noch nicht in Betrieb stand, und so führten die Franzosen als erste das Experiment durch, eine solch gigantische Masse in Bewegung zu setzen.

Die Gemahlin von Präsident Albert Lebrun hatte sich zur Taufe des Schiffs bereit erklärt und nahm daher die besondere Rolle der *marraine* (»Patin«) der *Normandie* ein. Sie erfüllte diese Pflicht nicht nur durch die Taufe selbst, sondern auch, indem sie drei Jahre später als Ehrengast an der Jungfernfahrt teilnahm. In Gesellschaft eines Priesters, der sowohl das Schiff als auch das Unternehmen segnete, machte Madame Lebrun einen Rundgang durch die Hellinganlage, während die Arbeiter lärmend den Stapellauf vorbereiteten. Ihre Aktivitäten stellten den Höhepunkt eines zwei Wochen dauernden, straffen Countdowns dar. Zwei Tage zuvor war der Start von einem schweren Sturm gefährdet worden, der sich jedoch glücklicherweise am Morgen gelegt hatte. Um drei Uhr nachmittags durchschnitt Madame Lebrun zu den Klängen der Marseillaise das Band, die Champagnerflasche zerschellte am Bug, und der Schiffsrumpf Nr. T6 der Penhoët-Werft glitt in die Loire. Die Zuschauer in Ufernähe wurden von dem gewaltigen Rückstrom nahezu weggeschwemmt.

Ursprünglich sollte das Schiff den Namen *La Belle France* erhalten. Die Namensänderung in *Normandie* trug nicht zur Beruhigung einer seltsamen, seit Monaten wütenden Auseinandersetzung bei. Niemand Geringerer als die ehrenwerte Französische Akademie fühlte sich genötigt, ihr Urteil über das richtige Geschlecht des Schiffsnamens abzugeben. Ihre wissenschaftliche Meinung lautete, daß man sich zwar auf »*le paquebot Normandie*« beziehen könnte, der Bezeichnung *Normandie* selbst jedoch ein weiblicher Artikel vorangesetzt werden sollte. Die Logik dieser Begründung fiel bei den Arbeitern der Werft nicht auf fruchtbaren Boden. Sie hielten an der französischen Tradition fest, daß Schiffe stets männlich waren.

Diese einzigartige gallische Überzeugung steht im Widerspruch zu der von den Briten und Deutschen gestützten Theorie. Eine ähnliche Debatte war zwischen Potsdam und Hamburg über das zweite große Vorkriegsschiff der Ballin-Werft entbrannt. Niemand beantwortete die Frage jemals zufriedenstellend, ob das Neutrum-Wort »Vaterland« sein Geschlecht zu Recht in »die Vaterland« veränderte, sobald es auf ein Schiff angewendet wurde. Die Tatsache, daß man sich auf die *Queen Mary* mit dem unausgesprochenen Wissen beziehen konnte, daß sie zweifelsfrei und eindeutig weiblich war, stellt einen der wenigen logischen Vorteile der englischen Sprache dar.

Interessanterweise behielten in der Verwirrung um den Namen des französischen Flaggschiffs die Schiffahrtsinteressen das letzte Wort: Edmond Lanier, der spätere Präsident der French Line, der seine Laufbahn auf einem der Schiffe seiner CGT begonnen hatte, sprach in seiner ausgezeichneten Unternehmensgeschichte schlicht von *Normandie*.

Ein Russe namens Wladimir Yourkewitsch zeichnete für die Linie des Schiffskörpers verantwortlich. Er war als Konstrukteur von Kriegsschiffen für die Marine des Zarenreichs tätig gewesen, bis die Revolution seiner Anstellung ein Ende bereitete. Wie so viele Zeitgenossen wich er nach Paris aus. Seine erste Beschäftigung außerhalb Rußlands fand er als Arbeiter bei Renault. 1928 kehrte er, diesmal in St. Nazaire, zum Schiffbau zurück. Gegen Ende seines ersten Jahres legte er eine Reihe von innovativen Vorschlägen für Schiffsrümpfe vor. Der Direktor der Werft, André Levi, zeigte sich beeindruckt genug, um Modelle anzufordern, die in einem Versuchstank in der Nähe von Versailles getestet wurden. Ein Auftragsrückstand und ein Leck beendeten ihre Arbeit in diesem Labor nach 16 Monaten, und Yourkewitsch und sein Stab übersiedelten nach Hamburg. Dort wurde ein knapp zehn Meter langes Paraffinmodell weiteren Prüfungen unterzogen. Nach zahllosen Veränderungen und Verbesserungen bezeichneten die deutschen Ingenieure den letzten Entwurf als »nicht verbesserungsfähig«. Yourkewitschs nachfolgender Bericht wurde angenommen. Ebenso, wie die Cunard Line mit den Turbinen der *Mauretania* alles auf eine Karte gesetzt hatte, entschloß sich die French Line, den außergewöhnlichen Empfehlungen eines sehr jungen und mitunter unbegreiflichen Kollegen zu folgen.

Außerhalb des Wassers präsentierte sich der Rumpf der *Normandie* als nicht besonders beeindruckend. Im Querschnitt erschienen ihre Spanten mittschiffs schwerfällig wie die Hüften einer auf dem Rücken liegenden, fetten Frau: Sie

Unten: Die *Normandie* in St. Nazaire. Man beachte die verringerte Höhe der drei Schornsteine. Mit diesem kunstvollen Trick steigerten die Konstrukteure den Eindruck von Geschwindigkeit. (*Compagnie Générale Transatlantique*)

Innenansichten: Das erste Theater auf dem Nordatlantik besaß scheinbar alles bis auf einen Orchestergraben. Im Schwimmbecken tummeln sich Fotomodelle in nicht zu übersehender Fröhlichkeit. Der geschützte Bereich für Kinder und Anfänger war wirklich einzigartig. (*Compagnie Générale Transatlantique*)

besaßen eine unverkennbare und beklagenswerte Birnenform. Diese unansehnliche Taille lieferte die für Yourkewitschs erstaunlich wirkungsvollen Bug benötigte Auftriebsreserve. Sobald das Wasser ihr Unterwasserschiff verbarg, nahm die *Normandie* eine stolze Haltung an. Ein schnabelartiger Bug, der nach dem Vorbild der *Bremen* in einem bauchigen Stevenanlauf endete, garantierte eine rasche Vorwärtsbewegung. Der ungewöhnlich lange und schmale Eintritt an der Wasserlinie unterhalb der sich erweiternden oberen Gänge verringerte ihre Bugwelle auf ein Minimum und neutralisierte die Turbulenzen an den Flanken. Durch die Bemalung der oberen Rumpfplattierung wurde der schneidige Bug geschickt hervorgehoben. Das betont breite weiße Band der *France* wurde auf dem neuen Schiff scharf verjüngt, überschritt die Linie der Bullaugen und lief mit einem eleganten Schwung aufwärts in einer feinen Spitze aus. Auf dem Vordeck befand sich ein großes weißes Runddeck, in dem das auf anderen Atlantikschiffen unerläßliche Gewirr von Winden, Ketten und Spillen untergebracht war.

Diese Reinheit der Linie charakterisierte das Erscheinungsbild des Schiffs. Kaum ein Nietenkopf brach die glatten Proportionen des Trios eiförmiger Schornsteine mit ihrer zehn-Grad-Neigung und ihrer zum Heck abnehmenden Höhe auf. Nichts störte die mit Teakholz bekleidete dazwischenliegende Fläche. Selbst die achtern treppenförmig angelegten Decks, die eine wundervoll geschwungene Linie besaßen und durch elegante Niedergänge miteinander verbunden waren, wiesen absolute Perfektion auf. Lediglich die Kombination aus Kreuzerheck und Gillung, die ein massives zentrales Ankerbett beherbergte, war eine Enttäuschung. Im Heck ebenso wie am Bug hatte man die Deckmaschinerie verborgen. Dieses reine Design setzte sich bis zur Heckreling fort.

Im Maschinenraum der *Normandie* bestand zwischen der Antriebsmaschine und den Schrauben keine mechanische, sondern eine elektrische Verbindung. Jede der vier Zweifachexpansionsturbinen war direkt an einen Drehstromgenerator gekoppelt, der das Quartett der Elektromotoren mit Energie versorgte. Die Verringerung der hohen Turbinengeschwindigkeit auf die relativ gemächlichen drei Umdrehungen pro Sekunde, die die Schiffsschrauben benötigten, wurde somit ohne komplizierte Anordnung massiver Übersetzungen erreicht.

Darüber hinaus hatte man die Durchmesser der Turbinen ebenfalls reduziert. Die Franzosen waren überaus stolz auf dieses System, wenn es auch gegenüber einer mechanischen Übersetzung als einzig wichtigen Vorteil die Möglichkeit besaß, zu jedem gewünschten Zeitpunkt vollen Rückwärtsschub zur Verfügung zu stellen. Ich vermute, die Franzosen setzten mehr Vertrauen in diese Elektrotechnik als in ihre Fähigkeiten, gewaltige Übersetzungskomponenten herzustellen. So waren auch die Arbeiter der mehrere Kilometer von der Loire entfernten Belfort-Werke beteiligt. Die weiteste Reise legten Konstruktionselemente aus dem Skoda-Werk in der damaligen Tschechoslowakei zurück. Für die Stahlgußteile der Heckspanten wandten sich die Franzosen ebenfalls an mitteleuropäische Gießereien.

Ein Teil des weitläufigen Sonnendecks der *Normandie* zwischen dem ersten und zweiten Schornstein mit der geschützten Bank im Hintergrund. Dieser Anblick erstaunt um so mehr, wenn man ihn mit der dreißig Jahre zuvor gebauten *Mauretania* (rechts) vergleicht. (*Oben: Compagnie Générale Transatlantique. Rechts: Walter Lord*)

Der Steuerungsmechanismus mit dem Teakholzrad, das heute einen Platz in meinem Flur einnimmt, stammte aus Edinburgh.

Der Maler Sébille schrieb über die *Normandie*, daß kein Schiff Macht und Eleganz besser vereine. In seiner aufgeschnittenen Breitseite verbarg sich einer ihrer Glanzpunkte vor dem Auge des Laien. Wie auf der *Vaterland* waren die Entlüftungsschächte der Kessel geteilt und wurden an den Flanken des Schiffskörpers entlanggeleitet, ehe sie sich unterhalb der Schornsteine vereinten. Dies machte einen geneigten Flansch an der Basis erforderlich, der den Zusammenschluß der Leitungen aufnahm. Durch diese bemerkenswerte Einrichtung ergab sich eine attraktive Zentralperspektive. In kniender Position bot sich von der Bühne des Theaters aus eine ungestörte Sicht, die erst knapp 170 Meter weiter im Tageslicht endete. Der Blick schweifte ungehindert durch eine Reihe außergewöhnlicher Aufenthaltsräume: den Hauptgang hinauf, durch die große Halle und die Hauptgalerie in den *grand salon* und den angrenzenden *fumoir*, die prachtvolle Treppe empor, durch eine weitere Halle und die gekrümmte Glaswand des Cafés auf eine offene Promenade hinaus.

Dieselbe entwurfstechnische Besonderheit gab auch die neue Form des Speisesaals auf dem C-Deck vor. Die geteilten Schächte verhinderten einen Zugang von der Seite, was die erstaunliche Länge des Raumes jedoch mehr als nur ausglich. Auf diese Weise erhielt das Schiff einen drei Geschosse hohen Speisesaal, der sich ohne dazwischen eingebaute Balkons oder Oberlichter von einer Seite zur anderen und von vorne nach achtern erstreckte. Dies war die korrigierte Version des Speisesaals der *Île de France* ohne dessen monumentale Fehler. Die Weite des Raumes erfreute das Auge: die Ausmaße kolossal, nahezu imperial römisch, sieben Meter hohe, säulenförmige Beleuchtungskörper, die an den Wänden glühten, eine vergoldete Kassettendecke und eine Perspektive, die sich einhundert Meter weiter dramatisch im Dämmerlicht verlor.

Die Werbefachleute der French Line wiesen gerne darauf hin, daß die Länge des Speisesaals der *Normandie* die des Spiegelsaals von Versailles um eine Kleinigkeit übertreffe. Der Vergleich stimmte in mehrfacher Hinsicht. Zum einen strahlten beide Säle an sich bereits Erhabenheit aus, und zum anderen hatte man sich in beiden einer außergewöhnlichen Menge an Glas bedient. Hierbei handelte es sich um keine dekorative Überheblichkeit. Immerhin eignet sich Glas im Schiffsbau hervorragend als Wandbekleidung – es ist nicht brennbar und benötigt keinen Unterhalt. Ein Dutzend prachtvoller, von innen beleuchteter Glaskaskaden bereicherten das üppige Ambiente zusätzlich. Der Speisesaal der *Normandie* war atemberaubend, übertraf alles davor und danach Gebaute und erfüllte seine Funktion auf bewundernswerte Weise.

Heute läßt sich über Theater auf Schiffen leichthin reden – im Jahr 1935 stellte das der *Normandie* ein Novum dar. Mit dem Aufkommen des Tonfilms wurden Filmvorführungen zur Standardunterhaltung für die Passagiere. Auf älteren Schiffen wurden sie in der Lounge gezeigt, der Projektor drehte sich quietschend auf einem Spieltisch, und Zuspätkommende stolperten über die Kabel. Auf diesem prachtvollen Schiff gab es nicht nur ein echtes Kino, sondern auch eine für das Schauspiel geeignete Bühne.

Die *Île de France* besaß die erste Kapelle, die sich jedoch gegen die der *Normandie* bescheiden ausnahm. Letztere bot auf dem einen Deck neunzig Personen und auf dem Balkon weiteren zwölf Platz. »Schiebetüren schließen den Altar ab und machen die Kirche zu einem sicheren Ort für die Gebete von Puritanern«, berichtete die Zeitschrift *Fortune* unbewegt.

Die Wirkung der Lounge und des Rauchsalons zu beschreiben erweist sich als schwierig. Sie hatten annähernd dieselben Maße und lagen im Mittelschiff direkt nebeneinander. Lange vor ihren britischen Kollegen hatten die Franzosen erkannt, daß die Tage des Rauchsalons als ausschließlich männlicher Zufluchtsort vorüber waren. So wurde der *fumoir* der *Normandie* vernünftigerweise als Verbindungsraum zur Lounge entworfen, der er durch einen einfachen Knopfdruck angegliedert werden konnte. Für Konzerte und Galaabende zog man die gewaltige, feuerfest lackierte Trennwand wie einen Vorhang zur Seite.

Selbst die zwangsläufig monumentalen Plastiken wurden sorgsam gewählt und passend eingesetzt. Eine riesenhafte weibliche Gestalt mit dem Titel »Friede« erhob sich über dem Tisch des Kapitäns und erinnerte entfernt an die überwältigenden Speckstein-Skulpturen der *Île de France*. Baudrys überlebensgroße *La Normandie*, ein stämmiges, mit einer Tunika bekleidetes Bauernmädchen, bildete an ihrem Standplatz über der Treppe des Rauchsalons eine harmonische Einheit mit ihrer Umgebung. Dies ist mehr, als sich von dem armen Ding heute sagen läßt, steht sie doch einsam in der Mitte eines von Abfällen bedeckten, spiegelnden Wasserbeckens und blickt mit blinden Bronzeaugen auf die gewundene Fassade des Fontainebleau-Hotels in Miami.

Die dritte bildhauerische Extravaganz des Schiffs verkörperte einen Meeresgott, der mit gekräuselter Flosse über einem Meer von Delphinen schwebte. In übertriebenen Darstellungen wirkt er, als würde er im nächsten Augenblick auf der hinteren Esplanade auf dem Bauch landen. Ich nahm mir die Freiheit, den Begriff »hintere Esplanade« zu verwenden, um jenen Teil des Promenadendecks zu beschreiben, der eine herrliche Terrasse im Anschluß an das Café bildete. Hierbei handelte es sich um einen weiteren und überaus erfolgreichen Versuch dieser schwer definierbaren Atlantikeinrichtung eines Verandacafés. Ins Freie geöffnet, wurde es an der Vorderseite von den Aufbauten und entlang den Flanken von im Zickzack aufgestellten Art-deco-Bänken mit hohen Rückenlehnen geschützt. Diese überaus praktischen Vorrichtungen eigneten sich nicht nur als Windbrecher. Ihre Rückseite diente auch als Sitzgelegenheit für die Touristenklasse. Die auf diese Weise eingeschlossene Fläche wurde nachts von fröhlichen Laternen erhellt und hätte mit dem Seegott im Zentrum einen netten Abschluß gefunden. Doch die übergroße Statue wurde nicht einmal für die Jungfernfahrt aufgestellt. Ihr Gewicht überstieg die Tragkraft des Decks, und so verblieb sie an der Pier von Le

Auf der *Normandie* wird im Speisesaal der ersten Klasse das Abendessen serviert. Wie auf allen großen französischen Schiffen befolgten die Damen das Ritual eines vielbeachteten Auftritts auf der traditionellerweise in den Saal hinabführenden Treppe. Für die Herren war die weiße Krawatte unerläßlich. Die Türen dieses Raums befinden sich in der Kirche Our Lady of Lebanon in Brooklyn. (*Roger Schall*)

Havre, wo sie sich hoch über den Parkplatz erhebt. Im Jahr darauf bestand der freundliche Ort nicht mehr, für den sie bestimmt gewesen war. Man hatte ihn mit einer neuen Touristenlounge überbaut. Die attraktiven Teak- und Mahagonidecks waren für immer verschwunden, und das Café büßte ohne zusätzliche Terrassenaussicht viel von seinem Reiz ein.

Zwischen dem zweiten und dritten Schornstein lag ein eingezäunter Tennisplatz. Direkt hinter dem ersten Schornstein hatte man eine doppelseitige, geschützte Bank parallel zur Schiffsachse aufgestellt, die diese prachtvolle offene Fläche zweiteilte. Dieses französische Experiment zeigte, daß geschützte Decks achtern im Windschatten der Aufbauten angeordnet werden mußten. Zudem empfiehlt es sich, offene Decks auch tatsächlich offen zu lassen und sie nicht mit häßlichen kleinen Kiosken zu überladen. Die Cunard-White Star Line beging diesen Fehler, indem sie über das Sportdeck der *Queen Elizabeth* eine Reihe nutzloser kleiner, nach achtern gerichteter »Haltestellen« spannte. Zur Wiedergutmachung bot die Gesellschaft auf der *Queen Elizabeth 2* eine erstaunliche Lösung an. Am Topdeck legte man mittschiffs eine nach oben geöffnete Vertiefung an, die Glaswände besaß und nahezu vollständig gegen den Wind geschützt war. Dieser Ort wurde nicht als Café, sondern vorwiegend für Spiele und Liegestühle genutzt und bildete eine perfekte Atlantikvariante für den Wunsch nach einem Aufenthalt im Freien. Vermutlich würden in der Karibik nur die begeistertsten Sonnenanbeter die Hitze auf dieser Terrasse ertragen.

Ein Deck höher als das Café der *Normandie* befanden sich am heckseitigen Ende des Sonnendecks zwei *appartements de grand luxe à terrasse* mit den Namen »Deauville« und »Trouville«. Sie bildeten die einzigen für Passagiere auf dem gesamten Deck zugänglichen Unterkünfte. (Den Technikern gewährte man in ihrer Freizeit so viel Licht und Frischluft, wie ihnen während ihrer Aufgabe versagt wurde. Sie waren in einer Reihe von Kabinen im vorderen Teil des Schiffs unterhalb des unechten Schornsteins untergebracht.) Deauville und Trouville bestanden jeweils aus vier Schlafzimmern, einem eigenen Salon, Speisesaal und Kochnische. Zusätzlich gab es zwei Schlafzimmer, die offensichtlich für das mit dem Kalifen reisende Personal bestimmt waren, der die Suite bewohnte. Den Schiffahrtsgesellschaften widerstrebte es, diese Räume als Dienstbotenzimmer zu bezeichnen. Denn wenn sie nicht von Bedienten belegt waren, gaben diese »Studios«, wie man sie nannte, ausgezeichnete Erste-Klasse-Kabinen in einem selten frequentierten Abschnitt des Schiffs ab. Die Passagiere hätten sich verständlicherweise gesträubt, für diese für Dienstboten entworfenen Kabinen stattliche Beträge zu zahlen. Ein eigener Speisesaal für Personal neben dem Spielzimmer der Kinder wurde auf jenen Plänen, die die Öffentlichkeit erreichten, niemals ausgewiesen.

Luxussuiten erfreuten sich im allgemeinen einer wahrlich prachtvollen Ausstattung. Abgesehen von geschmacklichen Veränderungen bezweifle ich, daß die der *Normandie* aufsehenerregender waren als ihre Gegenstücke auf der *Imperator*, aber sie waren ohne Frage geräumiger. Platz stellte auf dem französischen Schiff ein ebenso reichlich vorhandenes Gut dar wie auf der *Olympic*. Die *Normandie* transportierte weniger als zweitausend Fahrgäste. Diese unglaublich niedrige Dichte fand auf keinem Atlantikliner ihresgleichen.

Das gesamte Schiff war mit derselben Üppigkeit ausgestattet, die die Inneneinrichtung der *France* im Jahr 1912 gekennzeichnet hatte. Überall zeigten sich ausschließlich erste Qualität und höchste Handwerkskunst. Es wirkte, als hätten die für ihr Design Verantwortlichen ihre Pflicht erfüllt und wären dann noch einen Schritt weiter gegangen. Jedes Badezimmer der ersten Klasse besaß eine Frischwasserzufuhr und jede angrenzende Kabine ein eigenes Dekor, wofür über vierhundert verschiedene Pläne ohne eine einzige Wiederholung erforderlich waren. Ein gutes Dutzend wurde als Vorläufer der feuerfesten Perfektion der zwanzig Jahre später gebauten *United States* gänzlich mit Stahl und Aluminium ausgekleidet.

Das Schwimmbecken war ein dreißig Meter langes Paradies aus blauem Mosaik und bronzefarbenem Geländer und das einzige in der Geschichte des Atlantiks, das über einen geschützten »Strand« für Kinder und ungeübte Schwimmer verfügte. Die Hunde an Bord wurden in einer ovalen Hundehütte untergebracht, die in ihrer Art ebenso aufwendig dekoriert war wie der Speisesaal der Kinder. Jean de Brunhoff hatte hierfür eine lange Reihe von Elefanten gewählt, die sich jeweils mit dem Rüssel am Schwanz des vorigen Elefanten festhielten. Im Vorschiff unter der Brücke befand sich ein Wintergarten, dessen kräftiges Grün durch exotische Vögel in Glaskäfigen und prachtvolle, in Marmorbecken fließende Wasserfälle bereichert wurde. Der außergewöhnliche Speisesaal verfügte über eine Klimaanlage, und zum ersten Mal erhielten die Passagiere der dritten Klasse einen eigenen Aufzug.

Kurz gesagt: Die *Normandie* war unrealistisch, unpraktisch, unwirtschaftlich und großartig. Der von der French Line angestrebte besondere Standard an Bordluxus zählt zweifellos zu den ehrgeizigsten Versuchen in der gesamten Passagierschiffahrt. Die Ausstattung entsprach allerdings nicht jedermanns Geschmack. Einige fanden das Schiff zu imposant. Zudem kämpfte es mit Vibrationsproblemen. Abgesehen von dieser unvermeidlichen Kritik übertraf die *Normandie* jedoch die Versprechungen ihrer Eigner. Der French Line war es als einziger Atlantikschiffahrtsgesellschaft gelungen, eine solch glorreiche Verbindung von Geschwindigkeit und Pracht hervorzubringen.

Die Ausrüstung erforderte statt der geplanten zwei nahezu drei Jahre. Änderungen im Design in letzter Minute, Logistikprobleme und der Widerstand der Werftarbeiter, diesen lukrativen Auftrag überhastet zu vollenden, trugen zu dieser Verzögerung bei. Doch vor allem lag es am Umfang der Aufgabe. Während des letzten Jahres quartierten sich Offiziere, die Schlüsselpositionen auf dem neuen Schiff einnahmen, in Penhoët ein, um die Beendigung der Arbeiten zu überwachen. Kommodore Pugnet schloß sich dem Ersten Ingenieur Jean Hazard an, der

Der gefällige Bereich hintcr dem Café mit den hohen Bänken und Laternen, aber ohne den geplanten Meeresgott. Man beachte die prachtvolle Tischlcrarbeit der Treppe, die zu dem Deck emporführt. Rechts darüber befindet sich die Privatterrasse von Trouville. Direkt hinter der *Normandie* liegt die *Paris* und hinter dieser die *Île de France* im Trockendock. (*Compagnie Générale Transatlantique*)

Eine Ansicht der Brücke der *Normandie*, dem ruhigsten Ort an Bord. Der Rudergänger stand traditionellerweise auf einem Podest aus Eschenholz, obwohl die Wahrscheinlichkeit überaus gering war, daß er nasse Füße bekam. (*National Maritime Museum, Greenwich*)

die letzten drei Jahre zwischen Belfort und der Loire gependelt war. Villar, erste Wahl für den Posten des *commissaire*, bewohnte den chaotischen Rohbau des Zahlmeisterbüros und bewahrte sich auch in Overall und Baskenmütze seine übliche Eleganz.

Diese Männer stellten die Vorhut einer schließlich dreihundert Mann zählenden Besatzung dar. Viele konkurrierten um einen Platz auf der *Normandie,* doch nur die Besten der CGT-Flotte wurden ausgewählt. Als eine ihrer ersten Aufgaben übernahm die Kombüsenabteilung Tausende Flaschen Wein, die mehrere Monate in einer seegängigen Höhle lagerten, um rechtzeitig für die Jungfernfahrt zu reifen.

Im Mai 1935 erfolgten vor Les Glénans an der Südküste der Bretagne die Probefahrten. Hier befand sich das französische Gegenstück zur schottischen Skelmorlie-Meile. Mit einem mühelos erzielten Durchschnitt von 31 Knoten übertraf sich das Schiff selbst. Die als strenge Kritiker der *Normandie* ebenso wie sämtlicher Schiffe vor ihr auftretenden, dort ansässigen Sardinenfischer waren verblüfft, daß sie keine gewaltige Kielwelle hinter sich herzog, und berichteten, daß sie wie eine Möwe durch das Wasser glitt.

Sie waren nicht die einzigen Beobachter. Die Schiffahrtsgesellschaft hatte als Teil einer ausgefeilten Werbekampagne für das Schiff Vertreter der Weltpresse eingeladen. Diese erlebten nur einen einzigen Augenblick des Schrecks, als Kommodore Pugnet ohne Vorwarnung eine Notwende nach Steuerbord durchführte. Die *Normandie* machte eine scharfe Kehre und richtete sich ohne Verzögerung wieder auf. Ein beträchtlicher Teil des Geschirrs überlebte die Übung nicht, und der Speisesaal war an manchen Stellen knietief von Scherben bedeckt, aber die Reporter zeigten sich beeindruckt. »Die *Normandie* ist das bemerkenswerteste und luxuriöseste Passagierschiff dieser Epoche«, schrieb der englische Journalist A. C. Hardy.

Gegen Ende des Monats fuhr das französische Schiff in Le Havre ein, einem Hafen, dem bereits damals das Interesse der Welt galt. Zahllose Arbeiten mußten noch durchgeführt werden. So hatten einige Kabinen keine Betten, die Klempner lagen weit hinter ihrem Zeitplan zurück, und die gesamte Außenfläche des Schiffs mußte für die Jungfernfahrt neu gestrichen werden. An den letzten drei Tagen vor dem Auslaufen am 29. Mai hatte man nicht enden wollende Galaabende angesetzt, die jenen mit weißen Handschuhen und der Trikolore verbundenen Pomp boten, ohne den sich die französische Bürokratie nicht zufriedengibt. Magrain, der *chef des cuisines*, rüttelte seinen aus siebzig Köchen bestehenden Stab für eine Lawine von Besuchern wach. Lieferwagen rangierten neben dem Schiff und spien mehrere Tonnen an Lebensmitteln von den Pariser Märkten aus. Waren, die in Europa nicht oder nur in geringerer Qualität erhältlich waren, ließ man aus New York kommen, wie etwa Maisgrieß, Preiselbeersoße, Frühstücksflocken, Buchweizenmehl für Pfannkuchen, Ketchup, Ahornsirup und Milchpulver. Ganze Kisten dieser Güter waren in dem trockenen Lagerraum der *Paris* ostwärts gefahren.

Am Morgen des 29. Mai brachte ein Sonderzug die Mitglieder des Balletts der Pariser Oper, die sich zur Probe in den *grand salon* begaben und das makellose Parkett mit Harzpulver bestreuten. Sie sollten als Teil der Abendunterhaltung dieser letzten Nacht des Schiffs im Hafen auftreten. Als ersten Passagieren gestattete man Schauspielern, einen Tag vor dem Auslaufen, an Bord zu gehen. Sie würden das Theater der *Normandie* auf See mit der Uraufführung einer neuen Komödie von François de Croisset eröffnen. An diesem Morgen entdeckte Villar zu seinem großen Schrecken, daß Trouville, die von Madame Lebrun gewählte Suite, noch einem Schlachtfeld glich und daß in einigen Kabinen der ersten Klasse, die bereits am Nachmittag bezogen werden würden, jetzt erst die Waschbecken montiert wurden. Inmitten all der Pracht wirkten die in blaue Overalls gehüllten Installateure fehl am Platz, die ihre Werkzeugsäcke auf dem rehbraunen Teppich ausgebreitet hatten und Porzellanbecken an die Wände stemmten. Noch spät nachts, als die letzten erschöpften Eröffnungsgäste gegangen waren, gab es in Teilen der ersten Klasse kein fließendes Wasser. Gäste, die an Bord übernachteten, wurden von einer Brigade von Stewards mit Krügen voll Waschwasser versorgt.

Abgesehen von diesen Krisen, die bei jedem noblen Unternehmen auftreten können, trübte nichts den Glanz dieser letzten Woche. Nicht nur das Schiff, sondern auch der prachtvolle neue Gare Maritime wurden eingeweiht. Der französische Staatspräsident trat aus seinem Zug auf einen für diesen Anlaß mit einem Teppich ausgelegten Bahnsteig, über den sich eine Stahlbetondecke wölbte. Vom Dach des Gare Maritime erhob sich ein erleuchteter Turm mit riesenhaften Ziffern an drei Seiten, von dem Lotsen und Kapitäne aus der Ferne die jeweiligen Gezeitenangaben ablesen konnten. Die Unterhaltung des letzten Abends war ein *succès fou,* und der Präsident und Madame Lebrun verzichteten auf die im größten Hotel von Le Havre angesetzten Vergnügungen und verbrachten statt dessen die Nacht an Bord. Ein *matelot* der Marine stand vor der Tür des Präsidenten mit einer Lanze Wache. In den Worten von Edmond Lanier, dem späteren Vorstand der Gesellschaft: »Das Schiff war so schön, das Diner so erlesen, die ganze Abendgesellschaft so elegant, daß diese kritischen Pariser die Waffen streckten und die *Normandie* endlich akzeptierten.« Neben Madame Lebrun enthielt die Passagierliste eine berauschende Reihe von Namen: Pierre Cartier, Colette, Mrs. Morgan Belmont, Mrs. Frank Jay Gould, Madame Jean Lanvin und den Maharadscha von Karpurthala, der mit seinem eigenen Koch Deauville gebucht hatte.

Es bleibt eine Tatsache, daß ein Schiff auf der Jungfernfahrt einfach zu keinen Bestleistungen imstande ist. Alles ist zu neu, und Stewards und Zahlmeister suchen ebenso nach dem Weg wie ihre Fahrgäste. Schiff und Mannschaft benötigen zumindest eine Saison, um zur Ruhe zu kommen. Ich habe nie an einer Jungfernfahrt teilgenommen, doch wenn ich es getan hätte, dann am liebsten entweder mit der *Normandie* oder, aus gänzlich anderen Gründen, mit einer der beiden *Queen Elizabeth.* Die unglaubliche Größe (nahezu 80 000 Bruttoregistertonnen), die Ge-

Oben: Die letzten Tage in St. Nazaire. Eine Ansicht des Bugs der *Normandie* bei Sonnenuntergang, kurz bevor sie zu ihrer Probefahrt auslief. (*Compagnie Générale Transatlantique*)

Links: Das neue Flaggschiff der French Line fährt von St. Nazaire nach Le Havre. (*Compagnie Générale Transatlantique*)

schwindigkeit und die luxuriöse Ausstattung des französischen Schiffs verlieh dem Anlaß einen besonderen Reiz.

Das Auslaufen aus Europa und der Empfang in New York erfolgten womöglich nicht mit mehr Begeisterung als bei jedem anderen Schiff. Jungfernfahrten waren selten, und so neigten die Chronisten dazu, die vorige zu vergessen und die letzte zu einem um so überwältigenderen Ereignis zu erklären. Als erster Amerikaner erblickte ein Strandwächter der Küstenwache von Fire Island das Schiff. Kurz darauf pflügte der große schwarze Schiffskörper am 3. Juni 1935 um elf Uhr morgens an Ambrose Light vorüber. Unter den großen Mengen in Frankreich an Bord gebrachter Waren befanden sich Schatullen mit Medaillen, in die der Name des Schiffs und das Datum eingraviert war und die an einem kräftigblauen Band hingen. Die unvergleichlichen Souvenirs wurden nun aus dem Safe des Zahlmeisters geholt und unter den jubelnden Fahrgästen verteilt. Am Topp des Achtermastes wurde ein dreißig Meter langer blauer Wimpel entrollt (ein Meter für jeden Knoten). Er war in Le Havre zugeschnitten, genäht und mit Ringen versehen worden. Niemand hatte wirklich daran gezweifelt, daß das Schiff das Blaue Band von den Italienern übernehmen würde, wenn auch bis zu diesem Augenblick, der Tradition folgend, keinerlei öffentliche Ankündigung erfolgt war.

Wenn die *Normandie* in ihrem Heimathafen Chaos hinterlassen hatte, erwartete sie dieselbe unvermeidliche Unordnung an ihrem Liegeplatz in New York. Sie legte als erstes Schiff an einer der drei Superpiers an, die soeben am Hudson auf Höhe der 50. Straße fertiggestellt worden waren. Die Hafeningenieure hatten mehrere Jahre mit dem Aushub einer zusätzlichen, achtzig Meter langen Rinne an Manhattans Westside zugebracht, um die Pier landeinwärts statt in den Kanal hinaus zu verlängern. Die 12th Avenue und später der erhöhte West Side Highway stießen hier an den Hafen.

Im Gegensatz zu der vollendeten Hellinganlage, war die Pier 88 selbst noch nicht betriebsbereit. Arbeiter hingen wie Fähnchen über provisorischen Gerüsten, deren frische rote Farbe noch klebte. Auf einem tieferliegenden Geschoß wurden 250 Beschäftigungsbewilligungen wahllos unter tausend arbeitssuchenden Schauerleuten verteilt. Um die darauffolgenden Krawalle aufzulösen, wurde die Polizei herbeigerufen. Die an der Pier anwesenden Mitglieder der Elektrikergewerkschaft wählten diesen Augenblick zu heftigen Protesten gegen die Tontechniker der Wochenschauteams, die sich zu Filmaufnahmen der einlaufenden *Normandie* versammelt hatten. Wie vorauszusehen war, zahlten die Repräsentanten der Schifffahrtsgesellschaft der Gewerkschaft eine bedeutende Summe, um weitere Schwierigkeiten zu vermeiden.

Der Abschnitt zwischen Quarantänestation und Pier bot einen prachtvollen Anblick. Feuerlöschboote stießen Wasserfontänen aus, und die bis an ihre Kapazitätsgrenzen beladenen Fähren huschten so nah wie möglich an einer Armada kleiner Schiffe vorüber, die ihre riesenhafte Schwester begleiteten. Eine zog eine mit Helium gefüllte Mickymaus hinterher, aus deren lenkbarem Lautsprecher-

Der erste Besucher an der Superpier: die *Normandie* vertäut an Pier 88. Das Pflaster der 12th Avenue im Vordergrund liegt noch nicht im Schatten des West Side Highway. (*Compagnie Générale Transatlantique*)

system in nasalem Ton ein Willkommensgruß an die Franzosen erklang. Eine Flugzeugstaffel der Luftwaffe flog in V-Formation wiederholt über den Hafen. Zwanzig Schlepper standen bereit, aber nur zwölf wurden benötigt, um das Schiff um die Kurve der Pier zu ziehen. Der eigentliche Anlegevorgang der *Normandie* dauerte eine Stunde. Bei einem mißglückten Versuch streifte der gewaltige Bug, dessen Farbschicht vom Atlantik nahezu völlig abgeschürft war, einen schwimmenden Fender, und ein in der Nähe stehender Mann entging nur mit knapper Not dem Schicksal, zermalmt zu werden. Der vorstehende Bug hing bedrohlich über der Pier und jagte Hunderten von Schaulustigen Panik ein. Bei dem zweiten Versuch bohrte sich der Bug beinahe in die noch unfertige, nördlich gelegene Pier 90 der Cunard Line, wobei eine der Trossen brach. Ihr loses Ende wurde von einem Schauermann im Schwimmanzug geborgen.

Bürgermeister La Guardia zeigte sich und die Stadt New York von seiner charmantesten Seite und lud Madame Lebrun im Waldorf zu einem offiziellen Festessen ein. Sie erwiderte den ehrenvollen Empfang am darauffolgenden Abend mit einer Feier an Bord der *Normandie* und übergab dem Bürgermeister liebenswürdigerweise einen Scheck über fünfhundert Dollar »für die Armen von New York«. Die Konkurrenzgesellschaften waren in ihrem Lob zurückhaltender, wenn auch Kapitän Tarabotto von der *Rex* folgende Botschaft übersandte: »Meine aufrichtige Gratulation zu diesem großartigen Schiff. Möge es den Ozean der Zeit glücklich queren.« In der Hamburger *Börsenzeitung* erschien ein Leitartikel ohne Lobpreisung, der den Hinweis enthielt, daß sich die *Bremen* und die *Europa* für eine derartige Herausforderung absichtlich zurückgehalten hätten. Sir Percy Bates, der Präsident der Cunard-White Star Line, gestand in Liverpool, daß die *Normandie* »eine recht gute Leistung« erbracht habe. Auf den Einwand, daß die *Queen Mary* den Geschwindigkeitsrekord für Großbritannien zurückgewinnen werde, verweigerte er jede Prognose.

Die Passagiere waren von dem Schiff begeistert, bedauerten jedoch die Kürze der Überfahrt. Die Vibrationen wurden allgemein als der einzige beklagenswerte Umstand gewertet. Obwohl diese in der Suite von Madame Lebrun am stärksten fühlbar gewesen sein mußten, enthielt sie sich klugerweise jeden Kommentars. Die direkt über den Schiffsschrauben gelegenen Kabinen waren in der zweiten Nacht evakuiert und ihre Bewohner in einer anderen Unterkunft untergebracht worden.

Die Vibrationen der *Normandie* hatten erwähnenswerte Konsequenzen. Im November desselben Jahres wurde das Schiff für seine erste jährliche Überholung außer Dienst gestellt. Dutzende Experten boten ihre Hilfe in der Frage der Vibrationen an und brachten einander widersprechende Lösungsvorschläge ein. Verstärkende Elemente wurden in mehreren der achtern gelegenen Abteilungen eingebaut und die Terrasse der ersten Klasse durch eine neue Touristenlounge ersetzt. Diese Maßnahme stellte meiner Ansicht nach auch einen Versuch dar, den Schiffskörper zusätzlich zu versteifen.

Einer der Ingenieure der Schiffahrtsgesellschaft empfahl eine neue Schraubenanlage mit vier Blättern statt der bisherigen drei. Sie wurde entworfen, gegossen, während des Winters eingebaut und im nächsten Frühjahr im Ärmelkanal erprobt. Bei dreißig Knoten konnte Kommodore Thoreux (der Pugnet ersetzt hatte) auf der Privatterrasse des Deauville nicht das geringste *tremblement* spüren. Dies mag belanglos erscheinen, doch bislang hatte man die Wassergläser im Café immer nur zur Hälfte gefüllt, um die Tischdecke nicht zu benetzen. Auf seinem Weg zurück zur Brücke legte Generaldirektor Henri Cangardel im Rauchsalon eine Pause ein und balancierte einen Bleistift mit dem ungespitzten Ende auf einem der Tische. Er blieb ungerührt aufrecht stehen. Eine Jubelbotschaft wurde in codierter Form an das Hauptquartier der Gesellschaft gesandt, und als die *Normandie* zwei Tage später in Le Havre einlief, wurde ihr Kapitän von Zeitungsreportern belagert, die von ihm die Bestätigung forderten, daß das Problem der Vibrationen gelöst war. Thoreux bekräftigte dies.

Das Schiff sollte am darauffolgenden Tag zu seiner zweiten Saison ablegen. Direkt nach der Pressekonferenz klopfte der Erste Ingenieur aufgeregt an die Tür des Kapitäns. Ein zu einer Routineinspektion des Rumpfes in die Tiefe geschickter Taucher berichtete, daß sich alle drei Schrauben in gutem Zustand befänden. Auf einem mit vier Schraubeneinheiten ausgestatteten Schiff löst diese Art der Mitteilung sowohl Verwirrung als auch Alarm aus. Nach einem ungläubigen Kreuzverhör wurde ein Taucher der Schiffahrtsgesellschaft hinuntergesandt, um den Bericht zu widerlegen oder zu bestätigen. Eine halbe Stunde später tauchte er auf und teilte seinen besorgten Zuhörern mit, daß die innere Schwanzwelle der Backbordseite ihrer neuen Schraube beraubt war.

Es ist nahezu unmöglich, daß während des Betriebs eine Schraube verlorengeht, ohne daß zumindest einer der Ingenieure ihr Fehlen bemerkt. In diesem speziellen Fall war eine der Verriegelungseinheiten aus Versehen oder durch einen mechanischen Fehler nicht gesichert worden. Die Schraube mußte abgefallen sein, unmittelbar nachdem der Befehl »*Stoppez les machines!*« von der Brücke erklungen war. Das komplett ausgebuchte Schiff sollte am darauffolgenden Tag in See stechen, und der Vorstand der Gesellschaft war entschlossen, den Fahrplan einzuhalten. So einigte man sich, eine der alten Schrauben mit drei Blättern zu verwenden. Dafür mußte das Schiff in einer gefährlichen Nachtfahrt in das Trockendock überstellt werden. Das Manöver gelang ohne Zwischenfälle, und eine Doppelschicht von Arbeitern werkelte die gesamte Nacht und den nächsten Morgen, um die beiden inneren Schrauben zu ersetzen. (Dies war notwendig, um eine perfekte Synchronisierung beizubehalten.) Mit nur einigen wenigen Stunden Verspätung gingen die Passagiere am Nachmittag an Bord.

Die Reporter, die Thoreux bei seiner Rückkehr von der Probefahrt interviewt hatten, leisteten gute Arbeit. Jeder, der an Bord kam, sprach von nichts anderem als den wunderbaren neuen Schrauben und der erfolgreichen Bekämpfung der Vibrationen. Der Hinweis erübrigt sich, daß die Vibrationen mit den beiden ursprünglichen Schrauben in bekannter Heftigkeit zurückkehrten. Die *Normandie*, die French Line und der bedauernswerte Kommodore mußten stärkste verbale Angriffe seitens verärgerter Passagiere über sich ergehen lassen, die sich als Opfer eines Werbeschwindels sahen. Trotz des guten Wetters nahm Thoreux klugerweise die meisten Mahlzeiten allein auf der Brücke ein. Diese Probleme lieferten den schlüssigen Beweis, daß die Vibrationen der *Normandie* auf einen Fehlentwurf der Schrauben zurückzuführen waren. Alle Aussteifungen und Umbauarbeiten im Heckbereich zeigten kaum Wirkung.

Die Indienststellung des französischen Schiffs beherrschte die maritimen Nachrichten von 1935 ebenso wie die der *Queen Mary* ein Jahr darauf. John Browns Rumpf Nr. 534 wurde nach der Königin benannt, die ihn taufte. Diese Entscheidung hielt man bis zum Stapellauf geheim. Die zweifelhafte Geschichte, daß die Gesellschaft ihrem Schiff ursprünglich den Namen *Victoria* habe verleihen wollen, macht bis heute ihre Runden. Angeblich hatte Lord Royden, einer der Direktoren der Schiffahrtsgesellschaft, König George auf der Waldhuhnjagd um die Erlaubnis gebeten, das Schiff nach der größten Königin Englands zu taufen. Seine Majestät habe sich angesichts des Vorschlags erfreut gezeigt und erklärt, sie unmittelbar nach seiner Rückkehr zu fragen.

Die Geschichte ist charmant, aber falsch. Die Cunard-White Star Line hatte den Namen *Queen Mary* als geeigneten, neutralen Kompromiß gewählt, um die von beiden vor ihrer Vereinigung bevorzugten Endsilben »-ia« beziehungsweise »-ic« zu vermeiden. Ihre Majestät stimmte rasch zu, aber das Handelsministerium wies darauf hin, daß ein Schiff dieses Namens bereits ins Register eingetragen sei. Die Eigner dieses kleinen schottischen Küstendampfers konnten schließlich überzeugt werden, daß eine Änderung zu *Queen Mary 2* zu keiner Verwirrung bei seinen potentiellen Fahrgästen führen würde. Die Cunard-White Star Line profitierte von ihrer Erfahrung. Als die *Mauretania* kurze Zeit später zur Verschrottung freigegeben wurde, übertrug Cunard den Namen auf ein kleines Schiff, dessen Eigner sich bereit erklärte, auf ihn zu verzichten, sobald eine zweite *Mauretania* in Birkenhead fertiggestellt war.

Der Stapellauf der *Queen Mary* erfolgte am 26. September 1934, einem kalten Tag mit peitschendem Regen. Der König und die Königin trafen gegen Mittag mit dem Zug aus Balmoral in der durchnäßten Werft ein. An Steuerbord hatte man zu diesem Anlaß unterhalb des Bugs und zwölf Meter über dem Boden eine Reihe von fünf Empfangsräumen gebaut. Obwohl diese mit einem Aufzug zu erreichen waren, entschloß sich das Königspaar, statt dessen eine lange, geneigte Rampe emporzusteigen und auf diese Weise zumindest etwas von dem Unbehagen mit den Tausenden Zusehern zu teilen, die sich unter vielen Quadratmetern tropfender Regenschirme zusammendrängten. Ihre Majestät taufte das Schiff und durchschnitt mit einer goldenen Schere das Band, das die Flasche mit australischem Champagner festhielt, die daraufhin am Bug der *Queen Mary* zersplitterte. Weltweit hörte das Radiopublikum, die vor einem offenen Mikrophon geflüsterten

26. September 1934. Die soeben von Ihrer Majestät getaufte *R. M. S. Queen Mary* schwimmt zum ersten Mal auf dem Clyde. (*Cunard Line*)

Oben: Ein Werbeplakat der Cunard-White Star Line. Die Frage, wie viele Fahrzeuge durch den Schornstein eines neuen Schiffs gepreßt werden können, geht auf das Experiment der Swan-Hunter-Werft mit der *Mauretania* zurück. (*The Peabody Museum of Salem*)

Die *Queen Mary* auf See. Direkt hinter dem Achtermast befinden sich die 14 Fenster des Verandacafés, des berühmtesten Restaurants auf dem Nordatlantik. (*Laurence Lowry für die Cunard Line*)

Jungfernfahrt. Die *Queen Mary* vom Deck eines New Yorker Schleppers betrachtet. Ihr genieteter Schiffskörper erweckt den Eindruck außergewöhnlicher Robustheit. (*Edwin Levick Collection, The Mariners Museum, Newport News, Virginia*)

Worte der Königin: »Soll ich jetzt den Knopf drücken?« Das tat sie, und die gigantische Stahlmasse, die das Gewicht der *Normandie* um zweitausend Tonnen überstieg, glitt triumphierend in den Clyde. Der Hofdichter John Masefield bezeichnete sie als »Festung von einem Schiff«.

Die *Normandie* und die *Queen Mary* waren die letzten Rivalinnen auf dem Atlantik vor dem Zweiten Weltkrieg. Gemeinsam mit der *Bremen* und der *Europa* dominierten sie die späten dreißiger Jahre. Durch einen Zufall zeigten sich gleichzeitig mit ihrem Auftreten die ersten Anzeichen für das Ende jener Depression, die das Jahrzehnt eingeleitet hatte. 1935 lagen die Einnahmen aus Passagierfahrten erstmals wieder über denen des vorangegangenen Jahres. Damit wendete sich eine seit dem Börsenkrach anhaltende Tendenz.

Warum, so könnten Sie fragen, widme ich mich dem berühmten Schiff der Cunard Line nur mit einer kurzen Anmerkung nach dieser ausgedehnten Lobrede auf ihre Konkurrentin von der anderen Seite des Ärmelkanals? Ein überzeugendes Argument wäre, daß die *Normandie* als erste in Betrieb ging und statistische Wiederholungen lediglich Langeweile hervorrufen. Die *Queen Mary* besaß dieselbe Überheblichkeit, eine nahezu identische Größe, wenn auch eine etwas höhere Leistungsfähigkeit. Sie übernahm das Blaue Band im August ihrer ersten Saison und war das erste Schiff der Geschichte, das eine Überfahrt in vier Tagen versuchte.

Ich rechtfertige meine Vorliebe für das Schiff von Penhoët damit, daß es das gewagtere und gleichzeitig unglücklichere der beiden war. Die Laufbahn der *Normandie* war mit nur vier Betriebssaisons von tragischer Kürze gekennzeichnet. Sie hatte kaum siebzig Überquerungen vollbracht, ehe der Krieg ihrem Dasein ein Ende setzte. Im Gegensatz dazu erreichte die legendäre *Queen Mary* wie ihre Namenspatronin ein eindrucksvoll hohes Alter und erwarb sich einen beneidenswerten Rekord an Würde und Zuverlässigkeit. Sie überquerte den Atlantik mehr als tausendmal und transportierte gemeinsam mit der *Queen Elizabeth* Millionen treuer Passagiere.

Nur relativ wenige Fahrgäste kannten die *Normandie*. Ihr radikaler Schiffsrumpf, die zentrale Aneinanderreihung von Aufenthaltsräumen, das fortschrittliche Profil und die turboelektrische Starkstromanlage machten sie zu einem erstaunlichen und einzigartigen Schiff. Vor dem Krieg hängte Yourkewitsch in seinem Büro zwei gerahmte Luftbildaufnahmen auf. Die eine zeigte die *Queen Mary* und die andere seine geliebte *Normandie*, wie sie durch den Ozean pflügten. Stolz wies er seine Besucher auf die fehlenden Turbulenzen rund um den Rumpf der *Normandie* hin. Im Gegensatz dazu wurde ihre in Schottland gebaute Rivalin von einem Kranz aus weißem schäumendem Wasser umgeben. Wahrscheinlich erinnerte er dieselben Besucher auch daran, daß die *Queen Mary* 40 000 zusätzliche Pferdestärken für eine Geschwindigkeit benötigte, die nur einen Bruchteil eines Knotens über der der *Normandie* lag. Das britische Schiff wies mit Ausnahme seines Kreuzerhecks trotz seines unzweifelhaft starken und seetüchtigen Schiffskörpers kaum Neuerungen auf. Tatsächlich wirkte das Cunard-Schiff auf der Hellinganlage wie eine längere und massigere *Aquitania*. Mit einem konventionellen Wellenbrecher, einem aristokratischen Eintritt, dem Welldeck und ihrem unerschütterlichen Auftreten erinnerte sie an zahlreiche am Clyde gebaute Schiffskörper. Ihr einziger Unterschied lag in ihrer Größe.

Als sie vollständig ausgerüstet war, verliehen ihr die traditionellen Schornsteine und Ventilatoren ein Profil, das sich kaum von dem jener alten Schiffe abhob, die sie ersetzen sollte. Auch ihre Innenausstattung enttäuschte. Das Innere der *Queen Mary* besaß das Aussehen eines Kinotempels vom Leicester Square. Die Zeitschrift *Architect and Building News* bezeichnete diesen Effekt als »milde, aber teure Vulgarität«. Die glänzenden Furniervertäfelungen im Empirestil ließen das Schiff krachen und klappern. Es schien, als hätten der gesamte Commonwealth und sämtliche Kolonien ihre exotischsten Hölzer zur Verfügung gestellt und als wäre es den Designern irgendwie gelungen, sie alle unterzubringen. Paradoxerweise glich man zu Ende ihres Lebens ihr Aussehen erfolglos an einen etwas populäreren Geschmack an. Die Wiedererstehung des Stils der dreißiger Jahre verwandelte die beiden *Queens* in den späten sechziger Jahren in bizarre schwimmende Museen. Dies hatten sich ihre Schöpfer gewiß anders vorgestellt.

Im Gegensatz dazu bereitete kein einziger französischer Vorfahre die Welt auf die *Normandie* vor. Weder die *France* noch die *Paris* oder die *Île de France* vermittelten in ihrer Erscheinung auch nur einen Hinweis auf ihre prachtvolle Nachfolgerin. Sie symbolisiert einen sensationellen Bruch mit allem, was jemals den Atlantik befahren hatte. Seit der *Imperator* war kein so weitläufiger Innenraum verwirklicht worden. Kurz nach dem Feuer, das sie zerstörte, schrieb Ludwig Bemelmans:

> Ich brachte ihr immer mehr Zuneigung entgegen als jedem anderen Schiff. Ich liebte sie wegen ihrer Fröhlichkeit, ihrer Farbenpracht, ihrer Vertrautheit mit der gesamten Welt, die sich auf ihrer Passagierliste vereinte. In ihrem *décor* neigte sie zur Übertreibung, und irgendwie hatte sie etwas von einer Femme fatale an sich. Wie ein *seigneur* nahm sie sich das beleidigende Vorrecht, auf die geringeren, bauchigeren, längeren und stabileren Schiffe hinabzublicken, und wie alle Aristokraten war sie entsetzlich launenhaft. Ich glaube, sie war weiblicher als jedes andere mir bekannte Schiff. Das war vermutlich der Grund, warum ich sie so liebte.

Wenn die Bullaugen, weil das Meer sich wellt,
ganz dunkel sind und grün;
wenn das Schiff immer wupp *macht und wedelt und bellt*
und der Steward dir in die Suppe fällt
und die Koffer rutschen dahin;
wenn Tantchen zusammenklappt und klagt
und Mami nur »schlafen lassen« sagt
und dich ungeweckt, ungewaschen läßt,
na, dann bist du (halt dich besser fest!)
auf »fünfzig Grad Nord und vierzig West«!

RUDYARD KIPLING,
»WIE DER WAL SEINE GURGEL KRIEGTE«

11. Auf nach Westen: die dreißiger Jahre

Die meisten Amerikaner kehrten im Spätsommer aus Europa zurück, begleitet von Scharen von Landsleuten auf dem Weg nach New York und weiter nach Hause. Die Überfahrt nach Westen schien länger zu dauern, was aufgrund des entgegenfließenden Golfstroms auch häufig der Fall war. Das Tempo an Bord hatte sich ebenfalls gemäßigt. Die Fröhlichkeit war weniger spontan, und der in östlicher Richtung fühlbare Abenteuergeist fehlte. Dies war die Zeit der Schnappschüsse und Souvenirs, der Wahrheit und Ernüchterung, der Geschichten über Handel und Betrug, der Erfindungen darüber, wer wo war, und einer unendlichen Erschöpfung, die nicht einmal ein 24-Stunden-Tag vertreiben konnte.

Keine ausgelassene Feststimmung prägte die Reise. Statt Blumen stapelten sich als Beute der Dollarkreuzritter Pakete und Krimskrams in der Kabine. An die Koffer hatte man sich gewöhnt, verachtete sie gar, weil sie von Kleidungsstücken überquollen, die dringend eine Pflege benötigt hätten, welche sie an Bord nicht erhalten würden. Es gab keine Frau aus dem Zwischendeck, die sie waschen würde, kein Waschhaus und törichterweise keine Wäscherei an Bord. (Dieser Luxus an Bord von Atlantikschiffen ist eine der wenigen Verbesserungen jüngerer Vergangenheit. Wer heute ein Kreuzfahrtschiff betritt, findet jene Wäscherei, die seinen Vorgängern in den dreißiger Jahren vorenthalten wurde.) Die während des Sommers in Le Havre oder Southampton gelagerten Schiffskoffer tauchten nun staubig wieder in den Luxuskabinen auf. Ihr Inhalt erwies sich als ebenso ermüdet wie ihre Eigentümer. Die Unschuld des Juni hatte dem Zynismus des September Platz gemacht, das Versprechen des im Osten heraufdämmernden Morgens, der Nostalgie einer westlichen Sonne.

Auf ihrer Fahrt nach Westen legten die Schiffe in umgekehrter Reihenfolge an den Häfen des Ärmelkanals an. Die Passagiere lehnten sich über die Reling auf der Suche nach einem bekannten oder interessanten Gesicht. Freundschaften reiften rasch in der Hitze des kontinentalen Sommers, und neue und alte Freunde riefen einander zum Dröhnen der Schornsteine Grüße zu, während beißender Rauch in die offenen Fenster auf dem Promenadendeck drang.

Die auf dem Weg nach Westen angelaufenen Häfen boten Nachzüglern eine faire Chance. Taxifahrer suchten den Bahnhof St. Lazare nach Amerikanern ab, die den Schiffszug versäumt hatten. Europäer schienen diese wichtige Abfahrt niemals zu verpassen. Die Taxifahrer wußten, daß diesen verzweifelten Reisenden kein Fahrpreis zu hoch war, solange sie Le Havre oder Cherbourg vor der Abfahrtszeit erreichten. Koffer wurden auf das Dach gebunden, und so manche wilde Fahrt störte den Frieden der Normandie, während die Pariser Taxis ihre schwerste Prüfung ablegten.

Wer aus dringenden Gründen ein bestimmtes Schiff nehmen wollte, zögerte nicht, es schonungslos bis über den Ärmelkanal zu verfolgen. Ein entschlossener Passagier mietete gar ein Flugzeug. Dennoch verpaßte er sowohl in Southampton als auch in Cherbourg die Abfahrt, ehe er sein Schiff in Cobh erreichte. Er bestach einen Bootsverleiher, ihn hinauszurudern, und kletterte triumphierend an Bord, während die Schnürsenkelhändler und knorrigen alten Männer, die Schwarzdornstöcke verkauften, vom Promenadendeck verscheucht wurden.

Köstliche kleine Hummer, die am nächsten Tag im Mittagsmenü zu finden sein würden, zählten zu den beliebtesten Souvenirs in Cobh. In Erinnerung geblieben ist die große Hummerflut auf der *Normandie* im Frühjahr 1938. Anläßlich einer bevorstehenden Reise in den Süden erhielten die Versorgungsagenten in New York per Funk den Auftrag, die amerikanischen Lebensmittelvorräte aufzustocken und unter anderem eine Anzahl Hummer aus Maine einzulagern. Während der Übertragung wurde das Wort »Dutzend« irgendwie zu »Gros« verstümmelt, woraufhin jeder Fischlieferant in weitem Umkreis vom Agenten der French Line aufgerufen wurde, diese monumentale Bestellung zu erfüllen. Per Lastwagen wurden an Pier 88 Tausende von Krustentieren angeliefert, das Zwölffache der geforderten

Bahnsteig 11, Waterloo Station, im Jahr 1926.
Nur Amerikaner schienen den Schiffszug zu
versäumen. (*R.C. Riley Collection*)

Menge und weit mehr, als die Lebendfischtanks der Bordküche fassen konnten. Die Lieferanten, die die gesamte Ostküste nach Hummern abgesucht hatten, waren nicht bereit, sie nun zurückzunehmen. Passagiere und Besatzung der *Normandie* übersättigten sich eine Woche lang auf ihrer Reise nach Rio an einer offensichtlich unerschöpflichen Flut von *homard américain* – gebraten, gekocht, in Mayonnaise, als Eintopf, als Suppe, gedämpft und püriert.

Im Spätsommer erwies sich der Atlantik als rauher. Die Eigner der 230 Meter langen *Great Eastern* hatten in den fünfziger Jahren des vorigen Jahrhunderts erklärt, daß die Länge des Schiffs die größte gemessene Entfernung zwischen Sturmwellen überschritt. Getäuscht durch diese beruhigende Statistik, waren sie der Ansicht, einen Schiffskörper entwickelt zu haben, der den schlimmsten Umständen auf dem Ozean trotzen konnte. Diese gefährliche Annahme sollten sie bereuen. Nach einem Orkan vor der Küste Irlands wurde das Ruder der *Great Eastern* zerstört und das Schiff selbst so stark hin und her geworfen, daß das Gepäck später mit Schaufeln aus dem Laderaum entfernt werden mußte.

Die Erbauer der *Queen Mary* zeigten denselben seltsamen Optimismus und unterließen es, die Korridore mit Handläufen zu versehen. Zusätzlich verfügte ein Großteil der Möbel über keinerlei Verankerungsmechanismen. Ein Sturm im Oktober 1936 brachte überdeutlich zum Ausdruck, daß selbst Schiffe dieser astronomischen Größe für unangenehme und beängstigende Bewegungen anfällig sind. Die *Queen Mary* war ein zartes Schiff, das alarmierend lange rollte, ehe es sich wieder aufrichtete. 1958 fügte man auf Drängen des Vorstandes der Cunard Line zwei Denny-Brown-Stabilisierungsflossen in den überfüllten Maschinenraum ein. Das gefährliche Rollen wurde beseitigt, und die Anzahl der Rechnungen für Porzellan reduziert, von dem vor dem Einbau der Stabilisatoren pro Saison 25 000 Stück ersetzt werden mußten.

Die *Normandie* konnte kaum als zurückhaltender, aber als temperamentvoller Roller bezeichnet werden. Ihre große metazentrische Höhe bewirkte eine rasche Rückkehr in die Vertikale. Während sie weniger Wasser übernahm als ihre Rivalinnen, erwies sie sich als ebenso unverwüstlich wie ein Zerstörer und richtete sich und ihre Passagiere mit erbarmungsloser Heftigkeit immer wieder auf.

Helen Hayes und Ruth Gordon teilten sich eine Kabine auf der ersten Überfahrt der *Normandie* nach Osten. Während Miß Hayes auf das Frühstück wartete, erlebte sie fassungslos, wie eine schwere Lalique-Vase, deren Fuß mit Schrot beschwert war, von dem nebenstehenden Schreibtisch geschleudert wurde und sie am Kopf traf. Der Regenguß aus Rosen, Wasser und Schrot belebte sie gerade rechtzeitig, um noch mit Schrecken zu beobachten, wie sich die Glasplatte eines runden Tisches aus ihrer Verankerung löste und wie eine riesenhafte, wild gewordene Fünfzig-Cent-Münze durch die Kabine wirbelte. Von der Tür erklang ein Klopfen. Die Bahn der vernichtenden Scheibe berechnend, riefen die beiden Frauen dem mit den Tabletts im Gang wartenden Steward statt eines »Herein!« ein für ihn mysteriöses »Jetzt!« zu.

Die riesenhaften Schiffe erlitten niemals so schwere Sturmschäden wie ihre Vorgänger. So stürzte ein berühmter Sturmwind im Jahr 1912 das Innere der *Carmania* in Chaos. Das Schiff durchlief eine Reihe heftiger Rollbewegungen von fünfzig Grad, wodurch sich die Herde in der Küche losrissen und, über die Fliesen schürfend, quer durch den Raum rasten. Einem Beobachter zufolge flogen die Liegestühle »wie Papierschnipsel durch die Luft«. Einige Kabinen wurden unbewohnbar, da die erst kürzlich als Luxus eingeführten Betten die hölzernen Trennwände durchbohrten. Auf diese Weise ihres Nachtlagers beraubte Passagiere legten sich flach auf den Boden des Schiffs und umklammerten den Fuß der nächststehenden Säule.

Auf der *Mauretania* brach eines Nachts eine Welle die Kabine des Zahlmeisters auf, während er mit einigen Gästen Kaffee trank. Die Lichter fielen aus, und es vergingen einige unangenehme Augenblicke, ehe das Meerwasser auf dieselbe Weise den Raum verlassen hatte, auf die es eingedrungen war. Im Jahr 1926 erlebte die *Leviathan* einen Sturm mit Wellen von dreißig Metern Höhe. Kapitän Hartley navigierte von einer offenen Brücke aus und befahl, sämtliche Passagierausgänge auf das Deck hinaus zu versperren. Irgendwie hatte eine von Panik erfaßte Frau einen Weg auf das Deck gefunden und kletterte über eine Leiter zur Brücke hinauf. Dort attackierte sie den Kapitän und verlangte über das Toben des Sturmes hinweg, daß er umkehre. Das arme Wesen war völlig von Sinnen; fünf Männer waren nötig, um sie unter Deck zum Arzt zu bringen. Eine weitere unglückliche Frau starb auf der *Queen Mary* an einer Mischung aus Erschöpfung, Seekrankheit und Angst.

Als *dummy* bezeichnen amerikanische Seeleute eine Art metallenen Regenschirm, der als Notdichtung für zersplitterte Bullaugen verwendet wird. Diese Geräte wurden Mitte der dreißiger Jahre in einer Winternacht erfolgreich auf der *Île de France* eingesetzt, als eine Welle gegen die Flanke des Schiffs prallte und nicht weniger als fünfzehn Bullaugen des Speisesaals zerbrach. Glücklicherweise war er in diesem Augenblick nicht besetzt, denn bevor sich das Schiff wieder heben konnte, stand der Raum einen Meter tief unter Wasser. Derselbe Sturm zerschmetterte 17 Meter darüber die beiden Fenster des von Mrs. Frank Jay Gould bewohnten *appartement de luxe*. Das Meerwasser durchtränkte ihren gesamten Besitz. Ihr selbst gelang es, in die glücklicherweise unbelegte Nachbarkabine zu entkommen. Natürlich wurde ihre Kleidung noch in derselben Nacht gewaschen und gebügelt, und die Passagierc, die um neun Uhr zum Frühstück kamen, fanden bis auf die abgedichteten Bullaugen keinerlei Hinweis auf Schäden. Nach Stürmen wie diesem hatten die Schiffsärzte viele gebrochene Glieder zu schienen, und an beiden Ufern des Ozeans warteten Krankenwagen an den Piers.

Während einer Überfahrt des französischen Ozeanliners *Providence* lief ein Monsignore während eines Sturms aufgeregt und verängstigt auf dem Deck herum. Daraufhin führte ihn der Kapitän in die Back hinunter und zeigte ihm die Matrosen. »Sehen Sie nur, wie diese Seeleute Karten spielen und fluchen«, erklärte er beruhigend. »Wären wir in Gefahr, würden sie auf die Knie fallen und beten.« Der Geistliche schien beschwichtigt und ging an Deck zurück. Etwas später, als der Sturm zunahm, schickte der Kapitän einen seiner Untergebenen zu dem Priester hinab. Der packte den verwunderten Offizier am Arm und führte ihn in die Back hinunter, wo er sich aufseufzend zu ihm wandte: »Gott sei Dank, sie fluchen noch.«

Französische Kapitäne hatten ihre eigenen Methoden, mit Passagieren umzugehen, die sich vor rauhem Wetter fürchteten. Selbst bei nur mäßig schwerer See stieg Kapitän Maurras von der *France* in Ölzeug und Südwester in den Rauchsalon hinab, nachdem ihn einer der Matrosen mit einem Eimer Wasser übergossen hatte. Das von seinem Ölzeug tropfende Wasser bildete Pfützen auf dem Teppich, während er schwankend den Raum betrat und die erstaunten Passagiere fragte, wie sie so ruhig bleiben und Karten spielen könnten, wo draußen ein Sturm wüte, wie er ihn in seinen dreißig Jahren auf See nicht erlebt habe. Dann stapfte er wieder hinaus und ließ eine leicht besorgte, aber insgesamt doch beruhigte Versammlung zurück.

Derselbe Kapitän nutzte einen weiteren Trick. Kurz bevor das Land in Sicht kam, lud er Passagiere auf die Brücke ein und wettete, daß er den genauen Augenblick erraten könne, in dem es auftauchen werde. Die Wette wurde stets angenommen, und er verlor kein einziges Mal. Ein im Krähennest stationierter Komplize erkannte alles über dem Horizont Liegende etwa eine Minute früher und gab seine Information weiter, indem er seine Kappe abnahm und sich am Kopf kratzte. Den Passagieren blieben die Fähigkeiten des Kapitäns ein Rätsel.

Kapitäne auf hoher See gehören einem eigenen Menschenschlag an. Einer von ihnen erklärte einst, daß sich in ihnen »großes seemännisches Geschick, ein rücksichtloser Konservativismus, Blasphemie und eine seltsame, unverständliche Wärme« vereinten. Bis zum Zweiten Weltkrieg hatten alle Kapitäne eines Atlantikpostschiffs ihre Laufbahn auf einem Segelschiff begonnen. Irgend etwas aus diesen besonderen Lehrjahren verlieh ihnen ihre unerschütterliche Wesensart. Sie neigten zur Kühnheit, besaßen einen klaren Blick, ein Glitzern in den Augen und ein von Wind und Wetter gegerbtes Gesicht.

Die lange Zeit, die sie dem Meer und den Männern ausgesetzt waren, die dort Dienst taten, hatte ihrer Sprache eine eigene Färbung gegeben. Ihre Tischgespräche im Speisesaal der ersten Klasse überstiegen mitunter die Grenzen schicklicher Konversation. Kapitän Alec Hambleton von der *Adriatic* besaß ein Repertoire an Seegeschichten, die er bei jeder Überfahrt erzählte. Meine Großmutter hörte sie mehrmals und stieß ihn unter dem Tisch an, wenn sie befürchtete, daß er die Feinfühligkeit der Damen verletzen könnte.

Eine seiner Geschichten betraf den Tag, an dem er als junger Offizier den Auftrag erhielt, Passagiere von einem Tender an Bord zu bringen. Das Meer war besonders rauh, und er folgte dem letzten Fahrgast, einer rundlichen Dame mit voluminösen Röcken, die Leiter hinauf. Mit der einen Hand hielt er sich an der

Die *Île de France* pflügt in schwerem Wetter durch den westlichen Atlantik. (*Compagnie Générale Transatlantique*)

Leiter fest, während er mit der anderen ihre Röcke packte, damit sie nicht vom Wind hochgehoben wurden. Auf halber Höhe der Leiter blickte die Frau hinab. Als sie sah, daß der Tender verschwunden war, geriet sie in Panik. Hambleton ließ ihre Röcke los, um die Frau vor dem Fall zu bewahren. Augenblicklich wurden sie hochgeblasen und landeten ebenso wie die verstörte Frau selbst auf seinem Kopf. Da sie sich weigerte weiterzusteigen, blieb ihm nur eine Alternative. Er biß sie so kräftig, wie er nur konnte. Augenblicklich flog sie die Leiter hinauf – und riß ihm mit ihren Absätzen die Haut von der Nase. »Sie verletzte mich«, pflegte er mit einem Zwinkern zu erzählen, »aber ich garantiere Ihnen, daß sie eine Woche mit dem Gesicht nach unten schlief.« Wenn meine Großmutter anwesend war, kam in diesem Augenblick ihr Fußtritt. »Warum treten Sie mich?« fragte er dann. »Jedes einzelne Wort ist wahr. Ich würde es nicht erzählen, wenn es nicht wahr wäre.« In einer anderen Geschichte hatte er bei der Geburt von Zwillingen auf einem Segelschiff geholfen. Diese Erzählung schien zu weit hergeholt, um wahr zu sein, aber auch zu grotesk für eine Erfindung.

Arthur Rostron, ein Kapitän der Cunard Line, hatte einst erklärt, daß jedes Schiff drei Seiten besitze: Backbord, Steuerbord und die gesellschaftliche Seite. Wie die meisten seiner Kollegen hätte er gerne auf diese letzte verzichtet. Vermutlich war es zeitaufwendig und langweilig, bei jeder Überfahrt höflich Konversation zu machen und dieselben vorhersagbaren Fragen zu beantworten. Einer der Kapitäne stellte eine Liste ständig wiederkehrender Fragen zusammen, unter denen sich die folgenden befanden: »Bezahlt die Cunard Line Ihre Uniform? Um welche Zeit stehen Sie morgens auf? Kennen Sie einen verläßlichen Schneider in London? Warum ist die Deckbeleuchtung den gesamten Tag über eingeschaltet?« Auf die letzte Frage antwortete er mit gänzlich unbewegtem Gesicht, dies geschehe für den Fall, daß sie einen Tunnel passieren müßten.

Ein Kapitän mit einem gewaltigen Bart nahm bei wißbegierigen Passagieren Zuflucht zu einer vorbereiteten Rede:

> Ich habe den Atlantik 422mal überquert. Dies ist meine 423. Überfahrt. Ich habe niemals Schiffbruch erlitten, bin auf keiner verlassenen Insel gestrandet, auf See niemals ausgebrannt, wurde nicht gekapert und ebensowenig von Haien angegriffen und wünsche das auch nicht. Das Schiff fährt 15 Knoten, könnte aber auch schneller fahren, wenn es seine Kapazität voll ausschöpfen würde. Sobald wir anlegen, dürfen Sie von Bord gehen, aber nicht davor. Und wenn Sie etwas schmuggeln wollen, will ich nichts davon wissen, und ich kenne auch nicht die besten Möglichkeiten, etwas am Zoll vorbei an Land zu bringen. Ich hoffe, mich eines Tages von der See zurückziehen zu können. *Gibt es sonst noch etwas, was Sie mich fragen wollten?«*

All dies sprudelte er mit steigender Geschwindigkeit und Lautstärke hervor, so daß er gegen Ende geradezu in das Ohr des unglücklichen Fragestellers brüllte.

Kapitän John Jamieson von der *Saint Paul* löste das Problem mit neugierigen Passagieren, indem er am ersten Abend im Speisesaal den besten Tisch wählte, sich setzte und dann den Steward mit erhobener Stimme aufforderte, die übrigen Stühle zu entfernen.

Heute besitzen sämtliche Atlantikschiffe einen zweiten, stellvertretenden Kapitän, der seinem Vorgesetzten einiges von der entsetzlichen Last gesellschaftlicher Verpflichtungen abnimmt. Auf französischen Schiffen trägt er die Bezeichnung *Commandant Adjoint*, auf italienischen *Comandante in Seconda*. Einer der vier dem Kommodore der *Imperator* unterstehenden Kapitäne wurde neben seiner Qualifikation als Kommandant des Schiffs wegen seiner Fähigkeiten im Umgang mit berühmten Passagieren gewählt.

Sowohl Kapitän Jamieson als auch Hambleton und Smith von der *Titanic* konnten kaum als große Männer bezeichnet werden. Ich vermute, daß zwischen Kleinwüchsigkeit und der Art von Wettbewerbsstreben, die einen Mann in der Seefahrt an die Spitze bringt, eine Beziehung bestehen könnte. Ungeachtet ihrer Größe waren jedoch sämtliche Kapitäne abergläubisch und besaßen ein aufbrausendes Temperament. Falls »aufbrausend« etwas zu heftig klingt, darf zumindest behauptet werden, daß sie mit Narren keine Geduld kannten.

Auf britischen und amerikanischen Schiffen hielt der Kapitän regelmäßig den Meßdienst ab, eine Rolle, die französische und italienische Kapitäne Passagierpriestern überließen. Wenn protestantische Kapitäne mit einer Sorte von Reisenden mehr Probleme hatten als mit redseligen Frauen, waren es Männer, die es als ihr Vorrecht betrachteten, den Sonntagsgottesdienst zu zelebrieren. Auf der *Homeric* mußte ein Methodistenbischof nahezu mit physischer Gewalt von der versammelten Gemeinde in der Lounge zurückgehalten werden. Schließlich machte man ihm klar, daß auf einem Schiff ausschließlich der Kapitän für die Kirchengemeinde zuständig ist.

Kapitäne schlossen weniger Ehen, als üblicherweise angenommen wird. Die Anzahl ausgelassener Paare, die um diesen Dienst baten, überstieg bei weitem jene, die ihn auch erhielten. Kapitän Herbert Hartley von der *Leviathan* führte nur neun Hochzeiten während seiner Jahre an Bord durch. Die letzte – zwischen dem Cartoonisten Bud Fisher und der Gräfin de Beaumont – endete in einer solch skandalösen Scheidung, daß die Schiffahrtsbehörde der Vereinigten Staaten ihren Kapitänen abriet, derartige Vorstellungen zu wiederholen. Eheschließungen wurden ebenso wie Gin auf amerikanischen Schiffen zum Tabu erklärt.

Atlantikkapitäne liefen oft Gefahr, mit den Stewards ihres eigenen Schiffs verwechselt zu werden. Kapitän Irvine, der den Spitznamen »frecher Bill« trug, wurde einst von einem weiblichen Passagier auf dem Promenadendeck angehalten. »Steward«, rief sie ungeduldig aus ihrem Liegestuhl, »bitte nehmen Sie das Tablett fort«. Seine Reaktion ist in zwei Versionen überliefert. Der einen zufolge wandte er sich um, richtete sich zu voller Größe auf und brüllte: »Und wie, zum Teufel, glauben Sie, Madame, sieht ein Kapitän aus?« Der von mir bevorzugten

Arthur Rostron, der Prototyp eines Kapitäns, diente auf der *Carpathia*, der *Mauretania* und als Cunards Kommodore auf der *Berengaria.* (*Cunard Line*)

zweiten Variante zufolge nahm er das Tablett unterwürfig, trat einen Schritt zurück und ließ es dann klirrend zu Boden fallen. »Da sehen Sie, Madame, welch schlechten Steward ich abgeben würde«, knurrte er gefährlich.

Ein als »finsterer Jimmy« bekannter Kapitän der White Star Line erfreute sich an der Pflicht, Toten die letzte Ehre zu erweisen. Vielleicht weil es sich um ein relativ seltenes Ereignis handelte, sprach er mit großem Vergnügen die gemessenen Worte, zu denen ein in Segeltuch gehülltes und an einem Ende mit Eisen beschwertes Bündel auf einer Tischplatte über der Achterreling aufgebahrt wurde. Eines Tages rief ihn das Nebelhorn auf die Brücke zurück, als er eben im Begriff stand zu beginnen. Er übergab die Angelegenheit seinem Untergebenen und eilte davon. Da es sich lediglich um eine schmale Nebelbank handelte, war er Augenblicke später bereits wieder zurück und zog rasch wieder seinen Gehrock über. Er griff nach dem Gebetsbuch und rief mit dröhnender Stimme: »So wie du die Hölle bist, bin ich die Auferstehung und das Leben!«

Nebel galt als gefürchteter Feind. Legte er sich über das Schiff, erfolgte die Wachablösung der übrigen Besatzungsmitglieder wie üblich, lediglich der Kapitän blieb so lange auf der Brücke, bis er sich wieder verzog. Nirgendwo bedeutete das soviel Schlaflosigkeit wie auf dem Nordatlantik. Kommodore Bertram Hayes verbrachte einmal 69 Stunden ununterbrochen im Steuerhaus der *Majestic*. Marathons dieser Art waren vor dem Aufkommen des Radars nicht ungewöhnlich. An einem Ende der Brücke befand sich ein ausschließlich für den Kapitän reservierter, erhöhter Drehstuhl. Außer ihm saß niemand in diesem Nebelsitz. Die aufgrund der Erschöpfung wachsamen Ohren der Kapitäne hörten mitunter entfernte Maschinengeräusche durch den Nebel, die keiner der angeblich aufmerksameren untergeordneten Offiziere wahrnahm. Mütter von kranken Kindern sind häufig mit einem ebensolchen außergewöhnlichen Hörvermögen gesegnet.

Die Fähigkeit von Kapitänen, in diesen milchigen Schwaden etwas zu *fühlen*, erstaunt womöglich noch mehr. Nahezu jeder Kapitän erinnert sich an ein Ereignis, dessen glückliche Wendung er diesem Phänomen verdankt. Zahllose Schiffe wurden im letzten Augenblick durch einen intuitiven sechsten Sinn vor einem Zusammenstoß gerettet – ich nenne nur die *Normandie*, die *Mauretania* und die *Majestic*. Während das Schiff vorsichtig durch den Nebel dampft, gibt der Kapitän plötzlich den Befehl, alle Maschinen zu stoppen. Augenblicke später taucht aus dem Dunst ein Schiff auf einem Kurs auf, der nur um Haaresbreite an einer Kollision vorüberführt. Auf dem westlichen Ozean gab es zahllose Begegnungen dieser Art, von denen die Passagiere niemals hörten und die niemals ins Logbuch eingetragen wurden.

Nebel besitzt die unangenehme Eigenschaft, das Wesen und die Richtung von Geräuschen zu verzerren. Akustische Muster werden in der Luft auf eine Weise gestört, daß sich selbst erfahrene Seeleute täuschen lassen. Sich allein auf sein Gehör zu verlassen ist ebenso hoffnungslos, wie ausschließlich auf das Radar zu vertrauen. Dieser verteufelte Umstand war zumindest teilweise für den dritten

S.S. LEVIATHAN - - AT SEA
August 10th, 1923

President Harding Memorial

ORDER OF SERVICE
Starting 5-45 p.m.

Prayer - - Rev. C. E. Scott

Solo - - Miss Helen Stover
"Lead Kindly Light"

Addresses by James M. Beck,
Solicitor General, U.S.A.

Martin B. Madden,
U.S.A. House of Representatives

Reed Smoot,
U.S.A. Senator

James J. Davis,
Secretary of Labor,
U.S.A.

Solo - - Miss Helen Stover
"Abide With Me"

Prayer - - Rev. C. E. Scott

Corresponding to the time the President's Body is being lowered into the grave, in token of respect, the Leviathan's engines will be stopped for five minutes

Albert D. Lasker - - Presiding

Eine Gedenkfeier auf hoher See.
(*Frank Braynard Collection*)

Die *Olympic* im Schwimmdock in Southampton. Arbeiter betrachten ihre Bugplattierung nach der Kollision mit dem Nantucket-Feuerschiff. (*Cunard Line*)

und folgenschwersten Zusammenstoß der *Olympic* an einem nebelverhangenen Morgen im Mai 1934 wenige Stunden vor New York verantwortlich.

Von Southampton hatte das Nebelhorn die gesamte sechstägige Fahrt über sein monotones Signal ausgestoßen, und die Augen von Kapitän John W. Binks waren vermutlich vor Erschöpfung gerötet. Von den nur 185 Passagieren an Bord sprach einer am Bootsdeck mit einem dienstfreien Ingenieur, während aus der sie umgebenden Nebelwand das Blöken des Feuerschiffs von Nantucket ertönte. Der Ingenieur hatte eben erklärt, daß im Nebel die Geräuschquellen näher zu sein schienen, als die Dampfpfeife der *Olympic* über ihren Köpfen das Notsignal gab. Das Feuerschiff war sechshundert Meter vor dem Ozeandampfer direkt auf dessen Kurs aufgetaucht, wie der Rudergänger später bezeugte. Die Maschinen wurden mitten in einer Fahrt von 17 Knoten gestoppt, doch der vertikale Bug der *Olympic* bewegte sich erbarmungslos vorwärts und schnitt das kleine rote Schiff entzwei. (Der Vorfall klingt bekannt – erneut gelingt es dem eleganten schwarzen Schiffskörper nicht rechtzeitig, eine Notwende durchzuführen, um einem auf seinem Kurs befindlichen Schwimmkörper auszuweichen.) Sieben Mann der Besatzung des Feuerschiffs wurden getötet, die verbleibenden vier von den Rettungsbooten der *Olympic* aufgenommen, die bereits Augenblicke vor dem fatalen Zusammenstoß zu Wasser gelassen worden waren.

Die tragische Kollision besitzt besondere Bedeutung, da auch eine Funksicherungsanlage darin verwickelt war. Das von einem Sender an Bord des Feuerschiffs ausgegebene Signal diente einlaufenden Kapitänen in Verbindung mit anderen (Pollock Rip, Chatham, Block Island und dem Feuerschiff von Vineyard Sound) zur Bestimmung ihrer genauen Position. Bei der Untersuchung in New York sprach Kapitän Binks von der *Olympic* die Vermutungen aus, daß das System defekt gewesen sei oder daß der Nebel selbst ungewöhnliche atmosphärische Zustände geschaffen habe, die den Empfang gestört hätten. Andere Offiziere, die zur selben Zeit auf der Brücke gewesen waren, unterstützten seine Behauptung, indem sie bezeugten, das Nebelhorn des Feuerschiffs an Steuerbord gehört zu haben, weshalb sie absichtlich einige Grad nach Backbord abgedreht hätten, um einen Zusammenstoß zu verhindern. Kapitän Eaton, der Leiter des Feuerschiffdienstes, erklärte, daß die *Olympic* dafür berüchtigt sei, das Feuerschiff stets gefährlich nahe zu passieren. Tatsächlich galt es zu dieser Zeit bei allen Kapitänen als übliche Navigationspraxis, das Feuerschiff direkt anzusteuern und ihm erst im letzten Augenblick auszuweichen. Der Ozeanliner *Washington* hatte es im selben Jahr versehentlich gestreift. Wie im Falle ihrer beiden Schwesterschiffe wendete sich das Glück gegen die *Olympic*, und die Gesellschaft zahlte einen hohen Preis für eine gängige Übertretung.

Das Unglück wirkte sich verheerend auf den Kapitän des Schiffs aus. Binks sollte in Kürze in den Ruhestand treten, doch der Schock und die nachfolgende psychische Belastung zerschmetterten ihn. Er kommandierte nie wieder ein Schiff der White Star Line. (Genaugenommen gab es nicht viele Kapitäne, die dies noch taten. Im Juli desselben Jahres schlossen sich die beiden britischen Rivalinnen offiziell zusammen. Die Hausflagge der *Aquitania* zog nun den weißen Stern hinter sich über den Ozean.) Vier Jahre später kam er zu einer letzten bizarren Überfahrt aus seinem Ruhestand. Er führte die *Leviathan* auf ihrer letzten Reise von Hoboken zu den schottischen Verschrottungsanlagen. Männer wie er besaßen eine außergewöhnliche Beziehung zu ihren Schiffen. Kapitän Parker von der *Olympic* erklärte einst allen Ernstes: »Sie müssen nur wollen, daß sie etwas tut, und schon reagiert sie.«

Aus dem Dienst ausscheiden bedeutete für die Kapitäne, sich von dem Schiff zu trennen, dem sie eine unterschiedliche Anzahl von Jahren ihres Lebens gewidmet hatten. Sir James Charles, der Vorgänger von Rostron als Kommodore der Cunard Line, starb auf der Brücke der *Aquitania*, als er sie ein letztes Mal in Southampton längsseits brachte. Die emotionale Belastung dieses Augenblicks war zuviel für ihn. Sir James bleibt vielleicht als der eleganteste britische Kapitän in Erinnerung. Er war ein Gourmet, der an seinem Tisch auf der *Aquitania* auf weißer Krawatte bestand und Blancart von der *Île de France* als vornehmsten Kapitän auf dem Atlantik knapp auf den zweiten Platz verwies.

In den dreißiger Jahren starb Sir James Netley in seiner Kabine auf der *Aquitania* zwischen Cherbourg und Southampton, auch er auf seiner letzten Reise. Der Schiffsarzt schrieb seinen Tod einem gebrochenen Herzen zu. Nach diesen beiden Todesfällen hielt die Cunard-White Star Line das Datum der Pensionierung geheim, so daß kurz vor ihrem Ruhestand stehende Kapitäne nie wußten, welches ihre letzte Überfahrt sein würde. Doch sie verstanden und würdigten 1958 den letzten Wunsch von Kapitän Sorrell, daß seine Asche vom Heck der *Queen Mary* in die See gestreut werden sollte. Mitunter erwies sich die Aufgabe des Kapitäns in Kombination mit der des Gastgebers an Bord eines der neuen Giganten als zu große Verantwortung. Kapitän Sir Edgar Britten von der *Queen Mary* brach an dem Morgen zusammen, an dem sein Schiff nach New York hätte auslaufen sollen. Fünf Stunden später starb er im Pflegeheim von Southampton.

Harold Nicolson befand sich unter den Passagieren, die an Bord der *Normandie* im ersten Sommer ihrer Dienstzeit westwärts fuhren. Sein jüngerer Sohn Ben begleitete ihn, während seine Gemahlin, die Schriftstellerin Vita Sackville-West, in Kent zurückblieb. Nicolson vermißte sie entsetzlich, und ihre Abwesenheit veranlaßte ihn, ihr einen langen Bericht von der Überfahrt zu schreiben, den er in New York aufgab. Der Brief stellt eine wertvolle Reportage einer Überfahrt in den dreißiger Jahren dar, die von einem ebenso unterhaltsamen wie scharfsinnigen Beobachter zu Papier gebracht worden war. Als Datum ist der 4. Juli 1935 angeführt:

> Ich saß bequem in meinem Bus und erwachte in den Docks von Southampton. Dann schiffte ich mich auf einen Tender ein *[sic]* und las in einem Korbstuhl einen Detektivroman.
>
> Es dauerte Stunden, ehe sich das gesamte Gepäck an Bord befand, doch schließ-

lich begann der Tender zu beben und bewegte sich. Wir schwenkten auf den richtigen Kurs ein, und aus meinem Stuhl konnte ich die vor Anker liegenden Jachten am Bullauge vorübergleiten sehen. Plötzlich begann der Tender heftiger zu zittern. Die Passagiere liefen auf die eine Seite des Schiffs. Irgend jemand schrie: »Wir setzen zurück!« und »Sie haben jemanden vergessen!« Ein Murren lief durch das Schiff. [...] Der Tender wühlte sich rückwärts durch das Wasser und legte an einem zweiten Tender an, auf dem sich der Übeltäter befand. Es handelte sich um einen jungen katholischen Geistlichen mit Pickeln am Kinn, der einen kleinen Koffer aus schwarzem amerikanischem Tuch in der Hand hielt. Er begegnete den fünfhundert entrüsteten Augen ohne den Mut, den ich bei jedem Vertreter Christi auf Erden vermutet hatte. Statt dessen schlug er die Augen nieder und blickte auf seinen kleinen schwarzen Koffer. Als der Augenblick zum Sprung gekommen war, tat er dies, so leichtfüßig er konnte, und machte durch seine Behendigkeit unsere verlorene Zeit wieder wett. [...] Ich kehrte zu meinem Stuhl und meiner Detektivgeschichte zurück. Es war ein reizender Nachmittag. Wir fuhren in den Meeresarm von Solent ein und steuerten auf Spithead zu. Einige Meilen entfernt konnte ich eine große weiße Gestalt erkennen und einen roten Schornstein. Sie gehörten der *Normandie*. Ich kehrte zu meinem Buch zurück und stand zehn Minuten später wieder auf. Aus der Nähe wirkte sie geradezu gefährlich schwer. Wenige Minuten darauf hielten wir auf und ab tanzend an und trieben in das Lee dieses riesenhaften schwarzen Überhangs. Ich blickte empor und fragte mich, ob ich wohl ein bekanntes Gesicht sehen würde. Aber es war, als würde ich auf den Klippen von Gibraltar nach einem Freund suchen. Als ich schließlich die Gangway passierte, wartete Ben erfreut auf mich. Wir gingen direkt in unsere Kabinen. Meine ist mit Satinholzschränken und jeder vorstellbaren Art von Geräten einschließlich eines Telefons ausgestattet. Bens Kabine ist hübscher, aber kleiner. Sie ist mit hellblauem glänzendem Stoff in einem entfernt chinesisch anmutenden Muster in Gold ausgekleidet. [...] Ich fühle mich, als wohnte ich in dem denkbar besten Hotel. Die Aufteilung der verschiedenen Decks ist besonders klug bedacht. Dadurch erweckt das Schiff einen noch geräumigeren und gewaltigeren Eindruck. Du erinnerst Dich, daß sich auf der *Bremen* sämtliche Aufenthaltsräume auf einem Deck befanden. Hier sind sie auf verschiedene Geschosse verteilt und durch breite, dekorative Treppen miteinander verbunden. Dieses Schiff besitzt von oben eine Reihe hübscher Perspektiven. Die Decks sind ebenfalls nach demselben System angeordnet. Am Heck erhebt sich ein Deck leicht terrassenförmig und wird wie eine Ausstellung von Laternen beleuchtet. Von ihm aus öffnet sich ein kreisrundes Café mit modernen Stahlstühlen und Glaswänden rundum. Erinnert stark an Le Corbusier. Der Rest ist jedoch Lalique in seiner extravagantesten Form. Die Ausstattung ist farbenfroh und amüsant, aber kaum beruhigend. An Bord findet sich auch eine nette kleine katholische Kapelle mit einem erleuchteten Altar und dezenter Holzschnitzerei. Das gesamte Schiff vermittelt den Eindruck einer *ex-*

position des arts décoratifs. Bis heute haben wir es noch nicht gründlich erforscht.
Wir verließen die Kabinen erst um acht Uhr. Ben und ich betrachteten einen wundervollen Sonnenuntergang, auf den die Lichter von Bembridge folgten. Dann warteten wir auf die berühmten Vibrationen, die sich jedoch nicht einstellten. Selbst jetzt spüre ich nicht das geringste Rütteln. Auf dem gesamten Schiff gibt es nur einen Abschnitt an Deck, wo ich es überhaupt bemerkte.

Nicolson gewann von der *Normandie* einen überaus positiven ersten Eindruck. Hätte das Schiff in Cobh angelegt, so hätte er diesen am ersten Tag verfaßten Teil seines Briefes vermutlich abgeschickt und seine Gemahlin von einer durchaus fröhlichen Stimmung während der Überfahrt überzeugt. Wie wir erfahren werden, sollte dies nicht so bleiben:

Freitag, 5. Juli: Wir hatten *café complet* in unseren Kabinen, ein einfach himmlisches Erlebnis. Danach füllten wir gemeinsam unsere Formulare aus. Ben entschied nach einigem Zögern, daß er weder *estropié* noch *polygame* ist. [...] Gestern war Unabhängigkeitstag, und man hatte die Gänge mit amerikanischen Flaggen und französischen Trikoloren geschmückt. Ben und ich fühlten uns etwas ausgeschlossen. Nun, da wir uns tatsächlich auf dem Atlantik befinden, weiß ich, was man unter Vibrationen versteht. Auf den Tischen des im Heck gelegenen, kreisrunden Restaurants von Le Corbusier erschauern die Blumen vor etwas Entsetzlichem. Längere Zeit dort zu lesen dürfte schwierig sein. In dem nebenan gelegenen Rauchsalon begann plötzlich die Wandvertäfelung heftig zu schwanken. In der Touristenklasse müssen die Vibrationen noch weit stärker zu spüren sein, und ich kann mir gut vorstellen, daß sie in einigen Kabinen wahrlich unerträglich sind. Doch in unserem Teil des Schiffs ist davon nichts zu bemerken. Ich habe noch nie einen solchen Luxus gesehen wie den, in dem Ben und ich nun leben. Das Essen ist wirklich ausgezeichnet. Während ich mich noch vorsichtig zurückhalte, läßt Ben es sich richtig schmecken. Gestern gab es Kaviar und Pastete zum Abendessen. Auf gewisse Weise lehnt er all dies ein wenig ab. Wie er bemerkte, erinnere der Ort an eine Bühne für eine Ballettvorstellung. Ein Ballett von Stewards, Matrosen, Heizern, Stewardessen und Ingenieure. Darüber hinaus gibt es etwa fünfzig Liftjungen in kräftigroten Uniformen, die wie Salbeiblüten durch die goldenen Gänge treiben. Das ist auch der Gesamteindruck – Gold, Lalique-Glas und Purpurrot. Es wirkt sehr fröhlich, würde mich jedoch nach mehr als einer Woche zum Wahnsinn treiben.

Prophetische Worte! Die Vibrationen, die Fülle an Speisen und Dekor und das Fehlen gleichgesinnter Seelen unter den Passagieren fordert nach und nach seinen Zoll. Die einzige ihm aufgedrängte flüchtige Bekanntschaft stellt sich als verhängnisvoll heraus:

[Fortsetzung 5. Juli] Ben und ich sahen einen guten Film und trainierten anschließend im Sportsaal auf den Fahrrädern. Nach dem Abendessen gab es ein Auktionsspiel. Auch ich hatte einen Schein genommen. Als mein Name aufgerufen wurde, wandten einige die Köpfe um, und eine gräßliche deutsche Frau erhob sich und kam auf mich zu. »Sie sind doch nicht wirklich Harold Nicolson?« Ich blickte an meiner Nase hinab. Sie war offensichtlich eine Langeweilerin, denn sie behauptete, daß T. E. Lawrence ermordet worden sei. Nun, Leute, die Lawrence als Mysterium und romantische Gestalt betrachten, sind eindeutig Langeweiler. [...] Ich sehe schon, daß sie mir die Hölle bereiten wird.
Samstag, 6. Juli: Die Hälfte der Überfahrt liegt nun hinter uns. All dies Getue um die Geschwindigkeit ist Unsinn. Ein zusätzlicher Tag macht kaum einen Unterschied, im Gegensatz zu der jetzigen Geschwindigkeit, die eindeutig Nachteile mit sich bringt. Zunächst verstärkt sie die Vibrationen und an zweiter Stelle den Wind. Wenn nicht gerade starker Rückenwind herrscht, ist der Luftzug auf dem Sonnendeck wirklich unerträglich. Als befände man sich in einem Flugzeug. Der einzige Ausweg ist das mit Glas eingeschlossene Promenadendeck, das zwar geschützt, aber auch ein wenig stickig ist. Dann gibt es noch den Wintergarten, in dem Dorothy Perkins in all ihrer Pracht Hof hält und Wellensittiche in riesigen Glaskäfigen von jadegrünen Lalique-Callablättern auf von demselben Künstler geschaffene rosafarbene Glashortensien hüpfen. [...] Gestern gelang es mir mit großem Geschick, der deutschen Passagierin zu entgehen. Ich kenne keinen einzigen Menschen an Bord und danke Gott für Bens Gesellschaft. [...] Ich habe meinen verdorbenen Magen gänzlich überwunden und kann wieder alles essen. Das Weiterschreiben verschiebe ich auf morgen. Wie sehr ich diese tagebuchartige Briefform hasse! Obwohl ich nicht weiß, warum. Die Aufsatzform scheint für einen Brief ungeeignet.

Möglicherweise gefiel es Harold Nicolson nicht, Briefe wie ein Tagebuch abzufassen; dieser vorliegende dient jedoch als unschätzbares Barometer seiner Stimmung. Zwischen den Zeilen lassen sich seine zunehmende Unzufriedenheit mit der Extravaganz, sein Mißmut über die Geschwindigkeit und sein Ärger über das Dekor ablesen, das ihn zwei Tage zuvor noch amüsiert hatte. Wie zerbrechlich ist doch die Begeisterung der Passagiere und wie übersättigt der Reichtum des Dampferlebens!

[Eintragung für den 6. Juli] Ben ist soweit wohlauf, wenn auch meiner Ansicht nach ein wenig leberkrank. Ich gab ihm gestern abend eine starke Dosis Medizin, und nun ist er wieder vergnügt. Er badete im Schwimmbecken und fuhr zweieinhalb Kilometer auf dem Fahrrad. Ihm fällt es schwer zu arbeiten oder ein ernsthaftes Buch zu lesen. Mir ebenso. Schiffe haben etwas an sich, das den

Ein Galaabend in der großen Lounge der *Normandie*. Rechts ist eine der vier Lichtsäulen zu sehen, deren Entfernung sich 1942 katastrophal auswirkte. (*Compagnie Générale Transatlantique*)

Geist stört. [...] Bens Französisch erweist sich als weit besser, als ich angenommen hatte. Er bestellt sämtliche Mahlzeiten und andere Dinge in fließendem und korrektem Französisch.

Sonntag, 7. Juli: Wir werden New York morgen früh erreichen. Ich hoffe, diese Nachricht erfreut Dich ebenso wie mich. Der arme Benzie ist nicht ganz wohl und gelangweilt. Er sagt, sein Geist fühle sich wie ein Teigklumpen an. Er litt nicht einen Augenblick an Seekrankheit, aber ihm schlägt offensichtlich alles auf die Leber, und insofern hat ihn die See schwer getroffen. Unsere Mitreisenden rufen und prahlen ständig – sie versuchen, alles in ihrem idiotischen Französisch zu bestellen, um unterhaltsam zu wirken. Meine deutsche Bewunderin hatte mich zu fassen bekommen, aber ich konnte fliehen. Abgesehen von ihr haben wir mit kaum einer Seele gesprochen. Dies ist die schlimmste Gesellschaft, die ich jemals auf einem Schiff ertragen mußte, und ich danke Gott dafür, daß Ben bei mir ist. [...] Die *Berengaria* legt am 26. Juli ab und sollte am 1. August in Southampton eintreffen.

Nicolsons Ernüchterung nach einem nur viertägigen Bordaufenthalt belegt eine kluge Beobachtung meiner Frau: Die Länge der Überfahrt scheint stets genau richtig bemessen. Am letzten Tag ist man gerne bereit, von Bord zu gehen.

Ludwig Bemelmans, ein ständiger Passagier der *Normandie*, teilte die Abneigung des Engländers seinen Mitreisenden gegenüber nicht. Der amerikanische Schriftsteller fuhr in prächtigem Luxus nach Osten. Man hatte ihm die sybaritischen Freuden von Trouville gewährt, da sämtliche *cabines des luxe* ausgebucht waren. Am ersten Morgen wagte er sich ins Freie:

Ich saß am nächsten Morgen in meinem *dodine* (Schaukelstuhl) auf meiner privaten Terrasse und genoß die Morgensonne und das Meer. Nach fünf Minuten hingebungsvollsten Schaukelns und vollkommener Stille, in der nur mein Schaukeln zu hören war, glaubte ich, vor Wut explodieren zu müssen – stand doch tatsächlich ein Mann auf meiner Privatterrasse und blickte auf die See hinaus.

»Verzeihen Sie, sind wir einander schon begegnet?« rief ich.

»Nein, tut mir leid. Ich bin eben erst eingetroffen«, antwortete der Mann.

»Wissen Sie, daß dies meine private Terrasse ist?« fragte ich ihn.

»Verzeihen Sie. Ich bewunderte lediglich die Aussicht«, erklärte er und spazierte zu seiner eigenen privaten Terrasse hinüber, während ich weiter in meinem Stuhl schaukelte.

Später wurden wir einander vorgestellt. Es handelte sich um Jules Bache. Heute sind wir gute Freunde. Ich nenne ihn Julie.

Bemelmans verliebte sich in das Schiff, und vor allem in die Lounge, einen »Raum aus Silber, Gold und Glas. Mit seiner an ein Theater erinnernden Größe glitt er durch den reinen, endlosen Ozean, der durch die hohen Fenster hereinglitzerte«. Zwei weibliche Passagiere faszinierten ihn und seine Tochter Barbara besonders. Die erste:

> [...] eine dunkle Festung von einer Frau [...] eine alte Gräfin mit einem Gesicht aus Roquefort und Augen wie Kieselsteine. [...] Sie saß, in ihren Zobelmantel gehüllt, in der vordersten von drei Liegestuhlreihen außerhalb des Salons. Auf ihrem Schoß ruhte ein von einer kleinen Hundedecke geschützter, asthmatischer und sabbernder Pekinese mit einem Schilddrüsenleiden. Wann immer Barbara an ihrem Stuhl vorüberging, hob die alte Gräfin ihre Decke und stieß das Hündchen an: »Piche, sieh doch nur das kleine Mädchen, wie herzallerliebst sie ist!«

Die zweite war eine überwältigende Witwe mit langem, blondem Haar, deren Kleidung so erstaunlich gut saß, daß »ein Arzt sie so, wie sie war, hätte untersuchen können«. Sie galt als Sensation des Schiffs:

> Ihre Arme wurden von dem Gewicht ihres selbstverständlich echten Schmucks nach unten gezogen, und natürlich besaß sie eine Silberfuchsjacke. Eine mit Orchideen gefüllte Eisbox half ihr, die Reise zu ertragen. Bei jedem Mahl trug sie frische Blumen. In ihrer Begleitung befand sich ein trauriges kleines Mädchen mit bleichem Gesicht, dem es nicht gestattet war, mit anderen Kindern zu spielen. Es trug einen kleinen Nerzmantel – den einzigen Kindernerzmantel, den ich jemals gesehen habe.
> Die von der jungen Witwe perfekt inszenierten Auftritte zum Abendessen erinnerten mich an Ostern im Varieté. Sie wartete, bis das Orchester Ravels *Boléro* spielte, und schwebte dann, in teure Düfte gehüllt und mit starkem Augen-Make-Up, in den Raum. Das Spiel ihrer Glieder und Muskeln war so deutlich zu sehen wie an einer Python. Auf dem ersten Absatz der langen Treppe beugte sie sich nieder, und alle hielten den Atem an; es gelang ihr, die Schleppe ihres Kleides zu fassen – fünfundzwanzig Zentimeter makelloser Knöchel und Wade blitzten auf – und mit emsigen kleinen Schritten die restlichen Stufen in das Restaurant hinabzusteigen. Dann bestrich sie kleine Stücke Toast mit Kaviar und garnierte sie mit gekochtem Eiweiß, so daß sie wie jene Karten aussahen, die man trauernden Hinterbliebenen schickt. Dabei blickte sie auf den Ozean hinaus und trank Champagner. Das traurige kleine Mädchen sagte den ganzen Tag über kein Wort.
> Am letzten Abend an Bord fiel die Witwe aus ihrer Rolle. Ein prachtvoller, exquisit modellierter, langer, schlanker, mit einem Strumpfband gezierter Unterschenkel baumelte an einem hochgezogenen Knie inmitten schwarzen Satins und zarter Wäsche. Sie tanzte wie Jane Avril, stieß einen wilden Cowboyschrei aus, »Whoopee«, und warf allen rundum Kußhände zu.

Andere Passagiere zu beobachten zählte zum allgemeinen Zeitvertreib. Die Gräfin und die Witwe, denen Bemelmans Aufmerksamkeit galt, eignen sich ausgezeichnet, um die schicke, an Fellini erinnernde *haut monde* zu charakterisieren, die in den Vorkriegsjahren auf der *Normandie* reiste. Gegen Ende der Kreuzfahrt wurde Bemelmans mit Fürsorge überhäuft:

> Ich glaube, die Trinkgelder auf dieser Reise beliefen sich auf einen höheren Betrag als die Passage selbst. Ich habe noch niemals einen solchen Service genossen. Der Lift besaß nicht nur einen Liftführer, sondern zusätzlich einen zweiten Mann, der sich ebenfalls in die Kabine drängte und den Liftführer gegen die Wand drückte; dann fragte er nach dem Ziel und gab diese Information an den Liftjungen weiter. In der Etage angekommen, öffnete er die Tür und lief uns als Führer zu dem gewünschten Raum voran. Insgesamt war es zuviel des Guten.

Auf seiner Rückreise hatte der Schriftsteller wenig Bargeld bei sich und versuchte, in Paris die dritte Klasse auf der *Normandie* zu buchen. Der Buchungsagent wollte nichts davon hören. Trouville war frei, und Bemelmans wurde gegen alle Einwände erneut in der Luxussuite untergebracht. Schließlich gestand der Amerikaner seine wahren Beweggründe:

> »Ich würde gerne erleben, wie sich ein Mann fühlt, der kein oder nur wenig Geld besitzt und in der dritten Klasse essen und schlafen muß«, erklärte ich. (Der Geist von Robert Louis Stevenson zeigt sich hier!)
> »Ah«, gab der Agent zurück, »Monsieur Victor Hugo wurde auch nicht zum Buckligen, um *Der Glöckner von Notre Dame* zu schreiben, und wenn Balzac wie Père Goriot gelebt hätte ... « Ein eisiger Blick ließ ihn verstummen. Er verschränkte die Arme und wartete. Als ich meine Einwände vorgebracht hatte, stieß er die Reservierung für die Suite über den Tisch und deutete mit seinem Bleistift darauf. »Es ist alles arrangiert«, erläuterte er. »Sie werden in der Suite wohnen, und jeden Tag wird Sie jemand in die dritte Klasse hinunterbegleiten, wo Sie das wahre Leben beobachten können. Für Ihre Mahlzeiten werden Sie selbstverständlich wieder hinaufgehen. Madame und *bébé* bleiben oben. Es bedeutet zwar eine Menge Schreibarbeit und Papierkram, Erklärungen und Verwirrungen, aber dafür bin ich hier.«

Schließlich setzte Bemelmans sich durch und reiste dritter Klasse zurück. Er beschreibt seine neuen Reisekameraden folgendermaßen:

> Das Glas *vin ordinaire* schmeckt gut, und die *cuisine bourgeoise* ist ausgezeichnet. Lediglich die Vibrationen und das Stampfen sind deutlich zu fühlen. Andererseits gab es einen spitzgesichtigen Jungen, der zum ersten Mal Eis-

> creme kostete und sich bis zur Übelkeit daran satt aß. Wir saßen mit einem Mann mit schmutzigen Fingernägeln am Tisch, und am Nebentisch hatte ein Missionar seine eigenen Wilden in Form von drei Kindern mitgebracht, die während des Essens mehrmals hinausgetragen werden mußten.
> Ein Mann in Pullover und Kappe, ein Deutscher, hatte mehrere Millionen zurücklassen müssen, als er mitten in der Nacht von der Gestapo aus dem Bett gerissen worden war. Noch immer verbirgt er sich hinter Ventilatoren und kriecht, von Geistern verfolgt, durch die Gänge. Er drückte sich an der Seite den Korridor entlang, stand allein an Deck, schien sich immer für seine Anwesenheit entschuldigen zu wollen und fürchtete, daß alles bald zu Ende sein würde [...] daß von irgendwo eine Hand nach ihm greifen und ihn in das Elend zurückstoßen würde. Doch langsam genas er [...]. Am letzten Tag blickte er sogar auf – und lächelte.

Das Lächeln des unglücklichen Flüchtlings verblaßte vermutlich gegen Ende der Überfahrt, und er wünschte sich einen Teil seines konfiszierten Geldes zurück. Obwohl Trinkgelder in der dritten Klasse nicht so »großzügig« waren wie in der ersten Klasse, fühlten viele Passagiere in der Nähe des Hafens ein ähnliches Entsetzen über die Höhe der pflichtschuldig gegebenen Aufmerksamkeiten wie Bemelmans. Darum nun ein Wort zu den Stewards, ohne die das prachtvollste Schiff kein Leben besäße.

Der persönliche Steward des Kapitäns wurde »Tiger« genannt. Dieser Name war vor etlichen Jahren entstanden, als die Kapitäne der ostindischen Handelsschiffe miteinander um den bestgekleideten persönlichen Diener wetteiferten. Die farbenfrohen seidenen Livreen wurden in den Häfen des Fernen Ostens maßgeschneidert und brachten eine neue Art maritimen Haushofmeister hervor, gegen den jeder Palastdiener verblich. Die in solch glitzernde Pracht gehüllten Männer erhielten den Beinamen Tiger. Wie ihre Kollegen in allen Passagierbereichen an Bord von Atlantikschiffen arbeiteten sie zahllose Stunden für einen geringen Lohn. Ein Monatsgehalt betrug im Durchschnitt 25 Dollar, und ihr Tag begann um sieben Uhr früh und war erst gegen 22 Uhr abends zu Ende. Die Mahlzeiten wurden zwischendurch eingenommen, wann immer dies möglich war.

Den größten Ausgleich für diese Mühen bildete das Trinkgeld, das sie bei Abschluß der Überfahrt einsammelten. In den zwanziger Jahren konnte ein guter Decksteward gut und gern 250 Dollar pro Reise einnehmen, wovon er ein Drittel traditionsgemäß an den im Anrichteraum Beschäftigten weitergab. Insbesondere wenn ein Steward auf einem guten Abschnitt des Promenadendecks oder des Rauchsalons arbeitete, überstieg sein Einkommen üblicherweise das des Kapitäns.

Der neue Schiffsarzt der *Majestic* wurde auf einen Drink in die Bar des Polygon-Hotels eingeladen, ein bei der Handelsmarine beliebtes Lokal. Die von ihm als Erste-Klasse-Passagiere eingeschätzten, gutbetuchten Männer, die zwanglos an der Bar lehnten und doppelte Whiskeys tranken, stellten sich schließlich als

Stewards heraus, die im Begriff standen, sich an Bord zum Dienst zu melden. Der extravagante CGT-Kapitän Joseph Blancart konnte sich während seines sechsjährigen Kommandos auf der *Île de France* keinen Wagen leisten, während viele seiner Stewards dazu imstande waren. In den zwanziger und frühen dreißiger Jahren, ehe die Gewerkschaften aufkamen, erhielten nur wenige der Collegestudenten, die sich während ihrer Sommerferien die Überfahrt nach Europa erarbeiteten, eine Anstellung als Steward. Die meisten landeten an der Spüle in der Küche und standen knöcheltief im Unrat einer verstopften Müllrutsche.

Oscar von Waldorf erklärte einst, daß Diplomatie zu den vorrangigen Fähigkeiten eines guten Stewards gehöre. Während seines Arbeitstages (oder seiner Nachtschicht) ergaben sich zweifellos Situationen, in denen ein besonderes Taktgefühl erforderlich war, insgesamt glaube ich jedoch, daß er eine besondere Liebe zu harter Arbeit aufweisen mußte. Ein Chefsteward auf der *Leviathan* bezeichnete seine Untergebenen als »stark, ernst und clever«. Die besten Stewards kamen aus Großbritannien, Frankreich und Deutschland, doch niemals aus den Vereinigten Staaten. Amerikaner gaben traditionellerweise schlechte Bedienstete ab, und so setzte sich der Service der meisten amerikanischen Schiffe vor dem Zweiten Weltkrieg vorwiegend aus Europäern zusammen.

Ironischerweise wurde der Beruf des professionellen Bediensteten zur Mitte des zwanzigsten Jahrhunderts immer unbeliebter. Selbst das sich ausweitende Reservoir an ungelernten Arbeitern, die aufgrund der raschen technologischen Entwicklung von der Industrie zurückgewiesen wurden, rümpfte allein bei dem Gedanken daran die Nase. In einer Zeit, in der sich mehr Menschen Diener leisten konnten, standen weniger zur Wahl. Grundsätzlich geht man davon aus, daß eine Beschäftigung als Bediensteter zwangsläufig undemokratisch und erniedrigend ist. Wer auch immer eine Methode entwickelt, Menschen für eine Anstellung im Service zu gewinnen, ohne ihre Würde zu verletzen oder ihre Unabhängigkeit einzugrenzen, wird ein Vermögen verdienen.

Diejenigen, die früher diese Art von Arbeit anstrebten, verlangen und erwarten heute einen Achtstundentag, der mit Sonnenuntergang endet und sie nicht weit von ihrem Zuhause wegführt. Aber die beliebten Bürostunden lassen sich schwerlich mit dem Konzept des Service für andere vereinbaren. Das Gegenteil entspricht der Wahrheit. Kellner, Dienstmädchen und Köche können nicht dieselben Arbeitsstunden erwarten wie die Kunden, denen sie dienen. Stewards und Stewardessen an Bord der Atlantikliner sahen ihr Zuhause und ihre Familien ebenso selten wie die übrige Besatzung. Die *Titanic*-Stewardeß Violet Jessop sagte zu ihren Tagen auf See, daß sie auf gewisse Weise genausoviel Seemann war wie die Männer, die die Kessel heizten oder die Decks abspritzten.

Passagiere, die Trinkgelder für das Schiffspersonal ablehnten, taten dies aus unterschiedlichen Gründen: Einige fanden es schlicht peinlich, andere waren sich der richtigen Summe nicht sicher, und viele trennten sich einfach ungern von ihrem Geld. Stewards zufolge wimmelte es zu jeder Jahreszeit, in jeder Klasse und

Links: Die Elf-Uhr-Bouillon auf dem Promenadendeck der *Normandie*. Der Steward hört geduldig zu und wird vermutlich ein hohes Trinkgeld erhalten. (*Roger Schall*)

Unten: Das Mittagessen der Mannschaft mitten auf dem Ozean. Die Zahl der Weinkaraffen übersteigt die der Wasserkrüge. Zudem verweisen die langen Brotlaibe unzweifelhaft auf ein französisches Schiff. Die *Normandie* im Jahr 1938. (*Compagnie Générale Transatlantique*)

auf jeder Route von schlechten Trinkgeldgebern. September erwies sich jedoch stets als der magerste Monat. Das europäische Abenteuer war vorüber, und das für die Überfahrt beiseite gelegte Geld wurde noch in letzter Minute in den Pariser Geschäften für Tand aufgewendet. Eine gewisse Sparsamkeit bei den Trinkgeldern war somit unvermeidlich. Reiseneulinge hatten zu diesem Zeitpunkt bereits mit einer Reihe habgieriger Führer und Träger Bekanntschaft gemacht. Sie erwarteten mit bitterem Blick dieselbe Aufmerksamkeit, die sie zwei Monate zuvor so dankbar belohnt hatten, ohne Trinkgeld zu geben. Unter denen, die nur auf einer einzigen Reise den Ozean kreuzten, befanden sich besonders viele Geizhälse, da sie wußten, daß sie nicht zurückkehren würden.

Die Holland-Amerika Line schuf das System der Trinkgelder später gänzlich ab. Im Stil europäischer Hotels wurde ein Serviceanteil auf den Preis aufgeschlagen. Dieses Konzept erwies sich als überaus erfolgreich. Ich bezweifle, daß dasselbe System in der Zwischenkriegszeit funktioniert hätte. Damals lagen die Löhne so niedrig, daß die Stewards für den Unterhalt ihrer Familien auf den Nebenverdienst aus Trinkgeldern angewiesen waren. Die Schiffahrtsgesellschaften wußten, daß die Passagiere einen beträchtlichen Anteil an der Lohnliste des Schiffs direkt auszahlten und besaßen kein Interesse, sie davon abzuhalten.

Zudem lösten die Trinkgelder der Reisenden einen Cash-flow im gesamten Schiff aus. Die Gemeinschaftsunterkunft der Stewards wurde »Rumpelkammer« genannt, und der für ihre Reinigung Zuständige erwartete selbstverständlich ebenfalls ein Trinkgeld. Er sammelte am Ende einer Reise von jedem seiner Kunden einen oder zwei Shilling ein. Wollte sich ein Steward des Speisesaals einer raschen Bedienung in der Küche versichern, mußte er den Männern von der Essensausgabe ebenfalls regelmäßig eine Zuwendung zukommen lassen. Bei den seltenen Gelegenheiten, bei denen sich ein Steward für sein Mahl tatsächlich setzte, erwartete der Mann, der ihm das Essen brachte, selbstverständlich auch ein Trinkgeld. So gab es auf dem gesamten Schiff ein Netz von kleinen Gefälligkeiten und Diensten, die gegen Geld geleistet wurden. Man könnte es als Gewinnsucht bezeichnen; wie jedes spontane finanzpolitische Phänomen war es jedoch erfolgreich. Aus diesem Grund besaß niemand ein Interesse, die Nebenwirtschaft des Schiffs dieser grundsätzlichen Einnahmequelle zu berauben.

Die Besatzungen von Atlantikschiffen durften sich an dem Umstand erfreuen, daß Amerikaner eine wahre Manie für hohe Trinkgelder entwickelten. Für jeden Passagier, der dieses System als ungehörig empfand, gab es einen, der es schätzte. Der Mann, der im Rauchsalon Geldscheine mit großem Nennwert verteilte oder einem Cherbourger Gepäckträger einen Monatslohn in die Hand drückte, war nicht zwangsläufig so vulgär wie sein Benehmen. Ich vermute, stattliche Trinkgeldgeber leiden vor allem an grenzenloser Unsicherheit. Sie wissen nicht, wieviel von ihnen erwartet wird, und stärken ihr Ego, in dem sie sich überall die Menschen durch hohe Geldbeträge verpflichten. Ich stehe der Frage der Trinkgelder mit gemischten Gefühlen gegenüber. Die Fülle an offenen Händen am letzten Tag der Reise ist wahrlich niederschmetternd, dennoch erscheint mir das Prinzip fair, eine ausgezeichnete Leistung so zu belohnen. Ein Mann, dessen Trinkgeld ständig in Gefahr ist, arbeitet härter als jener, der es als sicher annimmt. Service ist und war stets der Name des großen Spiels auf dem Atlantik. Ein prompter, höflicher und effizienter Service verleiht dem Leben an Bord seinen besonderen Glanz.

In den späten dreißiger Jahren erhielten Kabinen- und Speisesaalstewards fünf Dollar und ein Badesteward zwei Dollar Trinkgeld. Wem diese Beträge für ihre Arbeit gering erscheinen, der sollte sich daran erinnern, daß ein Dollar damals einen wesentlich höheren Wert besaß. Deckstewards bekamen geringere Trinkgelder, hatten aber mehr Gäste zu bedienen. Die Männer im Rauchsalon nahmen zusätzlich zu ihrem Anteil aus den Spielpools bei jedem Getränk ein kleines Trinkgeld ein. Gab jemand auf der *Leviathan* hohe Trinkgelder, bezeichnete man ihn als »Drei-Sterne-Gast«, einen wahren Geizhals nannte man »*toqué*«. (Zweifellos hatte man diesen französischen Ausdruck, der »verdreht« oder »verrückt« bedeutet, gewählt, um ihn auch in Anwesenheit dieses Passagiers unauffällig verwenden zu können.) Französische Stewards besaßen ihre eigene Bezeichnung – ein geiziger Fahrgast hieß bei ihnen »*figaro*«. Ihre britischen Kollegen beschrieben dieselbe Art von Reisenden als »*walk off*«.

Die Nachricht von einem Passagier, der besonders hohe oder geringe Trinkgelder gab, verbreitete sich wie ein Buschfeuer. Sobald er von dem ersten Trinkgeldempfänger eingeschätzt worden war, eilte ihm sein Ruf als großzügiger oder geiziger Fahrgast von der Kabine in den Speisesaal, zum Liegestuhl, in den Rauchsalon und an die Pier voraus. Ein Geizhals stellte sich am ersten Tag durch eine Ankündigung in überheblichem Ton vor: »Wenn Sie sich um mich kümmern, Steward, werde ich mich um Sie kümmern.« Zu den schlechtesten Trinkgeldgebern zählten Filmstars, die auf der Reise nach Osten Hochglanzfotos von sich verteilten und diese Beleidigung auf der Reise nach Westen auf die Spitze trieben, indem sie ihr Autogramm darauf setzten. Andere Passagiere, die auf demselben Schiff in beiden Richtungen reisten, zerrissen einen Geldschein und bewahrten die zweite Hälfte bis zu ihrer Rückfahrt auf. Einige wenige gingen von Bord, ohne auch nur ein einziges Trinkgeld zu hinterlassen. Zu den wohl ausgebeutetsten Stewards aller Zeiten gehörte ein Mann auf der *Paris*, der für einen seiner Passagiere – eine Gräfin, wie sich herausstellte – eine Wettschuld in der Höhe von eintausend Franc beglich. Die Gräfin zahlte ein Drittel der Summe zurück – aber auch dies nur widerwillig und nach einer Reihe verzweifelter Briefe von ihrem Wohltäter.

Wenn ich mich ausführlich mit den Stewards und ihren Trinkgeldern befaßte, so gewiß nicht mit der Absicht, sie als raffgierige Opportunisten zu charakterisieren, deren Eifer lediglich von der Großzügigkeit der Passagiere abhing. Tatsächlich handelte es sich um loyale Mitarbeiter der Schiffahrtsgesellschaft, deren Fröhlichkeit und Kompetenz zu den größten Annehmlichkeiten einer Ozeanreise zählte.

Für Zwischendeckspassagiere war es eine Wohltat, als sich die Gesellschaften zur Jahrhundertwende entschlossen, die unteren Decks mit Stewardessen zu besetzen. Diesen vernachlässigten Reisenden war bislang die Aufmerksamkeit eines ansprechbaren Vertreters der Schiffahrtsgesellschaft verweigert worden. Nun erhielten sie jemanden, der diese Unzulänglichkeiten ausgleichen sollte. Auf britischen Schiffen wurden die Stewardessen ungeachtet ihres Familienstandes »Mrs.« genannt. Dies deutet auf die von ihnen genossene hohe Wertschätzung hin. In der Hierarchie englischer Domestiken bezeichnete man üblicherweise lediglich die höherrangigen Haushaltsangestellten mit diesem Titel. Butler und Haushälterinnen wurden mit »Mr.« und »Mrs.« angesprochen, während Lakaien und Küchenmädchen lediglich mit ihrem Vor- oder Familiennamen gerufen wurden. Stewardessen besaßen das Talent, Kinder und angespannte Mütter zu beruhigen. Diese Fürsorge besteht nach wie vor auf der *Queen Elizabeth 2*, während auf der *France* Stewardessen praktisch verschwunden sind. Die wenigen noch in Dienst stehenden beschränken sich auf Hilfeleistungen, wie den Reißverschluß eines Kleides zu schließen oder einen Haarknoten zu binden. Sie nehmen niemals ein Tablett zur Hand, und auch die gesamte Reinigung der Kabine obliegt einem Mann.

Die Stewards aller Linien zeichneten sich durch einen ausgeprägten Sinn für Humor aus. Kommodore Bisset erinnert sich, einst während der Inspektion eines abgelegenen Abschnitts des Schiffs Staub auf einem Sims gefunden zu haben. Er machte den dafür verantwortlichen Mann darauf aufmerksam und ließ heimlich einen Penny zurück. Am folgenden Morgen war der Sims fleckenlos rein, der Penny verschwunden und durch zwei glänzende halbe Pennys ersetzt.

So wie der Begriff »Zwischendeck« in den zwanziger Jahren zu einem Schimpfwort wurde, erhielt die erste Klasse in den dreißiger Jahren eine neue Bezeichnung. Auf der *Queen Mary* nannte man die prachtvolleren Unterkünfte nun nicht mehr »erste Klasse«, sondern »Kabine«. Die gesamte Umbenennung stellte lediglich einen unbeholfenen Versuch dar, mehr Raum zu verkaufen. Ich kann mir nicht vorstellen, daß dieselbe Kabine zum selben Preis mit einer anderen Bezeichnung für Passagiere attraktiver wurde. Die Gesellschaft blieb jedoch bei dieser Überzeugung, und die gesamte Atlantikflotte folgte, einschließlich der *Normandie*, die schließlich auch zum Kabinenschiff wurde.

Unabhängig von der Bezeichnung erste Klasse oder Kabine blieb eine weitverbreitete Gewohnheit unverändert bestehen. Nach wie vor waren Neugierige und Ehrgeizige fest entschlossen, jene Barrieren zu überwinden, die sie von den ausgewählten Quartieren im Mittelschiff trennten. Dieses Spiel ist so alt wie die Passagierlinienschiffahrt selbst. Ursprünglich hatte man es durch ein quer über das Deck gespanntes Tau unterbunden. Bei den großen Ozeanlinern hatten sich die Abschreckungsmaßnahmen zu einem komplexen System von Trennwänden, ausschließlich in einer Richtung zu öffnenden Türen und Gittern entwickelt, die jeden Versuch vereiteln sollten, in die höhergelegenen Decks vorzudringen. Gelegentlich drückten Zahlmeister ein Auge zu. Wenn sich für die Töchter von Familien, die in der ersten Klasse reisten, nicht genug Tanzpartner fanden, wurden qualifizierte junge Männer aus niedrigeren Klassen diskret für einen Abend rekrutiert. »Qualifiziert« bedeutete in diesem Fall, daß sie ein Dinnerjacket besaßen. Eine schwarze Fliege stellte eine effektive Waffe für jene dar, die entschlossen waren, die Klassenbarrieren zu überwinden. Sie verlieh eine Aura anonymen Ansehens, das selbst der scharfsichtigste Zahlmeister kaum zu hinterfragen wagte.

Einzelausflüge waren keine Seltenheit. Ein junger Passagier der Touristenklasse buchte auf der *Leviathan* am ersten Morgen einen Liegestuhl der ersten Klasse und aß eine Reihe eleganter Imbisse von einem Tablett auf seinem Schoß, ehe er in der Nähe von Cherbourg entlarvt wurde. Sein Scharfsinn hob sich lebhaft von dem eines anderen Liegestuhlinhabers auf derselben Überfahrt ab, um den sich eine der traurigsten mir bekannten Geschichten rankt. Dieser eher schäbig gekleidete Mann aß sein Mittagssandwich und sein Abendessen an Deck und gab dem Decksteward jedesmal einen Vierteldollar Trinkgeld aus einer abgegriffenen Ledergeldbörse. Am letzten Tag gestand er dem Steward, daß er sich überaus gut unterhalten habe und hoffe, bei seiner nächsten Überfahrt in der Lage zu sein, im Speisesaal zu essen.

Nur selten kam es zu einer längeren Invasion aus den unteren Decks. Zumeist handelte es sich um impulsive, von Neugier angetriebene Besuche. Aus denselben Gründen waren Salonpassagiere Jahre zuvor in die beklagenswerten Quartiere des Zwischendecks hinabgestiegen. Als der Tonfilm in seinen ersten Tagen ausschließlich der ersten Klasse vorbehalten blieb, waren viele für einen Kinobesuch nach oben geklettert. Wenn die Stühle in der Lounge der *Berengaria* knapp wurden, wußten die Stewards, daß im Schutz der Dunkelheit eine massive Infiltration stattgefunden hatte. Auf demselben Schiff ereignete sich der größte jemals berichtete Zug in die erste Klasse. Anläßlich der Feiern zum 4. Juli marschierten nicht weniger als fünfhundert Fahrgäste der Touristenklasse, angefeuert vom heftigen Patriotismus zeitweise im Ausland lebender Amerikaner, trotzig in die Lounge der ersten Klasse. Zumeist ging es jedoch um die allgemeine Herausforderung, die erste Klasse besucht zu haben, und wenn auch nur für einen kurzen Rundgang. Besonders auf französischen Schiffen wurde diese Gewohnheit taktvoll und energisch unterbunden. Sowohl die Zahlmeister als auch die Passagiere der ersten Klasse stimmten logischerweise überein, daß es wenig Sinn ergab, einen deutlich höheren Fahrpreis für Räumlichkeiten zu bezahlen, die allen zugänglich waren, welche sich unter Mißachtung der Regeln entschlossen, sie zu benutzen.

Es wäre wünschenswert gewesen, hätte man dieselben strengen Regeln auch auf die Reisenden der ersten Klasse angewendet, die den Fehler ihrer Eltern begingen und sich das Privileg nahmen, uneingeladen die niedrigeren Klassen zu besuchen. Vor Ende der Überfahrt hatten die meisten jungen Leute der ersten Klasse entdeckt, daß es in den Lounges der Touristenklasse und der dritten Klasse weit fröhlicher zuging als in der steifen Ehrbarkeit ihrer eigenen Aufenthaltsräume. Alle attraktiven Mädchen schienen sich im Spätsommer dort zu befinden, und die unteren Decks waren nahezu ausschließlich von Collegestudenten bevölkert, die eine einwöchige Party von Hafen zu Hafen feierten. Eine in der dritten Klasse reisende Frau erklärte angewidert, daß jedes Rettungsboot, jeder Ventilator und jede Schiffsdecke ein sich küssendes Paar verberge und daß Anstandsdamen, die vorgeblich über die Schicklichkeit wachten, oftmals weniger davon besäßen als ihre Schützlinge. Als Folge wurde eine Art Ausgangssperre in der dritten Klasse verhängt, die man auf der *Bremen* bis 1936 beibehielt. Im Aufenthaltsraum löschte man mit dem Glockenschlag um ein Uhr morgens die Lichter, und nach diesem Zeitpunkt bis zum Sonnenaufgang war es Passagieren untersagt, sich auf den Promenadendecks aufzuhalten.

Einen unwiderruflichen Schritt weiter als jene, die nur kurzzeitig die Klassenbarrieren überschritten, gingen die schlimmsten aller Eindringlinge – die blinden Passagiere. Eine Überfahrt als blinder Passagier überhaupt in Betracht zu ziehen und durchzuführen erfordert einen Mut, den ich bewundere. Diese Bewunderung teile ich gewiß nicht mit den Vertretern der Schiffsgesellschaften, für die blinde Passagiere eine zeitraubende Plage bedeuteten. Als uneingeladener Gast einer Gesellschaft zu reisen ist bei jeder Form von Transport verführerisch. Im Gegensatz zu den unerwünschten Zugreisenden, die man im nächsten Bahnhof hinauswerfen konnte, hatte ein blinder Passagier sein Ziel bereits erreicht, sobald der Lotse das Schiff verlassen hatte.

In den Tagen der Massenimmigration verbargen sich zahllose Passagiere ohne Fahrkarte mit stillschweigender Duldung vieler Besatzungsmitglieder, die für ihre Hilfeleistung stattlich entschädigt wurden. Einmal wurden 27 in der beengenden Hölle eines unbenutzten Wassertanks zusammengepferchte Italiener aufgespürt. Ein anderer Seemann hatte acht Polen hinter der Wandvertäfelung der *Republic* versteckt. Eine abgesplitterte Lackschicht und ein aus einem Spalt dringender Lichtschein verrieten sie dem wachsamen Inspektor der Quarantänestation. Ein anderes Mal verbargen sich 25 Eindringlinge in einem Kohlenbunker, der bei heftigem Sturm über ihnen zusammenbrach. Nur drei von ihnen verließen ihn lebend. Als man entdeckte, daß einer der 17 auf einem italienischen Schiff gefundenen blinden Passagiere Pocken hatte, mußten alle Passagiere und Besatzungsmitglieder geimpft und zwölf Tage in Hoffman's Island interniert werden.

Die Masseneinwanderung blinder Passagiere endete angesichts der Quotenregelung der frühen zwanziger Jahre. Danach unternahmen vorrangig Einzelpersonen unbezahlte Überfahrten. Einige wenige versuchten mit wechselndem Erfolg ihr Glück im Laderaum von Transatlantikschiffen. Ein Mann kroch an Bord eines von Panama nach London auslaufenden Frachtschiffs. Der Laderaum war mit einer Ladung Melonen gefüllt, von denen er dreißig Tage lang lebte, ehe er sich – bedenklich unterernährt – dem Kapitän stellte. Sieben im Laderaum eines Schiffs verborgene Männer hatten das Pech, daß kurz darauf eine routinemäßige Ausräu-

Die große Lounge der *Majestic* in den frühen dreißiger Jahren. Eindringlinge aus anderen Klassen benötigten neben stählernen Nerven auch ein Dinnerjacket. (*Radio Times Hulton Picture Library*)

cherung durchgeführt wurde, die sie hustend und würgend ins Sonnenlicht trieb. Die vielleicht alptraumhafteste Geschichte betrifft einen blinden Passagier, der den Laderaum mit einer Fracht wilder Tiere teilte, die für die Zoos der westlichen Hemisphäre bestimmt waren. Während eines gewaltigen Sturms wurden die Käfige so heftig hin und her geschleudert, daß sie aufgingen und der Mann den Klauen einer verängstigten Löwin zum Opfer fiel, ehe ihr Wärter eingreifen konnte.

Der Maschinenraum wurde üblicherweise zu gut überwacht, als daß er sich als Versteck angeboten hätte. In den Zeiten der Depression krochen jedoch in Southampton häufig Stadtstreicher auf die im Hafen liegenden Schiffe, um eine Nacht auf den warmen Kesseln zu schlafen. Einer erwachte am nächsten Morgen, dem Tag der Abreise, nicht rechtzeitig – um genau zu sein, er erwachte überhaupt nicht mehr. Seine dehydrierten Überreste wurden erst viele Überfahrten später von einem entsetzten Wachoffizier gefunden.

Der unglückliche Mann, der auf dem Kessel zu Tode gekocht wurde, erlebte andere Qualen als das Mädchen aus Halifax, das sich mitten im Winter im Rettungsboot eines Schiffs verbarg, um kostenlos nach England zu gelangen. Im Zuge der Rettungsbootübungen wurden die Abdeckungen nach fünfstündiger Reise fest an ihrem Platz verankert, und es vergingen zwei eisige Tage, ehe das halberfrorene Mädchen die Aufmerksamkeit eines passierenden Seemanns auf sich lenken konnte. Sie verlor mehrere erfrorene Zehen, was die Schiffsführung offensichtlich als ausreichende Strafe erachtete, da sie ohne weitere Konsequenzen in Southampton an Land humpelte. Damit stellte sie eine Ausnahme dar. Gefaßte blinde Passagiere wurden üblicherweise in den Einschiffungshafen zurückgebracht und dort vor ein Schiedsgericht gestellt. Ein Mann hatte sich in einer für Lord & Taylor bestimmten Kiste festgenagelt und wurde protestierend entfernt, ehe das Schiff Le Havre verließ. Als die berühmtesten blinden Passagiere der Geschichte gelten zwei Liverpooler Prostituierte, die 1917 erfolgreich an Bord eines auslaufenden Truppentransporters gelangten. Sie wurden auf hoher See mitten unter fünftausend Männern entdeckt und in einer leeren Kabine eingeschlossen, die rund um die Uhr von Marineinfanteristen bewacht wurde.

Der klassische blinde Passagier besitzt ein unglaubliches Durchhaltevermögen, verbirgt sich wie ein Baum im Wald und verkleidet sich als ehrlicher Fahrgast. Ich bin davon überzeugt, daß die besten Geschichten unerzählt bleiben und daß für jeden vom Schiffsprofos aufgespürten blinden Passagier ein anderer der Entdeckung entgeht. Ein Lagerraum hinter der Filmleinwand der *Queen Elizabeth* erwies sich als ideales Versteck für zahlreiche blinde Passagiere, die den Ozean nach dem Krieg erfolgreich überquerten. Einer hatte sich mit einer eisernen Ration an Lebensmitteln versorgt, die er zur Teezeit aufbesserte, indem er, makellos gekleidet, in der Lounge Platz nahm, sich an den angebotenen Sandwiches satt aß und abwesend klatschte, sobald das Orchester eine Suite vollendete. Er wusch und rasierte sich in den öffentlichen Baderäumen der dritten Klasse und war mit

Ohrenstöpseln selbst auf das Dröhnen der Lautsprecher vorbereitet, die seinen Unterschlupf umgaben. In New York angekommen, »lieh« er sich die Jacke eines Stewards und ging ungehindert von Bord.

Schiffe übten auf abenteuerlustige Kinder eine geradezu magnetische Wirkung aus. Die neunjährige Tochter eines Schauermanns schlich sich in New York an Bord der *Majestic*. Sie wurde vor Ambrose Light entdeckt und kehrte mit dem Lotsenboot zurück. Bei der nächsten Ausfahrt des Schiffs nach Osten versuchte sie es wieder und entkam der Entdeckung bis auf hoher See. Sie wurde der Obhut der Aufseherin der dritten Klasse übergeben und kehrte auf der *Homeric* zurück. In der Quarantänestation traf ihr Schiff auf eine Meute von Schiffsreportern, die die an Bord befindlichen Filmstars ignorierten, um ein Interview mit der berühmten blinden Passagierin zu bekommen. Die White Star Line gab vernünftigerweise keine Einzelheiten ihrer Eskapaden bekannt, *pour décourager les autres*. Ein verstörter Vater erfuhr erst aus dem folgenden Telegramm, daß sich seine vermißten Kinder mitten auf dem Atlantik befanden: IHRE KINDER SIND IN SICHERHEIT ABER OHNE FAHRSCHEIN. ERSUCHEN UM SOFORTIGE TELEGRAPHISCHE ÜBERWEISUNG VON ZWEI RÜCKFAHRKARTEN. Das tat er, und zehn Tage später kam es auf den Docks zu einer für die Kinder vermutlich schmerzhaften Wiedervereinigung.

Die *Aquitania* schien die arrogantesten blinden Passagiere anzuziehen. Ein junger Mann streifte am ersten Tag der Hinreise eine Wand mit frischer, noch nicht getrockneter Farbe und beschwerte sich mit solcher Heftigkeit, daß er entlarvt wurde. Er steigerte seine Unbeliebtheit zusätzlich durch das Bekenntnis, daß er sich eigentlich auf der *Île de France* habe verbergen wollen, da dort das Essen besser sei. Ein Mädchen betrachtete eine kostenfreie Atlantiküberfahrt offensichtlich als Hobby. Sobald die *Aquitania* Cherbourg verlassen hatte, wurde sie entdeckt, als sie Visitenkarten verteilte, auf denen sie sich als weltbeste blinde Passagierin bezeichnete. Die New Yorker Behörden überstellten sie nach Southampton, wo sie einen Monat harte Arbeit als Strafe erhielt. Sie betrug sich während ihres gesamten Gerichtsverfahrens überheblich und schien sich einzig an der Tatsache zu erfreuen, daß sie nun die *Aquitania* einer beeindruckenden Liste von Schiffen hinzufügen konnte.

Als unangefochtener König der blinden Passagiere auf dem Atlantik galt Prinz Mike Romanoff, ein falscher russischer Aristokrat, der mehrere unbezahlte Überfahrten hinter sich brachte, ehe er die Westküste erreichte und ein gewisses Ansehen erlangte. Seine Passage auf der *Île de France* gilt als Meisterstück an Unverschämtheit. Er freundete sich im Schiffszug mit einem Paar an und betrat mit ihnen gemeinsam das Schiff. Sobald der Dampfer aus Southampton ausgelaufen war, gab Romanoff die für blinde Passagiere typische Zurückhaltung auf und präsentierte sich auf dem Schiff als Gesellschaftslöwe. Auch wenn dieser unstillbare Durst nach Anerkennung seinen Untergang bedeuten sollte, ist es schwierig, seine kaltblütige Dreistigkeit nicht zu bewundern. Er gewann solches Ansehen, daß

Second Day! Admission free!

HORSE RACES

Friday, July 30th, 1937
on board S. S. "BREMEN"

Last Winners:	1st Race.	No. 6	Uihlein	**9 : 1**
	2nd Race.	No. 5	Tearful Kisses . .	5 : 1
	3rd Race.	No. 5	Persian Lamb . .	4 : 1
	4th Race.	No. 1	Lili Damita . . .	**7 : 1**
	5th Race.	No. 4	. . . .	5 : 1
	Trick Race.	No. 6	. . . .	4 : 1

Race Course: **Social Hall - First Race 3.00 sharp**

1st Race. American University Race Flat Race. Once around
1. Havard
2. Yale
3. Princeton
4. Dartmouth
5. Cornell
6. Columbia

2nd Race Air Race Once around
1. Hana Reitsch
2. Ernst Udet
3. Charles Lindbergh
4. Amy Johnson
5. Elly Beinhorn
6. Sir Charles Kingsford-Smith

3rd Race. Champion Boxer Race Flat Race. Once around
1. Braddock
2. Schmeling
3. Louis
4. Neusel
5. Paolino
6. Tomy Farr

4th Race. Steeplechase Race Once around
1. Liliput
2. Goliath
3. Satan
4. Baccarat
5. Derby
6. Joker

5th Race. Donkey Race The last Horse wins

6th Race. Trick Race The first Horse wins

Betting by Pari-Mutuel 1 Dollar per Ticket
10 % of this amount will be given to the Charity funds of the North German Lloyd

Unten: Pferderennen auf See. Matrosen bewegten die hölzernen Tiere in der großen Lounge der *Queen Mary*. Diese Aufnahme entstand weniger als drei Wochen vor Ausbruch des Zweiten Weltkriegs. (*Radio Times Hulton Picture Library*)

Kapitän Blancart ihn kennenlernen wollte. Der »Prinz« bezeichnete Blancart großzügig als seinen »Lieblingsskipper«. Dem Franzosen bot sich die Gelegenheit, als Romanoff in Gesellschaft von Finanzminister Mellon an einem Abendessen und Empfang des Kapitäns teilnahm. Die Zahlmeister, die die Gästeliste aufgestellt hatten, erklärten später, daß seine Beziehung zu dem Amerikaner so eng schien, daß sein Name ganz selbstverständlich in die Liste aufgenommen worden sei.

Romanoffs Bedürfnis, im Mittelpunkt der Aufmerksamkeit zu stehen, sollte ihm schließlich zum Verhängnis werden. Ein Passagier, der ihm gerne eine schriftliche Einladung zukommen lassen wollte, erfragte bei Henri Villar seine Kabinennummer. Der berühmte CGT-Zahlmeister sah nach und konnte sie nicht finden. Als er den blinden Passagier auf der großen Treppe fragte, antwortete der frohgemut, daß »das gesamte Schiff meine Kabine ist«, und schritt unbeirrt zum Abendessen. Vermutlich war Villar in seiner gesamten, langen Laufbahn niemals so verblüfft wie in diesem Augenblick. Nach dem Dinner zitierte er den Mann in sein Büro und nahm ihn in Haft. Seiner üblichen *noblesse* entsprechend, gab Romanoff niemals seine Komplizen preis. Neben dem Ehepaar aus dem Schiffszug mußten ihm auch andere bei der Einschiffung geholfen haben, denn er war ein überzeugender und charmanter Mann. Gleichzeitig erwies er sich aber auch als unverbesserlich: Sobald er nach seiner Haftstrafe auf Ellis Island freigelassen wurde, nahm er als blinder Passagier die Fähre nach Manhattan.

Die Übertretungen des falschen russischen Edelmanns lassen sich in gewissem Sinn entschuldigen. Auch seine Mitreisenden brachen das Gesetz, indem sich nahezu alle als Schmuggler betätigten. Insgesamt gab es kaum einen an Bord eines Atlantikschiffs, der nicht zumindest den Versuch unternahm, etwas am Zoll vorüberzulotsen. Die 18. Ergänzung zum Zollgesetz der Vereinigten Staaten durchzusetzen erwies sich als erfolgloses Unterfangen, da Schmuggel in der Zwischenkriegszeit zu den beliebtesten »Sportarten« zählte und sich bis heute nichts an dieser Tradition geändert hat. Wer eine unzulässig hohe Menge an zollpflichtigen Waren mitführte, rang ein bis zwei Tage vor New York mit seinem Gewissen und wägte die Möglichkeiten gegeneinander ab, seine Güter anzugeben und zahlen zu müssen oder sie in einem der vielen Koffer zu verbergen.

Frauen, die ihr Wäscheabteil für unantastbar hielten, erwartete ein ebenso jähes Erwachen wie jene, die sich die Zeit genommen hatten, alte Wäschemarken in neue Kleider zu nähen. Üblicherweise kopierten sie die Arbeit der Näherin, machten sich jedoch selten die Mühe, dieselben Nahtlöcher zu verwenden. Andere auf Täuschung abzielende weibliche Passagiere erschienen auf der Reise nach Westen in einer Reihe sensationeller Kostüme, um diese neuen Kleider mit gutem Gewissen als alt und getragen zu bezeichnen.

Der Fehler dieser etwas naiven Damen bestand in der Annahme, daß grauhaarige alte Zollinspektoren mit weiblichen Tricks nicht vertraut wären. Das stellte sich rasch als Irrtum heraus. Der Amateurschmuggler war eben genau das – ein

Laie, der es ein- bis zweimal pro Jahr gegen einen Profi aufnahm, welcher sein gesamtes Leben damit verbracht hatte, Passagiere und deren Gepäck zu untersuchen. Ihrem erfahrenen Auge erschien ein neues Kleid unzweifelhaft als neues Kleid, und so unwahrscheinlich es klingen mag, sie waren imstande, seinen Preis bis auf wenige Franc genau zu schätzen. Darüber hinaus erwiesen sie sich als nahezu unbestechlich. In den neunziger Jahren des vorigen Jahrhunderts verteilten manche Passagiere Zwanzig-Dollar-Scheine in ihren heikelsten Koffern. Sie gingen davon aus, daß diese vor der Freigabe des Gepäcks wortlos in der Tasche eines Beamten verschwinden würden. Dieser Brauch existiert seit langem nicht mehr – Bestechungsfälle an den New Yorker Piers waren überaus selten.

Passagiere, die in die Oberliga aufstiegen, indem sie teure Schmuckstücke nicht deklarierten, zeigten sich ebenfalls beklagenswert uninformiert. Ihnen fiel nicht ein, daß bei Cartier in Paris und in verschiedenen Londoner Geschäften Spione am Werk sein könnten, die jeden von Amerikanern getätigten größeren Ankauf den US-Behörden meldeten. Eine New Yorker Organisation mit dem Namen American Jewelers' Protective Association vertrat diese und andere Informanten. Zu ihren hochangesehenen Aufgaben gehörte es, Informanten darin zu unterstützen, die vom Finanzministerium für das Aufdecken von Juwelenschmugglern ausgesetzten Belohnungen einzustreichen. Der Steward, dem zehn Pfund angeboten wurden, damit er einen 10 000 Dollar teuren Anhänger schmuggelte, wußte nicht, daß er mit einem einfachen Telegramm an die Association fünfzigmal soviel verdienen konnte.

Selbstverständlich passierten Juwelen unverzollt den Ankunftshafen. Professionelle Schmuggler kannten weit ausgefeiltere Methoden als ihre amateurhaften Mitreisenden. Nach seiner Pensionierung gestand ein Mann, jahrelang auf der *Île de France* dasselbe System angewendet zu haben. Nach dem Einschiffen in Le Havre bohrte er ein kleines Loch oben in seine Badezimmertür, verbarg darin wertvolle Edelsteine und schloß das Loch mit Kaugummi. Sie blieben die gesamte Überfahrt und den Großteil des Aufenthalts des Schiffs im New Yorker Hafen in ihrem Versteck. Der Schmuggler ging ohne sie an Land, kehrte aber früh am nächsten Morgen als Besucher mit einer großen Blumenschachtel zurück. Er ging direkt zu seiner alten Kabine, suchte den Steward, dem er am Vortag ein stattliches Trinkgeld gegeben hatte, und vertraute ihm an, daß er seinen in derselben Kabine reisenden Freund mit einem Abschiedsbukett überraschen wolle. Der Steward öffnete die Tür und zog sich zurück, um eine große Vase zu suchen. Innerhalb von dreißig Sekunden verschwanden die Juwelen in der Tasche des Schmugglers. Dann arrangierte er die Blumen, gab dem Steward erneut ein Trinkgeld und spazierte mit Diamanten im Wert von mehreren tausend Dollar zollfrei an Land, denn Besucher wurden niemals durchsucht. Die eine Stunde später eintreffenden neuen Bewohner der Kabine rätselten die gesamte Überfahrt, welcher anonyme Bewunderer ein solch prachtvolles Zeichen der Anerkennung gesandt hatte.

Rauschgift stellte ein weiteres, mit hohen Risiken verbundenes Schmuggelgut dar, obwohl der Handel in den dreißiger Jahren mit dem heutigen nicht zu vergleichen ist. Auch hier waren Informanten von unschätzbarem Wert. Mitunter half jedoch auch ein glücklicher Zufall. In einem Gang auf der *Mauretania* befand sich hinter einem falschen Paneel der berühmten Wandvertäfelung ein ausgezeichnet gearbeitetes Versteck, das mehrmals erfolgreich benutzt worden war. An einem Abreisetag stieß jemand mit dem Arm dagegen und blieb an einem losen Schraubenkopf hängen. Der fragliche Ärmel gehörte zu einem Finanzbeamten, der nur wenige Augenblicke später mehrere Pfund Haschisch aus dem Geheimfach holte.

Die vielleicht farbenprächtigste Schmugglerbande hatte sich vor dem Ersten Weltkrieg zu einer Amateurmusikgruppe mit dem Namen Foo-Foo-Band zusammengefunden. Die improvisierten Auftritte der Marsch-Band am Abreisetag wurden bald Tradition. Sobald die Foo-Foo-Band mit entsetzlichen Mißklängen ihr Kommen ankündigte, eilten mitten aus den Vorbereitungen für die Rückreise gerissene Besatzungsmitglieder ebenso wie gelangweilte Passagiere an die Reling. Die Musiker tauchten am Ende der Pier auf und marschierten vorwärts und rückwärts. Dann zogen sie spielend die Laufplanke zum Schiff hinauf, durch die Eingangshalle und zurück ans Ufer. Ein Agent mit musikalischem Gehör bemerkte eines Tages, daß die Tuba bei ihrer Rückkehr auf die Laufplanke stumpfer klang. Er dachte darüber nach, und als die Musiker das nächste Mal erschienen, hielt er den Tubaspieler nach dem Auftritt an und durchsuchte ihn. Er war sauber, doch in den Windungen seines bauchigen Instruments fanden sich mehrere kleine Pakete Rauschgift, die ihm von einem Komplizen unter der Besatzung zugeworfen worden waren. Diese Entdeckung setzte den Umzügen der Foo-Foo-Band ein Ende, und die nachfolgenden Abreisen aus New York gestalteten sich wesentlich weniger unterhaltsam.

So manche Schmuggelware war gelb, besaß schwarze Streifen und lebte. Der vielleicht kleinste und scheinbar unbedeutendste blinde Passagier wurde im Juli 1948 auf der *Aquitania* entdeckt. Ein sachkundiger Passagier hatte einen in Colorado beheimateten Kartoffelkäfer gefunden und seine Überreste in einem Glas aufbewahrt. Experten des Landwirtschaftsministeriums gingen in Cherbourg an Bord des Schiffs und durchsuchten während der Überfahrt über den Ärmelkanal mit der Besatzung und den Passagieren das gesamte Schiff nach weiteren Schädlingen. Kein einziges Tierchen wurde aufgespürt. Dennoch spritzten die Seeleute die Decks während des Aufenthalts im Hafen mit einem stinkenden Pestizid ab, dessen Geruch monatelang an Bord haften blieb.

Zur Legende unter Hundeliebhabern wurde die Besorgnis der Briten über ins Land eingeführte Vierbeiner. Obwohl sie zu den üblichsten tierischen Passagieren zählten, die den Atlantik überquerten, blieben nur wenige nach dem Anlegen in Cherbourg an Bord. In Großbritannien durften Hunde erst nach einer sechsmonatigen Quarantäne ins Land einreisen, die einige von ihnen nicht überlebten. Ich persönlich empfand dies stets als geringen Preis für die nahezu vollständige Ausrottung der Tollwut im Vereinigten Königreich von Großbritannien und Nord-

Das Schwimmbad der *Normandie*. Schwimmer und Zuschauer posieren in modischer Melange. Das Bild entstand zu einer Zeit, in der sich die Anstandsregeln in der Evolution des Badekostüms merkwürdigerweise umkehrten. Die meisten Männer bedecken noch ihre Brust, während die Frauen bereits zweiteilige Badeanzüge tragen. (*Roger Schall*)

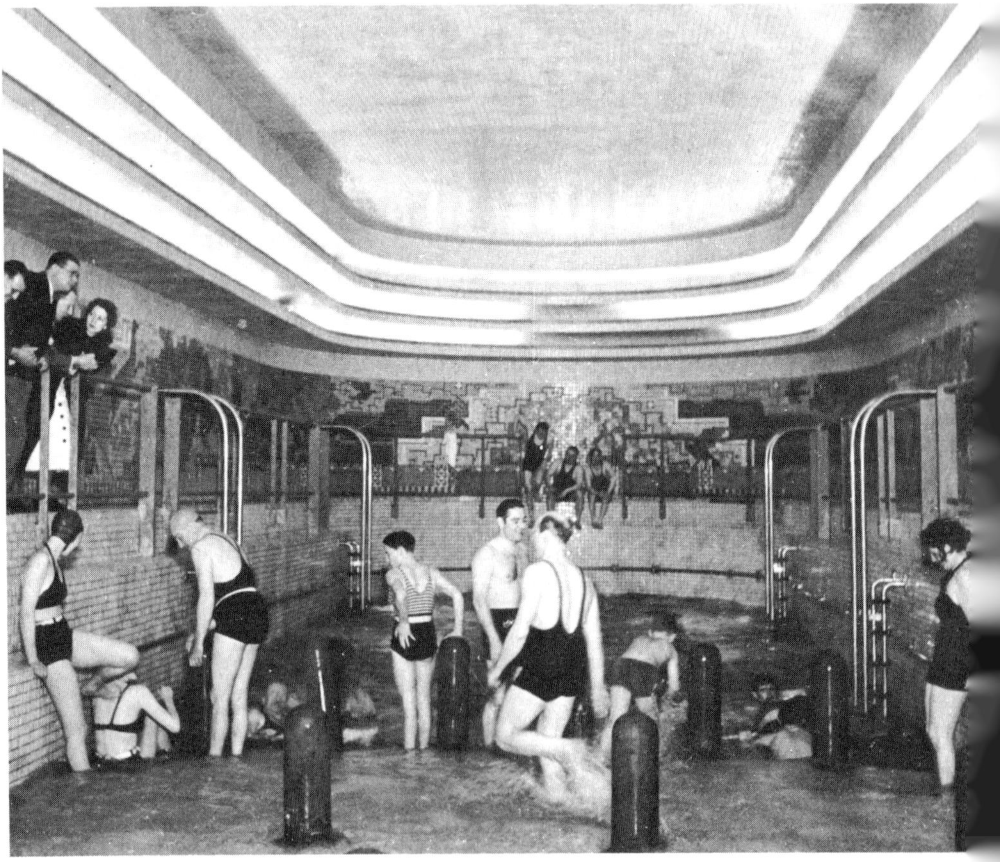

Terrierbesitzer organisieren im Jahr 1932 auf der *Aquitania* einen Schönheitswettbewerb. (*Cunard Line*)

Während die *Normandie* bereits ein eigenes Theater besaß, mußten sich die Passagiere der unten abgebildeten *Aquitania* mit einem Raum zufriedengeben, der als Lounge und Krankenstation diente und sich jeden Nachmittag in ein Kino verwandelte. (*Radio Times Hulton Picture Library*)

irland. Die USA ihrerseits verdanken einen ähnlichen Erfolg bei der Maul-und-Klauen-Seuche zum großen Teil der Aufmerksamkeit ihrer Zollbeamten.

In den alten Tagen oblag die Sorge für die Hunde der Passagiere dem Metzger. Eine angemessene Lösung, denn kaum ein anderes Besatzungsmitglied hätte sicherstellen können, daß seine Schützlinge ebenso erlesen speisten wie ihre Herren. In den zwanziger Jahren errichtete man auf dem Sportdeck der meisten Schiffe Hundezwinger und stellte einen eigenen Hundeversorger ein. Während der dreißiger Jahre kostete eine Überfahrt für einen Hund zwanzig Dollar. Dem Besitzer einer Hündin, die mitten auf dem Ozean sieben staatenlose Jungen warf, wurde erst nach Intervention des Kapitäns ein Aufschlag erlassen.

Ein Problem war die tägliche Bewegung. Seit 1876 gilt auf Cunard-Schiffen die Regel, daß der Bereich hinter dem Großmast für Hunde mit oder ohne Leine verboten ist. Gertrude Lawrence übertrat diese Vorschrift gewohnheitsmäßig und schmuggelte ihr Schoßhündchen auf jungfräuliche Decks, von denen es erst einen Tag zuvor vertrieben worden war. (Warum Kapitän Hambleton von der *Adriatic* meiner Mutter jemals gestattete, einen italienischen Esel auf das Promenadendeck mitzunehmen, ist mir gänzlich unverständlich.)

Hunde zeigen sich auf Schiffen in ihren Körperfunktionen seltsam zurückhaltend. Zweifellos verwirrt sie die unbekannte Umgebung und das völlige Fehlen vertrauter Gerüche. So war die Montage eines falschen Hydranten in den eleganten Zwingern auf der *Normandie* und der *United States* keine Frage skatologischen Chics, sondern eine Notwendigkeit. Als Helen Hayes' neuer Pudel zu Beginn des Kriegs auf der *Champlain* den Atlantik überquerte, bekümmerte die Verdauung des Hundes das ganze Schiff. Erst nachdem besorgte Passagiere tagelang jeden Auslauf des Tieres beobachtet hatten, wurde ihre Wachsamkeit belohnt.

Pferde zählen aus gutem Grund zu den widerstrebendsten vierbeinigen Passagieren. Sie sind entsetzlich schlechte Seefahrer. Da sie sich aufgrund ihrer anatomischen Beschaffenheit nicht übergeben können, drücken sie ihre Qualen durch einen stieren Blick und ein weit aufgesperrtes Maul aus. Amerikanische und kanadische Kavalleriepferde, die während des Ersten Weltkriegs in großer Zahl über den Ozean verfrachtet wurden, litten erbärmlich. Eine Gefahr, die sich durch schwere See steigerte, wurde als »Pferdesturm« bekannt. Dabei wird das Rollen des Schiffs durch den Hufschlag Hunderter Tiere verstärkt, die verängstigt in ihren kurzen Ställen vorwärts und rückwärts stürmen.

1923 wurde ein englisches Rennpferd namens Papyrus auf der *Aquitania* nach Amerika verschifft. Die Verordnung für Handelsschiffe verbot die Unterbringung von Pferden über jedem von Passagieren verwendeten Raum. Dies bedeutete, daß in der Tiefe des Schiffs eine Spezialkonstruktion für einen zweigeschossigen Stall errichtet werden mußte. Vernünftigerweise hatte sich der Eigentümer entschlossen, Papyrus auf seiner Reise von einem zweiten Pferd begleiten zu lassen. Der Stall wurde mit einem hölzernen Boden ausgestattet und die Seitenwände mit Luftkissen gepolstert. Beide Tiere kamen in Southampton über eine Pferdeplanke an Bord, die nach eifriger Verwendung im Burenkrieg und im Ersten Weltkrieg im Hafen zurückgeblieben war.

Die Überfahrt verlief ohne Zwischenfälle, doch wie für viele ihrer menschlichen Mitreisenden erwies sich das Ausschiffen für die Pferde als weniger angenehm. Die Tiere waren an Backbord auf das Schiff gelangt, die Umstände an der New Yorker Pier erzwangen hingegen ein Entladen an Steuerbord. Zu diesem Zweck mußten die beiden Pferde eine sechzig Zentimeter hohe Türschwelle im Mittelschiff überwinden. Bei diesem schwierigen Manöver stieß sich Papyrus an der Stahldecke den Kopf. Die Passagiere, die von der gegenüberliegenden Seite der Pier an Bord der *Caronia* gingen, beobachteten besorgt die Versuche der Pferdeführer, die Tiere vom Schiff zu bringen. Als sie schließlich die Laufplanke hinuntergezogen wurden, brach das Publikum in begeisterten Jubel aus. Papyrus stieg verängstigt hoch und ging durch. Es überraschte nicht, daß sämtliche englischen Vollblüter im darauffolgenden Monat in Belmont schlecht abschnitten. Tom Mix' Pferd Tony präsentierte sich immer als kultivierter Reisender auf der *Aquitania*. Es war mit besonderen Gummischuhen ausgestattet, um auf den Decks nicht auszugleiten. Überflüssig zu sagen, daß es sich bei Kinderkonzerten allgemeiner Beliebtheit erfreute.

Ständig an Bord gehaltene Haustiere waren eher die Ausnahme als die Regel. Die Dolly Sisters schenkten der *Aquitania* einst zwei weiße Kätzchen, die nach ihren berühmten Spendern benannt wurden und jahrelang auf dem Schiff blieben. Kapitän Hambledon von der White Star Line hielt in seiner Kabine auf der *Olympic* einen frei umherfliegenden Kanarienvogel. Er war während eines Streiks auf der *Adriatic* von der Besatzung verlassen aufgefunden worden. Einige Tiere schienen entschlossen zu sein, sich in Schiffsmaskottchen zu verwandeln. Ein auf einem Ölkahn im New Yorker Hafen lebender Affe wechselte eines Tages das Schiff und kletterte an der Flanke der *Majestic* empor. Bevor ihn jemand aufhalten konnte, war er in dem Lüftungslabyrinth verschwunden, das sich in jeden Teil des Schiffs erstreckte. Er wurde schließlich von den Stewards, die mit ihren Fäusten gegen die Kabinenwände hämmerten, aus seinem Versteck gejagt und im Wohnzimmer des Kapitäns eingekreist, wo er den Inhalt der Obstschale verzehrte. Der Sportlehrer wurde alarmiert und erschien mit Fechtmasken und Stulpenhandschuhen. Dennoch wurden die Männer, die das verängstigte Äffchen schließlich fingen, durch das dicke Leder kräftig gebissen. Dies geschah am Morgen des Auslauftages und ist meines Wissens der einzige Fall, in dem ein Affe die Abfahrt des weltweit größten Schiffs verzögerte. Das Tier an Bord zu belassen und damit zu riskieren, daß ein Passagier es auf See entdeckte, war völlig ausgeschlossen.

Viele Jahre zuvor war es auf einem anderen Schiff derselben Linie zu einem entsetzlichen Aufruhr gekommen, als eine große, ungiftige Schlange namens Bronx mit ihrem Eigentümer eine Kabine teilte. Er hatte sein Haustier diskret in einer mit Luftlöchern versehenen Reisetasche an Bord gebracht. Als der Passagier der Nebenkabine von der Existenz der Schlange erfuhr, erzwang er in lautstarker Hysterie die Übersiedlung des anstoßerregenden Tieres in eine weniger elegante Unterkunft. Der Schiffsmetzger sorgte die restliche Fahrt über für Bronx, und seinem Eigentümer berechnete man den vollen Fahrpreis für einen Hund, obwohl die Schlange nichts außer einer toten Maus fraß.

Der Kapitän der *Laurentic* erhielt auf einer Überfahrt guten Grund, Hunde zu hassen. Nach dreitägigem Nebel verbrachte er einen nervenaufreibenden Morgen bei dem Versuch, die Quelle eines mysteriösen Nebelhorns zu orten, das von Backbord die Signale der *Laurentic* wiederholte. Ein Untergebener berichtete schließlich, daß der Lärm aus einer direkt unter der Brücke gelegenen Kabine komme. Dort jaulte ein Pekinese als Antwort auf jedes Tuten des Nebelhorns traurig durch ein offenes Bullauge. Die entsetzlichste Tiergeschichte aller Zeiten spielte sich aber auf dem italienischen Passagierschiff *Rex* ab. Eine in der ersten Klasse reisende Frau suchte zwei Tage nach der Abfahrt aus New York mit häßlichen roten Flecken auf dem Rücken den Schiffsarzt auf. Sie erhielt eine Salbe und den unbekümmerten Rat, nicht zuviel Kaviar zu essen. Als am darauffolgenden Tag andere Passagiere mit einem identischen Ausschlag auftauchten, berichtete der Arzt seinem Kapitän unter vier Augen erregt, daß es in der ersten Klasse von Flöhen wimmle. Sie stammten vermutlich von dem während der letzten Reise nach Westen in der dritten Klasse gemeldeten Ungeziefer ab. Das Schiff wurde ausgeräuchert. Wie durch ein Wunder drang der Skandal der »*Rex*-Plage« nie an die Öffentlichkeit.

Schiffe, die im Hochsommer aus Nordeuropa ausliefen, fuhren in südwestlicher Richtung nach New York. Am zweiten Tag auf See erschienen die Schiffsoffiziere in tropischem Weiß anstelle ihrer üblichen blauen Uniformen. Dies war ein unfehlbares Zeichen dafür, daß New York unmittelbar bevorstand. Auch andere Signale deuteten darauf hin. Dieselbe Sorge, die das An-Land-Gehen auf der anderen Seite kennzeichnete, stellte sich nun vor allem bei den Amerikanern ein. Für Vergnügungsreisende hatte die Neue Welt viel von jener Mystik verloren, die sie Jahre zuvor für die Menschen besessen hatte, welche zu der Reise gezwungen gewesen waren. Gegen Ende der Fahrt hatten die Amerikaner kaum mehr etwas gemein mit den durch wirtschaftliche Not in den Westen getriebenen und von den Erwartungen an ein neues Leben aufrechtgehaltenen Passagieren.

Der New Yorker Hafen war nicht nur einer der größten, sondern auch einer der nebligsten der Welt. Eines Morgens tauchte er plötzlich auf, angekündigt durch eine felsähnliche Stabilität des Schiffs. In der Quarantänestation kamen Beamte und Schiffsreporter an Bord. Befand sich eine bedeutende Persönlichkeit auf dem Schiff, waren zahlreiche Kameraleute der Wochenschau darunter. War dies nicht der Fall, gewährte man den Reportern nach der traditionellen flüssigen Einladung des Zahlmeisters eine Stunde, um jemanden oder etwas an Bord zu finden, das sich in Nachrichten umwandeln ließe, ehe die Passagiere an der Pier von Bord gingen.

Basil Woon schrieb 1927 in der Zeitschrift *The Frantic Atlantic*, daß Amerikaner auf der Suche nach »Alkohol, Scheidungen und Kleidern« nach Europa reisten. Meinem Gefühl nach fanden die Amerikaner insbesondere in den Jahren vor dem Zweiten Weltkrieg in Übersee eine Art von Frieden. Das gemächliche Tempo, das sie den Sommer über zu genießen gelernt hatten, war irgendwo südlich der Battery abrupt dahin. Wie eine ansteckende Krankheit trieb ein bezwingender Drang nach Hast über das Wasser herüber. Das bekannte Tempo war zurück, der brausende Verkehr, der durch die Risse zwischen den Betonklippen Manhattans schwärmte und schwirrte.

Die Passagiere waren früh aufgestanden, hatten das Einpacken beendet und in dem von mehr Menschen als je zuvor erfüllten Speisesaal unnötig hastig ihr Frühstück eingenommen. Nun warteten sie auf die Einwanderungsbehörde, das Andocken und das Ausschiffen. Sie waren mit Kameras, Regenmänteln, Handgepäck und zumeist Schuldgefühlen ihrem an der Pier wartenden Ehepartner gegenüber beladen. Rastlos wanderten sie von Reling zu Reling, schlenderten durch die verlassenen oder von unbekannten Gesichtern gefüllten Aufenthaltsräume und kehrten wie staatenlose Flüchtlinge auf dem Hoheitsgebiet des Schiffs in die Sicherheit zurück, die sie in ihren Kabinen gefunden hatten. Doch nun waren diese leer und anonym, bereits für die am nächsten Tag nach Osten auslaufenden Passagiere vorbereitet. Bei jedem von Bord gehenden Fahrgast, der zu lange verweilte, litten Stewards nur schlecht verborgene Qualen. (Zu diesem Zeitpunkt hatten sie ihr Trinkgeld bereits erhalten. Nun verlieh eine gewisse erfrischende Ehrlichkeit ihrem Verhalten etwas Farbe.) So entschloß man sich für einen Liegestuhl auf dem überfüllten Promenadendeck, der ohne die übliche Decke seltsam eckig und ungemütlich wirkte. Die Decken waren von den Stewards aus Angst vor Souvenirjägern eingeschlossen worden. Überall spürte man Ungeduld und die Sehnsucht, endlich fortzukommen.

Dieser Wunsch sollte jedoch noch nicht gleich in Erfüllung gehen. Sobald die Leinen festgemacht waren, ging man ungehindert von Bord. Die Pier zu verlassen erwies sich bereits als schwieriger. Eine Ausnahme bildeten Passagiere mit großem internationalem Prestige, die in ihren Suiten Pressekonferenzen gaben und anschließend unbelästigt an Beamten und Zollschranken vorbeigeführt wurden. Der Abstieg aus den luxuriösen und wohlgehüteten Unterkünften in die primitive Einöde der Piers zählte zu den Ironien einer Atlantikreise. Im Winter kniff die Kälte in den Ohren und durchdrang die Schuhsohlen. Im Hochsommer verwandelte sich die Pier in eine Höhle übelriechender Feuchtigkeit, die von Zollinspektoren und Schauerleuten bevölkert wurde, denen man angesichts ihres Alltags aus ihrer Feindseligkeit beziehungsweise Geldgier kaum einen Vorwurf machen konnte.

Von der Decke hingen in bewundernswerter Schlichtheit große einzelne Buchstaben, unter denen das per Hand aus den Kabinen oder mittels Förderband aus dem Laderaum des Schiffs transportierte Gepäck gesammelt wurde. Die oberste

Qualifikation der Schauerleute, denen diese Aufgabe übertragen worden war, schien sowohl in einer völligen Unkenntnis des Alphabets als auch in schwerer Farbenblindheit zu liegen. Die Buchstaben für die erste Klasse waren rot und die der Touristenklasse und der dritten Klasse blau. Unvermeidlich ließen sich vereinzelte Koffer erst nach einer deprimierenden Suche von über einer Stunde unter dem falschen Buchstaben, der falschen Farbe oder beidem finden, obwohl das Gepäckstück an allen Seiten mit großen Initialen in den Grundfarben beklebt war.

Die Ungeduld der Passagiere, von Bord zu gehen, wurde nun von der geradezu manischen Sorge abgelöst, die Pier zu verlassen. Erst jedoch erfolgte ein unerbittliches Ritual: Alle 38 Koffer mußten gesammelt und ein genialer und wohlwollender Zollbeamter gefunden werden. Der qualvollste Teil der Aufgabe war es schließlich, einen Schauermann aufzutreiben und zu bezahlen, damit er das gesamte Hab und Gut zur Straße hinunterrollte. Es gab auf der ganzen Welt kein wirkungsvolleres Fegefeuer als eine Pier am North River Anfang September. Amerikaner fanden sich resignierend damit ab, verletzbare Europäer, die dieses Ritual zum ersten Mal erlebten, waren jedoch völlig betäubt.

Als ich einst im Begriff stand, mit meiner Familie die *France* zu verlassen, murmelte mir der *commissaire* »*Bon débarquement*« zu. Ich habe niemals einen höflicheren und mitfühlenderen Abschied erlebt. Obwohl dieses Buch kein Reiseführer sein soll, fällt es mir schwer, dem Impuls zu widerstehen, Ratschläge für jene schrumpfende Gruppe von Fahrgästen vorzubringen, die den Passagierschiffen treu geblieben ist. An der Pier angelangt, verringere ich das potentielle Elend, indem ich meine Familie mit leeren Händen nach Hause schicke und mich den restlichen Tag dem widme, was die Römer als *impedimenta* bezeichneten. Für diesen Tag vereinbare ich keine anderen Termine als jenen mit den Zollbeamten, und diese Vorgangsweise empfehle ich allen meinen Mitreisenden. Da ich nicht in Eile bin, schlendere ich recht vergnügt umher, bis sich die Pier geleert hat und die Inspektoren nach Passagieren Ausschau halten statt umgekehrt. Zudem habe ich mit einigen schurkischen Schauerleuten Bekanntschaft geschlossen, die ich »die vierzig Räuber« taufe. Sobald ich einen Fuß auf die Pier setze, tauchen sie auf magische Weise neben mir auf und erhalten ein großzügiges Trinkgeld für das Aufstöbern und Zusammentragen verlorengegangener Gepäckstücke. Doch so wirkungsvoll diese Unterstützung auch ist, Geduld braucht man allemal.

Die Reisenden der dreißiger Jahre standen denen der zwanziger an Extravaganz in nichts nach. Die Frau, die auf der *Normandie* die alleinige Benutzung des Schwimmbades für zwei Stunden forderte und auch zugesprochen erhielt, stellte jedoch kein typisches Beispiel für die Millionen Amerikaner dar, die in jenen goldenen Vorkriegsjahren den Atlantik kreuzten. Die vielleicht aussagekräftigste Darstellung einer Reise stammt aus einem pedantisch geführten Album, das mir eine Brieffreundin netterweise zukommen ließ. Sie und drei ihrer Collegefreundinnen reisten im Sommer 1939 auf der *Bremen* nach Europa. Sie buchten in der

Als dieses Flugzeug der königlichen Marine vor Southampton die *Normandie* umkreiste, verfing sich ein Flügel in einem Krankabel, und es mußte auf dem Bug landen. Sobald der Pilot erfuhr, daß sein Flugzeug nach Le Havre transportiert würde, bat er aus Angst vor seinem vorgesetzten Offizier, mitreisen zu dürfen. (*Compagnie Générale Transatlantique*)

Unten: Für Passagiere stellte die Zollkontrolle in New York die größte Demütigung dar. Dieses Foto wurde 1909 an der Pier des Norddeutschen Lloyd aufgenommen. Links warten unerbittliche Beamte, während ein Passagier seinen Koffer durchwühlt. Eine belustigte Ehefrau ist in solch einem Fall keine Hilfe. (*Library of Congress*)

dritten Klasse eine Vier-Kojen-Kabine ohne Bullauge. Der defekte Ventilator zwang sie, die Tür offenzulassen.

Das Album enthielt Tuschezeichnungen und einige Fotos, von denen eines doppelt belichtet worden war und eine Ansicht der *Bremen* vom Tender in Southampton bizarr mit einer Studie der Kathedrale von Winchester kombinierte. Der Text erzählt von Scherzen und Spielen, Ausflügen in die erste Klasse und einer Reihe unschuldiger Bekanntschaften mit Mitreisenden. Die Fotos der Reise nach Osten zeigen ein schüchternes, freundliches, aber ein wenig naives Quartett in den für die späten dreißiger Jahre typischen schmalen Röcken, ländlichen Blusen und flachen Schuhen. Gegen Ende des Sommers zeigen die Schnappschüsse gebräunte und weisere Damen und vermitteln eine Kultiviertheit, die im Juni noch nicht vorhanden war.

Mit großem Vergnügen ahmten sie die deutsche Mannschaft nach, wenn die am achtern gelegenen Fahnenmast die Hakenkreuzflagge hißte und salutierte. Sie erreichten New York Ende August und zählten zu den letzten Passagieren, die jemals auf diesem rekordträchtigen Schiff gefahren sind. Einige Tage später gab es die *Bremen* nicht mehr. Nördlich ihrer üblichen Route brach der Funkkontakt zu dem nur mit seiner Besatzung an Bord dahineilenden Schiff ab.

Das bei weitem bedeutendste Ereignis im Hinblick auf Atlantikreisen trug sich im Juni zu. Ein Pan-American-Clipper flog von Long Island über die Azoren nach Portugal. Dies war gewiß nicht das erste Flugzeug, das den westlichen Ozean überquerte, aber das erste, das dies nach einem regulären Fahrplan und mit Passagieren an Bord tat. Das nach dem *Hindenburg*-Unglück wiedererrichtete Schiffsmonopol war gebrochen. Von diesem Augenblick an setzte das Flugzeug zu seinem Höhenflug an. Nach Juni 1939 bestand eine alternative Verbindung, eine weitere Möglichkeit, nach Übersee zu gelangen, die den Untergang der prachtvollen Schiffe besiegelte. Zögerlich begann das Luftfahrtzeitalter über dem Atlantik.

Lebwohl, mit Bedauern

FLAGGENSIGNAL VON DER UFERSTATION, ALS DIE *AQUITANIA* ZUR VERSCHROTTUNG AUSLIEF

12.

Niedergang

Der Krieg verlieh Schiffen jeder Art einen nahezu unermeßlichen Wert. Als Winston Churchill erkannte, daß ein weiterer Konflikt mit Deutschland unausweichlich war, schlug er im Parlament vor, die nach Schottland und in die Vergessenheit fahrende *Berengaria* für die Dauer der internationalen Krise zurückzuholen. Seine im Dezember 1938 ausgesprochene Empfehlung wurde von den anderen Abgeordneten ignoriert. Kaum ein Jahr später wäre das stolze alte Schiff einen guten Teil seines Gewichts in Gold wert gewesen. Die in den dreißiger Jahren als unerschwinglich hoch eingeschätzten Kosten für den Unterhalt überalteter Expreßliner hätte man im darauffolgenden Jahrzehnt für unbedeutend erachtet.

Zwei Jahre nach ihrem Zusammenschluß ließ die Cunard-White Star Line die *Majestic, Olympic, Mauretania, Homeric, Adriatic, Albertic, Doric* und *Calgaric* als überflüssig verschrotten. Diese acht Schiffe sollten von einem einzigen ersetzt werden, der *Queen Mary.* Am anderen Ufer des Ärmelkanals wurde die elegante France den Schrottpressen nach Dünkirchen überstellt, während die *Paris* an der Pier einem Feuer zum Opfer fiel. Die French Line vermutete Brandstiftung, konnte jedoch niemals einen Beweis dafür erbringen. Das Schiff wurde von den Feuerwehrleuten aus Le Havre mit Löschwasser überflutet und legte sich auf die von der Pier abgelegene Seite. Dadurch blockierte sie die Ausfahrt der *Normandie* aus dem nahen Trockendock. So mußten unter Wasser erst die Masten und Schornsteine abgesägt werden, ehe das französische Flaggschiff das Dock verlassen konnte.

Als erste ereilte das Schicksal die ehrwürdige *Mauretania.* Während ihrer letzten Jahre war sie weiß gestrichen worden und erinnerte an ein auf dem Nordatlantik verhungerndes westindisches Kreuzfahrtschiff. Zudem mußte sie die

Demütigung ertragen, für als »Sauftouren« bezeichnete Wochenendausflüge nach nirgendwo zu dienen. In den frühen dreißiger Jahren stellten diese Kreuzfahrten von New York aus sowohl eine Flucht vor der Depression als auch vor den letzten Ausläufern der Prohibition dar. Irgendwie scheinen sich diese Spazierfahrten nicht mit der Würde gütiger alter Schiffe vereinbaren zu lassen, aber in diesen mageren Zeiten war jede Passagierbuchung überlebensnotwendig. Daß sie den ehemaligen Ruhm des Schiffs beleidigten, interessierte das Management in der Regel wenig.

Der Verfall eines Schiffs erfolgt auf seltsam kumulative Weise und schreitet erst rascher voran, wenn es außer Dienst gestellt wird. Die Maschinen überleben am längsten, da sie die sorgfältigste Pflege erhalten. Aber Kessel, Wasserrohre und elektrische Leitungen sind besonders anfällig. Bereits 1911, nach nur vierjährigem Dienst, wurden in den Reiseabschlußberichten der *Lusitania* Brände erwähnt, die durch Kurzschlüsse hinter der Wandvertäfelung entstanden waren. Ratten hatten die Gummiisolierschicht der Stromleitungen durchgenagt. Meldungen dieser Art wurden den Passagieren selbstverständlich vorenthalten. Sowohl auf der *Berengaria* als auch auf der *Majestic* traten häufig Störungen im elektrischen Leitungssystem auf, die eine Reihe kleiner Feuer in entlegenen Winkeln auslösten. Diese nur selten ernsten Brände brachten die Schiffahrtsgesellschaft in Verlegenheit und ängstigten die Passagiere. Bei einem Zwischenfall auf der *Berengaria* in den späten zwanziger Jahren wurden die zum Abendessen gekleideten Passagiere mitten auf dem Ozean zu den Rettungsbooten gerufen, während ein abscheulicher Gestank nach brennendem Isolationsmaterial das Schiff durchzog. Das Feuer war rasch gelöscht, doch auf den nachfolgenden Reisen kam es erneut zu Bränden. Trotz all ihrer Leiden entging die *Leviathan* dieser speziellen deutschen Schwäche. Im Zuge ihrer Amerikanisierung hatte der führende Schiffbauingenieur der Vereinigten Staaten und glühender Verfechter von Brandschutzmaßnahmen, Gibbs, die vollständige Erneuerung aller elektrischen Leitungen angeordnet.

Während eines Routineaufenthalts in Southampton entging die *Mauretania* im Juli 1921 nur mit knapper Not einer fatalen Feuersbrunst. Ein Mann, der mit einer leicht entzündlichen Flüssigkeit die Teppiche des E-Decks reinigte, arbeitete mit einer Zigarette im Mund. Eine Stichflamme schoß hoch, und augenblicklich durchzogen undurchdringliche schwarze Rauchwolken das Schiff. Die städtische Feuerwehr füllte das Schiff mit unzähligen Gallonen Wasser, worauf sich die *Mauretania* gefährlich von der Pier weg neigte und entschlossen schien, das unausweichliche Ritual eines Hafenbrandes zu vollenden. Gemeinsam mit einer Gruppe verzweifelt arbeitender Männer versuchte der damals noch junge Offizier Bisset in dem drei Meter hohen Wasser die Halterungen einer Einstiegsluke an Steuerbord zu öffnen. Schließlich gelang es ihnen, und mehrere Tonnen überschüssigen Wassers, das sich in der tiefergelegenen Hälfte des Schiffs gesammelt hatte, flossen in den Hafen. Die *Mauretania* wurde vor dem Kentern gerettet, doch das E-Deck war völlig ausgebrannt. Die Cunard Line nützte die Gelegenheit und

Ein unerwartetes Ende. Der CGT-Liner *Paris* fällt in Le Havre einem mysteriösen Feuer zum Opfer. Tonnen von Löschwasser sammelten sich in den oberen Decks und lösten die tödliche Schlagseite aus. (*Topix, London*)

Die *Mauretania* (links) und die *Olympic,* aufgelegt in Southampton an Liegeplatz 108. (*Frank Braynard Collection*)

Ein Vierteljahrhundert alt, legt die *Olympic* von Southampton zu ihrer letzten Reise ab. Sie wurde ein Opfer der Depression und der Fusion der Cunard Line. (*Frank Braynard Collection*)

verband die Beseitigung der Brandschäden mit der Umrüstung des Schiffs auf Ölbetrieb.

Mitte der dreißiger Jahre zeigte die *Mauretania* erste Hinweise auf Altersschwäche. In den zwanziger Jahren waren in ihren Rumpf mehrere zusätzliche Badezimmer eingebaut worden. Für Kreuzfahrten hatte man auf dem Deck provisorische Schwimmbäder aus Segeltuch errichtet. Ihr Zustand erforderte jedoch eine gründliche Renovierung, zu der sich ihre Eigentümer nicht imstande sahen. Überall auf ihrem Rumpf und den Aufbauten traten Rostflecken auf, die sich auch durch eine weitere Schicht glänzend weißer Farbe nur vorübergehend überdecken ließen.

Der Untergang einer Legende löst natürlich öffentliches Bedauern aus. Im Fall der *Mauretania* war die allgemeine Anteilnahme besonders stark. Ob das Ereignis das Ende einer Institution, einen subtilen Hinweis auf die Zerbrechlichkeit menschlichen Strebens oder buchstäblich den Tod eines Lebewesens darstellte, ist schwer zu sagen. Die Tradition, ein Schiff mit einem weiblichen Pronomen anzusprechen, verstärkt diese letztgenannte Empfindung.

Die Trauer der Besatzung war nur allzu verständlich. Sie besaß eine innige Beziehung zu dem Schiff, das ihr stählernes Zuhause darstellte. Ihr liebevoller Spitzname lautete »Mary«, so wie ihre unglückliche Schwester »Lucy« genannt worden war. In seinen Memoiren erinnerte sich Kapitän Sir Arthur Rostron, daß die *Mauretania* einst in den Dardanellen »vor Freude erschauert war«. Diese Neigung, Schiffe zu personifizieren, ist so alt wie das Meer selbst und wurde von der Cunard Line in den späteren Jahren der *Mauretania* gefördert. Galanterie war nach dem Verlust des Blauen Bandes ein wirkungsvoller Ersatz für Modernität. Das ergreifende Image einer von einem arroganten deutschen Usurpator geschlagenen Weltmeisterin, die ihre letzten Jahre in stiller Disziplin verbrachte, ließ sich gut vermarkten. Als sich ihr Ende ankündigte, verbreitete sich die Sentimentalität nicht nur unter treuen Fahrgästen, die ihren Verlust praktisch am eigenen Leib erfuhren, sondern auch unter Millionen Landbewohnern, die niemals in ihre unmittelbare Nähe gelangt waren.

Die *Mauretania* war ein prachtvolles Schiff, dessen Eigner sich in Kriegs- wie in Friedenszeiten einen guten Ruf für ihren schnellen und zuverlässigen Service erworben haben. In den zwanziger Jahren war sie als »Rostron-Expreß« bekannt, da die einzelnen Überfahrten von Ambrose Light nach Bishop's Light in ihrer Dauer oft nur um wenige Minuten voneinander abwichen. Ihr Kapitän war sogar imstande, den Zug um 15.13 Uhr nach Liverpool zu erreichen. Sie wurde nur einen Monat vor Vollendung ihres 27. Dienstjahres außer Dienst gestellt und hatte bis dahin allein auf dem Atlantik zwei Millionen Meilen zurückgelegt. Am selben Tag im September 1934, an dem sie ein letztes Mal aus New York auslief, donnerte eine neue und größere Queen Mary die Hellinganlage in Schottland hinab.

Der Liegeplatz 108 in Southampton galt als Sackgasse für britische Schiffe. In diesem toten Wasser des ansonsten geschäftigen Hafens legten jene an, deren

Zukunft in Gefahr war. Hier fand auch der Verkauf der Innenausstattung der *Mauretania* statt. Das für die *Britannic* der White Star Line bestimmte Mobiliar und andere Gegenstände, die vor dem Krieg für das Schiff entworfen, aber niemals eingebaut worden waren, hatte man 1919 bei einer Auktion verkauft. Das Ereignis verlief lustlos und ohne besonderen Reiz, da das Schiff auf dem Grund des Ägäischen Meeres lag und vor seinem Untergang keine zivilen Passagiere transportiert hatte. Es besaß einfach kein Image.

Die Nachricht von der Auktion der *Mauretania* zog hingegen Hunderte Käufer an, die lebhaft um jede Kleinigkeit boten, die sich dem Rumpf entreißen ließ, ehe er in die Schrottpressen nach Norden überstellt wurde. Die Messingbuchstaben ihres Namens und des Eintragungshafens über dem Heck wurden als Einheiten für sechzig Pfund verkauft. Die größeren an der Steuerbordseite des Bugs wechselten als einzelne Souvenirs für jeweils elf Pfund pro Buchstaben den Besitzer. Einige Posten besaßen gigantische Ausmaße, wie etwa Nr. 237, der als »ein weißer Marmorkaminsims aus der Bibliothek mit Einfassung und Kamin« beschrieben wurde. Am nächsten Tag wurde Posten Nr. 371, »die emaillierte Gewölbedecke aus der Mitte des Rauchsalons«, gemeinsam mit der »Vertäfelung aus poliertem Balsaholz in zwei Posten als Steuerbordseite und Backbordseite« versteigert. Sämtliche Rettungsboote, einschließlich der 16 ursprünglich am Tyne gebauten und der nach dem Untergang der *Titanic* hinzugefügten, fanden Käufer.

Ein Mann von den Kanalinseln erwarb den Großteil der Holztäfelung des *grand salon*, der Treppe und des Speisesaals mit der Absicht, sie als Basis für ein in New York geplantes Hotel Mauretania weiterzuveräußern. Doch weder das Vorhaben noch die Unterstützung durch einen amerikanischen Millionär kamen zustande. Der prachtvollste Teil der Wandverkleidung des *grand salon* ziert heute den Speisesaal eines Pubs in Bristol. Im Jahr darauf wurden einige Stücke aus dem Speisesaal der *Olympic* versteigert und in eine Hotelbar in Northumberland eingegliedert. Demselben Hotelbesitzer gefiel die Täfelung der Luxussuiten des Schiffs, die er zur Verkleidung seines besten Zimmers verwendete. Dutzende Handelsreisende aus dem Norden bewohnten auf diese Weise denselben Raum wie der Prinz von Wales auf seiner Überfahrt nach Osten im Jahr 1924.

Architektonische Einheiten zu bewahren ist sowohl ein ehrgeiziges als auch ein lobenswertes Vorhaben. Reichen amerikanischen Gönnern bereitet der Kauf, Transport und Wiederaufbau von Kapellen, Suiten und Burgen große Freude. Diese teuren Übersiedlungen dienen als unschätzbare Grundlage für wissenschaftliche Untersuchungen und stellen jene Menschen zufrieden, denen es nicht möglich war oder ist, den Originalschauplatz zu besuchen. Als Mittel, die Vergangenheit wieder lebendig werden zu lassen, eignen sich diese Wiederaufbauten jedoch nur bedingt.

Der Blumenthal-Patio, ein aus dem Schloß von Vélez Blanco bei Almería stammender Renaissancehof, der wie durch ein Wunder intakt im New Yorker Metropolitan Museum of Art steht, ist unvollständig. Dies ist jedoch kein Fehler

In den dreißiger Jahren tritt ein neues Phänomen auf: Das Mobiliar und die Innenausstattung eines außer Dienst gestellten Expreßliners werden versteigert. In Southampton drängen sich die Bieter in der großen Lounge der *Mauretania.* (*Frank Braynard Collection*)

Die *Mauretania* trifft in Rosyth ein. Eine Stunde später gaben die Telegraphen auf der Brücke das letzte Mal den Befehl »Maschinen aus« an den Maschinenraum weiter. (*Frank Braynard Collection*)

des Stifters oder des Museumsdirektors. Stein und Mörtel waren sorgfältigst zusammengefügt worden – etwas anderes, nicht Fühlbares fehlte jedoch. Das Drahtglas der Decke versperrte den Blick auf den in der Mittagssonne kobaltblauen oder in der Dämmerung undefinierbar bleichen spanischen Himmel. Ich wünschte, daß sich mit Hilfe eines elektrischen Kunstgriffs ein Sonnenstrahl erzeugen ließe, der dem Fries sein erstaunliches Relief verliehe. Aber der Stein besitzt keine Wärme, die Luft keinen Duft, und vom Balkon weht noch nicht einmal ein blutrotes Banner. In der nordwestlichen Ecke sprudelt ein mit Pennystücken erstickter Florentiner Brunnen mutig vor sich hin. Er dient als armseliger Ersatz für das beständige Wasserrauschen, an dem es in keinem maurischen Haus mangeln durfte.

Von der makellosen Reproduktion einer Schiffskabine im britischen Schiffahrtsmuseum hätte man erwarten können, daß sie Erinnerungen hervorruft, vor allem, wo die Museumsverwalter es lediglich mit dem Interieur zu tun hatten. Doch der Raum ist eine leere Hülle, die aller Wirklichkeit entbehrt. Dasselbe gilt für das Mauretania Pub in Bristol. Hier umgibt die prachtvolle Mahagonitäfelung einen stets gefüllten Gastraum, weist aber kaum eine Beziehung zu dem Schiff auf, von dem sie stammt. Das leichte Atmen und Krachen des Schiffs, das auf das Promenadendeck fallende Licht, der Geruch von Bienenwachs und Zigarrenrauch, die fürsorglichen Stewards und das vornehme Spiel des Streichorchesters sind verschwunden. Ich fürchte, Souvenirsammler, die einen Kaffeelöffel aus einem Restaurant heimlich in die Tasche stecken oder heftig bei Auktionen von Erinnerungsstücken mitbieten, erleben eine ähnliche Enttäuschung. Ein vor den Abbruchmannschaften aus der Metropolitan Opera geretteter vergoldeter Cherub ist lediglich ein stummes, seltsam unwirkliches Fragment aus einer glorreichen Vergangenheit. Authentizität ist kein Ersatz für Ambiente. Die Erinnerung an ein Fußballspiel ist mehr als ein Splitter des Torpfostens.

Als die *Mauretania* zur schottischen Abbruchwerft fuhr, drängten sich wie 28 Jahre zuvor Menschenmassen am Ufer. Damals hatten sie einem brandneuen Schiff zugejubelt, das voller Versprechungen den Tyne hinabgeglitten war. Nun wirkte sie wie ein Geist – weiß, von Rostflecken übersät und ihres Innenlebens beraubt. Unter den Zuschauern, die ihr von der Pier aus zuwinkten, befand sich der Cunard-Kommodore Sir Arthur Rostron. Er hatte sich geweigert, an Bord zu gehen. Entlang des gesamten Hafens verharrten die Menschen schweigend oder sangen »Auld Lang Syne«, wie die Einwohner von Cowes, deren Keller einst von der Kielwelle der Mauretania überflutet worden waren. In der Nähe von Bembridge spielte ein Hornist den Zapfenstreich. Auf dem Schiff reisten einige wenige Passagiere mit, unter ihnen ein Paar, das knapp drei Jahrzehnte zuvor mit der *Mauretania* in die Flitterwochen aufgebrochen war. Alle wurden ohne Unterschiede im Speisesaal der dritten Klasse verköstigt, der als einziger Aufenthaltsraum seine Inneneinrichtung behalten hatte.

Die Reise in den Norden verlief ohne Zwischenfälle, die großen Turbinen produzierten mühelos die Leistung für eine Fahrt von 18 Knoten. Die Masten des Schiffs waren für die Durchfahrt unter der Brücke über den Firth of Forth abgesägt worden. Vom Stumpf ihres verkürzten Hauptmastes flatterte ein echtes Blaues Band mit der Aufschrift »1907–1929«. In diesen Jahren war die *Mauretania* alleiniger Atlantik-Champion gewesen. Als sie in den Hafen des britischen Marineministeriums einbog, spielte ein Dudelsackspieler das Klagelied »The Flowers of the Forest«. Ihre Dampfpfeifen ertönten ein letztes Mal an Bord. Sie waren mit ihrer Ausstattung verkauft worden und wurden später auf einem Fabrikdach in Rugby montiert, wo sie das Ende der Arbeitswoche und, während des Kriegs, das Nahen der deutschen Flugzeuge verkündeten.

Andere Posten aus den in den dreißiger Jahren zur Verschrottung freigegebenen Schiffen besaßen für ihre neuen Eigentümer praktischen Wert. Die Auktion der Olympic wurde im am Tyne gelegenen Jarrow abgehalten. Ein Parlamentsmitglied der Stadt hatte das Schiff gekauft, um in seinem von der Depression schwer getroffenen Wählerkreis Arbeit zu schaffen. Die mit Segeltuch ausgekleidete Arrestzelle des Schiffs ging an einen Jahrmarkt in South Shields. Der Eiscremestand wurde abgebaut und am Ufer wieder in Betrieb genommen. Selbst der Leichenkühlraum fand in einem klugen Bestattungsunternehmer aus Northumbria einen Käufer. Und in einer Metzgerei in Newcastle hängen bis heute die Fleischstücke an Haken, die aus dem Kühlraum der *Olympic* stammen.

Der Großteil der Gegenstände besaß hingegen lediglich nostalgischen Wert wie etwa Kartentische, Megaphone, der Teppich aus der Kapitänskabine, die Schiffsglocke und der zum Abendessen rufende Gong. Neben zehn eingerahmten Mitteilungen (»Die White Star Line ist nicht verantwortlich für in den Kabinen aufbewahrte Wertgegenstände ...«), einem Flaschenöffner mit der Aufschrift *Café Parisien* und einer patentierten Eieruhr aus der Speisekammer der ersten Klasse gab es auch noch die Mahagonieinrichtung aus der Kabine des Beilagenstewards. Der Inhalt des Sportsaals mit all seinen massiven gußeisernen deutschen Geräten sowie die Aufzüge, die vergoldeten Balustraden und die mit Einlegearbeit versehenen Diwans aus dem türkischen Bad blieben unberührt.

Der mit dem Verkauf beauftragte Auktionator Arthur Knight von Knight, Frank & Rutley gab gleich am ersten Tag das für seinen Berufsstand übliche zurückhaltende Verhalten auf. Von einer aus den Tischen des Rauchsalons zusammengefügten Plattform aus sprach er im Dämmerlicht der Lounge der *Olympic* zu den versammelten Bietern. Es war November, und die Versteigerung fand zu weit im Norden statt, als daß sie Käufer aus London angelockt hätte. »Zu meiner Zeit habe ich so manchen edlen und historischen Haushalt aufgelöst«, verkündete er mit in der unangenehmen Kälte sichtbarem Atem. »Heute fällt mir die unglückliche Aufgabe zu, diesem prachtvollen Schiff die letzte Ehre zu erweisen, das viele Jahre lang seiner tapferen Besatzung ein Zuhause war. Ungerührt mitzuhelfen, ein solches Monument menschlicher Leistung zu zerstören, ist mir nicht möglich. Daher empfinde ich es als meine Pflicht, vor Beginn dieser würdelosen Arbeit der

Rechts: Die Verschrottung der *Leviathan*. In Rosyth beginnt man mit der Demontage des Bootsdecks. Ganz rechts: Gegen Ende der Arbeiten ist der Schiffskörper soweit entleert, daß der verbleibende Auftrieb die Schiffsschrauben über die Wasseroberfläche hebt. (*Frank Braynard Collection*)

Links: Das erste und zweite große Ballin-Schiff in Rosyth. Von der *Berengaria* (der ehemaligen *Imperator*) im Vordergrund ist nur noch einer der drei Schornsteine intakt. Direkt dahinter liegt der Rumpf der *Leviathan* (der ehemaligen *Vaterland*). (*National Maritime Museum, Greenwich*)

Olympic meine Entschuldigung anzubieten.« Augenblicke später wurden als Posten Nr. 1 zwei Sofas aus dem Rauchsalon der Maschinisten für sieben Pfund verkauft.

Nach der Versteigerung ihrer Innenausstattung im Januar 1939 folgte die *Berengaria* der *Olympic* nach Jarrow. Die Abbrucharbeiter fanden hinter der Vertäfelung eines Mannschaftsschlafraums ein Geheimversteck mit vierhundert Pfund. Dabei handelte es sich entweder um die Ersparnisse eines Besatzungsmitglieds oder, was eher wahrscheinlich ist, um einen Schmuggelgewinn, der an Bord verborgen werden mußte, weil er an Land nicht ausgegeben werden konnte, ohne Verdacht zu wecken. Die *Majestic* überlebte unter dem Namen *H. M. S. Caledonia* als Trainingsschiff der Royal Navy. Ihre Masten wurden ebenso wie die der *Mauretania* für die Durchfahrt unter der Brücke am Firth of Forth gekürzt, sie selbst in eine schwimmende Kaserne für Marinekadetten umgewandelt. Die zentrale Rotunde am oberen Ende der aus dem Wintergarten emporführenden Treppe, die von den Deutschen als Restaurant entworfen und von der White Star Line in einen Ballsaal umfunktioniert worden war, erfuhr nun ihre dritte und letzte Wiedergeburt als Sportsaal mit Boxring. Die Wände des Promenadendecks wurden mit Übungsstangen versehen und die darunterliegenden Kabinentrennwände niedergerissen, um Schlafsäle zu schaffen. Als die *Majestic* den Liegeplatz 108 im Hafen von Southampton für ihre Reise in den Norden verließ, verdunkelte der ölige Rauch aus ihren stillgelegten Schornsteinen den Himmel.

Eine ähnliche Rauchwolke lag über großen Teilen von Manhattan, als die *Leviathan* im Januar 1938 zu ihrer letzten Fahrt nach Osten auslief. Aufgrund der starken Verschlammung erfolgte die Betankung erst vor Staten Island, damit sie ihren Liegeplatz in Hoboken mit geringstmöglichem Gewicht verlassen konnte. Das Schiff war viele Jahre lang erst als konfiszierte *Vaterland,* dann als ausrangiertes Marineschiff und schließlich, nach der Depression, als teurer weißer Elefant in New Jersey vertäut gewesen. Als sie New York verließ, flatterte von ihren Masten und Schornsteinen das rote Banner der britischen Handelsmarine. Kapitän Binks, der Kommandant der *Olympic* zum Zeitpunkt der Kollision mit dem Nantucket-Feuerschiff, kam aus dem Ruhestand zurück, um das Schiff mit einer erlesenen britischen Mannschaft nach Osten zu fahren. Zu Beginn ihrer Überfahrt wurden 36 Kessel geheizt, bei ihrem Eintreffen standen nur noch zwei Drittel davon in Betrieb. Irgendwo im Heckbereich befand sich ein widerspenstiges Leck, dem die Pumpen nicht gewachsen waren. Nur durch eine sorgfältige Umschichtung von Treibstoff und Wasser gelang es, den Trimm aufrechtzuerhalten. Der bizarrste aller Zwischenfälle betraf die Dampfpfeife. Durch die Kälte auf hoher See hatte sich die ihren Betrieb kontrollierende Leitung zusammengezogen und eine Reihe geisterhafter Signale ausgelöst, die an ihre Zeit als Marineschiff erinnerten.

Im schwindenden Frieden der dreißiger Jahre fuhren all diese herrlichen Schiffe ihrer Verschrottung entgegen. Es mutet nahezu mystisch an, daß viele von ihnen in dieselben nördlichen Gewässer zurückkehrten, in denen sie entstanden waren. Als die Feindseligkeiten ausbrachen, hatten die meisten bereits zu existieren aufgehört. Die »Lucy« war in einem anderen Krieg gesunken, die »Mary«, die »Berry«, die »Magic Stick« und die »Levi Nathan«, wie sie von ihrer Besatzung genannt wurden, waren nur noch Schrott oder zerstörte Relikte – Erinnerungen an glücklichere Jahre. Nur die *Aquitania,* »die Unbezähmbare«, überlebte als letzte ihrer Art und diente in beiden Weltkriegen.

13.

Der Zweite Weltkrieg

Nur zwei Jahrzehnte nach dem Ende des Ersten Weltkriegs brach der Zweite aus. Die Ereignisse auf dem Nordatlantik wiederholten sich. Die Verbindung zwischen Europa und Nordamerika war abgebrochen oder eingeschränkt, der Telefondienst wurde eingestellt, die Leitungen unterlagen strenger Überwachung, und die Schiffe des westlichen Ozeans dampften verzweifelt nach Hause oder in die Neutralität, wie es ihre älteren Schwestern im Hochsommer 25 Jahre zuvor getan hatten.

Die deutsche *Europa* lag in Bremerhaven, von wo sie niemals wieder mit gehißter deutscher Flagge auslaufen würde. Ihr Schwesterschiff *Bremen* hatte sich von New York aus auf einen weiten Rückweg gemacht, der sie an Island und den britischen Inseln vorüber nach Murmansk führte. Aus der Sicherheit dieses neutralen Hafens schlich sie später nach Deutschland zurück. Mitten auf hoher See kehrte die nach Osten dampfende *De Grasse* um und floh nach Halifax. Die *Aquitania* hingegen brach den Funkkontakt ab und beendete ihre Reise nach Southampton im Zickzack. Sie war dem »Tonnage-Pogrom« der dreißiger Jahre entgangen und erwies sich in den kommenden Jahren als unbezahlbar. Die nach Westen fahrende *Mary* eilte nach New York und legte an Pier 90 an. Eine Pier südlicher lag ihre französische Rivalin, die *Normandie*, deren Eigner aus Paris die Anweisung gaben, sie solle für unbestimmte Zeit in New York bleiben. Diese beiden gewaltigen Schiffe, die paradoxerweise weniger anfällig für Unterwasserangriffe waren als ihre kleineren und langsameren Schwestern, wurden als zu wertvoll erachtet, um sie auch nur dem geringsten Risiko auszusetzen. So verbrachten sie mehrere Monate untätig in der Sicherheit des Hudson.

Für die Amerikaner in Übersee waren die trägen Sommervergnügen vorüber. Wegen der Absage der Überfahrten auf einem feindlichen Kontinent gestrandet, bestürmten sie erneut ihre Botschaften. Ihre auffälligen braunen Pässe hatten eine neue Bedeutung erhalten. Botschafter Kennedy forderte aus London amerikanische Schiffe für den Rücktransport der Touristen an, die für die kriegführenden Parteien ein Ärgernis darstellten und zudem die Ressourcen seiner Botschaft erschöpften.

Als sich die Nachricht verbreitete, daß die *Aquitania* trotz des Kriegsausbruchs eine Überfahrt wagen würde, stürmten Passagiere die Pier in Southampton. Amerikanische Pässe wurden an der Gangway eingesammelt und ihre Eigentümer aufgefordert, sich in der Lounge einzufinden. Dort las ein dünnlippiger Konsulatsbeamter eine Erklärung vor, die folgende Warnung enthielt: »Die amerikanischen Bürger werden hiermit in Kenntnis gesetzt, daß sie sich auf einem kriegführenden Schiff befinden, das ohne Vorwarnung versenkt werden könnte.« (Der Text stimmte nahezu wörtlich mit der beunruhigenden Mitteilung überein, die an jenem Morgen vor 22 Jahren in amerikanischen Schiffszeitungen erschien, an dem die *Lusitania* zu ihrer letzten Reise aufgebrochen war.)

Nach dieser unverhohlenen Drohung verbreitete sich unter vielen Amerikanern Panik, die auch auf die Besatzung übergriff. Daraufhin verließen Vertreter beider Gruppen das Schiff. Die wenigen britischen Passagiere zeigten hingegen einen seltsam unverwüstlichen Gleichmut und erschienen in dem wegen seiner übermalten Fenster in Dämmerlicht getauchten Rauchsalon, noch ehe sich die Aufregung in der benachbarten Lounge gelegt hatte. Sie trugen Dinnerjackets und plauderten mit gedämpfter Stimme über die Kriegsneuigkeiten. Als an diesem Abend das Essen serviert wurde, banden Besatzungsmitglieder eine Leiter am Balkon des Speisesaals fest. Im gesamten Schiff wurden die Ventilatoren als Vorsichtsmaßnahme gegen einen Gasangriff mit Papier abgedeckt. Jene Amerikaner, die das Schiff verlassen hatten, warteten auf die aus New York versprochene Rettungsflotte. Sie war bereits in See gestochen und umfaßte die *Manhattan*, die *Washington* und die *President Roosevelt*, an deren Flanken jeweils eine große amerikanische Flagge aufgemalt war.

Selbstverständlich zögerten die Passagiere, sich einem britischen Schiff anzuvertrauen. Ein junger Wiener Arzt namens Lustig überwand seine Bedenken und buchte mit seiner Braut eine Überfahrt auf der *Athenia* von Glasgow aus. An Bord befanden sich nahezu dreihundert Amerikaner und zahlreiche Flüchtlinge, die unbedingt die Vereinigten Staaten erreichen wollten. Noch am Tag der Kriegserklärung wurde das Schiff vor der Nordküste Irlands versenkt. Als ob es die deutschen Absichten unbewaffneten Handelsschiffen gegenüber unmißverständlich kundtun wollte, feuerte das U-Boot *U 30* unter dem Kommando von Fritz Lemp mehrere Torpedos auf den Rumpf des 13 000 Tonnen großen Cunard-Liners ab.

Die meisten Passagiere waren beim Abendessen, doch das österreichische Paar blieb im strahlenden Licht eines nördlichen Sommerabends an Deck. Während seine Gemahlin auf der Lukenabdeckung neben ihm lag, begann Dr. Lustig einen Brief in zweifacher Ausfertigung an beider Eltern, in dem er sie wissen ließ, daß sie sicher entkommen seien. Er hatte eben »Lieber Vater, liebe Mutter« getippt, als plötzlich ein Rauschen erklang. Auch dreißig Jahre später erinnert er sich noch, daß es sich nicht um eine Explosion handelte, eher um ein mächtiges Ausatmen, das die Lukenabdeckung zerfetzte und alles, was sich darauf befunden hatte. Er blieb unverletzt, doch seine Gemahlin war verschwunden. Als er Augenblicke später über die Kante der Luke spähte, blickte er direkt in die Eintrittsöffnung des

Zwölf Tage nach der Kriegserklärung besitzt die *Queen Mary* bereits einen grauen Anstrich. Die neben ihr liegende *Normandie* blieb monatelang unberührt. Ganz abgesehen von seiner historischen Bedeutung betont das Foto die schnittige Form des französischen Schiffs im Gegensatz zur konventionellen Höhe der *Queen Mary.*
(*Druck- und Fotoabteilung, Library of Congress*)

Torpedos, wo die Geldbörse seiner Frau inmitten eines Gewirrs von Trümmern schwamm. Andere Schiffe, einschließlich drei Zerstörer der britischen Marine, kamen den Passagieren der getroffenen *Athenia* zu Hilfe. Ihre Bemühungen wurden durch eine Walschule erschwert, die sich zwischen den Rettungsbooten tummelte.

Das Schiff hatte Schottland mit einem Maximum an Sicherheitsvorkehrungen verlassen. Die Agenten der Gesellschaft im Bestimmungshafen Montreal besaßen weder eine Passagierliste noch ein geschätztes Ankunftsdatum. Wie ein Lauffeuer verbreitete sich die Nachricht vom Untergang der *Athenia* über den Atlantik. Als Folge steuerte die *Aquitania* direkt durch den Ärmelkanal, ohne wie üblich in Cherbourg anzulegen. Passagiere mit gültigen Fahrkarten eilten auf dem Landweg nach Le Havre in der Hoffnung, ein französisches Schiff zu finden. Aber der Hafen war leer bis auf die *Paris*, die nach dem Brand ein Jahr zuvor noch immer gekentert an ihrer Pier lag. Die *Normandie* und die *Île de France* waren in New York, die *De Grasse* befand sich auf dem Weg nach Halifax, und die *Champlain* wurde, überladen mit nervösen Reisenden, auf der Südseite des Hudson an Pier 88 erwartet.

Die *Champlain* hatte für ihre Überfahrt eineinhalb Wochen benötigt – elf Tage, die Frieden und Krieg enthielten. An Bord herrschte eine von Trauer gekennzeichnete Stimmung, die sich stark gegen die übliche Fröhlichkeit des Schiffslebens abhob. Wieder blieb der Rauchsalon ausschließlich Männern vorbehalten, doch diesmal als Schlafsaal. Zimmerleute hatten eine zusätzliche Tür eingebaut, durch die einer der nahen öffentlichen Baderäume zugänglich wurde. Ein Mann teilte das Kinderspielzimmer mit vier polnischen Rabbis, die ihn regelmäßig mit lautstarkem Klagen aus dem Schlaf rissen. Einigen wenigen Ehepaaren gelang es, eine Kabine zu teilen, die meisten wurden getrennt und riefen sich jeden Morgen herzergreifende Belanglosigkeiten zu. Alle Bullaugen waren versiegelt worden. Nur die Türen blieben offen, um die Luftzirkulation zu verbessern. Törichterweise wurde die Nachricht vom Schicksal der *Athenia* mitten auf dem Ozean an die ohnehin bereits nervösen Passagiere weitergegeben. Damit bestätigte sich, daß im Atlantik kein Scheinkrieg geführt wurde.

Im März 1940 erreichte die brandneue *Queen Elizabeth* nach einer der diskretesten Jungfernfahrten in der Geschichte den Hafen von New York. Das mit 80 000 Bruttoregistertonnen vermessene Expreßpassagierschiff war nur ein Jahr vor Kriegsausbruch vom Stapel gelassen worden. Es war kein Schwesterschiff der *Queen Mary*, da sie sich äußerlich unterschieden. Mit ihren lediglich zwei Schornsteinen und den ruhigeren Aufbauten erinnerte die *Queen Elizabeth* eher an die *Normandie*. Zudem besaß sie im vorderen Bereich kein Welldeck und statt zwei Ankern drei. Daher hatte die *Queen Elizabeth* einen schärfer geschnittenen Bug, der einen freien Fall ins Wasser gestattete. Abgesehen von diesen Veränderungen vermittelte die neue *Queen* einen ähnlichen Eindruck wie die *Queen Mary* und galt durchaus in gewisser Hinsicht als deren Schwesterschiff. Sie wurde von und nach der neuen Königin benannt, und ihre gigantische Masse bewegte sich bereits langsam die Helling hinab, noch ehe Ihre Majestät den Startknopf gedrückt hatte.

Die Inneneinrichtung des zweiten Schiffs orientierte sich am Stil der *Queen Mary*, obwohl in diesem Fall die Designwünsche der Cunard-White Star Line etwas zurückhaltender ausfielen. Trotzdem herrschten exotische Holzfurniere vor. Die bereits vor dem Krieg an Land hergestellten Dekorationselemente der zweiten *Queen* wurden erst sieben Jahre später eingebaut. Ein bislang unbekannter Unterschied zwischen den beiden *Queens* wurde in den Nachkriegsjahren deutlich, als Besatzungsmitglieder die Gelegenheit erhielten, auf beiden Schiffen zu dienen. Die überwältigende Mehrheit von ihnen entschied sich trotz ihres höheren Alters für die *Queen Mary*. Ihrer Erfahrung nach ließ es sich auf ihr leichter arbeiten, weshalb sie als das glücklichere Schiff galt. Während ihrer langen Laufbahn erzielte die Mannschaft der *Queen Elizabeth* niemals dieselbe Betriebsharmonie, die die *Queen Mary* seit ihrer Entstehung kannte.

Ich vertrat stets die Ansicht, daß das Chaos während der ersten Jahre der *Queen Elizabeth* zu diesem Phänomen beigetragen hatte. Sie war in dieser Übergangszeit zum Leiden verdammt. Wie unkompliziert die Arbeiten auf einem Schiff verrichtet werden können, ist eine subtile Angelegenheit, die die Passagiere nur selten direkt betrifft. Dabei spielen so triviale Dinge eine Rolle wie eine schlecht plazierte Essensausgabe an Deck, ein ungeeigneter Aufbewahrungsort für den Staubsauger der Stewards oder der besondere Schwung der Leiter hinunter in den Maschinenraum. Geringfügige Mängel dieser Art, die vielleicht der anfänglichen Zweckmäßigkeit für den Krieg entstammten, fanden sich überall auf der *Elizabeth*. Sie war in Eile auf ihren Einsatz in See vorbereitet worden, als niemand die Zeit oder die Befugnis besaß, sich um solche Dinge zu kümmern. Die Tatsache, daß die *Queen Mary* erst nach drei Dienstjahren in der Friedenszeit in ein Truppenschiff umgewandelt wurde, ist meiner Meinung nach der Grund für ihre im Vergleich zur *Queen Elizabeth* leichtere Bedienbarkeit.

Kriegsschiffe werden traditionellerweise einer Übungsfahrt unterworfen. Bei dieser längeren Reise feilt man unter dem korrigierenden Blick der Bauaufsicht an den geringfügigen Designmängeln, die sich auf dem Zeichenbrett nur selten vollständig entfernen lassen. Entschließt man sich, diese Unzulänglichkeiten zu belassen, stören sie die Arbeitsabläufe auf einem Schiff ständig. Die Mannschaft muß sich in diesem Fall murrend damit abfinden. Passagierschiffe täten gut daran, sich denselben Erprobungen zu unterziehen; ganz wie es bei der *Queen Elizabeth 2* der Fall war. Schwierigkeiten mit den Turbinen verhinderten die kostenfreie Kreuzfahrt, die die Cunard Line zahlreichen Besatzungsmitgliedern und ihren Familien auf der neuen *Queen* mit der Absicht angeboten hatte, sie als Versuchskaninchen in sämtlichen vorstellbaren Passagiereinrichtungen zu verwenden. In früheren Zeiten waren derartige Übungsfahrten unbekannt, und so fand man auf Jungfernfahrten nie dieselbe geschmeidige Perfektion, die ein Schiff nach mehreren Überfahrten erworben hatte.

Im ersten Kriegswinter ergab sich die Notwendigkeit, die *Queen Elizabeth* von ihrer Ausrüstungspier zu entfernen und dies womöglich noch vor ihrer Fertigstellung. Sie wäre ein zu verlockendes Ziel für jeden so weit in den Norden vordringenden deutschen Piloten gewesen. Zudem benötigten die Schiffe der Royal Navy die Reparatureinrichtungen, die sie belegte. So entschloß man sich, sie nach Amerika zu schicken und sämtliche Arbeiten, die für eine Überfahrt unerläßlich waren, bis Ende Februar abzuschließen. Dieser Zeitpunkt war unwiderruflich, da der Clyde erst sechs Monate später wieder die für sie benötigte Wassertiefe aufweisen würde. In zwei aufeinanderfolgenden maximalen Fluten würde die *Queen Elizabeth* ins Meer gebracht und das Schlachtschiff *Duke of York* den Fluß hinaufbefördert werden, um ihren Platz einzunehmen.

Das weltweit größte Schiff unter völliger Geheimhaltung über den Atlantik zu schicken war vielleicht eine einfache Entscheidung; die Durchführung erwies sich hingegen als schwierig. Strengste Sicherheitsmaßnahmen standen im Vordergrund. Die vorwiegend von der *Aquitania* rekrutierte, vierhundert Mann starke Besatzung, die das leere Schiff führen sollte, wurde informiert, daß die *Elizabeth* nach Southampton ins Trockendock überstellt werde. Dies war die auf die Probefahrt folgende traditionelle Routineprozedur. Vertreter der Hafenbehörde erfuhren davon und erinnerten die Schiffahrtsgesellschaft in scharfem Ton daran, daß sie keine entsprechenden Pläne besäßen. Rasch übersandte man gefälschte Dokumente, um jeglichen Verdacht zu ersticken. Ein sorgfältig verfaßtes Signal wurde nach New York geschickt und ersuchte den Marinekommissar der Cunard Line, die Nordseite von Pier 90 zu räumen. An dieser lag die neue *Mauretania* vertäut, die somit verlegt werden mußte.

Sobald die *Queen Elizabeth* den Fluß hinter sich gelassen hatte, erhielt sie als letzte und größte Erweiterung der anonymen grauen Kriegsflotte einen neuen Anstrich. Die Maschinen- und Kompaßprüfungen wurden an einem Tag durchgeführt, anschließend erfolgte in einer formlosen Zeremonie im Speisesaal der dritten Klasse die offizielle Übergabe des Schiffs. Bis zum Eintreffen des königlichen Kuriers, der von Verteidigungsminister Winston Churchill am 2. März abgesandt worden war, besaß Kapitän Townley keine endgültige Bestätigung seines Reiseziels. Am selben Tag noch nahm die *Queen Elizabeth* Kurs auf New York. An ihrem Rumpf waren noch Teile der für den Stapellauf benötigten Vorrichtungen befestigt, somit war eine Rekordfahrt gänzlich unmöglich. Das Täuschungsmanöver war offensichtlich gelungen, denn am Tag ihrer erwarteten Ankunft in Southampton patrouillierten Formationen der deutschen Luftwaffe über dem Ärmelkanal.

Mit nur einem Drittel ihrer üblichen Besatzung und nahezu ohne Passagiere legte die *Queen Elizabeth* zu einer ziemlich bizarren Jungfernfahrt ab. An Bord befanden sich lediglich eine Handvoll technischer Berater und Vertreter der Schiffahrtsgesellschaft, die sich in der leeren Pracht des Schiffs verloren. Die Kombüse sorgte auf bewundernswerte Weise für ihre Gäste. Tatsächlich erfolgte

In Kriegszeiten fertiggestellt. Arbeiter der John-Brown-Werft beim Bau der *Queen Elizabeth*. (*Cunard Line*)

diese außergewöhnliche Überfahrt mit demselben Komfort, den die vielen hundert Passagiere genossen hätten, die, dem Krieg trotzend, einen Monat später an der Jungfernfahrt teilgenommen hätten. Den stärksten Eindruck hinterließ jedoch die ungewohnte Leere auf dem Schiff.

Dreißig Jahre später verbrachte ich in der Feuchtigkeit von Fort Lauderdale eine Nacht auf demselben Schiff, nur in Begleitung der Feuerwache. Ein verlassenes Passagierschiff hat immer etwas Niederdrückendes an sich. Geräusche hallten in den kilometerlangen Gängen wider, in der Lounge und dem Speisesaal herrschte Totenstille, und die absplitternden, verwitterten Decks waren trostlos anzusehen. Zu den wenigen Passagieren zu gehören, die im März 1940 auf dem leeren Schiff durch einen feindlichen Atlantik rasten, muß ein geradezu surreales Erlebnis gewesen sein. Sobald sich die Angst vor einem deutschen Angriff gelegt hatte, gab es wenig zu tun. Die Fahrgäste aßen in einer Ecke des für achthundert Personen ausgelegten Speisesaals, spazierten über die riesige freie Deckfläche und zogen sich jede Nacht in ihre prachtvollen Quartiere zurück. Um die Zeit angenehmer zu gestalten, erfand Zahlmeister Charles Johnson einen tragikomischen Club mit dem Namen »Die unerschütterlichen Elizabethaner«. Der Gedanke hiezu kam ihm ebenso instinktiv, als würde er eine Schatzsuche für eine Gruppe schüchterner Kinder veranstalten.

Einen Tag vor New York erfuhr man aus den an Bord empfangenen Funkmeldungen, daß Abfahrt und Bestimmung des Schiffs an beiden Ufern des Atlantiks allgemein bekannt waren. Ein Linienflugzeug der Trans-World-Gesellschaft entdeckte die *Queen Elizabeth* als erstes 40 Meilen südlich von Fire Island. Seine Passagiere zeigten sich von dem bleichen, nach Westen dampfenden Schiff nicht überrascht. Ihr unangekündigtes Einlaufen in den New Yorker Hafen besaß jedoch einen eigenen Schwung. Der *New York Post* zufolge erschien sie wie eine »Kaiserin, inkognito und grau verschleiert für ihre zukünftigen Heldentaten«. Als sie nach einem Aufenthalt von vier Stunden in der Quarantänestation am späten Nachmittag schließlich ihren Liegeplatz erreichte, drängten sich Tausende Hafenangestellte und Arbeiter an der West Side, um die neue *Queen* willkommen zu heißen. Wenn sie auch für diese Gelegenheit kaum passend gekleidet war, verlieh ihre glanzvolle Flucht vor den Deutschen diesem Augenblick doch eine ganz besondere Dramatik. Das riesenhafte, düstere Schiff schob sich elegant in den Liegeplatz nördlich von ihrer Schwester und versinnbildlichte den Krieg, in den Amerika bald schon eintreten sollte.

Für die Dauer von zwei Wochen lagen die drei größten Schiffe der Welt in schläfriger Kameradschaft an der Hudson-Pier, als trauerten sie um eine zu Ende gegangene Ära. Die Schauerleute bezeichneten sie als »die Ungeheuer«. 14 Tage nach der Ankunft der *Queen Elizabeth* aus Schottland verließ die *Queen Mary* New York. Sechs Monate später, im November, lief auch die *Queen Elizabeth* aus und ließ die *Normandie* allein zurück.

Eine aus 115 Mann bestehende Kernbesatzung tat auf dem noch in den Farben

Die *Queen Elizabeth* nähert sich nach einer geheimgehaltenen Jungfernfahrt dem Hafen von New York. Die Decks sind verlassen, die Fenster übermalt und einige Davits leer. (*The Mariners Museum, Newport News, Virginia*)

Zum ersten und letzten Mal in einem Hafen vereint. Die drei Vorkriegsgiganten liegen zu Beginn des Kriegs nebeneinander in New York vertäut. Von links nach rechts: *Normandie, Queen Mary* und *Queen Elizabeth.* (*The Mariners Museum, Newport News, Virginia*)

der Friedenszeit bemalten Schiff Dienst. Die übrigen annähernd eintausend Mann waren einen Monat nach Kriegsausbruch in ihre Heimat aufgebrochen. In den nächsten zwei Jahren bestand das Leben an Bord aus einer monotonen Aneinanderreihung präventiver Unterhaltsmaßnahmen, die Mannschaft und Schiff gleichermaßen erschöpften. Vier Tonnen aus Frankreich eingeführtes Mottenpulver wurden in die kilometerlangen blauen Teppichböden gebürstet. Segeltuchläufer wurden wie Laufstege quer durch die verlassenen Aufenthaltsräume aufgelegt, und die Möbel erhielten spezielle Staubabdeckungen, die sich für den Aufenthalt im Trockendock an Bord befanden. Nun blieben sie, ebenso wie die Schleier über den lackierten Wänden, ständig an ihrem Platz. In den Kabinen verstaute man das Bettzeug der Kojen in den Schränken und ließ die Türen als Schutz gegen Feuer und Muffigkeit offen. Jeden Morgen und Abend erfolgte eine schlichte Zeremonie am Heck, bei der die Trikolore aufgezogen beziehungsweise eingeholt wurde.

Die Moral hochzuhalten war eine schwierige Aufgabe, obwohl New York dem Schiff zur zweiten Heimat geworden war und unter normalen Umständen als angenehmer Hafen der Freiheit galt. Die erzwungene Inaktivität, die Sorge um die in Frankreich zurückgelassene Familie und die endlose Routine machten das Leben fast unerträglich. Untätigkeit ist der Fluch sämtlicher Schiffe und ihrer Mannschaften. An Bord gab es kaum etwas zu tun, und der mit Hilfe eines Plattenspielers abgehaltene Englischunterricht verlor nach wenigen Monaten seinen Reiz.

Kapitän Zanger oblag das Kommando über das Schiff. Das aus Kapitän Thoreux, dem Ersten Ingenieur Hazard und Zahlmeister Villar bestehende berühmte Trio war nach Frankreich zurückgekehrt. Bis auf die Führung der reduzierten Lohnliste gab es für einen Zahlmeister kaum Verwendung. Blanke Metallteile wurden mit Fett eingeschmiert und die Aufbauten in einer ständig wiederkehrenden Reihenfolge mit einer neuen Lackschicht versehen. Der Vorgang erinnerte an die Golden Gate Bridge - sobald sie vollständig gestrichen ist, wird es Zeit, von neuem zu beginnen. Die drei Schornsteine hatte man mit festgezurrtem Segeltuch abgedeckt.

Als einzige Abteilung war die Feuerwehreinheit an Bord intakt geblieben. Diese Elitetruppe in Paris ausgebildeter Feuerwehrmänner patrouillierte unentwegt durch die schlafenden Korridore. Sie blieben ebenso wie ihre Feuerwehrzentrale in ständiger Alarmbereitschaft. Selbst vor dem Fall Frankreichs mußte man sich durch einen Lichtbildausweis identifizieren, um Zutritt zum Schiff zu erhalten. Hatte ein seltener Besucher die Sicherheitsmaßnahmen auf der Pier überwunden, wurde er am Ende der Gangway vor einer weißen Tür untersucht, die in den Haupteingang eingebaut worden war und über ein Guckloch verfügte, das an illegale Bars denken ließ.

Kapitän Zanger kaufte einen Hund, den seine Mannschaft – als ironischen Gruß an den Internierungshafen – »Yankee Doodle« nannte. Ähnlich der Besatzung der *Vaterland*, die in einem anderen Krieg auf dem gegenüberliegenden

Flußufer zwei Jahre vertäut gelegen hatte, fühlten sich die französischen Seeleute der *Normandie* mehr als Gefangene denn Verbündete. Als Frankreich im Mai 1940 unter deutsche Herrschaft geriet, nahm man das Schiff in »Schutzhaft«. Die Besatzung wurde durch Männer der Küstenwache verstärkt, die ebenfalls an Bord blieben. Zu ihren Aufgaben zählte eine gleichmäßige Verteilung der Verantwortung bei der Feuerwachpatrouille.

Inzwischen waren die beiden *Queens* in Singapur in Truppentransporter umgewandelt und in Sydney ausgestattet worden und standen nun im Fernen Osten in Dienst. In diesen entlegenen blauen Gewässern fand eine Art nordatlantische Wiedervereinigung statt. Die *Queen Mary*, die *Queen Elizabeth*, die *Île de France*, die *Aquitania* und die neue *Mauretania* liefen in jenem Jahr in Sydney ein. Diesen erstaunlichen Treffpunktwechsel konnte lediglich ein Krieg mit sich bringen. Währenddessen verweilte die *Normandie* weiterhin tatenlos in New York. Die Goldauflage im *grand salon* löste sich nach und nach, der französische Wein ging zur Neige und wurde durch einen merkwürdigen Rebensaft aus Kalifornien ersetzt.

Nach Pearl Harbor folgten die Ereignisse mit einer Schnelligkeit aufeinander, die in ironischem Kontrast zu den trägen Jahren davor stand. Mittels Durchführungsverordnung wurde das Schiff beschlagnahmt und den Eignern eine Entschädigung zugesagt. Die Vertreter der Schiffahrtsgesellschaft in New York waren erfreut, ihre pro Tag 30 000 Dollar teure Verantwortlichkeit abgeben zu können. Die Marine schrieb den Umbau öffentlich aus und sprach ihn einer Tochtergesellschaft von Todd Shipyards mit dem Namen Robins Dry Dock and Repair Company, Inc. zu. In New York gab es zu dieser Zeit kein Trockendock, das für die Aufnahme dieses Schiffs geeignet gewesen wäre. So entschloß man sich, die Arbeiten an Pier 88 durchzuführen, wo sie auch bisher vertäut lag. Diese Pier wandelte sich zu einer »Zweigstelle« der Schiffswerft. Nach seiner Umrüstung sollte der neue Truppentransporter als ersten Hafen Boston anlaufen und in dasselbe Trockendock überstellt werden, von dem aus die *Majestic* und die *Leviathan* in den zwanziger Jahren ihren Nachkriegsbetrieb aufgenommen hatten.

Um 14 Uhr am 16. Dezember 1941 wurde die französische Flagge ein letztes Mal am Heck eingeholt, und die *Normandie* wurde zur *U. S. S. Lafayette*. Für den Rest ihres kurzen Lebens sollte sie offiziell mit diesem Namen bezeichnet werden. Als sie brannte, nannte man sie in der Presse, der Öffentlichkeit und der Marine allerdings bei ihrem ursprünglichen Namen. Sobald sie geborgen war, kehrte die Marine, keineswegs überraschend, zu ihrer neuen Bezeichnung zurück. Für mich war sie während ihres gesamten Leidenswegs die *Normandie*, weshalb ich auch im nachfolgenden Bericht unter diesem Namen auf sie Bezug nehmen werde.

Der Samen für die Zerstörung des Schiffs wurde bereits in den Monaten vor der Katastrophe unbemerkt gesät. Die Männer der amerikanischen Küstenwache, die Mitte 1940 an Bord der *Normandie* gekommen waren, hatten den Auftrag erhalten, die reduzierte CGT-Mannschaft bei ihren Feuerschutzmaßnahmen zu un-

Auf der *Queen Mary* bereiten die Messediener den Speisesaal für zweitausend Soldaten vor. Dies entspricht dem Zweieinhalbfachen seiner Kapazität in Friedenszeiten. Die beweglichen Modelle der beiden *Queens*, die sich üblicherweise über das Wandgemälde bewegten, sind ebenso verschwunden wie die Zeiger der Uhr. (*Cunard Line*)

terstützen. Ihre Patrouillen wurden dem französischen Schema angeglichen, wiesen jedoch eine bestürzende Diskrepanz in der Anzahl der Wachhabenden auf. So gab der Dienstplan acht anstelle von zwanzig Mann pro Kontrollgang an. Als die Küstenwache nach Pearl Harbor die gesamte Besatzung stellte, hatte sich diese verringerte Mannschaftsstärke bereits als Standard eingebürgert. Zudem waren an Bord sämtliche Schalter, Leitungen und Anweisungen in französischer Sprache angeführt, so daß eine effektive Überwachung trotz der Übersetzung kritischer Ausrüstungselemente durch diese Sprachbarriere zusätzlich behindert wurde. Erstaunlicherweise verfügte die im Dezember 1941 auf dem Schiff installierte Nachfolgeeinheit der Küstenwache weder über eine genaue Aufgabenverteilung noch über Feuerwachen für den Fall eines Generalalarms.

Im Januar beauftragte die Marine ein Privatunternehmen mit der Überprüfung der Feuerlöscheinrichtungen des Schiffs. Die in diesem Bericht nachzulesenden Gegebenheiten waren keineswegs beruhigend. So hieß es darin, daß nur zehn Prozent aller Feuerlöscher an Bord »nach amerikanischem Design gebaut sind«. (Die Wortwahl stammt aus der nachfolgenden Mitteilung an den Marineausschuß des Repräsentantenhauses und dürfte angesichts des französischen Ursprungs der *Normandie* kaum verwundern.) Das Unternehmen gab weiter an, daß die Feuerlöscher keine Bedienungsanleitungen besäßen und sich nur fünfzig Prozent in gutem Zustand befänden. Zu dieser Schlußfolgerung war man anhand einer Untersuchung von lediglich vier der insgesamt über sechshundert an Bord befindlichen Geräte gelangt. Der Bericht schloß mit der für Schiffe der amerikanischen Kriegsmarine nicht ungewöhnlichen Empfehlung, sämtliche ausländischen Feuerlöscher durch amerikanische zu ersetzen. Im Licht der nachfolgenden Ereignisse bestätigte er die allgemeine Annahme, daß vor der amerikanischen Übernahme kaum wirkungsvolle Feuerlöscheinrichtungen an Bord vorhanden gewesen waren. Eine derartige Behauptung ist aber sowohl voreingenommen als auch unzutreffend. Man kann mit Sicherheit davon ausgehen, daß die *Normandie* mit voller Besatzung und unter französischen Betriebsbedingungen ebenso sorgfältig gegen Feuer geschützt war wie jedes andere Schiff ihrer Ära.

Zum Zeitpunkt des Brandes waren noch keine neuen Feuerlöscher auf dem Schiff aufgestellt worden, hingegen hatte man bereits mit einem anderen Punkt der Umwandlung auf amerikanische Spezifikationen begonnen. Die Arbeiter waren eben im Begriff, die französischen Schlauchanschlüsse gegen amerikanische zu tauschen. Eine gleichzeitig mündlich ausgegebene Anordnung, die kompatiblen Anschlußstücke während der gesamten Umbauphase dazubehalten, wurde offensichtlich ignoriert. Dies war nur ein weiteres Versehen, eines von vielen Steinchen in dem folgenden Katastrophenmosaik.

Artikel II(a) des Vertrags mit der Robins Company lautete: »Der Auftragnehmer ist aufgefordert, den höchstmöglichen Sorgfaltsgrad zum Schutz des Schiffs vor Feuer anzuwenden. Zu diesem Zweck hat er während sämtlicher von Schweißern, Brennern, Nietern, Anstreichern, Klempnern und ähnlichen Fachkräften ausgeführten Arbeiten ein geeignetes Überwachungssystem zu unterhalten. [...]« Um dieser Verpflichtung nachzukommen, war die von der Gesellschaft angestellte fünfzig Mann starke zivile Feuerwache hoffnungslos ungeeignet. Ohne entsprechende Ausbildung und Fähigkeiten betrachteten die zumeist älteren Männer die Aufgabe als wahres Honiglecken. Ihre Qualifikationen standen in keiner Beziehung zu ihrer Anstellung. Zudem besaßen sie kaum Autorität. Verständlicherweise ließ sich eine sorgfältige Überwachung jeder Schweiß- und Schneidearbeit in einem Schiff, in dem es unter dem Druck des Kriegs von Handwerkern wimmelte, nur in der Theorie durchführen. Diese Aufgabe unterschied sich grundsätzlich von den friedlichen Patrouillengängen auf einem verlassenen Schiff. Während sich das Arbeitstempo steigerte und immer mehr Fachleute angeheuert wurden, blieb die Anzahl der Feuerwachen gleich. In der ersten Februarwoche gab es häufig bis zu achtzig Arbeitsstellen, die den Einsatz der fünfzig Männer überforderten. Eine – ohnehin kaum effektive – Überwachung scheiterte an den physischen Möglichkeiten.

Der angestrebte Umwandlungszeitplan muß als katastrophal bezeichnet werden. Eine an sich bereits komplizierte Aufgabe wurde zusätzlich erschwert, da eine unerfahrene Washingtoner Kriegsmaschinerie immer neue administrative Anordnungen für den über die gesamte Welt verstreuten amerikanischen Militärapparat erließ. Die nächsten beiden Absätze stammen aus dem »Abschlußbericht der Untersuchungskommission der Marine der Vereinigten Staaten von Amerika« und bieten einen Hinweis auf die Probleme, mit denen der Ausrüstungsoffizier des dritten Marinedistrikts zu kämpfen hatte. Kapitän Clayton Simmers, der Marinevertreter vor Ort, war offensichtlich ein Offizier, zu dessen herausragenden Eigenschaften eine Engelsgeduld zählte:

> Als die Umrüstungsarbeiten um den 24. Dezember 1941 herum begannen, wurde als vorläufiges Datum für die Beendigung der Arbeiten der 1. Februar 1942 angegeben. Am 15. Januar 1942 wurde der Ausrüstungsoffizier des Distrikts unterrichtet, daß die *Lafayette* vom Kriegsministerium betrieben werde, wodurch eine Änderung in den Umrüstungsarbeiten erforderlich wurde. Am 27. Januar 1942 teilte man dem Ausrüstungsoffizier des Distrikts mit, daß das Marineministerium das Schiff in Dienst nehmen werde. Diese Unentschlossenheit verursachte in gewissen Bereichen des Schiffs eine Verzögerung der Arbeiten, was ihren Abschluß am 1. Februar 1942 verhinderte. Die Fertigstellung wurde auf Ende Februar 1942 verlegt.
>
> Am Abend des 6. Februar 1942 informierte der oberste Befehlshaber der Flottenstreitkräfte den Kommandanten des dritten Marinedistrikts, daß die *Lafayette* am 28. Februar 1942 für das Beladen bereit sein müsse. Am 7. Februar 1942 informierte das Schiffahrtsamt den Ausrüstungsoffizier des Distrikts, daß die *Lafayette* am 14. Februar 1942 New York verlassen solle, um am 15. Februar 1942 in den Docks von Boston, Massachusetts, einzutreffen.

Es ist nicht schwer, sich zwischen den Zeilen dieser knappen Aufzeichnung die Verzweiflung von Kapitän Simmers und seinen Untergebenen vorzustellen, die von erbarmungslos aus Washington eintreffenden, widersprüchlichen Anordnungen überschwemmt wurden.

Auf der ganzen Welt sind Marineeinheiten mit Freude bereit, das Unmögliche zu versuchen. Unüberwindliche Aufgaben unter Streßbedingungen einfallsreich zu lösen wird gefördert, sogar erwartet. Aber die Umwandlung des Passagierdampfers *Normandie* in den Truppentransporter *Lafayette* erforderte mehr als etwas graue Farbe und einige tausend Kojen. Die Marine stellte an das Schiff gewisse Ansprüche, die Yourkewitsch in den ursprünglichen Plänen der *Normandie* nicht berücksichtigt hatte. Längsschotten für Torpedos mußten installiert werden, Querschotten, die sich nach oben erweiterten, Schießschächte, Minenschutzvorrichtungen, Kräne, Suchscheinwerfer, Munitionsaufzüge und Munitionslager. Auch wenn diese verwirrende Kriegsausrüstung möglicherweise niemals in einem Gefecht zum Einsatz kam, war Washington in seiner Weisheit überzeugt, daß diese zusätzlichen Kampfmittel für einen behelfsmäßigen Truppentransporter erforderlich waren. Zu Beginn der Umwandlungsdiskussion hatte man gar geprahlt, man werde die *Normandie* in einen Flugzeugträger umrüsten. Teile dieses Vorhabens blieben in der Welle neuer Spezifikationen erhalten, die in Simmers' Büro strömte, und steigerten die Verwirrung. Rückblickend wage ich zu behaupten, daß die Marinestrategen der Vereinigten Staaten noch an dem Glauben festhielten, zivile Schiffe in den Kampf schicken zu können, von dem sich Briten und Deutsche schon 1915 verabschiedet hatten. Keine der *Queens* wurde einer ähnlich intensiven Umrüstung unterworfen, wie sie die Amerikaner vor dem Auslaufen der *Lafayette* für nötig erachteten.

Aus diesem Grund könnte man der Versuchung erliegen, anzunehmen, daß das ursprüngliche Schiff strukturelle Mängel aufwies. Als Kriegsschiff zweifellos. Doch als Hochgeschwindigkeitstransportmittel für eine große Anzahl von Passagieren über den Ozean kamen ihm nur zwei Konkurrenten nahe, die diese Dienstleistung bereits im Fernen Osten erfüllten. Zudem hatte die *Normandie* ihre ausgezeichneten Fähigkeiten in Friedenszeiten vier Jahre lang unter Beweis gestellt. Dennoch war die Marine überzeugt, daß sie grundlegend umgebaut werden müsse, und drängte auf einen absurden Fertigstellungstermin, mit dem sich sowohl die Anerkennung des Präsidenten als auch die der Öffentlichkeit gewinnen ließ.

Der Umfang der Arbeiten, die ständigen Änderungen in den Spezifikationen, die begrenzten technischen Möglichkeiten an Pier 88 und die unerfüllbaren Termine führten an Bord zu einem logistischen Chaos. Entscheidungen, die in der vergeistigten Losgelöstheit einer Washingtoner Bürokratie getroffen wurden, stiegen die Rangleiter hinab und mußten vor Ort von Offizieren umgesetzt werden. Ihre frustrierende Aufgabe bestand darin, Zivilpersonen die Dringlichkeit ihrer Befehle zu übermitteln. Hierbei hatten sie es mit Arbeitskräften zu tun, die kaum mehr als finanzielles Interesse an dem Umbau besaßen und deren berufliche Zukunft nicht vom Datum der Indienststellung der *U. S. S. Lafayette* abhing. Selbst ohne das Sperrfeuer widersprüchlicher Befehle aus Washington hätte die Vollendung der Arbeiten in zwei Monaten zu den kleinen Produktionswundern des Kriegs gezählt. Die panikartige Hast, mit der das Unternehmen vorangetrieben wurde, führte hingegen zwangsläufig zum Zusammenbruch einer wirkungsvollen Überwachung und Beurteilung der Arbeiten. Im gesamten, nur halb funktionsfähigen Schiff traf der verzweifelte Ehrgeiz der Marineoffiziere auf den Gleichmut der Zivilisten. Völlig unterschiedliche und unvereinbare Arbeitsschritte mußten in gefährlichen Kombinationen ausgeführt werden, die unter weniger drängenden Umständen verboten worden wären.

Die Situation in der großen Lounge am Morgen des 9. Februar 1942 bildet ein klassisches Beispiel für dieses Planungsdurcheinander. Bei 15 Grad unter Null, klarem Himmel und Sonnenschein blies ein eisiger Wind vom Jersey-Ufer herüber. Frachtkähne bahnten sich vorsichtig einen Weg durch das breiige Salzwassereis, machten an der von der Pier abgewendeten Seite des Schiffs fest und luden ihre Waren durch die geöffneten Ladeluken in den Rumpf. Gegen die bittere Kälte in warme Jacken gehüllte Maler hingen von einem Rohrgerüst und vollendeten den Tarnanstrich über den streifigen schwarzen Platten. Daneben verschlossen Schweißtrupps die Bullaugen mit Stahlplatten. (Wie viele bereits verschlossen waren, als die Arbeiten später an diesem Tag unterbrochen wurden, blieb eine Streitfrage. Ein Vizepräsident von Robins versicherte der Marine, daß sämtliche Bullaugen bis auf eines unter dem B-Deck bereits versiegelt waren. Taucher, die das Wrack später untersuchten, widersprachen dieser Aussage.) Reihen rechteckiger Rettungsflöße wurden über ihnen an ihren Platz gehievt und bedeckten die bereits übermalten Fenster. Sowohl das Promenadendeck als auch der angrenzende Wintergarten waren in Schlafabteile umgewandelt und mit den Kojen der Passagiere ausgestattet worden. Das Schreibzimmer diente nun als Gemeinschaftswaschraum, in dem sich stählerne Duschzellen an den Wänden aneinanderreihten.

Dem Arbeitsplan für diesen Tag zufolge sollte der Teppichboden in den weitläufigen Aufenthaltsräumen des Mittelschiffs entfernt und danach Linoleum verlegt werden. Außerdem war ein Auftrag für einen Stahlschneider vorgesehen. Der *grand salon* und der *fumoir* waren dauerhaft zu einem großen Saal vereint worden, indem man die motorisierte, feuerfeste Wand entfernte, die die beiden Räume nach dem ursprünglichen französischen Entwurf getrennt hatte. Selbst wenn sie sich noch an ihrem Platz befunden hätte, wäre es nicht möglich gewesen, sie zu schließen. Teppichreste, Linoleumrollen und nahezu die gesamte Ladung Schwimmwesten versperrten ihren Weg.

Letztere waren mit Kapok gefüllt, einer ölimprägnierten Samenfaser, die ausgezeichnet schwimmt, aber besonders leicht entflammbar ist. Mehrere tausend Stück waren vorzeitig aus Brooklyn angeliefert und im *grand salon* gelagert worden, der als einziger groß genug war, um sie vorübergehend aufzunehmen. Sie befanden sich noch in ihrer Originalverpackung, in doppelschichtigen Bündeln zu zehn Stück, wobei die mit einem weichen Flaum bedeckte Rückseite der geteerten Leinwand nach außen gerichtet war. Elfhundert dieser Ballen bildeten an der Backbordseite der Lounge einen hohen Hügel und warteten darauf, ausgepackt, beschriftet und in die darunterliegenden Kabinen verteilt zu werden.

Passenderweise hatten die Marineplaner diesen Raum als Freizeitbereich für die Truppen bestimmt. Als Teil der notwendigen Veränderungen mußten die vier Lampenständer entfernt werden, die der Mitte des Saales sowohl Licht gespendet als auch den Chic der dreißiger Jahre verliehen hatten. Die Glaskaskaden waren bereits abmontiert. Nun standen lediglich noch die strukturellen Elemente, von einem runden Fundament drei Meter hoch aufragende schwere stählerne Dreibeine. Das Fundament sollte als Tischstütze dienen, während der darüberliegende Stahl entfernt werden mußte.

Ein Stahlschneider würde erst mit einem Gasschweißbrenner eines der drei Beine durchbrennen. Danach würden als »Kettengang« bezeichnete Arbeiter das Dreibein zur Seite biegen, damit auch die beiden restlichen Beine abgeschnitten werden konnten. Die beiden Lampenständer der Steuerbordseite wurden am Morgen gekappt, der vordere der Backbordseite nach dem Mittagessen. Der vierte und letzte war nahezu unter den aufgestapelten Rettungsringen verborgen. Die Schneidemannschaft legte die Arbeit nieder und entfernte einige, um sich Zugang zu dem Dreibein zu verschaffen, doch nicht genug. Der Brenner und seine Kameraden knieten bequem auf den mit Segeltuch eingeschlagenen Ballen, die das Fundament umgaben, während die Fackel ihre Arbeit tat. Die beiden Helfer dämmten die typischerweise umherfliegenden Funken wie zuvor mit einem asbestbekleideten Stahlschild ab. In der Nähe standen zwei Eimer mit Wasser, doch entgegen ausdrücklichen Anweisungen hatte man keine Feuerlöscher griffbereit aufgestellt und keine Löschschläuche ausgelegt. Während der gesamten Arbeiten war auch kein einziger Mann der Feuerwache anwesend.

Zu dieser Zeit galt die Entfernung der vier Lichtsäulen in der Prioritätenliste der Arbeiten vermutlich als störende und bedeutungslose Aufgabe im Vergleich zu den zahllosen komplizierten Stahlarbeiten, die überall an Bord stattfanden. Das erste Bein wurde durchschnitten und der Ständer zur Seite gebogen. Seine Spitze ruhte nun auf einer Teppichrolle. Als der buchstäblich letzte Schnitt erfolgte, entfernten die beiden Helfer vorzeitig den Asbestschild, und weißglühende Stahlfragmente regneten auf das flauschige Tuch nieder. Im nächsten Augenblick stand es in Flammen.

Die Arbeiter reagierten rasch, aber auf so haarsträubende und wirkungslose Weise, als hätten sie sich in einem Film der Marx Brothers befunden. Einer der Helfer lief mit den Wassereimern auf den Brandherd zu, strauchelte und fiel. Der Vorarbeiter eilte augenblicklich auf das Promenadendeck auf der Suche nach einem Löschschlauch, aus dem einige wenige Liter Wasser hervorquollen, ehe der

Druck auf null zurückging. Ein weiterer Arbeiter hastete mit einem Feuerlöscher an die Unglücksstelle, konnte ihn aber nicht bedienen. Andere versuchten, mit ihren Händen und Jacken die Flammen auszuschlagen. Einige warfen brennende Pakete auf die freie Fläche im Mittelschiff, um sie zu löschen, erreichten damit jedoch lediglich, daß sich weitere Ballen entzündeten. Ungehindert stiegen die Flammen hoch und leckten an der Backbordseite der Lounge.

Die absurden Fehler beschränkten sich nicht auf die Lounge. Die Feuermeldezentrale war in einen anderen Abschnitt des Schiffs übersiedelt worden und sollte eben mit Telefonen ausgestattet werden. Ein Mitglied der Feuerwache verblieb in den früheren Räumlichkeiten, um hereinkommende Botschaften zu Fuß in das neue Hauptquartier weiterzuleiten. Eine direkte Telegrafenverbindung von der Brücke zur New Yorker Feuerwehr war Mitte Januar unterbrochen und nicht wieder ersetzt worden. Der Mann auf der Brücke, der aus dem darunterliegenden Theater einen telefonischen Alarmruf erhielt, betätigte pflichtgemäß den Totmannschalter. Doch kein Signal wurde ausgesendet.

Später stellte man fest, daß das Feuer um 14.37 Uhr nachmittags ausgebrochen war. Die New Yorker Feuerwehr reagierte zwölf Minuten später auf Anrufe aus der 12th Avenue und 49. Straße. Diesem ersten Alarm folgten innerhalb einer Stunde fünf weitere, die insgesamt 43 Feuerwehreinheiten an die Pier brachten. Jedes Feuerwehrfahrzeug in Manhattan bewegte sich an diesem Tag entweder als direkte Reaktion auf den Brand oder um in den leeren Wachen an der West Side die Stellung zu halten.

Als erste Einheit traf das Feuerlöschboot *James Duane* von der 35. Straße über den Wasserweg ein. Augenblicke nachdem es in den Liegeplatz eingebogen war, zwang der Rauch, der durch das Ventilationssystem und die Aufzugsschächte in den Maschinenraum eindrang, die Ingenieure, ihn zu verlassen. Die Öfen wurden geschlossen, und eine Viertelstunde später war der Dampfdruck auf null gesunken. Das gewaltige Schiff besaß keine Kraft, um die Tätigkeit der Pumpen oder die Beleuchtung aufrechtzuerhalten. Es war tot. Nur eine halbe Stunde nachdem der erste Funke in der Lounge das Feuer entzündet hatte, erwies es sich in der Übergangsphase zwischen *Normandie* und *Lafayette* als völlig handlungsunfähig. Alle lebenswichtigen Systeme waren entweder unbemannt oder funktionsuntüchtig.

Als sich der erste Wasserstrahl über die Backbordreling hob, aktivierte sich das neu installierte Lautsprechersystem trotz des Stromausfalls, und eine heisere Stimme wiederholte monoton: »Verlassen Sie das Schiff, verlassen Sie das Schiff.« Zum Zeitpunkt des Brandausbruchs befanden sich mehr als dreitausend Mann an Bord. Die Hälfte waren Angestellte der Robins Company, die übrigen gehörten zu Marinebesatzung, Küstenwache und zivilen Subunternehmern. Die meisten kannten das Schiff nicht und mußten sich ihren Weg hinaus in völliger Dunkelheit durch ein Gewirr raucherfüllter Gänge ertasten. Über zweihundert wurden verletzt, aber, so unglaublich es auch klingen mag, es war nur ein Toter zu beklagen. Er wurde von einer Leiter geschleudert und tödlich verletzt, als ein stählerner Vorratstank in Brand geriet und explodierte.

Keuchend und würgend strömten die Männer über die Gangway, die das Schiff mit der Pier verband. Ihre Flucht wurde von städtischen Feuerwehrleuten behindert, die sich mit Löschschläuchen in der Gegenrichtung ihren Weg bahnten. Eine an der Backbordseite eingeschlossene Gruppe von Arbeitern ließ ein Rettungsboot zu Wasser und ruderte an das Ufer. Ein weiterer Mann folgte, indem er an einem Tau hinunterglitt. Zwei andere tauchten durch die zerbrochenen Fenster des Promenadendecks in das Wasser und wurden von der Mannschaft eines Feuerlöschbootes aus dem Fluß gefischt, rechtzeitig bevor sie erfroren.

Die Ereignisse um das Feuer herum müssen sowohl in einen emotionellen als auch in einen historischen Zusammenhang gesetzt werden. Besondere Bedeutung kommt dem Zeitpunkt zu. In diesen ersten Kriegswochen, die auf den japanischen Angriff auf Pearl Harbor folgten, erlitten die Vereinigten Staaten eine Serie von Rückschlägen. Ein großer Teil der Pazifikflotte war zu Beginn zerstört oder schwer beschädigt worden, und der Feind überrannte offensichtlich mühelos eine Reihe von Inselvorposten. Guam, die Batan-Inseln und Wake stellten nationale Demütigungen dar, die in der Öffentlichkeit noch schmerzlich in Erinnerung waren. Hongkong war gefallen, und Singapur stand kurz vor der Kapitulation. Das Vertrauen in die Fähigkeiten der alliierten Streitkräfte war erschüttert, und aus dem Pazifik gelangten kaum positive Nachrichten in die Vereinigten Staaten, die den nationalen Rachedurst hätten stillen können. Der verletzte Stolz benötigte dringend ein Stärkungsmittel.

Die Umrüstung der *Normandie* in einen Truppentransporter erschien wie ein positiver Zug gegen die dunklen Kräfte der Achse. In den frühen vierziger Jahren setzte man sich mit vollem Eifer für den »gerechten Krieg« ein, und die öffentliche Kriegsbegeisterung wandelte sich zu einem Instrument, das gewissenhaft gespielt wurde. Die Amerikaner sehnten sich nach einem Ziel. Der von einem kühnen Präsidenten geprägte Ausdruck »Arsenal der Demokratie« besaß einen kämpferischen Klang und schien traditionelle ebenso wie ideologische Waffen zu umfassen. Die rasche und methodische Herstellung von Flugzeugen, Panzern, Waffen und Schiffen wurde zu einer Frage des Überlebens und eines übersteigerten Stolzes.

Die bedeutenden Kriegsvorbereitungen, die man am Weihnachtsabend des Jahres 1941 an Pier 88 in Angriff nahm, lieferten den konkreten Beweis, daß etwas getan wurde, um die Rechnung zu begleichen. Das Schiff hatte untätig im Hafen gelegen, während seine britischen Rivalinnen die benachbarten Liegeplätze verlassen hatten, um sich dem Geschäft des Kriegs zu widmen. Die Vorstellung, die *Normandie* vor dem Blick der Öffentlichkeit für den Kampf zu rüsten, bereitete vor allem den New Yorkern große Befriedigung. Sie waren stets der Ansicht gewesen, die großen Schiffe zu »besitzen«, für die ihr Hafen eine zweite Heimat geworden war. Einem schlafenden Riesen neues Leben einzuhauchen war zudem eine symbolische Geste für einen gefallenen Verbündeten. Seit dem 18. Jahrhundert hatten sich Frankreich und Amerika einander herzlich verbunden gefühlt. Dieser emotionelle Aspekt lebte nun in den Zeiten der Krise wieder auf.

Die Nachricht von dem Feuer an Bord der *Normandie* verbreitete sich mit unglaublicher Geschwindigkeit. Ein alter und geschätzter Freund war vom Untergang bedroht, und so schwärmten die New Yorker impulsiv westwärts an die Piers. Zwei Kompanien Soldaten hielten an der 11th Avenue mehr als 30 000 Menschen zurück. Sabotagegerüchte durchliefen die Menge mit derselben Schnelligkeit, wie sich die Flammen kurz zuvor in der Lounge von Stapel zu Stapel ausgebreitet hatten. Einen Block entfernt ragte der Bug des Giganten auf, umringt von Rauch. Der Rauch trieb landeinwärts, verdunkelte wie ein giftiges Sargtuch die Wintersonne über Manhattan und erreichte bei Sonnenuntergang die entfernte Grenze von Nassau County.

Angefacht von dem über dem Hafengelände herrschenden Wind, verbreitete sich das Feuer schonungslos, verzehrte Hunderte Segeltuchkojen auf dem Promenadendeck, versengte und kräuselte das Elefanten-Wandgemälde im Kinderspielzimmer, stürmte durch den Blumenkiosk und den Mannschaftsspeisesaal und brannte die Brücke nieder. Handgewebte Teppiche, Linoleumrollen, endlose Meter Gummifliesen und Korkisolierungen sowie Tausende Kapok-Rettungsringe nährten im Mittelschiff seine Flammen. Vom Ufer ließ sich gelegentlich ein wütendrot aufblitzender Schein erkennen, der aus dem schwarzen Rauch des gewaltigen Chemikalienschmortopfs hochschoß. Ein halbes Dutzend kräftiger Marineanstriche warf Blasen und fiel ab. Der dritte Schornstein direkt über dem Rauchsalon gewann für einen kurzen Augenblick seine Friedenszeitfarben wieder, ehe auch diese Farbschicht sich löste und abfiel.

Auf der Pier ging die Evakuierung weiter voran. Männer, die dem anfänglichen Chaos entkommen waren, kehrten an Bord zurück, um ihre Kameraden zu retten. Die Männer der Feuerwehr legten eine gefährlich schwankende Leiter vom West Side Highway auf den Bug des Schiffs, über die zweihundert auf dem Runddeck eingeschlossene Arbeiter dankbar ans Ufer kletterten. Auf der Vorpiek stand ein Marinesignalgast mit vom Rauch tränenden Augen und gab lebenswichtige Botschaften an einen an der Pier darunter stehenden Mann weiter. Mehr als eine entscheidende Stunde lang war dies das einzige Kommunikationsmittel zwischen dem brennenden Schiff und dem Ufer.

Nur einige der wasserdichten Türen, deren Verriegelungsmechanismus mit dem ersten Alarm ausgelöst worden war, hatten sich tatsächlich geschlossen. Die gesamte Operation stellte eine Kombination aus lebensrettenden Maßnahmen und fatalen Fehlern dar. Gerüste in den Gängen vieler tiefergelegener Decks verhinderten, daß sie geschlossen wurden. Viele Arbeiter, die ansonsten in den abgeriegelten Vertikalsegmenten vom Feuer eingeschlossen worden wären, konnten auf diese Weise in Bug- und Heckrichtung flüchten. Die geschlossenen Türen der oberen Decks wiederum verhinderten ein rasches Übergreifen der Flammen. Un-

9. Februar 1942: die *Normandie* in Flammen. Minustemperaturen und ein kräftiger Wind, der vom anderen Flußufer herüberblies, behinderten die Bemühungen der Feuerwehrleute. (*Küstenwache der Vereinigten Staaten, Nationalarchiv der USA*)

Von der 12th Avenue aus ist am späten Nachmittag zu erkennen, daß sich die *Normandie* gefährlich nach Backbord neigt. Man beachte die offene Ladeluke direkt über dem Bug des Feuerlöschboots. Sie war nur eine von mehreren, die vor dem Kentern nicht geschlossen wurde. (*The Mariners Museum, Newport News, Virginia*)

glaublicherweise blieb das Theater unberührt. Die ursprüngliche Brandschutzwand hielt der gewaltigen Hitzeentwicklung stand, was zweifellos für ihre Konstruktion spricht.

Die explosionsartige Ausbreitung der Flammen von dem durch die Kapok-Stapel angefachten zentralen Inferno zu verhindern erwies sich in anderen Abschnitten des Schiffs als undurchführbar. Es gelang nicht, den Brandherd einzudämmen. Feuerwehrleute erinnerten sich später, daß sie niemals zuvor eine solche Hitze erlebt hätten. Ein Mann wurde von einer Dampfwolke schwer verbrüht, die von dem auf ein glühendes Schott gelenkten Löschwasserstrahl hochschoß. Wer in dieser entsetzlichen Kälte dem Wasser auch nur für wenige Augenblicke ausgesetzt war, erlitt bereits Minuten später ernste Erfrierungen. Dies war der Alptraum sämtlicher Feuerwehrleute – ein unzugängliches Feuer hoher Intensität, angefacht durch Wind und hoch über dem Erdboden in einem riesigen, unbeleuchteten, verwüsteten Schiff. Ihre einzige Waffe bestand in unzähligen Tonnen Wasser. Ein betriebsunfähiges, im Grunde unbemanntes Schiff mit völlig unwirksamen internen Systemen bot keinen Widerstand. Ihre Entschlossenheit, das Feuer um jeden Preis zu ertränken, wurde durch den Anblick verbrannter und erstickter Kameraden und das Wissen bestärkt, daß im Falle eines Versagens auch die Pier und andere Schiffe gefährdet waren.

Die wasserdichten Türen der brennenden oberen Decks schlossen vorschriftsmäßig und schufen über ihre gesamte Länge ein wirkungsvolles Staubecken. Glitzernde Bäche geschmolzenen Bleis aus den verflüssigten elektrischen Leitungen liefen die heißen Schotten hinab und trafen zischend auf das gesammelte Wasser. Direkt unterhalb der Oberfläche erstarrte das Blei und bildete eine feste Dichtungsschicht, die den Wasserablauf durch die Speigatte auf der tiefergelegenen Seite des Schiffs verhinderte. Das unerbittliche Ritual eines Schiffsfeuers im Einzugsbereich von Landfeuerwehren nahm seinen Lauf. Dieselbe verheerende Überflutung hatte die *Imperator*, *Europa* und *Mauretania* in Gefahr gebracht und die *Paris* kentern lassen. Als Kapitän Simmers um 15.25 Uhr an der Pier eintraf, bemerkte er eine erhebliche Schlagseite nach Backbord. Eine Stunde nach dem ersten Alarm betrug sie bereits 15 Grad, und durch die gespannten Trossen waren mehrere gewaltige, eiserne Poller wie Backenzähne aus dem Zement der Pier gerissen worden.

Zu diesem Zeitpunkt war es nahezu unmöglich, zum Brandherd vorzudringen. Rund um das Gewirr lebenswichtiger Feuerwehrgeräte hatte sich eine unglaubliche Menge an Fahrzeugen in chaotischem Durcheinander angesammelt. Aus New York und anderen Teilen des Staates waren Menschen zusammengeströmt, um sich in Freiwilligenorganisationen eintragen zu lassen, die in engerem oder weiterem Zusammenhang mit einer erfolgreichen Kriegsführung standen. Nun ergab sich, nur Wochen nach ihrem Beitritt, plötzlich ein echter Notfall mitten in Manhattan, das für jeden begeisterten Verrückten mit einer Armbinde oder einem Stahlhelm erreichbar war. Es war, als hätte man einem Hörsaal voll von Medizinstudenten im ersten Ausbildungsjahr die Möglichkeit eröffnet, bei einer echten Herztransplantation zu üben.

Sie kamen aus allen fünf Stadtteilen und New Jersey: Luftschutzwarte aus Queens, Lastwagen, die mit Doughnuts, Leitern, Tauen und Regelbüchern beladen waren, weibliche Hilfstruppen in modischen Uniformen aller Formen und Farben sowie freiwillige Feuerwehrleute aus einem Dutzend Vorstadtgemeinden. Da ihnen ein Assistenzeinsatz verweigert wurde, übernahmen diese Eiferer die Rolle von Wächtern, lenkten selbständig den Notverkehr und verlangten von jedem einen Ausweis, der die Pier betreten wollte. Für diese wohlmeinenden Amateure war dies ihr Feldeinsatz, und so stürzten sie sich unbekümmert mitten in die Krise hinein. Patrioten, Freiwillige, Visionäre und Feuerliebhaber, einschließlich des Bürgermeisters La Guardia als ihrem geistigen Anführer, trafen an diesem Tag zu Hunderten im Hafen ein. Sie vereinigten sich mit Polizisten, Feuerwehrleuten, Reportern, Krankenwagenfahrern und dem Personal aller vier Hilfsdienste zu einem Gürtel größter Verwirrung rund um das brennende Schiff. Unter den Hunderten, denen der Zutritt durch ihre Reihen verweigert wurde, befand sich ein Russe, der vor Verzweiflung weinte, als man ihn abwies. Dieser Mann war Vladimir Yourkewitsch, der die *Normandie* entworfen hatte und dessen unschätzbares Wissen sie möglicherweise vor ihrer Zerstörung bewahrt hätte.

Während diese entschlossenen Amateure auf der 12th Avenue wahre oder eingebildete Heldentaten begingen, wurden die Bemühungen im Inneren des Schiffs kaum besser gehandhabt. Nach einer Reihe eilig einberufener Besprechungen an der Pier entwickelte sich zwischen den Männern der Marine und denen der Feuerwehr eine vorhersehbare Kluft. Letztere argumentierten mit verständlichem Drängen, daß das Feuer unter allen Umständen gelöscht werden müsse, im Gegensatz zu ihren nautischer eingestellten Mitkämpfern, die sich heftig dagegen wehrten, das kritische Gewicht im oberen Schiffsbereich weiter zu steigern. Während der Auseinandersetzung setzten eine Vielzahl pulsierender Löschschläuche die fatale Überflutung fort. Aus den überfließenden Fenstern des Promenadendecks an der Backbordseite strömte das Wasser bereits in breiten Fächern herab und zeigte damit die allein auf diesem Deck erreichte beträchtliche Wasserhöhe an. Diese in den Hafen hinunterstürzenden Kaskaden waren bedeutungslos im Vergleich zu der Sintflut, die sich in einer Reihe vertikaler Abteilungen an Bord ergossen hatte. Auf dem D-Deck standen mehrere eingerüstete Luken offen, und als die Schlagseite zunahm, kroch der Wasserspiegel zu diesen verwundbaren Eingängen empor. Irgendwo in der Mitte des höhlenartigen Speisesaals befand sich eine unsichtbare vertikale Linie, die zwei hypothetische Punkte im Raum miteinander verband. Hätte man sie abgebildet, so hätte sie noch eine winzige, aber positive metazentrische Höhe angezeigt. Mit jedem an Bord gepumpten Liter Wasser verringerte sich diese schmale Stabilitätsspanne.

Carl Vinson, zu dieser Zeit Mitglied des Repräsentantenhauses, erklärte im

Zuge einer späteren Untersuchung bissig, daß es ihm »nicht gelang herauszufinden, wer auf der *Normandie* der Boß war«. Seine Verwirrung war nur allzu verständlich. Traditionsgemäß übernimmt der ranghöchste Feuerwehrmann, ein Branddirektor oder Kommissar, den Befehl über einen Brandort. Der Eigentümer eines brennenden Warenhauses an Land könnte den im Einsatz stehenden Feuerwehrleuten seinen Rat anbieten; daß er den Befehl übernimmt, ist jedoch undenkbar. Diese uneingeschränkte Autorität der Feuerwehr ist an Land maßgebend. Im Falle eines an der Pier vertäuten Schiffs verhält es sich jedoch anders. Das Dilemma scheint gewesen zu sein, daß offenbar keiner der Marine-Offiziere bereit war, den Befehl über das schwer gezeichnete Schiff zu übernehmen. Der Kommandant des dritten Marinedistrikts, sein Ausrüstungsoffizier, der zukünftige Kapitän des Schiffs, der Hafenvorstand und der befehlshabende Offizier der Küstenwachabteilung schoben einander in ritueller Ehrerbietung die Verantwortung zu. Da kein Einzeloffizier die Kontrolle übernahm, stieß die eingleisige Lösung der Feuerwehreinheiten auf keinen seitens der Marine nachdrücklich vertretenen Gegenvorschlag.

Kapitän Simmers tat, was er konnte. Er versuchte, im oberen Bereich der Backbordseite Löcher in die Stahlplattierung schneiden zu lassen. Aufgrund der Verwirrung an der Pier erwies es sich jedoch als unmöglich, Männer und Gasbrenner in Position zu bringen. Schließlich gelang es ihm, durch tief an der Steuerbordseite in die Außenhaut des Schiffs gebrannte Öffnungen vier Tanks zu fluten. Ich vermute, daß die Drehbewegung der *Normandie* nach Backbord zum Teil durch die Ebbe und zum Teil durch einen Felsvorsprung, den die Ingenieure bei der landeinwärts gerichteten Verlängerung der Pier in den dreißiger Jahren unberührt gelassen hatten, zum Stillstand gekommen ist. Als das Feuer ausbrach, bewirkte der Schub des zurückgehenden Wassers an der exponierten Schiffsflanke eine geringfügige Schlagseite nach Backbord.

Üblicherweise befanden sich bei Ebbe knapp zwei Meter Wasser zwischen Kiel und Flußboden. Jede Neigung des Rumpfes überstieg automatisch diesen Spielraum. Am frühen Abend ruhte der Schlingerkiel der *Normandie* an Backbord auf der Felskante, die den ein Jahrzehnt zuvor ursprünglich gegrabenen Querschnitt markierte. Bevor die Flut zurückkehrte, lag das Schiff fest auf Grund, während die Feuerwehrleute, die das Feuer nun unter Kontrolle hatten, fortfuhren, glühende Brandnester zu löschen.

Um den Rumpf dauerhaft auf dem Flußboden aufzusetzen, bedrängte die Marine die Feuerwehr, das Schiff versenken zu dürfen. Dieses Mittel hatte die *Europa* 1929 bei ihrem Brand am Ausrüstungspier gerettet. Die New Yorker Feuerwehr erhob Einwände. Sie fürchtete, daß sich das Feuer durch eine brennende Ölschicht auf andere Teile des Hafens ausbreiten könnte. Und wenn sie eingewilligt hätte, so bezweifle ich, daß irgend jemand außer einem der ursprünglichen französischen Besatzungmitglieder in der Lage gewesen wäre, in den leblosen schwarzen Katakomben die Flutventile zu finden, geschweige denn, sie in der vorgesehenen Reihenfolge zu öffnen, die das Schiff aufrecht auf den Grund seines Liegeplatzes gesetzt hätte.

Nachdem das Feuer um 18 Uhr gelöscht war, folgte eine dreistündige Unterbrechung. Der gewaltige Verkehrsstau löste sich auf, und die an den Pflastersteinen der 12th Avenue festgefrorenen Löschschläuche wurden eingeholt. Die Schlagseite des Schiffs betrug zu diesem Zeitpunkt »sichere« 16 Grad. Um 21 Uhr hatte sich die Schlagseite durch Wasser, das durch überschwemmte Öffnungen eingedrungen war, auf zwanzig Grad erhöht. Um 23.30 Uhr betrug sie annähernd vierzig Grad.

Eine Stunde später wurde das gesamte Personal vom Schiff beordert, und Schleppkähne und Feuerschiffe zogen sich aus dem Liegeplatz zurück. Nun hörte man nur noch zwei Geräusche - das unablässige Dröhnen der Notlichtgeneratoren und das sporadische Krachen, sobald eine Trosse an der Steuerbordseite unter der immensen Belastung riß. Drei Laufplanken, die mit einem Ende noch am verlassenen Rumpf festhingen, wurden von der Kante der Pier gezogen und fielen mit lautem Knall gegen die Stahlplattierung, die letzte um 1.40 Uhr. Dann vernahmen die Beobachter am Ufer dasselbe Todesröcheln, an das sich die Passagiere in den Rettungsbooten der *Titanic* erinnerten, ehe sich ihr Schiff für den endgültigen Untergang aufbäumte. Die Agonie der *Normandie* sollte jedoch über eine Stunde andauern. Lose Geräte, Kräne, Rettungsboote, Werkzeuge, Tanks und tausend namenlose Gegenstände klapperten die Backbordflanke hinab oder glitten von den Decks ins Wasser.

Um 2.45 Uhr morgens rollte sich der ausgebrannte graue Rumpf nahezu entschuldigend auf die Seite. Die Bewegung verursachte erstaunlich wenig Aufruhr, und das Eis blieb nahezu unberührt. Der Schornstein hielt einen Meter über dem Wasser an, und die Spitze des Hauptmastes näherte sich bis auf zehn Meter der nördlich gelegenen Cunard-Pier. Bei seinem endgültigen Sturz riß sich der Bug aus seiner Vertäuung los, das Ruder stieß unter die Kante der Pier und zerstörte fünf Pfähle. Gegen Morgen entzündete sich Treibstoff in einem entlegenen Winkel des Rumpfes, und ein Feuerlöschboot näherte sich zaghaft zwischen dem ersten und zweiten Schornstein und übergoß die geneigten Decks mit eisigem Wasser.

18 Monate lang verharrte das Schiff in dieser Lage. Innerhalb von nur sieben Wochen hatte sich der Passagierdampfer in einen Hilfstransporter der Marine und schließlich einen leblosen Rumpf verwandelt. Die Untersuchungen der Katastrophe durch den Kongreß, die Marine und die New Yorker Feuerwehr gelangten zu ähnlich düsteren Schlußfolgerungen. Nicht Sabotage, sondern grenzenlose Nachlässigkeit sei für das Unglück verantwortlich. Ein 1946 in Hamburg von der amerikanischen Militärpolizei wegen Mordes einvernommener Deutscher behauptete, den Brand auf der *Normandie* gelegt zu haben. Seine nachfolgende Befragung nach spezifischen Details entlarvte sein »Geständnis« als Publicity-Gier.

Die Schande der Marine steigerte sich durch den Umstand, daß die Folge ihrer

Zwischen Feuer und Wasser. Die ausgebrannte Hülle des Treppenaufgangs zum Rauchsalon der *Normandie*. Dieses Foto wurde vor dem Kentern aufgenommen. Unten: Dieselbe Treppe sechs Jahre zuvor mit Baudrys *La Normandie*, die nun einen Brunnen des Hotels Fontainebleau in Miami ziert. (*Oben: Navy Department, Unten: Avery Library*)

Der Morgen nach dem Feuer. Die *Normandie* liegt zwischen Pier 88 und 90 an der West Side von Manhattan. Ein Feuerschiff lenkt seinen Löschstrahl auf einen widerspenstigen Brandherd an der Steuerbordseite des Sportdecks. (*Navy Department*)

Versäumnisse ständig zu sehen war. Wäre das Schiff auf See verlorengegangen oder hätte es in der Zurückgezogenheit der Marinewerft einen nicht wiedergutzumachenden Schaden erlitten, hätten die verstrichene Zeit und die Kriegsereignisse dem Untergang der *Normandie* rasch jede Aktualität genommen. Da das Schiff jedoch wie ein weggeworfenes Badewannenspielzeug für jedermann sichtbar zwischen den Piers von Manhattan lag, erinnerte es fortwährend und auf unangenehmste Weise an die Unfähigkeit der Behörden. So verwundert es nicht, daß die Marine die Pier und jeden Zugang durch eine vier Meter hohe Sperrholzwand entlang der 12th Avenue abschloß.

Zweieinhalb Monate nach dem Feuer ernannte Marineminister Frank Knox ein vorwiegend aus Zivilisten bestehendes Komitee, das beschließen sollte, ob das Schiff wiederaufgerichtet oder an seinem Liegeplatz abgewrackt werden würde. Es sollte auch entscheiden, ob eine Wiederherstellung als Marinetransporter sinnvoll wäre. Neben zivilen Fachleuten und drei Admirälen war der führende amerikanische Schiffbauingenieur, William Francis Gibbs, in das Komitee aufgenommen worden. Der Bergungsoffizier der Marine und Befehlshaber über Pier 88, Kommandant Sullivan vom Schiffahrtsamt, war ebenfalls anwesend. Die Männer trafen einander zum ersten Mal im 19. Stock eines am Battery Place 17 gelegenen orangefarbenen Gebäudes, das die Lower Bay überblickte und den südlichsten Vorposten der Wolkenkratzergruppe von Manhattan darstellte.

Sullivan erklärte in der geschlossenen Sitzung freimütig, daß er die *Normandie* auch weiterhin als überaus feuergefährlich betrachte. Um sich im Inneren des Schiffs überhaupt bewegen zu können, müßten erst viele Tonnen verschiedenartigster Materialien entfernt werden. Diese Arbeiten würden durch die extreme Feuergefährlichkeit des Isolierungsmaterials außergewöhnlich erschwert. Überall zwischen den Decks und sämtlichen Abteilungen hatte man Schichten von granuliertem Kork angebracht. Jeder Versuch, durch Stahl zu schneiden, könne einen Brand auslösen. Sullivan zufolge mußte man täglich mit einem Großfeuer rechnen.

Ausgelöst durch die gescheiterten Bemühungen, an der Steuerbordseite einen Zugang zu einem Kühlraum freizuschneiden, war die städtische Feuerwehr erst eine Woche zuvor ausgerückt. Während des verheerenden Brandes hatten sich Lebensmittelvorräte der Marine zwei Wochen lang an Bord befunden. Der Verwesungsgeruch hatte die Arbeiter veranlaßt, die Abteilung zu öffnen und mehrere Tonnen verdorbenen Fleisches zu entfernen. Trotz Sicherheitsvorkehrungen hatten sich Flammen über einen unbekannten Lüftungsschacht ausgebreitet und die Korkisolierung auf ihrem Weg entzündet. Das Feuer brannte stundenlang, ehe man es löschen konnte. Die Politik der verbrannten Erde wäre eine Möglichkeit gewesen, diese Probleme zu vermeiden. Vor weiteren Schneideversuchen hätte man sich durch eine kontrollierte Verbrennung sämtlicher entflammbarer Stoffe im Schiffsinneren entledigen können.

Dieses Mittel gehörte zu einer weiterreichenden Option, die das Komitee

Die gekenterte *Normandie*. Unmittelbar nach der Katastrophe fuhren Schwimmkräne in den Liegeplatz ein und entfernten die Marinegeschütze vom Achterdeck. (*Navy Department, zur Verfügung gestellt von Murphy-Pacific Salvage*)

schließlich zurückwies. Der Liegeplatz mußte geräumt werden. Da es nicht möglich war, das Schiff erneut flottzumachen, sollte es an Ort und Stelle abgewrackt werden. Der Vorschlag, die *Normandie* mit einem Kofferdamm zu umgeben, um die Arbeiten über Wasser durchführen zu können, wurde aus zwei Gründen als unpraktisch abgelehnt: Landesweit herrsche Mangel an dem benötigten Baustahl, und eine Störung der tragenden Schlickschicht könnte die benachbarten Piers schwächen. Auch beim Abbruch des Schiffskörpers müsse man mit beträchtlichen Druckwellen rechnen, die sich über und unter Wasser als gefährliche Beben über die Felsbank ins Landesinnere verbreiten könnten. Sollte die *Normandie* unter Wasser zerteilt werden, könnte man sämtliche Wrackteile, die tiefer als zwanzig Meter lägen, an Ort und Stelle belassen und mit Sand und Kies bedecken, lautete ein weiterer Vorschlag.

Eine abwesende, aber kräftige Stimme widersetzte sich jeder anderen Möglichkeit als einer Wiederflottmachung. Als der Vorsitzende des Komitees, J. Barstow Smull, Bürgermeister Fiorello La Guardia über die zu untersuchenden Alternativen informierte, reagierte dieser prompt und eindeutig. An dem Liegeplatz dürfe nichts zurückbleiben, was die effektive Nutzung dieser beiden größten Piers der Stadt beeinträchtige. Unter Kies vergrabene Wrackteile könnten sich auf unbestimmte Zeit in Ankern und Baggern verfangen. Zu dem Vorschlag der »kontrollierten Verbrennung« schrieb der Bürgermeister folgendes:

> Bitte, bitte bestehen Sie nicht auf diesem Ansuchen. Allein bis über das ursprüngliche Feuer Gras gewachsen ist, werden noch Jahre vergehen. Ich sehe bereits Schadensanwälte durch Manhattan laufen und Vorschüsse einsammeln, um die Stadt, die Regierung und möglicherweise auch Sie persönlich wegen des durch Rauch, Ruß und andere Ärgernisse verursachten Schadens zu verklagen.

Smull hatte La Guardias Reaktion richtig eingeschätzt, als er seinen Komiteemitgliedern gegenüber meinte, daß der Bürgermeister ein »lustiger kleiner Kerl ist, der in die Luft gehen könnte«.

Eine Bergung war also unvermeidlich. Auch Gibbs sprach sich für diese Variante aus. Er war der festen Überzeugung, daß die Marine das Schiff retten sollte, um einerseits den Liegeplatz und andererseits ihren guten Namen wiederherzustellen. Dies wäre positive Öffentlichkeitsarbeit. Sollte das Schiff wieder in Dienst gestellt werden, könnte es einen unschätzbaren Beitrag in der Kriegsführung leisten. Gewiß wies der Rumpf der *Normandie* einige taktische Mängel auf. Zum Beispiel mißfiel ihm die Anordnung aller vier Wechselstromgeneratoren in einem einzigen offenen Abteil. Der Schiffskörper und die Antriebsanlage waren solide und schützenswert und sollten, wenn möglich, unbeschädigt geborgen werden. Genial wie er war, sah er stets das Ganze. Als die Anwesenden über die Kosten eines Abwrackens an Ort und Stelle oder nach einer Bergung stritten, meldete er sich zu Wort: »Im Krieg geht es bei den meisten Dingen nicht um ihren Wert in Dollars und Cents. Sie sind eine Frage der Zeit und der Bedeutung, die man ihnen zu dieser Zeit beimißt. Die Kosten sind dabei nicht so wichtig wie das Ergebnis.«

Knox erhielt die von ihm gewünschte Entscheidung: Die *Normandie* sollte gehoben werden. Was danach mit ihr geschehen würde, blieb offen. Die umfangreiche Aufgabe wurde dem New Yorker Unternehmen Merritt-Chapman & Scott übertragen, dem weltweit größten Schiffsbergungskonzern. Kapitän John Tooker sollte als Bergungsmeister die Arbeiten gemeinsam mit Kommandant Sullivan überwachen.

Tooker war ein erfahrener Mann, der unter seinem Vater, Kapitän Izzy Tooker, gearbeitet hatte, als dieser als Bergungsmeister 1918 die *St. Paul* hob. Auch sie war an einer Pier in Manhattan ausgebrannt und gekentert. Damals hatte man Vertikalträger entlang ihrer freien Seite errichtet, den Rumpf versiegelt und leer gepumpt und das Schiff mit unbeschädigten Aufbauten hochgezogen. Doch sie hatte nur die Hälfte der Länge und ein Viertel der Verdrängung der *Normandie* besessen. Dasselbe aufrichtende Drehmoment an einem solch gewaltigen Rumpf anzuwenden war unmöglich.

Glücklicherweise präsentierten nun andere Enthusiasten als jene, die am 9. Februar die Pier überflutet hatten, ihre Bergungspläne. Nicht weniger als fünftausend ernsthaft bemühte Amerikaner reagierten ungebeten auf das Dilemma der Marine und bombardierten Kommandant Sullivan mit Vorschlägen. Ihre Schreiben waren mitunter grotesk: WELCHE ENTSCHÄDIGUNG FÜR DIE BERGUNG DER S. S. LAFAYETTE INNERHALB VON 72 STUNDEN, telegrafierte einer. Ein anderer rief in seinem Empfehlungsschreiben Gott als Zeugen an:

> Sir, Ich schwöre feierlich vor Gott dem Allmächtigen, daß ich unter Bereitstellung sämtlicher von mir geforderten Materialien, Werkzeuge und Fachleute die *Normandie* wieder auf ebenen Kiel setzen und zum Schwimmen bringen kann, und bürge für diesen Eid mit meinem Leben.

Viele Pläne gründeten auf die Verwendung von Luftkissen, Pingpongbällen, Eiswürfeln und von kleinen Luftschiffen hängenden Kabeln. Ein Mann aus Chicago schrieb, daß er für eine halbe Million Dollar die Aufgabe erledigen könne:

> Ich bin zu alt, um noch am Krieg teilzunehmen, kann aber bei der Bergung der *Normandie* helfen. Meiner Ansicht nach wäre dies für unsere Kriegsbemühungen förderlich und würde den Tag näherrücken lassen, an dem der Wahnsinnige Hitler am Ende eines Stricks baumelt. Da ich jedoch ein stark beschäftigter Mann bin, kann ich nicht ohne weiteres in den Osten reisen, solange meine Aufwendungen nicht bezahlt werden. Ich würde mich über eine rasche Antwort freuen.

Ein Zahnarzt aus Philadelphia zeichnete eine Reihe von Türmen, die über Pier 88 errichtet werden würden und von denen Leinen an der günstig gelegenen Steuerbordreling befestigt werden sollten. Danach würde im *moment critique* eine Reihe von spektakulären Dynamitladungen unter der Backbordflanke explodieren. Ein mysteriöser Verrückter, der das Schiff von New Jersey aus durch sein Fenster sehen konnte, ging es schlauer an:

> Wollen Sie, daß die *Normandie* innerhalb von zwanzig Tagen wieder flott ist? Interessiert?

In einem Postskript bat er um Geheimhaltung. Sullivans Lieblingsvorschlag stammte von einer Frau, die ausführlich erklärte, daß der Liegeplatz mit Wasser gefüllt werden solle, welches, zu Eis gefroren, das Schiff umklammere. Danach werde der gewaltige Eisblock zur George-Washington-Brücke transportiert und darunter bei Flut mit straffen Kabeln festgebunden. Die eintretende Ebbe bewirke einen vertikalen Schub, wodurch sich das Schiff, während das Eis schmelze, aufrichte.

Wieder einmal bot sich patriotischen Amerikanern, die sich über die Untätigkeit ärgerten, eine Gelegenheit, in Phantasien zu schwelgen. Jeder von ihnen sah sich wohl in einer Rolle, in der er dem Schicksal einen vernichtenden Gegenschlag erteilte und die *Normandie* aus dem Schlamm des North River pflückte, so daß sie weiterkämpfen konnte. Einige wenige Vorschläge erschienen sinnvoll und hilfreich, doch für jeden derartigen trafen Dutzende offensichtlich von Kindern und wohlmeinenden Irren verfaßte Briefe ein. Sullivan sammelte diese Schriftstücke an der Pier in einer Schublade mit der Aufschrift VERRÜCKTENKARTEI. Diese Reaktion ist ohne weiteres verständlich. Seine Vorgesetzten verhielten sich vorsichtiger und faßten die Angelegenheit mit Glacéhandschuhen an. Man beantwortete die Schreiben auf dem hübschen Briefpapier der Marine und teilte den Verfassern mit, daß ihre Vorschläge in Betracht gezogen würden.

Die Lösung der Marine war im Konzept, wenn auch nicht in der Durchführung einfach: den gesamten Aufbau entfernen, die Trümmer ausräumen, sie in wasserdichte Abschnitte trennen und trockenpumpen und der natürlichen Stabilität des Schiffs alles übrige überlassen. Aus dem besetzten Paris schmuggelte ein anonymer Ingenieur, ein Vorstandsmitglied der französischen Handelsmarine, über die amerikanische Botschaft in Vichy eine Nachricht nach New York:

> Die *Normandie* ist ein Schiff mit beträchtlicher Stabilität und besitzt ein größeres Rückstellmoment als jedes andere der French Line. Sie ist ein steifer, temperamentvoller Roller.

Die Bestätigung der außergewöhnlichen Aufrichtkräfte des Schiffs stand in erfrischendem Kontrast zu den New Yorker Gerüchten nach der Katastrophe, in denen sie als »zartes« Schiff gebrandmarkt wurde. Dies war Unsinn. Ein zartes Schiff wäre unter der erdrückenden Last von sechstausend zusätzlichen Tonnen im oberen Bereich viel eher auf der Seite gelegen.

Für die Männer der Bergungseinheit bedeutete jeder Aspekt des Marineplans unglaubliche Komplikationen. Bereits die Zugänglichkeit warf gewaltige Probleme auf: Ein mit einer endgültigen Schlagseite von 79 Grad festgefrorenes Schiff barg Gefahren, wie sie am Ufer selten auftraten. Die kilometerlangen Innendecks hatten sich in ein gigantisches, teuflisches Tollhaus verwandelt. Ein Mann stieg versehentlich auf ein übermaltes Fenster des Promenadendecks und fiel zehn Meter in die Tiefe. Die Steuerbordseite lag oben, die Backbordseite unten, und Korridore in Längsrichtung mußten auf allen vieren überwunden werden. Die zierlichen Schotten, die die Luxuskabinen von den Gängen trennten, bildeten eine ungeeignete Unterlage. So kam es nicht selten vor, daß Arbeiter plötzlich durch zersplitternde Sperrholzpaneele im Inneren einer Kabine verschwanden. Die vorhandenen Schiffsleitern und Treppen erwiesen sich als nutzlose Dinge, und quer durch das Schiff laufende Gänge boten lediglich einen vertikalen Zugang hinab zum Wasser. Die Aufzugschächte und Schornsteingehäuse wandelten sich im Wrack in horizontale Tunnels, wenn man von Schuten, die an dem steil geneigten Bootsdeck festgemacht wurden, mit Hilfe einer Leiter ihren Eingang erreichte. Ein Beamter des Schiffahrtsamtes fügte einem an Sullivan adressierten Dokument eine persönliche Anmerkung bei: »Sie haben einen harten Job. Ich beneide Sie nicht.«

Den über der Wasserlinie liegenden Teil der Aufbauten zu entfernen war vergleichsweise einfach. Schornsteine, Davits, Relings, die Brücke, verschiedene Geräte und die Deckplattierung wurden rücksichtslos weggeschnitten und auf darunter wartende Leichter geladen. Diesmal nahm man den Feuerschutz ernst. Ein Bataillonsführer einer New Yorker Feuerwehr hatte den Befehl, und pro Schicht patrouillierten mindestens 25 frisch pensionierte Feuerwehrleute rund um die Uhr durch das Schiff. Wer an einem beliebigen Ort des Schiffs rauchte, wurde augenblicklich entlassen. Inmitten der Ansiedlung von Unterhaltshütten, die überall an der nach oben gerichteten Flanke des Schiffs emporwuchsen, befand sich eine große Sammlung von Kohlendioxidtanks, die an ein in jeden Winkel des Schiffs führendes Rohrsystem angeschlossen waren. Über die Steuerbordreling lief eine zwanzig Zentimeter dicke Löschhauptleitung.

Sobald das Bootsdeck durchbrochen war, lag die dunkle Höhle des *grand salon* wie eine riesenhafte, geschwärzte Grotte frei, in der öliges Wasser über die Stapel verkohlter Kapok-Ringe plätscherte. Vom Obergeschoß der Pier 90 sah das Schiff wie eine animierte Darstellung der ursprünglichen Pläne in Originalgröße aus. Der unerbittliche Angriff der Schneidegeräte eröffnete den Blick auf die inzwischen nicht mehr passende Friedenszeitausstattung. Das silbergraue Theater mit seinen dreihundert Sitzen erschien, von denen die Hälfte unberührt über der Wasseroberfläche hingen. Auf dem Promenadendeck wurde eine Reihe weißer Gum-

»Ein steifer, temperamentvoller Roller«: die *Normandie* bei schwerer See. Dieses Foto stammt vom Kapitän des Schiffs und wurde vom Steuerbordnock der Brücke aufgenommen. (*Zur Verfügung gestellt von Pierre Thoreux*)

Die Aufbauten der *Normandie* werden entfernt. Dieses Foto wurde vom Dach der nördlich gelegenen Pier 90 aufgenommen. Der erste Schornstein ist bereits abgebaut, weshalb sein Entlüftungsschacht als gigantische Bienenwabe rechts der Mitte freiliegt. Offensichtlich hatten die Arbeiter das Schreibzimmer (etwas höher links im Bild) mit einer Reihe von Duschkabinen versehen. Auf der Schute links unten liegt das Steuerrad der *Normandie*, kurz danach verschwand es. (*Navy Department, zur Verfügung gestellt von Murphy-Pacific Salvage*)

mifliesen sichtbar, die in einem eleganten Schnörkel am Eingang zu den Aufenthaltsräumen im Mittelschiff endeten. Im Inneren hatte sich das geisterhafte Profil des Tanzbodens und des Orchesterpodiums erhalten. Wie antike Höhlenmalereien hatten sie den Elementen getrotzt.

Nachdem der gesamte Aufbau über dem Promenadendeck entfernt war, befreite man den Schiffskörper von umherliegenden Trümmern. Die ganze *Normandie* war mit den Überresten der Katastrophe gefüllt. Gezackte Glasscherben, Leitungen, Schläuche, Rohre, Geräte, Möbelstücke, Wandvertäfelungen, Kojen und Teppichstücke lagen in jeder Abteilung der Backbordseite in undurchdringlichem Gewirr. In einigen Innenräumen fanden sich lebensgefährliche Fallen, die mit teuflischer Schläue aufgestellt zu sein schienen. So lag der Safe des Zahlmeisters auf einer elektrischen Leitung. Bei den ersten Erkundungsgängen in das Schiffsinnere arbeiteten die Taucher stets als Trio. Ein Arbeiter wurde von zwei Assistenten begleitet, deren Aufgabe ausschließlich darin bestand, die Versorgungsleitungen an gefährlichen Hindernissen vorüberzuführen. In einer späteren Bergungsphase arbeiteten 75 Taucher gleichzeitig. Sie waren in zwei getrennten Kursen auf ihre Arbeit in der Pier vorbereitet worden. Nicht weniger als drei Söhne von Kapitän Tooker waren unter Wasser im Einsatz.

Am Liegeplatz herrschten denkbar schlechte Tauchbedingungen. Nur wenige Meter unter der Wasseroberfläche reduzierte sich die Sicht in der Mischung aus Industrieabfällen, verklumptem Öl, Schlamm und Abwasser auf null. Selbst stärkste elektrische Lampen konnten sie nicht durchdringen. Die Taucher arbeiteten in völliger Dunkelheit und mußten sich ihren Weg mit den Händen erfühlen, die im Winter direkt nach dem Abtauchen für einige Augenblicke gefühllos waren.

Das geschätzte Gewicht jeder Schutenladung Trümmer, die man als Füllmaterial nach Riker's Island transportierte, wurde für die Berechnung des neuen Schwerpunkts des Schiffs sorgfältig notiert. Nachdem der Rumpf von dem von Menschenhand gefertigten Abfall gereinigt war, blieb eine gewaltige Ansammlung von Schlamm zurück. Durch jede Öffnung an der Backbordseite war der Schlick des Hafens in die außenliegenden Schiffsabschnitte eingedrungen und bildete nun eine mehr als drei Meter hohe Schicht. Saugschläuche entleerten diese Räume, bis die Backbordseite freilag. Dann bohrte man mit einem Wasserstrahl ein Loch in den darunterliegenden Schlamm und verwendete ein nach seinem Erfinder Tooker-Klappe genanntes, raffiniertes Gerät, um die Öffnung zu versiegeln. Dabei handelte es sich um eine schwere hölzerne Scheibe, die in der Mitte eingeklappt werden konnte. Zusammengefaltet wurde sie durch die Luke gesteckt, anschließend geöffnet und zurückgezogen. Die Gummiisolierung legte sich wasserdicht gegen die Messingkante, und die gesamte Vorrichtung wurde von innen mit Hilfe eines Balkens gesichert. Der starke Wasserdruck verschloß die Klappen noch fester. Wenn möglich, arbeiteten die Taucher nur in einem Abschnitt des Rumpfes, weil sie sich dort allmählich auskannten. Trotzdem befestigte ein einziger, ausdauernder Mann sämtliche 356 Tooker-Klappen der *Normandie*.

Die Bergung eines Schiffs kann bestenfalls als hartes Unternehmen bezeichnet werden. Die Menschen, die die *Normandie* aufrichteten, arbeiteten wenigstens in sicheren Gewässern und mit einer wirkungsvollen logistischen Unterstützung. Ihr Durchhaltevermögen und ihre Fähigkeiten waren dennoch außergewöhnlich. Die Arbeit knapp zwanzig Meter unter der Wasseroberfläche, von jeder Hilfe abgeschnitten, in einem Labyrinth von Stahlkorridoren, muß Laien wie ein Alptraum vorkommen. Der Abstieg in diesen eisigen schwarzen Schlick erforderte eine wahrlich professionelle Einstellung.

Zusätzlich wurden die Arbeiter durch unendlich kleine Glassplitter gepeinigt, die in die ausgesetzte Haut der Hände eindrangen und nur zu entfernen waren, wenn sie herauswuchsen. Die im Sommer an der Oberfläche tätigen Handwerker waren einer anderen, für eine Bergung im Hafengebiet typischen Gefahr ausgesetzt. Die durch zwei Kanäle direkt in den Liegeplatz abgelassenen Abwässer der Stadt produzierten in gewissen Bereichen toxische Dämpfe, die, wenn auch nicht lebensbedrohend, in Verbindung mit Hitze und Feuchtigkeit doch nahezu unerträgliche Arbeitsbedingungen schufen.

Wie durch ein Wunder gab es keine Toten und nur wenige Verletzte zu beklagen. Die Moral war auch unter den Marinetauchern erstaunlich hoch, deren Aufschlag von fünf Dollar pro Tag auf ihren üblichen Sold nur ein Fünftel der Summe betrug, den die Männer von Merritt-Chapman für dieselbe Arbeit erhielten. Vermutlich näherte sich der tatsächlich nach Hause gebrachte Lohn durch das während der Pausen unvermeidliche Glücksspiel dem ihrer zivilen Kollegen. Ein Servicekahn, der neben dem Wrack vertäut wurde, diente sowohl als Speisesaal als auch als schwimmende Spielhalle. Tausende von Dollars wechselten täglich auf dem von den Männern *Monte Carlo* getauften Schiff ihren Besitzer.

Die gewaltigen Ausmaße der *Normandie*, die die Passagiere in Erstaunen versetzt und die Feuerwehrleute mit Bestürzung erfüllt hatten, verliehen der Aufgabe eine seltsame Monumentalität. Alles war riesenhaft. Die von den Pressesprechern der Marine großzügig zitierten Statistiken waren mit Nullen überladen: viertausend Kilo Glas entfernt, 10 000 Kubikmeter Schlamm ausgepumpt, eine Viertelmillion Stauholz als Abstützung und Lukenklappen installiert. Hilflos wie ein großer grauer, an das Ufer geschwemmter Wal, rief das Schiff allein durch seine Dimensionen Bewunderung hervor. Seine Wiederflottmachung stellte den ehrgeizigsten Bergungsversuch aller Zeiten dar.

Im Hochsommer 1943 galt ein Sitz auf der großen, von der Marine entlang von Pier 88 errichteten Tribüne mit ihren blau uniformierten Platzanweisern und illustrierten Programmheften als heißeste Eintrittskarte in New York. Diese spektakuläre Konstruktion sollte jeden noch anhaltenden Zweifel über die Kompetenz der Marine zerstreuen. Die Show am Fuße der westlichen 48. Straße besaß mehr als eintausend Mitwirkende und verfügte über das weltweit größte bewegliche Bühnenbild. Eine eigene Beleuchtungsanlage verwandelte die Nacht zum Tag, so daß die Vorstellung rund um die Uhr fortgesetzt werden konnte. Dies war das

Finale wahrer Manhattan-Passionsspiele, der Leidensweg, die Wiederbelebung und die Auferstehung eines Märtyrers. Ihr einziger Fehler bestand darin, daß ihre Dauer unbestimmt blieb; doch dafür waren die Umstände und nicht die Produzenten verantwortlich.

Am 4. August 1943 begann um ein Uhr morgens die großangelegte Pumpoperation. Aus einer Reihe von Bullaugen an der Steuerbordseite stiegen annähernd einhundert giftige Abgaswolken empor. Das Konzert der Dieselpumpen sollte in unterschiedlicher Besetzung mehr als einen Monat lang anhalten. Über den steilen Abhang des Promenadendecks ergoß sich ein beständiger weißer Wasserfall, als die ersten von vielen tausend Tonnen Wasser zurück in den New Yorker Hafen stürzten.

Eine strenge Kontrolle der Drehung war von entscheidender Bedeutung. Wurde das Schiff zu rasch aufgerichtet, konnte das komplexe Gleichgewicht aus Backbordgewicht, Wasserdruck und Drehmoment gestört werden. Die Zuschauer, die sich in diesen ersten Tagen auf der Tribüne drängten und hofften, mitansehen zu können, wie sich die *Normandie* fröhlich aufstellte, wurden enttäuscht. Plangemäß erfolgte die Bewegung mit aufreibender Langsamkeit und wurde in Bruchteilen von Zentimetern gemessen. In die unter Wasser liegenden Ladelukenklappen waren Spezialventile eingebaut worden, durch die Druckluft strömte, um die Saugkraft des Schlamms zu verringern. Während die Stunden verliefen, enthüllten die Zeiger auf der Anzeige an der Vorpiek, daß der Winterschlaf der *Normandie* zu Ende ging.

Das von der Marine während der Monate August und September geführte »Logbuch über die Pump- und Aufrichtungsarbeiten« bietet einen knappen Einblick in die während dieser kritischen Wochen erforderliche Finesse und Geduld. In den einzelnen Abschnitten wurden das Gewicht und die Höhe des Wassers mitunter nur um einige Zentimeter reduziert. Am 6. August wurde die Pumpleistung kurz vor Mitternacht zurückgenommen, um die Bewegung des Rumpfs zu verlangsamen. Eine Stunde später hieß es: »Pumpen wieder eingeschaltet, um Schiff in Bewegung zu halten.« Auch an diesem Tag entfernten Taucher Tonnen von Schlamm von den verkümmerten Überresten der Aufbauten, die sich langsam aus dem Flußboden hoben. Gleichzeitig legte man Schutzkabel um das Schiff, um die Querbelastung des Promenadendecks zu minimieren. Ein Riß in diesem Deck hätte das gesamte Unternehmen gefährdet.

Unter den Abschnitten, die besondere Aufmerksamkeit erforderten, tauchte mit unerbittlicher Häufigkeit Nummer 16 auf. Am 11. August meldete ein Taucher um 2.15 Uhr einen Riß in der Beplattung direkt unter diesem Abschnitt. (Im ersten Augenblick erscheint es kaum vorstellbar, daß ein Taucher um diese Uhrzeit unter Wasser etwas findet, bis man sich daran erinnert, daß in diesen pechschwarzen Tiefen immer Mitternacht herrscht.) Das Leck wurde abgedichtet, doch die Eintragung des nächsten Tages zeigt, daß die Schwierigkeiten erst begannen: »Die Pumpen in Abschnitt 16 laufen ständig, und Taucher suchen nach weiteren Lecks.« Hunderte Kilogramm Stoffreste, Kalfaterwerg, Sägemehl und sogar Matratzen wurden neben dem Leck über Bord geworfen. Mit langen Stäben stießen Taucher die Stücke unter die Beplattung in der Hoffnung, das eindringende Wasser würde die Trümmer mitreißen und den Durchfluß verstopfen. Offensichtlich handelte es sich nicht nur um eine große Zahl von Rissen, sondern sie setzten sich im Inneren auch fort und erstreckten sich über die gesamte Nock und die Bodentanks.

Die Eintragung vom 13. August lautet: »Tooker-Klappe für Loch bei Spant 237 gebaut.« Die Montage der Klappe dürfte wenig Wirkung gezeigt haben, denn um 18 Uhr setzte man zwei weitere 25-Zentimeter-Pumpen in Abschnitt 16 als Unterstützung für die bereits vorhandenen sieben ein, um den Wasserspiegel niedrig zu halten. In den nächsten drei Tagen versuchte man, das Leck von innen abzudichten. In der Nacht des 17. August brachte man 105 Kubikmeter Zement in die Krümmung der Bilge ein. Zwei Tage lang hielt diese Abdichtung. Am Abend des 18. August suchten die Taucher erneut nach Lecks. »Das Wasser in Abschnitt 16 steigt, obwohl alle Pumpen in Betrieb sind.« Zwei Stunden später entdeckte ein Taucher, der sich durch die undurchdringliche Dunkelheit von Abschnitt 2 tastete, weitere Risse. Die Stelle war von innen kaum zugänglich, da sich mehrere aus ihrer Verankerung gerissene Kessel vor ihr auftürmten, und von außen nicht, weil direkt neben dem eingedrückten Stahl Felsspitzen in die Höhe ragten.

Da das Leck in Abschnitt 16 nicht gedichtet werden konnte, dehnten sich die letzten Wochen der Bergung und lähmten das Schauspiel der Marine. Den Vorgang zu beschleunigen, nur um einen erfolgreichen Ausgang des Stücks zu erzielen, wäre wahrlich Torheit gewesen. Eine vertikale Wassersäule im Mittelschiff hätte die Schotten gefährdet, die den Abschnitt gegenüber den entleerten Bereichen zu beiden Seiten abschlossen. Schließlich überwand man die Verzögerung, indem von innen mehrere hundert Tonnen Zement zusätzlich eingebracht und die angrenzenden Schotten verstärkt wurden.

Einen Monat nach Beginn der Pumparbeiten erreichte die *Normandie* am 12. September schließlich eine Neigung von 45 Grad. Getriebewinden am Ufer übernahmen die Spannung und zogen den Rumpf vorsichtig fünf Meter flußaufwärts. Die Verlegung zeigte auf zweifache Weise Erfolg, denn sie plazierte das lecke Abteil direkt über einem unter Wasser aufgetürmten Stapel aus Matratzen und Stoffetzen. Am nächsten Abend gelang es den mittlerweile 13 Pumpen in Abschnitt 16, den Wasserstand auf knapp vier Meter Höhe zu halten.

Für 8 Uhr am darauffolgenden Morgen erfolgte ein vorsichtig optimistischer Logbucheintrag: »Das Schiff ist in diesem Augenblick offensichtlich wieder flott.« Dies galt jedoch nur bei Flut. Erst zwei Tage später trieb es auch bei Ebbe. Am letzten Tag des Unternehmens findet sich eine bedeutsame Schlußeintragung im Logbuch: »Das Abpumpen des Wassers aus Abschnitt 16 wird fortgesetzt.«

Was nun folgte, war Routine. Merritt-Chapman & Scott übergaben das Schiff am 27. Oktober, dem Tag der Marine, den Behörden. Am 3. November wurde der

Das Wrack der *Normandie* während der dramatischen Selbstaufrichtung. Dieser sich im Sommer 1943 über sechs frustrierende Wochen erstreckende Vorgang stellt einen Höhepunkt in der Geschichte sämtlicher bisher erfolgter Bergungsversuche dar.
(*Navy Department, zur Verfügung gestellt von Murphy-Pacific Salvage*)

von allen Aussteifungen befreite Schiffskörper von 15 Schleppern aus dem Liegeplatz gezogen, den er mehr als vier Jahre besetzt hatte. Man behielt eine künstlich erzeugte Schlagseite von zwei Grad bei, um das noch immer in Abschnitt 16 eindringende Wasser in einem Reservoir zu sammeln, aus dem es leicht abgepumpt werden konnte. Mit Ausnahme einiger bizarrer Streifen an der Backbordunterseite, wo ölige Wachstumsringe den Aufstieg der *Normandie* aus der Tiefe markierten, bot sie beinahe denselben Anblick wie bei ihrem Stapellauf nahezu elf Jahre zuvor. Über ihrem Runddeck hatte man eine hölzerne Plattform und eine Art Brücke im Mittelschiff errichtet. Ein Marinekapitän führte den Befehl. Ihm zur Seite standen zwei Docklotsen, und zweihundert Werftarbeiter picknickten auf dem weitläufigen Promenadendeck, während sich die Überreste der *Normandie* langsam durch den Hafen bewegten.

Um die Arbeit der Schlepper zu vereinfachen, hatte man die Überstellung des Schiffs in die Marinewerft in Brooklyn gegen die eintretende Flut angesetzt. Das gigantische Ruder war mittschiffs blockiert worden. An Bord befanden sich Feuerwehrleute, medizinisches Personal und ein Taucherteam. Zusätzliche Dieselaggregate waren als Reserveeinrichtungen für die lebenswichtigen Pumpen vorbereitet und der Stromgenerator an eine Notbeleuchtung angeschlossen worden, um im Falle einer außergewöhnlichen Verzögerung ein Navigieren nach Einbruch der Dunkelheit zu ermöglichen. Das Schiff trug jedoch keine Flagge und besaß bedauerlicherweise keine Signaleinrichtung, mit der es den freundlichen Gruß der unzähligen vorüberfahrenden Hafenfahrzeuge hätte erwidern können. Nachdem die *Normandie* ihren Liegeplatz verlassen hatte, besaß die Marine offensichtlich keine weitere Verwendung für sie. Es mangelte an Zeit, Geld und Material, um sie wieder für die See flottzumachen. Im September 1945 wurde sie für überflüssig erklärt und der Seekommission zur Beseitigung übergeben. Diese verkaufte sie zur Verschrottung an die Lipsett Corporation.

Die *Normandie* war das erste Schiff, das Lipsett jemals abwrackte, und das Unternehmen hatte sie für einen Spottpreis erhalten. Seit ihrer Übernahme hatte sie die Marine mehr als elf Millionen Dollar gekostet. Als Schrott brachte sie der Regierung 160 000 Dollar und dem Verwertungsunternehmen einen Profit von einer Million Dollar ein. Die letzte Reise ihres kurzen Lebens von Brooklyn nach Port Newark trat die *Normandie* unter einem weiteren Namen an: LIPSETT stand in riesigen weißen Buchstaben auf ihren beiden Flanken. Am 6. Oktober 1947 war nur noch ein ungelenkes Stahlfloß von ihr übrig, das neben einer Pier in Jersey trieb. Das siebzig Tonnen schwere Fragment stammte von einer Tankdecke unterhalb des Kesselraums. Ein Kran hob es auf die Pier, wo es zerschnitten und für den letzten Frachttransport zu einer Stahlmühle in Pennsylvania auf offene Waggons verladen wurde. Die *Normandie* existierte nicht mehr. Bis zum letzten Augenblick und selbst nachdem sie an Lipsett verkauft worden war, sprach Yourkewitsch davon, sie als ziviles Passagierschiff mit zwei Schornsteinen wieder in Dienst zu stellen.

Da der French Line 1918 erlesene maritime Kriegsbeute verweigert worden war, sprach man ihr nun als eine Art Entschädigung die *Europa* zu. Sie hatte die Feindseligkeiten unbeschädigt überstanden, während ihr Schwesterschiff, die *Bremen*, an ihrem Liegeplatz in Bremerhaven durch Brandstifung ausgebrannt war. Nach dem Krieg wurde das ehemals deutsche Schiff von den Vereinigten Staaten für den Rücktransport der Soldaten eingesetzt, ehe es 1946 nach Le Havre überstellt wurde.

Wie die meisten Städte am Ärmelkanal bot der Hafen noch ein Bild entsetzlicher Verwüstung. Vor ihrem Rückzug hatten die Deutschen grausam Rache genommen. Die Strandmauer war an mehreren Stellen durchbrochen, die Docks waren systematisch gesprengt worden, und mehr als vierhundert Wracks lagen im gesamten Hafen verstreut. Der attraktive Gare Maritime lag in Trümmern, und die zu ihm führende Eisenbahnlinie bestand aus einem Gewirr verbogenen Stahls. Kurz nachdem die *Europa* in Le Havre eingelaufen war, wurde sie von einem heftigen Sturm aus ihrer Vertäuung gerissen und trieb quer durch den Hafen auf das Wrack der gekenterten *Paris*. Mit einem Leck an der Steuerbordseite des Bugs sank die *Europa* zum zweiten Mal in ihrem Leben aufrecht. Kaum mehr als ihre Aufbauten ragten aus dem Wasser hervor. Dies war ein bitterer Schlag für den Wiederaufbau der französischen Schiffahrt und die überforderte Hafenbehörde von Le Havre. Sie war mit der Räumung der vorhandenen Wracks ohnehin bereits überlastet. Bergungstrupps gelang es, die *Europa* zu heben, und zwei Jahre später verließ sie St. Nazaire unter dem Namen *Liberté*. Sie schloß sich mit der *Île de France* und der *De Grasse* zum französischen Nachkriegsservice auf dem Atlantik zusammen. Wieder einmal diente ein deutsches Schiff letztendlich den Zielen seiner Gegner.

Die Cunard Line überstand den Krieg besser. Die beiden *Queens* und die *Aquitania* hatten als wertvolle Truppentransporter überlebt und Millionen Soldaten über die ganze Welt gebracht – australische und neuseeländische Truppen in den Fernen Osten und zurück, deutsche und italienische Kriegsgefangene nach Nordamerika und natürlich Division auf Division amerikanischer Soldaten zu den europäischen Schlachtfeldern. Den Deutschen gelang kein einziger Angriff auf diese drei Schiffe. Den folgenschwersten Zwischenfall stellte die Kollision der *Queen Mary* mit dem Kreuzer *Curaçao* der Royal Navy im Oktober 1942 dar. Mit derselben Unausweichlichkeit, die einige Jahre zuvor den Zusammenstoß der *Olympic* mit der *Hawke* gekennzeichnet hatte, liefen die beiden Schiffe 24 Stunden von Schottland entfernt bei vollem Tageslicht aufeinander zu. Aus niemals geklärter Ursache kreuzte das Begleitschiff direkt vor dem Bug ihres riesigen Schützlings. Dies war ein tragischer Fehler. Der Kreuzer wurde entzweigeschnitten, und mehr als dreihundert Besatzungsmitglieder ertranken. Aufgrund eines Befehls fuhr der Kapitän der *Queen Mary* weiter, ohne anzuhalten. Die Überlebenden aufzunehmen und einen deutschen Torpedoangriff zu riskieren war ausdrücklich untersagt.

Der zweite Untergang der *Europa*. Durch einen Sturm aus ihrer Vertäuung in Le Havre losgerissen, sank das ehemals deutsche Schiff neben dem Wrack der *Paris*. Sie wurde geborgen und unter dem Namen *Liberté* erneut in Dienst gestellt.
(*Frank Braynard Collection*)

Der größte Schaden wurde den beiden *Queens* vermutlich durch die Millionen unfreiwilliger Kriegspassagiere, und hier vor allem der amerikanischen, zugefügt. Während der Vorbereitungen auf den D-Day, als die beiden Schiffe ausschließlich im Nordatlantikeinsatz standen, sammelten sich an Deck solche Mengen weggeworfener Kaugummis an, daß ihr Verkauf in der Schiffskantine untersagt wurde. Die Relings litten unter den zahlreichen eingeritzten Initialen und mußten nach dem Krieg größtenteils ersetzt werden.

Die harten Lektionen, die die westlichen Alliierten im Ersten Weltkrieg auf dem Nordatlantik hatten lernen müssen, machten sie sich im Zweiten Weltkrieg zunutze. Direkt nach Kriegsausbruch ging man dazu über, Konvois zu bilden, die ohne Funkkontakt, aber in Begleitung von Flugzeugen und Zerstörern den Atlantik überquerten. Die Versenkung der *Athenia* ließ keine Zweifel an den Absichten deutscher U-Boote. Die beiden *Queens* fuhren jedoch mit einer Geschwindigkeit von dreißig Knoten allein – kein Konvoi und keine Eskorte konnten mit ihnen Schritt halten. Ihre Sicherheit lag in ihrer Schnelligkeit. Die Kapitäne erhielten ihre Order zum Auslaufen von einem Hauptquartier für kombinierte Operationen, das am Battery Place 17 in New York untergebracht war. In diesem Gebäude hatte das deutsche Konsulat bis Dezember 1941 seinen Sitz gehabt. Für jede Überfahrt war ein anderer Kurs vorgeschrieben, und das rasche Einschiffen der Truppen wurde zur Kunst erhoben. Jedes der Schiffe transportierte pro Fahrt etwa 15 000 Mann. Bei sommerlichem Wetter schliefen ganze Regimenter an Deck.

Im August 1945 lief die *Queen Mary* zum ersten Mal seit Kriegsbeginn in ihren Heimathafen ein. Sechs lange Jahre hatte sie regelmäßig in Gourock an der Clyde-Mündung angelegt. Noch berauscht von den Feiern anläßlich des Siegs der Alliierten über Japan, bereitete Southampton seinem geliebten Dampfer einen ausgelassenen Empfang. In der Zwischenzeit hatten die beiden *Queens* mehr als zwei Millionen Soldaten transportiert. Churchills Einschätzung, daß die beiden Schiffe den Krieg um ein Jahr verkürzen würden, erwies sich als zutreffend. Wäre die *Normandie* verschont geblieben, hätte ihr Einsatz die Kriegsdauer womöglich weiter verringert. Doch es gab sie nicht mehr. Sie war Opfer eines Kriegs geworden, der in seinem sechsten Sommer ein Ende gefunden hatte. Der Friede war zurückgekehrt.

Eine Trophäe, die den Deutschen entging. Die *Queen Elizabeth* trifft in Gourock, ihrem schottischen Kriegshafen, ein. (*Cunard Line*)

Gesegnet seien die Sanftmütigen,
denn sie werden die Erde erben –
sofern sie schnell genug sind!

WILLIAM FRANCIS GIBBS

14.

Die *United States* – Amerikas Juwel

Nach zwei Jahren waren die *Queen Mary* und die *Queen Elizabeth* als friedliches Tandem zurückgekehrt und erfüllten zum ersten Mal die einzigartige Aufgabe, für die sie ursprünglich entworfen worden waren. Endlich hielten zwei einander ergänzende Schiffe Samual Cunards visionären wöchentlichen Atlantikdienst aufrecht. Die überaus angenehme, das gesamte Jahr über stattfindende Überfahrt von Southampton über Cherbourg nach New York bildete eine willkommene Konstante in einer Welt, die zu den Vorkriegszuständen zurückzukehren versuchte. Es war beinahe unglaublich, daß sich in Großbritannien, wo die Lebensmittel nun strenger rationiert waren als zu Kriegszeiten, ein derart luxuriöses Atlantikteam gefunden hatte. Die ursprüngliche Pracht der beiden *Queens* wurde rechtzeitig wiederhergestellt, um die ersten Wellen nach Osten reisender Amerikaner aufzufangen. Die kurz vor Kriegsausbruch fertiggestellte und sogleich in einen Truppentransporter umgewandelte *Nieuw Amsterdam* der Holland-Amerika Line profitierte ebenfalls von dem Nachkriegsboom.

Obwohl die Cunard Line bereits auf ein glänzendes Jahrhundert zurückblicken konnte, stellte dieses erste Nachkriegsjahrzehnt die gewinnträchtigste Periode in der Unternehmensgeschichte dar. Möglicherweise veranlaßte dieser einzigartige Erfolg der Cunard Line die Amerikaner, den Kampf auf dem Atlantik mit Begeisterung erneut aufzunehmen. Offensichtlich war der Kongreß der Ansicht, daß ein Superliner, der als Hilfstransporter der Marine dienen konnte, alle Investitionen wert war. Bedauerlicherweise stellte er keine ausreichenden Mittel für zwei

Eines der selten fotografierten Treffen der beiden Königinnen: Die *Queen Elizabeth* fährt von New York aus in östlicher Richtung, während die *Queen Mary* in den Hudson einläuft. Die beiden Cunard-Schiffe beherrschten das erste Nachkriegsjahrzehnt auf dem Nordatlantik. (*Cunard Line*)

Schiffe zur Verfügung. Der *United States* haftete etwas von der mitleiderregenden Einsamkeit der *Leviathan* an. Ihr einziger Nachteil lag darin, daß sie keine ebenbürtige Partnerin besaß.

Das Schiff selbst war jedoch mit jeder nur möglichen Weiterentwicklung auf dem Gebiet des Schiffbaus ausgestattet. Seine eigentliche Entwurfsphase dauerte fünf Jahre, von 1943 bis 1948; auf dem geistigen Zeichenbrett hatte es dagegen dreißig Jahre verbracht. Schließlich erhielt William Francis Gibbs seine Chance. Er packt jede technologische Neuerung, für die er und die Marine die Mittel aufbrachten, in den schlanken, schnittigen Rumpf. Auf diese Weise wurde die *United States* zu einem 79 Millionen Dollar teuren Wunder, einer rot-weiß-blauen Vergeltungswaffe, deren Konzept Gibbs seit seiner Jugend mit sich herumgetragen hatte.

Um das Schiff kennenzulernen, muß man sich mit seinem Konstrukteur auseinandersetzen. Gibbs – nebenbei: ein Perfektionist – lehnte Europäer und deren Errungenschaften ab. Vermutlich ärgerte es ihn, daß die Vorrangstellung auf dem von ihm gewählten Betätigungsfeld ein traditionelles Vorrecht Europas zu sein schien und daß amerikanische Schiffahrtslinien nicht imstande waren, die wirtschaftlichen Schwierigkeiten beim Bau und Betrieb von Superlinern zu überwinden. Diese ausländische Herrschaft über die großen Handelsflotten des Atlantiks beleidigte Gibbs' altmodischen, tief verwurzelten Patriotismus. Er glaubte an das amerikanische Know-how und die Methoden seines Heimatlandes und war nahezu während seiner gesamten Laufbahn von der Unfähigkeit der Vereinigten Staaten behindert worden, diese in eine maritime Überlegenheit umzusetzen.

Wenn es seinen Zielen zugute kam, machte er sich die Erfahrungen seiner überseeischen Konkurrenten jedoch gern zunutze. Einen Tag nach der ersten Ankunft der *Normandie* in Amerika mischten sich Gibbs und sein Sekretär anonym unter Tausende von New Yorkern, die dem Schiff einen Besuch abstatten wollten. Inmitten des Rundgangs gab Gibbs seinem Begleiter ein Zeichen, und sie verschwanden durch eine Tür, die mit der Aufschrift ZUTRITT NUR FÜR BESATZUNGSMITGLIEDER versehen war. Die nächsten beiden Stunden schlich der führende Schiffbauingenieur Amerikas durch die Maschinenräume der *Normandie*, blickte dorthin, spähte hierhin und entkam irgendwie den diensthabenden Ingenieur. Dann zogen sich die beiden Männer in eine Ecke des Rauchsalons zurück, wo Gibbs aus dem Gedächtnis eine verwirrende Vielzahl von Fakten und Zahlen zu dem umstrittenen turboelektrischen Antrieb diktierte, den er gerade gesehen hatte. Als die *United States* schließlich in Betrieb stand, hütete man ihre technischen Daten mit strengeren Sicherheitsmaßnahmen, als sie in der Schiffahrt üblich sind. Diese besondere Geheimhaltung war das Ergebnis von Gibbs' persönlicher Eifersucht. Er war sich bewußt, daß andere seine Piraterie nachahmen würden, wenn sie die Gelegenheit dazu erhielten. Zudem standen lebenswichtige nationale Interessen auf dem Spiel. Indem er sein Traumschiff baute, erfüllte er nicht nur einen Auftrag. Er legte sich selbst das Mandat auf, auf dem Atlantik für alle Zeiten siegreich zu bleiben.

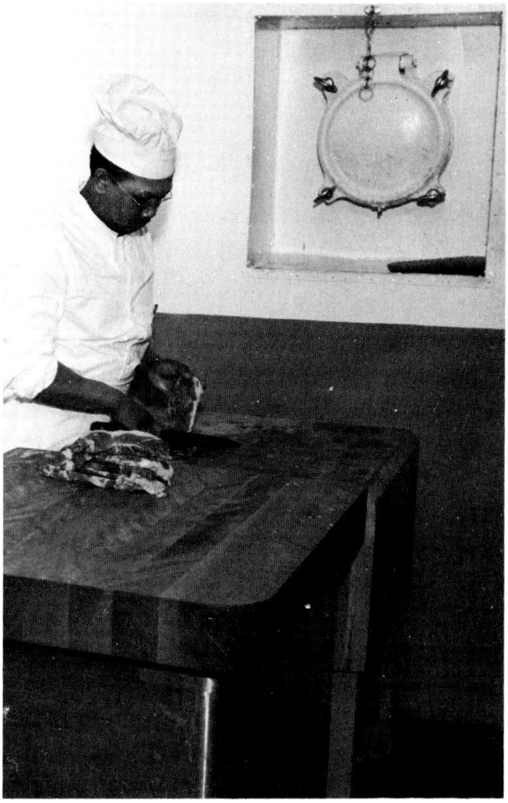

Eine der gestatteten Verwendungen von Holz an Bord der *United States*, die andere betraf die Klaviere. Puristen könnten den hölzernen Griff des Messers und den der auf dem Sims des Bullauges liegenden Bürste bemängeln. (*Newport News Shipbuilding and Drydock Company*)

Der im Bau befindliche Rumpf der *United States* in Newport News im Juni 1951. Derartige Fotos wurden zu jener Zeit von der Marine unter Verschluß gehalten und erst ein Jahrzehnt nach der Jungfernfahrt des Schiffs freigegeben. (*Newport News Shipbuilding and Drydock Company*)

Drei große Leidenschaften beherrschten sein Leben – Schiffe, Theater und Löschgeräte. So überrascht es nicht, daß sich unter seinen beiden epischen Vermächtnissen das schnellste Passagierschiff der Welt und eine der derzeit kraftvollsten Feuerlöschpumpen befinden. An Bord der *United States* erhob er den Brandschutz auf bislang unbekannte Weise zur Religion. Ein wirkungsvoller Werbetext versprach, daß sich das einzige Holz auf dem neuen Schiff im Hackblock des Metzgers und in den Klavieren befinde. Tatsächlich bemühte sich Gibbs, auch diese letzten Reste zu entfernen, und bestürmte Theodore Steinway monatelang, ihm ein Instrument mit Aluminiumgehäuse zu liefern. Steinway weigerte sich jedoch und setzte sich schließlich durch, indem er versprach, ein feuerfestes Mahagoniklavier auf seine Kosten mit Benzin zu übergießen und anzuzünden, um auf diese Weise den Nachweis seiner Unbrennbarkeit zu liefern. (Gibbs versäumte es zu veröffentlichen, daß jeder Schlingerkiel mit Balsaholz gefüllt und jede Schraubenhose mit traditionellem Guayacum ausgekleidet war. Auf diesen Einwand hätte er vermutlich vorgebracht, daß keiner der Bereiche Passagieren zugänglich war.)

Der musikalische Kompromiß, den Gibbs widerstrebend eingegangen war, schien seine Phobie bezüglich anderer Bereiche des Schiffs zu steigern. Vor der Endabnahme unterzog man die feuerhemmenden Lacke und Gewebe einer harten Prüfung. Auf einer stillgelegten Pier in der Nähe von Newport News wurden vollständig ausgestattete Stahlkabinenmodelle den Flammen übergeben. Ihr Inhalt bestand aus den typischen Besitztümern von Passagieren, wie Kleidern, Gepäck, einer Sonntagsausgabe der *New York Times*, Reinigungslösung und, unerklärlicherweise, einer Kiste Whiskey. Während der Ausrüstung des Schiffs erhielt der Kapitän als Geschenk einen hübschen Lehnstuhl für seine Tageskabine. Unglücklicherweise besaß er einen hölzernen Rahmen, woraufhin Gibbs persönlich seine Entfernung vom Schiff anordnete. Radios, die man den Schiffsoffizieren als Aufmerksamkeit hatte zukommen lassen, wurden wegen ihrer Mahagonigehäuse ebenso verbannt. Einige Jahre später stieß Gibbs auf ein hölzernes Regal, das einer der Bäcker zur Optimierung des Arbeitsablaufs aufgebaut hatte. Als die *United States* das nächste Mal ihren Heimathafen anlief, übergab man dem erstaunten Bäcker eine perfekte Aluminiumkopie des störenden Gegenstands.

Amüsanterweise übertrat Gibbs selbst seinen Brandsicherheitserlaß, sobald er an Bord ging. Abergläubisch wie er war, trug er stets in seiner Hosentasche ein kleines Stück Holz bei sich, um darauf klopfen zu können, sollte sich die Notwendigkeit ergeben. (Er hätte übrigens nie einen Brief mit 13 Absätzen unterzeichnet.) An anderer Stelle zeigte er sich wieder wahrlich unerbittlich. Auf der mit Radierungen, Lithographien und Aquarellen großzügig dekorierten *United States* fand sich kein einziges Ölgemälde. Selbstverständlich waren auch die Ruder in den Aluminiumrettungsbooten aus Aluminium gefertigt. Tatsächlich hatte es nirgendwo und zu keiner Zeit eine derartige Ansammlung von Aluminium gegeben wie im Graving Dock Nr. 10 von Newport News in den Jahren 1950 und 1951.

Gibbs hatte sich nicht aus Gründen der Brandsicherheit gegen eine konventionelle hölzerne Hellinganlage entschieden, sondern weil es keine gab, die lang genug gewesen wäre. Indem er die *United States* auf völlig horizontalen Kielpallen baute, vermied er die Härten eines traditionellen Stapellaufs und erleichterte zudem den Einbau vorfabrizierter Komponenten. Wer eingeladen war, der von Mrs. Tom Connally am 23. Juni 1951 durchgeführten Taufe beizuwohnen, sah ein zu zwei Dritteln fertiggestelltes Schiff. Maschinen, Kessel, Brücke und Schornsteine waren bereits montiert – einer der Vorteile, die das Trockendock bot.

Statt das Schiff ins Wasser gleiten zu lassen, brachte Gibbs das Wasser ans Schiff. Am Morgen des 22. Juni öffneten Arbeiter die Schutzventile und ließen den James River in das Dock strömen. Um 16.15 Uhr am darauffolgenden Tag erhob sich die *United States* wie auf Stichwort von ihren Kielpallen. Gleichzeitig wurde damit die Unterwasserkonstruktion des Schiffskörpers den Augen der Öffentlichkeit entzogen. Die Einzelheiten des Entwurfs galten als streng geheim. Die New Yorker, die das im Büro der United States Line ausgestellte Schiffsmodell bewundern wollten, mußten sich damit abfinden, daß alle unter der Wasserlinie liegenden Teile in Sperrholz eingeschlossen und somit vor ihren Blicken verborgen waren. Die Marine der Vereinigten Staaten unterstützte Gibbs' Geheimhaltungsmanie bereitwillig durch ihr eigenes strenges Sicherheitsbewußtsein.

Die *United States* besaß zwei Schornsteine mit flügelartigen Ausbildungen nach achtern und eine Silhouette, die auf den ersten Blick an die *America* erinnerte, Gibbs' letzten Passagierdampfer der Vorkriegszeit. Als die Schlepper das Schiff jedoch auf den Fluß hinaus zogen, verriet schon ihre Breitseite besondere Schnittigkeit. Selbst im Ruhezustand schien das Schiff vor Ungeduld zu beben. Es verfügte über einen Klipperbug und einen glatten Rumpf, an dem kaum eine Niete zu entdecken war. Die größten je montierten Schornsteine präsentierten sich mit einer entschlossenen Neigung und strahlten eine massive, nüchterne Kraft aus. Über ihre gesamte Länge von 330 Metern wirkte die *United States* wie eine Siegerin. Gibbs hatte zur Mitte des zwanzigsten Jahrhunderts ein Schiff hervorgebracht, das in seiner Ästhetik zu den deutschen Hochgeschwindigkeitsschiffen zurückkehrte, die die britischen fünfzig Jahre zuvor herausgefordert hatten. Sie besaß kein einziges Gramm überflüssiges Fleisch, nur eine schlanke Struktur, die alle an das Blaue Band denken ließ.

Im Inneren war sie makellos, wenn auch etwas kühl. Die geforderte Auftriebsreserve verhinderte weite offene Flächen, und auch sonst besaß sie wenig Luxus im traditionellen Sinn. Metall und Kunststoff verbreiteten eine Atmosphäre von Zurückhaltung und Understatement. Wie auf der *Normandie* hatte man auch hier das Glas effektvoll eingesetzt. Doch die verschwenderische Fülle patriotischer Embleme an den Wänden verlieh einigen Teilen des Schiffs das Ambiente einer Plätzchenform-Ausstellung. Ohne die üblicherweise mit einer Atlantikreise verbundene Üppigkeit hinterließ sie einen reinen, asketischen Eindruck, der gelegentlich ins Sterile abglitt.

Gibbs' Handschrift war überall zu erkennen. Jede feuersichere Tür besaß eine Klappe, durch die auch dann ein Löschschlauch geführt werden konnte, wenn die Tür geschlossen war. Keiner der Korridore bot einen Durchblick. Eine Reihe eingefügter Vorsprünge erhöhte die strukturelle Festigkeit des Rumpfes. Der Speisesaal der ersten Klasse wies eine überraschende Zahl an Stützpfeilern auf. Auch hier hatte man den Forderungen der Marine nach Kraft und Sicherheit Rechnung getragen. Auf der gesamten *United States* waren die offenen Decks mit einem Material beschichtet, das den Namen Neotex trug. Dabei handelte es sich um einen feuerfesten Ersatz für Teakholz. Gibbs genehmigte es erst, nachdem er seine Haltbarkeit getestet hatte, indem er die befahrenste Straße im Werftgelände während der Bauphase damit bedeckte. Nur eine Handvoll hartnäckiger Passagiere entdeckte das einzige an Bord verborgene erfrischend humorvolle Detail: In ein Glaspaneel im Rauchsalon war eine prachtvolle, üppige Meerjungfrau eingeätzt.

Die wahre Schönheit des Schiffs lag im verbotenen Heiligtum des Maschinenraums. Hier waren acht Kessel installiert, von denen sechs gleichzeitig in Betrieb standen. Der darin erzeugte Dampf besaß einen ungeheuren Druck, insbesondere im Vergleich zu dem ersten amerikanischen Dampfschiff, das 133 Jahre zuvor den Atlantik gekreuzt hatte. Der Kesseldruck der *Savannah* von einem Pfund pro Quadratzoll war auf der *United States* vertausendfacht und auf eine Temperatur von 527 Grad Celsius erhitzt worden. Diese zum Zeitpunkt ihrer Jungfernfahrt streng geheimgehaltenen Zahlen wurden erst Mitte der sechziger Jahre veröffentlicht. Die Konstrukteure der *United States* sprachen auch später nur widerwillig über die Pferdestärken, die auf die Welle übertragen wurden. Um Einzelheiten der Maschinenleistung zu verbergen, griff man zu extremen Mitteln. Während der Probeläufe gab der Erste Ingenieur William Kaiser den Befehl, die Umdrehungszähler im Maschinenraum mit Segeltuch abzudecken. Damit verweigerte er selbst den Privilegiertesten an Bord die Genugtuung zu wissen, welch unglaubliches Potential Gibbs' Schiff besaß. Seine Antriebsanlagen galten als schiffbautechnisches Wunder. Hochempfindliche Legierungen waren für die kraftvollsten Turbinen der Welt verwendet worden. Die als »Kaisers Wasserwerke« bezeichneten Schiffsevaporatoren konnten pro Tag eine Dreiviertelmillion Liter Wasser destillieren. Diese hohe Leistung sollte das für Truppentransporte benötigte Trinkwasservolumen ergänzen.

Amerikanische Passagierschiffe reisen im ersten Abschnitt ihrer Jungfernfahrt nach Osten. Der Gala-Empfang zu Ehren der *United States* im Sommer 1952 vor ihrer Abreise in New York war zwar beeindruckend, kam aber etwas verfrüht. Die nach der Abnahmeprüfung vor der Küste von Virginia ans Ufer gelangten Gerüchte hatten sich zu einem ansteckenden Optimismus gesteigert. Eine Aura hoher Erwartungen lag um das neue amerikanische Flaggschiff wie der zarte Dunstschleier, der ihre Vorpiek bei hoher Geschwindigkeit umgab. Vier Tage später sollten sich die vorgezogenen Feiern im New Yorker Hafen als gerechtfertigt erweisen. Nicht unbedeutend ist auch die Tatsache, daß die erste Über-

Trotz der rauhen See erfüllte die *United States* bei ihrer Probefahrt Gibbs' Erwartungen. Eine genaue Aufzeichnung ihrer unglaublich kraftvollen Vorwärtsbewegung durch das Wasser erfolgte mit Hilfe einer speziellen Radarboje. Ein zarter Nebel über der Wasserlinie verrät die hohe Geschwindigkeit des Schiffs. (*William T. Radcliffe Collection, The Mariners Museum, Newport News, Virginia*)

Der erste amerikanische Herausforderer nach einhundert Jahren. Die *United States* richtet im Juni 1952 zum ersten Mal ihren Bug auf ein nebelverhülltes Manhattan. (*Newport News Shipbuilding and Drydock Company*)

fahrt des Schiffs mit dem Unabhängigkeitstag der Vereinigten Staaten zusammenfiel.

Auf der Passagierliste fand sich unter anderem die Eintragung »Gibbs, William Francis«. So seltsam es auch erscheint, die Jungfernfahrt war die einzige Transatlantikreise, die Gibbs auf seiner geliebten *United States* absolvierte. Er fuhr ebenso wie seine Mitreisenden zum ersten Mal auf einem vollklimatisierten Schiff. Die Bullaugen waren versiegelt, und entgegen der Tradition hingen keine Ventilatoren an den Kabinenwänden. Dennoch gelang es einer Passagierin, ein Mannschaftsmitglied zu überreden, mitten auf dem Ozean das Bullauge ihrer Kabine zu öffnen. Margaret Truman, später Mrs. Clifton Daniel, befand sich als Ehrengast an Bord. Mrs. Daniel beugte sich weit aus dem Bullauge und blickte an der glitzernden Flanke auf das 15 Meter unter ihr zischende weiße Wasser hinab. Dann wandte sie ihren Kopf einen Augenblick lang nach vorne, und der Fahrtwind traf sie hart wie ein Schlag ins Gesicht.

Auf dieser denkwürdigen Überfahrt nach Europa und zurück glitt die *United States* mit einer niemals wiederholten Geschwindigkeit über den Atlantik. Ihren erfreuten Eignern zufolge lag diese noch unter der Leistung, die sie erbringen konnte, wenn sie tatsächlich gefordert wäre. Ihre Durchschnittsgeschwindigkeit betrug 35½ Knoten. Damit legte sie die Überfahrt nach Osten in drei Tagen, zehn Stunden und vierzig Minuten zurück und unterbot die schnellste Fahrt der *Queen Mary* um zehn Stunden! Die beiden Schiffe begegneten einander auf See. Auf der nach New York fahrenden *Queen Mary* drängten sich die Passagiere an der Reling, um einen Blick auf die amerikanische Herausforderin zu werfen.

Als sich die *United States* am Morgen des vierten Tages der Ziellinie bei Bishop Rock näherte, blies ein Sturm mit einer Geschwindigkeit von einhundert Stundenkilometern. Die Wetterbedingungen bildeten kein gutes Vorzeichen für eine Rekordüberfahrt. Doch die Kraftreserve und die Fähigkeit, den Fahrplan trotz widriger Witterung einzuhalten, zählten schon immer zu den Grundvoraussetzungen für ein Atlantikschiff. In diesem Fall verfügte man über ausgezeichnete Reserven, und der Zeitplan der *United States* konnte niemals übertroffen werden. Die meisten Passagiere blieben bis zum Morgengrauen wach. Die Tochter des Präsidenten erinnert sich, daß sie müde in einem Winkel der Brücke saß, während sich die Offiziere des Schiffs nur wenige Meter von ihr entfernt um Gibbs drängten. Eine Regenböe verdunkelte den Lichtstrahl von Bishop Rock, doch in dem Augenblick, in dem er die Brücke streifte, brach noch vor dem triumphierenden Tuten der Schiffspfeife zwei Decks darunter Jubel aus. Seit dem Collins-Liner *Arctic* war den Amerikanern das Blaue Band ein Jahrhundert lang versagt geblieben. Nun feierte man das Ereignis mit derselben Fröhlichkeit, die den Times Square in der Silvesternacht explodieren läßt. Unter dem begeisterten Beifall der Passagiere spielte das Bordorchester die Nationalhymne. Anschließend folgten die Musiker bis weit in den Morgen hinein den über das Promenadendeck ziehenden Polonaisen. Nichttänzer versuchten inzwischen, die Bar leerzutrinken.

Die neue Siegerin in Le Havre. Sobald die Taue am Ufer festgemacht sind, berührt die *United States* erstmals das europäische Festland. Die abgeblätterte Farbe im vorderen Bereich der Plattierung ist charakteristisch für einen Rekordbrecher. (*Radio Times Hulton Picture Library*)

Bis an das Ende ihrer Laufbahn wurde die *United States* tadellos instand gehalten. Nach sechzehn Jahren wirkt sie wie neu, wenn auch ihr Rumpf unvermeidliche Spuren des Alters aufweist. Hier fährt sie für ihre jährliche Überholung in das Trockendock in Newport News ein. Ein Jahr später wurde sie plötzlich außer Dienst gestellt. (*Newport News Shipbuilding and Drydock Company*)

In Europa wurde dem Superliner ein ähnlicher Empfang bereitet wie in New York. Southampton, der Heimathafen der Cunard Line, überwand jeden Anflug von Neid und hieß das Schiff herzlich willkommen. Die durch und durch britische Zeitschrift *The Shipbuilder* schrieb einen glühenden Bericht über den Triumph der *United States*, stellte aber die höfliche Frage, ob nicht an der Stelle, an der die aus Aluminium bestehenden Aufbauten auf den Stahlrumpf trafen, eine spontane Elektrolyse auftreten könne. Für die zahlreichen Passagiere, den Eigner in New York und vor allem den tief bewegten Erbauer war es ein Augenblick größter Freude. Nach einem Jahrhundert der Mittelmäßigkeit, des Desinteresses und des mangelnden Einsatzes hatte ein überlegenes amerikanisches Passagierschiff den Atlantik vielleicht für immer von allen möglichen Konkurrenten leergefegt.

Wie zu erwarten stand, blühte die *United States* als Inhaberin des Blauen Bands erst richtig auf. Ähnlich der *Île de France* erfreute sie sich von Beginn an großer Beliebtheit. Sie war der erste Neubau der Nachkriegszeit und ihren Konkurrentinnen Seemeilen voraus. Die größte Anerkennung erhielt sie vom englischen Königshaus, das zu ihren ständigen Gästen zählte und seine bis dahin der *Queen Mary* geltende Zuneigung auf die neue amerikanische Rivalin übertrug. Es ist gewiß nicht übertrieben zu behaupten, daß Gibbs in seine Schöpfung vernarrt war. Jeden Tag, den das Schiff auf See verbrachte, telefonierte der von seinem treu ergebenen Stab heimlich als »Großvater« bezeichnete Erbauer mit der Brücke und verfolgte sorgsam die Leistung und den Treibstoffverbrauch. Wann immer die *United States* an den Fenstern von Gibbs & Cox im Süden von Manhattan vorüberfuhr und mit einem dreifachen Tuten grüßte, lächelte er vergnügt.

Ich zitiere den folgenden Absatz aus den letzten Seiten von Frank Braynards ausgezeichneter Biographie über Gibbs. Er bietet einen Einblick in die enge Beziehung zwischen diesem Mann, seinem Schiff und der Mannschaft, die es fuhr:

> Als William Francis Gibbs am Mittwoch, den 6. September starb, lag die *United States* in New York vor Anker. Einen Tag später lief sie aus und passierte mit auf halbmast gehißter Flagge die 21. Straße. Ihr Kapitän, Kommodore L. J. Alexanderson, trat aus dem Ruderhaus auf die Backbordbrücke. Es war Mittag, und der ultramoderne Aluminium-Radarmast direkt über dem Kartenraum warf keinen Schatten. Der riesige, rot-weiß-blau bemalte vordere Schornstein glitzerte in der Sonne. Unter ihm widmeten sich nahezu 2 500 Passagiere und die Mannschaft verschiedenen Vergnügungen. Sie waren froh, die Abschiedsfeiern hinter sich gebracht zu haben, und ahnten nichts von der Dramatik des Augenblicks. Kommodore Alexanderson, der dritte reguläre Kapitän des Superliners, hob seinen rechten Arm und salutierte vor dem leeren Büro von William Francis Gibbs. Hinter ihm stieß die große Schiffspfeife einen tiefen dreifachen Salut zu Ehren des Mannes aus, dessen Lebenstraum sich mit diesem Schiff erfüllt hatte.

Die neue Queen Elizabeth 2 *wird ihre Passagiere nicht lediglich über den Atlantik befördern, sondern Urlaubern als unabhängiger seegängiger Ferienort eine unübertroffene Vielzahl an Unterhaltungs- und Erholungsmöglichkeiten bieten.*

WERBETEXT DER CUNARD LINE

15.

Das Ende

Zwei Jahre nach William Francis Gibbs' Tod starb 1969 auch sein Schiff. Die *United States* war in den mittleren Jahren zum Untergang verurteilt. Sie fiel einer bekannten amerikanischen Misere zum Opfer: unerschwinglich hohe Gewerkschaftsforderungen und rückläufige Passagierbuchungen. Man hatte sie auf unbestimmte Zeit außer Dienst gestellt, und so lag sie lange in einem stillen Abschnitt desselben Flusses, an dem sie geboren wurde.

Der Schurke in dieser Tragödie ist – das Flugzeug. Die über der Nachkriegsdampferflotte des Nordatlantiks fliegenden Flugzeuge sollten den Schiffen Schäden zufügen, wie kein Sturm es jemals getan hatte. Fünf Jahre nach der Jungfernfahrt der *United States* passierte man einen düsteren Meilenstein: Im Sommer desselben Jahres überquerten ebenso viele Passagiere den Atlantik zur See wie in der Luft. Auf der alten Route herrschte nach wie vor rege Betriebsamkeit, doch die Creme der Gesellschaft bevorzugte das Flugzeug. Ab diesem Augenblick steigerte sich die Zahl der Flugreisenden bedrohlich, und der Schiffahrt drohte ein fataler Abstieg. Dieselbe Geschwindigkeitssucht, die die Schiffbauer der Atlantikliner über Jahrzehnte hinweg angetrieben hatte, brachte sie nun zu Fall.

Anfangs waren die Reedereien nicht gewillt, der Wahrheit ins Auge zu sehen. »In der Luft herrscht nicht dieselbe Bewegungsfreiheit wie auf See«, schloß ein Bericht der Cunard Line im April 1955. »Zudem ist zu bezweifeln, daß sich eine derartige Freiheit je entwickeln wird, angesichts der Tatsache, daß der Flugverkehr zur politischen Beute der Regierungen der verschiedenen Länder wurde.« Später, als die Passagierzahlen dramatisch zurückgingen, nahm man die Angelegenheit ernster.

Cunards Slogan für diese Übergangsjahre an Bord der beiden *Queens* spricht für sich: »Nur ans Ziel zu gelangen ist lediglich das halbe Vergnügen.« Die Schifffahrtsgesellschaft sah offenbar ihre einzige Rettung in der Glorifizierung des Lebens an Bord, durch die eine Überfahrt zu einem nie gekannten Urlaubs- und Erholungserlebnis wurde. Doch das Geschäftsinteresse verlagerte sich zu den Kreuzfahrten. So wurde die riesige *Queen Elizabeth* gegen Ende ihrer Laufbahn umgebaut. Sie erhielt Lidodecks für das Schwimmvergnügen im Freien und eine Klimaanlage, die sie in der Karibik konkurrenzfähig machen sollte. Trotz der großen Nachfrage nach Winterkreuzfahrten hielt die Cunard Line hartnäckig an ihrer eigenartigen Firmenpolitik fest. Besessen von dem überholten Bedürfnis, »Flagge zu zeigen«, zog sie die *Elizabeth* während der lukrativen Kreuzfahrtsaison jeden Winter viermal nach Norden, wo sie mit nur einer Handvoll Passagieren teure Atlantiküberfahrten absolvierte.

Mitte der sechziger Jahre stiegen die Treibstoffkosten für die beiden *Queens*, und die Schiffahrtsgesellschaft suchte nach Einnahmen, wo immer sie sie finden konnte. In der Lobby im Mittelschiff tauchten dieselben glänzenden Werbeanzeigen auf, die die Atmosphäre der Grand Central Station erfolgreich zerstört hatten. Ohne Vorankündigung kam es zu einem alarmierenden Rückgang des Personalstands, und die Stammgäste bemerkten, daß sie nun auf beiden Schiffen langsamer bedient wurden als früher. Die Auswahl auf den Speisekarten wurde ebenfalls eingeschränkt. Die Tage waren vorüber, als auf die Frage nach Frühstücksspeck die höfliche Gegenfrage gestellt wurde: »Welche Sorte hätten Sie gerne, Sir?« (Ursprünglich gab es drei verschiedene.) In der Lounge veranstaltete man Abend für Abend Marathonvarietés, mit denen die Cunard Line verzweifelt ihr Image aufzubessern versuchte.

In Wahrheit waren die beiden großen alten Schiffe einfach zu groß und zu alt. Jüngere Rivalinnen lagen im New Yorker Hafen und umwarben die letzten Transatlantikpassagiere, die das Schiff dem Jet vorzogen. Neben der *United States* tauchte die *Rotterdam* der Holland-Amerika Line auf, ein schlankes graues Schiff, bei dem lange vor der *Queen Elizabeth 2* der Schornstein weit nach achtern verlegt wurde. In den frühen sechziger Jahren stellte die French Line die *France* als Nachfolgerin der *Normandie* in Dienst, jedoch ohne deren strukturelle Kühnheit. Auch sie besaß ein ins Auge springendes Profil mit zwei Schornsteinen, die über futuristische, wenn auch wirkungslose Querflügel verfügten. Aus Genua kam eine neue Generation italienischer Schiffe, die, ähnlich wie Mussolinis *Rex* und *Conte di Savoia* in den dreißiger Jahren, Amerikaner in das Mittelmeer locken sollten.

Ungeachtet ihres Grundkonzepts führten diese Passagierschiffe ein Doppelleben. Im Sommer fuhren sie auf dem Atlantik und im Winter in der Karibik. Auf diese Weise verbrachten sie ebensoviel Zeit für Linienüberfahrten wie für Kreuz-

Der Wettbewerb um den originellsten Hut auf der *Queen Elizabeth*. Diese letzte Erinnerung an den Kostümball der Vorkriegsjahre erhielt sich auf den beiden *Queens* als fester Bestandteil der Bordunterhaltung. (*Cunard Line*)

Götterdämmerung: Ein eindrucksvolles Quintett von Schiffen liegt im November 1966 an den den Luxuslinern vorbehaltenen Piers vertäut. Von oben nach unten: Die *Constitution* wurde in Baltimore eingemottet, die *United States* dauerhaft außer Dienst gestellt im internationalen Terminal von Norfolk, die *France*, das größte Schiff der Welt, ging in norwegischen Besitz über, die *Raffaello* wandelte sich in eine verankerte Kaserne für die iranische Armee, die *Queen Elizabeth* wartete als ausgebrannter Rumpf im Hafen von Hongkong auf ihr Abwracken. (*New Yorker Hafenbehörde*)

fahrten. Die Aufteilung der Passagierräume, die Reduzierung auf zwei Klassen, die sich ohne Umstände in eine vereinen ließen, und die lebhafte Inneneinrichtung orientierten sich an den Anforderungen für Kreuzfahrtschiffe – sonnenüberflutet, nebelfrei und beliebig. Das polierte Messing, die glänzenden Furniere und die zurückhaltende Eleganz nordatlantischer Vergangenheit standen in krassem Gegensatz zu den neuen Barbaren, deren Dekor sich auf unterhaltsfreies Aluminium, Vinyl und Nylon beschränkte. Man verlor keinen Gedanken an zeitgenössische Wiederbelebung, schwimmende Kinopaläste oder gar die seltsam anmutende Schrillheit der *Île de France*.

1970 wurden beide *Queens* außer Dienst gestellt und ruhten danach friedlich in amerikanischen Gewässern. Als erste mußte die *Queen Mary* weichen. Sie lief im September 1967 das letzte Mal aus New York aus. Ihr Abschied rief dieselbe öffentliche Trauer und Nostalgie hervor wie der der *Mauretania* drei Jahrzehnte zuvor. Sie hatte eben die tausendste Überfahrt zurückgelegt, und von ihrem Mast flatterte ein 31 Meter langer Wimpel, wobei jeder Meter für eines ihrer Dienstjahre stand. Kapitän Treasure Jones leitete in der letzten Nacht vor Cherbourg eine traurige Zeremonie in der großen Lounge. Er sprach einen Toast auf das Schiff aus, dem sich die versammelten Passagiere anschlossen.

Im Gegensatz zu ihrer älteren Schwester wurde die *Queen Mary* keiner Abbruchwerft übergeben. Ihre letzte Fahrt führte in einem 39tägigen Marathon nach Kalifornien. Sie war einige Monate zuvor von der Stadt Long Beach für annähernd dreieinhalb Millionen Dollar gekauft worden. Ihre neuen Eigner erzielten hohe Einnahmen, indem sie über eintausend Passagiere für eine »Letzte große Kreuzfahrt« buchten. Da die *Queen Mary* für eine Durchfahrt durch den Panama-Kanal zu breit war, führte ihre Route um Kap Hoorn. Diese Reise stellte eine armselige Karikatur ihres früheren Lebens dar. Besatzung und Personal waren drastisch reduziert worden, und nur zwei ihrer vier Schrauben schoben sie mit zwanzig Knoten voran.

Das Schiff passierte tropische Breiten, für die es nicht entworfen worden war. Dieselbe gnadenlose Zwischendeckshitze, die während des Zweiten Weltkriegs eine Vielzahl von Gefangenen im Roten Meer dahingerafft hatte, trieb nun verärgerte ältere Fahrgäste auf der Suche nach Erleichterung auf die offenen Decks. Auch ereignete sich ein Skandal an Bord – man munkelte über Prostitution, und eine lateinamerikanische Schönheit wurde in Rio an Land gesetzt. Sobald die Ingenieure erkannten, daß der Strömungswiderstand der beiden inaktiven Schrauben die Ankunftszeit in Long Beach hinauszögern könnten, wurden mehrere Häfen nicht wie geplant angelaufen. Ernüchtert verließen die Reisenden beim nächsten Aufenthalt das Schiff als letzten Protest gegen den gedrängten Zeitplan, die Hitze, das durchschnittliche Essen und den ungenügenden Service. Vor Feuerland entflammte ein seltsamer Streit am achtern gelegenen Ende des A-Decks, auf dem zwei Londoner Busse geparkt waren. Die Fahrgäste kämpften um das Privileg eines Sitzplatzes, um auf diese Weise zu der einzigartigen, wenn auch fragwürdigen Auszeichnung zu gelangen, Kap Hoorn in einem Bus auf einem Passagierschiff umrundet zu haben. Eine von albernen Scherzen geprägte Endzeitstimmung ergriff Besatzung und Passagiere gleichermaßen. So wurde einmal das Mittagessen unterbrochen, weil sich Stewards und Fahrgäste im großen Speisesaal eine Brötchenschlacht lieferten.

Vor der Küste Chiles kam das Gerücht auf, daß ein toter Albatros in der Kapitänskoje gefunden worden sei, was sich später als Falschmeldung herausstellte. Geschichten dieser Art spiegelten die an Bord herrschende schlechte Stimmung wider.

Vor der Westküste der Vereinigten Staaten ließ ein Flugzeug Tausende von Nelken auf das Schiff herabregnen, von denen unglücklicherweise der Großteil im Meer landete. Auf diese Weise gedachte man des ersten Empfangs des Cunard-Schiffs im Juni 1936, als ein Trio von DC-3 Maschinen mit derselben Mission über das erstmals in New York einlaufende Schiff geflogen war. Vor Long Beach hatte sich eine Armada von fünftausend Booten versammelt, die die *Queen Mary* in den Hafen geleiteten. Aus den direkt unter der Reling fahrenden Ausflugsschiffen erklang der Ruf: »Werft uns doch ein Souvenir zu!« Die verstimmten Passagiere kamen dem Wunsch nur allzu gerne nach und ließen Aschenbecher, Gläser, Schiffsdecken und sogar Liegestühle und alles, was sonst noch über die Reling geworfen werden konnte, auf die hungrige Flotte niedergehen. Aus einem Bullauge des Speisesaals kam eine volle Suppenterrine geflogen, die auf ihrem Weg abwärts an der Flanke des Schiffs zerschellte und den Rumpf symbolisch mit der letzten an Bord zubereiteten *Crème Sévignée* salbte. Die *Queen Mary* war in Kalifornien angekommen.

Die mehrere Millionen Dollar teure Restaurierung bezahlte Long Beach von seinem Anteil des vor der Küste gewonnenen Erdöls. Große Abschnitte der Maschinenräume wurden ausgeräumt, um Geschäften, Galerien und Museen Platz zu machen. Die drei Schornsteine wurden durch Aluminiumkopien ersetzt, und für einen Dollar konnten staunende Touristen mit ihren Autos durch eines der neben dem Schiff aufgelegten verrosteten Originale fahren. Mit dieser Attraktion schloß sich ein Kreis, an dessen Beginn Adeligen aus Northumbria auf ihrem Weg zum Stapellauf der *Mauretania* dieses Privileg erstmals zuerkannt wurde. Der Unterschied bestand darin, daß die Schornsteine der *Queen Mary* abmontiert worden waren und niemals wieder zum Einsatz kommen würden.

Nahezu jedes Ausstattungsstück des alten Cunard-Schiffs brachte dem Unternehmen Geld ein. Die Lackschicht der Aufbauten, die man aus Brandschutzgründen mit Sandstrahlgeräten entfernt hatte, war, zu Manschettenknöpfen und Krawattennadeln umgearbeitet, verkauft worden. So manches dieser Schmuckstücke enthält eine winzig kleine historische Erinnerung in Form eines grauen Streifens zwischen den Lagen des Friedensweiß.

Wie früher bei jedem Abreisetag stürmten jetzt Hunderte von Touristen sonnengebräunt, Kaugummi kauend und von Neugier erfüllt jedes Wochenende das

Die *France* läuft auf ihrer Jungfernfahrt in den frühen sechziger Jahren erstmals in den Hafen von New York ein. (*Compagnie Générale Transatlantique*)

Unten: Die *France* wird an ihrer Pier bebunkert, während die zwanzig Jahre ältere *Queen Elizabeth* stromaufwärts dampft. (*Barney Stein*)

Rechts: Am 16. September 1967 läuft die *Queen Mary* von Southampton zu ihrer letzten Überfahrt nach New York aus. Rechts unten: Ein Jahr später verläßt auch die *Queen Elizabeth* ihren Heimathafen und macht sich auf den Weg nach Florida und zu ihrem Abwracken. (*Cunard Line*)

6

Auf gewisse Weise unsterblich – die *Queen Mary* an ihrem ständigen Liegeplatz in Long Beach. Ihrer Maschinen beraubt, mit Aluminium ausgekleidet und seeuntüchtig, hat sich das Cunard-Schiff in das weltweit größte schwimmende Ausstellungsstück verwandelt. (*William Batchelder*)

Nach der zweiten Auktion zur *Queen Elizabeth* im September 1970 gibt C.Y. Tung die Anweisung, ihren neuen Namen auf den Bug zu malen. (*Fort Lauderdale News*)

Einen Tag nach Fertigstellung der Umbauarbeiten steigen Flammen aus der *Seawise University*, der ehemaligen *Queen Elizabeth*, hoch. Innerhalb weniger Stunden lag sie auf der Steuerbordseite. Bergungsleute auf der ganzen Welt nennen dieses Schiff nur noch »Hongkong-Job«. (*Island Navigation Corporation, Ltd.*)

Im Februar 1950 wurde der letzte Dampfer mit vier Schornsteinen außer Dienst gestellt. Links: Die zwei Hausflaggen der *Aquitania* werden zum letzten Mal nach 35 Dienstjahren eingeholt. (*Southern Newspapers Ltd.*)

Als vermutlich letzter gigantischer Schiffskörper, der am Clyde vom Stapel gelassen wird, gleitet die von Königin Elisabeth II. getaufte *Queen Elizabeth 2* ins Wasser. Ihre Majestät durchschnitt die Stapellaufleine mit derselben goldenen Schere, die ihre Großmutter und ihre Mutter für die Taufe der beiden vorigen *Queens* verwendet hatten. (*Cunard Line*)

inzwischen vollklimatisierte Schiff. In einem Intervall von 18 Minuten stürzte das Rettungsboot Nr. 23 im Zuge einer Evakuierungsübung ins Wasser hinab. Der Speisesaal war zum Konferenzsaal umfunktioniert worden, in dem der Rotary Club von Long Beach seine Vereinsplakette aufhängte. Im letzten verbliebenen Maschinenraum erklangen Maschinengeräusche von einem Tonband. Den Höhepunkt eines Besuches in diesem Teil des Schiffs bildete der Eintritt in eine Glaskammer, die an die Außenseite der Heckplattierung angeschweißt war. Von diesem kalifornischen Anbau aus konnte man die letzte Schiffsschraube der *Queen Mary* in wirkungslos langsamer Rotation sehen.

Die *Queen Elizabeth* hatte weniger Glück. Nach ihrem Verkauf als Hotel an ein Unternehmen aus Florida wurde sie in Fort Lauderdale vertäut. Das alte, wettergegerbte Cunard-Schiff wirkte inmitten dieser weiten Grünfläche und unter der glühenden Sonne lächerlich fehl am Platz. Das sollte auch bald den Geschäftemachern deutlich werden, die gehofft hatten, mit ihr den Erfolg der *Queen Mary* in Long Beach nachahmen zu können. Sie hatten weder mit dem erforderlichen hohen Geldbetrag noch mit den politischen Auseinandersetzungen gerechnet, die ihrer Ankunft vorangingen.

Nach zwei Jahren unbedeutender Aktivität wurde das Schiff ein zweites Mal zur Versteigerung angeboten und an C. Y. Tung, einen Millionär und Schiffbauer aus Hongkong, verkauft. Als neuer Eigentümer des größten Expreßliners der Welt entschloß sich Mr. Tung, ihren Namen von *R. M. S. Queen Elizabeth* in *Seawise University* zu ändern, ein Akronym der Initialen seines Vornamens. Nachdem er bereits mit dem Kauf des Schiffs Mut bewiesen hatte, traf er den kühnen Entschluß, es nach Hongkong zu bringen und in eine Art Kreuzeruniversität umzuwandeln. Doch die beiden Jahre der Vernachlässigung zusätzlich zu dreißig Jahren im härtesten Einsatz hatten den Kesseln schwer geschadet. Darüber hinaus war während des Aufenthalts des Schiffs in Florida eine Hauptwasserleitung auf dem B-Deck geplatzt, weshalb der Maschinenraum, der einstige Stolz der Cunard-Ingenieure, nun wie ein verlassenes Lagerhaus aussah.

Das Schiff verließ Fort Lauderdale im Februar 1971. Noch ehe der Lotse von Bord ging, verweigerte ein Kessel den Dienst. Zwei Tage später fielen zwei weitere aus. 20 Meilen vor Haiti trieb der über dreihundert Meter lange Liner fahruntüchtig im Meer. Er wurde von Schleppern nach Aruba gebracht, wo man chinesische Ingenieure und Ersatzteile aus Hongkong einfliegen ließ. Die Situation erinnerte an den dreitägigen Aufenthalt der *Rex* in Gibraltar in den dreißiger Jahren, nur daß sich diesmal keine gereizten Passagiere an Bord befanden, die man hätte beschwichtigen müssen.

Die *Seawise University* lag zwei Monate vor Aruba. Zu der Schande ihrer Ankunft gesellte sich das Spektakel schwerkraftaktivierter Latrinen, die ihren Inhalt an der Seite des Schiffs entleerten. Ein akuter Wassermangel hatte diese beschämende Einrichtung erforderlich gemacht. Weitere drei Monate vergingen, ehe sich das Schiff mühsam in den Hongkonger Hafen schleppte.

Die *France* und die *Queen Elizabeth 2* (unten) in ihren Heimathäfen Le Havre und Southampton. Die *France* wurde im Herbst 1974 außer Dienst gestellt, während die *Queen Elizabeth 2* in einsamer Pracht den westlichen Ozean befährt. (*Oben: Compagnie Générale Transatlantique. Unten: Cunard Line*)

Nach einem Umbau von sechs Millionen Dollar war die *Seawise University* zu Beginn des Jahres 1972 für ihre Fahrt nach Japan und ins Trockendock bereit. Da sich noch keine Stewards an Bord befanden, heuerte die Schiffahrtsgesellschaft aus Anlaß der Abschieds-Cocktailparty für die Dockarbeiter und ihre Familien ein lokales Cateringunternehmen an. Am Nachmittag des 9. Januar brach in der Küche ein Feuer aus und verbreitete sich ungehindert im gesamten Schiff. Zweihundert Arbeiter und dreihundert Gäste wurden evakuiert, und das ehemalige Cunard-Schiff brannte die gesamte Nacht über wie eine Fackel. Feuerwehrleute unterstützten die beiden Feuerschiffe mit Landfeuerlöschgeräten, die man auf Fährboote montiert hatte, aber ohne Erfolg. Am nächsten Morgen rollte der ausgebrannte Rumpf auf die Steuerbordseite (der geographisch nächstgelegene Ort hieß bezeichnenderweise Junk Bay). Das Unglück ereignete sich, auf den Monat genau, dreißig Jahre nachdem die *Normandie* im New Yorker Hafen ein ähnliches Schicksal erlitten hatte.

Die beiden berühmtesten Schiffe der Welt existierten nicht mehr. Ironischerweise beendeten sie ihre Laufbahn im Pazifik und nicht im Atlantik, dem sie ihre Daseinsberechtigung verdankten. Der Passagierschiffdienst nach Europa wurde stark eingeschränkt. Aus Genua kam die traurige Nachricht, daß alle vier Schiffe der Italian Line dem Flugzeug weichen würden. Das sparsame und verläßliche holländische Schiff sollte sich noch früher aus dem Betrieb zurückziehen. 1972 stellte die Holland-Amerika Line ihren Liniendienst über den Atlantik bis auf die Überfahrten vom und zum jährlichen Werftaufenthalt in Rotterdam ein.

Der Plan der New Yorker Hafenbehörde, die Superpiers zu modernisieren, erschien wie eine Idee, deren Zeit nicht nur bereits gekommen, sondern schon vorüber war. Der große Postschiffterminal mußte seine Vorrangstellung als bedeutendster amerikanischer Passagierhafen an Miami abtreten. Im Sommer wie im Winter standen Kreuzfahrten in die Karibik hoch im Kurs. Diese Passagiere in Florida an Bord gehen zu lassen erschien wirtschaftlich sinnvoll. Ganz abgesehen von den hohen Treibstoffkosten für die Fahrt von New York in die Tropen, waren die ungeduldigen Sonnenanbeter nicht bereit, auf dem Weg in ihr Kreuzfahrtgebiet 36 unbequeme Stunden zu verbringen.

Die *Queen Elizabeth 2* der Cunard Line pendelt in der warmen Jahreszeit als letzter traditioneller Gigant zwischen Europa und Amerika.

Das Leben an Bord hat sich gewandelt, doch einige Dinge bleiben unverändert. Selbst wenn das Krachen der Wandverkleidungen durch das Klappern von Aluminium ersetzt wurde, riecht die synthetische Inneneinrichtung genau wie vor einem halben Jahrhundert. Zum Tee erklingt noch immer Musik in der Lounge, auch wenn sich heute auf der *Queen Elizabeth 2* keine einzige Geige mehr findet, und der liebevolle und aufmerksame Service hat sich als wichtigster Bestandteil einer angenehmen Überfahrt erhalten.

Wenn am Ablegetag im Hochsommer die Schiffspfeife dröhnt, beschleunigt sich noch immer der Pulsschlag aller Reisenden, und sobald das Schiff den Hafen verlassen hat, tanzt der Widerschein der schimmernden See nach wie vor an der Kabinendecke. Sorglosigkeit verbreitet sich mitten auf dem Ozean, denn Europa und Amerika liegen glücklicherweise auch weiterhin zwei Tage entfernt.

Bibliographie

Ahrens, Gerhard und Renate Hauschild-Thiessen, *Die Reeder Laeisz und Ballin,* Verein für Hamburgische Geschichte, Hamburg, 1989.

Anderson, Roy, *White Star,* T. Stephenson & Sons Ltd., Prescot, Lancashire, 1964.

Angas, Commander W. Mack, *Rivalry on the Atlantic, 1833–1939,* Lee Furman, New York, 1939.

Appleyard, Rollo, *Charles Parsons: His Life and Work,* Constable & Co. Ltd., London, 1933.

Armstrong, Warren, *Atlantic Highway,* John Day Company, New York, 1962.

Aylmer, Gerald, *R. M. S. Mauretania, The Ship and Her Record,* P. Marshall & Co. Ltd., London, 1934.

Babcock, F. Lawrence, *Spanning the Atlantic,* Alfred A. Knopf, New York, 1931.

Baker, George S., *Ship Form, Resistance and Screw Propulsion,* D. Van Nostrand Co., New York, 1915.

Ballard, Robert D., *Lost Liners. Von der Titanic zur Andrea Doria. Glanz und Untergang der Großen Luxusliner,* Wilhelm Heyne Verlag, München, 1997.

ders., *Das Geheimnis der Lusitania,* Ullstein Buchverlage, Berlin, 1995.

Barbance, Marthe, *Histoire de la Compagnie Générale Transatlantique,* Arts et Métiers Graphiques, Paris, 1955.

Beaudéan, Raoul de, *Captain of the Île,* McGraw-Hill Book Company, New York, 1960.

ders. und Armand de Nieuwenhove, *Un Diplomate en bleu marin,* R. Julliard, Paris, 1961.

Beck, Stuart, *The Ship – How She Works,* Adlard Coles Ltd., Southampton, 1955.

Beesley, Lawrence, *The Loss of the S. S. Titanic,* Houghton Mifflin Co., Boston, 1912. – Dt.: *Tragödie der Titanic,* Koehlers Verlagsgesellschaft, Hamburg, 1995.

Bemelmans, Ludwig, *I Love You, I Love You, I Love You,* Viking Press, New York, 1942.

Benstead, C. R., *Atlantic Ferry,* Methuen & Co. Ltd., London, 1936.

Bisset, Sir James, *Commodore,* Criterion Books, New York, 1961.

ders., *Ship Ahoy!!,* Charles Birchall Ltd., Liverpool, 1924.

Bonsor, N. P., *North Atlantic Seaway,* Prescot, Lancashire, 1955.

Bowen, Frank, *A Century of Atlantic Travel, 1830–1930,* Little, Brown and Company, Boston, 1930.
Brady, Edward Michael, *Marine Salvage Operations,* Cornell Maritime Press, New York, 1960.
Braynard, Frank O., *By Their Works Ye Shall Know Them,* Gibbs & Cox, New York, 1968.
ders., *Lives of the Liners,* Cornell Maritime Press, New York, 1947.
ders., *S. S. Savannah,* University of Georgia Press, Athens, 1963.
Brinnin, John Malcom, *The Sway of the Grand Saloon,* Delacorte Press, New York, 1971.
ders., *Grand Hotels der Meere. Die goldene Ära der Luxusliner,* Wilhelm Heyne Verlag, München, 1988.
Brook, Rupert, *Letters from America,* Charles Scribner's Sons, New York, 1916.

Cangardel, Henri, *De J.-B Colbert au Paquebot Normandie,* Nouvelles Editions Latines, Paris, 1957.
Cecil, Lamar, *Albert Ballin,* Princeton University Press, Princeton, 1967.
Chadwick, F. E. et al., *Ocean Steamships,* Charles Scribner's Sons, New York, 1891.
Coen, Martin J., *Ship Welding Handbook,* Cornell Maritime Press, New York, 1943.
Cooper, Duff, *Old Men Forget,* Rupert Hart-Davis, London, 1953.
Corsi, Edward, *In the Shadow of Liberty,* Macmillan, New York, 1935.
Corson, F. Reid, *The Atlantic Ferry in the Twentieth Century,* S. Low, Marston & Co. Ltd., London, 1930.
Cronican, Frank und Edward A. Mueller, *The Stateliest Ship,* The Steamship Historical Society of America, New York, o. A.

Diggle, E.G., *The Romance of a Modern Liner,* S. Low, Marston & Co. Ltd., London, 1930.
Dugan, James, *The Great Iron Ship,* Harper & Brothers, New York, 1953.
Dunn, Laurence, *North Atlantic Liners 1899-1913,* H. Evelyn, London, 1961.
ders., *Passenger Liners,* Adlard Coles, Southampton, 1961.

Eaton, John P. und Charles A. Haas, *Titanic. Triumph und Tragödie. Eine Chronik in Texten und Bildern,* Wilhelm Heyne Verlag, München, 1997.
Ellsberg, Edward, *The Far Shore,* Dodd, Mead, New York, 1960.

Fleming, The Reverend John, *The Last Voyage of His Majesty's Hospital Ship Britannic,* o. A.
Fletcher, C. R. L. und Rudyard Kipling, Hg., *School History of England,* Clarendon Press, Oxford, 1911.

Fletcher, R. A., *Travelling Palaces,* Sir Isaac Pitman and Sons, Ltd., London, 1913.
Flexner, J. T., *Steamboats Come True,* Viking Press, New York, 1944.
Forwood, William B., *Reminiscences of a Liverpool Shipowner,* H. Young & Sons, Ltd., Liverpool, 1920.

Gibbs, C. R. Vernon, *Passenger Liners of the Western Ocean,* Staples Press Ltd., London, 1952.
Golding, Harry, Hg., *The Wonder Book of Ships,* Ward Locke & Co., London, 14. Ausgabe, o. A.
Gracie, Archibald, *The Truth about the Titanic,* M. Kennerley, New York, 1913.
ders. und John B. Thayer, *Titanic – Zwei Überlebende berichten,* Bastei-Lübbe, Bergisch Gladbach, 1998.
Grattidge, Harvey, *Captain of the Queens,* E. P. Dutton & Co., New York, 1956.

Hansen, Clas B., *Die deutschen Passagierschiffe 1816–1990,* Urbes Verlag Hans Jürgen Hansen, Gräfelfing, 1990.
Hartley, Herbert, *Home is the Sailor,* Vulcan Press, Birmingham, 1955.
Hayes, Sir Bertram, *Hull Down,* E. P. Dutton & Co., New York, 1925.
Hickey, D. und G. Smith, *Lusitania. Die Chronik der letzten Fahrt eines Ozeanriesen, dessen Untergang die Zeitgeschichte bis heute beschäftigt,* Droemer Knaur, München, 1986.
Hoehling, Adolph und Mary, *The Last Voyage of the Lusitania,* Henry Holt and Company, New York, 1956.
Hoff, Rhoda, *America's Immigrants,* Henry Z. Walch, New York, 1967.
Holmes, Campbell, *Practical Shipbuilding,* Longman Green & Co., London, 1904.
Huldermann, Bernhard, *Albert Ballin,* Oldenburg, Stalling, 1922.
Hurd, Sir Archibald, *The Merchant Navy,* Band I, II & III, John Murray, London, 1921–1929.

Isherwood, J. H., *Steamers of the Past,* Sea Breezes, Liverpool, 1966.

Jackson, George Gibbard, *Steamships: Their History and Their Deeds,* »The Boy's Own Paper« Office, London, o. A.
ders., *The Story of the Liner,* The Sheldon Press, London, 1931.
Jordan, Humphrey, *Mauretania,* Hodder & Stoughton, London, 1936.

Kelley, J. D. Jerrold, *The Ship's Company,* Harper & Brothers Publishers, New York, 1897.
Kipling, Rudyard, *Genau-so-Geschichten,* übersetzt von Gisbert Haefs, Haffmans Verlag, Zürich 1990.

Kludas, Arnold, *Hapag-Lloyd. Die ersten 25 Jahre. Die Reedereichronik und Biographien der Seeschiffe,* Gert Uwe Detlefsen Verlag, Bad Segeberg, 1994.
ders., *Geschichte der deutschen Passagierschiffahrt,* Band I–V, Ernst Kabel Verlag, Hamburg, 1986-1990.

LaDage, John H., *Modern Ships,* Cornell Maritime Press, New York, 1953.
Lanier, Edmond, *Compagnie Générale Transatlantique,* Plon, Paris, 1962.
Lauriat, Charles E., *The Lusitania's Last Voyage,* Houghton Mifflin Company, Boston und New York, 1915.
Lawrence, Jack, *When the Ships Came In,* Farrar & Rinehart Inc., New York, 1940.
Ledoux, Katherine R., *Ocean Notes for Ladies,* G. P. Putnam's Sons, New York, 1877.
Lee, Charles E., *The Blue Ribband,* S. Low, Marston & Co., Ltd., London, 1930.
Lightoller, Charles E., *Titanic and Other Ships,* I. Nicholson and Watson, Limited, London, 1935.
Lobley, Douglas, Hg., *The Cunarders 1840–1969,* Peter Barker Publishing Limited, London, 1969.
Lord, Walter, *A Night to Remember,* Holt, Rinehart and Winston, New York, 1955. – Dt.: Die Titanic-Katastrophe, Wilhelm Heyne Verlag, München, 1977.

Macdougal, Michael, *Gamblers Don't Gamble,* The Greystone Press, New York, 1939.
Maginnis, Arthur J., *The Atlantic Ferry,* Whittaker & Co., 1892.
Marcus, Geoffrey, *The Maiden Voyage,* George Allen and Unwin Ltd., London, 1969.
Marschall, Ken et al., *Titanic. Königin der Meere. Das Schiff und seine Geschichte,* Wilhelm Heyne Verlag, München, 1992.
ders., Archbold, Rick und James Cameron, *Ken Marschall's Titanic,* Wilhelm Heyne Verlag, München, 1998.
Masters, David, *Epics of Salvage,* Cassell & Company Ltd., London, 1953.
McNeil, Samuel, *In Great Waters,* Faber & Faber, Ltd., London, 1932.
Meier, Frank, *Fathoms Below,* E. P. Dutton & Co., New York, 1943.
Morris, James, *The Great Port,* a Helen and Kurt Wolff Book, Harcourt, Brace & World, Inc., New York, 1969.
Moscow, Alvin, *Collision Course,* G. P. Putnam's Sons, New York, 1959.

Newell, Gordon, *Ocean Liners of the 20th Century,* Superior Publishing Co., Seattle, 1963.
Niezychouski, Alfred von, *The Cruise of the Kronprinz Wilhelm,* Doubleday, Doran E. Company, Inc., Garden City, N. Y., 1929.

Novotny, Ann, *Strangers at the Door,* Chatham Press, Riverside, 1971.

Oldham, Wilton J., *The Ismay Line,* Charles Birchall and Sons Ltd., Liverpool, 1961.

Owen, H., *Ship Economics,* G. Phillip & Son, London, 1911.

Padfield, Peter, *An Agony of Collisions,* Hodder and Stoughton, London, 1966.

ders., *The Titanic and the Californian,* Hodder and Stoughton, London, 1965.

Potter, Neil und Jack Frost, *The Elizabeth,* George G. Harrap & Co. Ltd., London, 1965.

ders., *The Mary,* George G. Harrap & Co. Ltd., London, 1961.

ders., *Queen Elizabeth 2,* George G. Harrap & Co. Ltd., London, 1969.

Rimington, Critchell, *The Bon Voyage Book,* John Day Company, New York, 1931.

Roder, Hartmut, *Der Bremer Vulkan von 1893 bis heute,* Band I & II, o. A., 1987.

Rossell, Henry E. und Lawrence B. Chapman, Hg., *Principles of Naval Architecture,* The Society of Naval Architects and Marine Engineers, New York, 1941.

Sassoon, Siegfried, *Siegfried's Journey,* Viking Press, New York, 1946.

Simpson, George, *The Naval Constructor,* D. Van Nostrand Co., New York, 1914.

Spedding, Charles T., *Reminiscences of Transatlantic Travelers,* J. B. Lippincott Co., Philadelphia, 1926.

Spratt, H. P., *Outline History of Transatlantic Steam Navigation,* The Science Museum, London, 1950.

ders., *The Merchant Steamers and Motor Ships,* The Science Museum, London, 1950.

Spurgeon, Sir Arthur, *The Burning of the Volturno,* Cassell & Company Ltd., London, 1913.

Stanford, Don, *Île de France, Appleton-Century-Crofts, Inc., New York, 1960.*

Stevens, Leonard A., *The Elizabeth: Passage of a Queen,* Alfred A. Knopf, New York, 1968.

Stevenson, Robert Louis, *The Amateur Emigrant,* Charles Scribner's Sons, New York, 1911.

Street, Julian, *Ship-Bored,* Dodd Mead & Co., New York, 1924.

Talbot, Frederick A., *Steamship Conquest of the World,* J. B. Lippincott, Philadelphia, 1912.

Taylor, David B., *Steam Conquers the Atlantic,* Appleton-Century Company, New York und London, 1939.
Thayer, John B., *The Sinking of the S. S. Titanic April 14th–15th, 1912,* Philadelphia, 1940.
Thompson, Frank E., *Diving, Cutting and Welding in Underwater Salvage Operations,* Cornell Maritime Press, New York, 1944.
Thoreux, Pierre, *J'ai commandé Normandie,* Presses de la Cité, Paris, 1957.
Turc, C., *Le navire pour passagers,* E. Bernard & Cie., Paris, 1903.
Tute, Warren, *Atlantic Conquest,* Little, Brown and Company, Boston, 1962.

Ulrich, Kurt, *Luxusliner. Vom Grandhotel auf hoher See zur schwimmenden Insel,* C. J. Bucher Verlag, München, 1997.

Villiers, Alan, *The Western Ocean,* Museum Press, London, 1957.

Wheeler, George James, *Ship Salvage,* E. W. Sweetman, New York, 1958.
White, E. B., *Here Is New York,* Harper & Brothers, New York, 1949.
Wilson, R. M., *The Big Ships,* Cassell & Company Ltd., London, 1956.
Wilson, V. S. Fellowes, *The Largest Ships in the World,* Crosby Lockwood & Son, London, 1926.
Woon, Basil, *The Frantic Atlantic,* Alfred Knopf, New York, 1927.

Young, Filson, *Titanic,* G. Richards, London, 1912.

Zerbe, Peter und Peter Ziegler, *Die großen deutschen Passagierschiffe. Imperator – Vaterland – Bismarck,* Nautik Historie Peter Ziegler, Hamburg, 1996.
Zeni, David, *Der Untergang der Empress of Ireland. Die vergessene Tragödie,* Wilhelm Heyne Verlag, München, 1999.

Quellennachweis

Kapitel 2: Der Abdruck der von Gisbert Haefs ins Deutsche übertragenen Strophe aus dem Gedicht »The secret of the machines« von Rudyard Kipling, entnommen aus: C. R. L. Fletcher und Rudyard Kipling, *School History of England,* Clarendon Press, Oxford, 1911, Seite 247, erfolgte mit der freundlichen Genehmigung des Übersetzers.

Kapitel 3: Die Erlaubnis, Ausschnitte aus Frederick A. Hamiltons Tagebuch zu verwenden, wurde von A.W. H. Pearsall, dem stellvertretenden Direktor der Handschriftenabteilung am National Maritime Museum, Greenwich, England, erteilt.

Kapitel 4: Arthur J. Davis' Bemerkungen im *Journal of the Royal Institute of British Architects* von 1922 wurden aufgrund der freundlichen Genehmigung von David Dean, Bibliothekar der R. I. B. A., nachgedruckt.

Kapitel 6: Zwei Stellen wurden aus *The Amateur Emigrant* von Robert Louis Stevenson, Charles Scribner's Sons, New York, 1913, zitiert. Das Motto sowie zwei Textstellen entnahm ich R. A. Fletchers *Travelling Palaces,* Sir Isaac Pitman & Sons, London, 1913.

Kapitel 7: Die Beschreibung des New Yorker Hafens stammt aus Rupert Brookes *Letters from America,* Charles Scribner's Sons, 1916. Das Zitat über die Signalpfeife der *Queen Mary* fand ich auf Seite 14 von *Here Is New York* von E. B. White, Copyright 1949 by E. B. White, Harper & Brothers, 1949. Das Exzerpt aus Christopher Morleys Werk wurde mit der freundlichen Genehmigung der Herausgeber der *Saturday Review of Literature,* Ausgabe vom 3. Oktober 1925, nachgedruckt. Der Auszug über die Kabine der *Berengaria* stammt aus *Siegfried's Journey* von Siegfried Sassoon, Viking Press, 1946.

Kapitel 10: Das Zitat über die Gala auf der *Normandie* wurde Edmond Laniers *Compagnie Générale Transatlantique,* veröffentlicht von Plon, 1962, entnommen. Das letzte Zitat dieses Kapitels sowie zusätzliche Exzerpte in Kapitel 11 stammen aus *I Love You, I Love You* von Ludwig Bemelmans, Copyright 1942 Ludwig Bemelmans, Copyright 1970 neu Mrs. Madeleine Bemelmans und Mrs. Barbara Bemelmans Marciane. Nachgedruckt mit Erlaubnis von Viking Press.

Kapitel 11: Die Schrift des Kapitäns stammt aus *The Wonder Book of Ships* von Harry Golding, veröffentlicht von Ward Lock & Company. Harold Nicolsons Briefe werden mit freundlicher Genehmigung von Nigel Nicolson zitiert. Der Abdruck der Gedichtstrophe von Rudyard Kipling, »Wie der Wal seine Gurgel kriegte«, erschienen in: *Genau-so-Geschichten.* Deutsch von Gisbert Haefs, 1990, erfolgte mit freundlicher Genehmigung der Haffmans Verlag AG, Zürich.

Kapitel 14: Die Stelle über Gibbs' Tod wurde *By Their Works Ye Shall Know Them* von Frank Braynard, veröffentlicht von Gibbs & Cox, 1968, entnommen.

Register

(*Kursiv* gesetzte Seitenzahlen beziehen sich auf Abbildungen.)

Adriatic 75, 80, 95, 320, 355, 361
A. G.-Weser-Werft 268
Albert Ballin *184*
Albertic 361
Aldrich, Nelson 127
Alexandria 146
Allan Line 34
Ambrose, John Wolf 206
Ambrose Light 188, 221, 272 f., 275, 285, 305, 347, 365
America (vorm. *Amerika*) *157*, 425
American Jeweler's Protective Association 350
American Notes 19
Amerika 52, 103 ff., 108, 117, 121
Andrea Doria 98
Andrews, Thomas 80, 84
Aquitania 37, 45, 60, *62*, 110, 113, 119, 128, 133, 139, *145*, 146, 152, 161, 182, 187, 196, 198, 210, 216, 222, 230, *236, 243*, 258, 263, 314, 329, 347, 351, *353,* 354 f., 373 f., 377, 379, 385, 416, *442*
Architect and Building News 314
Arctic 22, 195, 428
Arizona 78
Astor, John Jacob 94
Astor, Lady 230
Athenia 375, 377, 418
Atlantic 21
Atlantic Transport 25

Ballin, Albert 100 f., 103 f., 106, 108, 113, 121 f., 127, 153, 155, 158, 171 f.
Baltimore 106, 135
Bartlett (Kapitän) 147
Bates, Sir Percy 307
Belfast 61, 103, 146
Belfort 302
Bell, Joseph 85
Belmont, Mrs. Morgan 303
Bemelmans, Ludwig 314, 334, 336 f.
Berengaria 158, 160, 181, 186 f., 195, 205, *214, 220*, 227, 231, *243*, 246 f., *249*, 250, 258, 263, 343, 361 f., *371*, 372
Beresford, Lord Charles 216
Binks, John W. (Kapitän) 328, 372
Bishop Rock 234, 240, 428
Bishop's Light 365
Bismarck 113, 119, 133, 155, *157*, 158, 182
Bismarck, Hannah von 133
Bisset, James (Kommodore) 216, 342, 362
Black Horse (Häuptling) 231
Black Watch *249*, 250
Blancart, Joseph (Kapitän) 259, 329, 338, 349
Blaues Band 14, 25, 59, 99, 165, 305, 428
blinde Passagiere 344 ff.
Blohm & Voss 119, 133, 150, 158, 182, 268
Börsenzeitung 307
Boston 182
Bouvard, René 12
Boxhall, Joseph 84
Braemar Castle 149
Braynard, Frank 13, 430
Bremen 46, 125, 195, 209, 211, 240, 262, 268 f., 271 ff., 275, *276*, 278, 286, 289, 294, 307, 313, 344, 358, 360, 374, 416
Bremerhaven 238, 275, 374, 416
Brenet, Albert 14
Brest 153, 160, 258
Bristol 366
Britannia 19 ff., 47, 104, 168, 207
Britannic 45, 95, 119, 146, *148*, 155, *191, 270*, 289, 366
British and North American Royal Mail Steam-Packet Company 19
British Merchant Shipping Advisory Committee 95
Britten, Sir Edgar (Kapitän) 329
Brooke, Rupert 188
Brown, John 289, 309
Brown Lenox Company 35
Brunhoff, Jean de 300
Budapest 255
Buenos Aires 138
Burghley, Lord 210

Calgaric 361
California 84
Calshot Castle 241
Campania 60, 223
Cangardel, Henri 308
Cantieri Riuniti dell'Adriatico 277
Cap Race 22
Cap Trafalgar 138 ff.
Carmania 35, 134, 139 f., 319
Caronia 35, 355
Carpathia 87–90, 147, 153, 161

Cartier, Pierre 303
Castle Garden 176
Cedric 90, 135, 224
Celtic 72
Chamberlin, Clarence 272
Champlain 354, 377
Charles, Sir James (Kapitän) 329
Chatham 139
Cherbourg 12, 105, 121, 126, 155, 192, 199, 234, 238, 240 f., 273, 275, 277, 283, 316, 343, 347, 351, 420, 435
Churchill, Winston 139, 361, 379, 418
Cincinnati 106
Cleveland 106
Clifton 175
Cobh 316
Cockburn, Andrew 273
Colette 303
Collins, Edward 21 f.
Columbus 275
Compagnie Générale Transatlantique (CGT) 22, 251, 255
Connally, Tom 425
Constitution *434*
Conte di Savoia 277 f., *279, 281*, 283, 285, 289
Conte Grande 283
Coolidge, Calvin (Präsident) 246
Cooper, Lady Duff 248
Corswall 56
Cowes 75, 158
Croisset, François de 303
Cunard, Ernest 106
Cunard, Samuel 18 f., 47, 60, 420
Cunard Line 12, 24 f., 35, 37, 40, 45 ff., 50, 55 f., 59 ff., 63 f., 88, 100, 113, 119, 128, 140 f., 143 f., 155, 160, 171, 181, 186, 194 f., 227, 231, 238, 240, 246, 252, 258, 269, 273, 275, 289, 291, 307, 313, 318, 322, 329, 362, 416, 430, 432, 446
Cunard-White Star Line 299, 307, 309, 328, 362, 378
Curaçao 416
Cuxhaven 119 f., 126, 155, 199, 238

Daily Mail 34
Daniels, Josephus 149
Darlington 35
Davis, Arthur 103, 110, 113, 128, 200
De Grasse 258, 374, 377, 416
Deutschland *27*, 46, 99, 103 f.
De Vaisseau Demougeot (Leutnant) 272
Dick, Malcolm 13
Dickens, Charles 19 f., 104, 168, 207
Dolly Sisters 355
Dominion 25
Doric 361
Dover 104, 106
Dreiser, Theodore 89
Duke of York 379

Eaton (Kapitän) 328
Eber 138
Edinburgh 296
Edward, Prinz von Wales (später Edward VII.) 34, 67
Edward, Prinz von Wales (später Edward VIII.) 246 ff.
Ellis Island 125, 149, 175 f., 349
Eloy, Michel 14
Empress of Britain 215
Empress of Ireland 98
Engineering 48
Escoffier, Georges Auguste 104
Essex 136
Europa 268 f., *270*, 271, 273, 275, 283, 286, 289, 307, 313, 374, 396, 398, 416, *417*

Fastnet 144
Finley, Dr. John 210
Fire Island 175, 305, 382
Fisher, Bud 323
Fitch, John 17
Fiume (Rijeka) 164
Flandre 285
Fleet, Frederick 78, 84
Fletcher, R. A. 172, 174
Forges et Chantiers de la Méditerranée 252
Fort du Roule 240
Fort Lauderdale 444
Fortune 297
Frahm, Dr. (Erfinder) 110
France 117, 121, 146, *177*, 205, 209, 211, 216, 231, 255–258, *260*, 262, 267, 290, 294, 300, 320, 358, 416, 432, *434, 437 f., 455*
Franconia 81, 146
French Line 12, 22, 25, 46, 187, 238, 251 f., 257 ff., 266, 287, 291, 300, 309, 416
Friedrich der Große 135
Frost, Jack 288
Fürst Bismarck 122

Galician 146
Gallipoli 146
Genua 432
George V. 67, 158
George Washington *157*, 375
Georgic 199
Gibbs, William Francis 182, 404, 422, 424 ff., 428, 430 f.
Gibraltar 277, 280, 282, 286

Gordon, Ruth 318
Gould, Mrs. Frank J. 303, 319
Graham, Thomas (Lord Lynedoch) 11
Grant, Noel (Kapitän) 139 f.
Graves, Robert 250
Great Eastern 64, 209, 318
Greenock 252, 255
Gripsholm 271
Große Kurfürst 135
Guggenheim, Benjamin 76

Hales, Henry Keates 14
Hales Trophy 14
Halifax 18, 76, 94, 135, 138, 374
Hall, Samuel 18
Hambleton, Alec (Kapitän) 320, 322 f., 355
Hamburg 12, 100, 135, 138, 158, 291
Hamburg 105
Hamburg-America-Gazette 224
Hamburg-Amerika Linie (HAPAG) 22, 45 f., 99 f., 104 ff., 109, 113, 117, 121, 127, 149, 153, 175, 198, 209, 238, 275
Hamburg-Süd 139
Hamilton, Frederick 93 f.
Hardy, A. C. 302
Harland & Wolff 52, 61, 63, 66, 72, 75, 80, 95, 103, 108, 252, 289
Harris, William 104
Hartley, Herbert (Kapitän) 182, 268, 272, 319, 323
Hartley, Wallace 83, 94, 97
Hayes, Bertram 158, 325
Hazard, Jean 300, 384
Hecht, Ben 92
Heinrich, Prinz von Preußen 34
Herald 90
Herrick (Botschafter) 138
Hind (Kanonikus) 93 f.
H. M. S. Caledonia (vorm. *Majestic*) 372
H. M. S. Hawke 75, 153
Hoboken 12, 17, 121 f., 125, 127, 135, 149 f., 152
Hodgson, Pat 14
Hoffman's Island 344
Holland-Amerika Line 25, 340, 420, 432, 446
Homeric *217*, 323, 347, 361
Hotzendorf, von (Gastronom) 104
Hydrographic Bureau 22

***Î**le de France* 46, 195, 211, 251, 258 f., *261, 264 f.*, 266 f., 272 f., *274*, 278, 286, 296 f., *301*, 314, 319, *321*, 338, 347, 350, 377, 385, 430, 435
Imperator 46, 66, 70, 95, 109 f., *111 f.*, 113 f., *115*, 116 f., *118*, 119, *120*, 121 f., *123 f.*, 125 f., *132*, 135 f., 155, *170*, 171, *178, 183*, 198, *212*, 215, 259, 269, 299, 314, 323, 396
International Ice Patrol 97
International Mercantile Marine 25
Inverclyde, Lady Mary 55
Inverclyde, Lord 25
Irvine (Kapitän) 323
Ismay, Bruce 34, 47, 61, 63, 80, 83, 90, 92
Ismay, Thomas 34, 61
Italian Line 277, 282 f., 285
Italia-Società per Azioni di Navigazione 275

Jackson, Melvin 13
James Duane 392
Jamieson, John (Kapitän) 323
Jessop, Violet 80 f., 84 f., 89, 147, *148*, 338
John Brown Company 25
Johnson, Charles 382
Jones, Treasure (Kapitän) 435

***K**aipara* 139
Kaiser Friedrich 252
Kaiser, William 426
Kaiser Wilhelm II. 59, 99, 134, 138 f., 198
Kaiser Wilhelm der Große 99, 125
Kaiserin Auguste Victoria 106, 108
Kamuda, Edward 13
Kap Hoorn 435
Kapurthala, Maharadscha von 303
Karlsruhe 138
Kavitation 53 f.
Kearans, Jerry 13
Kipling, Rudyard 24, 315
Knight, Arthur 369
Knox, Frank 402, 405
König Wilhelm 34
Kronprinz Wilhelm 135 f., 138
Kronprinzessin Cecilie 136, *137*, 271
Kruse, Bruno 117

***L**a Belle France* (Umbenennung in *Normandie*) 290 f.
Laconia 134, 138, 144
La Guardia, Fiorello 307, 404
Laing, Andrew 40
La Lorraine 262
Landy (Kapitän) 78
Lanier, Edmond 14, 291, 303
Lanvin, Mme. Jean 303
La Picardie (später *France*) 252
La Provence *170, 254*
Laurentic 356

Lawrence, Gertrude 375
Ledoux, Katherine 16
Le Havre 12, 138, 146, 238, 240 f., 252, 258, 272, 299, 302 f., 308, 316, 346, 350, 361, 377, 416
Lemp, Fritz 375
Les Casquets 273
Les Glénans 302
Leslie's Weekly 105
Levi, André 291
Leviathan (vorm. *Vaterland*) 60, 150, 152 f., 155, 182, 186, 188, 195, 225, *243*, 263, 268, *270*, 272, 319, 323, 329, 338, 341, 343, 362, 370 f., 372, 385
Liberté (vorm. *Europa*) 416
Lichfield 97
Lightoller, Charles 164
Liverpool 11 f., 17 f., 55, 57, 59 f., 63 f., 75, 134, 140 f., 146, 153, 164 f., 238
Lochhead, John 14
London 12, 101, 138, 144, 245 f.
Long Beach 436
Long Island 135
Lord, Stanley (Kapitän) 84
Lord, Walter 13, 216
Lowe (Offizier auf der *Titanic*) 95
Lusitania 11, 24 f., 29, *30*, 35, 45, 55 f., 59 ff., 72, 104, 106, 108, 135, 140, *142*, 143 f., 169, *213*, 238, 252, 289, 375

Mackay Bennett 93
MacNeil (Kapitän) 273
Macom *265*
Macroft, Lord 14
Magee, Thomas 75
Main 125
Majestic (vorm. *Bismarck*) *157*, 158, 160, 182, 186, 198, *201*, 205, *214*, 245, 280, 325, 337, *345*, 347, 355, 361 f., 385
Malta 146
Manhattan 375
Marconi, Guglielmo 97, 277
Marine Review 256
Marine Steam Turbine Company 32
Mariners Museum 14
Markel, Robert 13
Mary (Königin von England) 158 f.
Masefield, John 313
Mauretania 11 f., 24–60, *31, 38, 42, 51, 58, 62*, 63 f., 93, 103, 106, 108, 134 ff., 138 f., 146, 153, *154*, 159, 165, *166*, 167, 169, *177*, 186, *191, 201, 219*, 222, 226, 230, 238, 240, 251 f., 256, 258, 262, 266 ff., 273, 278, 289, 291, *295*, 309, 319, 325, 361 f., *364*, 365 f., *367*, 368, 379, 385, 396, 435 f.
Maurras (Kapitän) 320
Maury, Matthew 22
Maxim, Sir Hiram 97
McCawley (Sportlehrer) 86
McCubbins, Jimmy 230
McElroy (Oberzahlmeister) 81
Megantic *232*
Mellon, Andrew 349
Merritt-Chapman & Scott 405, 411, 413
Mewès, Charles 101, 103 f., 106, 110, 113 f., 116 f., 126, 133, 256
Michelangelo 278
Mix, Tom 355
Monticello (vorm. *Kaiser Wilhelm II.*) *157*
Morgan, John P. 24
Morley, Christopher 203
Morse, Norman 13
Mountbatten, Lady Louis 248
Mount Vernon (vorm. *Kronprinzessin Cecilie*) *157*
Mudros 144, 146
München 144
Murdoch, William 78
Murmansk 374
Mussolini, Benito 275, 277, 280

Nab Tower 241
Nagel (Maître d'hôtel; auf der *Amerika*) 105
National 25
National Maritime Museum (Greenwich) 14
Neapel 146
Netley 241
Netley, Sir James (Kapitän) 329
Newcastle-upon-Tyne 25, 41
Newport News 14, 182
New York 18, 55, 104 ff., 121 f., 125, 127, 135 f., 138, 140, 152 f., 159, 161, 165, 168, 175, 182, 187 ff., 192 f., 199 f., 204 ff., 244, 257
New York *91*
New York Herald 105
New York Post 382
New York Times 138, 210, 215, 222, 272, 424
Nicolson, Harold 329, 331 f., 334
Nieuw Amsterdam 420
Normandie 12, 14, 113, 117, 241, 244, 266, 271, 288 f., 290 f., *292*, 294, *295*, 296 f., *298*, 299 f., *301*, 302 f., *304*, 305 f., 307 ff., 313, 314, 316, 318, 325, 329, 331, *333*, 334, 336, *339*, 342, *352*, 354, 358, *359*, 361, 374, *376*, 377, 382, *383*, 385, 387, 389, 392 ff., *395*, 397 ff., *400 f.*, 402, *403*, 404 ff., *408 f.*, 410–413, *414*, 415, 418, 422, 425, 432, 446
Normannia 175

O*ceanic* 47, 61, 95, 135, 289
Ocean Notes for Ladies 16
Oceanic Steam Navigation Company 61
Ochs, Joseph 127
Olympic 45, 55, 60, 63–98, *68*, *71*, *73f.*, 103, 108, 113 f., 119, 134 ff., *137*, 138, *145*, 146, 153, *154*, 171, 196, *197*, 206, 209, 211, 215 f., *243*, 246, 256 f., *270*, 289, 300, *327*, 328 f., 355, 361, *364*, 366, 369, 372
Orion 128
O'Rorke, Brian 133
Osborne Bay 75

P*acific* 22
Paris 101, 138, 199, 267, 291, 302
Paris 46, 205, 211, 257 f., *260*, *265*, *270*, *301*, 314, 361, *363*, 377, 416
Parker (Kapitän) 329
Parsons, Charles 29, 32, 34, 40, 53, 255
Pearl Harbor 385
Pembroke 238
Penhoët 252, 255, 290, 300, 313
Pennland *270*
Pereire, Emile und Isaac 251 f.
Perth Amboy 165
Philadelphia 17
Phoenix 17
Pierce, Jack 14
Pirrie, Lord 61, *71*
Placzek, Adolf K. 13
Plymouth 12, 121, 238, 240
Polack, Charles (Kapitän) 136
Postbeförderung 18, 60
Potter, Neil 288
Pritchard (Kapitän) 57
President Grant 135
President Roosevelt 375
Providence 319

Quarantäne 175
Queen Elizabeth 61, *202*, 218, 228, 299, 313, 346, 377 ff., *380*, 382, *383*, 385, 416, 418, *419*, 420, *421*, 432, *433f.*, *438*, *441*, 444, 446
Queen Elizabeth 2 19, 38, 46, 56, 114, 133, 257, 285, 299, 342, 378, 432, *442*, *445*
Queen Mary 14, 61, 114, 117, *191*, 195, 199, 210, 266 f., 278, 278–281, 307, 309, *311f.*, 313 f., 318 f., 329, 342, *348*, 361, 365, 374, *376*, 377 f., 382, *383*, 385, *386*, 416, 418, 420, *421*, 428, 430, 432, *438*, *440*, 444, 446
Queenstown (heute Cobh) 57, 140, 143

R*affaello* 278, *434*
Raitt, Mary 13
Record-Herald 92
Red Star 25
Renfrew, Lord 246
Republic 344
Rex 277 f., 280, 282 f., *284*, 285, 289, 307, 356
Ritz, César 101
R. M. S. Queen Mary *310*
Roberts (Reverend) 230
Robins Dry Dock and Repair Company, Inc. 385
Rogers, Moses 17 f.
Rohmer, Sax 210
Romanoff, Mike 347, 349
Rosse, Lord 29
Rostron, Sir Arthur (Kapitän) 89 f., 153, 226, 322, 324, 365, 368
Rotterdam 12
Rotterdam 46, 432
Rowe, George 84, 92
Roxbourghe, Herzogin von 37, 43
Royal Institute of British Architects 128
Royal Irish Constabulary 144
Royal William 18
Royden, Lord 309
Rupprecht, Kronprinz von Bayern 109
Ruser, Hans (Kapitän) 121, 158
Russell, Edith 83, 87

S*aale* 125
Sackville-West, Vita 329
Saint Paul 323, 405
Sanderson, Harold A. 158
Sandy Hook 57, 205
Sandy Hook Pilots Association 13
Sassoon, Siegfried 195
Savannah 11, 17 f., 426
Saxonia 216, 230
Schiffsschrauben 47, 53
Schnapp, Joseph Imperator 172
Schwab, Charles 230
Schwieger, Walther (U-Boot-Kapitän) 141
Scott, John 252, 255
Seawise University (vorm. *U. S. S. Queen Elizabeth*) *441*, 444, 446
Sébille, Albert 287 f., 296
Seeth, George 13
Shaw Savill & Albion 25
Simmers, Clayton (Kapitän) 388 f., 396, 398
Singapur 385
Sirius 18
Skelmorlie-Meile 56
Skoda-Werk 294
Smith, Edward J. (Kapitän) 67, *71*, 72, 77, 80 f., 84, 93, 97, 323

Smithsonian Museum 75
Smull, J. Barstow 404
Sorrell (Kapitän) 329
Southampton 12, 64, 89, 95, 97, 121, 138, 155, 158, 192, 194, 238, 240 f., 244 f., 275, 316, 329, 346 f., 354, 360, 365, 374 f., 379, 420, 430
South Street Seaport Museum (N. Y.) 12
Spithead 32
Staten Island 135, 175, 372
Steamship Historical Society of America 13
Steinway, Theodore 424
Stevenson, Robert Louis 169
St. Nazaire 258, 291, 416
St. Nikolaos 147
Stockholm 11
St. Petersburg 11
Strachen, Peter J. L. 14
Street, Julian 229
Sullivan (Kommandant) 402, 407
Sumner, Charles 143
Swedish-American Line 271
Sydney 385
Syosset 246

Tarabotto (Kapitän) 307
Taylor (Admiral) 268
Tennessee 138
Terrell, Robert 14
Teterboro 272
Teutonic 34, 99
Thayer, Jack 87
The Brambles (Southampton) 241
The Frantic Atlantic 357
The Shipbuilder's 70, 77, 430
Thomas, C. W. 90
Thompson, Mrs. Neville 13
Thoreux (Kapitän) 308 f., 384
Times 34
Titanic 45, 60, 63–98, *79, 82, 91*, 108 ff., 121, 147, 152, 161, 164, 228, 323, 366
Tooker, Izzy (Kapitän) 405
Tooker, John (Kapitän) 405, 410
Townley (Kapitän) 379
Triest 277
Trinidad 139
Trinity House 14
Truman, Margaret 428
Tubal Cain 139
Tung, C. Y. 444
Turbinentechnik 29, 32
Turbinia 32, *33*, 34, *51*, 53, 99
Turner, William (Kapitän) 140 f.
Tynemouth 55
Tyneside 37

U 30 375
Ultonia 164 f.
United States 14, 36, 354, 420–432, *423, 427, 429, 434*
United States Line 14, 60, 186
United States Merchant Marine Academy 14
U. S. S. Imperator 180
U. S. S. Lafayette (vorm. *Normandie*) 385, 388 ff., 390, 392
U. S. S. Leviathan 163
U. S. S. Vaterland 150

Vaterland 95, 104, 109, 113, 119, 126 f., *129, 131 f.*, 135, 138, 143, 149, *151, 173*, 182, *212*, 259, 296, 372, 384
Victoria (Königin von England) 32, 99
Victoria and Albert 32, 34
Victorian 34
Villar, Henri 205, 303, 349, 384
Villefranche 280
Vinson, Carl 397
Virginia 182
Virginian 34
Vulcania 282
Vulcan-Werft 108, 117, 126

Waldorf, Oscar von 338
Walker, Jimmy 283
Wallace, Dan 289
Wallsend 35, 54
Wareham (Steward) 83
Washington 72
Washington 328
Weehawken 283
Wellington, Herzog von 23
White, E. B. 195
White Star Line 25, 34, 45, 47, 61, 63, 72, 75 f., 80, 90, 92 f., 108, 138, 158, 186, 210, 225, 238, 252, 257 f., 275, 289, 347, 355
Wilhelm II. 99, 105, 109, *111*, 246
Wilkinson, Norman 152
Wills, Helen 230
Wilson, Woodrow (Präsident) 138, 150
Woodruff (Kapitän) 19
Woodward (Lieutenant) 150
Woon, Basil 237, 357

Yourkewitsch, Wladimir 291, 294, 313, 389, 397, 415

Zanger (Kapitän) 384
Ziegenbein (Kapitän) 273

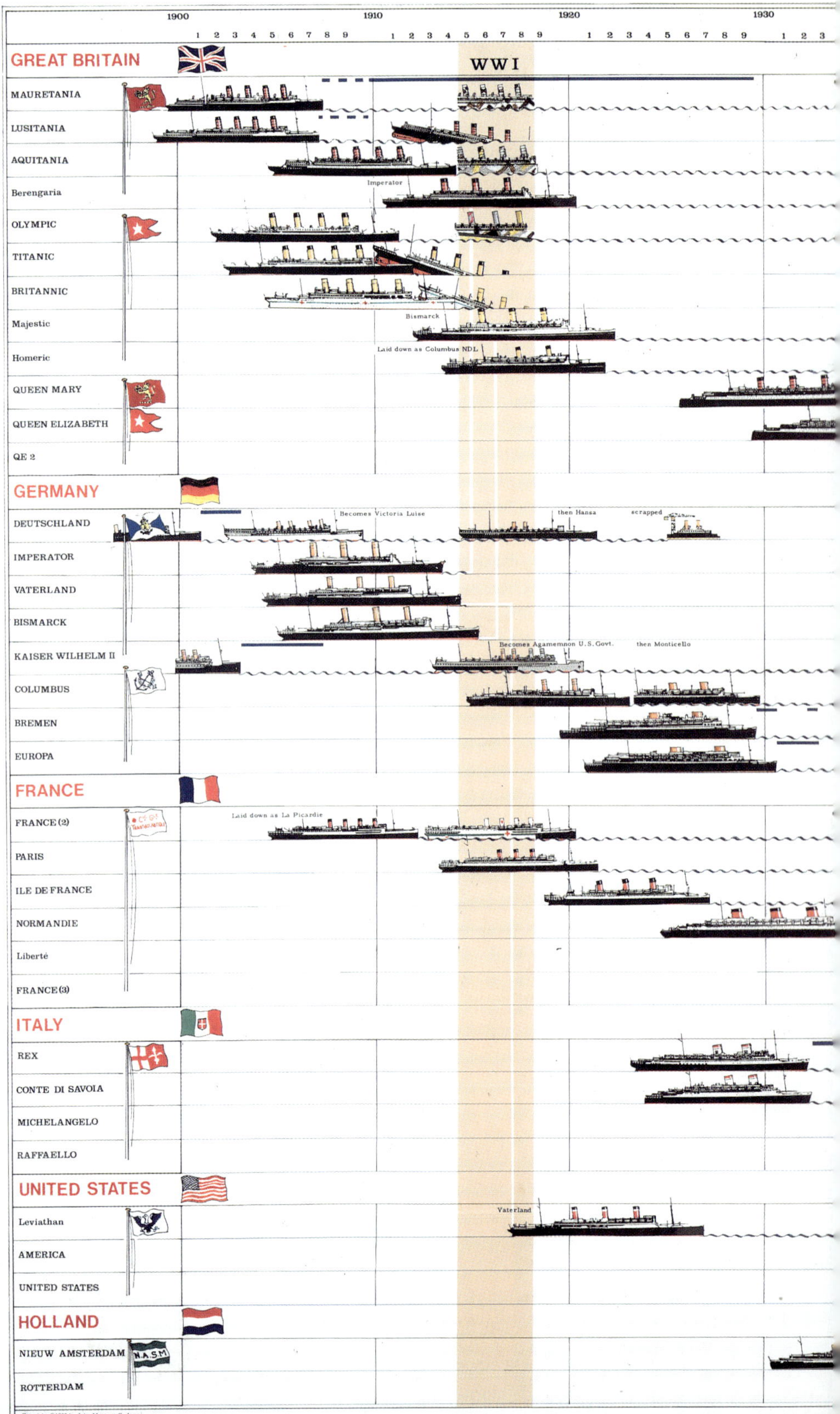
1900
1910
1920
1930
1 2 3 4 5 6 7 8 9
WWI
GREAT BRITAIN
MAURETANIA
LUSITANIA
AQUITANIA
Berengaria
Imperator
OLYMPIC
TITANIC
BRITANNIC
Majestic
Bismarck
Homeric
Laid down as Columbus NDL
QUEEN MARY
QUEEN ELIZABETH
QE 2
GERMANY
DEUTSCHLAND
Becomes Victoria Luise
then Hansa
scrapped
IMPERATOR
VATERLAND
BISMARCK
KAISER WILHELM II
Becomes Agamemnon U.S.Govt.
then Monticello
COLUMBUS
BREMEN
EUROPA
FRANCE
FRANCE (2)
Laid down as La Picardie
PARIS
ILE DE FRANCE
NORMANDIE
Liberté
FRANCE (3)
ITALY
REX
CONTE DI SAVOIA
MICHELANGELO
RAFFAELLO
UNITED STATES
Leviathan
Vaterland
AMERICA
UNITED STATES
HOLLAND
NIEUW AMSTERDAM
N.A.S.M.
ROTTERDAM